科学出版社"十四五"普通高等教育本科规划教材
科学出版社普通高等教育药学类系列教材

医用化学

第2版

主　编　余　瑜　卞　伟
副主编　陈志琼　于姝燕　马晓丽　辛　莹　许　凤
编　者（以姓氏笔画为序）
于姝燕（内蒙古医科大学）
马丹丹（长治医学院）
马晓丽（新疆医科大学）
马慧朋（大连医科大学）
王宏丽（成都医学院）
尤　静（西安医学院）
卞　伟（山西医科大学）
邓　萍（重庆医科大学）
甘宗捷（重庆医科大学）
史大斌（遵义医科大学）
母昭德（重庆医科大学）
乔　华（山西医科大学）
刘　进（湖北理工学院）
许　凤（齐齐哈尔医学院）
许秀枝（福建医科大学）
孙立力（重庆医科大学）
孙忠文（昆明医科大学）
李　伟（重庆医科大学）
李明华（空军军医大学）
李春艳（福建医科大学）
余　瑜（重庆医科大学）
辛　莹（成都医学院）
张淑蓉（重庆医科大学）
陈志琼（重庆医科大学）
尚京川（重庆医科大学）
周　静（重庆医科大学）
周丽平（重庆医科大学）
赵　领（西南医科大学）
赵先英（陆军军医大学）
赵旭东（重庆医科大学）
胡雪原（重庆医科大学）
秦向阳（空军军医大学）
贾瑞虹（长治医学院）
黄雁菇（空军军医大学）
曹丽萍（成都医学院）
蒋东丽（桂林医科大学）
冀　楠（空军军医大学）
魏郁梦（西南医科大学）

科学出版社
北　京

内 容 简 介

本教材强调内容的整体性与系统性，作为医学有关本专科专业的一门重要的通识课程，特别是在化学视角、环境视角、健康视角和临床视角等方面强调无机化合物、有机化合物与医药学的关系及其在医药学中的应用。本教材共22章，其中第一章为绪论，有别于现行的《医用化学》教材；第二章至第八章为基础化学；第九章至第二十章为有机化学；第二十一章和第二十二章为分析化学；在实验部分中设计编排了14个实验，内容包括医用化学实验室安全知识，基本仪器操作，溶液配制，药物合成，动植物有效成分提取、分离纯化和鉴定等，望经过学习，能加强学生的基本操作技能，培养学生独立思考和解决问题的能力。

本教材可供36～84学时与医学有关的基础医学、检验、生物医学工程、影像、护理、生殖等专业的本专科学生使用，也可作为医用化学教学的参考书。

图书在版编目（CIP）数据

医用化学 / 余瑜，卞伟主编. -- 2 版. -- 北京：科学出版社，2025. 6. --（科学出版社“十四五”普通高等教育本科规划教材）（科学出版社普通高等教育药学类系列教材）. -- ISBN 978-7-03-079174-0

Ⅰ. R313

中国国家版本馆 CIP 数据核字第 2024UB1680 号

责任编辑：王　颖 / 责任校对：宁辉彩

责任印制：张　伟 / 封面设计：陈　敬

科学出版社 出版

北京东黄城根北街 16 号

邮政编码：100717

http://www.sciencep.com

三河市骏杰印刷有限公司印刷

科学出版社发行　各地新华书店经销

*

2016 年 8 月第　一　版　开本：787×1092　1/16

2025 年 6 月第　二　版　印张：25

2025 年 6 月第十一次印刷　字数：672 000

定价：99.00 元

（如有印装质量问题，我社负责调换）

前　　言

在党的二十大精神的指引下，《医用化学》第2版编写组为了满足与医学有关各专业教学的需要，在《医用化学》第1版（2016年出版）的基础上，结合多年来使用本教材的各院校学生学习情况以及教师教学经验，参阅了国内外新出版的相关教科书，全面修订《医用化学》第2版教材，同时增加了数字资源，使之更好地服务教学。

《医用化学》第2版的编写要点为：坚持“三基、五性”的原则；注重实用性；根据医学有关各专业的要求，注意医用化学与医学的联系，主要通过化学联系、人体视角、临床视角、环境视角等4个方面的内容突出化学知识在医药中的应用；提升教材内容、文字表达的水平，提高可读性。本次教材修订要点如下：

1.《医用化学》第2版在《医用化学》第1版的基础上修订，第2版继续强调教学内容的整体性与系统性。整个教材按“绪论”“医用无机化学”“医用有机化学”“医用分析化学”“医用化学实验”五部分组织相关章节的内容。

2. 坚持以学生为中心，以学生知识、能力和素质协调发展为指导，注意并保持《医用化学》教材的知识结构与特色，修订表述不清楚、欠准确等内容。

3. 本教材中有机化合物的命名按中国化学会最新一版的有机化合物命名原则（2017）进行修订；计量单位一律采用法定计量单位；主要名词术语均附有英文。

本教材可供36～84学时与医学有关的基础医学、检验、生物医学工程、影像、护理、生殖等专业的本专科学生使用，同时也可作为医用化学教学的参考书。各学校在使用时可根据教学的实际情况，进行补充和删减。

本教材得到重庆医科大学、空军军医大学、陆军军医大学、山西医科大学、大连医科大学、内蒙古医科大学、新疆医科大学、福建医科大学、遵义医科大学、昆明医科大学、西南医科大学、成都医学院、齐齐哈尔医学院、西安医学院、长治医学院、桂林医科大学和湖北理工学院等单位的领导和各位编委的大力支持。在此，谨向他们致以诚挚谢意！

本教材的修订，力求做到尽善尽美，但难免有不妥或疏漏之处，敬请广大师生批评指正。

余　瑜

2023年2月于重庆

目　　录

第一章　绪论……1
第一节　化学……1
第二节　化学与医学的关系……4
第三节　化学测量……7
第四节　有效数字与科学记数法……12
第二章　原子、元素和分子……16
第一节　原子……16
第二节　元素……25
第三节　分子……30
第三章　物质……42
第一节　物质的组成与分类……42
第二节　物质的结构……44
第三节　物质的状态……47
第四节　物质的性质……51
第四章　溶液……54
第一节　溶液的基本概念……54
第二节　溶液的渗透压……60
第三节　作为溶剂的水……63
第四节　酸与碱……64
第五节　体液中的电解质……73
第六节　胶体溶液……76
第五章　反应……82
第一节　反应的基本概念……82
第二节　化学和物理变化……83
第三节　化学方程式和计算……93
第四节　反应速率……95
第六章　氧化还原反应与电极电势……101
第一节　氧化还原反应的基本概念……101
第二节　原电池……104
第三节　电极电势……105
第四节　电极电势的应用……111
第五节　电势法测定溶液的 pH……113
第七章　配位化合物……118
第八章　核化学和核医学……128
第一节　核化学……128

第二节　核医学……135
第九章　饱和烃……138
第一节　烷烃……138
第二节　环烷烃……143
第十章　不饱和烃……148
第一节　烯烃……148
第二节　炔烃……153
第三节　芳烃……155
第十一章　卤代烃……161
第十二章　醇、酚、醚、硫醇和硫醚……175
第一节　醇……175
第二节　酚……179
第三节　醚……181
第四节　硫醇和硫醚……184
第十三章　醛、酮和醌……189
第一节　醛和酮……189
第二节　醌……194
第十四章　羧酸与取代羧酸……198
第一节　羧酸……198
第二节　取代羧酸……202
第十五章　对映异构……210
第十六章　有机含氮化合物……217
第一节　胺……217
第二节　酰胺……223
第三节　含氮杂环化合物……226
第四节　生物碱……233
第十七章　脂类……240
第一节　油脂……240
第二节　类脂……245
第十八章　糖类……252
第一节　单糖……253
第二节　二糖……264
第三节　多糖……268
第四节　糖代谢……272
第十九章　氨基酸、多肽和蛋白质……280
第一节　氨基酸……280
第二节　多肽……285
第三节　蛋白质……288

第四节 酶……294
第二十章 核酸……299
第二十一章 分光光度法……310
第一节 分光光度法概述……310
第二节 光吸收的基本定律……311
第三节 分光光度计……313
第四节 分光光度法分析条件的选择……315
第五节 常用定量分析方法简介……317
第二十二章 高效液相色谱法简介……321
第一节 高效液相色谱法概述……322
第二节 高效液相色谱法基本理论……326
第三节 高效液相色谱法的固定相和流动相……328
第四节 高效液相色谱仪……329
第五节 高效液相色谱法的定性和定量分析方法……332
第六节 高效液相色谱法的应用……334
医用化学实验……338
第一节 医用化学实验规则……338
第二节 医用化学实验的基本操作与要求……339
第三节 医用化学实验部分……345
实验一 医用化学实验室安全知识和基本仪器操作……345
实验二 弱酸电离常数和电离度的测定……350
实验三 氯化钠的提取纯化及鉴定……352
实验四 水的硬度测定……354
实验五 有机化合物物理常数的测定……355
实验六 纸色谱法分离鉴定氨基酸……358
实验七 茶叶中咖啡碱的提取及鉴定……361
实验八 蛋黄中卵磷脂的提取及组成鉴定……362
实验九 阿司匹林的制备……364
实验十 有机化合物的鉴别实验……365
实验十一 食用醋中醋酸质量浓度的测定……367
实验十二 分光光度法测定铁的含量……369
实验十三 紫外分光光度法测定苯酚的含量……370
实验十四 HPLC 法测定咖啡因的含量……371
主要参考文献……373
附录……374
附录一 化学试剂规格表……374
附录二 常用化学危险品分类表……374
附录三 水的蒸汽压力表（0～100℃）……375

附录四 常用酸、碱溶液的相对密度、含量和浓度表 ……375
附录五 常用弱酸和弱碱的电离常数表 ……376
附录六 常用的标准缓冲溶液表……377
附录七 $H_2PO_4^-$ 和 HPO_4^{2-} 组成的缓冲溶液表（298.15K）……378
附录八 “Tris”和“Tris · HCl”组成的缓冲溶液表……378
附录九 常用的指示剂表……378
附录十 常用难溶化合物的溶度积表……380
附录十一 常用电极的标准电极电势表（298.15K）……381
附录十二 常用基准物质的干燥条件和应用表 ……382
附录十三 常用有机溶剂的沸点和密度表 ……383
附录十四 常见毒性危险性化学药品表……383
附录十五 常见具有致癌性的化学物质表 ……386
附录十六 常用中英文及其缩写对照表……389

第一章 绪　论
（introduction）

学习目标

1. **掌握**：医用化学研究的对象；化学单位；有效数字与科学记数法。
2. **熟悉**：化学与医学的关系；基础化学；有机化学。
3. **了解**：化学的发展概况。

第一节 化　学

一、基本概念

化学（chemistry）是在分子和原子层次上以实验为基础研究物体的组成结构、性质与变化规律的一门自然科学。物体是指某一有限质量在某一有限空间内的瞬时分布。物体经历的改变总是伴随有增加能量或者减小能量。能量总是通过做功完成一些改变。化学研究涉及物体、能量及二者之间的关系，为此，物体与能量是化学研究的核心。

化学是人类用以认识和改造物质世界的主要方法和手段之一。它的成就是社会文明的重要标志。现代化学主要涉及无机化学、有机化学、物理化学、分析化学、高分子化学等二级学科。化学作为材料科学、纳米科技、生物化学等学科的核心和基础，被许多人称为“中心科学”。

医用化学（medical chemistry）主要涉及无机化学、有机化学和分析化学的基本内容和检测方法。

无机化学（inorganic chemistry）是研究无机物的化学，是化学最古老的分支学科。其主要包括元素周期律、原子结构、化学键、分子结构、配位化合物与配位平衡、溶液、胶体溶液、酸碱平衡、沉淀溶解平衡、氧化还原反应等。

有机化学（organic chemistry）是研究碳氢化合物及其衍生物的化学。有机物主要包括烷烃、烯烃、炔烃、芳香烃、卤代烃、醇、酚、醚、醛、酮、羧酸、羧酸衍生物、胺类、硝基化合物、腈类、含硫有机化合物、含磷有机化合物、杂环化合物、糖类、脂类、氨基酸、蛋白质和核酸等，这些有机物广泛存在于自然，许多与生命及其机能密切相关。

分析化学（analytical chemistry）是研究物质的组成、含量、结构和形态等化学信息的分析方法及理论的一门科学，是化学的一个重要分支。

二、化学的发展概况

从古至今，人类利用火烧煮食物、烧制陶器、冶炼青铜器和铁器，酿酒制醋等都是化学技术的应用。为此，人类与化学结下了不解之缘。正是因为这些化学技术的具体应用，极大地促进了当时社会生产力的发展，并且成为人类进步的标志。化学的发展大致可划分为五个时期：

1. 化学的萌芽时期　从远古到公元前 1500 年期间，即远古的工艺化学时期，化学知识尚未形成，人类主要是在实践经验的直接启发下经过不断摸索而创造了制陶、冶金、酿酒和染色等化学技术及其工艺。

2. 化学的丹药时期　从公元前 1500 年到公元 1650 年期间，炼丹术士为了求得长生不老的仙丹，炼金术士为了求得荣华富贵的黄金，他们在皇宫、教堂、家里甚至于深山老林的烟熏火燎中，开始了最早的化学实验。此时期在中国、阿拉伯、埃及以及希腊等国家有不少关于炼丹术的记载和总结书籍，积累了许多物质间的化学变化，为化学的进一步发展准备了丰富的素材。随着时间的推移，化学方法转而在医药和冶金方面得到了正当发挥。在欧洲文艺复兴时期，出版的一些有关化学书籍，第一次有了“化学”这个名词。英语的 chemistry 起源于 alchemy（炼金术）。chemist 至今还保留着两个相关的含义：化学家和药剂师。这些都可以说是化学脱胎于炼金术和制药业的文化遗迹。

3. 化学的燃素时期（或称近代化学的孕育时期） 从 1650 年到 1775 年时期，随着冶金工业和实验室经验的积累，人们积极总结感性知识和经验，提出了燃素学说（the phlogiston theory），并认为可燃物能够燃烧是因为它含有燃素，可燃的燃素是一种气态物质，当可燃物放出燃素后与空气结合，从而发光发热，这就是火，如油脂、蜡和木炭等都是极富燃素的物质；而石头、木灰和黄金等都不含燃素，所以不能燃烧。物质发生化学变化，可归结为物质释放燃素或吸收燃素的过程。例如，煅烧锌和铅，燃素从中逸出，便生成白色的锌灰和红色的铅灰；而将锌灰和铅灰与木炭一起焙烧时，从木炭中吸收燃素，金属又重生出来。金属溶于酸是燃素被酸夺去的过程。酒精是水和燃素的结合物，酒精燃烧后，便只剩下水。为此，这一时期又称为燃素化学时期。

在这个时期，化学家为了解释各种现象，做了大量的实验，进行化学变化的理论研究，使化学成为自然科学的一个分支。此阶段的起始是以英国近代化学奠基人罗伯特·波义耳（Robert Boyle）指明化学的元素科学概念为标志。在元素的科学概念建立后，通过对燃烧现象的精密实验研究，建立了科学的氧化理论和质量守恒定律，随后又建立了定比定律、倍比定律和化合量定律；同时随着欧洲工业生产蓬勃兴起，推动了医药化学和冶金化学的创立和发展，使炼金术转向生活和实际应用，继而更加注意物质化学变化本身的研究，为化学进一步科学的发展奠定了基础。

4. 近代化学时期 从 1775 年到 1900 年时期，法国著名化学家安托万·洛朗·德拉瓦锡（法语：Antoine-Laurent de Lavoisier）在 1775 年前后用定量化学实验阐述了燃烧的氧化学说，开创了定量化学时期，使化学沿着科学的轨道发展。19 世纪初，英国化学家约翰·道尔顿（John Dalton）提出近代原子学说，突出地强调了各种元素原子的质量为其最基本特征，使当时的化学知识和理论得到了合理的解释。接着意大利化学家阿莫迪欧·阿伏伽德罗（Ameldeo Arogadro）提出分子概念。自从用原子和分子论来研究化学，化学才真正被确立为一门科学。

这一时期，建立了不少化学基本定律。俄国化学家德米特里·伊万诺维奇·门捷列夫（俄语：Дми′трий Ива′нович Менделе′ев）发现元素周期律，进一步通过对矿物的分析，发现了许多新元素，加上对原子分子学说的实验验证，经典的化学分析方法也有了自己的体系。不仅初步形成了无机化学的体系，而且与原子分子学说一起成为化学的理论体系。

随着原子价概念、苯六环结构和碳价键四面体等学说的创立、草酸和尿素的合成、酒石酸拆分成旋光异构体以及分子不对称性等等的发现，有机化学结构理论的建立，使人们对分子本质的认识更加深入，并奠定了有机化学的基础。1806 年，瑞典化学家琼斯·雅可比·贝采里乌斯（Jons Jakob Berzelius）首次提出“有机化学”，这一词与当时的“无机化学”是相对的，德国化学家尤斯图斯·冯·李比希（Justus von Liebig）和德国化学家弗里德里希·维勒（Friedrich Wohler）发展了有机结构理论，随后于 1828 年在实验室中首次成功将无机物氰酸铵转化为哺乳动物蛋白质代谢的有机产物尿素，这是对当时占统治地位的“生命力论”发起的第一次冲击，动摇了“生命力论”的根基。这些都使化学成为一门系统的科学，也为现代化学的发展奠定了基础。

5. 现代化学时期 从 20 世纪初至今，化学发展的趋势可以归纳为：由宏观向微观、由定性向定量、由稳定态向亚稳定态发展；由实践经验逐渐上升到理论，再用于指导设计和开拓创新的物质研究。一方面，化学为生产和技术部门提供尽可能多的新物质、新材料，同时也解决了化学上许多悬而未决的问题；另一方面，化学向生物学和地质学等学科渗透；向探索生命科学和宇宙起源的方向发展，同时合成了从不稳定的自由基到有生物活性的蛋白质、核酸等生命基础物质；还合成了有复杂结构的天然有机化合物和有特效的药物，使蛋白质、酶的结构问题得到逐步解决。这些成就对促进科学的发展起了巨大的作用，为解决有生命物质的合成问题及其化学问题等，提供了有利的条件。

在结构化学方面，由于电子的发现开始并确立的现代的有核原子模型，不仅丰富和深化了对元素周期表的认识，而且发展了分子理论。应用量子力学可研究分子结构。研究物质结构的谱学方法也由可见光谱、紫外光谱、红外光谱扩展到核磁共振谱、电子自旋共振谱、光电子能谱、射线共振光谱、穆斯堡尔谱等，与计算机联用后，积累大量物质结构与性能相关的资料，正由经验向理论发展。电子显微镜放大倍数不断提高，人们可以直接观察分子的结构。

作为20世纪的时代标志，核能被人类开始掌握且使用。放射化学和核化学等分支学科相继产生，并迅速发展；同位素地质学、同位素宇宙化学等交叉学科接踵诞生。在已有109种元素基础上，扩充了元素周期表，并且正在探索超重元素以验证元素“稳定岛假说”。与现代宇宙学相依存的元素起源学说和与演化学说密切相关的核素年龄测定等工作，都在不断补充和更新元素的观念。

三、化学的分类

化学对认识和利用物质具有重要的作用。从化学的应用和研究方向基本上化学可以分为无机化学、有机化学、物理化学、分析化学、高分子化学、核化学、生物化学、其他化学等八大类（表1-1）。

表1-1 化学的分类表

序号	类型名称	具体学科及其研究对象
1	无机化学	元素化学、无机合成化学、无机高分子化学、无机固体化学、配位化学（即配合物化学）、生物无机化学、金属酶化学等
2	有机化学	普通有机化学、有机合成化学、金属和非金属有机化学、物理有机化学、生物有机化学、有机分析化学等
3	物理化学	结构化学、热化学、化学热力学、化学动力学、电化学、溶液理论、界面化学、胶体化学、量子化学、催化作用及其理论等
4	分析化学	化学分析、仪器和新技术分析等
5	高分子化学	天然高分子化学、高分子合成化学、高分子物理化学、高聚物应用、高分子物理等
6	核化学	放射性元素化学、放射分析化学、辐射化学、同位素化学等
7	生物化学	一般生物化学、酶类、微生物化学、植物化学、免疫化学、发酵和生物工程、食品化学、煤化学等
8	其他化学	地球化学、海洋化学、大气化学、环境化学、宇宙化学、星际化学、绿色化学等

四、化学、药学与医学

医学依托数学、物理、化学和计算机等学科的发展而得到飞速的发展。进入21世纪，医学正从生物分子到分子生物的飞速转变过程中，医学的研究也进入分子水平，而在分子水平上的研究方法主要是化学方法。其主要涉及的重要课程是《无机化学》《有机化学》《分析化学》《物理化学》。为此，可以探讨化学特别是无机化学和有机化学与药学和医学的关系。

20世纪30年代，以乙炔为原料兴起了有机合成，随后以石油和天然气为主，发展了合成橡胶、合成塑料和合成纤维等工业。由于石油资源日趋短缺，以煤替代石油为原料的有机化学工业也发展起来。随着合成染料的发现，促进了染料和制药工业的蓬勃发展，推动了对芳香族化合物和杂环化合物的研究，同时也使药学得到了长足的进步。从20世纪初期至30年代，先后确定了一些单糖、氨基酸、核苷酸、牛胆酸、胆固醇和某些萜类等的结构以及一些肽和蛋白质的组成。

30～40 年代，进行了一些维生素、甾族激素和多糖等结构确定，完成了一些甾族激素和维生素等的合成研究。40～50 年代，完成了青霉素（penicillin）等抗生素结构测定及其合成；50 年代，完成了催产素（oxytocin）等生物活性小肽的合成；一些甾族化合物和吗啡（morphine）等生物碱的全合成；确定了胰岛素（insulin）的化学结构；发现了蛋白质的螺旋结构和 DNA 的双螺旋结构。60 年代，完成了胰岛素全合成；低聚核苷酸的合成。70 年代至 80 年代初期，进行了前列腺素（prostaglandin）、维生素 B_{12}、昆虫信息素的全合成；确定了核酸和美登木素的结构并完成全合成等。号称人类自然科学史上三大计划之一的“人类基因组计划”（human genome project，HGP）于 2000 年 6 月 26 日由英、美、中、日、德和法等国家的科学家联合宣布人类基因组草图绘制工作已经完成，2001 年 2 月 15 日美国《科学》杂志正式发表了比“工作草图”更为清晰、完整、准确的人类基因组图谱。这标志着人类生命科学又向纵深迈进了坚实的一步。

第二节　化学与医学的关系

一、组成人体的化学物质

人体是由细胞构成的，细胞是人体结构和功能的基本单位。人体共有 40 万亿～60 万亿个细胞，细胞平均直径在 10～20μm，其中最大的细胞是成熟的卵细胞，直径在 0.1mm 以上；最小的细胞是血小板，直径只有约 2μm。除成熟的红细胞外，所有细胞都有一个细胞核，是调节细胞作用的中心。血液中白细胞有的寿命只有几小时；肠黏膜细胞的寿命为 3 天；肝细胞寿命为 500 天；脑与骨髓里的神经细胞的寿命有几十年，几乎与人体寿命相等。

人体众多形态与功能相似的细胞及其细胞间质组合成的细胞群体称为组织，如神经组织、肌肉组织、上皮组织等。几种组织有机地结合起来具有特定结构和功能，就构成了器官，如心脏、肝、肾等。若干个功能相关的器官联合起来，共同完成某一特定的连续性生理功能，就构成人体的系统。

组成人体的化学物质很多，归纳起来主要有核酸、蛋白质（18.3%）、糖类（0.5%）、脂类（10%～20%）、水（60%～70%）、无机盐以及微量元素等，这些化学物质在人体内的功能各异，构成了人体的各种细胞及其细胞间质，并供给细胞活动的能量，其中任何一种物质都不可或缺，否则将会导致人体的代谢障碍和组织损伤。

二、化学反应与人体内的物质代谢

代谢（metabolism），又称细胞代谢，是生物体内用于维持生命的一系列有序化学反应的总称。其常被分为两类：一类是分解代谢，可对大分子进行分解以获得能量（如细胞呼吸）等，另一类是合成代谢，可以利用能量来合成细胞中的各个组分（如蛋白质和核酸）等。物质代谢是指物质在体内的消化、吸收、运转、分解等与生命有关的化学过程。这些反应过程使得生物体能够生长和繁殖、保持它们的结构以及对外界环境做出反应。

1. 甲醇和乙醇的体内代谢反应　甲醇在人体内代谢时，第一步生成甲醛，第二步生成甲酸，其反应式为：

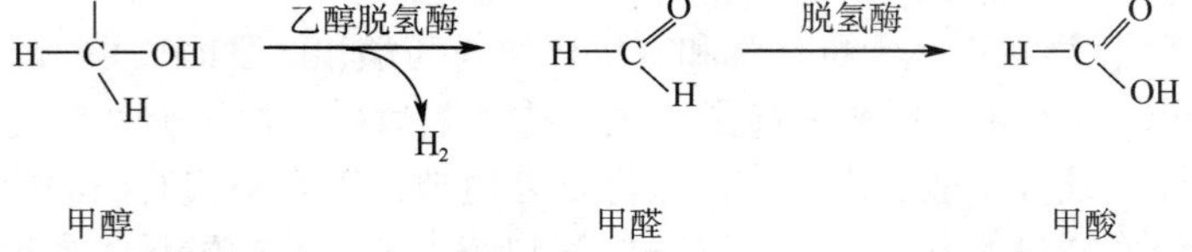

甲醛可破坏人视网膜上的感光蛋白质，造成眼睛失明。其进一步氧化产物为甲酸，因其不能被机体代谢而潴留于血中，使 pH 下降，轻者导致肾衰竭，而最严重者可导致死亡。

乙醇在人体内代谢时，第一步生成乙醛，第二步生成乙酰辅酶 A，其反应式为：

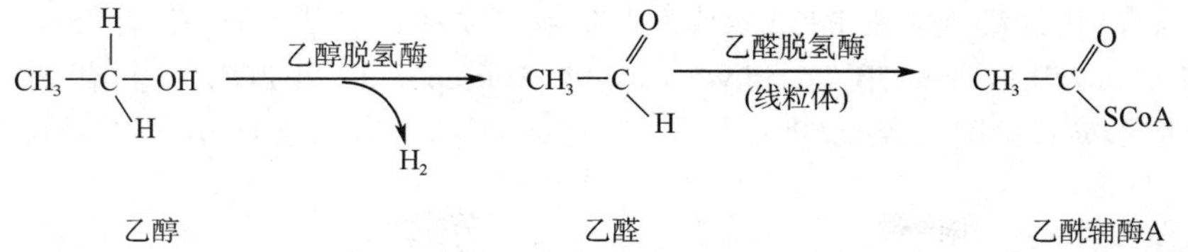

大量乙醇可扰乱神经系统的功能，对人体是有害的（表 1-2）。当血液中乙醇浓度过高时，乙醇主要通过乙醇脱氢酶（ADH）代谢系统进行氧化，需借助过氧化氢氧化酶系统、线粒体乙醇氧化系统、膜结合离子转换系统进行代谢生成乙醛（具有让毛细血管扩张的功能，这是喝酒人脸红的原因），但很快又被乙醛脱氢酶转化为乙酰辅酶 A（acetyl coenzyme A），而被人体的细胞利用。

表 1-2　血液中不同乙醇浓度的临床症状表

乙醇浓度*	临床症状	乙醇浓度*	临床症状
0.010	神志清醒，呼吸正常，口腔和喉黏膜有轻微刺痛	0.100	摇摇晃晃，站立不稳
0.020	头后部有轻微的阵阵抽痛，头昏眼花	0.300	昏迷不省人事
0.030	轻度的异常欣快，毫无愁闷感，自吹自擂	0.400	深度麻木，可致死
0.040	力气异常大，狂暴无礼	/	/

* 表示血液中的乙醇体积分数（*V*/*V*，%）。

乙酰辅酶 A 是能源物质代谢的重要中间代谢产物，在人体内能源物质代谢中是一个枢纽性物质。

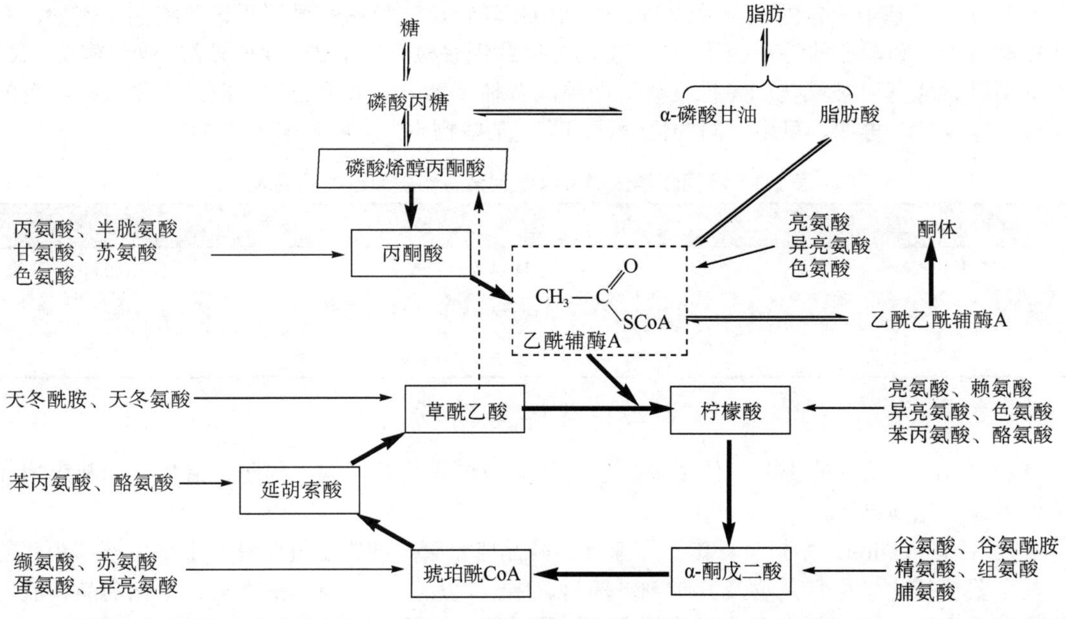

乙酰辅酶 A 是糖、脂肪和蛋白质等三大营养物质的共同人体内代谢产物，再经三羧酸循环和氧化磷酸化代谢通路，彻底氧化生成二氧化碳和水，释放的能量用于 ATP 的合成。乙酰辅酶 A 是合成脂肪酸、酮体等能源物质的前体物质，也是合成胆固醇及其衍生物等生理活性物质的前体物质。

2. 苯并 [a] 芘的体内代谢反应　苯并 [a] 芘（benzo[a]pyrene）是多环芳烃类（polycyclicaromatic hydrocarbons，PAHs）环境化学污染物，是煤焦油的主要致癌成分。当糖类、脂肪、蛋白质等加热“燃烧”时，均会产生苯并 [a] 芘。在烟熏过程中食物也能遭到苯并 [a] 芘的污染。例如，1kg 烟熏羊肉中苯并 [a] 芘的含量相当于 250 支卷烟“燃烧”时产生苯并 [a] 芘的量。为此，进

入人体内的苯并 [a] 芘经细胞色素 P450 酶代谢产生致癌物特强的苯并 [a] 芘-7β, 8α-二氢二醇-9α, 10α-环氧化物（benzo[a]pyrene-7β, 8α-dihydrodiol-9α, 10α-epoxide，BPDE）；其代谢环氧化物与 DNA 经加成反应形成共价键结合的 DNA 加成物，造成 DNA 损伤，当 DNA 不能修复或修而不复，细胞就可能发生癌变。

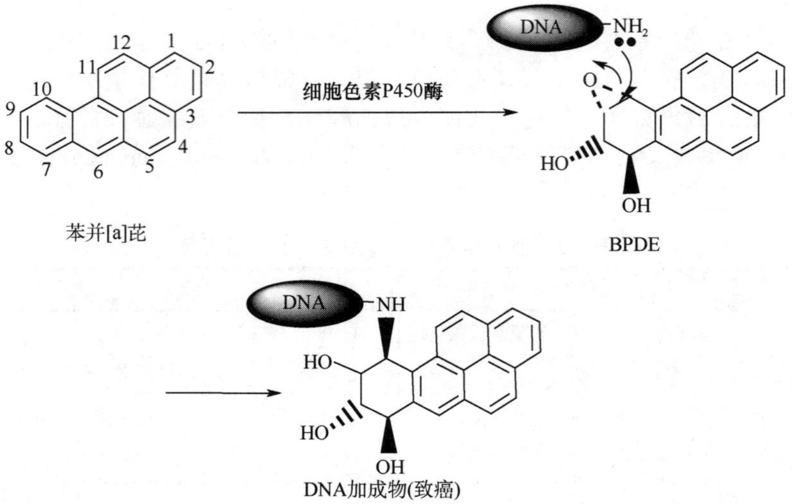

三、化学与医学检验

在临床上，基于一定的化学原理与方法利用化学物质的特殊性质用于诊断疾病。例如，基于硫酸钡难溶于水和盐酸的特殊性质，临床上的 X 射线钡餐检查，可发现食道异常，确诊病变。又如，基于葡萄糖含醛基可被氧化的特殊性质，即检测费林试剂与尿液葡萄糖反应是否生成砖红色的沉淀，诊断糖尿病。再如，可用不同的化学试剂鉴定某些物质，诊断疾病（表 1-3）。

表 1-3　不同化学试剂可以鉴定某些物质而诊断疾病表

序号	化学试剂	检测对象	检测原理	诊断疾病
1	基因探针	癌基因	DNA 分子杂交	白血病
2	双缩脲试剂	尿液蛋白质	与双缩脲试剂显紫色反应	肾炎
3	单克隆抗体	血液乙肝病毒	抗体与抗原基因特异性结合	乙型肝炎

四、化学与药物

药物（drug）是指能影响机体生理、生化和病理过程具有保健、预防、治疗、诊断疾病和某些特殊用途的化学物质。

药品（medication）系指（各国）国家食品药品监督管理部门审批允许其上市生产和销售的药物。其主要包括化学原料药物及其制剂；药材、中药饮片、中成药；抗生素、生化药品、放射性药品、血清疫苗、血清制品和诊断药品等。按照我国《药品管理法》，药品系指用于预防、诊断、治疗人的疾病，有目的地调节人的生理机能并规定有适应证、用法和用量的物质。

国际上，药物一般分为中药、化学药物和生物药物。现以化学药物为例说明。

1. 化学药物的命名　每一种专卖药物至少有 3 个名称：化学名称、普通名称（非专卖药物）和商品名称（专利或商标药物）。其中化学名称能精确地反映药物的化学结构，但一般药物很少用。在美国，普通名称由官方机构——美国命名委员会（USAN）决定。商品名称由制药公司选择，制药公司总是挑选独特、简短并容易记住的名称，以便于医师处方及患者按名索购。

2. 化学药物的分类　依照法律及其国际上分类管理，药物可分为两类：一类是处方药物，是指那些考虑到医疗安全只能在医疗监护下使用的药物，必须由执业医师出具书面处方（如内科医生、牙科医生或兽医）；另一类是非处方药物（OTC），是指那些不用医疗监护即具相当安全性的药物，可在无处方情况下由药店直接出售。

3. 化学药物的应用 化学药物主要包括有利于健康的催眠药物、感冒药物、退烧药物、胃药、泻药等等各种药品。药物可在药店购买，处方药物必须凭处方购买。例如，胰岛素、Diabinese（氯磺丙脲的商品名）可用于治疗糖尿病；紫杉醇、顺铂等用于治疗肿瘤；Flexeril（三碘季铵酚的商品名）用于缓解肌痉挛；青霉素用于治疗细菌感染。

临床视角 **基于体内代谢物的诊断（1）：尿葡萄糖**

1. 尿葡萄糖 系指人尿液中的葡萄糖，一般正常人尿液中可有微量葡萄糖，尿内排出量＜2.8mmol/24h，用普通定性方法检查为阴性。

2. 尿葡萄糖正常值参考范围 定量为＜2.8mmol/24h（＜0.5g/24h）。浓度为 0.1～0.8mmol/L（1～15mg/dL）。定性：阴性（－）。

3. 临床意义 呈阳性，多见于：①疾病。②饮食性糖尿。③暂时性和持续性糖尿：暂时性糖尿，见于剧烈运动后、头部外伤等，持续性糖尿，多见于原发性糖尿病、甲状腺功能亢进、内分泌疾病、嗜铬细胞瘤等。④其他：烧伤、感染、骨折、应用药物也可引起尿糖阳性。

第三节 化学测量

一、测量与结果

测量（measurement）是指待测物量与公认标准量比较的过程。其测量结果的记录应该包含两个部分：测量数值和单位。其中测量数值包括两个部分：准确值和估算值。

在确定被测对象后，应注意以下几个问题：

1. 结果的完整性 在测量结果表示中，应注意记录的完整性，即每一次测量结果的记录内容应包括三个要素：估算值、准确值和单位。

2. 结果的标识性 在给出结果时，应表明测量结果所指的是示值、未修正结果、已修正结果或平均值中的哪一种。

3. 结果的重复性 在相同测量条件下，对同一被测量进行连续多次测量所得结果之间的一致性，即结果的重复性。相同测量条件即称为重复性条件，其中重要的是注意相同的测量程序、相同的测量仪器、相同的观测者、相同的地点、在短期内重复测量、相同的测量环境等。

二、单 位

单位（unit）是指测量中的标准量。它是一个选定的标准量，独立定义的单位称为基本单位（base unit）；由物理关系导出的单位称为导出单位（derived unit）。国际单位制（international system of units，SI）有 7 个基本单位，即长度（米，m）、质量（千克，kg）、时间（秒，s）、电流（安 [培]，A）、热力学温度（开 [尔文]，K）、物质的量（摩 [尔]，mol）和发光强度（坎 [德拉]，cd）。

在实验中，经常涉及所采用科学的实验方法以及科学方法在获得的实验值与实验结果转换成数据中的作用，并且用适当的有效数字以正确单位写成报告。由实验确定的数据包括质量、长度、体积、时间、温度、能量、物质的量、密度和比重等。

化学视角 **1 米的由来及其定义**

国际单位制的长度单位“米”（meter，符号 m）起源于法国。1 米的最初定义是 1790 年 5 月由法国科学家组成的特别委员会建议以通过巴黎的子午线上从地球赤道到北极点的距离的一千万分之一（即地球子午线的四千万分之一）作为标准单位（称为 1 米）。他们将这个单位称之为 mètre，后演变为 meter，中文译为“米”或“米突”。1791 年获法国国会批准。1889 年第一届国际计量大会确定“米原器”为国际长度基准，规定 1 米就是米原器在 0 摄氏度时两端的两条刻线间的距离，其精度可以达到 0.1 微米。1960 年第十一届国际计量大会的定义：米的长度等于 ^{86}Kr 原子的 2p10 与 5d5 能级间跃迁辐射在真空中波长的 1 650 763.73 倍。1983 年第十七届国际计量大会以真空光速值重新定义：米是光在真空中于 1/299 792 458 秒内行进的距离。

1. 质量 质量（mass，*m*）是物体所含物质的数量，是度量物体在同一地点重力势能和动能大小的物理量，是物体本身的一种属性。它不随物体的形状、状态以及地理位置的改变而改变，通常用天平来测质量。质量的国际单位是千克。

重量（weight，*W*）是物体受重力的大小的度量。它会随地理位置的改变而改变，通常用弹簧测力计来测重量。重量的单位是牛顿。

重量和质量不同。在地球引力下，质量为 1 千克物质的重量为 9.8 牛顿。质量与重量换算公式：

$$W=m\times g$$

式中，*g* 是重力加速度，在地球不同的位置就有不同的值。例如，因为月球重量是地球的大约 1/6，所以同一物体在月球上的重量为地球的 1/6。又如，在化学式中，相对分子质量为各个原子的相对原子质量的总和，如 CO_2 中碳原子的相对原子质量是 12，氧原子的相对原子质量是 16，则 CO_2 分子的相对分子质量就是 12+16×2=44。

2. 长度 长度（length）是指一维空间两点之间的距离。长度单位是指丈量空间距离上的基本单元。在国际单位制中，长度的基本单位是米（meter，metre，符号 m），常用单位还有千米（km）、分米（dm）、厘米（cm）、毫米（mm）、纳米（nm）、皮米（pm）等。米的各级单位见表 1-4。

表 1-4 米的各级单位表

单位名称	符号	数值	单位名称	符号	数值
分米	dm	10^{-1}m	十米	dam	10m
厘米	cm	10^{-2}m	百米	hm	10^{2}m
毫米	mm	10^{-3}m	千米	km	10^{3}m
微米	μm	10^{-6}m	兆米	Mm	10^{6}m
纳米	nm	10^{-9}m	吉米	Gm	10^{9}m
皮米	pm	10^{-12}m	太米	Tm	10^{12}m
飞米	fm	10^{-15}m	拍米	Pm	10^{15}m

注：米又称“公尺”，千米又称“公里”，分米又称“公寸”，厘米又称“公分”，毫米又称“公厘”，飞米又称“费米”（fermi）。

化学视角 **纳米技术**

纳米技术（nanotechnology）也称毫微技术，是研究用单个原子、分子制造结构尺寸在 0.1nm 至 100nm 范围内材料的性质和应用的科学技术。它是现代科学（混沌物理、量子力学、介观物理、分子生物学）和现代技术（计算机技术、微电子和扫描隧道显微镜技术、核分析技术）结合产生的一系列新科学技术，前者涉及纳米物理学、纳米电子学、纳米化学、纳米材料学、纳米力学、纳米加工学和纳米生物学等；后者主要包括：纳米级测量技术、纳米级表层物理力学性能的检测技术、纳米级加工技术、纳米粒子的制备技术、纳米材料、纳米生物学技术、纳米组装技术等。其中，纳米材料的制备和研究是整个纳米科技的基础，纳米物理学和纳米化学是纳米技术的理论基础，而纳米电子学是纳米技术最重要的内容。

3. 容积 容积（volume）是指容器所能容纳物体的体积。体积的国际单位制升（liter）。1 升是指 1 千克水在 4℃时所占的体积。1 升等于 1000 毫升。计算容积一般用升（L）或毫升（mL）为单位，只限于计算液体，如药水、汽油、墨水等。

在化学实验中，用来测液体体积的容器有刻度吸管、移液管、量筒和滴管等。刻度吸管准确性高，可以量取需要的刻度量；移液管准确性高，一次只能量取固定量的溶液；量筒越大，管径越粗，量取误差越大；而滴管准确度差，一般用于粗略移取，如显色剂、缓冲液等。

4. 时间 1 秒的定义是铯-133 的原子基态的两个超精细能阶间跃迁对应辐射的 9 192 631 770 个周期的持续时间，是物理学中的七个基本物理量之一。在国际单位制（SI）中，时间（time，*t*）的基本单位是秒（s）；生活中常用的时间单位有：毫秒（ms）、分（min）、小时（h）和日（d）。

5. 温度 温度（temperature）是表示物体冷热程度的物理量，微观上是指物体分子热运动的剧烈程度。温度只能通过物体随温度变化的某些特性来间接测量，而用来量度物体温度数值的标尺叫温标。国际单位为热力学温标以开尔文（K）为单位。目前国际上常用的其他温标有摄氏温标（℃）、华氏温标（℉）和开尔文温标（K）。

摄氏温标 t 与华氏温标 F 的换算关系为：

$$F（℉）=32+t（℃）\times 1.8$$

摄氏温标 t 与开尔文温标 T 的换算关系为：

$$T（K）=t（℃）+273.15$$

例如，在标准大气压下，以摄氏温标（Celsius thermometric scale）记，水的冰点为 0℃，水的沸点为 100℃；而以华氏温标（Fahrenheit thermometric scale）记，水的冰点为 32℉，水的沸点为 212℉；以开尔文温标（Kelvin temperature scale）记，水的冰点为 273.15K，水的沸点为 373.15K。

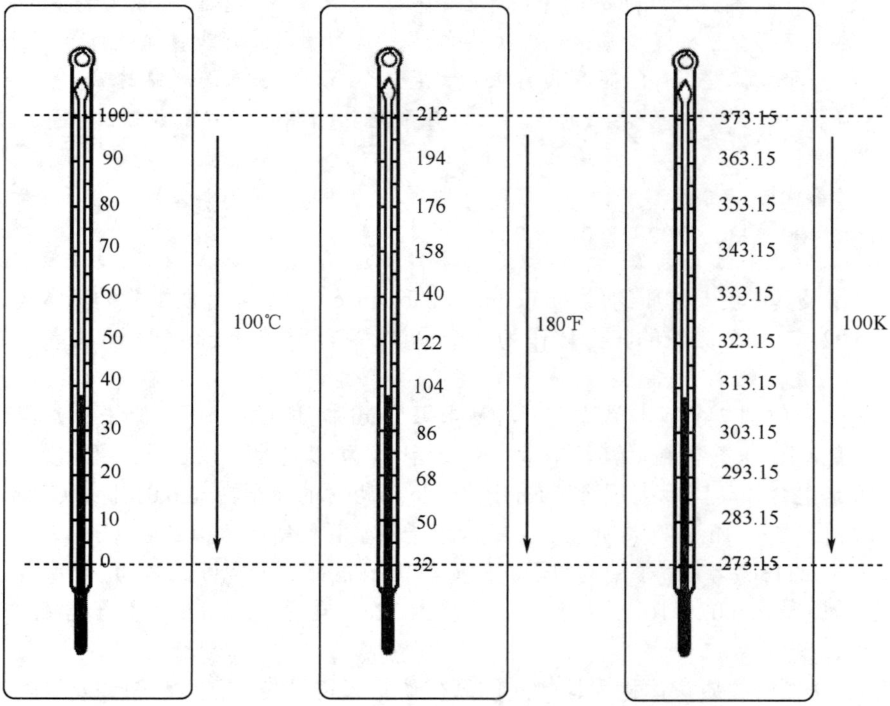

摄氏温标（℃） 华氏温标（℉） 开尔文温标（K）

6. 能量 能量（energy）是指质量的时空分布可能变化程度的度量，可分为动能（kinetic energy）和势能（potential energy）。动能是指物体作机械运动所具有的能量，它的大小是运动物体的质量和速度平方乘积的二分之一。势能是储存于一个系统内的能量，也可以释放或者转化为其他形式的能量。势能不是单独物体所具有的，而是相互作用的物体所共有。

按物质的不同运动形式，能量可分为机械能、化学能、热能、电能、辐射能、核能、光能等，这些不同形式的能量之间可以通过物理效应或化学反应而相互转化。其共同具体特征为：在化学反应中，能量既不能创造也不能消失；能量只能从一种形式转换成另一种形式；所有化学反应涉及能量的增加和损失。

化学反应中的能量变化，通常表现为热量的变化，即放热和吸热。热量的单位为卡（cal）或焦耳（J）。二者的换算为：1 卡（cal）=4.18 焦耳（J）。

在 1 标准大气压下使 1g 质量纯水升高温度 1℃所需要的热量。

在人体中，一切生命活动都需要能量，其消耗途径主要有三个部分，一是基础代谢（65%～70%），二是身体活动（15%～30%），三是食物的热效应（10%），这三者的比例大致已经固定。这些的能量主要来源于食物。动、植物性食物中可以提供热量的营养素是糖类、脂肪、蛋白质、矿物质、维生素、酒精、有机酸等。这些营养素所含的热量（以每克计）：糖类 4cal、脂肪 9cal、蛋白质 4cal、酒精 7cal 和有机酸 2.4cal。因此，计算食物或饮料所含热量的公式为：

热量（kcal）= 糖类克数 ×4+ 蛋白质克数 ×4+ 脂肪克数 ×9+ 酒精克数 ×7+ 有机酸克数 ×2.4

人体视角　　食物的卡路里

卡路里（calorie，缩写 cal）是指在 1 个大气压下将 1g 水提升 1℃所需要的热量。卡路里作为食物热量的法定单位，国际标准的能量单位是焦耳（joule，J）。美国采用卡路里，而欧洲普遍使用焦耳，同样，焦耳也是中国能量的法定单位。

一个 50kg 体重正常成年人以每小时所需 4.186kJ（1kcal）热量计每天所需的热量为：4.186kJ/h×24h×50=5023.2kJ。一般男性为 9250～10090kJ，女性为 7980～8820kJ。

当卡路里摄入过剩，将以脂肪的形式（在腰部、腹部、臀部和大腿等）储存，导致肥胖，将成为心血管疾病、糖尿病等的危险因素。类似地，以食物形式的能量缺失将迫使身体消耗自身的储存脂肪，即减肥过程伴随脂肪的消耗。但是储存脂肪容易而消耗脂肪难。

当摄入食物的卡路里多于消耗的卡路里时，则增重，即每堆积 5500kcal 的多余热量，可增加 1kg 的体重。

常见运动如跳绳、自行车、散步、篮球、乒乓球、游泳、排球和慢跑等每半小时消耗热量（cal）分别为：400、330、300、250、180、175、175 和 75 等。

7. 物质的量及其浓度　物质的量（amount of substance）是表示物质数量的基本物理量，即科学上把含有 6.02×10^{23} 个微粒的集合体作为一个单位，称为摩尔（mole），即基本单位，用符号 mol 表示。

摩尔是国际单位制 7 个基本单位之一，是指每 1mol 物质（如分子、原子等）含有阿伏伽德罗常量（约 6.02×10^{23}）个微粒。其基本微粒应予指明，可以是原子、分子、离子及其他粒子，或这些粒子的特定组合体。国际上规定，1mol 粒子集体所含的粒子数与 0.012kg ^{12}C（碳-12）中所含的碳原子数相同，即 1mol 物质所包含的结构粒子的数目都等于 0.012kg ^{12}C（碳-12）所包含的原子个数，即 6.0221367×10^{23} 个结构粒子。例如，1mol 的碳原子含 6.02×10^{23} 个碳原子，质量为 12g。1mol 的硫原子含 6.02×10^{23} 个硫原子，质量为 32g。同理，1mol 的水分子含 6.02×10^{23} 个水分子，质量为 18g。

通常把 1mol 物质的质量，称为该物质的摩尔质量（符号是 M），摩尔质量的单位是克 / 摩，符号为 g/mol，读作克每摩。例如，水的摩尔质量为 18g/mol，写成 $M(H_2O)$=18g/mol。

物质的量（n）、物质的质量（m）与物质的摩尔质量（M）的相互关系为：

$$n=m/M$$

物质的量浓度（amount of substance concentration）是指单位体积溶液中所含溶质的物质的量，可简称浓度（concentration），用符号 c 表示，常用单位为 mol/L。其中溶质可以是单质、化合物，也可以是离子或其他特定组合。例如，配制 1mol/L 的氯化钠溶液时，氯化钠的式量为 23+35.5=58.5，故称取 58.5g 氯化钠，加水溶解，定容至 1000mL，即得 1mol/L 的氯化钠溶液。

8. 密度与比重 密度（density）是指某种物质单位体积的质量。用 ρ 表示，国际单位制的单位为千克每立方米（kg/m^3）。在化学实验中，常用 g/mL 或 g/cm^3。

比重（specific gravity）也称相对密度，是指物体与同体积水的重量之比。用 γ 表示，比重是无单位的值。气体的比重是指该气体的密度与标准状况下空气密度的比值。固体和液体的比重是该物质（完全密实状态）的密度与在标准大气压和 3.98℃时纯水的密度（$999.972kg/m^3$）的比值。液体或固体的比重说明了它们在另一种流体中是下沉还是漂浮。一般情形下随温度、压力而变。

密度和比重的关系与换算为：

$$\gamma=\rho\times g$$

式中，g 为该地的重力加速度。g 随地区和高度不同而变化，所以 γ 也随着变化。

临床视角　　基于体内代谢物的诊断（2）：尿比重

1. 尿比重　系指在 4℃时尿液与同体积纯水的重量之比。基数值大小取决于尿液中溶解物质（尿素、氯化钠）浓度，其中尿素反映食物中蛋白质的含量；氯化钠反映盐的含量。

2. 正常值参考范围　干化学法：成人晨尿 1.015～1.025，随机尿 1.003～1.030（一般为 1.010～1.025）；新生儿 1.002～1.004。

3. 临床意义　①增高：急性肾小球肾炎、心力衰竭、糖尿病、蛋白尿、高热、休克、腹水、周围循环衰竭、泌尿系统梗阻、妊娠中毒症或脱水等。②降低：慢性肾炎、慢性肾功能不全、慢性肾盂肾炎、肾小球损害性疾病、急性肾衰多尿期、尿毒症多尿期、结缔组织病、尿崩症、蛋白质营养不良、恶性高血压、低钙血症，以及肾性或原发性、先天性或获得性肾小管功能异常等。

三、误　差

误差（error）系指测量值与真实值之间的偏差。可分为系统误差、偶然误差、绝对误差和相对误差等。任何实验都离不开对物理量的测量。其测量有直接的，也有间接的。但是由于仪器、实验条件、环境等因素的限制，使测量不可能无限精确，物理量的测量值与客观存在的真实值之间总会存在着一定的差异，这种差异就是测量误差。误差是不可避免的，只能减小。

四、准确度与精密度

在实验测量中，针对所用方法或仪器，用精密度表示；对比实验得到的结果，用准确度表示，主要考察对比仪器的测定值可看作真值；而一般实验的结果，以标准偏差表示。因此，常用准确度、精密度和精确度评价测量结果好坏的，但常常又容易混淆准确度和精密度这两个名词。

1. 准确度 准确度（accuracy）是指一定条件下测定值与真值之间符合的程度，以系统误差表示。测量的准确度高，系统误差较小，即测量数据的平均值偏离真值较少，但不能反映数据分散偶然误差的大小。

2. 精密度 精密度（precision）是指同一样品重复测定所得测得值之间符合的程度（或重现性）。以偶然误差表示。测量的精密度高，偶然误差较小，这时测量数据比较集中，重现性好，但反映数据分散系统误差的大小不明确。

综上所述，当实验测定的准确度越高，测定值就越接近真值，系统误差就越小；当实验测定的精密度越高，测定值重现性就越好，偶然误差就越小。一般来说，若没有较高的精密度，就不可能获得较高的准确度，为此也可以说精密度高是保证准确度高的先决条件，但是也不能认为有较高的精密度，准确度就一定会高，这是因为系统误差的存在尚未影响到测定的精密度。因此，只有当准确度和精密度都较高时才能保证实验测定值的可靠性。

在实验测量中都有误差，其误差可为二种：一种是系统误差（systematic error），主要是由于客观因素引起的不可避免的误差，另一种是偶然误差（accidental error），主要是由于主观因素引起的实验操作失误等人为可避免的误差。系统误差来源主要有：仪器误差、方法误差、试剂误差、人员误差、环境误差等。

为此，以 1mg/L 的标准溶液测定为例，采取靶标方式表示测定结果（1mg/L），其结果可能有以下四种类型（表 1-5）。

表 1-5　1mg/L 的标准溶液测定结果表

类型	1	2	3	4
靶标方式	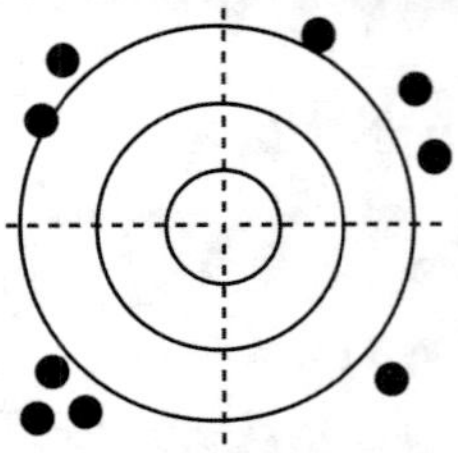	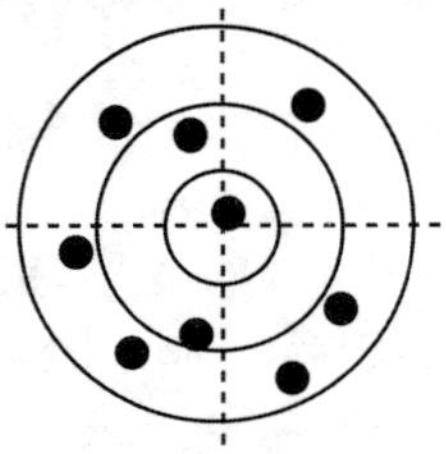	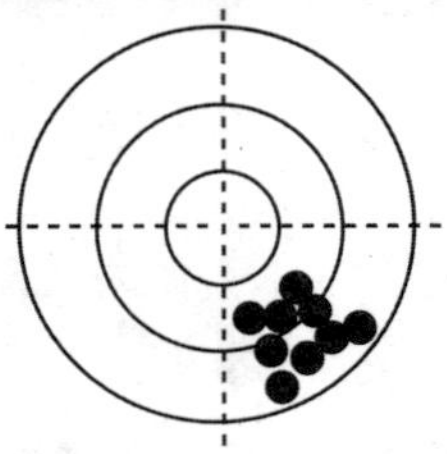	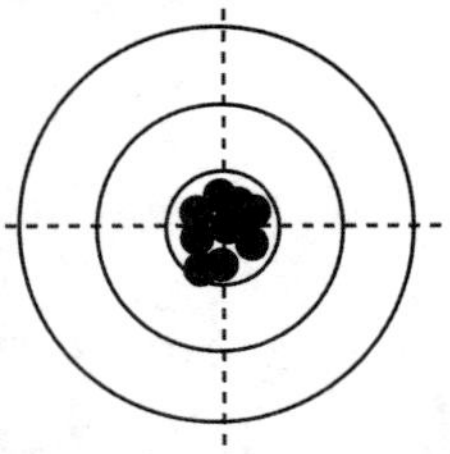
准确度	差，点远离中心（真值）	较高，点均匀地分布在中心（真值）周围	差，点集中但远离中心（真值）	高，点靠近中心（真值）
精密度	差，点很分散	差，点很分散	高，点集中	高，点集中
结论与改进	精密度和准确度都较差。针对所用的仪器、方法以及对比实验，应减小系统误差，提高精密度	准确度较好，但精密度较差。针对所用的仪器、方法以及对比实验，应提高精密度	精密度高，但准确度较差。针对所用的仪器、方法以及对比实验，应减小系统误差	精密度和准确度都很高。就所用的仪器、方法以及对比实验来说，系统误差很小，测定值之间离散也很小

注：黑色点表示测定值；标准溶液的真值（即靶中心）为 1mg/L。

第四节　有效数字与科学记数法

一、有效数字及其表示

有效数字（significant figures）是指测量结果中反映被测量大小并带有一位存疑数字的全部数字。在分析工作中，实际能够测量到的数字由可靠数字与存疑数字两部分组成。如用刻度尺测量物体的长度，读数时视线应与尺面垂直，图 1-1a 中被测物体的长度为 1.9cm，图 1-1b 中被测物体的长度为 1.96cm。

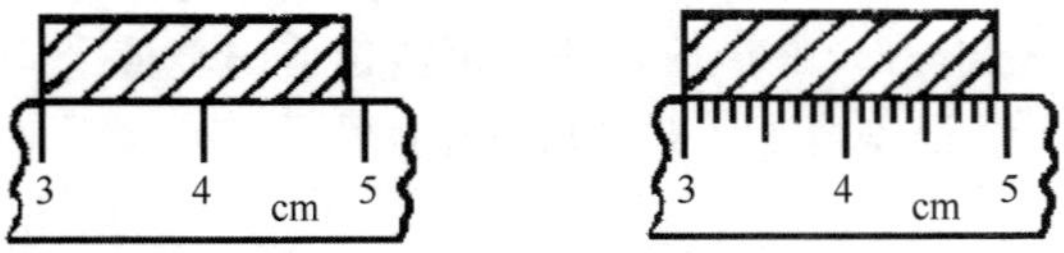

a　　b

图 1-1　用刻度尺测量物体长度示意图

在图 1-1a 中，被测物体的长度在 1cm 与 2cm 之间，可靠数字为 1.0cm，而存疑数字为 0.9cm。此测量长度为 1.9cm，有效数字位数为 2 位数。

在图 1-1b 中，被测物体的长度在 1.9cm 与 2.0cm 之间，可靠数字为 1.9cm，而存疑数字为 0.06cm。此测量长度为 1.96cm，有效数字位数为 3 位数。

二、科学记数法

在科学研究中，经常使用非常大的数值和非常小的数值（表 1-6）。

表 1-6 测量的非常大的数值和非常小的数值表

序号	测量对象	原始的记录数值
1	1 个中子的质量	0.000 000 000 000 000 000 000 001 675g
2	钙原子半径	0.000 000 000 197m
3	一颗尘埃微粒的质量	0.000 000 000 67kg
4	在 27℃和 1 个大气压下的空气密度	0.001 61g/cm^3
5	地球的半径	6 400 000m
6	一光年	9 460 000 000 000km

从表 1-4 可见，若将这些非常大的和非常小的数值正确地写出来的是一件不太容易的事情。同样，要计算这些很长的数字也可能导致错误。因为很容易记错零和小数点。为了使这些数字比较容易记录和计算处理，科学而正确地表示它们的方法被称为科学记数法（scientific notation），即把一个整数或有限小数记成整数的形式：$a\times10^n$（注：a 被称为系数，其取值范围是 $1\leqslant a<10$；n 被称为指数，取整数，对小于 1 的数字 n 为负指数，对大于 10 的数字 n 为正指数）。为此，采用基数 10 以指数形式写成的科学符号重写表 1-6 中的数值，这些数值将变得简明而科学（表 1-7）。

表 1-7 测量对象的科学记数法表

序号	测量对象	科学记数法
1	1 个中子的质量	1.675×10^{-24}g
2	钙原子半径	1.97×10^{-10}m
3	一颗尘埃微粒的质量	6.7×10^{-10}kg
4	在 27℃和 1 个大气压下的空气密度	1.61×10^{-3}g/cm^3
5	地球的半径	6.4×10^{6}m
6	一光年	9.46×10^{12}km

三、有效数字的位数计算规则

（1）记录数据时，只保留一位可疑数字。当拟舍弃的数字大于等于 6 时进位，而当尾数恰为 5 时，则视保留的末位数是奇数还是偶数，若是奇数时将 5 进位，是偶数时则将 5 舍弃。总之，使保留下来的末位数是偶数，即“四舍六入五留双”。根据此原则，将 4.165 和 4.175 处理成 3 位有效数字，则分别为 4.16 和 4.18。

（2）测定平均值的精度应优于个别测定值，在计算不少于四个测定值的平均值时，平均值的有效数字的位数比单次测定值的有效数字增加一位。

（3）在所有计算式中，常数以及乘除因子的有效数字的位数可认为是足够的，应根据需要确定有效数字的位数。

（4）表示分析方法的精密度和准确度时，大多数取 1～2 位有效数字。

在常见的常量分析中，一般是保留四位有效数字。但在水质分析中，有时只要求保留 2 位或 3 位有效数字，应视具体要求而定。

四、有效数字中“0”的意义

在有效数字中“0”有两种意义：一是作为数字定值，二是有效数字。例如，在分析天平上称量物质，得到如下质量：

物质名称	称量的质量（g）	有效数字位数
称量瓶	10.2370	6 位
Na_2SO_4	2.1037	5 位
$H_2C_2O_4 \cdot 2H_2O$	0.5104	4 位
称量纸	0.0620	3 位

在上述称量的质量数据中“0”所起的作用是不同的。在 10.2370 中两个“0”都是有效数字，所以它有 6 位有效数字。在 2.1037 中的“0”也是有效数字，所以它有 5 位有效数字。在 0.5104 中，小数前面的“0”是定值用的，不是有效数字，而在数据中的“0”是有效数字，所以它有 4 位有效数字。在 0.0620 中，“6”前面的两个“0”都是定值用的，而在末尾的“0”是有效数字，所以它有 3 位有效数字。为此，一般而言，数字中间的“0”和末尾的“0”都是有效数字，而数字前面所有的“0”只起定值作用。

当以“0”结尾的正整数时，有效数字的位数不确定。例如，6500 这个数，就不能确定是几位有效数字，可能为 2 位或 3 位，也可能是 4 位。遇到这种情况，应根据实际有效数字书写成：

数字的表示方式	有效数字位数
6.500×10^3	4 位
6.50×10^3	3 位
6.5×10^3	2 位

因此，很大或很小的数字常用 10 的乘方来表示。当有效数字确定后，在书写时一般只保留一位可疑数字，多余的数字按数字修约规则处理。

对于滴定管、移液管、吸量管和容量瓶等仪器，都能准确测量溶液的体积到 0.01mL。所以，当用 50mL 滴定管测定溶液体积时，如测量体积大于 10mL 小于 50mL 时，记录的有效数字为 4 位，应写成 23.42mL；如测定体积小于 10mL，记录有效数字为 3 位，应写成 7.13mL。当用 25mL 移液管移取溶液时，应记录为 25.00mL；当用 5mL 吸量管取溶液时，应记录为 5.00mL。当用 250mL 容量瓶配制溶液时，所配溶液的体积应为 250.00mL。当用 50mL 容量瓶配制溶液时，应记录为 50.00mL。

总之，测量结果所记录的有效数字应与所用仪器测量的准确度相适应。

五、有效数字的运算规则

在分析计算中，有效数字的保留更为重要，下面讨论自然数、加减法和乘除法等运算进行有效数字的运算规则。

1. 自然数的运算 在分析化学中，有时会遇到一些倍数和分数的关系。例如：

水（H_2O）的相对分子质量 $= 2 \times 1.008 + 16.00 = 18.02$

磷酸（H_3PO_4）的相对分子质量 $/3 = 98.00/3 = 32.67$

在这里“2×1.008”中的“2”和“98.00/3”中的分母“3”都被看作是一位有效数字。因为它们是非测量所得到的数，属于自然数，其有效数字位数可视为无限的。

2. 加减法的运算 在加减法运算中，保留有效数字的位数是以小数点后位数最小的为准，即以绝对误差最大的为准，例如，0.0121+25.64+1.05782=?

正确的计算	不正确的计算
0.01	0.0121
25.64	25.64
+ 1.06	+ 1.05782
26.71	26.70992

式中，相加的是 3 个数，其中 25.64 小数点后位数为 2（最小），并且该数中的“4”是可疑

数字，为此，应以小数点后 2 位为准，修约 0.0121 和 1.05782；或者运算最后结果有效数字的保留应以此数为准，即保留有效数字的位数到小数点后第 2 位。

3. 乘除法的运算 在乘除运算中，保留有效数字的位数是以位数最少的数为准，即以相对位数最大的为准。例如，0.0121×25.64×1.05782=?

在这个计算中 3 个数的相对误差（$E\%$）分别为：

$$E\%=(\pm 0.0001)/0.0121\times 100=\pm 8$$

$$E\%=(\pm 0.01)/25.64\times 100=\pm 0.04$$

$$E\%=(\pm 0.00001)/1.05782\times 100=\pm 0.0009$$

显而易见，第一个数的相对误差最大（有效数字为 3 位），应以它为准，将其他数字根据有效数字修约原则，保留 3 位有效数字，然后相乘即可。即以上 3 个数的乘积应为：0.0121×25.6×1.06=0.328。

4. 其他 在对数计算中，所取对数的小数点后的位数，应与真数的有效数字位数相同。

关 键 词

化学、化学的分类、无机化学、有机化学、分析化学、代谢反应、乙酰辅酶 A、测量、结果、单位、质量、重量、温度、动能、势能、密度、比重、准确度、精密度、精确度、误差、有效数字、科学记数法。

问题与练习

1. 将数据“-30600”，用科学记数法正确的表示是（　　）

A. 3.06×10^4　　B. 30.6×10^3

C. -30.6×10^3　　D. -3.06×10^4

2. 某铁路线总里程用科学记数法表示约为 3.16×10^5 千米，其原数为（　　）

A. 31 600 000 千米　　B. 3 160 000 千米

C. 316 000 千米　　D. 316 千米

3. 地球的半径约为 6 400 000 米，用科学记数法表示为（　　）

A. 0.64×10^7　　B. 6.4×10^6

C. 64×10^5　　D. 640×10^4

4. 用科学记数法表示数据的形式为 $a\times10^n$，其中 n 是整数，a 的取值是（　　）

A. $1<a<10$　　B. $1<a\leqslant10$

C. $1\leqslant a<10$　　D. $1\leqslant a\leqslant10$

5. 数据 520 000 用科学记数法表示为 5.2×10^n，则 n 的值是（　　）

A. 5　　B. 4

C. 3　　D. 2

6. 西部地区约占我国国土面积的 $\frac{2}{3}$，我国国土面积是 960 万平方千米，用科学记数法表示我国西部地区的面积为（　　）平方千米

A. 64×10^5　　B. 640×10^4

C. 6.4×10^4　　D. 6.4×10^6

7. 用科学记数法表示数据 3.76×10^{100} 的原来的位数是（　　）

A. 98 位　　B. 99 位

C. 100 位　　D. 101 位

8. 我国是严重缺水的国家之一，人均淡水资源为世界人均量的四分之一。若每人每天浪费水 0.32L，则 10 万人每天浪费水用科学记数法表示为（　　）

A. 3.2×10^6L　　B. 3.2×10^5L

C. 3.2×10^4L　　D. 3.2×10^3L

思 考 题

1. 简述甲醇与乙醇体内代谢的差异。
2. 简述药物与药品的异同。

（余 瑜）

第二章 原子、元素和分子

（atom，element and molecule）

学习目标

1. 掌握： 四个量子数的取值范围和物理意义；多电子原子轨道的能级图；核外电子的排布规律；离子键和共价键的本质；σ键和π键的特征；杂化轨道理论；化学键的类型和本质。

2. 熟悉： 原子的电子组态和元素周期表；元素性质的周期性变化规律；离子的特点；分子间作用力的类型、特点和产生原因；氢键的形成和特征。

3. 了解： Bohr 理论；不确定原理；微量元素；八隅体。

化学视角 **重金属污染**

科学技术的迅猛发展，促进了经济发展，同时，也造成了严重的环境污染，如土壤、水质和大气等污染。其中，重金属元素污染尤为棘手，主要有三个问题。①镉污染：来源于电镀、采矿、冶炼、燃料和化学工业等排放的废水。镉的毒性很大，可积蓄在人体的肾脏，引起泌尿系统的功能改变。②汞污染：来源于食盐电解、贵金属冶炼、化妆品、水生生物等。汞及其化合物属于剧毒物质，可在人体内蓄积，如金属汞进入脑积累到一定量时可造成脑组织损害；无机汞离子可转变为毒性更大的有机汞，由食物链进入人体，可引起全身中毒作用。③铅污染：铅会影响中枢神经系统及肾脏，当血铅浓度达 10μg/dL 以上就会产生敏感的生化效应，若长期暴露使血铅浓度超过 60～70μg/dL 就会造成铅中毒。

原子（atom）由原子核和绕核运动的电子组成，是构成一般物质的最小单位，称为元素（element），或者说原子是元素的基本单元，元素是同类原子的总称。分子（molecule）由原子构成，即原子通过一定的作用力，以一定的次序和排列方式结合成分子，是物质中能够独立存在的相对稳定并保持该物质物理化学特性的最小单元。在化学变化中，分子可分，原子不可分。为此，本章在讨论原子核外电子运动规律及其排布的基础上，阐明原子和元素性质的周期性变化规律；讨论分子的形成本质、空间构型以及分子间的相互作用力等问题。

第一节 原　　子

一、原子的组成和结构

原子是化学反应中不可再分的基本微粒。古希腊哲学家德谟克里特（希腊文：Δημκριτος）最早提出了原子一词，并认为：一切物质都是由某种不可穿透的微粒构成，对不同物质来说，微粒的形状和大小不同，且处于不断运动的状态，相互间能够以不同的方式结合。他将这种微粒称作“atoms”，在希腊语中意思为“不可再分”，我国化学家将其译为“原子”。虽然，德谟克里特提出的概念与现代的原子概念很接近，但在当时对物质组成的争论中并不占上风，而是另一位古希腊哲学家亚里士多德（Aristotle）的关于物质是由水、火、土、气四要素构成的概念占统治地位长达 1500 年。直到 1803 年，英国化学家道尔顿创立了相对科学的原子论，解释了当时化学中的一些经验规律，如“质量守恒定律”“倍比定律”等。道尔顿接受了“不可再分”的概念，因而继承了“atoms”这个名词。他认为：所有物质都是由不可分割也不能毁灭的最小微粒所组成，即原子组成；物质之间的化合就是一种元素的一定数目的原子和另一种元素的一定数目的原子相互结合；在化学反应中，原子的本性保持不变。道尔顿的原子论促使人们从微观角度探寻化学反应的本质问题。但其认为原子不可再分，当然无“结构”可言。

随着电子的发现，使得人们对原子认识进入了一个崭新的时代。1858 年，人们在利用盖斯勒管进行放电实验时发现了阴极射线。1871 年，英国物理学家查尔斯·弗利特伍德·瓦利（Charles Fleetwood Varley）发现阴极射线带有负电荷，并认为这是从阴极发射出的微小粒子。1879 年，英国著名物理学家与化学家威廉·克鲁克斯（William Crookes）观察到阴极射线可以在磁场中发生偏转。1897 年，英国物理学家约瑟夫·约翰·汤姆逊（Joseph John Thomson）通过研究阴极射线的性质发现了电子，确认带负电荷的电子是原子的共有组分，使得原子不可再分的概念被永远摒弃，并由此获得了 1906 年的诺贝尔物理学奖。1909 年，美国物理学家罗伯特·安德鲁·密立根（Robert Andrews Millikan）就微小油滴所带电荷量进行了多次的测量，确定了电子的电荷数，并据此计算出电子的质量大约只占整个氢原子质量的二千分之一。

随后又相继发现了 α 粒子、质子和中子。迄今为止，科学家已经发现的粒子已有 700 多种，现代结构化学和物理学的一个重要课题即研究各种粒子的性质、结构及其转化规律。例如，1963 年，美国科学家默里·盖尔曼（Murray Gell-Mann）提出了夸克假说，他认为质子和中子都是由夸克组成的。在该假说的基础上，日本小林和益川教授于 1973 年提出了完整的夸克模型。现在已经发现的夸克共有 6 类：上夸克、下夸克、奇夸克、粲夸克、顶夸克、底夸克。

现在，通常将比原子核还小的物质单元泛称为亚原子粒子（subatomic particles）或基本粒子（elementary particle），包括电子、质子、中子、光子以及在宇宙射线和高能原子核实验中发现的一系列粒子。各种粒子都有确定的质量、电荷、自旋、平均寿命等；它们多数是不稳定的，在经历一定平均寿命后转化为另一种基本粒子。一般按质量大小及其他性质，基本粒子可分为光子、轻子、介子、重子（包括核子、超子）四大类。许多基本粒子都有对应的反粒子；基本粒子之间存在着强弱不同的相互作用，并且按一定方式相互转化。

现代原子结构理论认为，原子由原子核与核外电子组成，原子核又由质子和中子组成。质子带正电荷，中子不带电荷。原子核所带的正电荷数称为核电荷数，其大小由核内质子数决定。具有相同质子数即核电荷数的一类原子称为元素，质子数是区分各种不同元素的依据。按核电荷数从小到大的顺序给元素编号，所得序号称为该元素的原子序数。每个质子和中子的质量都极小，通常用它们的相对质量，其相对质量取近似整数值为 1。电子的质量仅为质子质量的 1/1836。为此，原子的质量主要来源于原子核。如果忽略电子的质量，原子的相对质量就是质子数（Z）和中子数（N）之和，该数值称为原子的质量数（A）。

$$\text{原子的质量数}(A)=\text{质子数}(Z)+\text{中子数}(N)$$

如果以 ${}_{Z}^{A}X$ 代表原子（元素符号为 X，质量数为 A，质子数为 Z，中子数为 N），则组成该原子的粒子可表示为：

$$\text{原子}({}_{Z}^{A}X)\begin{cases}\text{原子核}\begin{cases}\text{质子 } Z \text{ 个}\\ \text{中子}(A-Z)\text{个}\end{cases}\\ \text{核外电子 } Z \text{ 个}\end{cases}$$

二、原子理论

1. 氢原子光谱 氢原子是结构最简单的原子，核外仅有一个电子，可以说人们对原子核外电子的排布和运动状态的认识始于氢原子光谱（图 2-1），即氢原子在电场的激发下发光，通过棱镜分光，可以看到几条亮线，是一种不连续光谱。氢原子光谱在可见光区有四条比较明显的谱线，记为 H_α、H_β、H_γ、H_δ。

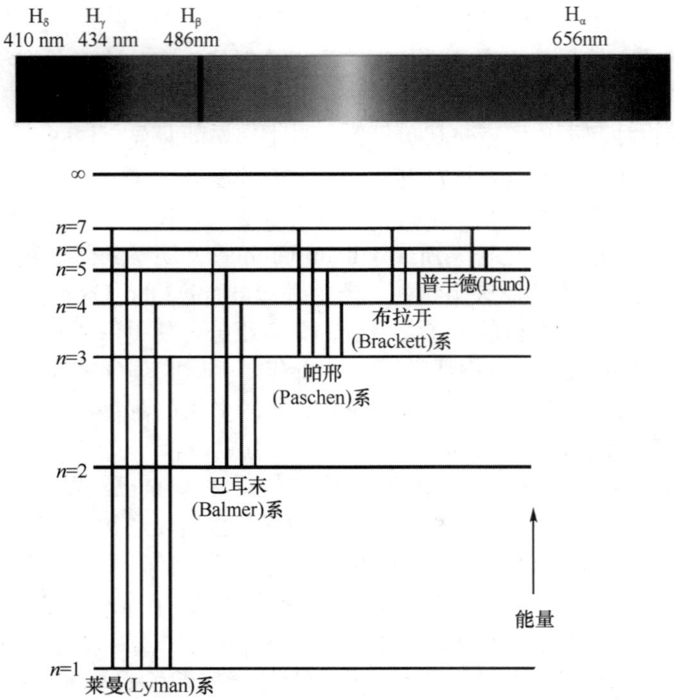

图 2-1　氢原子光谱

按照经典的电磁理论，当氢原子核外的电子绕带正电荷的原子核高速运动时，必然会不断辐射出电磁波释放能量，体系的能量逐渐减小，电子的动能越来越小，绕核运动的半径随之变小，最终，带负电的电子将会落在带正电的原子核上，使原子发生毁灭。这样，就不可能有稳定的原子存在。同时，电子绕核运动是一个连续的过程，它所发出的电磁波也应该是连续的，因此得到的氢原子光谱应该是连续光谱。但实验事实并非如此，原子不仅可以稳定存在，而且氢原子光谱不是连续光谱，而是线状光谱。

2. 玻尔（Bohr）理论　1911 年，英国物理学家欧内斯特·卢瑟福（Ernest Rutherford）提出了原子结构的行星模型，并认为：核外空间中绕核高速运动的电子，就像行星沿着一定的轨道围绕太阳的运动一样。这种模型与经典的电磁理论发生了很大矛盾。为了解释氢原子光谱，1913 年，丹麦物理学家尼尔斯·亨利克·戴维·玻尔（Niels Henrik David Bohr）在马克斯·普朗克（Max Planck）量子论、德国科学家阿尔伯特·爱因斯坦（Albert Einstein）光子说和卢瑟福原子结构模型的基础上，提出了著名的玻尔理论，成功地解释了氢原子光谱，从而揭开了近代原子结构研究的序幕，他因此获得 1922 年诺贝尔物理学奖。Bohr 理论基于下述三条假设。一是定态假设。核外电子处于不连续的能量状态，并在固定的符合一定条件的不连续轨道上绕核做圆形运动，不辐射也不吸收电磁能量。这些状态叫做原子的定态。二是量子化条件假设。氢原子体系的能量状态和电子绕核做圆周运动的轨道半径是一系列由 n 决定的不连续的数值。这种量子化的能量状态称为能级。n 取正整数，称为量子数（quantum number）。核外电子运动的轨道能量是不连续的，其定态能量取决于量子数 n，其中电子位于能量最低的轨道（$n=1$）时称为基态（ground state），位于其他能量较高的轨道（$n\geqslant 2$）时称激发态（excited state）。三是频率假设。原子轨道之间的能量变化是不连续的，当原子从能量为 E_1 的能级跃迁到另一个能量为 E_2 的能级时，将发射或吸收一定频率的光。正常情况下，氢原子中的电子处于能量最低的基态。当电子吸收能量，则从能量较低的轨道跃迁到能量较高的轨道上去；处于较高能量轨道的电子称为激发态，由激发态跃迁到能量较低的激发态或基态原子轨道上，电子以光的形式辐射能量。能量的大小决定于跃迁所涉及的两条轨道间的能量差。根据普朗克关系式，该能量差与跃迁过程产生光子的频率成正比：

$$\Delta E=E_2-E_1=h\upsilon$$

玻尔氢原子结构理论第一次将量子化的概念引入了原子结构，成功地解释了氢原子和类氢离子的光谱，也能解释原子发光现象，对原子结构理论的发展起到了重要的作用。但限于当时对微观粒子运动规律的认识，该理论本身显示出局限性，如将运动中的电子只作为一个粒子而忽视了它的波动性，对多电子体系（即便是只有 2 个电子的 He 原子），计算值与实验结果也存在很大出入。究其原因，玻尔理论只是在经典力学连续性的基础之上加入了一些人为的量子化条件，它仍然是应用经典力学解决问题的。但是，从宏观到微观，物质的运动规律发生了深刻的变化，原来适用于宏观物体的运动规律用于微观已经失效，因而该理论不能正确反映微观粒子的运动规律，不可能认识到电子这种微观粒子运动的本质，而根本出路就在于彻底摒弃经典力学的理论体系，建立新的量子力学理论。

3. 微观粒子的波粒二象性 受光的波粒二象性（wave-particle duality）的启发，1923 年法国物理学家路易·维克多·德布罗意（Louis Victor de Broglie）提出电子、原子等微观粒子也应和光一样，既有波动性，也有微粒性，具有波粒二象性的假设。这种实物粒子的波称为物质波，又叫德布罗意波。

德布罗意从爱因斯坦的质能公式和光子的能量公式推理出具有质量 m、动量 p、运动速度 v 的实物微粒，相应波的波长 λ 为：

$$\lambda=\frac{h}{p}=\frac{h}{mv}$$

式中，h 为 Planck 常量，p 为粒子的动量。

1927 年美国物理学家克林顿·约瑟夫·戴维逊（Clinton Joseph Davisson）及其博士生雷斯特·亥尔波特·革末（Lester Halbert Germer）用一束已知动能或速度的电子流穿过晶体投射到屏上，结果得到一系列明暗相间的同心衍射环纹，这种现象称为电子衍射（图 2-2）。电子衍射证实了电子的波动性。德布罗意的大胆假设被实验所证实。后来，人们还观察到中子、质子、原子、分子等粒子都能产生衍射环纹，都具有波动性。

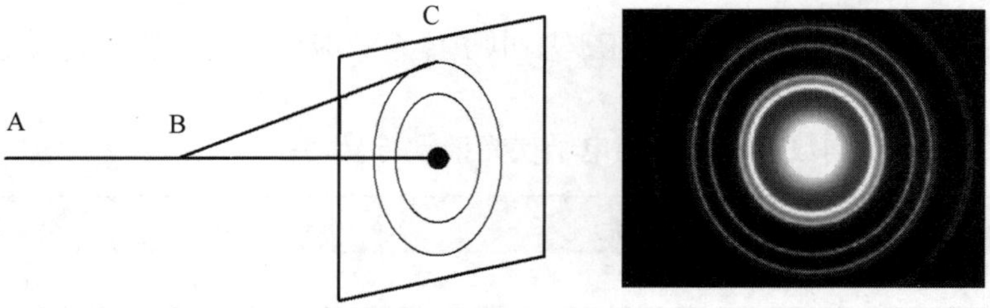

a. 电子衍射实验示意图　　b. 电子衍射示意图

图 2-2　电子衍射实验

波粒二象性是物质所具有的普遍特征，无论是宏观物质还是微观离子，都具有波粒二象性，只是对于不同的物质、在不同的条件下，所表现出来的主要方面不同而已。

4. 不确定原理 电子既然是具有波粒二象性的微观粒子，那么能否像经典力学中确定宏观物体的运动状态一样，用位置和动量（或速度）来准确地描述电子的运动状态呢？德国物理学家维尔纳·海森堡（Werner Heisenberg）给出了否定的回答。

1927 年，海森堡指出，无法同时准确地测定微观粒子的位置和动量，这就是不确定性原理（uncertainty principle）。它的表达式为：

$$\Delta x\cdot\Delta p\geqslant\frac{h}{4\pi}$$

式中，Δx 表示电子在 x 轴上位置测定的偏差，Δp 表示电子动量测定的偏差，h 为普朗克（Planck）

常量。位置测定越准确、Δx 的值越小，电子的动量测定就越不准确、Δp 的值就越大，反之亦然。当然，对于宏观物体，不确定性原理没有实际意义。

不确定性原理体现了微观粒子波粒二象性的特征，说明实验所得到的电子衍射图谱是大量电子行为的统计结果。

三、原子核外电子的运动特征

1926年，奥地利物理学家埃尔温·薛定谔（Erwin Schrödinger）从微观粒子的波粒二象性出发，建立了描述电子运动的薛定谔方程，也叫波动方程，具体形式如下：

$$\frac{\partial^2\psi}{\partial x^2}+\frac{\partial^2\psi}{\partial y^2}+\frac{\partial^2\psi}{\partial z^2}+\frac{8\pi^2 m}{h^2}(E-V)\psi=0$$

式中，E 是体系的总能量，V 是体系的势能，m 是粒子的质量，h 为普朗克常量，x、y、z 是空间坐标。ψ 又称为波函数，是薛定谔方程的解，代表电子在原子中的各种运动状态，因此又称为原子轨道函数，简称原子轨道，表示为 $\psi(x, y, z)$。需要指出的是，核外电子的运动具有波粒二象性，没有特定的运动轨迹，此处的“原子轨道”仅仅是借用了经典力学描述宏观物体运动状态时所用的“轨道”的说法，绝无电子沿固定路径运动的含义。

从理论上讲，通过解薛定谔方程可得出波函数 ψ。但薛定谔方程在数学上的解很多是不合理的，故引进一套合理的参数（即量子数 n，l，m，m_s）加以限定，并以获得的解来描述特定核外电子的运动状态。在量子力学中，将这些引入方程求解的特定参数称为量子数（quantum number）。只有量子数按照一定的规则取值并合理组合时，所得到的波函数才是合理的，因此也可以说量子数是表征核外电子运动状态的特定参数。

1. 主量子数 *n* 主量子数（principal quantum number）以 n 来表示，表示电子在核外空间出现概率最大的区域离核的远近和轨道能量的高低，是决定电子能量的主要因素，n=1, 2, 3, …, n（正整数）。一般认为 n 值越大，电子出现概率最大的区域距核越远，能量越高。例如，n=1 代表电子离核的平均距离最近的一层，即第一电子层，n=2 代表电子离核的平均距离比第一层稍远的一层，即第二电子层，依此类推。

单电子体系，能量完全由 n 决定。但是多电子体系的能量，同时要受到其他量子数的影响，不完全取决于 n。

在光谱学上，n 取不同数值时对应的电子层光谱学符号为：

主量子数（n）	1	2	3	4	5	6	7
电子层符号	*K*	*L*	*M*	*N*	*O*	*P*	*Q*

2. 角量子数 *l* 轨道角动量量子数（orbital angular momentum quantum number）用 l 表示，代表原子轨道的形状，是影响轨道能量的次要因素。其取值受主量子数 n 的限制，当 n 取定后，即电子层确定后，在同一个电子层下，l 取值总是从 0 开始取连续的正整数直到 $n-1$。例如，n=1 时，只有一个角量子数，l=0；n=2 时，有两个角量子数，l=0，l=1，依此类推。

按光谱学上的习惯 l 还可以用 s，p，d，f 等符号表示。

角量子数（l）	0	1	2	3
光谱符号	*s*	*p*	*d*	*f*

角量子数 l 表示同一电子层中具有不同状态的亚层。l 的每个取值对应一个亚层，例如，n=3 时，l 可取值为 0，1，2。即在第三电子层上有三个亚层，分别为 s，p，d 亚层。为了区别不同电子层上的亚层，在亚层符号前面冠以电子层数。例如，2s，3p 等。表 2-1 列出了主量子数 n，角量子数 l 及其相应电子层、亚层间的关系。

表 2-1　主量子数 *n*、角量子数 *l* 及其相应的电子层和电子亚层间的关系

n	1	2		3			4			
电子层	1	2		3			4			
l	0	0	1	0	1	2	0	1	2	3
亚层	1*s*	2*s*	2*p*	3*s*	3*p*	3*d*	4*s*	4*p*	4*d*	4*f*

角量子数 *l* 还表示原子轨道（或电子云）的形状。*l*=0 时（称 *s* 轨道），其原子轨道（或电子云）呈球形分布（图 2-3）；*l*=1 时（称 *p* 轨道），其原子轨道（或电子云）呈哑铃形分布（图 2-4）。

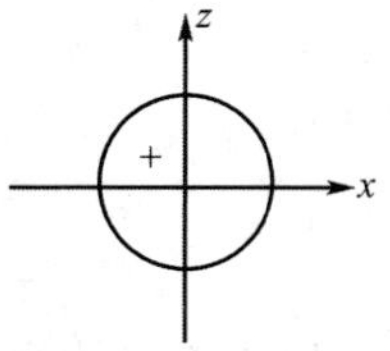

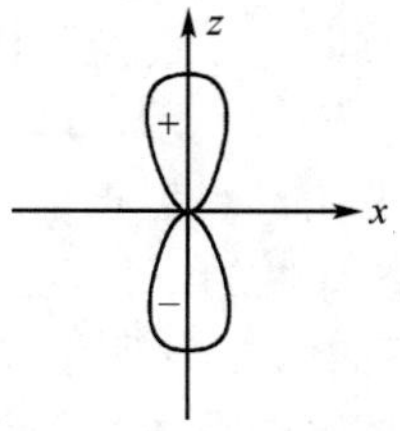

图 2-3　*s* 原子轨道角度分布示意图　　图 2-4　*p* 原子轨道角度分布示意图

对于多电子原子来说，由于原子中各电子之间的相互作用，因而当 *n* 相同，*l* 不同时，*l* 愈大，电子能量愈高。

3. 磁量子数 *m*　磁量子数（magnetic quantum number）*m* 决定原子轨道（或电子云）在空间的伸展方向。*m* 的取值受 *l* 的限制，对给定的 *l*，*m*=0，±1，±2，±3，…，±*l*，共计（2*l*+1）个值。每一个伸展方向称作一个轨道。*n*，*l* 相同，*m* 不同的各轨道具有相同的能量，把能量相同的轨道称为简并轨道或等价轨道。

如 *n*=3，*l*=0 即 3*s* 轨道，*m*=0，说明 *s* 亚层只有一个球形对称的原子轨道（图 2-5）；*l*=1 即 3*p* 轨道，*m* 可取 0，1，−1，说明 3*p* 轨道在空间有三种不同的取向，沿着 *x* 轴、*y* 轴、*z* 轴，分别称作 $3p_x$ 轨道，$3p_y$ 轨道，$3p_z$ 轨道（图 2-5），这三个能量完全相等取向不同的轨道即为简并轨道；当 *l*=2 时，*m* 可有五个取值，即 3*d* 轨道在空间有五种取向，有五个简并轨道（图 2-5）。

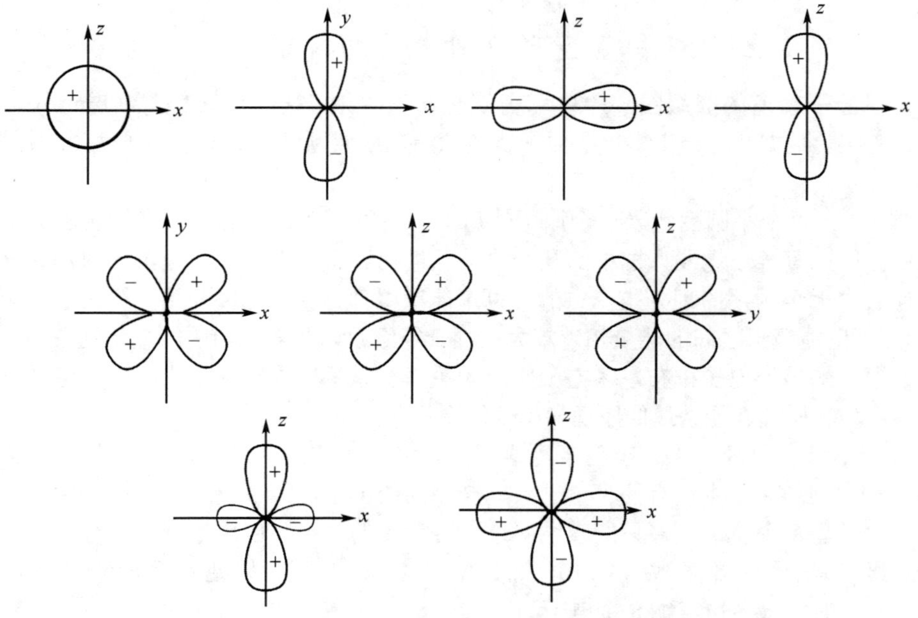

图 2-5　*s*、*p*、*d* 原子轨道在空间的分布示意图

4. 自旋量子数 m_s 核外电子除在核周围的高速运动外，本身还有自旋运动，就像地球一样，公转的同时也在自转。m_s（spin quantum number）表示电子在空间的自旋方向。m_s 只能取 $+\frac{1}{2}$ 和 $-\frac{1}{2}$，分别表示电子的顺时针和逆时针两种自旋方向。通常用"↑"和"↓"表示自旋方向。在同一电子层的一个简并轨道中，可同时容纳两个自旋方向相反的电子，称为成对电子，它们的能量相同。

综上所述，核外电子的运动状态可用 n，l，m，m_s 四个量子数来描述。四个量子数确定之后，电子在核外空间的运动状态也就确定了。

波函数是一个描述核外电子运动状态的数学表达式，波函数的平方代表电子在核外空间某处单位体积内出现的概率，即电子在空间出现的概率密度。电子在核外空间各处出现的概率密度的相对大小的图形可用电子云来表示，以小黑点的疏密程度来体现，小黑点密集的地方表示单位体积内电子出现的概率密度大；小黑点稀疏的地方表示单位体积内电子出现的概率密度小。电子云是电子在核外运动具有统计性的一种形象表示法。

氢原子的 1s 电子云如图 2-6a 所示。氢原子的电子云为球形，离核越近的地方电子云密度越大。但由于离核越近，球壳的总体积越小，因此在这一区域内小黑点的总数并不多。而是在半径为 53pm 附近的球壳中电子出现的概率最大。为了方便，通常用电子云的界面图表示原子中电子云的分布情况（图 2-6b）。所谓界面，是指电子在这个界面内出现的概率很大（95% 以上），而在界面外出现的概率很小（5% 以下）。

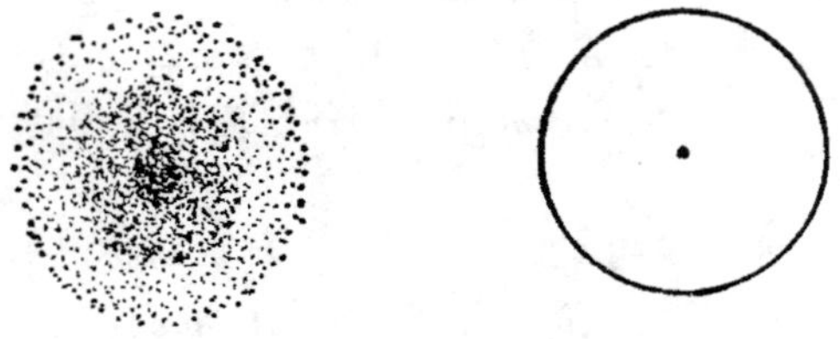

a. 电子云图　　b. 电子云界面图

图 2-6　氢原子的 1*s* 电子云图和电子云界面图

四、原子核外电子的排布

1. 多电子原子轨道的能级图 1939 年美国化学家莱纳斯·卡尔·鲍林（Linus Carl Pauling）根据大量光谱实验数据，总结出多电子原子轨道的能量近似顺序，提出了原子轨道的近似能级图，如图 2-7 所示。

在图 2-7 中，每个小圆圈代表一个原子轨道，小圆圈所在位置的相对高低表示原子轨道能量的相对高低。图中每一个虚线方框中的几个轨道能量相近，称为一个能级组。通常共分七个能级组，与周期表中七个周期的划分是一致的。每个能级组都是从 *s* 能级开始，终止于 *p* 能级（除第一能级组）。不同能级组之间的能量相差较大，同一能级组内各轨道间的能量差别较小。

2. 基态原子的核外电子排布 多电子原子体系基态原子核外电子的排布必须遵循三个基本规则，即泡利不相容原理、能量最低原理和洪德规则。

（1）泡利不相容原理：1925 年美籍奥地利科学家沃尔夫冈·恩斯特·泡利（Wolfgang Ernst Pauli）提出：在同一原子中没有四个量子数完全相同的电子，或者说在同一原子中没有运动状态完全相同的电子。每个轨道最多只能容纳两个自旋相反的电子。应用泡利不相容原理，可以推算出各电子层最多能容纳的电子数为 $2n^2$ 个。例如，n=2 时，电子可以处于四个量子数不同组合的 8 种状态，即 n=2 时，最多可容纳 8 个电子。

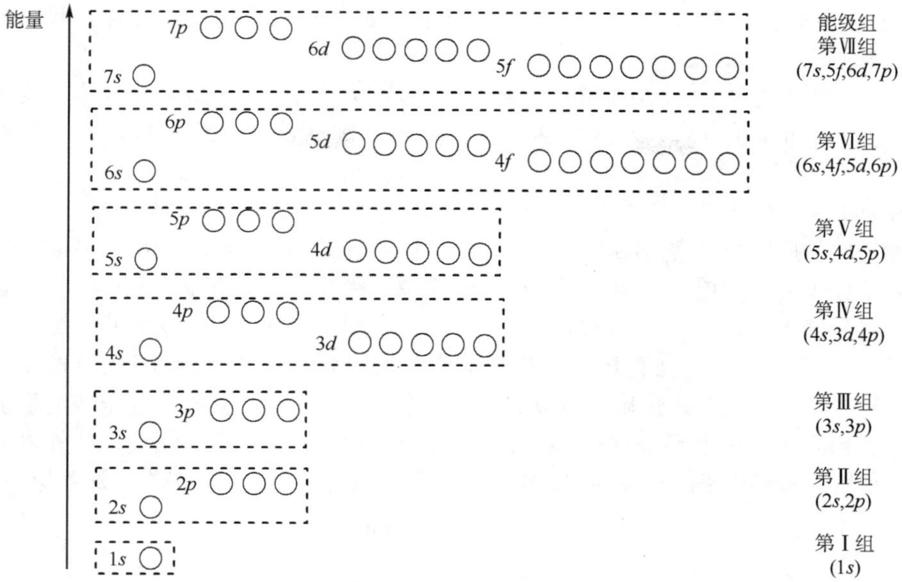

图 2-7 原子轨道近似能级图

（2）能量最低原理（lowest energy principle）：是指基态多电子原子在进行核外电子的填充时，在不违背泡利不相容原理的前提下，总是尽可能地优先占据能量最低的轨道，使得整个原子体系的能量最低，原子是最稳定的。根据能量最低原理，核外电子总是按照能级图中原子轨道的能量顺序，依次由低到高填充（图 2-8）。

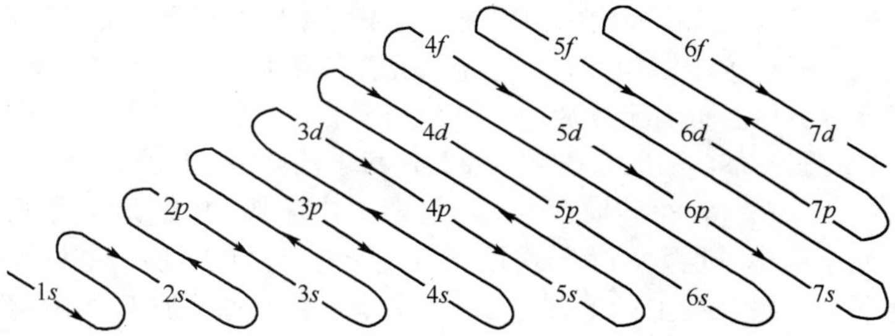

图 2-8 电子排布顺序示意图

（3）洪德（Hund）规则：1925 年，德国物理学家弗里德里希·洪德（Friedrich Hund）根据光谱数据总结出一条规律：电子在填充能量相等的简并轨道（等价轨道）时，总是尽可能地以自旋平行的方式分占不同的轨道。这是因为当一个原子轨道已经被一个电子占据后，另一个电子要继续填入该轨道时，就要克服先填入的那个电子的排斥力，从而使原子的能量升高而不稳定。洪德规则实际上是最低能量原理的补充。根据洪德规则，$_{6}C$、$_{7}N$、$_{8}O$ 原子核外的电子在原子轨道中的填充情况可表示如下：

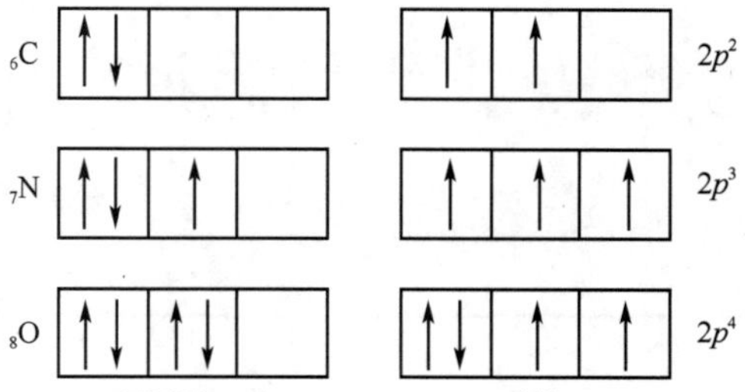

在洪德规则中还有一类特例，当某组简并轨道的电子处于全充满如 p^6、d^{10}、f^{14}，半充满，如

p^3、d^5、f^7 和全空如 p^0、d^0、f^0 时，其能量是最低的，原子体系最稳定。因此，电子填充时总是优先形成这类排布。例如：

$_{24}$Cr 的电子排布式为 $1s^22s^22p^63s^23p^63d^54s^1$，而不是 $1s^22s^22p^63s^23p^63d^44s^2$，$3d^54s^1$ 均为半充满。

$_{29}$Cu 的电子排布式为 $1s^22s^22p^63s^23p^63d^{10}4s^1$，而不是 $1s^22s^22p^63s^23p^63d^94s^2$，$3d^{10}$ 为全充满，$4s^1$ 为半充满。

需要注意的是，电子排布式通常不表示电子的填充顺序，书写时仍然先写 3*d* 后写 4*s*。

由于参加化学反应的通常是原子的外层电子，内层电子结构一般是不变的，因此，可以用“原子实”来表示原子的内层电子结构。当内层电子构型与稀有气体的电子构型相同时，就用该稀有气体的元素符号来表示原子的内层电子构型，并称之为原子实（atomic kernel），这样可以避免电子排布式书写过长。例如，$_{26}$Fe 的电子排布可写成 [Ar]$3d^64s^2$，原子实 [Ar] 表示 $1s^22s^22p^63s^23p^6$。

根据上述电子排布的基本原则，可以将已知每个元素基态原子的核外电子按主量子数由小到大的顺序排布出来，所得电子排布方式称元素基态电子构型。但也应该指出，核外电子排布的原理是从大量事实中概括出来的一般规律，绝大多数原子核外电子的实际排布与这些原理是一致的。

五、元素周期表

元素周期表（periodic table of elements）是 1869 年由俄国化学家德米特里·伊万诺维奇·门捷列夫（俄语：Дмитрий Ивáнович Менделéев）首创的。门捷列夫将当时已知的 63 种元素按原子量大小以表格的形式排列，把化学性质相似元素放在同一行，是现在元素周期表的雏形。在周期表中，横行称为周期，列称为族。元素是以其原子序数排列，最小的排最先。他利用周期表成功预测当时尚未发现的镓、钪、锗三个元素。经过多年修订后才成为当代的元素周期表。

1. 能级组与元素周期 化学元素周期表是根据原子序数递增的顺序，按照元素基态原子外层电子组态的相似性，将元素依次排列构成的列表。列表大体呈长方形，某些元素周期中留有空格，使特性相近的元素归在同一族中，如卤素、碱金属元素、稀有气体（惰性气体）、放射性元素等。这使周期表中形成元素分区且分有七主族、七副族与零族、八族。由于周期表能够准确地预测各种元素的特性及其之间的关系，因此它在化学及其他科学范畴中被广泛应用。

元素周期表共有七个横行，每一横行为一个周期，共有七个周期。元素在周期表中所属周期数等于该元素基态原子的电子层数，第一周期元素原子有一个电子层，主量子数为 1，第二周期元素原子有两个电子层，最外层主量子数为 2，当主量子数 *n* 每增加 1 个数值时，就增加一个新的电子层，周期表中就增加一个周期。因此，元素在周期中所处的周期数等于该元素基态原子的最外层电子层数的主量子数。而每个周期所含有的元素的数目，与相应能级组中的原子轨道所能容纳的电子总数相等。周期表中各周期元素的数目与相应能级组的原子轨道的关系如表 2-2 所示。

表 2-2 周期与能级组的关系表

周期数	能级组	元素数目	能级组内各亚层电子的排布
1	1	2	$1s^{1\sim2}$
2	2	8	$2s^{1\sim2} \rightarrow 2p^{1\sim6}$
3	3	8	$3s^{1\sim2} \rightarrow 3p^{1\sim6}$
4	4	18	$4s^{1\sim2} \rightarrow 3d^{1\sim10} \rightarrow 4p^{1\sim6}$
5	5	18	$5s^{1\sim2} \rightarrow 4d^{1\sim10} \rightarrow 5p^{1\sim6}$
6	6	32	$6s^{1\sim2} \rightarrow 4f^{1\sim14} \rightarrow 5d^{1\sim10} \rightarrow 6p^{1\sim6}$
7	7	26（未完）	$7s^{1\sim2} \rightarrow 5f^{1\sim14} \rightarrow 6d^{1\sim7}$

2. 元素的电子层结构与族 将元素原子的外层电子排布相同或相似的元素排列成一个纵行，

称为族。关于族的划分方法，IUPAC 于 1986 年推荐的方法为，每个纵行为一个族，周期表中共有 18 个纵行，即分为 18 个族，从左到右用阿拉伯数字 1～18 表明族数。另外一种较为流行的族的划分方法是分 16 个族，将 8、9、10 这三个纵行称为第Ⅷ族，其余 15 个纵行每个纵行为一族，其中由长周期和短周期元素共同组成的族称为主族，即 A 族；而仅由长周期元素组成的族称为副族，即 B 族。则元素周期表中的 16 个族分为 7 个主族，7 个副族，1 个 0 族和 1 个第Ⅷ族。其中第 1 和第 2 纵行分别为Ⅰ A 族和Ⅱ A 族，第 3～7 纵行分别为第Ⅲ B～Ⅶ B 族，第 8～10 纵行为第Ⅷ族，第 11 和第 12 纵行分别为第Ⅰ B 族和Ⅱ B 族，第 13～17 纵行分别为Ⅲ A～Ⅶ A 族，第 18 纵行为 0 族。

根据元素原子的外层电子组态，可将周期表中的元素分为五个区，即 s 区、p 区、d 区、ds 区和 f 区，如图 2-9 所示。

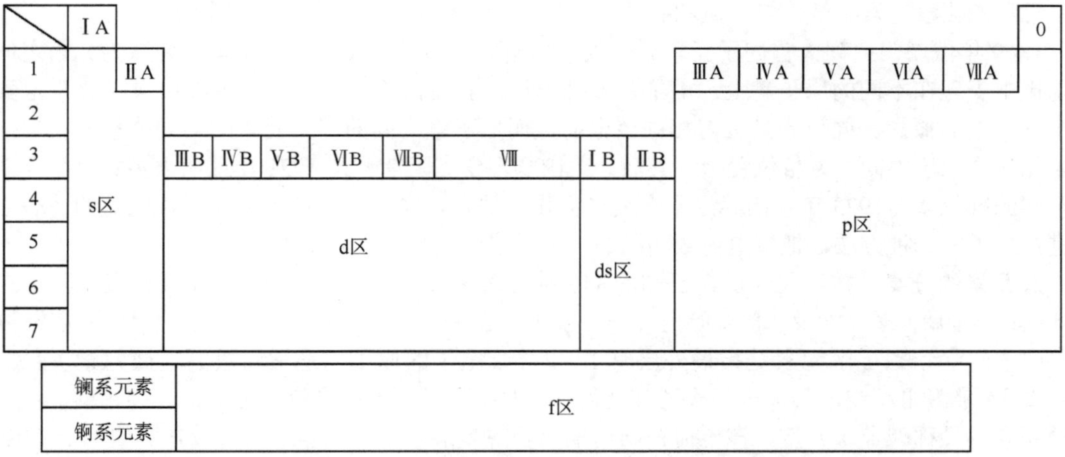

图 2-9 元素周期表中元素的分区示意图

s 区元素：包括Ⅰ A 族、Ⅱ A 族、氦，外层电子组态为 $ns^{1\sim2}$。该区元素的原子大部分（H 除外）容易失去 1 到 2 个电子，均为活泼金属元素。

p 区元素：包括Ⅲ A 族、Ⅳ A 族、Ⅴ A 族、Ⅵ A 族、Ⅶ A 和 0 族（氦除外），外层电子组态为 $ns^2np^{1\sim6}$。该区元素大部分为非金属元素，0 族为稀有气体元素。

d 区元素：包括除镧系、锕系外的从Ⅲ B 族到Ⅷ族的元素，外层电子组态为（n-1）$d^{1\sim9}ns^{1\sim2}$。该区元素均为金属元素。

ds 区元素：包括Ⅰ B 族和Ⅱ B 族，外层电子组态为（n−1）$d^{10}ns^{1\sim2}$。该区元素均为金属元素。

f 区元素：包括镧系和锕系元素，外层电子组态为（n−2）$f^{0\sim14}$（n−1）$d^{0\sim2}ns^2$。该区元素均为金属元素。

第二节　元　　素

临床视角　　　　**铜缺乏与威尔逊病**

威尔逊病（Wilson disease，WD）又称肝豆状核变性（hepatolenticular degeneration，HLD）由英国医生山姆·亚历山大·金尼尔·威尔逊（Sam Alexander Kinnil Wilson）于 1911 年首先描述并命名。该病是一种常见染色体隐性遗传的铜代谢缺陷病，其基因定位于 13q14.3，编码 1 个 P 型 ATP 酶，此酶参与铜跨膜转运的代谢过程。其原因是在第 13 对染色体上的两个基因出了问题，造成血浆中携带铜离子的特有蛋白质血清铜蓝蛋白缺乏，使过多铜离子在肝脏细胞中与蛋白质结合堆积沉淀，随着时间推移，铜离子会影响脑、角膜、心脏、肾脏、骨骼等造成全身性的症状表现，即出现震颤、扭转痉挛、精神障碍、肝脾大、腹水等。中医分别归属于“颤症”“癫狂”“黄疸”“积聚”“鼓胀”等范畴。大约每三万人就有一人罹患此病。少数患者急性期病死率相当高。其治疗原则是终身服用铜结合剂来降低血清中过多的铜，间接减少铜在全身各个组织异常的堆积。

一、元素的基本概念

1. 元素的定义 元素，又称化学元素（chemical element）是具有相同的核电荷数（即核内质子数）的一类原子总称，是指自然界中一百多种基本的金属和非金属物质，它们由同一种原子组成，常见的化学元素有氢、氮、氧和碳等。各种元素，构成了世界上的一切物质。

1869 年俄国门捷列夫首创了元素周期表，指出元素的基本属性是原子量，并认为元素之间的差别集中表现在不同的原子量上。电子、X 射线和放射性相继被发现后，1913 年英国化学家索迪提出同位素的概念。同位素是具有相同核电荷数而原子量不同的同一元素的不同核素，它们位于化学元素周期表中同一方格位置上。其后，英国物理学家阿斯顿在 1921 年证明大多数化学元素都有不同的同位素。1923 年，国际原子量委员会作出决定，化学元素是根据原子核电荷的多少对原子进行分类的一种方法，把核电荷数相同的一类原子定义为一种元素。

2. 元素的分类 按物化性质，已知的 118 种元素主要可分为金属元素，主要涉及 s 区，ds 区和 d 区；非金属元素，涉及 p 区，但是有些元素（如硼、硅、锗、砷等）兼有金属和非金属的性质。

（1）s 区元素：s 区元素是指最外层有 1～2 个 s 电子的原子，是最活泼的金属元素，包括周期表中ⅠA 族和ⅡA 族，其价电子构型分别为 ns^1 和 ns^2。ⅠA 族元素包括锂、钠、钾、铷、铯、钫六种元素，又称碱金属元素，核电荷在同周期元素中是最小的，很容易失去最外层的 1 个 s 电子，是同周期元素中金属性最强的。ⅡA 族元素包括铍、镁、钙、锶、钡、镭六种元素，其中钙、锶、钡又称为碱土金属元素，因为它们氧化物的性质与碱金属氧化物类似，也与土壤中的氧化铝类似。现在习惯上也常把铍和镁包括在碱土金属之内。锂、铷、铯、铍是稀有金属元素，钫和镭是放射性元素。

在 s 区元素中，无论同一族元素自上而下，或是同一周期从左到右，性质的变化都带有明显的规律性。其中变化趋势如图 2-10 所示。

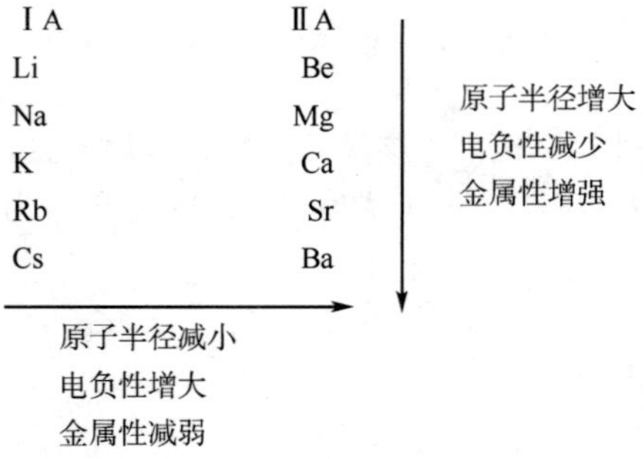

图 2-10 s 区元素性质变化趋势

s 区元素的一个重要特点是各族元素通常只有一种稳定的氧化态。ⅠA 族为 +1，ⅡA 为 +2，这与它们的族数一致。另外，形成的化合物大多是离子型的。

s 区元素是最活泼的金属元素，它们的单质都能与大多数非金属反应，如极易在空气中燃烧。除了铍、镁外，都容易与水反应，s 区元素形成稳定的氢氧化物，这些氢氧化物大多是强碱。

（2）ds 区元素：ds 区元素也称为过渡金属元素，包括铜族（Ⅰ B 族）的铜、银、金和锌族元素（Ⅱ B 族）的锌、镉、汞。相应的价电子构型分别为 $(n-1)d^{10}ns^1$ 和 $(n-1)d^{10}ns^2$。这些元素的最外层电子数分别与Ⅰ A 族和Ⅱ A 族相同，但它们之间的性质却有很大的差异。

（3）d 区元素：d 区元素包括Ⅲ B～Ⅷ族所有的元素，其价电子层结构是 $(n-1)d^{1\sim8}ns^{1\sim2}$。它们 ns 轨道上的电子数几乎保持不变，主要差别在于 $(n-1)d$ 轨道上的电子数不同。又因为 $(n-1)d$ 轨道和 ns 轨道的能量相近，d 电子可以全部或部分地参与成键，由此构成了 d 区元素一些特性。d 区元素的最外层电子数一般都不超过两个，较易失去，属于金属元素；具有较小的原子半径，较大的密度，较高的熔、沸点和良好的导热、导电性能。其中熔点最高的单质是钨（W），硬度最大的是铬（Cr），单质密度最大的是锇（Os）。被广泛地应用在冶金工业制造合金钢，如不锈钢（含镍和铬），弹簧钢（含钒）、锰钢等。

d 区元素除最外层 s 电子可参加成键外，次外层电子在一定的条件下也可部分甚至全部参与成键，因此它们具有可变的氧化态，能形成多种氧化值的化合物。它们最高氧值等于最外层 s 电子和次外层 d 电子数的总和。

d 区元素的原子或离子都具有空的价电子轨道，这种电子构型为接受配体的孤对电子形成配位键创造条件。因此其原子或离子都有形成配合物的倾向。

综上所述，过渡元素的许多性质都与其未充满的 *d* 轨道中的电子有关。

（4）p 区元素：p 区元素包括ⅢA～ⅦA 族和 0 族，目前共有 37 种元素，是元素周期表中唯一包含金属元素和非金属元素的一个区。该区元素的性质较为复杂。

卤族元素：是指周期系ⅦA 族的元素，包括氟、氯、溴、碘和砹五种元素。卤素一词的希腊原文的意思是“成盐元素”，它们都能直接和金属化合成盐类。卤素的价电子构型均为 ns^2np^5，因此它们获得 1 个电子就达到 8 电子稳定结构，成为一价阴离子。卤素和同周期其他元素相比，非金属性最强能和活泼金属生成离子化合物，同时，几乎能和所有的非金属作用，生成共价化合物。在本族内从氟到碘非金属性依次减弱。卤素较难溶于水，但它们在有机溶剂如乙醇、乙醚、氯仿等溶剂中溶解度要大得多。卤素单质典型的化学性质是氧化性，F_2 是最强的氧化剂。随着原子序数的增加，氧化性逐渐减弱。

氧族元素：是指第ⅥA 族的元素，包括氧、硫、硒、碲、钋。其中氧是地壳中含量最多的元素。在自然界中氧和硫能以单质形式存在。硒、碲是稀有元素。氧和硫是典型的非金属元素，硒和碲是半金属元素，而钋是金属元素。氧族元素原子的最外电子层都有 6 个电子，电子构型均为 ns^2np^4，有获得 2 个电子达到稀有气体稳定结构的趋势。氧可以和大多数金属元素形成离子化合物，硫、硒、碲只能和低价态的金属形成离子化合物。当氧族元素和高价态的金属或非金属化合时，所生成的化合物主要为共价化合物。

氧族元素与电负性比它们强的元素化合时，可呈现 +2，+4，+6 三种氧化值。而且由于氧的电负性很强，仅次于氟，因此，氧除了与氟化合时显正氧化值外，氧在绝大多数化合物中氧化值均为 –2（氧在过氧化物中的氧化值为 -1）。

氮族元素：是指第ⅤA 族的元素，包括氮、磷、砷、锑、铋，随着元素原子序数的增大，氮族元素的非金属性递减，金属性递增。氮、磷是典型的非金属元素，而砷和锑为半金属元素，铋为金属元素。氮大量以游离状态存在于空气中，磷以化合物状态存在。砷、锑、铋是亲硫元素，它们在自然界中主要以硫化物矿形式存在。我国锑的蕴藏量占世界第一位。

氮族元素最外层有 5 个电子，价电子层结构为 ns^2np^3，与卤素和氧族元素相比，易形成正氧化值的化合物。它们与电负性较大的元素结合时，氧化值主要为 +3 和 +5。

碳族元素：是指第ⅣA 族的元素，包括碳、硅、锗、锡、铅。碳元素在地壳中约占 0.03%，但它是地球上分布最广、化合物最多的元素，即大气中的 CO_2；矿物界中的碳酸盐、碳单质、石油和天然气；动植物界的脂肪、淀粉、蛋白质、纤维素等都是含碳的化合物；碳存在三种同素异形体，即金刚石、石墨和无定形碳，由于它们的晶形结构不同，所以性质上有差别，其中以无定形碳的活泼性为最大。近几年的另一类同素异形体 C_{60}、C_{70} 等也被发现。

硅元素约占地壳的四分之一，在自然界中主要以石英砂和硅酸盐的形式存在。岩石、砂砾和土壤均以硅酸盐为主。因此，硅是分布广泛而含量又十分巨大的一种元素。

锗是稀有元素。单质锗是重要的半导体材料，锗的化合物应用还不多。锡和铅是常见元素。

碳族元素价电子构型为 ns^2np^2，因此它们主要的氧化值为 +2 和 +4。碳有时也可生成氧化值为 –4 的共价化合物。硅主要表现为 +4 氧化值，锗和锡为 +2，其化合物具有强的还原性，而铅

+4 氧化值的化合物具有氧化性，可被还原为氧化值为 +2 的化合物。

3. 元素性质的周期性 元素的基本性质包括原子半径、电离能、电子亲和能、电负性等，元素的性质随着核电荷的递增而呈现周期性的变化，这个规律称为元素周期律。原子内部结构周期性变化是元素周期律的本质原因。

（1）原子半径（atomic radius）：是指从原子核附近到距核较远处都有出现的概率，其核外电子的运动不像宏观物体那样存在着明显的边界。因此，原子（或离子）没有固定的半径。根据测定数据来源，原子半径可分为共价半径、金属半径和范德瓦耳斯半径。其中共价半径（covalent radius）是指两个相同原子以共价单键结合时，两原子核间距离的一半。金属半径（metallic radius）是指在金属晶体中，相邻两个原子核间距离的一半。原子的金属半径一般比共价半径大10%～15%。范德瓦耳斯半径（van der Waals radius）是指两个原子只靠范德瓦耳斯力（分子间作用力）互相吸引，它们核间距的一半。对同一种元素来说，这三种半径数值差别可能较大。元素周期表中各元素的原子半径随原子序数的变化情况如图 2-11 所示。

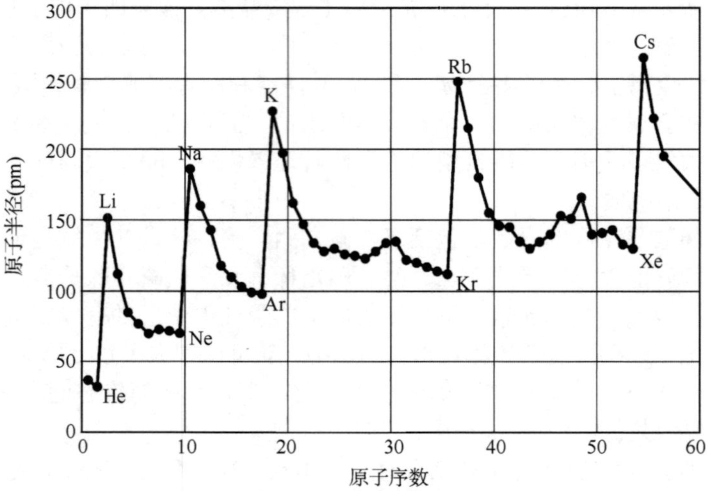

图 2-11 原子半径随原子序数的变化示意图

原子半径的大小与原子的电子层数、电子与原子核间的引力、电子间的排斥力等因素有关系。对主族元素来说，同一周期从左到右，核电荷数依次增加，原子核对外层电子的引力逐渐增强，所以，同一周期元素从左到右原子半径逐渐减小。对副族元素来说，其原子半径的递变趋势与主族元素相同，只是其中的过渡金属元素，因电子填充在（n−1）d 次外层轨道上，原子核对最外层电子的吸引力增加很少，因此，同一周期副族元素，从左到右原子半径略有减小。

同一主族元素，从上到下电子层数增加，核电荷数也随之增加，电子层数增加使得原子半径增大，而核电荷数增加使得原子半径减小。两种作用相较而言，电子层数增加起主要作用，因此，同一主族元素自上而下原子半径逐渐增大。

同一副族元素从上到下原子半径虽然也有所增大，但幅度较主族元素小。

（2）电负性（electronegativity）：是指元素的原子在分子中吸引成键电子能力的相对大小，常用符号 χ 来表示。电负性的数值是将氟规定为 4.0，依此对比而求出其他元素的电负性数值，因此，电负性是一个相对的数值。元素的电负性愈大，表示该元素原子吸引电子的能力愈大，生成阴离子的倾向愈大，非金属性越强。反之，元素的电负性愈小，表示该元素原子吸引电子的能力愈小，生成阳离子的倾向愈大，金属性越强。采用 Pauling 电负性标度，部分元素的电负性值，如表 2-3 所示。

表 2-3 元素的电负性表

Li 1.0	Be 1.5					H 2.1						B 2.0	C 2.5	N 3.0	O 3.5	F 4.0
Na 0.9	Mg 1.2											Al 1.5	Si 1.8	P 2.1	S 2.5	Cl 3.0
K 0.8	Ca 1.0	Sc 1.3	Ti 1.5	V 1.6	Cr 1.6	Mn 1.5	Fe 1.8	Co 1.8	Ni 1.9	Cu 1.9	Zn 1.6	Ga 1.6	Ge 1.8	As 2.0	Se 2.4	Br 2.8
Rb 0.8	Sr 1.0	Y 1.2	Zr 1.4	Nb 1.6	Mo 1.8	Tc 1.9	Ru 2.2	Rh 2.2	Pd 2.2	Ag 1.9	Cd 1.7	In 1.7	Sn 1.8	Sb 1.9	Te 2.1	I 2.5
Cs 0.7	Ba 0.9	La～Lu 1.1～1.2	Hf 1.3	Ta 1.5	W 1.7	Re 1.9	Os 2.2	Ir 2.2	Pt 2.2	Au 2.4	Hg 1.9	Tl 1.8	Pb 1.8	Bi 1.9	Po 2.0	At 2.2
Fr 0.7	Ra 0.9	Ac 1.1	Th 1.3	Ha 1.4	U 1.4	Np～No 1.4～1.3										

元素的电负性具有明显的周期性。随原子序数的增加，元素的电负性周期性变化和元素的金属性、非金属性的周期性变化基本一致。同一周期内从左到右，元素的电负性逐渐增大，同一主族从上至下电负性减小。副族元素，电负性变化不规律。

在所有元素中，氟的电负性（4.0）最大，非金属性最强，其次是氧（3.5）、氮（3.0）、氯（3.0），它们都具有很强的非金属性。钫和铯的电负性（0.7）最小，金属性最强。通常，金属元素的电负性小于 2.0，而非金属元素的电负性大于 2.0。

二、微量元素

微量元素在人体内的含量微乎其微，只占人体总质量的 0.05%。迄今为止，已确认与人体健康和生命有关的必需微量元素有 18 种，即铁、铜、锌、钴、锰、铬、硒、碘、镍、氟、钼、钒、锡、硅、锶、硼、铷、砷，每种微量元素都有其特殊的生理功能。尽管这些微量元素在人体内含量极小，但它们对维持人体中的一些决定性的新陈代谢十分必要。人体不仅从食物，而且还可以通过饮用水及生活环境摄取微量元素，但总的生活环境中微量元素的存在丰缺将造成人体微量元素摄入的多少及平衡与否。人体摄入微量元素不足或元素间比例失调，都会对机体产生不良的影响，甚至导致某些疾病的发生。必需微量元素的缺乏，将导致机体中与该元素密切相关的生物活性物质的缺乏，造成生理功能障碍，人体就会出现疾病，甚至危及生命。比较明确的是约 30% 的疾病直接是微量元素缺乏或不平衡所致。微量元素在抗病、防癌、延年益寿等方面都起着非常重要的作用。一些必需微量元素对人体的重要作用及成年人每天的适宜摄入量见表 2-4。

表 2-4 一些必需微量元素的含量、作用和适宜摄入量表

微量元素	人体中含量	对人体的作用	成人每天的适宜摄入量	摄入过多或过低对健康的影响
铁	4～6g	输送氧	12～15mg	缺铁可引起贫血、免疫力降低
锌	2.5g	影响人体发育	10～15mg	缺锌可引起食欲不振、生长迟缓、发育不良
硒	14～21mg	抗癌、抗衰老	20～350μg	缺硒可能引起表皮角质化和癌症
碘	25～50mg	甲状腺素的重要成分	100～200μg	缺碘会造成甲状腺肿大、幼儿缺碘会影响生长发育，造成思维迟钝；碘过量也会引起甲状腺肿大
氟	1.4mg	预防龋齿	3.3～4.1mg	缺氟易产生龋齿；过量会引起氟斑牙和氟骨病

1990 年 FAO、IAEA、WHO 三个国际组织的专家委员会重新界定必须微量元素的定义，并按生物学作用，微量元素可分为3类：第1类是人体必需微量元素，共8种，即碘、锌、硒、铜、钼、铬、钴、铁。第 2 类是人体可能必需的元素，共 5 种，即锰、硅、硼、钒、镍。第 3 类是具有潜在的毒性，但在低剂量时，可能具有人体必需功能的元素，共 7 种，即氟、铅、镉、汞、砷、铝、锡。

临床视角　　　　　　　　　　微量元素与健康

微量元素虽然在人体内的含量不多，但与人的生存和健康息息相关，对人的生命起至关重要的作用。它们的摄入过量、不足、不平衡或缺乏都会不同程度地引起人体生理的异常或发生疾病。每种微量元素都有其特殊的生理功能。尽管它们在人体内含量极小，但它们对维持人体中的一些决定性的新陈代谢却是十分必要的。一旦缺少了这些必需的微量元素，人体就会出现疾病，甚至危及生命。比较明确的是约 30% 的疾病直接是微量元素缺乏或不平衡所致。如缺锌可引起口、眼、肛门或外阴部红肿、丘疹、湿疹。又如铁是构成血红蛋白的主要成分之一，缺铁可引起缺铁性贫血。

第三节　分　　子

分子由原子组成，是原子结合后所形成的最小独立单元，也是能保持物质性质的最小粒子。物质的化学性质主要决定于分子的性质，分子的性质又决定于分子结构（molecular structure）。所谓分子结构主要包括四个问题：一是化学键问题，即分子中直接相邻的原子间的强相互作用力；二是空间构型问题，即原子间结合形成的分子空间构型；三是分子间力的问题，即分子与分子之间存在一种弱的相互作用力；四是氢键问题，即有些分子间或分子内可能形成氢键。

一、分子的化学键

化学键（chemical bond）是指分子或晶体中相邻原子间强烈的相互作用力。其基本类型有离子键（ionic bond）、共价键（covalent bond）、配位键（coordination bond）和金属键（metallic bond）等。

（一）离子键

1. 离子键的定义　离子键是指阴阳离子之间静电吸引所形成的化学键。由离子键形成的化合物叫离子化合物。离子化合物存在的形式是离子晶体。

2. 离子键的形成　离子键是由于原子之间的电子得失所致。当两个原子电负性相差 1.7 以上时就可形成离子键。

3. 离子键的特征　离子键的主要特征是没有方向性和饱和性。

4. 离子的特性　离子化合物的性质取决于离子的性质，而离子的性质与离子的电荷、离子的电子层构型和离子半径有密切关系。

（1）离子的电荷：离子键的本质是阴阳离子之间的静电引力，其大小与阴阳离子电荷的乘积成正比，与成键离子的核间距的平方成反比。因此，离子所带电荷越多，与异号离子间的静电引力越强，形成的离子键越牢固。例如，MgO 晶体比 NaCl 晶体更稳定，这可从相应的 MgO 晶体与 NaCl 晶体的溶解度（g/100g H_2O，0℃）和熔点（℃）看出来：即 0.006 和 2800，35.7 和 800。

（2）离子的电子构型：离子的电子构型不同，对化合物的性质有一定的影响。例如，Na^+ 和 Cu^+ 的半径相近，所带电荷数也相等，但 Na^+ 为 8 电子型而 Cu^+ 为 18 电子型，它们所形成的氯化物在性质上有很大的差异，NaCl 易溶于水而 CuCl 难溶于水。简单阴离子的最外层电子构型和稀有气体原子的外层电子构型相同。简单阳离子一般先失去最外层电子，再失去次外层电子，所以简单阳离子的最外层电子构型一般可分为五类。第一类是 2 电子构型：最外电子层为 ns^2，如 Li^+（$1s^2$）、Be^{2+}（$1s^2$）。第二类是 8 电子构型：最外电子层为 ns^2np^6，如 Na^+（$2s^22p^6$），Ca^{2+}（$3s^23p^6$）。第三类是 18 电子构型：最外电子层为 $ns^2np^6nd^{10}$，如 Zn^{2+}（$3s^23p^63d^{10}$），Ag^+（$4s^24p^64d^{10}$）。第四类是 18+2 电子构型：最外电子层为（n−1）s^2（n−1）p^6（n−1）$d^{10}ns^2$，如 Pb^{2+}（$5s^25p^65d^{10}6s^2$），Sn^{2+}（$4s^24p^64d^{10}5s^2$）。第五类是不规则电子构型（9～17 电子型）：最外电层有 9～17 个电子的离子，如 Fe^{2+}（$3s^23p^63d^6$）、Cu^{2+}（$3s^23p^63d^9$）、Cr^{3+}（$3s^23p^63d^3$）。

（3）离子半径（ionic radius）：是指离子型化合物离子晶体中两个离子核间距离，是两个离子的有效半径之和。离子半径是描述离子大小的参数，取决于离子所带电荷、电子分布和晶体结构型式。离子半径一般以配位数为 6 的氯化钠型晶体为基准，配位数为 8 时，半径值约增加 3%；配位数为 4 时，半径值下降约 5%。负离子半径一般较大，为 1.3～2.5 埃；正离子半径较小，为 0.1～1.7 埃。

离子半径大小的规律有三点：一是阳离子半径小于其相应的原子半径，简单阴离子半径大于其原子半径。另外，同一元素的高价态的阳离子半径小于低价态阳离子半径。二是同一族元素，因电子层数从上到下逐渐增加，而使得相同价态的离子自上而下半径逐渐增大。三是同一周期中阳离子的电荷数越多，半径越小，阴离子的电荷数越多，半径越大。

离子半径是决定离子间吸引力的重要因素。离子半径愈小，离子之间的吸引力就愈大，拆开它们所需要的能量就愈多，化合物的熔点就愈高，如 Li^+ 的半径小于 Na^+，LiF 的熔点为 1040℃，NaF 的熔点 995℃。离子化合物的化学性质也受离子半径的影响。

综上所述，对比不同离子型化合物性质时，应同时考虑化合物中所含离子的这三个特性，以便对这些化合物性质的差异作出正确说明。

5. 离子和离子晶体 离子（ion）是指原子或原子团得失电子后形成的带电微粒。

最外层电子数小于 4 的原子或半径较大的原子，较易失去电子（一般为金属元素，如钾、钙等）趋向达到相对稳定的结构，形成正离子；而最外层电子数不少于 4 的原子（一般为非金属元素，如硼、碳等）则较易获得电子趋向达到相对稳定结构，形成负离子。

由正、负离子或正、负离子基团按一定比例通过离子键结合形成的晶体称作离子晶体。离子晶体一般硬而脆，具有较高的熔沸点，熔融或溶解时可以导电。离子晶体中正、负离子或离子基团在空间排列上具有交替相间的结构特征，因此具有一定的几何外形，例如，NaCl 是正立方体晶体，Na^+ 离子与 Cl^- 离子相间排列，每个 Na^+ 离子同时吸引 6 个 Cl^- 离子，每个 Cl^- 离子同时吸引 6 个 Na^+。不同的离子晶体，离子的排列方式可能不同，形成的晶体类型也不一定相同。离子晶体通常根据阴、阳离子的数目比，用化学式表示该物质的组成，如 NaCl 表示氯化钠晶体中 Na^+ 与 Cl^- 个数比为 1∶1，$CaCl_2$ 表示氯化钙晶体中 Ca^{2+} 与 Cl^- 个数比为 1∶2。离子晶体整体上具有电中性，这决定了晶体中各类正离子带电量总和与负离子带电量总和的绝对值相当，并导致晶体中正、负离子的组成比和电价比等结构因素间有重要的制约关系。

6. 八隅体 八隅律（octet rule）是指主族元素原子或价态原子外层满足 8 个电子达到稳态的一种现象，即指分子中两个相连的原子可以共有一对或多对电子，以便达到惰性气体原子的电子构型，从而形成稳定的分子，这种构想称为八隅规则，这种具有稳定的惰性气体原子构型的结构，用电子排布在立方体的八个角上，因而叫八隅体（octet）。

临床视角 **钙与膳食**

钙（calcium，Ca）位于化学元素周期表中第 4 周期、第ⅡA 族，常温下呈银白色晶体，是生物必需的元素，约占人体质量的 1.4%，参与新陈代谢，是人骨骼和牙齿的主要无机成分，也是神经传递、肌肉收缩、血液凝结、激素释放和乳汁分泌等所必需的元素。当人体含钙不足或过剩都会影响生长发育和健康。

人体所需的膳食钙源来自动植物的钙代谢成分。从存在状态上而言，膳食钙可分为无机钙和有机钙。无机钙中的钙以离子键形式存在。有机钙中的钙以配位键形式与有机成分结合，如牛乳中钙的主要存在形式是磷酸钙、酪蛋白磷酸钙和枸橼酸钙。经由肠道吸收的钙进入血液循环后，大部分沉积于骨骼中。当血液中钙浓度降低时，骨骼中的钙就会释放出来维持机体钙平衡。维生素 D 通过促进钙结合蛋白的合成，来促进小肠和肾对钙的吸收及重吸收。

一般而言，动物性食物含钙量高于植物性食物，尤其以海产品及乳制品含钙量较高。动物的骨骼、蛤壳、蛋壳都含有碳酸钙。

（二）共价键

1. 共价键的定义 共价键是指原子之间通过共用电子对而形成的化学键。此概念于 1916 年由美国加州大学伯克利分校教授吉尔伯特·牛顿·路易斯（Gilbert Newton Lewis）发展了离子键而提出。

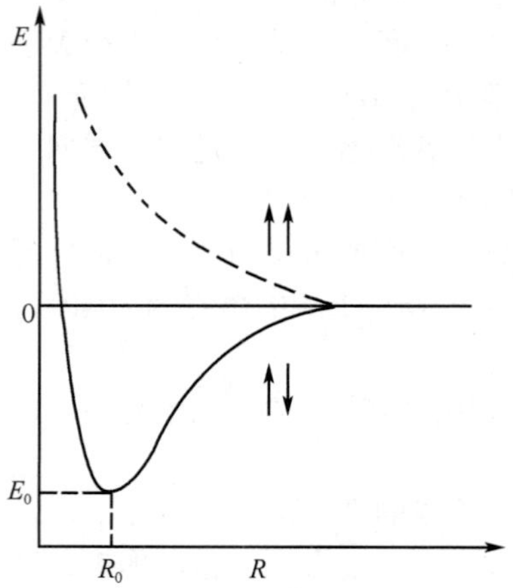

图 2-12 氢分子的能量变化曲线

2. 共价键的形成和本质 1927 年，德国化学家沃尔特·海因里希·海特勒（Walter Heinrich Heitler）和弗里茨·沃尔夫冈·伦敦（Fritz Wolfgang London）将量子力学原理应用于最简单的 H_2 分子结构，从理论上初步阐明了共价键的本质，即在用量子力学处理氢分子的形成过程中，得到了氢分子的能量 E 和与两个 H 原子核间距 R 之间的关系曲线，如图 2-12 所示。

如果两个氢原子的电子自旋相反，当它们相互接近时，随着核间距的减小，两个氢原子的 1*s* 轨道发生重叠，在两核间形成电子云密集区，既降低了两个原子核间的正电排斥力，又增加了两个氢原子核对该电子云密集区的吸引，系统能量逐渐降低，当两核间的距离 r 达到 74pm 时（理论值 87pm），能量降低到最低值（E_0），两个氢原子在平衡距离 R_0 时，形成稳定的氢分子，称 H_2 分子的基态。如果两个 H 原子核再靠近，原子核间斥力增大，使体系的能量迅速升高。

如果两个氢原子的电子自旋相同，当它们相互接近时，随着核间距的减小，两核间的电子云倾向于分布在核的两侧，两核间电子云较为稀疏，增大了两个原子核的排斥力，系统能量升高，且比两个单独存在的氢原子能量高，不能形成稳定的氢分子。这种状态称为 H_2 分子的排斥态。

将对 H_2 分子的研究结果推广到其他复杂的多原子分子中，发展成为现代价键理论。

3. 价键理论的基本要点 价键理论，又可称为电子配对法，是一种获得分子薛定谔方程近似解的处理方法，其基本要点为：

（1）原子轨道最大重叠原理：即形成共价键的原子之间将尽可能沿着原子轨道最大重叠的方向形成共价键，共价键的电子对自旋方向相反。当 A 原子与 B 原子共用一对电子、二对电子或三对电子时可分别形成共价单键、双键或三键。

（2）具有饱和性。一个原子的一个电子与另一个原子的自旋相反的电子配对后，就不再与第三个原子的电子配对，这就是共价键的饱和性。也就是说一个原子所能形成共价键的数目是一定的，它等于原子中未成对电子的数目。

（3）具有方向性。根据原子轨道最大重叠原理可知，成键电子的原子轨道总是尽可能地沿着原子轨道最大重叠的方向成键。除了 *s* 轨道呈球形对称无方向性外，*p*、*d*、*f* 轨道在空间都有一定的伸展方向，在形成共价键时，除 *s* 轨道与 *s* 轨道的重叠没有方向性外，*p*、*d*、*f* 原子轨道只有沿着一定的方向才能发生最大程度的重叠。

例如，当氢原子和氯原子形成 HCl 分子时，氢原子的 1*s* 轨道只有沿着氯原子未成对电子所在 3*p* 轨道的对称轴方向接近氯原子时，才能实现原子轨道最大程度重叠（图 2-13a），其他方向都不能形成稳定的 HCl 分子（图 2-13b、c）。

4. 共价键的类型 根据原子轨道重叠方式的不同，共价键可分为 σ 键和 π 键。

（1）σ 键的形成与特点：两个原子的成键轨道沿键轴的方向（两核间连线，一般设 x 轴），以“头碰头”的方式最大程度重叠，重叠部分沿着键轴呈圆柱对称，所以 σ 键的键能大、稳定性高。例如，H_2 分子中 *s-s* 轨道重叠，HCl 分子中 *s-p* 轨道重叠，Cl_2 分子中的 *p-p* 轨道重叠都形成 σ 键（图 2-14）。

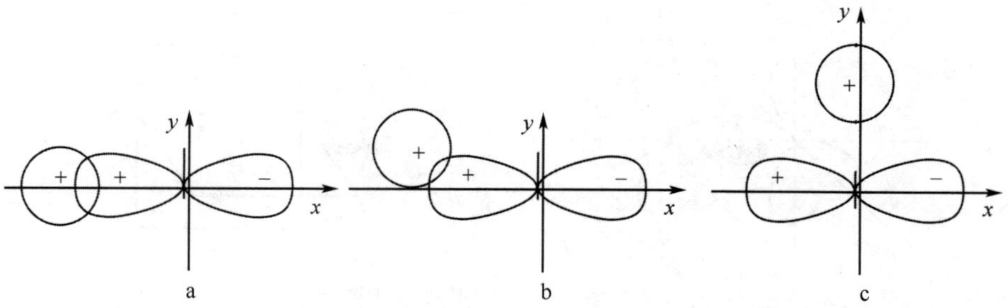

图 2-13　氢原子 1*s* 轨道与氯原子 $3p_x$ 轨道的三种重叠情况示意图

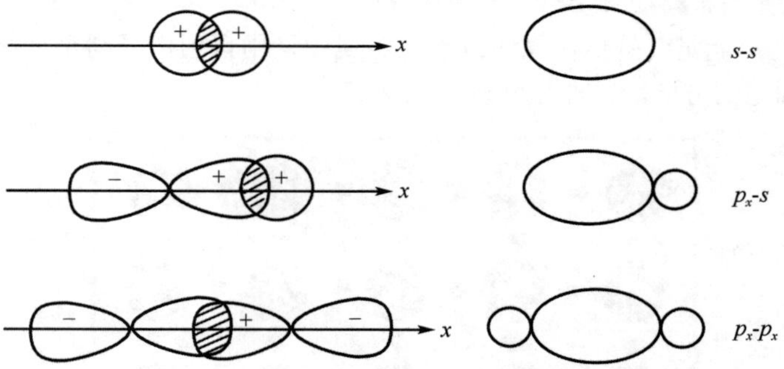

图 2-14　σ 键和 σ 键电子云界面示意图

（2）π 键的形成与特点：两个原子轨道以平行或“肩并肩”的方式重叠，原子轨道重叠部分对通过一个键轴的平面具有镜面反对称性（图 2-15）。从原子轨道重叠程度看，π 键轨道重叠程度要比 σ 键轨道重叠程度小，π 键的键能要小于 σ 键的键能，所以 π 键的稳定性低于 σ 键，活泼性较高，易发生化学反应。

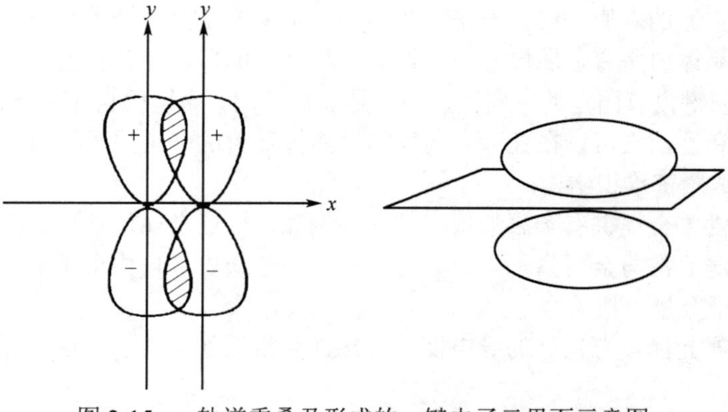

图 2-15　*p* 轨道重叠及形成的 π 键电子云界面示意图

例如，在 N_2 分子中，氮原子的电子层结构为 $1s^22s^22p_x^{\ 1}2p_y^{\ 1}2p_z^{\ 1}$，三个未成对的 *p* 电子分占三个互相垂直的 *p* 轨道。当两个氮原子结合成 N_2 分子时，p_x 轨道沿 *x* 轴方向以“头碰头”方式重叠形成一个 σ 键，每个氮原子剩下 p_y 和 p_z 两个 *p* 轨道，以“肩并肩”方式重叠形成两个 π 键（图 2-16）。所以，N_2 分子中有一个 σ 键和两个 π 键。

（三）配位键

配位键也称配位共价键，是指由一个原子单方提供电子对与另一个原子的空轨道共用形成的共价键。例如，在 CO 分子中，碳原子两个未成对的 2*p* 电子可与 O 原子的两个未成对的 2*p* 电子形成两个共价键，除此之外，O 原子的一对已成对电子还可与 C 原子的一个空的 2*p* 轨道形成一个配位键，其结构式可写为：C═O: 。关于配位键理论将在第七章配位化合物中作进一步介绍。

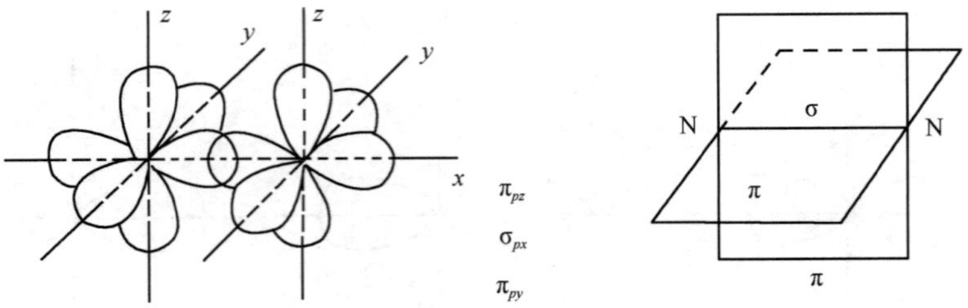

图 2-16　N_2 分子形成示意图

（四）金属键

1. 金属键的定义　金属键是指在固体或液态金属中，由自由电子与金属离子之间的静电吸引力组合而成，没有固定的方向，是非极性键（图 2-17）。

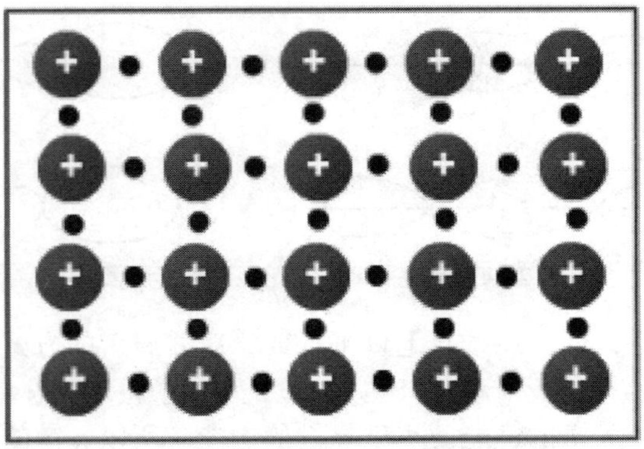

图 2-17　金属键的电子海模型示意图

金属键中没有定域的双原子键，原子间的结合力是来源于整个金属大分子公用自由电子。可以把金属键看成是晶体内所有金属原子都参加的一种特殊的多原子共价键，或者说是少电子多中心的共价键，故金属键没有固定的方向性，因而是非极性键。金属的自由电子在整个晶体内活动，故金属键也没有饱和性，它可以在任意方向与尽可能多数目的邻近原子结合，从而使金属晶体表现出高配位数并形成紧密堆积结构。

2. 金属键的特性　金属键有金属的很多特性。例如，一般金属的熔点、沸点随金属键的强度增大而升高。其强弱通常与金属离子半径成逆相关，与金属内部自由电子密度呈正相关（可粗略看成与原子外围电子数呈正相关）。

金属都具有金属光泽，有良好的导电性、导热性和机械加工性能。这些通用性说明金属的内部具有相似的结构。

3. 金属晶体

（1）金属晶体（metallic crystal）的组成：是由金属原子靠金属键结合而成的，是由金属阳离子和自由电子（也就是金属的价电子）构成，都是金属单质。

（2）金属晶体的配位数与晶格：金属原子只有少数价电子参加成键，这些成键电子大多为 s 电子，其原子轨道为球形对称，可以在任何方向与邻近原子的原子轨道重叠，而且原子的大小相等，因此金属晶体的结构坚实而紧密，配位数大，如图 2-18 所示。

图 2-18 为金属中最常见的三种晶格，图中 a 为配位数为 12 的立方紧堆晶格，如 Be、Mg、Co、Zn、Cd 等；b 为配位数 12 的面心立方紧堆晶格，如 Pb、Ag、Au、Ni 等；c 为配位数 8 的体心立方晶格。如 Na、K、Cs、Cr、Mo、W、Fe 等。在 a、b 两种晶体中，晶格质点占整个晶体体积的 74.05%，而 c 中的晶格质点只占 68.02%，所以 a、b 两种晶格结构属于紧密堆积结构。

（3）金属晶体的三个特性：延展性、导电性和导热性。

（4）金属阳离子所带电荷越高，半径越小，金属键越强，熔沸点越高，硬度也是如此。例如，硬度最大的金属是铬，熔点最高的金属是钨。

图 2-18　金属晶格示意图

二、分子的结构

价键理论成功地解释了共价键的本质、特性、方向性和饱和性，阐明了一些简单分子的内部结构，但在说明多原子分子的空间构型时却遇到了困难。例如，CH_4 分子，按价键理论，C 原子有两个未成对电子，应形成两个 C—H 共价键，但是却形成了四个共价键，并且 CH_4 的空间构型是正四面体。为了解决价键理论无法解释的问题，1931 年鲍林等在价键理论基础上提出了杂化轨道理论（hybrid orbital theory）。该理论实际上仍属于现代价键理论，但在解释原子轨道的成键能力、分子的空间构型等方面丰富和发展了现代价键理论。

1. 杂化轨道理论的基本要点

（1）杂化轨道的形成：在成键的过程中，由于原子间的相互影响，同一原子中若干不同类型、能量相近的原子轨道混合起来重新组成一组新的轨道，此过程称为杂化（hybridization），所形成的新轨道称杂化轨道。

（2）杂化轨道的数目：形成杂化轨道数目与参与杂化的原子轨道数目相等。

（3）杂化轨道比原来未杂化的原子轨道的成键能力强，形成的化学键更牢固。

（4）杂化轨道之间互相排斥，力图在空间取得最大的键角，使体系能量降低，形成的键更稳定。不同类型的杂化轨道之间的夹角不同，成键后形成的分子就具有各种不同的空间构型。

2. 杂化轨道的类型和分子的空间构型　根据原子轨道的种类和数目，*s* 轨道和 *p* 轨道之间的杂化类型有 *sp* 杂化、sp^2 杂化和 sp^3 杂化。

（1）*sp* 杂化：是指同一原子内的一个 *ns* 轨道和一个 *np* 轨道参与的杂化，所形成的两个杂化轨道称为 *sp* 杂化轨道（图 2-19）。

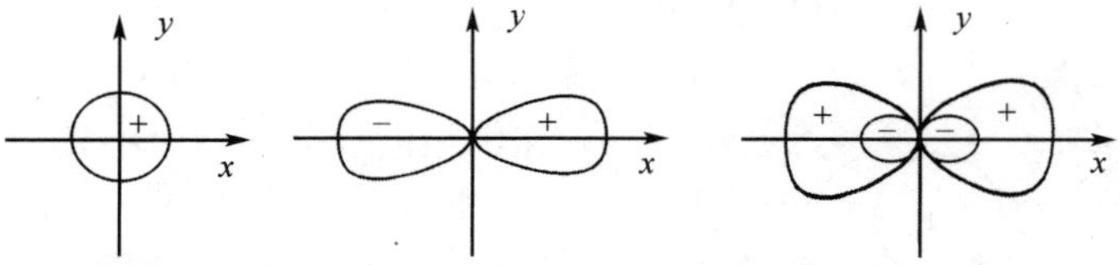

图 2-19　*sp* 杂化轨道的形成示意图

每个 *sp* 杂化轨道含有 1/2 的 s 成分和 1/2 的 p 成分，两个 *sp* 杂化轨道间的夹角为 180°。由 *sp* 杂化轨道形成的分子的空间构型为直线形。例如，气态 $BeCl_2$ 是直线形分子。Be 的基态外层电子结构为 $2s^2$。按照杂化轨道理论，当 Be 原子与 Cl 原子相互接近时，其 2*s* 轨道中的一个电子受到氯原子电子云的影响被激发到能量稍高一些的一个 2*p* 轨道中，这样即出现了两个单电子。然后，含有这两个单电子的 2*s* 轨道和 2*p* 轨道发生杂化，组合成夹角为 180° 的两个 *sp* 杂化轨道，每个

sp 杂化轨道中均含有一个单电子。两个 *sp* 杂化轨道再分别与两个氯原子的 3*p* 轨道发生 *sp-p* 重叠，形成两个互为 180° 的 Be—Cl 键，均为 σ 键。因此 $BeCl_2$ 是直线形分子（图 2-20）。

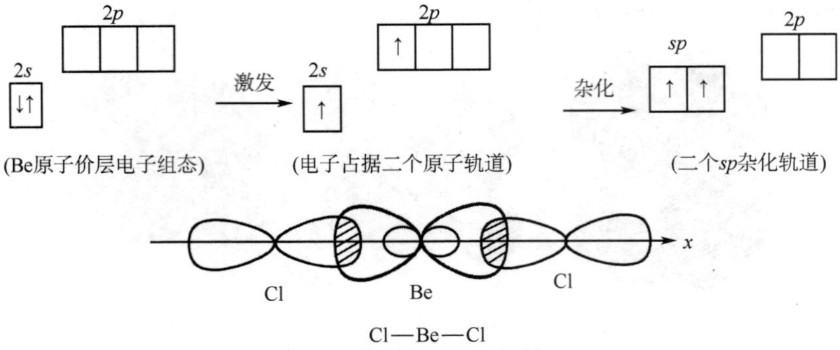

图 2-20　$BeCl_2$ 分子构型示意图

（2）sp^2 杂化：是指同一原子内一个 *ns* 轨道和两个 *np* 轨道参与的杂化，所形成的三个杂化轨道称为 sp^2 杂化轨道（图 2-21）。各含有 1/3 的 s 成分和 2/3 的 p 成分，杂化轨道间的夹角为 120°，呈平面正三角形。如 BF_3 的形成，其空间构型为平面正三角形（图 2-22）。在 BF_3 分子中，B 的基态外电子层结构为 $2s^22p^1$。在形成 BF_3 分子的过程中，B 原子 2*s* 轨道上的一个电子先被激发到空的 2*p* 轨道上，然后一个 2*s* 轨道和两个 2*p* 轨道发生杂化，形成三个 sp^2 杂化轨道，其夹角为 120°，每个杂化轨道中含有一个单电子。这三个 sp^2 杂化轨道分别与三个 F 原子含有单电子的 2*p* 轨道重叠形成三个 σ 键。所以 BF_3 分子的空间构型是平面三角形。

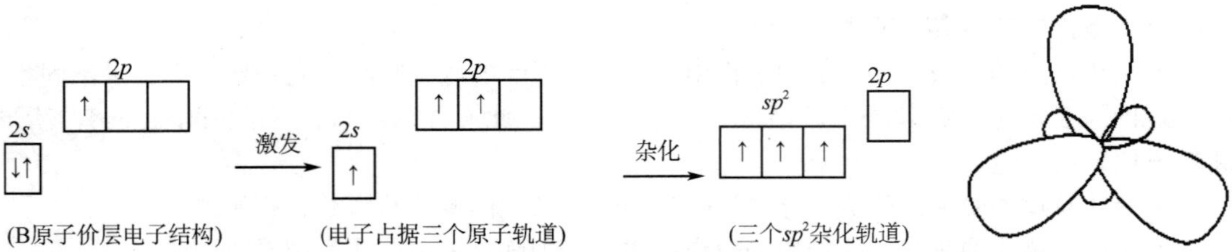

图 2-21　3 个 sp^2 杂化轨道示意图

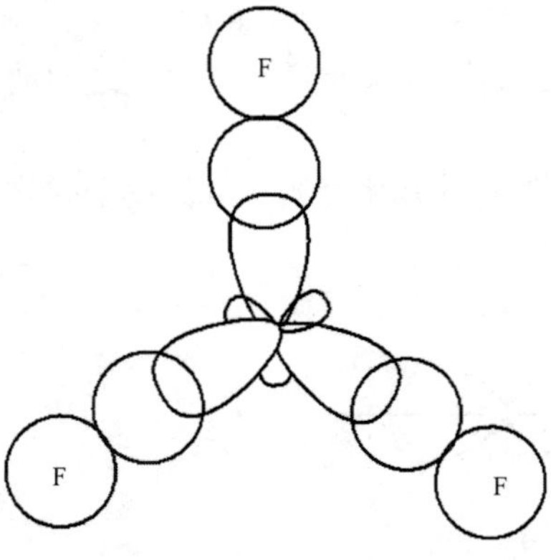

图 2-22　BF_3 分子构型示意图

（3）sp^3 杂化：是指同一原子内的一个 *ns* 轨道和三个 *np* 轨道参与的杂化，所形成的四个杂化轨道称 sp^3 杂化轨道（图 2-23）。各含有 1/4 的 s 成分和 3/4 的 p 成分，杂化轨道间的夹角为 109°28′，空间构型为正四面体。例如，CH_4 分子中的 C 原子在成键时即为 sp^3 杂化，其空间构型为正四面体（图 2-24）。

（4）不等性 sp^3 杂化：是指由于有不参加成键的孤对电子存在，使各杂化轨道的成分和能量不完全相同的杂化。例如，NH_3，PH_3，H_2O，H_2S 等分子中的中心原子 N，P，O，S 原子在成键时均采用 sp^3 不等性杂化。如 H_2O 分子的形成，基态 O 原子的外层电子构型为 $2s^22p_x^22p_y^12p_z^1$，成键时，受到 H 原子电子云的影响，O 原子采取 sp^3 杂化，形成 4 个 sp^3 杂化轨道，其中两个杂化轨道各有一个单电子，另外两个杂化轨道则分别含有一对孤对电子。此时，O 原子的 sp^3 杂化形式为不等性 sp^3 杂化。由于孤对电子对成键电子的排斥作用，使 H—O—H 键角被压缩，其键角不是 109°28′，而是被压缩为 104.5°，故水分子的空间构型呈 V 形（图 2-25）。NH_3 分子中，N 原子也是采用不等性的 sp^3 杂化，但仅有一对孤对电子，孤对电子对成键电子的排斥作用比 H_2O 中弱，故 H—N—H 键角是 107°18′，分子呈三角锥形（图 2-25）。

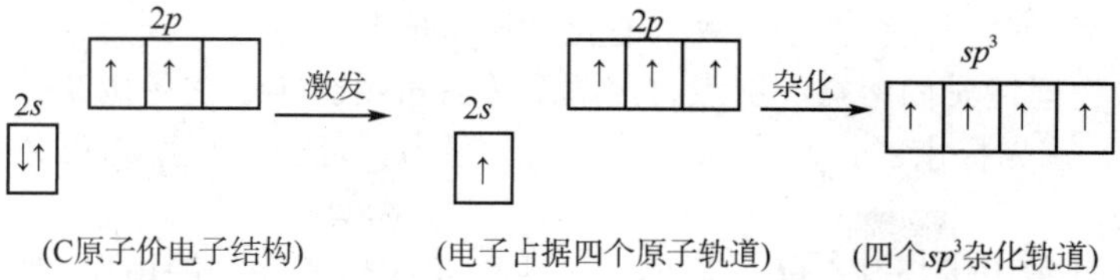

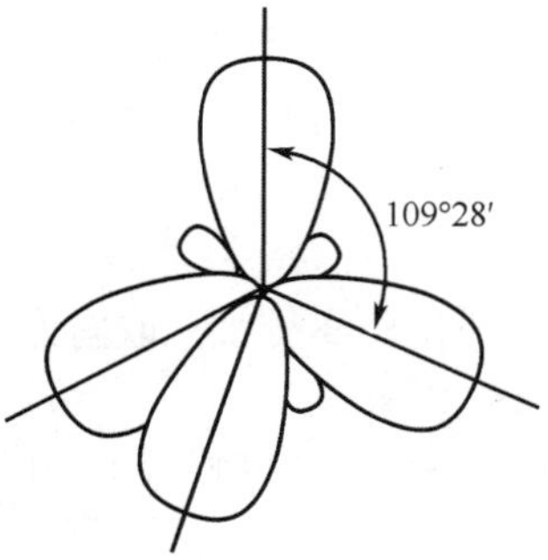

图 2-23　4 个 sp^3 杂化轨道示意图

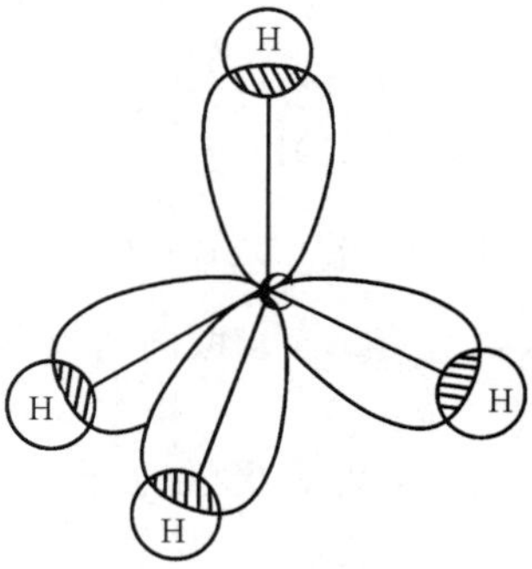

图 2-24　CH_4 分子构型示意图

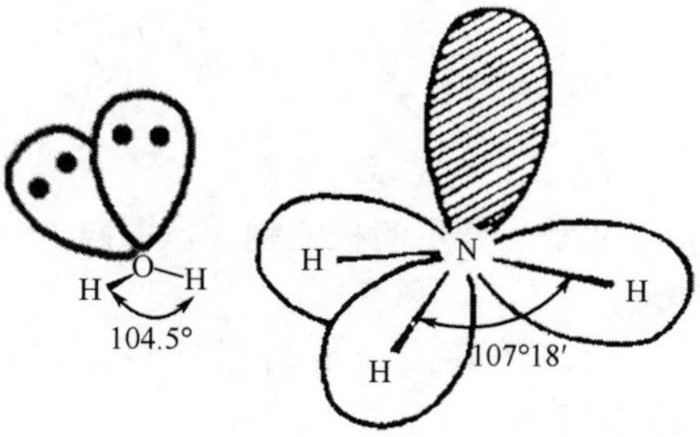

图 2-25　H_2O 和 NH_3 的不等性杂化示意图

三、分子的特性

1. 分子的极性　极性（polarity）是指一个共价分子或一个共价键中电荷分布的不均匀性。分子的极性取决于分子内各个键的极性以及它们的排列方式。

从键的极性来看，可以认为离子键是最强的极性键，极性共价键是由离子键到非极性共价键之间的一种过渡情况，见表 2-5。

表 2-5　键型与成键原子电负性差值的关系表

物质	NaCl	HF	HCl	HBr	HI	Cl_2
电负性差值	2.1	1.9	0.9	0.7	0.4	0
键型	离子键	极性共价键	极性共价键	极性共价键	极性共价键	非极性共价键

分子的极性决定于键的极性以及分子的空间构型。如果分子中的共价键都是非极性共价键或者分子的空间构型完全对称，正、负电荷重心重合，则该分子为非极性分子（non-polar molecule）；如果分子中的共价键为极性共价键，而且分子的空间构型不对称，正、负电荷重心不重合，则该分子为极性分子（polar molecule）。

分子极性的大小常用偶极矩 μ 来度量，等于分子中正、负电荷重心间的距离与正电荷重心或负电荷重心所带电量的乘积。

分子的偶极距越大，分子的极性就越大；偶极距越小，分子的极性就越小。偶极距为零的分子，是非极性分子。偶极矩可通过实验的方法测定。表 2-6 列出了一些分子的偶极矩。

表 2-6　一些分子的偶极矩

物质	μ（10^{-30}C·m）	物质	μ（10^{-30}C·m）	物质	μ（10^{-30}C·m）	物质	μ（10^{-30}C·m）
H_2	0	CO	0.40	BF_3	0	CCl_4	0
HF	6.37	CO_2	0	BCl_3	0	CH_3Cl	6.20
HCl	3.57	H_2O	6.17	NH_3	4.90	CH_2Cl_2	5.24
HBr	2.67	H_2S	3.67	CH_4	0	$CHCl_3$	3.84
HI	1.40						

2. 分子间作用力 分子间存在着一种只有化学键键能几十分之一到几百分之一的较弱的作用力，对物质的许多物理性质如熔点、沸点、溶解度等有重要影响。它是由荷兰物理学家范德瓦耳斯（van der Waals）首先提出的，故也称为范德瓦耳斯力。范德瓦耳斯力可分为取向力、诱导力和色散力。

（1）取向力：是指由于极性分子的取向而产生的永久偶极间的静电引力（图 2-26）。取向力的本质是静电引力。

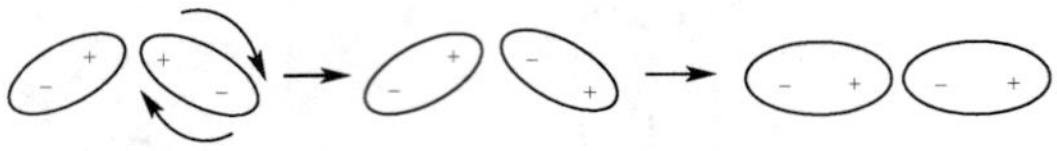

图 2-26 取向力的产生过程示意图

通常，分子的极性越大，取向力越大；温度越高，取向力越小；分子间距离变大，取向力迅速递减。

（2）诱导力：是指极性分子的永久偶极和非极性分子的诱导偶极之间的相互作用力（图 2-27）。

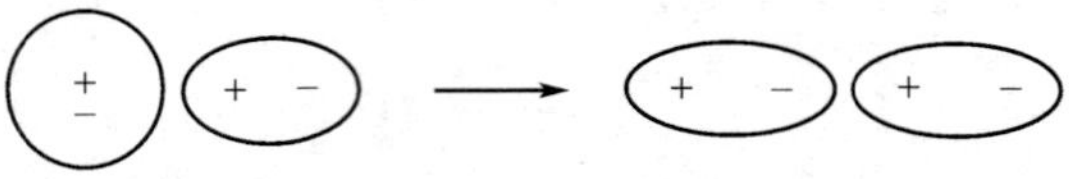

图 2-27 极性分子和非极性分子相互作用示意图

当极性分子与非极性分子充分靠近时，由于极性分子的永久偶极对非极性分子发生诱导作用，使非极性分子原来重合的正、负电荷重心发生相对位移，从而产生诱导偶极。诱导力的强弱与极性分子的偶极矩有关，偶极矩愈大，诱导力愈强。同时，诱导力还与非极性分子的变形性有关，非极性分子越容易变形，诱导力越强。

此外，在极性分子与极性分子之间，在永久偶极的相互影响下，极性分子也会产生追加的诱导偶极，使极性分子的偶极矩增大，因此诱导力也存在于极性分子之间。诱导力的本质也是静电引力。

（3）色散力：是指非极性分子间由于瞬间偶极的作用而引起的分子间的吸引力（图 2-28）。

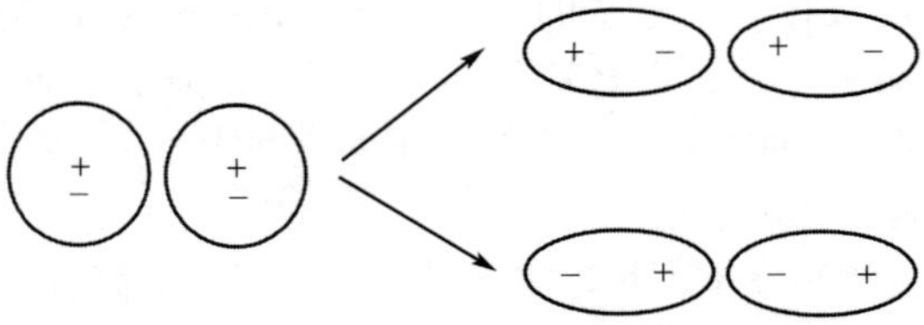

图 2-28 非极性分子间的相互作用示意图

由于非极性分子中的电子不断运动，原子核不断振动，会使电子云和原子核之间产生瞬时相对位移，使非极性分子中的正负电荷重心不重合，产生瞬间偶极。虽然瞬间偶极存在的时间极短，但它不断地重复出现，使得分子之间始终有色散力存在。低温下，O_2 和 N_2 甚至稀有气体都可以液化，证明了非极性分子间色散力的存在。实际上，原子核与电子间的相对运动，存在于一切分子乃至原子、离子之间。因此，不仅非极性分子之间存在着色散力，非极性与极性分子之间、极性与极性分子之间也存在着色散力。

色散力的大小和相互作用与分子的变形性有关，变形性愈大，色散力愈强。因为变形性较大的分子，其相对分子质量较大，包含的电子比较多，离核较远的电子与核的吸引力较弱，容易发生变形，产生瞬间偶极的偶极矩较大，所以色散力较强。

分子间力是永久存在的一种静电作用力，没有方向性和饱和性，强度也较弱。在上述三种作用力中，色散力是主要的，三种力的大小一般为：色散力＞取向力＞诱导力。分子间作用力是决定物质的沸点、熔点、溶解度等物理性质的主要因素。一般来说，结构相似的同系列物质的分子量越大，分子的变形性也越大，分子间力越强，物质的熔、沸点也就越高。

（4）氢键（hydrogen bond）：当氢原子与电负性很大、半径很小的 X 原子如（F，O，N）以共价键形成强极性键 H—X 时，共用电子对偏向于电负性大的 X 原子，H 几乎成为裸露的质子，此时，这个氢原子还可以和另一个具有孤对电子、电负性大、半径小的 Y 原子产生静电作用，形成具有 X—H···Y 形式的物质。这种氢原子与 Y 原子间的定向吸引力称为氢键，常以 X—H···Y 表示。X 和 Y 可以相同，也可以不同；可以在两个分子中，也可以在同一个分子中。通常分子形成氢键需要具备两个条件：一是分子中有与电负性很强的元素形成强极性键的氢原子；二是另一分子中有带孤对电子、电负性大、原子半径小的元素。例如，HF（图 2-29a）和 $NH_3 \cdot H_2O$（图 2-29b）中都存在分子间氢键。一个分子 X—H 中的氢原子与该分子内的 Y 原子形成的氢键则称为分子内氢键，如邻-硝基苯酚中存在分子内氢键（图 2-29c）。

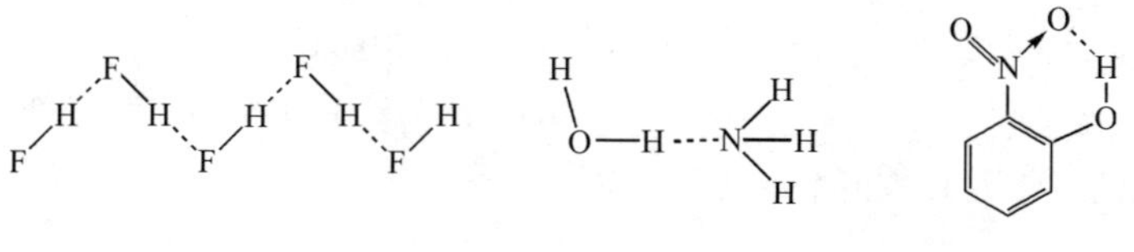

图 2-29　氢键的形成示意图

氢键具有方向性和饱和性。其中氢键的方向性是指 Y 原子与 X-H 形成氢键时，在尽可能的范围内要使氢键上的 X、H、Y 三个原子在一条直线上，这样可使 X 原子与 Y 原子的距离最远，斥力最小，形成的氢键较强。氢键的饱和性是指当 X—H 只能和一个 Y 原子相结合形成氢键，因为当 X—H 和 Y 原子形成氢键后，如果有另一个 Y 原子接近它们时，这个 Y 原子受到 X—H···Y 上 X 和 Y 的排斥力远大于受到 H 原子的吸引力，使得 X—H···Y 上的氢原子不能再和第二个 Y 原子结合。

氢键的形成对物质的物理性质，如熔点、沸点、溶解度等有一定影响。分子间氢键往往使物质的熔点和沸点升高。如 H_2O、HF、NH_3 的熔点和沸点与同族元素的氢化物相比反常地升高。这是因为物质形成分子间氢键后，要使其熔化或液体汽化，就要提供额外的能量去破坏比范德瓦耳斯力大得多的氢键。分子内氢键常使物质的熔、沸点降低。

在极性溶剂中，如果溶质和溶剂分子之间形成氢键，则溶质的溶解度增大，如 NH_3 和 H_2O 分子间可形成分子间氢键，故氨在水中溶解度很大；如果溶质产生分子内氢键，在极性溶剂中溶解度减小，在非极性溶剂中的溶解度增大。

氢键在生命过程中起着重要作用，如蛋白质、核酸等生物大分子中均有分子内氢键，使分子按照某种特定方式联系起来，具有一定的空间构型和生物活性。一旦氢键遭到破坏，分子的空间构型就会发生变化，生物活性也随之丧失。

关　键　词

元素、原子、原子理论、原子结构、量子数、核外电子排布、能级、元素周期表、离子键、共价键、金属键、现代价键理论、杂化轨道理论、分子间作用力、氢键。

问题与练习

1. 原子轨道是指（　　）

A. 一定的电子云

B. 核外电子出现的概率

C. 一定的波函数

D. 某个径向分布函数

2. 下列各种原子的核外电子排布中，属于基态的是

（　　）

A. $1s^22s^12p^1$　　B. $1s^22s^22p^33s^2$

C. $1s^22s^22p^63s^24s^2$　　D. $1s^22s^22p^63s^23p^64s^2$

3. 39 号元素钇原子的电子排布应是（　　）

A. $1s^22s^22p^63s^23p^63d^{10}4s^24p^64d^15s^2$

B. $1s^22s^22p^63s^23p^63d^{10}4s^24p^65s^25p^1$

C. $1s^22s^22p^63s^23p^63d^{10}4s^24p^64f^15s^2$

D. $1s^22s^22p^63s^23p^63d^{10}4s^24p^65s^25d^1$

4. 下列电子排布式中，原子处于激发状态的是（　　）

A. $1s^22s^22p^6$

B. $1s^22s^22p^33s^1$

C. $1s^22s^22p^63s^23p^63d^54s^1$

D. $1s^22s^22p^63s^23p^63d^34s^2$

5. 叙述正确的是（　　）

A. 在一个多电子原子中，可以有两个运动状态完全相同的电子

B. 在一个多电子原子中，不可能有两个能量相同的电子

C. 在一个多电子原子中，不可能有两个运动状态完全相同的电子

D. 某一多电子原子的 3*p* 亚层上仅有两个电子，它们必然自旋相反

6. 下列叙述中最符合 Pauli（泡利）不相容原理的是（　　）

A. 需用四个不同的量子数来描述原子中的每一个电子

B. 在原子中，不能有两个电子具有一组相同的量子数

C. 充满一个电子层需要 8 个电子

D. 电子之间存在着斥力

7. 若将 $_6$C 原子的电子排布写成 $1s^22s^22p_x^2$，它违背了（　　）

A. 能量守恒原理

B. Pauli（泡利）不相容原理

C. 能量最低原理

D. Hund（洪德）规则

8. 若将 $_{15}$P 原子的电子排布式写成 $1s^22s^22p^63s^23p_x^23p_y^1$，它违背了（　　）

A. 能量守恒原理

B. Pauli（泡利）不相容原理

C. 能量最低原理

D. Hund（洪德）规则

9. *n*，*l*，*m* 确定后，仍不能确定该量子数组合所描述的原子轨道的（　　）

A. 数目　　B. 形状

C. 能量　　D. 所填充的电子数目

10. 关于下列对四个量子数的说法正确的是（　　）

A. 电子的自旋量子数是 $\frac{1}{2}$，在某一个轨道中有两个电子，所以总自旋量子数是 1 或是 0

B. 磁量子数 *m*=0 的轨道都是球形的轨道

C. 角量子数 *l* 的可能取值是从 0 到 *n* 的正整数

D. 多电子原子中，电子的能量决定于主量子数 *n* 和角量子数 *l*

11. 在主量子数为 4 的电子层中，能容纳的最多电子数是（　　）

A. 18　　B. 24

C. 32　　D. 36

12. 多电子原子中，在主量子数为 *n*，角量子数为 *l* 的分层上，原子轨道数为（　　）

A. $2l+1$　　B. $n-1$

C. $n-l+1$　　D. $2l-1$

13. 有关多电子原子叙述正确的是主量子数 *n*（　　）

A. 决定原子轨道的能量

B. 是决定原子轨道能量的主要因素

C. 决定原子轨道的形状

D. 决定角量子数 *l* 的取值范围

14. 乙醇和 CCl_4 之间的作用力为（　　）

A. 取向力和诱导力

B. 色散力和诱导力

C. 取向力、诱导力和色散力

D. 取向力、诱导力、色散力和氢键

15. 下列各种说法不正确的是（　　）

A. 两个原子的 *p* 电子只能沿 *p* 轨道对称轴平行方式重叠形成 π 键

B. 极性键只能形成极性分子

C. 形成配位键的条件是一方有空轨道，另一方有孤对电子

D. 共价键形成的条件是欲成键原子必须有未成对电子

思 考 题

1. 指出 $2s$，$3d$，$4p$，$4f$ 各能级相应的主量子数，角量子数各是多少？每一能级可有几个轨道？
2. 下列各组量子数哪些是不合理的？为什么？
   （1）$n=3\quad l=1\quad m=0$
   （2）$n=2\quad l=2\quad m=-1$
   （3）$n=2\quad l=0\quad m=0$
   （4）$n=2\quad l=1\quad m=1$
3. 下列电子排布式中，哪些是基态原子？哪些是激发态原子？哪些是错误的？
   （1）$1s^22s^22p^5$　　（2）$1s^22s^22p^63s^13d^1$
   （3）$1s^22s^22p^53s^1$　　（4）$1s^22s^22d^1$
   （5）$1s^22s^23s^3$　　（6）$1s^22s^22p^63s^4$
4. 下列各元素原子基态的电子层结构的写法各违背了什么原理？写出正确的电子层结构式。
   （1）$_6C$：$1s^22s^32p^1$　　（2）$_7N$：$1s^22s^22p_x^{\ 2}2p_y^{\ 1}$
   （3）$_4Be$：$1s^22p^2$
5. 用 s，p，d，f 等符号写出下列各元素原子基态的电子层结构。
   （1）$_{15}P$ （2）$_{20}Ca$ （3）$_{26}Fe$ （4）$_{30}Zn$
6. 用杂化轨道理论说明下列分子中中心原子的杂化情况和分子的空间构型。
   NH_3　　BF_3　　CCl_4
7. 下列分子中哪些是极性分子？哪些是非极性分子？
   （1）CO_2（直线形）　（2）CCl_4　（3）H_2S
8. 下列化合物能否形成氢键？
   H_2O　　CH_3OH　　C_6H_6　　C_2H_4
9. 什么是元素的电负性？电负性如何呈周期性变化？

（秦向阳）

第三章　物　　质

（substance）

学习目标

1. 掌握：物质的分类；物理变化与化学变化；物理性质与化学性质；四种晶体的类型判断和化学式的确定；物质的气、液、固三态；气体定律、Dalton 分压定律。

2. 熟悉：几种常见的晶体结构；晶体晶格能；离子的极化；离子半径比规则。

3. 了解：液晶态；超临界态；相图；物质的性质、结构、分类和医药应用。

物质特别是医药物质是医学相关专业学生学习与研究的对象。物质的组成、结构和状态等不同，它们的性质就可能不同，为了更好地利用物质为人类社会服务，学习物质的组成、结构和状态等相关知识显得至关重要。虽然中学已有这方面的学习内容，但缺少专业特色，就医学相关专业学生而言，结合本学科的特点通过系统地学习物质的组成、分类、结构、状态和性质等基本知识，为学习后续医学专业课程，理解人体的生理病理现象、疾病的诊断治疗以及药物的药理作用等奠定一定的化学基础。

第一节　物质的组成与分类

一、物质的组成

在自然界中，物质以各种各样的形态存在着：不同肤色的人种、花虫鸟兽、山河湖海、各种美丽的建筑等等，可以说大到星球宇宙，小到分子、原子、电子等极微小的粒子，真是千姿百态争奇斗艳。迄今为止，的确是难以说清楚物质具体的存在形态有多少，但是，经过物理学的研究，可以将物质初步归纳为两种基本的存在形态：“实物”和“场”。前者指的是有比较确定界面的物品，如水、冰等；后者则是看不见摸不着的物质，它可以充满全部空间，且具有“可入性”，如电磁波可将电台天线发射的信号通过空间传送到千家万户的收音机或电视机。可以概括地说，“场”是实物之间进行相互作用的物质形态。

目前，已发现 118 种元素，组成了种类繁多（3000 多万种）且性质各异的物质。具体来说，物质可以从四方面来组成：一是由元素组成的；二是由分子直接构成的，如水、蔗糖等；三是由原子直接构成的，如铁、氖气、碳等；四是由离子直接构成的，如氯化钠、氯化钾等，如图 3-1 所示。

物质的组成可以从宏观和微观两个不同视角来研究。宏观视角认为物质是由同种或者不同种的元素组成，即只讲元素种类，不讲元素个数，如水由氢元素和氧元素组成，铁由铁元素组成；微观视角认为物质是由原子、分子等粒子构成，既讲元素种类又讲元素个数，如水由水分子构成，铁由铁原子构成，氯化钠由钠离子和氯离子构成，再如可以说“氮分子由氮原子构成”“1 个氮分子由 2 个氮原子构成”，但不能说“1 个氮分子由氮原子构成”“氮分子由 2 个氮原子构成”。

二、物质的分类

为了学习与研究的方便，需要对物质进行分类，常见的物质分类方法有单一物质分类法、交叉物质分类法和树状物质分类法等三种。

1. 单一物质分类法　单一物质分类法是采用一种标准的物质分类法，如氧化物按组成元素可分为金属氧化物、非金属氧化物。

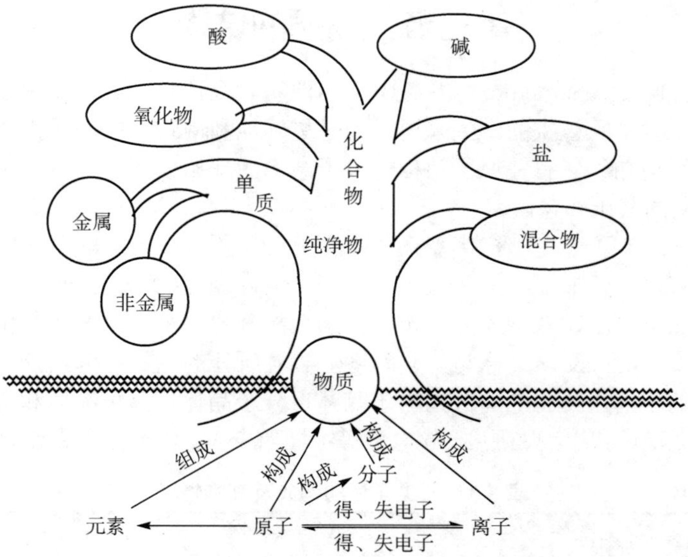

图 3-1 物质的组成与分类示意图

2. 交叉物质分类法 交叉物质分类法是采用多种不同的单一物质分类法进行分类，如将 H_2SO_4 按是否有氧元素、酸的强弱、酸的元数等不同标准进行分类，H_2SO_4 分别属于含氧酸、强酸和二元酸。

3. 树状物质分类法 树状物质分类法是根据整体与分支类型之间关系的物质分类法。按树的形状分类，物质可分为纯净物和混合物，见图 3-1。

（1）纯净物（pure substance）：是指由同种分子形成且有固定组成的物质。纯净物包括单质和化合物。

单质（elementary substance）是指由同种元素组成的纯净物，包括金属和非金属单质。前者主要有 K、Ca、Na、Mg、Al、Zn、Fe、Sn、Pb、Cu、Hg、Ag、Au 等，后者主要有 C、S、P、Si、O_2、N_2、H_2、Cl_2、He、Ne、Ar 等。

化合物（compound）是由两种及其以上元素组成的纯净物，包括有机物和无机物。有机物有烷烃、烯烃、炔烃、芳香烃及其衍生物，葡萄糖、蛋白质、脂质等营养物质。无机物包括酸、碱、盐、氧化物和氢化物等。酸有一元酸 HCl、HNO_3、CH_3COOH 等，二元酸 H_2CO_3、H_2SO_4、H_2S 等；多元酸 H_3PO_4 等。碱有强碱 NaOH、KOH 等；弱碱 $Fe(OH)_3$、$NH_3 \cdot H_2O$ 等。盐有正盐 Na_2CO_3、NaCl、$BaSO_4$ 等；酸式盐有 $NaHCO_3$、NaH_2PO_4 等；碱式盐 $Cu_2(OH)_2CO_3$、$Mg_2(OH)_2CO_3$ 等；复盐 $KAl(SO_4)_2 \cdot 12H_2O$、$(NH_4)_2Cu(SO_4)_2 \cdot 6H_2O$ 等。氧化物有酸性氧化物 SO_2、CO_2、P_2O_5、Mn_2O_7 等；碱性氧化物 MgO、CaO、Na_2O 等；两性氧化物 Al_2O_3、ZnO 等；过氧化物 Na_2O_2、H_2O_2 等；不成盐氧化物 CO、NO 等。氢化物有共价型氢化物 HF、H_2O、NH_3 等；离子型氢化物 NaH、CaH_2 等。

（2）混合物（mixture）：是指由两种或多种纯净物混合成的物质，一般没有固定的组成，也没有固定的熔点、沸点。若按是否均匀分类，混合物可分为均匀和非均匀混合物。例如，空气、溶液、橡胶等属于均匀混合物，泥浆属于非均匀混合物。若按状态分类，混合物可分为气体、液体和固体。例如，空气属于气体混合物，铝合金属于固体混合物，溶液、胶体、浊液属于液体混合物。

同类物质都具有某些共性，因此对物质进行分类后便于我们预测性质、研究结构以及开发用途。例如，LiH 与 NaH 都属于离子型氢化物，已知 NaH 具有还原性，可以推测出 LiH 也具有还原性。

此外，各类物质不是一成不变的，在外界条件作用下会发生相互转化。例如，铁片置于潮湿的空气中一段时间后就会生出红褐色的铁锈，铁生锈是从纯净物转化成混合物，这个过程发生了化学反应，有关这方面的知识在第五章学习。

第二节 物质的结构

物质的结构（substance structure）决定物质的性质。众所周知，石墨和金刚石均由碳组成，而性质却差异很大。对于医学类的学生来说，为了更好地利用物质的性质为医药实践服务，非常有必要学习物质的结构知识。有关原子结构、分子结构的理论已在上一章做了初步介绍，本章主要学习有关晶体结构的基础知识。

晶体（crystal）是指原子、分子或离子等微粒在三维空间按一定规律周期重复地排列构成的固体物质。晶体具有区别于非晶体的三大主要特征：整齐规则的几何外形、固定熔点以及各向异性。若将组成晶体的每一个微粒抽象为一个点，那么按确定的平行六面体单位连线划分，获得一套直线网络称为晶格（lattice），又称晶架。晶格上微粒所处的位置称为结点，按结点上微粒的种类及微粒间作用力的不同，可将晶体分为原子晶体、分子晶体、离子晶体和金属晶体四种基本类型。四类晶体的结构特点和熔点、硬度、导电性等特性如表 3-1 所示，可以据此来判断晶体的类型。

表 3-1 四类晶体的构成及其特性表

晶体类型	结点上微粒	微粒间作用力	特性	实例
原子晶体	原子	共价键	熔点很高，硬度很大，导电性差	金刚石、硅、二氧化硅、碳化硅
分子晶体	分子	分子间力、氢键	熔点低，硬度小、不导电	CO_2（干冰）、冰、C_{60}（足球烯）
离子晶体	阳离子、阴离子	离子键	熔点、沸点高，硬度大而脆，熔融或溶于水能导电	CsCl、NaCl、ZnS
金属晶体	阳离子、自由电子	金属键	熔点、沸点有高有低，硬度有大有小，有可塑性及金属光泽，导电性好	Na、W、Au

晶体中能表达晶体结构一切特征的最小结构单元称为晶胞（crystal cell），晶体就是由无数个相互紧密排列的晶胞所组成。因此，可以通过了解晶胞的大小、形状和组成，理解晶体的空间结构。

一、晶胞中微粒数的确定

一般采用分摊法来确定晶胞中的微粒数，分摊法的含义就是看晶胞中的一个微粒同时被几个晶胞共有，如果被 n 个晶胞所共有，那么这个微粒属于一个晶胞的实际微粒数就是 $1/n$。微粒在晶胞中的位置不同，对晶胞的贡献就不同：

（1）顶点的微粒，实际提供给晶胞的只有 1/8。

（2）棱边的微粒，实际提供给晶胞的只有 1/4。

（3）面心的微粒，实际提供给晶胞的只有 1/2。

（4）胞内的微粒，实际提供给晶胞的为 1。

一个晶胞中此类微粒数
$$m=a\times\frac{1}{8}+b\times\frac{1}{4}+c\times\frac{1}{2}+d\times 1 \tag{3-1}$$

式中，a、b、c、d 分别为一个晶胞中位于顶点、棱边、面心、胞内的某类微粒的数目。按式（3-1）算出一个晶胞中各类微粒的数目后，就可以进一步确定出晶体的化学式。

需要注意的是晶胞中的微粒对晶胞的贡献应视具体情况而定，例如，在石墨晶胞中每一层内的碳原子排成六边形，位于顶点的碳原子对六边形的贡献是 1/3，而不是 1/8，因此要确定晶胞中微粒数还需要了解晶胞的结构。

二、几种常见的 AB 型离子晶体结构

1. CsCl 型晶体 CsCl 晶胞属于体心立方结构（图 3-2a），即 1 个 Cs^+ 处于立方体的中心，8 个 Cl^- 位于立方体的 8 个顶点。1 个晶胞中每个 Cs^+ 被 8 个 Cl^- 所包围，同时每个 Cl^- 也被 8 个 Cs^+ 所包围，Cs^+、Cl^- 的配位数均为 8，Cs^+ 与 Cl^- 的个数比为 1∶1。

2. NaCl 型晶体　此类型晶体是最常见的 AB 型晶体，其晶胞属于面心立方结构（图 3-2b），即在 1 个 NaCl 晶胞中，8 个顶点和 6 个面心各有 1 个 Cl^-，体心和 12 条棱的中央处各有 1 个 Na^+。1 个晶胞每个 Na^+ 被 6 个 Cl^- 所包围，同时每个 Cl^- 也被 6 个 Na^+ 所包围，Na^+、Cl^- 的配位数均为 6，Na^+ 与 Cl^- 的个数比为 6∶6，即 1∶1。

3. 立方 ZnS 型晶体　每个立方 ZnS 晶胞（图 3-2c）含有 4 个 Zn^{2+}，于 8 个顶点和 6 个面心处各有 1 个 S^{2-}。一个晶胞中每个 Zn^{2+} 被 4 个 S^{2-} 所包围，同时每个 S^{2-} 也被 4 个 Zn^{2+} 所包围，Zn^{2+}、S^{2-} 的配位数均为 4，Zn^{2+} 与 S^{2-} 的个数比为 4∶4，即 1∶1。

离子晶体的类型很多，如 AB 型离子晶体除了上述三种类型外还有六方 ZnS 型。离子晶体到底形成哪一种类型，取决于阴、阳离子的半径比及其极化程度。

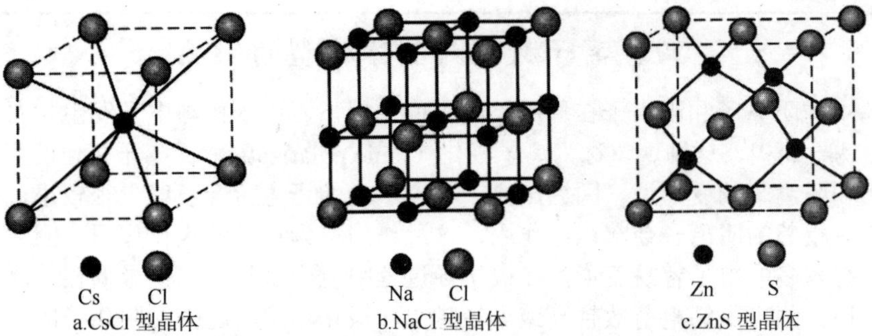

图 3-2　CsCl 晶体、NaCl 晶体和 ZnS 晶体的晶胞示意图

三、离子半径比规则

要形成稳定的离子晶体，需要阳离子与阴离子紧密接触。而阳离子与阴离子能否紧密接触取决于阳离子和阴离子的半径比（r_+/r_-）。以配位数为 6 的晶体结构中半径比与阳离子、阴离子的接触情况为例说明阴阳离子半径比与配位数构型和晶体的关系。由图 3-3a 可知，若令 $r_-=1$，则 $ac=4r_-=4$，$ab=bc=2r_-+2r_+=2+2r_+$

又因为 Δabc 为直角三角形

所以 $ac^2=ab^2+bc^2$

$4^2=2(2+2r_+)^2$

$r_+=0.414$

（1）当 $r_+/r_-=0.414$ 时，阳离子与阴离子间是紧密接触的，阴离子也是紧密接触的，如图 3-3a 所示。

（2）当 $r_+/r_- > 0.414$ 时，阳离子与阴离子紧密接触，而阴离子不再接触，如图 3-3b 所示。这种构型比较稳定，这就是配位数为 6 的情况。但当 $r_+/r_- > 0.732$ 时，阳离子相对较大，有可能接触更多的阴离子，因此可能使配位数提高到 8。

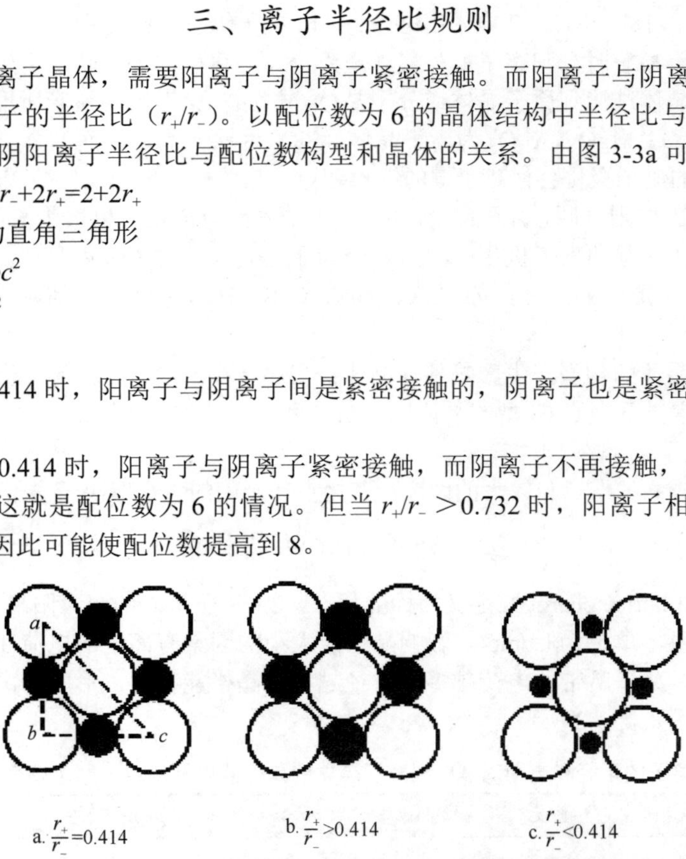

图 3-3　阳离子和阴离子的半径比与配位数的关系示意图

●代表阳离子；○代表阴离子

（3）当 r_+/r_- ＜0.414 时，阴离子之间紧密接触，而阳离子与阴离子间接触不良，如图 3-3c 所示，显然这种结构不稳定。由于阳离子相对较小，有可能接触更少的阴离子，因此可能使配位数减少到4。

在离子晶体中，阳离子和阴离子的半径比与配位数、晶体构型的关系称为离子半径比规则。AB 型离子晶体的构型与阴阳离子半径比的关系如表 3-2 所示。

表 3-2　AB 型离子晶体的构型与阴阳离子半径比的关系表

r_+/r_-	配位数	晶体构型	实例
0.225～0.414	4	ZnS	ZnS，ZnO，BeO，BeS，CuCl，CuBr 等
0.414～0.732	6	NaCl	NaCl，KCl，NaBr，LiF，CaO，MgO，CaS，BaS 等
0.732～1	8	CsCl	CsCl，CsBr，CsI，TlCl，NH_4Cl，TlCN 等

四、离子极化对晶体构型的影响

离子晶体中的阴离子和阳离子在周围反离子的作用下，原子核与电子发生相对位移，导致离子变形而产生诱导偶极，这种现象称为离子极化（ionic polarization）。离子极化的强弱决定于阳离子的极化作用和阴离子的变形性。因为阳离子具有多余的正电荷，一般半径较小，而且在外壳上缺少电子，它对相邻的阴离子会起诱导作用，这种作用称为离子的极化作用。阴离子半径一般较大，在外壳上有较多的电子容易变形，在被诱导过程中能产生临时的诱导偶极，这种性质通常称为离子的变形性。阳离子的电荷数越高或半径越小，极化作用就越强；阴离子的半径越大或电荷数越高，变形性越大；当离子半径和电荷数相近时，离子的极化作用或变形性与离子的外层电子组态有关，其大小顺序为：

18、18+2、2 电子组态＞9～17 电子组态＞8 电子组态

当离子极化作用显著时，阳离子的外层轨道将会与阴离子的外层轨道产生部分重叠，共价键成分增大，使离子晶体过渡到原子晶体或分子晶体。例如，第三周期元素所形成的最高氧化数的氧化物晶体中，Na_2O、MgO、Al_2O_3 为离子晶体，SiO_2 为原子晶体，而 P_2O_5、SO_3、Cl_2O_7 为分子晶体。此外，强烈的离子极化会使离子键的键长缩短，晶体构型也向配位数较小的晶体构型转变。例如，按离子半径比规则判断，AgCl、AgBr、AgI 晶体都应该是配位数为 6 的 NaCl 型晶体，但由于 AgI 晶体中存在较强的离子极化，因而转变为配位数为 4 的 ZnS 型晶体。许多极化作用强的 18 电子组态阳离子所形成的晶体，如 CuX、ZnS、CdS、HgS 晶体等，都属于配位数为 4 的 ZnS 型晶体。

除离子极化对晶体的构型产生影响外，晶体构型还会在温度、压力等外界因素的影响下发生晶型转化。例如，常温下为 CsCl 型的晶体，高温时离子有可能离开其原来结点而重新排列，转化为 NaCl 型的晶体。

离子晶体具有较高的熔点和较大的硬度，其熔点和硬度的大小取决于离子晶体的晶格能。

五、离子晶体的晶格能

晶格能（crystal lattice energy）定义为标准状态，298K 下气态的阴、阳离子结合成 1mol 离子晶体时所释放的能量，单位为 kJ/mol。影响晶格能大小的因素有离子的电荷和半径，对于相同类型的离子晶体来说，离子所带的电荷越多、半径越小，晶格能越大，形成的离子晶体越稳定，熔点越高，硬度越大，如表 3-3 所示。

表 3-3　离子的半径和电荷对 AB 型离子晶体的晶格能以及熔点、摩尔硬度的影响表

AB 型离子晶体	离子电荷（Z）	晶格能（kJ/mol）	熔点（℃）	摩尔硬度
NaF	1	923	993	3.2
NaCl	1	786	801	2.5

续表

AB 型离子晶体	离子电荷（Z）	晶格能（kJ/mol）	熔点（℃）	摩尔硬度
NaBr	1	747	747	2.5
NaI	1	704	661	2.5
MgO	2	3791	2852	6.5
CaO	2	3401	2614	4.5
SrO	2	3223	2430	3.5
BaO	2	3054	1918	3.3

临床视角　　药物结构与生理活性

药物的化学结构与其生理活性相互关联，研究药物结构与药效的关系即构效关系（structure-activity relationship），最能体现物质结构与性质的关系。例如，配合物 $[Pt(NH_3)_2Cl_2]$ 存在顺反异构，只有顺式 $[Pt(NH_3)_2Cl_2]$（简称顺铂），才具有抗癌活性，但毒副作用较大，引入亲水基 1, 1 环丁二羧酸合成顺式 1, 1 环丁二羧酸二氨合铂（简称碳铂）增加水溶性，其反应式为：

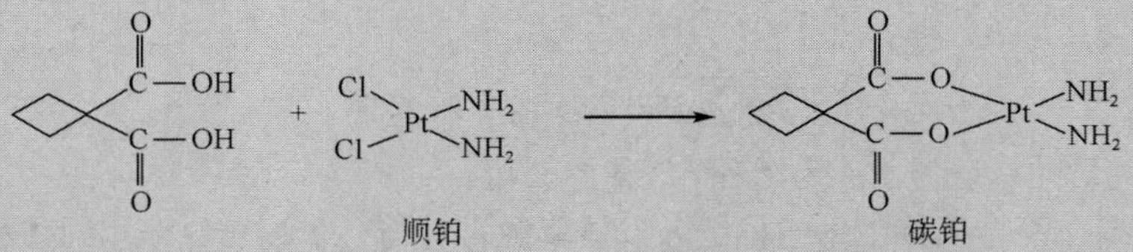

碳铂的活性是顺铂的 17 倍，可以通过大幅减少用药量来降低毒副作用。

又如左氧氟沙星是临床上常用的广谱抗菌药物，其结构式为：

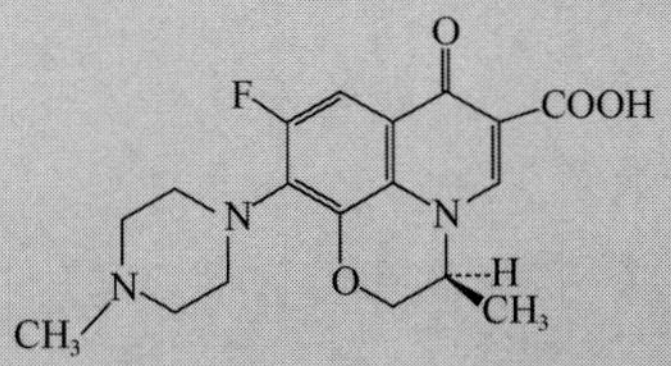

在氧氟沙星分子中，有一个手性碳原子，存在一对光学异构对映体，即左氧氟沙星和右氧氟沙星，前者为药用异构体，而后者不仅没有活性，还具有毒性作用，这就是临床上为什么要使用左氧氟沙星的原因。

第三节　物质的状态

物质的状态（state of matter）是指在一定的温度、压力等外界条件下，组成物质的原子、分子或离子等大量微粒相互聚集成一种稳定的状态，简称物态。在通常的压力和温度条件下，物质主要呈现气态、液态或固态三种聚集状态。随着科学技术的发展，人们对物质世界的认识不断深入，越来越多诸如等离子态、液晶态、超临界态、纳米态等物态被人们发现、认识和利用，其中超临界态和纳米态在医药领域应用广泛，利用超临界技术来萃取中药的有效成分，利用纳米技术研制纳米生物传感器来早期诊断癌症等。研究物态及其变化规律，对深入了解物质的结构和性质、研究新材料和新技术，都具有重要的现实意义。

一、气　　态

气态（gas state）物质称为气体。宏观上气体是指既没有一定的形状，也没有一定体积的物体，不同气体可无限均匀地混合，很容易被压缩或膨胀。微观上由于气体分子间距很大，分子间作用力很小，除了在相互发生碰撞或与器壁发生碰撞以外，气体分子的运动近似地可以看作是匀速直线运动，直至与其他分子或器壁发生碰撞为止，因此气体总是充满整个容器。

在一定温度下，气体分子具有一定能量，在无规则的运动中，气体分子彼此之间及气体分子与器壁之间产生碰撞，使气体表现出一定的压力。可以用气体状态方程来描述气体在此状态下压力、体积、热力学温度之间的定量关系。

1. 理想气体状态方程 通常在低压高温下，实际气体可近似看作理想气体。物质的量为 n 的理想气体，在密闭的容器中其体积（V）、压力（p）和热力学温度（T）之间服从以下关系式：

$$pV=nRT \tag{3-2}$$

式（3-2）称为理想气体状态方程（equation of state of ideal gas），也称理想气体定律（ideal gas law）。式中，R 为摩尔气体常数 8.314J/(mol·K)，n 为物质的量（mol），p 为气体的压力（Pa），V 为气体的体积（m^3），T 为气体的温度（K）。

除了理想气体状态方程外，还有范德瓦耳斯方程、贝塞罗方程、培太-勃里其曼方程、维利型方程等 150 多个气体状态方程应用于不同的实际气体。

2. 道尔顿分压定律 1801 年，英国化学家道尔顿在大量实验的基础上总结出：混合气体的总压等于各组分气体的分压之和，称为道尔顿分压定律（Dalton law of partial pressures），其数学表达式为：

$$p=\sum p_i = p_1 + p_2 + p_3 + \cdots \tag{3-3}$$

式中，p 为混合气体的总压力，p_i 为组分 i 气体的分压。

所谓分压是指在混合气体中每一种组分气体单独占有与整个混合气体相同体积时的压力。

如果将理想气体状态方程分别应用于整个混合气体的 B 组分气体，则混合气体中 B 组分的分压等于该组分的物质的量分数与总压力的乘积，这是分压定律的另一种表达形式，其数学表达式为

$$p_B=px_B \tag{3-4}$$

式中，x_B 为 B 组分气体物质的量分数。

临床视角 **气体定律与高压蒸汽灭菌**

高压蒸汽灭菌是常用的灭菌法。高压锅内的水随着加热升温变成水蒸气，近似把水蒸气看作理想气体，由于高压锅的体积不变，水蒸气的物质的量也保持近似不变（动态平衡），根据气体定律 $pV=nRT$ 得 $T=\dfrac{pV}{nR}$，即水蒸气的温度 T 与高压锅的压力 p 成正比，而高压锅的压力比常压高，因此可以获得大于 100℃的高温，一般维持 20～30min 就能保证灭菌成功。

二、液　　态

液态（liquid state）物质称为液体。液体没有固定的形状，但有一定的体积，一定的流动性，一定的掺混性，一定的蒸气压、沸点及表面张力。液体能像气体那样流动，故两者合称为流体。液体与气体相比，它的密度要高得多，这说明物质处于液态时分子间的距离要比气态时小得多。液体分子相互靠得很近，分子间的相互作用不能忽略。这种相互作用使液体具有一定的体积，但不能保持一定的形状。液体的可压缩性比气体差得多而又略大于固体，液体的性质介于气体与固体之间。由于液体的体积随压力或温度的变化改变很小，体积近似看作常数。

人体视角 **水与人体健康**

水是最常见的液体，成年人体内水分约占体重的60%～70%。水是生命之源，健康之本。在人体内水的主要生理作用有消化食物、以体液来溶解营养物质、传送养分到各个组织、担负吸收和运输任务、排泄人体新陈代谢产生的废物、保持细胞形态、提高代谢作用、调节体液（血液、淋巴液等）黏度、改善体液的循环、调节人体体温、保持皮肤湿润与弹性等，人体的所有代谢活动都离不开水。水不但起到体内物质输送与媒介作用，而且直接参与生物大分子结构，人体的物质代谢、能量代谢和信息代谢就是水与生物大分子共同完成。此外，水还与人体的衰老、寿命、免疫都有着直接的关系。因此人必须及时、科学地补充足够的健康水。

三、固 态

固态（solid state）物质称为固体。固体不仅具有一定的体积和形状，而且不能流动。固体由原子、分子或离子等微粒组成，这些微粒靠得很近，彼此间有着相当强的作用力，使固体表现出一定程度的刚性和很小的可压缩性。固体内部的粒子不能自由移动，只能在一定位置上做热振动。固体包括晶体和非晶体（或无定形体），通常所说的固体特指晶体。非晶体（或无定形体）虽然没有规则的几何外形、固定的熔点和各向异性等晶体所具有的特征，但由于其分子间的运动相对不自由，因此也归入固体。常见的非晶态固体有高分子聚合物、氧化物玻璃、非晶形玻璃（amorphous glassy solid）、非晶形橡胶（amorphous rubbery solid）、非晶态金属和非晶态半导体等。

四、物质状态之间的转化

在一定条件下，物质的气、液、固三态具有平衡关系，当改变外界条件，三态之间会发生相互转化。

1. 升高温度，物质各物态间的转化

（1）熔化：物质吸热从固态转化为液态的现象。

（2）汽化：物质吸热从液态转化为气态的现象，也称为蒸发。

（3）升华：物质吸热从固态不经过液态直接转化为气态的现象。

2. 降低温度，物质各物态间的转化

（1）凝固：物质放热从液态转化为固态的现象。

（2）凝结：物质放热从气态转化为液态的现象，也称为液化。

（3）凝华：物质放热从气态不经过液态直接转化为固态的现象。

以水为例，温度改变，水在气、液、固三态之间相互转化，见图3-4。

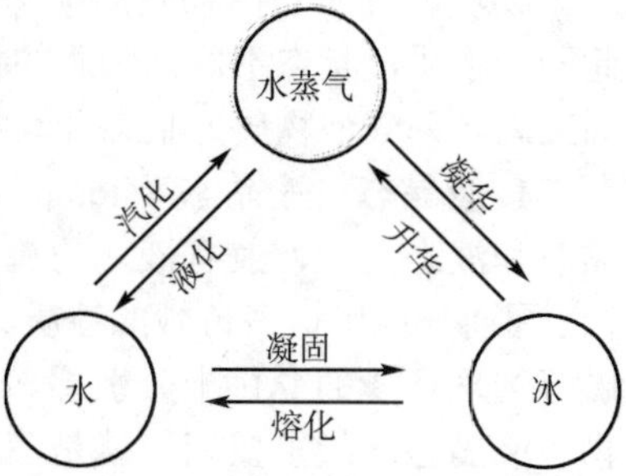

图3-4 水的三态相互转化示意图

制药视角 **水的相图与药品生产**

物质的物态亦称作相（phase）。物态之间的转化称为相变，通常用相图来表明温度、压力与各种相变之间的关系。相变和相平衡是自然界和生产中经常出现的现象。物质都有各自的相图，认识相图有助于观察和了解物质状态的变化规律，为我们的实践服务。

如图3-5为水的相图，OB、OD、OH三条曲线交于点O，把平面划分为HOB、BOD和DOH三个区域，分别是水、冰和水蒸气的单相区。OH线是水的蒸发曲线，表示水蒸气与水处于平衡。OD线是冰的升华曲线，表示冰与水蒸气处于平衡，OB线是冰的熔化曲线，表示冰与水处于平衡。O为水蒸气、水和冰三相平衡共存点，称为三相点。

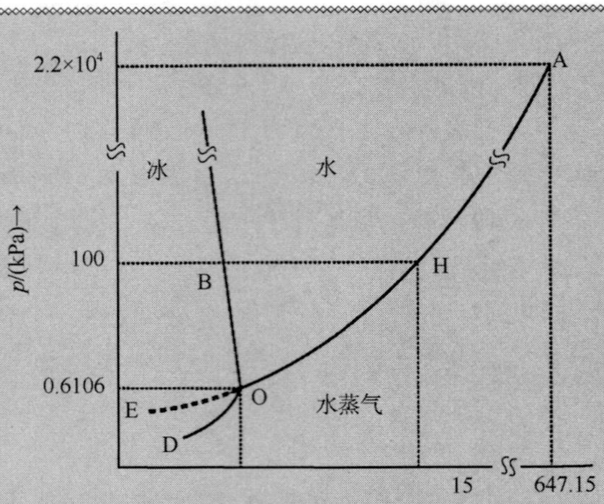

图 3-5 水的相图示意图

从图 3-5 看出，当温度低于三相点 O 时，若将系统的压力降至 OD 线以下，固态冰直接转化为气态，此过程称为升华。升华原理在药物提取、鉴别、加工以及制剂等方面都有重要应用。例如，制药中常用的冷冻干燥技术就是利用水的升华原理，将含水药物先快速冷冻至冰点之下，使水分变为固态冰，然后将系统压力降至冰的饱和蒸气压以下，冰就直接升华为水蒸气而除去，获得干燥产品。冷冻干燥技术的优势在于：

（1）在低温下操作，药物不致受热分解，保持了药物的生物活性。

（2）获得的药品可以长时间储存，且呈疏松的海绵状固体，使用时能快速溶解。目前冷冻干燥技术已用于疫苗、酶、激素等生物制品和抗生素的生产。例如，临床上注射用的粉针剂就是用冷冻干燥技术生产的。

五、物质的状态和性质之间的关系

物质的性质是由物质的结构决定的，物质呈现不同的状态也是物质内部结构不同的体现，因此同一物质，状态不同，物质的化学性质相同，但物理性质不同。下面介绍几种在常见的气、液、固三态之外其他物质的状态及其特性。

1. 液晶态 液晶态（liquid crystalline state）是晶体受热变成液体过程的一个中间状态，介于晶态和液态之间，兼有液体的流动性和固体有序排列的双重特征。由于液晶态物质特殊的微观结构，因而呈现出许多奇妙的性质，如光学透射率、反射率、颜色等性能对外界的力、热、声、电、光、磁等物理环境的变化十分敏感。目前已发现几千种有机化合物能呈液晶态，它们多为芳香族化合物。液晶态的最重要应用就是液晶显示屏。液晶显示的原理就是利用液晶的电光效应把电信号转换成字符、图像等可见信号。液晶在正常情况下，其分子排列很有秩序，表现为清澈透明，一旦加上直流电场后，分子的排列被打乱，一部分液晶变得不透明，颜色加深，因而能显示数字和图像。液晶显示的医疗器械在医院已用于浅表肿瘤的诊断。

2. 超临界态 气态物质的压力和温度同时超过它的临界压力（p_c）和临界温度（T_c）的状态，称为该物质的超临界态（supercritical state）。超临界态是一种特殊的流体，称为超临界流体，它兼有气液两相的双重特点，既具有与气体相当的高扩散系数和低黏度，又具有与液体相近的密度和对物质良好的溶解能力。超临界流体有二氧化碳（CO_2）、氮气（N_2）、氧化二氮（N_2O）、乙烯（C_2H_4）、三氟甲烷（CHF_3）等。由于 CO_2 具有易获纯品、廉价、不燃烧和无毒不污染环境等优点，且 CO_2 临界点温度仅为 31℃，属于低温范畴，不致造成溶质的热分解，故 CO_2 是最常用的超临界流体，在医药领域常用于萃取中药材的挥发性活性成分。其萃取的原理是在高压条件下，将 CO_2 与被提物料充分混合，使物料中的有效成分溶解在 CO_2 里，然后减压浓缩使有效成分析出。

如果有效成分不止一种，可以采取逐级减压，使有效成分分步析出。

第四节 物质的性质

一、物质的变化

根据物质在变化过程中是否有新物质的生成或发生化学键的断裂，把物质的变化（substance changes）分为物理变化和化学变化。没有新物质生成的变化称为物理变化，反之有新物质生成的变化称为化学变化。常见的物理变化有金属导电、蒸馏、萃取、升华、重结晶、潮解、盐析、电泳、胶体的聚沉等。常见的化学变化包括电解、电镀、老化、酯化、裂解、风化、中毒等。化学变化常伴有光、热、气体、沉淀产生或颜色气味改变等现象发生，但要注意与物理变化的区别。因为物理变化也常伴有发光（电灯）、放热（摩擦）、放出气体（开启汽水瓶盖）、颜色变化（氧气变成液氧）、产生沉淀物（胶体的聚沉）等，只是这些变化没有新物质生成。化学变化一定伴随着物理变化，但物理变化不一定伴随着化学变化。例如，蛋白质盐析只是溶解度的改变属于物理变化，没有新物质的生成，没有伴随化学变化。而蛋白质的变性涉及氢键或二硫键等次级键（除肽键外）的断裂属于化学变化，在这个过程中蛋白质也发生了凝聚，所以同时伴随着物理变化。

二、物质的性质

根据物质是否发生化学变化将物质的性质（substance properties）分为物理性质和化学性质。物理性质是物质不需要发生化学变化表现出来的性质，常见的物理性质有颜色、状态、气味、密度、熔点、沸点、压强、热容、硬度、溶解度、表面张力、延展性、导电性、导热性、挥发性等，这些性质是能被感观感知或利用仪器测知的。化学性质是物质在化学变化中表现出来的性质，常见的化学性质包括可燃性、助燃性、酸性、碱性、氧化性、还原性、稳定性、腐蚀性、络合性、毒性及一些其他特性。

物质的化学性质在医药上的应用实例很多。例如，临床上用来消毒的双氧水是利用 H_2O_2 的氧化性；维生素 C 的抗氧化解毒的作用是利用它的还原性；小苏打、氢氧化铝用于治疗胃酸过多是利用它们的碱性；二巯丙醇对重金属汞的解毒作用是利用它的配合性，其解毒机制是二巯丙醇上的巯基与重金属离子螯合，避免了某些蛋白和酶的巯基与重金属结合后失去它们的活性。在化学学习中，物质的物理性质往往被忽视，其实物理性质常用于物质的鉴定、分离、提纯等。物质的物理性质的在医学上的应用也很广泛，例如，在医学上常利用稀溶液凝固点降低来测定热敏生化物质的摩尔质量；利用表面活性剂具降低表面张力的特性来增溶药物提高生物利用度；近几年掀起研究热潮的纳米材料石墨烯在靶向药物输运、细胞成像、生物检测、肿瘤治疗上都有应用报道，这是利用了石墨烯及其衍生物独特优良的电学、光学和力学性质。

关 键 词

物理变化、化学变化、物理性质、化学性质、纯净物、混合物、晶体结构、物态、气体定律、分压定律。

问题与练习

一、判断题

（ ）1. 煤气中毒属于物理变化。

（ ）2. 分子中手性原子的药物有内消旋体药物和外消旋体药物，内消旋体药物是纯净物，而外消旋体药物为混合物。

（ ）3. 同分异构体是分子式相同，结构不同的化合物。同分异构体之间的物理性质和化学性质一定都不同。

（ ）4. 氨气的沸点是 −33℃，可将 100kPa、−20℃时的氨气看作理想气体。

（ ）5. 理想气体状态方程式中，R 为 8.314J/（mol·K），若体积的单位为 m^3，则压力的单位为 kPa。

二、单选题

1. 蜡烛的燃烧属于（　　）
   A. 物理变化
   B. 化学变化
   C. 既有物理变化，又有化学变化
   D. 无法确定
2. 下列变化中，前者是化学变化，后者是物理变化的是（　　）
   A. 用海水晒盐，浓硫酸使白纸变黑
   B. 牛奶变酸，酒精挥发
   C. 蜡烛燃烧，米酿成醋
   D. 矿石粉碎，食物腐烂
3. 塑化剂是塑料软化剂，被禁止添加在食品里。属于化学性质的塑化剂性质是（　　）
   A. 无色黏稠液体　　B. 熔点-50℃
   C. 溶于多数有机溶剂　　D. 有慢性毒性
4. 下列说法不正确的是（　　）
   A. 手性异构体性质相同
   B. 手性异构体分子组成相同
   C. 互为手性异构体的分子互为镜像
   D. 利用手性催化剂合成主要得到一种手性分子
5. 胆矾的组成为 $CuSO_4 \cdot 5H_2O$，属于（　　）
   A. 纯净物　　B. 混合物
   C. 配合物　　D. 溶液
6. 下列说法中正确的是（　　）
   A. 纯净物一定只含有一种元素
   B. 同种分子构成的物质一定是纯净物
   C. 混合物肯定由两种以上元素组成
   D. 含有氧元素的化合物都是氧化物
7. 在汽车排气管上安装“催化转换器”便可以使汽车的尾气转换成无毒气体。如果用●表示碳原子，用○表示氧原子，用▩表示氮原子，下图为气体转换的微观过程。

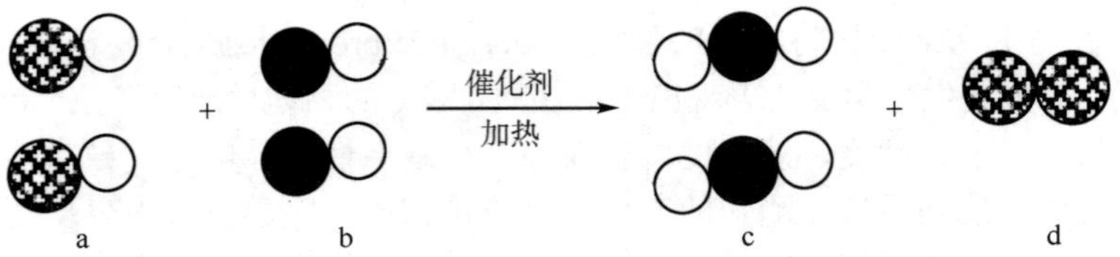

   a、b、c 三种物质最确切的分类是（　　）
   A. 化合物　　B. 纯净物
   C. 氧化物　　D. 混合物
8. 2001 年报道硼和镁形成的化合物刷新了金属化合物超导温度的最高纪录。下图示意的是该化合物的晶体结构单元：镁原子间形成正六棱柱，且棱柱的上下底面还各有一个镁原子；6 个硼原子位于棱柱内。

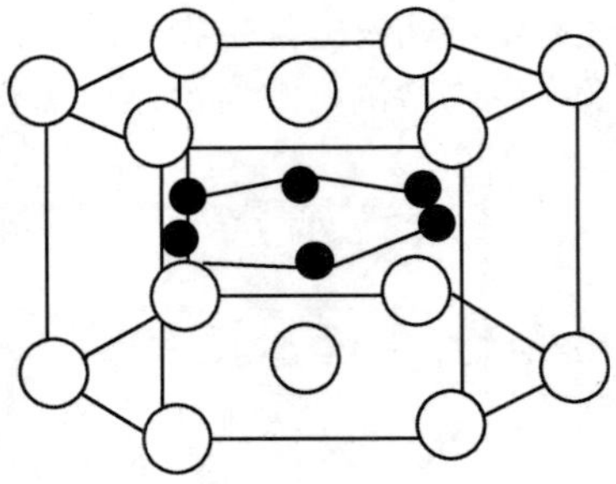

   则该化合物的化学式可表示为（　　）
   A. MgB　　B. MgB_2
   C. Mg_2B　　D. Mg_3B_2
9. 能与 NaOH 溶液反应且属于原子晶体的化合物是（　　）
   A. 金刚石　　B. 晶体硅
   C. 石英（SiO_2）　　D. CO_2
10. 只含 C、H 和 Cl 的某化合物，在 100℃和 100kPa 下，其蒸气密度为 3.168g/mL。若化合物中各原子数之比 C：H：Cl=1：1：1，则该化合物的化学式为（　　）
   A. CHCl　　B. $C_2H_2Cl_2$
   C. $C_3H_3Cl_3$　　D. $C_4H_4Cl_4$

三、填空题

1. 福尔马林属于__________，它在医药上起防腐和消毒作用，该过程发生的变化属于__________。
2. 在体温 37℃时，正常人的血浆渗透压为 720～800kPa。渗透压是血浆的__________性质。
3. 用 C、O 两种元素表示的化学式填写：有毒的氧化物是__________，能支持动物呼吸的单质是__________。
4. 当构成晶体的粒子为原子时，这种晶体称为__________，由于这种晶体的微粒之间全部以__________结合，由于这种作用较__________，故这种晶体具有__________熔点和__________硬度。
5. 我国民间有句谚语：“霜前冷，雪后寒。”它说明：霜是由于气温较__________而使空气中的水蒸气发生__________现象而形成的；雪在融化时需要__________热，因而气温降低，使人感到寒冷。

思 考 题

1. 临床上对肾功能衰竭患者进行“血液透析”是物理变化还是化学变化？

2. 活性炭用于防毒面具是利用物质的物理性质还是化学性质？

3. 医用消毒酒精是属于纯净物还是混合物？

4. 氨氯地平是常用的高血压药物，多年来临床上一直使用的都是外消旋体药物，但目前出现了左旋氨氯地平，请解释这一现象。

5. 牙科医生将小镜子放入患者口腔检查牙齿之前，总要将小镜子放在酒精灯上烧一下，这样做的目的是什么？

6. 将物质制成纳米粒子，能否将纳米粒子看成是一种新物态？

（马晓丽）

第四章 溶 液
(solution)

学习目标

1. 掌握：溶液的组成、性质和浓度计算，溶液的渗透压与浓度、温度的关系，及其在医学中的重要意义；水的质子自递；酸碱质子理论及一元弱酸碱溶液 pH 计算；缓冲溶液组成、作用机制及 pH 计算。

2. 熟悉：溶液的形成（溶解与平衡）；缓冲溶液的配制原则及在医学上的意义；体液组成及胶体溶液的性质特征。

3. 了解：分散系的分类；溶液的状态、气体溶解度；渗透现象、等渗、高渗和低渗溶液等基本概念；体液的组成及体液中电解质的生理功能；胶体溶液在临床上的应用。

化学视角 **药物传递**

在日常和临床工作中的口服药物、吸入药物、皮肤贴片等均为药物传递的不同方式。不同的药物根据药物性能、毒副作用等多个方面综合考虑，采用不同的药物传递方式，以达到治愈疾病的目的。如皮肤对于大多数药物是个难以通透的屏障，然而小的亲脂性药物却能以极低的通量穿过皮肤，通过皮肤传递那些有损肝脏的口服药物比口服传递途径具有显著优势。例如，透皮传递可乐定、芬太尼和硝酸甘油贴片的不良反应明显比常规口服给药传递少。尽管有众多的药物传递方式，但其均与本章的溶液知识密切相关。

溶液除和人类的生活息息相关外，与人体的生命过程也有着密切的联系。人的体液，如血液、组织间液、淋巴液及各种腺体的分泌液等都是溶液，食物在体内的消化、吸收及转运等许多生理、生化过程都离不开体液（溶液），在临床上使用的注射液、汤剂等也属于溶液。因此，溶液的知识是学习医学科学所必须掌握的基础。溶液是由至少两种物质组成的均一、稳定的混合物，被分散的物质（溶质）以分子或更小的质点分散于另一物质（溶剂）中。物质在常温时有固态、液态和气态三种状态。因此溶液也有三种状态，大气本身就是一种气体溶液，称为气态溶液；固体溶液混合物常称固溶体，如将锌溶于铜形成的黄铜。一般溶液只是专指液体溶液。液体溶液包括两种，即能够导电的电解质溶液和不能导电的非电解质溶液。其中，溶质相当于分散质，溶剂相当于分散剂。所谓胶体溶液，更确切地说应称为胶体分散系。日常生活中常见的溶液有糖水、碘酒、汽水、空气等。

第一节 溶液的基本概念

一、分 散 系

一种或几种物质分散在另一种物质里所形成的系统称为分散系统，简称分散系。例如，临床上注射用的生理盐水、葡萄糖溶液分别是由氯化钠或葡萄糖分散在水中形成；牛奶是由奶油、蛋白质和乳糖分散在水中形成；云雾是由水滴分散在空气中而形成，它们都是分散系。在分散系中，被分散的物质称为分散质（或分散相），而容纳分散质的物质称为分散剂（或分散介质）。在上述例子中，氯化钠、葡萄糖、奶油、蛋白质、乳糖、水滴等是分散质，水、空气就是分散剂。

物质在常温时有固态（solid）、液态（liquid）和气态（gas）三种状态。因此，分散质和分散剂的聚集状态不同，分散质粒子大小不同，分散系的性质也不同。按照分散质和分散剂物质的聚集状态，可将分散系分为固态分散系、液态分散系和气态分散系。表 4-1 中列出了由不同分散质和分散剂形成的一些常见分散系及其主要特征。

表 4-1 不同分散质和分散剂形成的一些常见分散系及其主要特征表

分散系状态	分散质（溶质）	分散剂（溶剂）	实例	主要性质*
固态分散系	固态	固态	有色玻璃、矿石、合金	最稳定、无流动性
	液态	固态	珍珠、毛发、硅胶、肌肉	稳定、无流动性
	气态	固态	泡沫塑料、海绵、木炭	稳定、无流动性
液态分散系	固态	液态	生理盐水、葡萄糖溶液	稳定 / 不稳定、扩散
	液态	液态	豆浆、牛奶、医用酒精	不稳定 / 稳定、扩散
	气态	液态	汽水、肥皂泡沫	不稳定、扩散
气态分散系	固态	气态	烟、灰尘	不稳定、扩散
	液态	气态	雾、云	不稳定、扩散
	气态	气态	空气、煤气	稳定、扩散

* 外界条件不发生改变，且置于空气中。

医学上研究的液体分散系的分散剂如未特别说明均是水。

如以水为分散剂，也可根据分散质颗粒的大小不同，将分散系进行如下分类，列于表 4-2。

表 4-2 不同分散质颗粒大小形成的分散系及其主要特征表

类型	粒子直径（nm）	名称	主要特征	实例
分子、离子分散系	＜1	真溶液	最稳定，扩散快，能透过滤纸及半透膜	葡萄糖溶液、生理盐水、医用酒精
胶体分散系	1～100	高分子溶液	很稳定，扩散慢，能透过滤纸，不能透过半透膜，黏度大	淀粉溶液、纤维素溶液、蛋白质溶液
		溶胶	稳定，扩散慢，能透过滤纸，不能透过半透膜	氢氧化铁溶胶、硫化砷溶胶、碘化银溶胶、金溶胶
粗分散系	＞100	乳状液 悬浊液	不稳定，扩散慢，不能透过滤纸及半透膜	牛奶、泥浆

二、溶液的定义

溶液（solution）是由一种物质分散于另一物质中形成的均匀而稳定的分散系统，是一种混合物。通常，把分散质称为溶质，分散剂称为溶剂，故溶液是由溶质和溶剂组成的。被分散的物质可以以分子、原子或离子的状态与另一物质混合。例如，75% 乙醇溶液、9g/L 的 NaCl 溶液，前者以乙醇分子分散于水中；后者以钠离子和氯离子分散于水中混合而成。

三、溶液的基本特征

溶液是由分散质（溶质）均匀而稳定的分散于分散剂（溶剂）中形成，故溶液的基本特征为：

1. 均一性 溶液各处的密度、组成和性质完全一样。

2. 稳定性 在外界条件，如温度、大气压、溶剂量不变时，溶质和溶剂长期不会分离，溶质和溶剂之间也不会发生化学变化。

3. 混合物 溶液一定是混合物。

四、溶解度与平衡

溶解度（solubility）是指在一定温度下，某物质（固体或少量液体）在100g溶剂中达到饱和状态时所溶解的溶质的质量，用s表示，单位是“g/100g”。在20℃时，100g水里最多能溶解36g氯化钠。因此，在20℃时，氯化钠在水里的溶解度是36g/100g。溶解度是用以衡量某物质在水中的溶解能力大小的尺度，是溶解性的定量表示，属于物理性质。

物质溶解与否，溶解能力的大小，一方面决定于物质（指的是溶剂和溶质）的自身性质；另一方面也与外界条件如温度、压强等有关。因此，溶解度的使用需注明外界条件，如“在某温度，某气压下，某物质在某溶剂中的溶解度为”。在相同条件下，有些物质易于溶解，而有些物质则难于溶解，即不同物质在同一溶剂里溶解能力不同。例如，日常生活中的蔗糖、氯化钠易溶于水，而油脂难溶于水，就是它们在水中溶解度不同的表现。在未注明溶剂的情况下，通常溶解度指的是物质在水里的溶解度。

实际上，溶解是溶质和溶剂粒子之间相互作用达到沉淀溶解平衡的过程，当外界条件一定时，溶解度是一个定值。达到沉淀溶解平衡的溶液便不能容纳更多的该种物质，称之为饱和溶液。在特殊条件下，溶液中溶解的溶质会比正常情况多，这时它便成为过饱和溶液。在实际生活中，可依据20℃时物质在水中的溶解度大小的不同，把物质分为易溶物质、可溶物质、微溶物质和难溶物质。表4-3中列出了不同溶解度的物质分类。

表4-3　根据物质在水中的溶解度不同的物质分类表（20℃）

种类	易溶物质	可溶物质	微溶物质	难溶物质
溶解度	＞10g/100g	1～10g/100g	0.01～1g/100g	＜0.01g/100g

气体的溶解度通常指的是该气体（其压强为1标准大气压）在一定温度时溶解在1L溶剂里的体积数，单位“mL/L”。也常用“g/L”作单位。如在标准大气压下，20℃时100mL水中能溶解1.82mL氢气，则在标准大气压下，20℃时氢气的溶解度为1.82mL/100mL水。

五、溶液的浓度

溶液的浓度用以衡量溶质和溶剂之间的相对含量，也即表示在一定量的溶液或溶剂中所含溶质的量叫溶液的浓度（concentration）。常用的浓度表示法有物质的量浓度、质量摩尔浓度、摩尔分数、质量分数等。通常，以A表示溶剂、B表示溶质，对溶液相关浓度进行描述和计算。

（一）物质的量和物质的量浓度

1. 物质的量　物质的量（amount of substance）是表示物质所含微粒数（N）（如分子、原子等）与阿伏伽德罗常数（N_A）之比，也是一个表示物质数量的基本物理量，用符号n表示，即$n=N/N_A$。阿伏伽德罗常数的数值为0.012kg ^{12}C所含C原子的个数，约为6.02×10^{23}。物质的量的基本单位是摩尔（mole），单位符号为mol。国际上规定，1mol粒子集体所含的粒子数与0.012kg碳-12中含有的碳原子数相同。

在使用物质的量时，必须指明基本单元，它可以是原子、分子、离子、电子及其粒子或这些粒子的特定组合，应该用粒子符号、物质的化学式或它们的特定组合表示。在某一组成中单元B的物质的量n_B，是对组成中单元B的数目N_B定义的，而单元B可以是各种粒子或这些粒子的某种组合。因此，凡是说到物质B的物质的量n_B时必须用元素符号、化学式或相应的粒子符号标明基本单元。例如，O、O_2、HCl、$\frac{1}{2}$HCl、H_2SO_4、$\frac{1}{2}H_2SO_4$、$2H_2SO_4$等都可作为基本单元。但是，如果仅说硫酸的物质的量，含义就不清了，因为没有指明基本单元的化学式，它可能是H_2SO_4、也

可能是 $\frac{1}{2}$ H_2SO_4 的物质的量。例如，n（H_2SO_4）=1.0mol，$n\left(\frac{1}{2}H_2SO_4\right)$ =2.0mol，n（$2H_2SO_4$）= 0.5mol。

基本单元确定后，物质B的物质的量 n_B 就可以通过该物质的质量（mass）和摩尔质量（molar mass）来求算。物质B的摩尔质量 M_B 定义为B的质量 m_B 除以B的物质的量 n_B，即

$$M_B \overset{\text{def}}{=\!=} \frac{m_B}{n_B} \tag{4-1}$$

以克每摩（g/mol）为单位时，某原子的摩尔质量的数值等于其相对原子质量 A_r，某分子的摩尔质量的数值等于其相对分子质量Mr。1是相对原子质量和相对分子质量的量纲。

在使用摩尔质量时，也必须同时注明基本单元，如 M（HCl）=36.5g/mol，$M\left(\frac{1}{2}HCl\right)$ = 18.25g/mol。

2. 物质的量浓度 物质的量浓度（amount of substance concentration）是指单位体积溶液中所含溶质B的物质的量，简称浓度（concentration），用符号 c_B 表示。其中溶质可以是单质、化合物，也可以是离子或其他特定组合。物质的量浓度与溶质B的物质的量和溶液体积之间的关系为：

$$c_B = \frac{n_B}{V} \tag{4-2}$$

式中，n_B 为溶质的物质的量，单位为mol；V 为溶液体积，单位L或 dm^3；c_B 为物质B的浓度，常用单位mol/L或 mol/dm^3；B是溶质的基本单元。

同种溶质的基本单元不同，物质的量浓度也不相同。因此，在使用物质的量浓度时，应注明物质的基本单元，否则容易引起混乱。例如，c（H_3PO_4）=1.0mol/L，$c\left(\frac{1}{2}H_3PO_4\right)$ =2.0mol/ L，c（$2H_3PO_4$）=0.5mol/L。

【例4-1】 如何配制1L，1mol/L的氯化钠溶液？（NaCl的摩尔质量为58.5g/mol）

解：根据物质的量浓度定义：

$$c_B = \frac{n_B}{V} = \frac{m_B}{M_B V} \quad \text{则：} m_B = c_B V M_B$$

$$m_B = 1\text{mol/L} \times 1.0\text{L} \times 58.5\text{g/mol} = 58.5\text{g}$$

准确称取58.5g NaCl，溶于蒸馏水，然后定容至1L，即得1mol/L的氯化钠溶液。

【例4-2】 用电子天平称取2.0100g $Na_2B_4O_7$ 基准物质，将其用少量水溶解后转移至100.0mL容量瓶中并定容，试计算 c（$Na_2B_4O_7$）、$c\left(\frac{1}{2}Na_2B_4O_7\right)$ 及 c（$2Na_2B_4O_7$）。已知 $Na_2B_4O_7$ 的摩尔质量为201.0g/mol。

解：已知 m（$Na_2B_4O_7$）=2.0100g　　M（$Na_2B_4O_7$）=201.0g/mol

$\because M\left(\frac{1}{2}Na_2B_4O_7\right) = \frac{1}{2} \times 201.0\text{g/mol} = 100.50\text{g/mol}$

M（$2Na_2B_4O_7$）= 2×201.0g/mol = 402.00g/mol

$$c(Na_2B_4O_7) = \frac{m(Na_2B_4O_7)}{M(Na_2B_4O_7)\ V} = \frac{2.010\text{g}}{201.0\text{g/mol} \times 100\text{mL} \times 10^{-3}} = 0.1000\text{mol/L}$$

$$c\left(\frac{1}{2}Na_2B_4O_7\right) = \frac{m(Na_2B_4O_7)}{M\left(\frac{1}{2}Na_2B_4O_7\right)V} = \frac{2.010\text{g}}{100.50\text{g/mol} \times 100\text{mL} \times 10^{-3}} = 0.2000\text{mol/L}$$

同理可计算出 c（$2Na_2B_4O_7$）=0.05000mol/L

$$\therefore c\left(\frac{1}{2}Na_2B_4O_7\right)=2c(Na_2B_4O_7)=4c(2Na_2B_4O_7)$$

（二）质量浓度

质量浓度又称物质 B 的质量浓度，是指物质 B 的质量 m_B 除以溶液的体积 V，用符号 ρ_B 表示。

$$\rho_B=\frac{m_B}{V} \tag{4-3}$$

质量浓度的 SI 单位是 kg/m^3。医学上常用的单位是 g/L、mg/L 和 μg/L，即体积单位用 L，而表示质量的单位可以改变。临床上用固体物质配制的溶液常用质量浓度表示。例如，9g/L NaCl 的生理盐水；50g/L 葡萄糖溶液等。

【例 4-3】 临床上乳酸钠（$C_3H_5O_3Na$）注射液的质量浓度为 112g/L，注射 10mL 此注射液，进入体内的乳酸钠为多少克？

解： ρ（$C_3H_5O_3Na$）=112g/L　　　　$V=10\times10^{-3}$L

$\because \rho_B=\dfrac{m_B}{V}$

$\therefore m$（$C_3H_5O_3Na$）$=\rho$（$C_3H_5O_3Na$）$\times V=112g/L\times10\times10^{-3}L=1.12g$

注射 10mL 此乳酸钠注射液，有 1.12g 乳酸钠进入体内。

【例 4-4】 生理盐水的物质的量浓度为 0.154mol/L，计算生理盐水的质量浓度。

解： $\because n_B=c_B\cdot V$，$m_B=n_B\cdot M_B=c_B\cdot V\cdot M_B$

$\therefore \rho(NaCl)=\dfrac{m(NaCl)}{V}=c(NaCl)\times M(NaCl)=0.154mol/L\times58.5g/mol=9g/L$

物质 B 的质量浓度 ρ_B 与物质的量浓度 c_B 之间的关系为：

$$\rho_B=c_B\cdot M_B \tag{4-4}$$

凡是已知相对分子质量（或相对原子质量）的物质，均应使用物质的量浓度 c_B，对于尚未准确测定相对分子质量的物质，可以使用质量浓度 ρ_B。一般情况下，血液中 Na^+、Cl^-、葡萄糖的含量用物质的量浓度表示，静脉注射用氯化钠注射液和葡萄糖注射液的标签上需要同时标明物质的量浓度和质量浓度。

（三）质量摩尔浓度

质量摩尔浓度（molality）是指溶质 B 的物质的量除以溶剂的质量，用符号 b_B 表示。

$$b_B=\frac{n_B}{m_A} \tag{4-5}$$

式中，n_B 为溶质 B 的物质的量，单位为 mol；m_A 为溶剂的质量，单位为 kg。所以，质量摩尔浓度的单位为 mol/kg。

【例 4-5】 在 100.0g 水中含有 5.85g 氯化钠，求该溶液的质量摩尔浓度。

解： 氯化钠（NaCl）的摩尔质量为 58.5g/mol。

$$b(NaCl)=\frac{n(NaCl)}{m(H_2O)}=\frac{m(NaCl)}{M(NaCl)\ m(H_2O)}$$

$$=\frac{5.85g}{58.5g/mol\times100.0\times10^{-3}kg}=1.0mol/kg$$

该溶液的质量摩尔浓度为 1.0mol/kg。

（四）摩尔分数

摩尔分数（molar fraction）是指溶质B的物质的量与混合物的总物质的量之比，也叫物质的量分数。用 x 表示，其量纲为1。

$$x_B = \frac{n_B}{\sum n_i} \tag{4-6}$$

式中，x_B 为物质B的摩尔分数，n_B 为物质B的物质的量，$\sum n_i$ 为混合物的物质的量之和。

对于由两个组分组成的溶液来说，若溶质的物质的量为 n_B，溶剂的物质的量为 n_A，则其摩尔分数分别为：

$$x_A = \frac{n_A}{n_A + n_B} \tag{4-7}$$

$$x_B = \frac{n_B}{n_A + n_B} \tag{4-8}$$

有：$x_A+x_B=1$

【例4-6】 将58.5g氯化钠与90.00g水配成溶液，求该溶液中氯化钠和水的摩尔分数各为多少？

解：$n_{NaCl}=\frac{58.5g}{58.5g/mol}=1.0mol$

$n_{H_2O}=\frac{90.0g}{18.0g/mol}=5.0mol$

$x_{NaCl}=\frac{1.0mol}{5.0mol+1.0mol}=0.17$

$x_{H_2O}=1-0.17=0.83$

（五）质量分数

质量分数是指溶液中溶质B的质量 m_B 与混合物的质量 m 之比，用符号 ω_B 表示。

$$\omega_B = \frac{m_B}{m} \tag{4-9}$$

ω_B 的单位是1。但要注意的是溶质B和混合物的质量单位必须相同，常用试剂的商品溶液如硫酸、盐酸、硝酸、氨水等都是用质量分数来表示含量。如浓硫酸 $\omega_B=0.98$，浓盐酸 $\omega_B=0.36$。

（六）体积分数

体积分数是指物质B的体积 V_B 与混合物的体积 V 之比，用符号 φ_B 表示。

$$\varphi_B = \frac{V_B}{V} \tag{4-10}$$

φ_B 的单位同样是1，也可以用百分数表示。医学上常用体积分数来表示溶质B为液体的溶液组成。例如，医用酒精的体积分数为0.75（或75%）；正常人红细胞的体积分数为0.37～0.50。

人体视角 **溶液与人**

溶液与人类息息相关，与人体的生命过程也有着密切的联系。人的体液，如血液、组织间液、淋巴液及各种腺体的分泌液等都是溶液，食物在体内的消化、吸收及转运等许多生理、生化过程都离不开体液（溶液）。研究疾病病理、药物性能、工农业生产以及日常生活中每日喝的汤都与溶液有关。因此，医学专业学习溶液基础知识对于后续课程的学习非常重要。

第二节　溶液的渗透压

一、稀溶液依数性的定义

将溶质溶解于溶剂后组成了新的溶液体系，其某些性质与原来的溶质和溶剂不同。对于难挥发非电解质（如蔗糖）溶解于水后形成的稀溶液，其性质受溶质微粒数的多少影响，而与溶质本身的性质无关。稀溶液具有一定的共性和规律性即蒸气压下降、沸点升高、凝固点下降及稀溶液的渗透压，这些性质被称为稀溶液依数性。

在稀溶液依数性中，稀溶液的渗透压性质对生命科学学科十分重要，如渗透压大小对细胞内外物质的交换与运输、水及电解质的代谢等具有重要作用意义，本节主要介绍溶液的渗透压与临床的相互关系。

二、溶液的渗透压

人体的体液组成对维持人体正常生理功能至关重要，而体液的渗透压在其中起着必要的调节作用。临床上给患者大量补液时要特别注意溶液的浓度和用量，否则将会产生不良后果，甚至造成死亡。这也和溶液的渗透压有密切的关系。

（一）渗透现象和渗透压

在盛有浓糖水的杯子中，在液面上加入一层清水，由于溶质分子和溶剂分子相互扩散最后得到浓度均匀的糖水，即在两种不同浓度的溶液之间，发生了扩散现象。

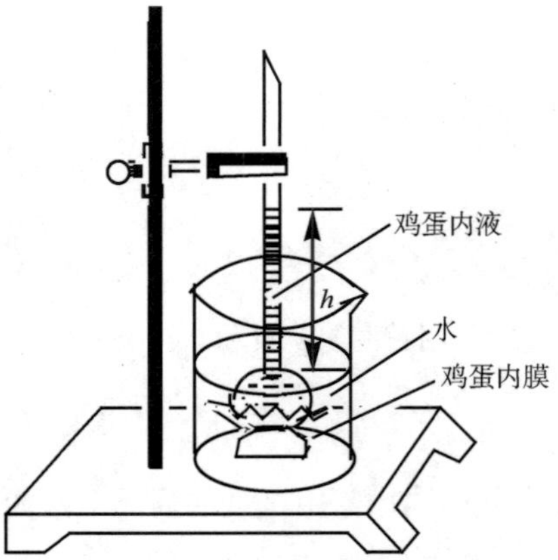

图 4-1　溶液渗透现象示意图

如果用一种只允许某些物质（小分子、离子，如水分子）透过、而不允许另一些物质（大分子，如蛋白质等）透过的薄膜，称为半透膜（semipermeable membrane）把水和溶液隔开，情况就不同了。鸡蛋膜、动物的肠衣、膀胱膜、细胞膜和毛细血管壁等都是半透膜。将鸡蛋内液装在一支上口用鸡蛋内膜扎紧的倒置长颈漏斗中，把盛有鸡蛋内液的漏斗置于盛有蒸馏水的烧杯中，使鸡蛋膜内、外液面处于同一水平位置，数小时后长颈漏斗的液面就会升高。见图 4-1。

水分子可以从膜内和膜外向两个方向透过鸡蛋膜，而蛋白质分子不能透过。在鸡蛋膜两侧由于纯水中所含水分子的数目要比同体积的鸡蛋内液多，在相同时间内，从纯水透过鸡蛋膜进入鸡蛋内液的水分子比从鸡蛋内液透过鸡蛋膜进入纯水的水分子多，净结果是水分子由纯水透过鸡蛋膜进入鸡蛋内液，使长颈漏斗的液面升高。这种溶剂分子透过半透膜进入溶液的现象称为渗透现象，简称渗透（osmosis），两种不同浓度的溶液用半透膜隔开，也有渗透产生。

渗透现象的产生必须具备两个条件：一是有半透膜存在；二是半透膜两侧溶液的浓度（严格地说应为渗透浓度）不同。由于渗透作用，溶液的液面升高，静水压力增大，当单位时间内出现水分子进出半透膜的速率相等时，液面停止上升，即达到了渗透平衡。这种恰能阻止渗透现象发生，而达到动态平衡的压力（等于液面升高所产生的静水压力），称为渗透压（osmotic pressure）。换言之，当溶液与纯溶剂用半透膜隔开时，为了阻止渗透现象的发生而施加于溶液液面上的额外压力称为该溶液的渗透压。渗透压用符号 Π 表示，SI 单位为 Pa 或 kPa。渗透的方向总是从纯溶剂或稀溶液一方往溶液或浓溶液一方渗透。因此任何溶液都具有一定的渗透压。当两种不同渗透浓度的溶液用半透膜隔开，要阻止渗透进行，也需在浓度较高的溶液液面上施加一额外压力，但是此压力并非浓溶液或稀溶液的渗透压，而只是两种溶液渗透压的差值。

（二）渗透压与浓度、温度的关系

1886 年，荷兰物理学家范托夫（Van't Hoff）通过实验得出稀溶液的渗透压与溶液的浓度、温度的关系：

$$\Pi = c_B RT = \frac{n_B}{V} RT \qquad (4\text{-}11)$$

式中，Π 为溶液的渗透压（Pa），c_B 为溶液的物质的量浓度（mol/m^3），T 为热力学温度（K），R 为气体常数。

使用此式时需要注意各物理量的单位，以免造成运算错误。当 c_B 的单位为 mol/L 时，Π 的单位对应为 kPa。从式（4-11）可以看出，一定温度下，非电解质稀溶液的渗透压与浓度成正比，也就是说渗透压只与单位体积溶液内溶质质点的物质的量（或颗粒数）成正比，而与溶质的本性无关。对于电解质的稀溶液，计算渗透压时应考虑电解质的电离。在渗透压公式中必须引进一个校正系数 i。

$$\Pi = ic_B RT \qquad (4\text{-}12)$$

i 为电解质在溶液中能够离解出的离子总数。如 NaCl 和 $CaCl_2$，i 分别为 2 和 3，其稀溶液的渗透压可分别表达为 $\Pi=2c_BRT$ 和 $\Pi=3c_BRT$。

可以利用渗透压公式来测定、计算生物大分子的相对分子质量：

$$\because\ c_B = \frac{n_B}{V} = \frac{m_B}{M_B V} \qquad \Pi = c_B RT = \frac{m_B}{M_B V} RT$$

$$\therefore\ M_B = \frac{m_B RT}{\Pi V} \qquad (4\text{-}13)$$

【例 4-7】 将 10.0g 某大分子物质溶于 1L 水中配成溶液，在 27℃时测得该溶液的渗透压为 0.37kPa，求该大分子物质的相对分子质量。

解：$\because$ m=10.0g，T=300K，V=1.0L，Π=0.37kPa，R=8.314kPa · L/（K · mol）

$$\therefore\ M = \frac{mRT}{\Pi V} = \frac{10.0\times 8.314\times 300}{0.37\times 1.0} = 6.7\times 10^4\ (\text{g/mol})$$

此大分子物质的相对分子质量为 6.7×10^4（g/mol）。

（三）渗透压在医学上的意义

1. 渗透浓度 渗透压的大小在温度一定时只与单位体积溶液内溶质的分子和离子的质点总浓度成正比，而与溶质的本性无关，医学上用溶质的分子和离子总浓度的高低来比较溶液渗透压的大小。在溶液中能产生渗透效应的各种溶质的分子和离子的总浓度称为渗透浓度（osmotic concentration），用 c_{os} 表示，常用的单位是 mol/L 和 mmol/L。

对于非电解质稀溶液，渗透浓度与物质量浓度相等；对于强电解质稀溶液，渗透浓度等于溶液中离子的总浓度。

1mmol/L 葡萄糖：c_{os}（葡萄糖）=1mmol/L

1mmol/L NaCl：c_{os}（NaCl）=1mmol/L（Na^+）+1mmol/L（Cl^-）=2mmol/L

1mmo/L $CaCl_2$：c_{os}（$CaCl_2$）=1mmol/L（Ca^{2+}）+2mmol/L（Cl^-）=3mmol/L

【例 4-8】 计算 50g/L 葡萄糖溶液和 9g/L 生理盐水的渗透浓度。

解：50g/L 葡萄糖溶液：$c_{os} = \dfrac{50\text{g/L}}{180\text{g/mol}}$ =0.278mol/L=278mmol/L

9g/L 生理盐水：$c_{os} = \dfrac{9\text{g/L}}{58.5\text{g/mol}}\times 2$=0.308mol/L=308mmol/L

表 4-4 列出了血浆中各种能产生渗透作用的物质的平均浓度。

表 4-4　血浆中各种能产生渗透作用的物质的平均浓度表

物质	（mmol/L）	物质	（mmol/L）
Na^+	144	SO_4^{2-}	0.5
K^+	5	氨基酸	2
Ca^{2+}	2.5	肌酸	0.2
Mg^{2+}	1.5	乳酸盐	0.12
Cl^-	107	葡萄糖	5.6
HPO_4^{2-}	1	蛋白质	1.2
HCO_3^-	27	尿素	4

2. 等渗、低渗和高渗溶液　相同温度下，渗透压（或渗透浓度）相等的两种溶液互称为等渗溶液（isotonic solution）。渗透压（或渗透浓度）不相等的两种溶液，渗透压（或渗透浓度）相对较高的称为高渗溶液（hypertonic solution），渗透压（或渗透浓度）相对较低的称为低渗溶液（hypotonic solution）。

医学上是以正常人血浆的渗透压（或渗透浓度）为标准来衡量溶液渗透压的相对高低。规定凡渗透浓度在 280～320mmol/L 范围内的溶液为等渗溶液，低于 280mmol/L 的溶液称为低渗溶液，高于 320mmol/L 的溶液称为高渗溶液。临床上常用的等渗溶液有 9g/L NaCl 溶液、50g/L 葡萄糖溶液、19g/L 乳酸钠溶液和 12.5g/L $NaHCO_3$ 溶液等。

临床上给患者大量输液时必须使用等渗溶液，否则，红细胞将变形或被破坏，失去生理功能。如图 4-2 所示，将红细胞置于低渗 NaCl 溶液（如 5g/L NaCl 溶液）中，则水分子透过细胞膜进入红细胞内液，使红细胞逐渐膨胀甚至破裂，医学上将这一过程称为溶血（hemolysis）；如果将红细胞置于高渗 NaCl 溶液（如 15g/L NaCl 溶液）中，则红细胞内的水分子透过细胞膜进入 NaCl 溶液，使红细胞逐渐皱缩，皱缩的红细胞会聚结成团。若此现象发生在血管内，将产生“栓塞”；只有将红细胞置于等渗溶液（如 9g/L NaCl 溶液）中，红细胞形态才不发生变化，才能保持正常的生理功能。

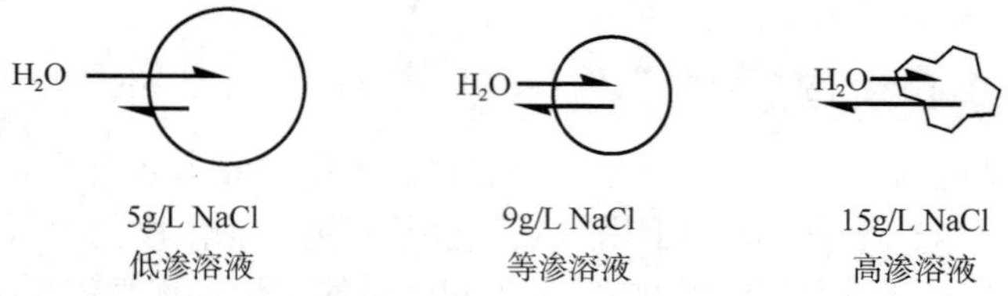

图 4-2　不同浓度 NaCl 溶液对红细胞的影响示意图

临床上，给患者换药时，通常用与组织细胞液等渗的生理盐水冲洗伤口，如用纯水或高渗盐水则会引起疼痛。配制眼药水时也必须与眼黏膜细胞的渗透压相同，否则也会刺激眼睛而疼痛。由于某种治疗上的需要，输入少量高渗溶液也是允许的，只是应注意滴注速度和用量，当高渗溶液缓慢注入体内，即可被体液稀释成等渗溶液。

3. 晶体渗透压与胶体渗透压　血浆中含有各种无机盐和大量的蛋白质，因而具有相当大的渗透压，约为 770kPa。其中占血浆总渗透压的绝大部分是由小分子物质所产生的渗透压称为晶体渗透压，约为 766kPa。由各种蛋白质所产生的渗透压称为胶体渗透压，仅占 4kPa。因为小分子物质中的无机盐在水中能电离出更多的离子，血浆中的蛋白质粒子数目比无机盐类离子少得多，故胶体渗透压比晶体渗透压低得多。

晶体渗透压和胶体渗透压在体内起着不同的作用。晶体渗透压的功能是调节细胞内外液水和盐的相对平衡；胶体渗透压的功能是调节毛细血管内外水和盐的相对平衡及维持血容量。

人体内的细胞膜、毛细血管壁等都是半透膜，但它们的通透性不同。细胞膜对物质的透过有选择性，水的渗透方向由晶体渗透压决定。如体内缺水就会导致细胞外液的晶体渗透压升高，使细胞内的水分子向细胞外渗透，造成细胞失水引起口渴；当大量饮水或补给大量低渗葡萄糖溶液时，会使细胞外液渗透压降低，这样细胞外液的水分子就会通过细胞膜向细胞内渗透，使细胞膨胀，严重时导致水中毒。毛细血管壁间隔着血液和组织间液。小分子物质可透过毛细血管壁，而蛋白质等大分子不能通过，它对维持血液与组织间液的盐水相对平衡方面却起着重要作用。如因某种原因使血液中蛋白质含量显著减少，胶体渗透压过低，则过量小分子包括水分子从毛细血管向组织间液中渗透，引起水肿。医疗上为防止因失血导致的胶体渗透压降低，常采用输血或输代血浆，以避免患者血容量之不足。

第三节 作为溶剂的水

水是生命之源，是人类一切生产、生活的最常见和必需的物质。就生命科学而言，水是构成人体细胞的重要成分。水在血管、细胞之间川流不息将营养物质运送到组织细胞再把代谢产生的废物排出体外。食物经消化和吸收以后所剩的残渣废物必须经由汗、呼吸和大小便来排出体外，排泄方法虽不同，但都需水分帮助（溶解于水）才能顺利进行。在这些进程中，水多数情况下是作为溶解某些物质的溶剂进而帮助物质在体内得以传递。学习作为溶剂的水，首先得学习水的相关性质。

一、水的结构和物理性质

水是含有两个氢原子和一个氧原子的分子化合物，是一种结构不对称极性分子。每个水分子的两端都有弱电荷，氧的一端带弱负电荷，氢的一端带弱正电荷。水分子通过正、负静电引力与附近的四个水分子以氢键相联系。氢键使水分子发生缔合，缔合的水减弱了水分子的极性，传递离子的能力也降低，故长期静置的水缔合程度大，“活性”严重丧失而成为“死水”。在加热、磁场等作用下，水分子间的氢键将被不同程度地破坏，从而降低了缔合度而活化。因此，物质一般在热水中溶解度大；热水洗涤效果好，都与水的缔合度降低有关。

纯净的水是没有颜色、没有气味、没有味道的液体。在101kPa时，水的凝固点是0℃，沸点是100℃，4℃时密度为$1g/cm^3$，此时水的密度最大。水结冰时体积膨胀，所以冰的密度小于水的密度，能浮在水的上面。

二、水的化学性质

水的化学反应活性较差，是比较稳定的物质，但加热到2000℃以上水分子开始分解。虽然水的化学反应活性较差，但与一些活泼金属如钠作用表现出氧化性，释放出氢气。

$$2Na + 2H_2O = 2NaOH + H_2\uparrow$$

作为溶剂的水，还有一个非常重要的化学性质，即水的电离。纯水有极微弱的导电能力，就是因为水有微弱的电离（也常称为解离），存在着水的电离平衡：

$$H_2O + H_2O \rightleftharpoons H_3O^+ + OH^-$$

在水的电离平衡中，水分子既可作为H^+的提供者，又可作为H^+的获得者。因此，水是两性物质。水分子自身之间通过质子转移的反应称水的质子自递反应（proton self-transfer reaction, autoprotolysis reaction）。从水的质子自递反应可以看出，水既可提供H^+，又可提供OH^-，根据化学平衡原理，上述水的质子自递反应达到平衡时，有：

$$K = \frac{[H_3O^+][OH^-]}{[H_2O]^2} \tag{4-14}$$

它与其他化学平衡常数一样，其数值与温度有关。对于化学平衡中标准平衡常数的表达，通

常将 $[H_2O]$ 视作常数，与 K 合并，则有

$$K_w = [H_3O^+][OH^-] \tag{4-15}$$

式中，K_w 称为水的质子自递标准平衡常数（proton self-transfer constant），又叫水的离子积（ionic product of water）。在 298.15K 时，实验测得纯水中 K_w=1.0×10^{-14}。依据式（4-15），可得：$[H_3O^+]=[OH^-]=10^{-7}$mol/L，可以看出实际上纯水中只有极少数的 H_2O 分子发生质子转移。

水的离子积不仅适用于纯水，也适用于所有稀的水溶液。在一定温度下，根据水的离子积常数，只要知道了溶液中的 H_3O^+ 或 OH^-，即能够计算 OH^- 或 H_3O^+。根据这一性质，即将作为溶剂的水与所要研究的溶液的 H_3O^+ 或 OH^- 大小联系了起来。

三、水溶液的酸碱性

在不同的水溶液中，H_3O^+ 和 OH^- 虽然含量不同，但它们却同时存在。通常，在室温下，酸性溶液中 $[H_3O^+] > 1.0\times10^{-7}mol/L> [OH^-]$，中性溶液中 $[H_3O^+]=[OH^-]=1.0\times10^{-7}$mol/L，碱性溶液中 $[OH^-] > 1.0\times10^{-7}mol/L> [H_3O^+]$。在以上不同溶液中，可通过 H_3O^+ 和 OH^- 的关系判断溶液酸碱性。然而，在实际生产生活和科学研究中，对于一些 H_3O^+ 浓度极小的溶液，为书写方便，通常用溶液的 pH（potential of hydrogen）表示溶液中 H_3O^+ 的浓度大小。（水溶液中，H^+ 以 H_3O^+ 形式存在，为简便起见，常用 H^+ 表示 H_3O^+）。pH 的定义为：氢离子活度的负对数值，即

$$pH = -\lg a_{H^+} \tag{4-16}$$

在稀溶液中，浓度和活度的数值十分接近，因此，可用浓度的数值代替活度，有

$$pH = -\lg[H^+] \tag{4-17}$$

由于溶液的 H_3O^+ 和 OH^- 在一定温度下可通过水的离子积 K_w 联系，故溶液的酸碱性也可用 pOH 表示，pOH 是 OH^- 离子活度的负对数值

$$pOH = -\lg a_{OH^-} \quad 或 \quad pOH = -\lg[OH^-] \tag{4-18}$$

在 298.15K 时，水溶液中水的离子积 $K_w=[H_3O^+][OH^-]=1.0\times10^{-14}$，故有 pH+pOH=14。则中性溶液 pH=7.00，酸性溶液 pH＜7.00，碱性溶液 pH＞7.00。

当溶液中的 H_3O^+ 浓度为 1～10^{-14}mol/L 时，pH 范围在 0～14。如果溶液中的 H_3O^+ 浓度或 OH^- 浓度大于 1mol/L 时，可直接用 H_3O^+ 或 OH^- 的浓度表示溶液的酸度。

医学上常用 pH 表示体液的酸碱性，其在医学上具有很重要的意义，例如，正常人血浆的 pH 相当恒定，保持在 7.35～7.45，如果血液的 pH 大于 7.45，在临床上就表现出明显的碱中毒。反之，当血液的 pH 小于 7.35 时，则表现出明显的酸中毒。测定溶液中 pH 的方法很多，临床上常用 pH 试纸测定患者尿液的 pH。如要更为精确的测定 pH，则需使用 pH 计。

第四节　酸　与　碱

溶液的酸碱性在生命科学的科学研究和临床工作中具有非常重要的作用。如 2.5% 的氯霉素水溶液 pH 为 4.5～7.5，在弱酸和中性溶液中较稳定，能耐煮沸。0.066% 的红霉素水溶液 pH 为 8.0～10.5，呈碱性，如将两种药物联用会产生拮抗作用，属配伍禁忌，这是由这两种药物的酸碱性引起的。因此。学习酸与碱的知识非常重要。

一、酸与碱的定义

酸（acid）和碱（base）是两类非常重要的电解质。在对酸碱的性质、组成及结构的研究过程中，人们提出了许多不同的酸碱理论，使得酸碱的概念不断更新，逐渐完善。其中最重要的有：瑞典化学家提出的阿伦尼乌斯（Arrhenius）酸碱电离理论、丹麦的布朗斯特（Brønsted）提出酸碱的质子理论及美国化学家路易斯（Lewis）提出酸碱的电子理论。本节主要介绍应用较为广

泛的酸碱电离理论和酸碱质子理论。

（一）酸碱电离理论

1887 年瑞典化学家斯凡特·奥古斯特·阿伦尼乌斯（Svante August Arrhenius）在前人的研究基础上，总结了大量实验事实，提出了 Arrhenius 酸碱理论（acid-base ionization theory）：凡在水溶液中电离出的阳离子全部都是 H^+ 的物质叫酸；电离出的阴离子全部都是 OH^- 的物质叫碱，酸碱反应的本质是 H^+ 与 OH^- 结合生成水的反应。如 HCl、HAc 和 H_2SO_4 等在水溶液中电离出的阳离子全部都是 H^+，故它们都是酸；而 NaOH、KOH 和 $Ca(OH)_2$ 等在水溶液中电离出的阴离子全部都是 OH^-，故它们都是碱。它们两两发生作用的本质是 H^+ 与 OH^- 结合生成水。酸碱电离理论更深刻地揭示了酸碱反应的实质，第一次从定量的角度描述了酸碱的性质和它们在化学反应中的行为。该理论至今仍然适用于 pH 计算、电离度计算、溶解度计算等，而且计算的精确度相对较高，所以是一个非常实用的理论。

阿伦尼乌斯还指出，各种酸碱的电离度可以大不相同，有的达到 90% 以上，有的只有 1%，于是就有强酸和弱酸、强碱和弱碱之分。强酸和强碱在水溶液中完全电离；弱酸和弱碱则部分电离。一元强酸（碱）溶液中 H^+（OH^-）浓度等于强酸（碱）自身的浓度，弱酸（碱）溶液中 H^+（OH^-）浓度小于弱酸（碱）的浓度。如盐酸和醋酸，前者在水溶液中全部电离为强酸，而后者在水中的电离度小为弱酸。对多元酸和多元碱，他认为它们在水溶液中分步离解，能电离出多个 H^+ 的酸是多元酸，能电离出多个 OH^- 的碱是多元碱，它们在电离时都是分几步进行的。

在该理论中，水溶液的酸碱性可通过溶液中氢离子浓度和氢氧根离子浓度进行衡量。若 H^+ 浓度越大，酸性越强；OH^- 子浓度越大，碱性越强。在温度恒定下，稀的水溶液中水的离子积 $K_w=[H_3O^+][OH^-]$ 为一常数。因此，根据该理论，H^+ 或 OH^- 中一者浓度增加时，另一者浓度必然下降，酸和碱是对立的。若用 pH 衡量，有 pH 越小，溶液的酸性越强；pH 越大，溶液的碱性越强。

（二）酸碱质子理论

酸碱电离理论虽成功解释了一些在水溶液中完全电离出 H^+ 或 OH^- 的电解质溶液的酸碱性问题。但是，对于一些物质如 Na_2CO_3、Na_3PO_4 等，其水溶液可中和酸且显碱性而不会完全电离出 OH^-；再如将氯化铵溶于液氨中，溶液具有酸性，但氯化铵在液氨这种非水溶剂中并未电离出 H^+，电离理论对此无法解释。

针对这些问题，于 1923 年丹麦的化学家布朗斯特和英国的化学家劳里（Lowry）提出了酸碱质子理论（Brønsted 酸碱理论）（proton theory of acid and base）：凡是能够给出质子（H^-）的物质都是酸，如 HCl、H_2CO_3、NH_4^+ 及 $H_2PO_4^-$ 等；凡是能够接受质子（H^+）的物质都是碱，如 OH^-、CO_3^{2-}、NH_3、PO_4^{3-}。既能接受质子又能供给质子的物质称为两性物质，如 H_2O、$H_2PO_4^-$、HCO_3^- 等。酸碱质子理论将酸和碱通过给出和接受质子（H^+）联系了起来，是一对对立统一体：

$$H_2O \rightleftharpoons H^+ + OH^-$$
$$HCl \rightleftharpoons H^+ + Cl^-$$
$$HAc \rightleftharpoons H^+ + Ac^-$$
$$H_2S \rightleftharpoons H^+ + HS^-$$
$$H_2CO_3 \rightleftharpoons H^+ + HCO_3^-$$
$$NH_4^+ \rightleftharpoons H^+ + NH_3$$
$$H_3PO_4 \rightleftharpoons H^+ + H_2PO_4^-$$
$$H_2PO_4^- \rightleftharpoons H^+ + HPO_4^{2-}$$
$$\text{酸} \rightleftharpoons H^+ + \text{碱}$$

上述关系式又称为酸碱半反应式（half reaction of acid-base），半反应中两边的酸和碱分别称为共轭酸（conjugate acid）和共轭碱（conjugate base），共轭酸和共轭碱为共轭关系，合称为共轭酸碱对（conjugate acid-base pair）。共轭酸与共轭碱之间相互依存，相互转化，它们发生反应的实质是质子的传递。

二、酸碱溶液

将酸碱电解质溶于溶剂构成了酸碱溶液。然而，不同的酸碱电解质在同一溶剂中具有不同的解离情况，因而酸碱溶液的供给质子或接受质子能力不同。

（一）酸碱的强弱

酸碱的强弱不仅与酸碱电解质自身释放质子和接受质子的能力有关，同时也取决于溶剂接受和释放质子的能力。对于生命学科而言，研究溶剂通常为水。因此，各酸碱电解质在水中的电离情况，可确定其酸碱强弱。对于强电解质的酸和碱而言，在水溶液中全部电离为 H^+ 或接受 H^+，因此把它们的水溶液称为强酸溶液（strong acid solution）或强碱溶液（strong base solution），如 HCl、H_2SO_4、NaOH 及 KOH 水溶液等就属于强酸或强碱溶液。

水溶液中弱电解质酸和碱，只发生部分解离，它们在水溶液中提供 H^+ 或接受 H^+ 的能力大小由其质子转移平衡常数 K_a 和 K_b 量度。如将醋酸配成水溶液，则有平衡：

$$HAc + H_2O \rightleftharpoons H_3O^+ + Ac^-$$

$$K_a（HAc）= \frac{[H_3O^+][Ac^-]}{[HAc]} \tag{4-19}$$

式中，K_a 称为酸度常数（acidity constant），其余物质浓度为该反应质子转移达到平时的浓度。

同样，如将醋酸钠配成水溶液，也有平衡：

$$Ac^- + H_2O \rightleftharpoons HAc + OH^-$$

$$K_b（Ac^-）= \frac{[HAc][OH^-]}{[Ac^-]} \tag{4-20}$$

K_b 称为碱度常数（basicity constant），其余物质浓度为该反应质子转移达到平衡时的浓度。

由第三节可知：水的离子积 $K_w=[H_3O^+][OH^-]$，根据多重平衡原理，将式（4-19）和（4-20）相乘，处理后可得：

$$K_w = K_a \cdot K_b \tag{4-21}$$

由于 HAc 和 Ac^- 为共轭酸碱对，因此式（4-21）将某种酸的 K_a 和它的共轭碱 K_b 联系了起来。不同弱电解质酸或碱性强弱可根据其 K_a 和 K_b 衡量。弱电解质的 K_a 值较大的酸性较强，K_b 值较大的碱性较强。例如，在 298.15 K 时，HCOOH、HAc 的 K_a 分别为 1.80×10^{-4}、1.75×10^{-5}，$NH_3 \cdot H_2O$ 的 K_b 为 1.80×10^{-5}，故酸性强弱顺序为 HCOOH＞HAc＞NH_4^+。

不难理解，在共轭酸碱对中，酸越强其共轭碱越弱，反之，酸越弱其共轭碱越强。

（二）强酸或强碱溶液及 pH 计算

由于强酸或强碱在水中全部解离，溶液中 $[H_3O^+]$、$[OH^-]$ 取决于强酸、强碱的浓度。如 HCl 在水中完全解离：

$$HCl + H_2O \xrightarrow{H^+} Cl^- + H_3O^+$$

此外，溶液中还存在水自身的质子自递平衡：

$$2H_2O \overset{H^+}{\rightleftharpoons} H_3O^+ + OH^-$$

由于水的解离很弱，加上 HCl 的酸效应强烈抑制水的解离，使水的解离形成的 H_3O^+ 可忽略不计。因此溶液中 $[H_3O^+]$ 由 HCl 浓度确定，如 0.1mol/L 的 HCl 溶液中 $[H_3O^+]$=0.1mol/L，pH=1。对于强碱溶液，水解离出的 OH^- 也可忽略不计。例如，0.1mol/L 的 NaOH 溶液中 $[OH^-]$=0.1mol/L， pH=13。

但应注意：当强酸或强碱浓度很低，溶液的 $[H_3O^+]$ 或 $[OH^-]$ <10^{-6}mol/L 时，由 H_2O 解离出的 $[H_3O^+]$ 或 $[OH^-]$ 不能忽略。

（三）弱酸或弱碱溶液及其 pH 计算

对于弱酸或弱碱溶液，由于只发生了部分电离，其解离平衡溶液中 H_3O^+ 或 OH^- 浓度除受到自身的解离平衡影响外，还应考虑作为溶剂的水的质子自递平衡反应。而对于多元弱酸、弱碱和两性物质溶液影响因素就更多。在大多数情况下，以能满足实际工作的需求，采用近似法简便计算。本节只讨论一元弱酸和一元弱碱溶液 pH 的近似计算。

1. 一元弱酸溶液及 pH 计算 若以 HA 表示弱酸，设 HA 溶液的起始浓度为 c_a（mol/L），在弱酸 HA 的水溶液中，存在着以下两种质子转移平衡：

$$HA + H_2O \rightleftharpoons H_3O^+ + A^-,\ K_a = \frac{[H_3O^+][A^-]}{[HA]}$$

$$H_2O + H_2O \rightleftharpoons H_3O^+ + OH^-,\ K_w = [H_3O^+][OH^-]$$

在某温度下，若要计算溶液 pH 需要对 $[A^-]$、[HA] 和 $[OH^-]$ 几个未知数进行求解，计算量大。已有研究表明：当 $K_a \cdot c_a \geqslant 20K_w$ 时，可以忽略水的质子自递平衡，只考虑弱酸的质子转移平衡，故有：

	$HA + H_2O \rightleftharpoons$	H_3O^+	A^-
起始浓度	c_a	0	0
平衡浓度	$c_a-[H_3O^+]$	$[H_3O^+]$	$[H_3O^+]$

$$K_a = \frac{[H_3O^+][A^-]}{[HA]} = \frac{[H_3O^+]^2}{c-[H_3O^+]}$$

整理得

$$[H_3O^+] = \frac{-K_a}{2} + \frac{\sqrt{K_a^2 + 4K_a c_a}}{2} \tag{4-22}$$

式（4-22）为计算一元弱酸溶液中 $[H_3O^+]$ 浓度的近似式。

当 $K_a \cdot c_a \geqslant 20K_w$，且 $c_a/K_a \geqslant 500$ 时，或 $\alpha < 5\%$，已解离的弱酸极少，$c_a-[H_3O^+] \approx c_a$

$$K_a = \frac{[H_3O^+][Ac^-]}{[HAc]} = \frac{[H_3O^+]^2}{c_a-[H_3O^+]} \approx \frac{[H_3O^+]^2}{c_a}$$

$$[H_3O^+] = \sqrt{K_a c_a} \tag{4-23}$$

式（4-23）是计算一元弱酸溶液中 $[H_3O^+]$ 浓度的最简式。在满足 $c_a/K_a \geqslant 500$ 时，用式（4-23）计算得到的结果与用式（4-22）计算的结果误差≤5%，能满足很多实际分析工作的需要，但计算过程却大大简便。

【例 4-9】 计算 0.100mol/L 乳酸（$C_3H_6O_3$）溶液的 pH。

解：已知 c_a=0.100mol/L，K_a（$C_3H_6O_3$）=1.40×10^{-4}。乳酸与溶剂水之间的质子结合与解离平衡为：

$$C_3H_6O_3 + H_2O \rightleftharpoons H_3O^+ + C_3H_5O_3^-$$

∵ $K_a c_a = 1.40\times10^{-4}\times0.100 \geqslant 20K_w$，$c_a/K_a = 0.100/(1.40\times10^{-4}) > 500$，

可用最简式（4-23）计算

∴ $[H_3O^+] = \sqrt{K_a c_a} = \sqrt{1.40\times10^{-4}\times0.100}$ mol/L=3.74×10^{-3}mol/L

$$pH = -\lg(3.74\times10^{-3}) = 2.43$$

2. 一元弱碱溶液 以 A^- 表示一元弱碱，设 A^- 的起始浓度为 c_b（mol/L），在弱碱 A^- 的水溶液

中，存在着两种质子转移平衡。

$$A^- + H_2O \rightleftharpoons HA + OH^-, \quad K_b = \frac{[HA][OH^-]}{[A^-]}$$

$$H_2O + H_2O \rightleftharpoons H_3O^+ + OH^-, \quad K_w = [H_3O^+][OH^-]$$

按处理一元弱酸溶液的方法，推出一元弱碱溶液中 $[OH^-]$ 的计算公式

当 $K_b \cdot c_b \geqslant 20K_w$ 时

$$[OH^-] = \frac{-K_b}{2} + \frac{\sqrt{K_b^2 + 4K_b c_b}}{2} \qquad (4\text{-}24)$$

当 $K_b \cdot c_b \geqslant 20K_w$，且 $c_b/K_b \geqslant 500$ 时

$$[OH^-] = \sqrt{K_b c_b} \qquad (4\text{-}25)$$

式（4-24）和式（4-25）分别是计算一元弱碱溶液中 $[OH^-]$ 的近似式和最简式。

【例 4-10】 计算 0.100mol/L NaCN 溶液的 pH。

解： NaCN 是一元弱碱，已知 K_a（HCN）$=4.93\times10^{-10}$，HCN 与 CN^- 为共轭酸碱，在水溶液中有以下解离平衡：

$$CN^- + H_2O \rightleftharpoons HCN + OH^-$$

$$K_b(CN^-) = \frac{K_w}{K_a(HCN)} = \frac{1.0\times10^{-14}}{4.93\times10^{-10}} = 2.0\times10^{-5}$$

$K_b c_b \geqslant 20K_w$，$c_b/K_b = 0.100/(2.0\times10^{-5}) > 500$，用式（4-25）计算 $[OH^-]$

$$[OH^-] = \sqrt{K_b c_b} = \sqrt{2.0\times10^{-5}\times0.100}\ \text{mol/L} = 1.41\times10^{-3}\text{mol/L}$$

$$pOH = 2.85, \quad pH = 14-2.85 = 11.15$$

三、酸碱缓冲溶液

许多药物溶液的制备、分析及药理作用等均与溶液的 pH 有关，控制溶液的酸碱性至关重要；在生物体内的生理化学反应过程中的酶，往往需要在一定的 pH 条件下才能发挥有效的作用。人的体液都具有一定的 pH，如正常人体血液 pH 不受体内复杂的代谢过程影响，始终恒定在 7.35～7.45。这说明血液具有一定的调节 pH 的能力。已经证实，人体血液中具有 H_2CO_3-HCO_3^-、$H_2PO_4^-$-HPO_4^{2-}、H_nP-$H_{n-1}P^-$ 等共轭酸碱对，它们在血液中能抵御由复杂代谢过程中产生的酸或碱，而使血液 pH 保持基本恒定。这种在一定条件下能保持其 pH 基本不变的溶液即是本节将讨论的酸碱缓冲溶液。研究它的组成、作用机制及其相关知识，在生命科学中具有重要意义。

（一）酸碱缓冲溶液和作用机制

1. 酸碱缓冲溶液 一些溶液如浓度都为 0.1mol/L 醋酸和 0.1mol/L 醋酸钠的混合溶液也同血液一样，能够抵御少量外加强酸、强碱或有限量稀释而保持其 pH 基本不变，这种溶液称为缓冲溶液（buffer solution）。缓冲溶液对强酸、强碱或有限量稀释的抵抗作用称为缓冲作用（buffer action）。

2. 缓冲溶液的组成 从上述例子中可以看出，缓冲溶液均由共轭酸碱对组成，但溶液中仅有共轭酸碱对并不一定具有缓冲作用，还需要共轭酸碱对有足够浓度、适当比例。例如，具有足够浓度的 HAc-NaAc、H_2CO_3-$NaHCO_3$、H_3PO_4-NaH_2PO_4 等。通常，将组成缓冲溶液的共轭酸碱对称为缓冲系（buffer system）或缓冲对（buffer pair）。表 4-5 中列出了一些常见的缓冲系。

表 4-5 一些常见的缓冲系表

缓冲系	共轭酸	共轭碱	质子转移平衡	pK_a（298.15K）
HAc-NaAc	HAc	Ac^-	$HAc + H_2O \rightleftharpoons Ac^- + H_3O^+$	4.75
H_2CO_3-$NaHCO_3$	H_2CO_3	HCO_3^-	$H_2CO_3 + H_2O \rightleftharpoons HCO_3^- + H_3O^+$	6.35
H_3PO_4-NaH_2PO_4	H_3PO_4	$H_2PO_4^-$	$H_3PO_4 + H_2O \rightleftharpoons H_2PO_4^- + H_3O^+$	2.16
Tris · HCl · Tris*	Tris · HCl	Tris	$Tris \cdot H^+ + H_2O \rightleftharpoons Tris + H_3O^+$	7.85
NH_4Cl-NH_3	NH_4^+	NH_3	$NH_4^+ + H_2O \rightleftharpoons NH_3 + H_3O^+$	9.25

*Tris · HCl · Tris：三-（羟甲基）甲胺盐酸盐-三-（羟甲基）甲胺。

在实际应用中，可用酸碱反应的生成物与剩余的反应物组成缓冲系，如：

弱酸（过量）+ 强碱：HAc（过量）+ NaOH

弱碱（过量）+ 强酸：NaAc（过量）+ HCl

较浓的强酸如 HCl 溶液或较浓的强碱如 NaOH 溶液，当加入少量强酸、强碱，其 pH 基本保持不变，它们虽具有缓冲作用，但无抗稀释能力，并且这类溶液的酸性或碱性太强，实际上很少当作缓冲溶液使用。

3. 缓冲作用机制 缓冲溶液为什么具有缓冲作用呢？现以 HAc-NaAc 缓冲溶液为例，说明缓冲作用机制。

在 HAc-NaAc 的混合溶液中，NaAc 为强电解质，在水溶液中可完全以 Na^+ 和 Ac^- 的状态存在：

$$NaAc \longrightarrow Na^+ + Ac^-$$

而 HAc 是弱电解质，解离度很小，在水溶液中存在如下质子转移平衡：

$$HAc + H_2O \rightleftharpoons H_3O^+ + Ac^-$$

由于 NaAc 解离产生的 Ac^- 引起同离子效应，进一步抑制了 HAc 的解离，达到新的平衡时，其溶液中存在着大量的 HAc 和 Ac^-。

在外界温度不变的情况下，上述标准平衡常数为定值，当向达到平衡的该溶液中加入少量强酸时，Ac^- 接受 H_3O^+ 生成 HAc，使上述质子转移平衡左移，消耗掉外来的 H_3O^+，使溶液中 H_3O^+ 浓度没有明显升高，溶液的 pH 基本保持不变。共轭碱 Ac^- 起到了抵抗外加少量强酸的作用，称之为缓冲溶液的抗酸成分（acid-resistant component）。

当向该溶液中加入少量强碱时，溶液中的 H_3O^+ 与加入的 OH^- 作用生成 H_2O，使上述质子转移平衡右移，此时 HAc 分子进一步解离以补充消耗掉的 H_3O^+，使溶液中的 H_3O^+ 浓度没有显著减小，pH 基本保持不变。共轭酸 HAc 起到了抵抗外加少量强碱的作用，称之为缓冲溶液的抗碱成分（base-resistant component）。

总之，由于缓冲溶液中同时含有足量的抗碱成分和抗酸成分，并通过弱酸的质子转移平衡移动来达到消耗外加少量强酸、强碱的作用，使溶液中 H_3O^+ 或 OH^- 浓度未有明显的变化，pH 基本保持不变。

（二）缓冲溶液 pH 的计算

以 HA-A^- 形成的缓冲溶液为例，推导缓冲溶液 pH 的计算公式。在构成的缓冲溶液中，HA 和 A^- 之间的质子转移平衡：

$$HA + H_2O \rightleftharpoons H_3O^+ + A^-$$

$$K_a = \frac{[H_3O^+][A^-]}{[HA]}$$

对等式两边取负对数，并整理得：

$$pH = pK_a + \lg\frac{[\text{共轭碱}]}{[\text{共轭酸}]} = pK_a + \lg\frac{[A^-]}{[HA]} \qquad (4\text{-}26)$$

式（4-26）为缓冲溶液 pH 的计算公式，也称 Henderson-Hasselbalch 方程式。式中，pK_a 为弱酸的解离常数的负对数，$[A^-]$ 和 $[HA]$ 均为平衡浓度，$[A^-]$ 与 $[HA]$ 的比值称为缓冲比（buffer-component ratio），$[A^-]$ 与 $[HA]$ 之和为缓冲溶液的总浓度。

由于在缓冲溶液中，A^- 对 HA 的同离子效应，使 HA 的解离度更小，因此共轭酸碱的平衡浓度可视为它们的起始浓度。若 HA、A^- 的起始浓度分别为 c（HA）和 c（A^-），则它们的平衡浓度分别为

$$[HA] = c(HA) - [H_3O^+] \approx c(HA)$$

$$[A^-] = c(A^-) + [H_3O^+] \approx c(A^-)$$

则式（4-26）可用下式表达为

$$pH = pK_a + \lg\frac{c(\text{共轭碱})}{c(\text{共轭酸})} = pK_a + \lg\frac{c(A^-)}{c(HA)} \qquad (4\text{-}27)$$

若以 n（HA）和 n（A^-）分别表示缓冲溶液中所含共轭酸和共轭碱的物质的量，设缓冲溶液的体积为 V，则式（4-27）可表达为：

$$pH = pK_a + \lg\frac{n(A^-)/V}{n(HA)/V}$$

$$pH = pK_a + \lg\frac{n(A^-)}{n(HA)} \qquad (4\text{-}28)$$

若配制缓冲溶液使用的共轭酸和共轭碱的初始浓度相同，即 $c_{\text{初始}}(HA)=c_{\text{初始}}(A^-)$，则式（4-28）可表达为：

$$pH=pK_a+ \lg\frac{c_{\text{初始}}(A^-)\times V(A^-)}{c_{\text{初始}}(HA)\times V(HA)}$$

$$pH = pK_a + \lg\frac{V(A^-)}{V(HA)} \qquad (4\text{-}29)$$

同理，可以推导出弱碱及其共轭酸组成的缓冲溶液中 OH^- 浓度的计算公式为：

$$pOH = pK_b + \lg\frac{c(\text{共轭酸})}{c(\text{弱碱})} \qquad (4\text{-}30)$$

由以上各式可知：

（1）缓冲溶液的 pH 主要取决于弱酸的 K_a 值，对多元酸要特别注意 K_a 的取值。

（2）缓冲溶液的 pH 还取决于缓冲比，当 pK_a 一定时，pH 随着缓冲比的改变而改变。

（3）适当稀释缓冲溶液时，共轭酸及共轭碱的浓度同等程度减小，但缓冲比不变，缓冲溶液的 pH 基本不变。

（4）该公式只适用于缓冲溶液 pH 的近似计算。

【例 4-11】 分别取 10mL 浓度为 0.3mol/L 的 HAc 溶液和 0.1mol/L 的 NaOH 溶液混合成溶液，计算该溶液的 pH。（已知 HAc 的 pK_a=4.75）

解：根据题意　HAc+NaOH=NaAc+H_2O

生成的 Ac^-：n（Ac^-）=n（OH^-）=0.1mol/L×10mL=1mmol

剩余的 HAc：n（HAc）=0.3mol/L×10mL−0.10mol/L×10mL=2mmol

该溶液构成了缓冲对 HAc-NaAc，故为缓冲溶液，可按式（4-28）缓冲溶液计算公式计算：

$$pH = pK_a + \lg\frac{n(Ac^-)}{n(HAc)} = 4.75 + \lg\frac{1mmol}{2mmol} = 4.75-0.30 = 4.45$$

【例 4-12】 计算 0.20mol/L NH_3–0.10mol/L NH_4Cl 缓冲溶液的 pH（已知 NH_3 的 K_b=1.8×10^{-5}）。

解： 已知 K_b=1.8×10^{-5}，故 pK_b=4.74

$$pK_a = pK_w - pK_b = 14.00 + \lg(1.8\times10^{-5}) = 9.26$$

由于 $c_{NH_4^+}$ 和 c_{NH_3} 均较大，故可采用式（4-27）缓冲溶液计算公式计算：

$$pH = pK_a + \lg\frac{c(NH_3)}{c(NH_4^+)} = 9.26 + \lg\frac{0.20mol/L}{0.10mol/L} = 9.56$$

也可采用式（4-30）计算，则有：

$$pOH = pK_b + \lg\frac{c(NH_4^+)}{c(NH_3)} = 4.74 + \lg\frac{0.10mol/L}{0.20mol/L} = 4.44$$

$$pH = pK_w - pOH = 14.00-4.44 = 9.56$$

当缓冲溶液被有限量进行稀释或浓缩时，由于体积变化相同，共轭酸和共轭碱改变的倍数也相同，故缓冲比（[共轭碱]/[共轭酸]）的比值不变，溶液 pH 亦基本不变。由此，可以看出溶液缓冲能力的大小，取决于在外加少量强酸、强碱或有限量稀释后缓冲比值变化的大小。而缓冲比值变化的大小，又受以下两个因素影响：

（1）当缓冲比值为定值时，若 [共轭碱]+[共轭酸] 的值（也即共轭酸碱对的总浓度）越大，在外加相同量的一元强酸或强碱后引起缓冲比的变化越小，则缓冲能力越大。

（2）当 [共轭碱]+[共轭酸] 的值固定，缓冲比值为 1 时，外加相同量的一元强酸或强碱后引起缓冲比的变化最小，缓冲能力最大。

总之，为使缓冲溶液有较大的缓冲能力，通常将总浓度控制在 0.05～0.2mol/L。还必须注意缓冲比的大小，一般控制缓冲比值在 0.1～10.0，否则缓冲能力太小，起不到缓冲作用。也即是说，缓冲溶液的 pH 一般可考虑使 pH 在 pK_a±1 或 pOH 在 pK_b±1 的范围为好。

（三）缓冲溶液的选择和配制

在实际工作中需要配制一定 pH 的缓冲溶液时，可按下列原则和步骤进行：

（1）选择合适的缓冲对，使弱酸的 pK_a 值与所需要的 pH 越接近越好，这能使缓冲溶液具有较大的缓冲能力。

（2）选择的缓冲系的物质必须对主反应无干扰，不产生沉淀、配合等副反应，并具有一定的稳定性。对于医用缓冲系，还应无毒、有热稳定性和酶稳定性、能透过半透膜、等渗等。

（3）选用药用缓冲对时，还需要考虑是否与主药发生配位禁忌；缓冲对在储存期内是否稳定以及是否有毒等。如硼酸盐缓冲溶液有一定的毒性，不能做口服和注射用药液的缓冲对物质。

（4）为了有较大的缓冲能力，一般还需控制共轭酸碱对的总浓度在 0.05～0.2mol/L。

（5）选择好缓冲系和总浓度之后，可根据缓冲公式计算所需弱酸及其共轭碱的量或体积。

（6）配制好后的缓冲溶液可用 pH 计对所配缓冲溶液进行校正。

【例 4-13】 如何配制 pH 约为 5.00 的缓冲溶液 250mL?

解： 由于醋酸的 pK_a 为 4.75 与所需 pH 更为接近。所以可优先选用 0.10mol/L 的 HAc 和 0.10mol/L NaAc 配制所需缓冲溶液。

设需 NaAc 溶液 V_1（Ac^-）mL，HAc 溶液 V_2（HAc）mL，总体积为 250mL，忽略体积变化，则有

$$[Ac^-] = \frac{0.1mol/L\times V_1\times10^{-3}L}{250\times10^{-3}L}，[HAc] = \frac{0.1mol/L\times V_2\times10^{-3}L}{250\times10^{-3}L}$$

将其代入式（4-27）

$$pH = pK_a + \lg\frac{[Ac^-]}{[HAc]} = 4.75 + \lg\frac{(0.1mol/L\times V_1\times 10^{-3}L)/250\times 10^{-3}L}{(0.1mol/L\times V_2\times 10^{-3}L)/250\times 10^{-3}L}$$

$$5.00 = 4.75 + \lg\frac{V_1}{V_2}$$

$$V_2\text{（HAc）} = 89.9mL$$

$$V_1\text{（}Ac^-\text{）} = 250mL - 89.9mL = 160.1mL$$

即将 89.9mL 0.10mol/L HAc 溶液与 160.1mL 0.10mol/L NaAc 溶液混合就可配制 250mL pH 为 5.00 的缓冲溶液。

临床视角　　　　血液 pH 的控制

缓冲溶液在医学上具有十分重要的意义。正常人体中各种体液都需维持一定的 pH 范围，机体的各种功能才能正常进行。例如，血液的 pH 需维持在 7.35～7.45。如果血液 pH 下降 0.2，给机体的输氧量就会减少 69.4%，造成整个机体组织缺氧。而机体在新陈代谢过程中，会不断产生酸性代谢产物和一些碱性代谢产物，同时还有相当数量的酸性物质和碱性物质随着食物进入体内，这就要靠体液中存在的各种缓冲对发挥缓冲作用。

血液中含有很多缓冲对，血浆中主要有 H_2CO_3-HCO_3^-、$H_2PO_4^-$-HPO_4^{2-}、H_nP-$H_{n-1}P^-$ 等；在红细胞中主要有 HHb-Hb^-、$HHbO_2$-HbO_2^-、H_2CO_3-HCO_3^-、$H_2PO_4^-$-HPO_4^{2-}等。在这些缓冲对中，碳酸缓冲系在血液中的浓度最高，缓冲能力最大，对维持血液正常 pH 的作用最重要。H_2CO_3 在血液中主要以溶解的 CO_2 形式存在，与 HCO_3^- 存在的平衡如下式：

$$CO_2\text{（溶解）} + H_2O \rightleftharpoons H_2CO_3 \rightleftharpoons H^+ + HCO_3^-$$

正常人血浆中，$[HCO_3^-]/[CO_2]_{溶解}$=24mmol/L/1.2mmol/L=20/1，在 37 ℃时，校正后 H_2CO_3 的 pK'_{a1}=6.10，血浆的 pH 为：

$$pH = pK'_{a1} + \lg\frac{[HCO_3^-]}{[CO_2]_{溶解}} = 6.10 + \lg 20 = 7.40$$

当体内酸性物质增加时，血液中大量存在的抗酸成分 HCO_3^- 与 H_3O^+ 作用生成 H_2CO_3，上述平衡向左移动，生成的 H_2CO_3 由血液循环到肺部，由肺加快对 CO_2 的呼出，损失的 HCO_3^- 由肾减少对 HCO_3^- 的排泄而得到补偿；因此血浆的 pH 可基本维持恒定。

由于 HCO_3^- 是血浆中含量最多的抗酸成分，在一定程度上可代表血浆对体内产生酸性物质的缓冲能力，故习惯上把 HCO_3^- 称为碱储。

当体内碱性物质增加时，血浆中的 H_3O^+ 与碱结合生成水，上述平衡向右移动，使大量存在的抗碱成分 H_2CO_3 解离，以补充消耗的 H_3O^+。减少的 H_2CO_3 可由肺控制减少对 CO_2 的呼出量来补偿，HCO_3^- 增多的部分则由肾脏加速排出体外，从而使血浆的 pH 保持基本恒定。

正常血浆中碳酸缓冲系的缓冲比为 20∶1，已超出 $\frac{1}{10}$～10 缓冲比范围，但仍具有较强的缓冲能力，这是因为人体是一个“敞开系统”，当缓冲系发生缓冲作用后，缓冲系的浓度改变可由肺的呼吸作用和肾的生理功能来调节，使血液中碳酸缓冲系中的 HCO_3^- 和 CO_2（溶解）的浓度及比值始终保持相对稳定。见图 4-3。

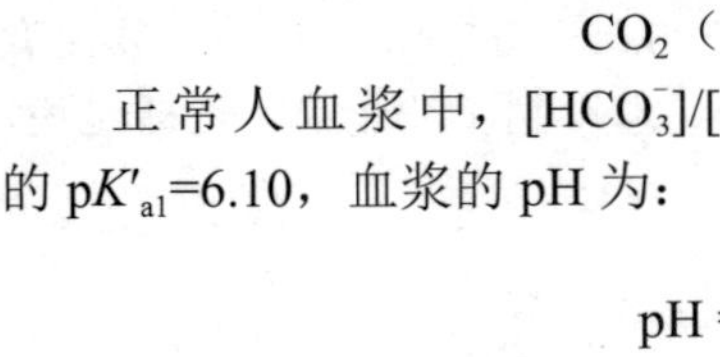

图 4-3　人体内 H_2CO_3–HCO_3^- 缓冲系的作用示意图

由于血液中各种缓冲对的缓冲作用和肺、肾的共同调节作用，正常人血液的 pH 才得以维持在 7.35～7.45 的狭小范围内。如果机体某一方面调节作用出现障碍，体内蓄积的酸过多，血液的 pH 就会小于 7.35，从而出现酸中毒（acidosis）症状。而当体内蓄积的碱过多时，血液的 pH 就会大于 7.45，从而出现碱中毒（alkalosis）症状，若血液的 pH 小于 6.8 或大于 7.8，就会导致死亡。

在细胞里起作用的缓冲系统主要是 $H_2PO_4^-$—HPO_4^{2-}缓冲系，由该共轭缓冲对的 pK_{a2} 可知，在 pH 为 7.21 时，它的缓冲作用最大，其平衡如下：

$$H_2PO_4^- \rightleftharpoons HPO_4^{2-} + H^+$$

当该系统中引入酸时，反应向左方向进行，导致 $H_2PO_4^-$浓度增大，会引起酸中毒。当该系统中引入碱时，反应向右方向进行，导致 HPO_4^{2-}浓度增大，会引起碱中毒。肾功能正常时，会通过尿液排出 $H_2PO_4^-$和 HPO_4^{2-}，进而避免了酸中毒和碱中毒。见图 4-4。

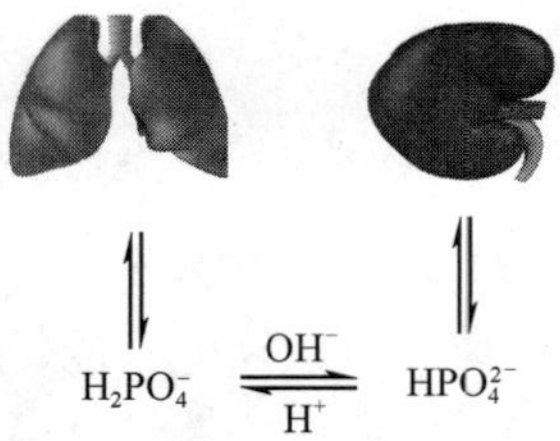

图 4-4 人体内 $H_2PO_4^-$-HPO_4^{2-} 缓冲系的作用示意图

此外，缓冲溶液在医学上的应用也非常广泛，如微生物的培养、组织切片、细菌的染色、酶的催化研究都需在一定 pH 的缓冲溶液中进行。可见，理解缓冲溶液的基本原理，掌握缓冲溶液的配制方法对后续课程的学习非常必要。

环境视角 **酸 雨**

酸雨是指 pH 小于 5.6 的雨、雪、雾、雹等大气降水，可分为“湿沉降”与“干沉降”两种类型。前者指的是所有气状污染物或粒状污染物，随着雨、雪、雾或雹等降水形态而落到地面；后者是指在直接从空中降下来的灰尘所带的一些酸性物质。

酸雨是工业高度发展而出现的副产物，由于煤、石油、天然气等化石燃料的大量使用后产生的硫氧化物或氮氧化物，在大气中经过复杂的化学反应，形成硫酸或硝酸气溶胶，为云、雨、雪、雾捕捉吸收，以湿沉降方式降到地面。也可以干沉降物方式降到地面，干沉降物遇水时复合成酸，由于没有得到雨滴的稀释，它们的酸性要比酸雨强得多，对地表的植被、土壤、水源等生态系统具有巨大伤害，进而影响人类生存环境。

第五节 体液中的电解质

一、体 液

体液（body fluid）是以水为溶剂，以一定的电解质和非电解质成分为溶质所组成的溶液，成人的体液约占体重的 60%～70%。体液可分为细胞内液（intracellular fluid，ICF）和细胞外液（extracellular fluid，ECF），由细胞膜所分隔，水能自由通过细胞膜。存在于细胞内的称为细胞内液，约占体重的 40%。存在于细胞外的称为细胞外液（由血浆和组织间液组成）。相对于外界大自然环境（机体的外环境）而言，存在于细胞周围的体液，为机体的内环境。内环境的稳定与体液的容量、电解质的浓度比、渗透压和酸碱度等有关。

二、体液的组成

电解质在细胞内外分布和含量有明显差别。细胞外液中阳离子以 Na^+ 为主，其次为 K^+ 和 Ca^{2+}。阴离子以 Cl^- 最多，HCO_3^- 次之。细胞内液阳离子主要是 K^+，阴离子主要是 HPO_4^{2-}和蛋白质离子。细胞间液是血浆的超滤液，其电解质成分和浓度与血浆极为相似，不同之处是血浆含有较多的蛋白质，而细胞间液不含或仅含少量的蛋白质，由于蛋白质是大分子量物质，不易通过细胞膜，故血浆蛋白含量高于细胞间液。不同部位体液内电解质浓度见表 4-6。

表 4-6 不同部位体液内电解质浓度表（mmol/L）

电解质		细胞外液		细胞内液（骨骼肌）
		血浆	组织间液	
阳离子	Na^+	142	145	10
	K^+	4	4.1	159
	Mg^{2+}	1	1	40
	Ca^{2+}	2.5	2.4	＜1
总计		149.5	152.5	209
阴离子	Cl^-	104	117	3
	HCO_3^-	24	27.1	7
	蛋白质	14	＜0.1	45
	其他	7.5	8.4	154（HPO_4^{2-}：100）
总计		149.5	152.5	209

按唐南（Donnan）平衡理论，无论是细胞内液还是细胞外液它们的阳离子总数应与阴离子总数相等，并保持电中性。往往是阴离子随阳离子总量的改变而变化，升高或降低阴离子以适应阳离子的改变。

三、体液中电解质的生理功能

体液中的电解质主要以 Na^+、K^+、Ca^{2+}、Mg^{2+}、Cl^-、HCO_3^- 和 HPO_4^{2-} 等各种无机盐存在，它们在体内具有十分重要的生理功能：

1. 钠的生理功能 Na^+ 是细胞外液（ECF）中含量最多的阳离子，在维持 ECF 的渗透浓度中起主要作用。Na^+ 在维持 ECF 容积、神经肌肉和心肌的应激性及动作电位中也起重要作用。Na^+ 主要通过肾脏进行调节，在 Na^+ 负荷增加时，从肾脏排出，而在机体缺钠时，减少 Na^+ 排出。尿量随着血容量及尿 Na^+ 浓度而变化。若 Na^+ 吸收减少或血容量下降，肾脏产生抗排 Na^+ 和抗利尿反应，减少尿 Na^+ 和尿量排出。在病理状态下，尿 Na^+ 排出可发生异常改变。临床上的低钠血症（血清钠低于 135mmol/L）和高钠血症（血清 Na^+ 浓度大于 145mmol/L）都与 Na^+ 的紊乱有关。

2. 钾的生理作用 K^+ 是细胞内液（ICF）中含量最多的阳离子，在维持 ICF 的细胞代谢、渗透浓度中起主要作用。①细胞代谢：K^+ 为糖代谢过程中某些酶的激动剂。每合成 1g 糖原需 K^+0.15mmol，合成 1g 蛋白质约需 K^+0.45mmol。②神经肌肉兴奋性和传导性：细胞内外 K^+ 浓度的比率是形成静息电位的基础。动作电位的产生则依赖于静息电位。一般来说，心肌、神经肌肉的兴奋性是由其静息电位和引起刺激兴奋的阈电位差来决定的。临床上的低钾血症（血清中 K^+ 低于 3.5mmol/L）和高钾血症（血清中 K^+ 大于 5.5mmol/L）与之有关，低钾血症增加静息电位的幅度，使细胞膜超极化，膜电位与阈电位之间的差值增大，细胞对兴奋刺激的敏感性降低。例如，严重低钾血症时常发生迟缓性麻痹；反之，高钾血症时，细胞兴奋性增高。但严重高钾血症时，因静息电位会降低到阈电位以下，在这种情况下细胞将不再能兴奋。因此，严重高钾血症时也能引起肌肉麻痹，甚至导致死亡。③钾是 ICF 的主要渗透活性物质，并参与酸碱平衡。

3. 钙的生理作用 Ca^{2+} 是体内最多的阳离子之一，70kg 的成人体内约含 1300g Ca^{2+}，99% 储存于骨和牙齿中，仅 1% 存在于 ECF 中。Ca^{2+} 具有广泛的生理作用，如维持神经肌肉的正常兴奋性、调节肌肉收缩过程、影响心肌电生理、参与腺体分泌和激活补体、酶等。它是构成骨骼的主要成分。在细胞分子生物学中，Ca^{2+} 作为第二信使作用于多种信号传导过程。血钙代谢的失调导致低钙血症（血清 Ca^{2+} 低于 2.10mmol/L）和高钙血症（血清 Ca^{2+} 低于 2.6mmol/L）。

4. 镁的生理作用 Mg^{2+} 在机体的生化反应中占有重要的地位。镁是细胞内许多酶系统的激活剂，它能激活近 300 种酶，其中镁与三磷酸腺苷（ATP）结合，形成 Mg^{2+}-ATP，能激活多种参与蛋白质、糖、脂肪代谢的酶，尤其与糖酵解和三羧酸循环紧密相关。人体代谢所需的能量由 ATP 提供，有关酶与镁结合后 ATP 才得以产生并提供能量。镁对维持正常细胞膜结构起重要作用。此外 DNA、RNA 和蛋白合成均依赖镁。镁与钙关系密切。它是钙进入细胞，在细胞内发挥作用的重要调节物。因此镁可作为钙的天然拮抗药。

成人体内 Mg^{2+} 的总量约为 1000mmol（相当于 24g）。53%～57% 的 Mg^{2+} 分布在骨组织，约 27% 分布在骨骼肌细胞内，约 19% 分布在骨骼肌以外的软组织，其中肝脏最高，仅有 1% 存在于 ECF。血清 Mg^{2+} 浓度为 0.80～1.20mmol/L，约 20%～30% 与蛋白结合，15% 被螯合，55% 离子化，仅部分 Mg^{2+} 具有生理活性。临床上也有低镁血症（血清镁低于 0.7mmol/L）和高镁血症（血清镁超过 1.25mmol/L）的病症。

人体视角 **一个非凡的分子**

生命起源于水，生命活动离不开水。水作为溶剂，溶解电解质和非电解质成分形成体液。因此，水是机体内环境的最基本要素，在调节体温，润滑各关节、器官，物质转运等生命活动过程中起重要作用。

水的生理作用很复杂，生命活动过程中许多特殊生理功能都依赖于水。

（1）水是机体细胞主要结构物质。作为体液重要成分，占比值最大。早期发育的胎儿，含水高达 90% 以上，初生幼儿 80% 左右，成年男性和女性 70% 左右。它和空气一样，是生命绝不可或缺的一种物质。

（2）作为一种理想的溶剂，水有很高的电解常数，很多化合物如电解质容易在水中解离，以离子形式存在，体内水的代谢与电解质的代谢紧密结合。多数细胞质是胶体和晶体的混合物，因而水溶解性特别重要。同时，水在胃肠道中作为转运半固状食糜的中间媒介，还作为血液、组织液、细胞及分泌物、排泄物等的载体。因此，体内各种营养物质的吸收、转运和代谢废物的排出必须依赖水才能得以完成。

（3）水是体内许多反应的介质。由于体内酶的作用，使水参与很多生物化学反应，如水解、水合、氧化还原、有机化合物的合成和细胞的呼吸过程等。体内所有聚合和解聚合作用都伴有水的结合或释放。

（4）水具有比热大、导热性好、蒸发热高，所以水能储蓄热能、迅速传递热能和蒸发散失热能，有利于对体温的调节。此外，血液循环中血液的快速流动，喘气和出汗，冷应激时限制血液流经体表等，都有助于动物保持体温恒定。水的导热性比其他液体好，有助于深部组织热量的散失。如肌肉连续活动 20min，无水散热，其温度可使蛋白质凝固。

（5）存在于关节囊内、体腔内和各器官间的组织液中的水，可以减少关节和器官间的摩擦力，起到润滑作用。

此外，水对神经系统如脑脊髓液的保护性缓冲作用也是非常重要的。因此，别看其仅由两个氢和一个氧组成，它却对人类有着决定性的作用，是一个非凡的分子。

临床视角 **血液透析**

血液透析（hemodialysis，HD）简称血透，俗称为人工肾、洗肾，是急慢性肾功能衰竭患者肾脏替代治疗方式之一，见图 4-5a 透析示意图。它通过将体内血液引流至体外，再经一个由无数根空心纤维组成的透析器中，血液与含机体浓度相似的电解质溶液（透析液）在一根根空心纤维内外，通过弥散 / 对流进行物质交换，清除体内的代谢废物、维持电解质和酸碱平衡；同时清除体内过多的水分，并将经过净化的血液回输的整个过程称为血液透析。见图 4-5b 透析原理图。

其主要包括溶质转运和水的转运。

根据治疗方法的不同，分为间歇性血液透析治疗和连续性血液透析治疗。除了应用于慢性肾衰竭替代治疗外，还广泛应用于不同原因引起的急性肾衰竭、多器官功能衰竭、严重外伤、急性坏死性胰腺炎、高钾血症、高钠血症、急性酒精中毒等。对减轻患者症状，延长生存期均有一定意义，也是抢救急、慢性肾衰竭的有效措施之一。

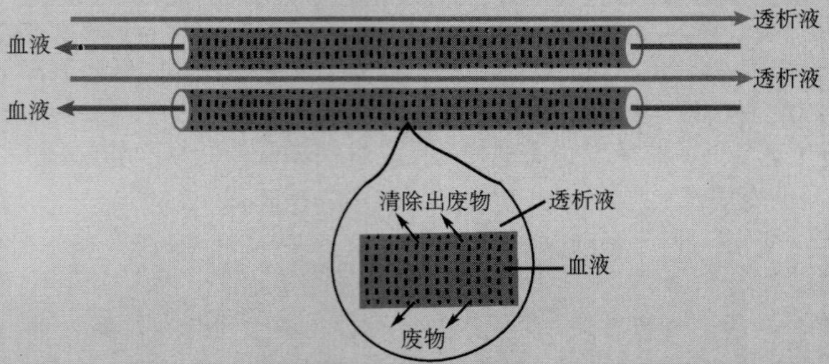

a. 透析示意图

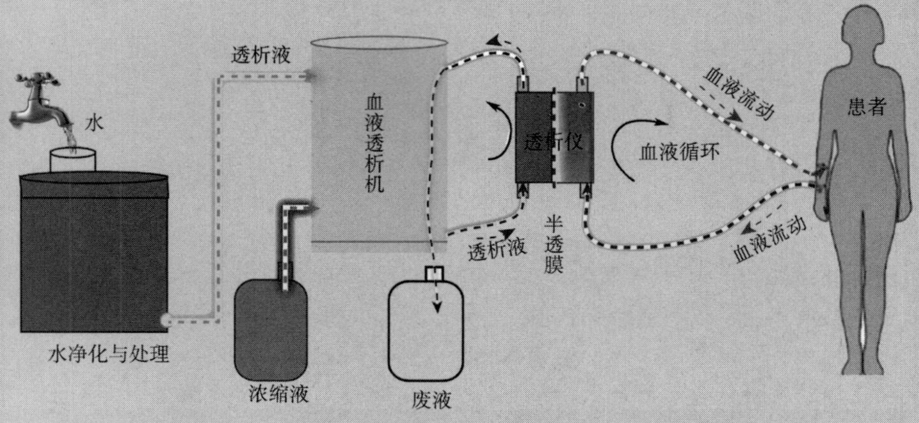

b. 透析原理图

图 4-5 透析及其原理示意图

第六节 胶体溶液

一、胶体溶液的定义

胶体溶液（colloid solution），更确切地说应称为胶体分散系，是指一定大小的固体颗粒药物或高分子化合物分散在溶媒中所形成的溶液。其质点粒径一般在 1～100nm 之间，分散介质（常称为溶媒）大多数为水，少数为非水溶媒。固体颗粒以多分子聚集体（胶体颗粒）分散于溶媒中，构成多相不均匀分散体系（疏液胶）。高分子化合物以单分子形式分散于溶媒中，构成单相均匀分散体系（亲液胶）。这类分散系不同于前面几节学习的低分子分散系——真溶液（分散相质点小于 1nm）。胶体溶液在药剂学中被广泛应用，尤其是动、植物药中各种蛋白质及许多高分子物质在制剂过程中更与胶体溶液有密切关系。

二、胶体溶液的种类

胶体溶液按分散剂的不同，可分为：①气溶胶（aerosol）分散剂为气体，如云、烟、雾。气溶胶在医学方面应用于治疗呼吸道疾病的粉尘型药的制备，是由于粉尘型药粉更能够被呼吸道吸附而有利于疾病的治疗。②液溶胶（lyosol）分散剂为液体，如鸡蛋清、新制氢氧化铁 $Fe(OH)_3$ 等。③固溶胶（solid sol），分散剂为固体，如有色玻璃，烟水晶等。也可按胶粒与分散的溶媒之间的亲和力强弱，分为亲液胶体（lyophilic colloid）和疏液胶体（lyophobic colloid），而当分散溶媒为水时，则称为亲水胶体（hydrophilic colloid）和疏水胶体（hydrophobic colloid）。

（一）亲水胶体溶液

在蛋白质及其他高分子化合物的分子结构中含有许多亲水基团，能与水分子发生作用，水化后的胶体颗粒（质点）似分子状态分散于水中所形成的亲水胶体溶液。这类胶体溶液很多，在医学上应用广泛，如动物胶汁（阿胶、鹿角胶、明胶及骨胶等）、酶的水溶液（胃蛋白酶、胰蛋白酶、溶菌酶、尿激酶等）及其他含蛋白质的生化制剂。同时，一些植物中的纤维素衍生物，如天然的多糖类、黏液质及树胶等。此外，人工合成的右旋糖酐、聚乙烯吡咯烷酮等遇水后所形成的胶体溶液也属亲水胶体溶液。

亲水胶体溶液中的分散质绝大多数为高分子化合物，所以亲水胶体溶液也称高分子水溶液。随着非极性基因数目的增多，胶体的亲水性能降低，而对半极性溶媒及非极性溶媒的亲和力增加，胶体质点分散在这些溶媒中时，形成的溶液称为亲液胶体溶液或高分子非水溶液，如玉米朊乙醇溶液或丙酮溶液。

（二）疏水胶体溶液

疏水胶体溶液又称溶胶（collosol），是由多分子聚集的微粒（1～100nm）分散于水中形成的分散体系。微粒与水之间水化作用很弱，因此它们与水之间有较明显的界面，所以溶胶是一个多相分散系统，具有聚结不稳定性。溶胶微粒表面有很薄的双电层结构，这种双电层结构有助于溶胶的稳定性。在药物剂型中疏水胶体为数极少，但在中药药剂的制备过程中时常遇到。如在胶剂制备时，往胶汁中加入少量明矾，使胶汁中微细的固体颗粒（粒径为 1～100nm 的尘土等杂质）沉淀除去。

三、胶体溶液的特性

学习并应用胶体溶液特性在医药学中具有重要意义，可通过胶体溶液特性制备稳定的胶体溶液型药剂。例如，含蛋白质制品的盐析法和透析法纯化，以及中草药注射剂中常用的乙醇沉淀法去杂质，均与胶体特性有关。

（一）胶体溶液的光学性质

1869 年，英国科学家丁铎尔（Tyndall）通过实验发现：如果将一束强光射入胶体溶液时，从光束的侧面可以看到一条发亮的光柱，如图 4-6 所示。人们把胶体溶液的这种现象称为丁铎尔现象（Tyndall effect）。

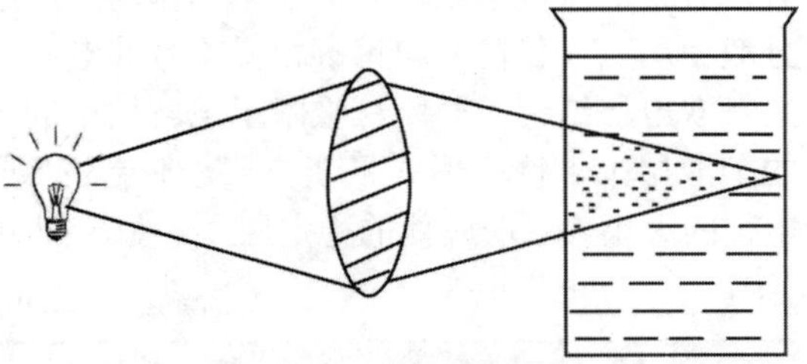

图 4-6　丁铎尔现象示意图

丁铎尔现象的本质是光的散射作用。当光线射到分散质颗粒上时，可以发生两种情况，一种是入射光的波长小于颗粒时，便会发生光的反射；另一种是入射光的波长略大于颗粒时，便会发生光的散射。可见光波长为 400～700nm，胶体颗粒为 1～100nm，因此，可见光通过胶体就会有明显的散射现象，每个微粒就成一个发光点，从侧面可看到一条光柱。当光通过以小分子或离子存在的溶液时，由于溶质的颗粒太小，不会发生散射，主要是透射。真溶液由于分散相粒子直径太小，对光的散射作用甚微，肉眼无法观察到。高分子溶液是均相系统，没有相界面，对光的散射作用很弱，则观察不到丁铎尔现象。当分散相粒子直径大于入射光的波长时，主要发生光的反射，如粗分散系反射入射光而显浑浊状。因此，可以根据丁铎尔现象来区分胶体和溶液。

普通显微镜只能看到直径为200nm以上的粒子，是看不到胶体粒子的，而根据胶体对光的散射现象，设计和制造的超显微镜却可能观察到直径为50～150nm的粒子，超显微镜的光是从侧面照射胶体，因而在黑暗的背景进行观察，会看到由于散射作用胶体粒子成为一个个的发光点。应该注意的是，超显微镜下观察到的不是胶体中的颗粒本身，而是散射光的光点。

此外，因散射光的强度与胶粒大小有关（当溶液浓度一定时），故可从散射光强度的变化推知胶液分散度的变化，以研究胶体溶液的稳定性。同时可以利用散射光强度测定其浓度即比浊分析，所用仪器为乳光计。很多胶体溶液因吸收不同波长的光线而带颜色。如蛋白银溶液为深红色。且胶粒愈小，所吸收的光线愈偏于短波（蓝、紫色），故胶粒大小亦能影响制品的色泽。如胶态金粒子由小而大时，溶液的颜色由红转紫而蓝。

（二）胶体溶液的动力学性质

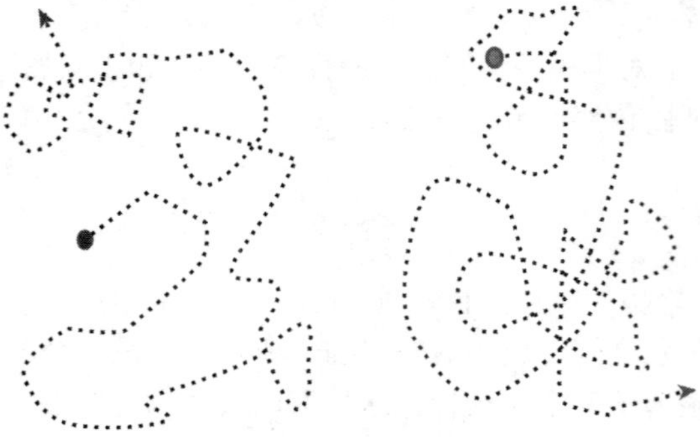

图4-7 布朗运动示意图

1. 布朗运动 1827年，英国植物学家罗伯特·布朗（Robert Brown）在超显微镜下观察花粉悬浮液时，观察到胶体中分散质的颗粒在不断地做无规则运动，这种胶体溶液的运动称为布朗运动（Brownian motion），如图4-7所示。

布朗运动的产生是由于分散剂分子的热运动不断地从各个方向撞击这些胶粒，而在每一瞬间受到的撞击力在各个方向又是不同的，因而胶粒时刻以不同的速度、沿着不同方向做无规则的运动。

胶体溶液中除具较强的布朗运动外，由于分散度高，胶粒的比表面与表面能大，又具有胶粒合并降低表面能的自发趋势。故胶体溶液亦属热力学不稳定体系，常有聚结现象，致使胶体溶液在长期储存过程中出现陈化现象。

2. 扩散 当溶胶中的胶粒存在浓度差时，胶粒将从浓度大的区域向浓度小的区域迁移，这种现象称为胶粒的扩散（diffusion）。实验表明：溶胶分散相粒子的扩散速率与体系的黏度、温度及粒子大小等因素有关。溶胶溶液在黏度越小、浓度差越大、温度越高时，越容易扩散。由于溶胶的分散相粒子比真溶液的分散相粒子大得多，因而分散相粒子的移动速率要比真溶液的慢得多。

（三）胶体溶液的电学性质

胶粒的带电可以用胶液在电场作用下的电泳实验得以印证。当对胶体溶液进行电泳时，其中分散相质点（胶粒）向带有相反符号的电极泳动，而介质向另一电极泳动。现在认为胶粒的带电具有双电层结构。即胶粒吸附了电解质中的一种离子形成吸附层，异性离子分布在靠近胶粒表面的扩散层中，这样形成了双电层。胶粒的吸附层与扩散层之间存在有电位差，即称为ζ电位。ζ电位的大小关系着胶体的稳定性。一些药剂中常见胶体所带电荷如表4-7所示。

表4-7 一些带不同电荷的药剂表

电荷	药剂实例
正	金属氢氧化物（氢氧化铁、氢氧化铝等）、碱性染料（甲紫、亚甲蓝等）、汞溴红、血红素、酸性溶液中的蛋白质
负	金属及金属硫化物、酸性染料（苋红、靛蓝等）、淀粉、西黄芪胶、羧甲基纤维素钠、碱性溶液中的蛋白质

知道了胶体荷电之正负有助于胶体溶液型药剂的合理制备。如胃蛋白酶合剂中的胃蛋白酶，已知在酸性环境中荷正电，而一般滤纸、纱布等纤维性滤材是荷负电，则在制备该合剂时，应该避免滤过，以免电性中和，使胃蛋白酶析出在滤纸上而降低药效。

（四）胶体溶液的黏度

黏度（viscosity）是衡量物质黏稠程度的物理量，物质的流动性与其黏度有很大关系。如水、牛奶很稀容易流动，而油、沥青就很黏稠不易流动。分散粒子（胶粒）大小介于真溶液与粗分散体系之间，使得胶体浴液与真溶液不同。具有一定的黏度，其胶粒的扩散速度小，能穿过滤纸而不能透过半透膜，对溶液的沸点升高、冰点降低、蒸气压下降和渗透压等方面影响也小。由于这一特性，提纯胶体可应用透析与电渗析，分离胶粒可应用超速离心法等。血液中含有的红细胞、白细胞及血小板等使得血液具有一定的黏度。

四、胶体溶液的稳定性

胶体分散系统的稳定性主要取决于水化作用与胶粒的电荷二因素，本节仅介绍亲水胶体和疏水胶体的稳定性。

1. 亲水胶体的稳定性 强的溶剂化作用与胶粒的水化层使得亲水胶体具有稳定性。这是由于胶粒周围的水化层阻碍了粒子的相互聚结，水化层越厚，稳定性越大。因此，凡能破坏胶粒水化层的因素，均能引起亲水胶体的不稳定。在亲水胶体中添加少量电解质时，不会因相反电荷的离子作用而引起凝结。一旦水化层被除去，形成了疏水胶粒后，则很容易发生凝结面析出沉淀。如阿拉伯胶、琼脂等胶液中添加乙醇脱水后，胶粒失去水化层，遇阳离子即发生凝结。同理，若在亲水胶体中加入大量电解质，由于电解质离子本身具强烈的水化性质，脱掉了胶粒的水化层，也必引起凝结与沉淀。此作用就是常用的盐析（salting out）。

在亲水胶体中加入大量乙醇、丙酮、糖浆等脱水剂，亦可使溶剂化了的胶粒水化层破坏，脱水而析出。或者虽未析出，但对电解质的敏感性增加而更易盐析。亲水胶体若久经光、热、空气等影响而发生化学变化，其变化产物又具有较小的溶解度时，也会出现凝结现象。

2. 疏水胶体的稳定性 疏水胶体由于其胶粒不能水化而主要靠粒子表面带相同电荷，互相排斥避免了凝结而具有稳定性。但疏水胶粒只有在构成吸附层的吸附离子和部分异性离子存在时才能带电而具一定程度稳定性。若将疏液胶体（一般指溶胶）中少量电解质用透析法除去，胶粒失去电荷，胶体就产生凝结而沉淀，稳定性变小。因此，胶体中必须有少量电解质的存在作稳定剂，其正负电荷组成胶粒的双电层结构，使疏水胶粒带一定量电荷而达到一定程度的稳定作用。电解质的加入量必须适当，若加入过多，随着外加离子浓度的增加，可将原来分布在扩散层中的异性离子挤到吸附层中，使离吸附层较远的扩散层中的异性离子向吸附层靠近，使扩散层逐渐变薄，降低了起稳定作用的电位。当电位降至临界值下，胶粒发生凝结。由此可见，溶胶对电解质是敏感的。

五、胶体溶液的临床应用

胶体溶液由于分子量较大，在血管内存留时间长，能有效维持血浆胶体渗透压，增加血容量，提高血压，对改善微循环有显著疗效，因而在临床上被广泛运用。临床上运用较广的胶体溶液有：右旋糖酐、代血浆、血液制品等。如右旋糖酐为人工合成的胶体溶液，由蔗糖经肠膜状明串珠菌-1226（Leuconostoc mesenteroides）发酵合成的一种高分子葡萄糖聚合物，是目前最佳的血浆代用品之一。常用的右旋糖酐溶液分两种：①中分子右旋糖酐，可提高血浆胶体渗透压，扩充血容量。用于出血性休克、创伤性休克及烧伤性休克等。②低分子右旋糖酐，可降低血液黏稠度，改善微循环。用于各种休克所致的微循环障碍、弥散性血管内凝血、心绞痛、急性心肌梗死及其他周围血管等疾病。此外，羟乙基淀粉、琥珀酰明胶也是临床上常用的人工合成的中分子胶体溶液，用于提高血浆胶体渗透压，扩充有效循环血容量，用于抗休克治疗和血液稀释。

关 键 词

溶液、分散系、稀溶液依数性、水、酸碱溶液、缓冲溶液、胶体溶液。

问题与练习

一、名词解释

1. 渗透浓度
2. 真溶液
3. 分散系
4. 缓冲溶液
5. 强电解质和弱电解质
6. 胶体

二、判断题

（　）1.“氧的物质的量是1mol”的说法是不明确的。

（　）2. 若两种溶液的渗透压力相等，其物质的量浓度也相等。

（　）3.“物质B的物质的量浓度”可以简称为“物质B的浓度”。

（　）4. 溶胶都能产生电泳现象。

（　）5. 胶体分散系是非均相分散系。

（　）6. 已知 K_a（HAc）大于 K_a（HCN），所以 CN^- 是比 Ac^- 强的碱。

（　）7. 当某弱酸稀释时，其解离度增大，溶液的酸度也增大。

（　）8. 由共轭酸碱对组成的溶液一定具有缓冲作用。

（　）9. 正常人体血浆中，碳酸缓冲系的缓冲比为 20∶1，所以该缓冲系无缓冲作用。

（　）10.HAc溶液和NaOH溶液混合可以配成缓冲溶液，条件是HAc比NaOH的物质的量适当过量。

三、单选题

1. 溶液的组成单位为1的表示是（　）
   A. 物质的量浓度　B. 质量浓度
   C. 质量分数　D. 质量摩尔浓度
   E. 物质的量

2. 相同温度下，欲使两种稀溶液间不发生渗透，应使两溶液（　）
   A. 质量摩尔浓度相同　B. 物质的量浓度相同
   C. 质量浓度相同　D. 质量分数相同
   E. 渗透浓度相同

3. 用理想半透膜将0.02mol/L蔗糖溶液和0.02mol/L NaCl溶液隔开时，在相同温度下将会发生的现象是（　）
   A. 蔗糖分子从蔗糖溶液向NaCl溶液渗透
   B. Na^+ 从NaCl溶液向蔗糖溶液渗透
   C. 水分子从NaCl溶液向蔗糖溶液渗透
   D. 互不渗透
   E. 水分子从蔗糖溶液向NaCl溶液渗透

4. 使红细胞在下列溶液中发生溶血现象的是（　）
   A. 9g/L NaCl溶液
   B. 50g/L 葡萄糖溶液
   C. 100g/L 葡萄糖溶液
   D. 生理盐水和等体积水混合的溶液
   E. 90g/L NaCl溶液

5. 有关溶胶叙述正确的是（　）
   A. 溶胶是热力学不稳定体系，但具有动力学稳定性
   B. 溶胶具有动力学稳定性，并且是热力学不稳定系统
   C. 溶胶是热力学不稳定系统，且具有动力学不稳定性
   D. 溶胶是热力学稳定系统，同时又具有动力学稳定性
   E. 溶胶不具有相对稳定性

6. 胶体的本质特征是（　）
   A. Tyndall现象　B. 胶粒带电
   C. 胶粒直径为1～100nm　D. Brown运动
   E. 都不是

7. 在纯水中，加入一些酸，其溶液的（　）
   A. $[H^+]$ 与 $[OH^-]$ 乘积变大
   B. $[H^+]$ 与 $[OH^-]$ 乘积变小
   C. $[H^+]$ 与 $[OH^-]$ 乘积不变
   D. $[H^+]$ 等于 $[OH^-]$
   E. 以上说法都不对

8. 在 NH_3 水中加入适量HCl溶液可配制pH=9.0的缓冲溶液，其抗碱成分是（　）
   A. NH_3　B. HCl
   C. H_2O　D. NH_4^+
   E. H_3O^+

9. 人体血液的pH总是维持在7.35～7.45这一狭小的范围内，其中主要原因是由于（　）
   A. 血液中的 HCO_3^- 和 H_2CO_3 只允许维持在一定的比率范围内
   B. 人体内有大量的水分（约占体重的70%）
   C. 排出的 CO_2 气体一部分溶在血液中
   D. 排出的酸性物质和碱性物质溶在血液中
   E. 新陈代谢产生的酸碱等量溶在血液中

10. 下列公式中有错误的是（　）
    A. $pH=pK_a+lg[B^-]/[HB]$

B. $pH=pK_a-lg[HB]/[B^-]$

C. $pH=pK_a+lg[n(B^-)/n(HB)]$

D. $pH=pK_a-lg[n(B^-)/n(HB)]$

E. $pH=-lg(K_w/K_b)+lg[B^-]/[HB]$

四、计算题

1. 某患者需补充 0.05mol Na^+，应补多少克 NaCl？如果用生理盐水补 Na^+，需要多少毫升生理盐水（质量浓度为 9g/L）？
2. 将 5.0g 鸡蛋白溶于水并配制成 1.0L 溶液，在 25℃时测得该溶液的渗透压为 306Pa，计算鸡蛋白的相对分子质量。
3. 临床上用来治疗碱中毒的针剂 NH_4Cl（Mr=53.48），其规格为 20.00mL 一支，每支含 0.1600g NH_4Cl，计算该针剂的物质的量浓度及该溶液的渗透浓度，在此溶液中红细胞的行为如何？
4. 止痛药吗啡（$C_{17}H_{19}NO_3$）是一种弱碱，主要由未成熟的罂粟籽提取得到，其 $K_b=7.9\times10^{-7}$。试计算 0.015mol/L 吗啡水溶液的 pH。
5. 正常人体血浆中，$[HCO_3^-]$=24.0mmol/L、$[CO_2(aq)]$=1.20mmol/L。若某人因腹泻使血浆中 $[HCO_3^-]$ 减少到为原来的 90%，试求此人血浆的 pH，并判断是否会引起酸中毒。已知 H_2CO_3 的 $pK'_{a1}=6.10$。
6. 今有 HAc-NaAc 缓冲系配成的总浓度为 0.200mol/L、pH=4.50 的缓冲溶液 500mL，今欲将此溶液的 pH 调整到 4.90，需加固体 NaOH 多少克？

思 考 题

1. 在临床大量补液时，为什么一般要输等渗溶液？

2. 举例说明电解质的聚沉作用。

3. 根据酸碱质子理论，HPO_4^{2-}是两性物质，但为什么 Na_2HPO_4 水溶液呈碱性？

4. 什么是缓冲溶液？试以血液中的 H_2CO_3-HCO_3^- 缓冲系为例，说明缓冲作用的原理及其在医学上的重要意义。

（乔 华）

第五章 反 应

(reaction)

学习目标

1. 掌握： 化学反应速率、化学平衡的概念及其数学表达式，影响化学反应速率、化学平衡的因素及平衡移动的基本规律。

2. 熟悉： 化学反应的类型、化学反应热力学、化学反应动力学。

3. 了解： 系统、环境、热力学的状态函数、内能、焓、熵、吉布斯自由能的概念。

化学视角 **生物催化剂：酶**

在日常生活中人们有这样的体验：把米饭放在嘴里多嚼一会，你会感觉到有些甜味。这是因为米饭含淀粉，是一种多糖，本身没有甜味，其水解反应的反应速度本来较慢，但唾液里有“唾液淀粉酶”，在“唾液淀粉酶”的高速催化作用下，淀粉变成了麦芽糖。在生物体内，几乎所有重要的生化活动都是在酶的催化下完成的，酶是一类由生物细胞产生的、以蛋白质为主要成分，具有催化活性的生物催化剂。酶促反应的速率可比非催化反应的速率高 $10^8 \sim 10^{20}$ 倍。

现代酶催化剂应用于生产更广泛，许多新的工业生物反应过程相继问世。例如，食品工业广泛利用各种酶制造糖、酒、酱、醋等食品，纺织工业利用淀粉酶脱浆，毛纺业利用脂肪酶脱脂，皮革业利用角蛋白酶脱毛，制丝业及照相器材业利用蛋白酶使生丝及底片脱胶。农业用霉菌淀粉酶、纤维素酶作饲料加工；在医药方面，酶催化剂被利用生产氨基酸、半合成抗生素等；而且一些酶也直接被制成多种药物，如消化药物（酸性蛋白酶）、消炎药物（溶菌酶）、抗肿瘤药物（天冬酰胺酶）以及用固定化酶制造人工脏器等。总之，在众多领域，生物催化剂都有着极为广阔的前景，是当前化学催化反应科学技术中的重要研究领域。

化学反应与工业生产及人们的日常生活有着非常密切的关系。例如，在生产中，化学反应速率和化学平衡直接影响着生产效率，人们总希望对人类有利的反应进行得既快又完全，而一些不利的反应，如食物的腐败、药品的变质、机体的衰老、钢铁的腐蚀、橡胶和塑料制品的老化等，进行得又慢又不完全。就医学相关专业的学生而言，结合其特点，本章将系统地介绍化学反应的类型、化学反应热力学、化学反应动力学、化学反应速率和化学平衡等一些最基本的概念、理论，其目的在于掌握化学反应速率和化学平衡的基本规律。

第一节 反应的基本概念

一、反应的定义

化学反应（chemical reaction）是旧化学键断裂和新化学键形成的过程。常见的化学变化包括电解、电镀、老化、酯化、裂解、风化、中毒等。化学变化（chemical change）常伴有光、热、气体、沉淀产生或颜色、气味改变等现象发生，判断一个反应是否为化学反应的唯一依据是看反应是否生成新的物质。

二、反应的类型

根据反应物或生成物，化学反应可分成四类：化合反应、分解反应、置换反应和复分解反应。

1. 化合反应　化合反应（combination reaction）是由两种或两种以上的物质反应生成一种新物质的反应。其中部分反应为氧化还原反应，部分为非氧化还原反应。此外，化合反应一般释放出能量。可简记为：

$$A + B = AB$$

2. 分解反应　分解反应（decomposition reaction）是一种化合物在特定条件下（如加热、通直流电、催化剂等）生成两种或两种以上其他物质的反应。可简记为：

$$A = B + C$$

3. 置换反应　置换反应（single displacement reaction）是单质与化合物反应生成另外一种单质和化合物的反应。可简记为：

$$AB + C = A + CB$$

根据反应物和生成物中单质的类别，置换反应有 4 种情况：①较活泼的金属置换出较不活泼的金属或氢气；②较活泼的非金属置换出较不活泼的非金属；③非金属置换出金属；④金属置换出非金属。

4. 复分解反应　复分解反应（double decomposition reaction）是由两种化合物互相交换成分，生成另外两种化合物的反应。可简记为：

$$AB + CD = AD + CB$$

复分解反应的本质是溶液中的离子结合成难电离的物质（如水）、难溶的物质或挥发性气体，而使复分解反应趋于完成。酸、碱、盐溶液间发生的反应一般是两种化合物相互交换成分而形成的，即参加反应的化合物在水溶液中发生电离离解成自由移动的离子，离子间重新组合成新的化合物，因此酸、碱、盐溶液间的反应一般是复分解反应。复分解反应是离子或者离子团的重新组合。

第二节　化学和物理变化

化学变化是产生新物质的变化，化学变化一定伴随着物理变化，但物理变化不一定伴随着化学变化。物理性质是不需要发生化学变化就表现出来的性质，物理变化是指物质仅改变其物理性质（如聚集状态、密度、溶解度、电导率等），常见的物理变化有金属导电、蒸馏、萃取、升华、重结晶、潮解、盐析、电泳、胶体的聚沉等。二者的本质区别是有无新物质生成。

一、热　力　学

化学热力学（chemical thermodynamics）是研究化学变化的方向和限度及其伴随变化过程中能量的相互转换所遵循规律的科学。化学热力学是一门宏观科学，研究方法是热力学状态函数的方法，不涉及物质的微观结构。阐述反应热效应的计算、应用吉布斯自由能变来判断化学反应的方向、讨论化学平衡及其移动。

1. 系统　热力学把所研究的对象称为系统（system），在系统以外与系统有互相影响的其他部分称为环境（surrounding）。与环境之间既有物质交换又有能量交换的系统称为敞开系统（open system）；与环境之间只有能量交换而没有物质交换的系统称为封闭系统（closed system）；与环境之间既没有物质交换也没有能量交换的系统称为孤立系统（isolated system）。

生命系统可认为是复杂的敞开系统，能与外界进行物质、能量、信息的交换。

2. 热力学状态函数　系统的状态（state）是系统的各种物理性质和化学性质的综合表现。系统的状态可以用压力、温度、体积、物质的量等宏观性质进行描述，当系统的这些性质都具有确定的数值时，系统就处于一定的状态，这些性质中有一个或几个发生变化，系统的状态也就可能发生变化。在热力学中，把这些用来确定系统状态的物理量称为状态函数，主要有内能、焓、熵、吉布斯自由能等。其具有两个特性：一是状态函数是系统状态的单值函数，状态一经确定，状态函数就有唯一确定的数值，此数值与系统到达此状态前的历史无关。二是系统的状态发生变化，状态函数的数值随之发生变化，变化的多少仅取决于系统的终态与始态，与所经历的途径无关。无论系统发生多么复杂的变化，只要系统恢复原态，则状态函数必定恢复原值，即状态函数经循环过程，其变化必定为零。

3. 热和功 系统状态所发生的任何变化称为过程（process）。常见的过程有：系统的始态温度与终态温度相同并等于环境温度的过程（等温过程）（isothermal process），在人体内发生的各种变化过程可以认为是等温过程；系统的始态压力与终态压力相同并等于环境压力的过程（等压过程）（isobaric process）；系统的体积不发生变化的过程（等容过程）（isovolumic process）。

封闭系统经历一个热力学过程，常常伴有系统与环境之间能量的传递。热（heat）和功（work）是能量传递的两种形式。由于系统与环境的温度不同而在系统和环境之间所传递的能量称为热，用符号 Q 表示。系统吸热，Q 值为正（$Q>0$），系统放热，Q 值为负（$Q<0$）。除热以外，系统与环境之间的其他一切形式传递的能量称为功，用符号 W 来表示。系统对环境做功，W 值为负（$W<0$）；环境对系统做功，W 值为正（$W>0$）。热和功的 SI 单位是焦耳 J。

热和功不是状态函数，不能说“系统具有多少热和功”，只能说“系统与环境交换了多少热和功”。热和功总是与系统所经历的具体过程联系着的，没有过程，就没有热与功。即使系统的始态与终态相同，过程不同，热与功也往往不同。

4. 热力学第一定律和热力学能 热力学第一定律（the first law of thermodynamics）就是能量守恒定律：能量能从一种形式转化为另一种形式，从一个物体传递给另一个物体，但在转化和传递的过程中能量的总值不变。

热力学能也称内能（internal energy），用符号 U 表示。它是系统中物质所有能量的总和，包括分子的动能、分子之间作用的势能、分子内各种微粒（原子、原子核、电子等）相互作用的能量。内能的绝对值目前尚无法确定。

热力学能是状态函数。对于一个封闭系统，如果用 U_1 代表系统在始态时的热力学能，当系统由环境吸收了热量 Q，同时，系统对环境做了功 W，此时系统的状态为终态，其热力学能为 U_2，得：

$$U_1 + Q + W = U_2$$

$$U_2 - U_1 = Q + W$$

即

$$\Delta U = Q + W \tag{5-1}$$

式（5-1）是热力学第一定律的数学表达式。

5. 焓 对于某封闭系统，在非体积功 W 为零的条件下经历某一等容过程，因为 $\Delta V=0$，所以体积功为零。此时，热力学第一定律的具体形式为：

$$\Delta U = Q_V \tag{5-2}$$

Q_V 为等容过程的热效应。式（5-2）的物理意义是：在非体积功为零的条件下，封闭系统经一等容过程，系统所吸收的热全部用于增加体系的内能。

对于封闭系统，在非体积功 W 为零且等温等压（$p_1=p_2=p_{环}$）的条件下的化学反应，热力学第一定律的具体形式为：

$$\Delta U = U_2 - U_1 = Q_p - p(V_2 - V_1)$$

Q_p 为化学反应的等压热效应，整理上式，得：

$$U_2 - U_1 = Q_p - p_2V_2 + p_1V_1$$

$$Q_p = (U_2 + p_2V_2) - (U_1 + p_1V_1)$$

$$H \overset{\text{def}}{=\!=} U + pV \tag{5-3}$$

H 称为焓（enthalpy），是热力学中一个极其重要的状态函数。从式（5-3）得：

$$\Delta H = H_2 - H_1 = (U_2 + p_2V_2) - (U_1 + p_1V_1) = Q_p$$

即 $$\Delta H = Q_p \tag{5-4}$$

由式（5-4）表明：在非体积功为零的条件下，封闭系统经一等压过程，系统所吸收的热全部用于增加体系的焓，即化学反应的等压热效应等于系统的焓的变化。

由于无法确定内能 U 的绝对值，因而也不能确定焓的绝对值。由式（5-3）可知，焓 H 仅为 U、P、V 的函数，因为 U、P、V 均为状态函数，而状态函数的函数仍为状态函数，所以焓 H 也为状态函数。它具有能量的量纲。但是，焓没有确切的物理意义。由于化学变化大都是在等压条件下进行的，在处理热化学问题时，状态函数焓及焓的变化值更有实用价值。

对于理想气体的化学反应，等压热效应 Q_p 与等容热效应 Q_V 的关系如下：

$$Q_p = Q_V + \Delta n_g RT \tag{5-5}$$

式中，Δn_g 为气体生成物的物质的量的总和与气体反应物的物质的量的总和之差。

对反应物和产物都是凝聚相的反应，由于在反应过程中系统的体积变化很小，Δ（pV）值与反应热相比可以忽略不计，因此，可得到：

$$Q_p = Q_V \tag{5-6}$$

绝大多数生物化学过程发生在固体或液体中，因此，在生物系统中常常忽略 ΔH 与 ΔU（即 Q_p 和 Q_V）的差别，统称为生物化学反应的“能量变化”。

6. 热化学方程式 表示化学反应热效应关系的方程称为热化学方程式，例如：

$$H_2\text{（g）} + I_2\text{（g）} = 2HI\text{（g）} \qquad \Delta_r H_m^\ominus = -51.8\text{kJ/mol}$$

该热化学方程式表明：在 298.15K 和标准条件下，1mol H_2（g）与 1mol I_2（g）完全反应生成 2mol HI（g）时，放出 51.8kJ/mol 的热。

书写热化学方程式要注意：

（1）注明反应的压力及温度，如果反应是在 298.15K 和标准状态下进行，则习惯上可不注明。

（2）要注明反应物和生成物的存在状态。可分别用 s、l 和 g 代表固态、液态和气态；用 aq 代表水溶液。

（3）化学式前的系数是化学计量数，它可以是整数或分数。但是，同一化学反应的化学计量数不同时，反应热效应的数值也不同。例如：

$$2H_2\text{（g）} + O_2 = 2H_2O\text{（g）} \qquad \Delta_r H_m^\ominus = -483.6\text{kJ/mol}$$

$$H_2 + \frac{1}{2}O_2\text{（g）} = H_2O\text{（g）} \qquad \Delta_r H_m^\ominus = -241.8\text{kJ/mol}$$

（4）在相同温度和压力下，正逆反应的 $\Delta_r H_m^\ominus$ 数值相等，符号相反。例如：

$$H_2O\text{（g）} = H_2 + \frac{1}{2}O_2\text{（g）} \qquad \Delta_r H_m^\ominus = +241.8\text{kJ/mol}$$

7. 赫斯定律和化学反应热的计算 1840 年，瑞士籍俄裔科学家赫斯（Hess）根据大量实验事实总结出一条规律：一个化学反应不论是一步完成或是分几步完成，其热效应总是相同的。这就是赫斯定律。

对于等压反应有： $Q_p = \Delta_r H$

对于等容反应有： $Q_V = \Delta_r U$

由于 $\Delta_r H$ 和 $\Delta_r U$ 都是状态函数的改变量，它们只决定于系统的始态和终态，与反应的途径无关。因此，只要化学反应的始态和终态确定了，热效应 Q_p 和 Q_V 便是定值，与反应进行的途径无关。

赫斯定律的重要意义在于能使热化学方程式像普通代数方程式一样进行运算，从而可以根据一些已经准确测定的反应热效应来计算另一些很难测定或不能直接用实验进行测定的反应的热效应。

热力学中规定：在指定温度下，由稳定单质生成 1mol 物质 B 时的焓变称为物质 B 的摩尔生成焓，用符号 $\Delta_f H_m$ 表示，单位为 kJ/mol。如果生成物质 B 的反应是在标准状态下进行，这时的生成焓称为物质 B 的标准摩尔生成焓（standard molar enthalpy of formation），简称为标准生成焓，记为 $\Delta_f H_m^\ominus$，其 SI 单位为 J/mol，常用单位为 kJ/mol。

一种物质的标准生成焓并不是这种物质的焓的绝对值，它是相对于合成它的最稳定的单质的相对焓值。标准生成焓的定义实际上已经规定了稳定单质在指定温度下的标准生成焓为零。应该注意的是碳的稳定单质指定是石墨而不是金刚石。

根据赫斯定律

$$\Delta_f H_m^\ominus = \sum [\nu_B \Delta_f H_m^\ominus (B)]_{生成物} - \sum [-\nu_B \Delta_f H_m^\ominus (B)]_{反应物}$$

简写为：

$$\Delta_f H_m^\ominus = \sum_B \nu_B \Delta_f H_m^\ominus (B) \quad (5\text{-}7)$$

在指定温度和标准条件下，化学反应的热效应等于同温度下参加反应的各物质的标准摩尔生成热与其化学计量数乘积的总和。只要知道参加反应的各种物质标准摩尔生成热，就可以利用式（5-7）计算出反应的等压热效应。

【例 5-1】 反应：$C_6H_{12}O_6(s) = 2C_2H_5OH(l) + 2CO_2(g)$

各物质的标准摩尔生成焓数据如下：

	$C_6H_{12}O_6$（s）	C_2H_5OH（l）	CO_2（g）
$\Delta_f H_m^\ominus$（kJ/mol）	−1274.45	−277.63	−393.51

求该反应的标准反应热。

解： $\Delta_f H_m^\ominus = \sum_B \nu_B \Delta_f H_m^\ominus (B)$

$= 2\times(-393.51\text{kJ/mol}) + 2\times(-277.63\text{kJ/mol}) - (-1274.45\text{kJ/mol})$

$= -67.83\text{kJ/mol}$

8. 热力学第二定律 热力学第二定律是指任何自发过程总是单方向地向平衡状态进行，平衡状态就是该条件下自发过程的极限。在一定条件下没有任何外力推动就能自动进行的过程称为自发过程（spontaneous process）。自然界中的一切宏观过程都是自发过程。为了回答化学反应自发性问题，在 19 世纪 70 年代，法国化学家马赛兰·贝特洛（法语：Marcellin Berthelot）和丹麦化学家朱利叶斯·汤姆逊（Julius Thomson）提出，只有放热反应才能自发进行。例如：

$$Ag^+(aq) + Br^-(aq) = AgBr(s) \qquad \Delta_r H_m^\ominus = -38.8\text{kJ/mol}$$

但是，煅烧石灰石制取石灰的吸热反应

$$CaCO_3(s) = CaO(s) + CO_2(g) \qquad \Delta_r H_m^\ominus = 177.8\text{kJ/mol}$$

在常温下不能自发进行，但温度升高到 1123K 也能自发进行的。

由此可见，反应热并不是推动化学反应自发进行的唯一的因素。实际上，推动化学反应自发进行还与环境温度及反应系统的混乱度——熵增加有关。为此，引进一个新的状态函数——吉布斯自由能。

（1）吉布斯自由能减少原理：为了判断等温等压化学反应的方向性，1876 年，美国科学家吉布斯（Gibbs）综合考虑了焓和熵两个因素，提出一个新的状态函数 G——吉布斯自由能（Gibbs free energy）：

$$G \stackrel{\text{def}}{=\!=} H - TS \quad (5\text{-}8)$$

吉布斯证明了系统吉布斯自由能变可以用系统在等温等压的可逆过程中对外做的最大非体积功来量度，即

$$-\Delta G = W_{最大} \quad (5\text{-}9)$$

等温等压自发的化学反应则可做非体积功，所以当 $W_{最大} > 0$，即 $\Delta G < 0$ 时，反应自发，反之，是非自发的。由此，可得等温等压条件下化学反应方向的判据为：

$\Delta G<0$，反应正向自发进行；

$\Delta G=0$，化学反应达到平衡；

$\Delta G>0$，反应逆向自发进行。

这就是吉布斯自由能减少原理，即自发变化总是朝吉布斯自由能减少的方向进行。

根据吉布斯自由能的定义式（5-8），在等温等压下可推导出著名的吉布斯方程：

$$\Delta G = \Delta H - T\Delta S \tag{5-10}$$

（2）标准摩尔生成吉布斯自由能：在标准状态下由最稳定单质生成 1mol 物质 B 的吉布斯自由能变称为这种温度下 B 物质的标准摩尔生成吉布斯自由能（standard molar Gibbs free energy of formation），用符号 $\Delta_f G_m^\ominus$（B）表示，单位是 kJ/mol。

例如：298.15K 时化学反应：

$$N_2(g, p^\ominus) + 3H_2(g, p^\ominus) \rightleftharpoons 2NH_3(g, p^\ominus)$$

的 $\Delta_r G_m^\ominus=-16.4$kJ/mol，而 N_2（g）与 H_2（g）为最稳定单质，所以 298.15K 时 NH_3（g）的摩尔标准生成吉布斯自由能 $\Delta_f G_m^\ominus=-16.4$kJ/mol。

由 $\Delta_f G_m^\ominus$ 计算化学反应的 $\Delta_r G_m^\ominus$ 的计算公式为：

$$\Delta_r G_m^\ominus = \sum \nu_B \Delta_f G_m^\ominus(B) \tag{5-11}$$

【例 5-2】 光合作用是将 CO_2（g）和 H_2O（l）转化为葡萄糖的复杂过程，总反应为：

$$6CO_2(g) + 6H_2O(l) \rightleftharpoons C_6H_{12}O_6(s) + 6O_2(g)$$

求此反应在 298.15K、100kPa 的 $\Delta_r G_m^\ominus$，并判断此条件下，反应是否自发？

解：查得 298.15K 和标准条件下有关热力学数据如下

	$6CO_2(g)$ +	$6H_2O(l)$ $\rightleftharpoons$	$C_6H_{12}O_6(s)$ +	$6O_2(g)$
$\Delta_f G_m^\ominus$（kJ/mol）	−394.4	−237.1	−910.6	0
$\Delta_f H_m^\ominus$（kJ/mol）	−393.5	−285.8	−1273.3	0
$S_m^\ominus$[J/（mol/K）]	213.8	70.0	212.1	205.2

方法一

$$\begin{aligned}\Delta_r G_m^\ominus &= \sum_B \nu_B \Delta_f G_m^\ominus(B)\\ &= -910.6\text{kJ/mol} - 6\times(-237.1\text{kJ/mol}) - 6\times(-394.4\text{kJ/mol})\\ &= 2878.43\text{kJ/mol}\end{aligned}$$

方法二

$$\begin{aligned}\Delta_r H_m^\ominus &= \sum_B \nu_B \Delta_f H_m^\ominus(B)\\ &= -1273.3\text{kJ/mol} - 6\times(-285.8\text{kJ/mol}) - 6\times(-393.5\text{kJ/mol})\\ &= 2802.5\text{kJ/mol}\end{aligned}$$

$$\begin{aligned}\Delta_r S_m^\ominus &= \sum_B \nu_B S_m^\ominus(B)\\ &= (6\times205.2 + 212.1 - 6\times70.0 - 6\times213.8)\ \text{J/(mol}\cdot\text{K)}\\ &= -259.5\text{J/(mol}\cdot\text{K)}\end{aligned}$$

$$\begin{aligned}\Delta_r G_m^\ominus &= \Delta_r H_{m,298.15}^\ominus - T\Delta_r S_{m,298.15}^\ominus\\ &= 2802.5\text{kJ/mol} - 298.15\text{K}\times[-0.2595\text{kJ/(mol}\cdot\text{K)}]\\ &= 2879.87\text{kJ/mol}\end{aligned}$$

计算结果 $\Delta_r G_m^\ominus>0$，说明在 298.15K 和标准状态下，反应不能自发进行。实际上，此反应是在叶绿素和阳光下进行的，靠叶绿素吸收光能，然后转化成系统的吉布斯自由能变，使光合反应得以实现。

（3）非标准态下吉布斯自由能变的计算：非标准态下化学反应的吉布斯自由能变化可由 Van't Hoff 等温方程式求得：

$$\Delta_r G_{m,T} = \Delta_r G^{\ominus}_{m,T} + RT\ln Q$$
$$= \Delta_r G^{\ominus}_{m,T} + 2.303RT\lg Q \quad (5\text{-}12)$$

式中，Q 称为反应熵。它是各生成物相对分压或相对浓度幂的乘积与各反应物的相对分压或相对浓度幂的乘积之比。若反应中有纯固体或纯液体，则其浓度以常数 1 表示。例如，对任意化学反应：

$$aA(aq) + bB(l) = dD(g) + eE(s)$$

$$Q = \frac{(p_D/P^{\ominus})^d \times 1}{(c_A/c^{\ominus})^a \times 1}$$

在稀溶液中进行的反应，如果溶剂参与反应，因溶剂的量很大，浓度基本不变，可以当作常数 1。由表达式可知 Q 的单位为 1。

【例 5-3】 $CaCO_3$（s）的分解反应如下：

$$CaCO_3(s) \longrightarrow CaO(s) + CO_2(g)$$

在 298.15K 和标准条件下，此反应能否自发进行？若使其在标准状态下进行反应，反应温度应为多少？

解：反应式中有关物质在 298.15K 和标准条件下的热力学数据如下：

	$CaCO_3$（s）	CaO（s）	CO_2（g）
$\Delta_f H^{\ominus}_m$（kJ/mol）	−1206.9	−634.9	−393.5
$S^{\ominus}_m$[J/（mol/K）]	92.9	38.1	213.8

根据：$\Delta_r H^{\ominus}_m = \sum_B \nu_B \Delta_f H^{\ominus}_m(B)$

$= [-634.9 + (-393.5) - (-1206.9)]$kJ/mol

$= 178.5$kJ/mol

$\Delta_r S^{\ominus}_m = \sum_B \nu_B S^{\ominus}_m(B)$

$= (38.1 + 213.8 - 92.9)$ J/（mol·K）

$= 159$J/（mol·K）

$\Delta_r G^{\ominus}_m = \Delta_r H^{\ominus}_m - T\Delta_r S^{\ominus}_m$

$= 178.5\text{kJ/mol} - 298.15\text{K} \times 159 \times 10^{-3}\text{kJ/(mol·K)}$

$= 131\text{kJ/mol} > 0$

因此，在 298.15K 下，上述反应不能自发进行。若使其在标准条件下自发进行时，则所需的最低温度为

$$T = \frac{\Delta_r H^{\ominus}_{m,T}}{\Delta_r S^{\ominus}_{m,T}} \approx \frac{\Delta_r H^{\ominus}_{m,298.15}}{\Delta_r S^{\ominus}_{m,298.15}} = \frac{178.5\text{kJ/mol}}{159 \times 10^{-3}\text{kJ/mol}} = 1.12 \times 10^3\text{K}$$

临床视角　　冰袋与热敷袋

化学冰袋和热敷袋是通过化学试剂的物理和化学反应产生放热或是吸热的原理而制成的。冰袋和热敷袋由于其体积小、重量轻、原料易得、冷却或升温温度适宜、持续时间较长，在医疗保健方面具有广泛应用。

冰袋特别适用于降温退烧、止血、止痛等，其化学原理为硫酸铵、硝酸铵、硫酸氢钠在溶解于十水硫酸钠失去的结晶水的过程中，产生吸热现象，从而对环境具有制冷的效果。而热敷袋是由醋酸亚铁氧化生成三价铁，在被氧化过程中放热，能产生 40～60℃的热度。维持 20～26h，当热敷袋紧贴于患处时，此热传至机体，5min 后，局部皮肤血管扩张、充血、加速血液循环、促进局部的新陈代谢，从而达到物理治疗而止痛的目的，可用于肩周炎、腰腿痛、关节痛、坐骨神经痛、软组织损伤、胃寒、腹痛、痛经等的辅助治疗。

二、动 力 学

化学反应动力学主要研究两方面的内容：一是化学反应进行的快慢即反应速率的研究，包括反应快慢的描述，影响反应速率的各种因素。二是对反应机制的阐述，确定反应所经历的实际过程。

不同化学反应的反应速率各不相同，这是由反应物分子的内部结构所决定的，它是影响反应速率的内因。为了探讨化学反应速率（rate of chemical reactions）的内在规律，借助于分子运动论和分子结构的知识，逐渐形成了化学反应速率的碰撞理论和过渡状态理论。

（一）碰撞理论

碰撞理论（collision theory）是以硬球碰撞为模型，导出了宏观的反应速率常数计算表达式。该理论认为并非每一次碰撞都能发生反应。只有那些动能大于一定数值的碰撞才能引起旧键的断裂和新键的形成，即发生化学反应。

有效碰撞理论有其基本要点（三点）：第一点是化学反应发生的先决条件是反应物分子之间必须发生碰撞。碰撞的频率越高，反应速率越大。第二点是反应物分子之间的碰撞只有少数碰撞能导致反应的发生，多数碰撞并不能导致反应的发生，是无效碰撞，能使反应发生的碰撞，被称为有效碰撞（effective collision)。第三点是能够发生有效碰撞的分子被称为活化分子。活化分子之所以能发生有效碰撞，是由于它们的能量高，发生碰撞时，能克服相撞分子之间的排斥力，能破坏分子内部原子之间的“结合力”，从而导致反应物分子破坏，重新组合成生成物分子，发生化学反应。

就化学反应来说，每个分子都有一定的能量，但对于反应物整体来说，它本身有一定的能量，这个能量是众多分子的平均能量，其中有些分子的能量小，有些分子的能量大。如果分子的能量足够大，其之间的碰撞足以能够发生化学反应，这样的分子就是活化分子。通常把活化分子具有的最低能量与分子平均能量的差称为活化能（activation energy)。

化学反应速率主要取决于单位时间内有效碰撞的次数，而有效碰撞的次数又与活化能密切有关。在一定温度下，活化能越大，活化分子所占的比例就越小，于是单位时间内的有效碰撞次数就越少，反应进行得越慢。反之，活化能越小，活化分子所占比例越大，单位时间内有效碰撞越多，反应速率越快。

增加反应物浓度或增大压强都增大了单位体积内活化分子的数目，使有效碰撞次数增多。升高温度是由于提高了反应物分子的平均能量，从而大大增加单位体积内活化分子的百分数，加快了反应速率；对于催化剂，由于改变了反应的途径从而改变了反应的活化能，使反应速率大大加快。

（二）过渡状态理论

过渡状态理论（transition state theory）是对碰撞这一模型进行更深化的描述，应用了统计热力学和量子力学来处理问题。该理论认为反应并不是由简单的碰撞来完成的。分子发生碰撞首先形成一种过渡态的络合物，形成络合物的过程是需要一定能量的。因此络合物又称活化络合物（activated complex)。在碰撞过程中，不只将分子考虑成为一个硬球，而是要考虑分子之间及其内部的相互作用，而且这种作用并不是只存在于碰撞的瞬间，而是整个碰撞的过程都有这种作用。从而整个体系的势能也就随着碰撞的过程发生变化。形成的过渡态络合物是可逆地转化为产物。

（三）基元反应和非基元反应

通常所看到的化学反应式只是表示各反应物和产物之间的化学计量关系，并没有表示出化学反应的实际经历过程和途径，也就是说，未表示出反应物之间是通过一步反应或多步反应，最终得到产物的过程，我们把一个化学反应所经历的途径或具体步骤称为该反应的反应历程或反应机制。

由反应物分子一步直接生成产物分子的反应，称为基元反应，例如：

$$CH_3COOCH_2CH_3 + H_2O \longrightarrow CH_3COOH + CH_3CH_2OH$$

是一步完成的，因此是一个基元反应（elementary reaction）。

实际上，大多数化学反应需要经历两步或两步以上反应才能最终得到产物，这类反应称为非基元反应，例如：

$$A_2 + B \longrightarrow A_2B$$

是分两个步骤完成的：

第一步：$A_2 \longrightarrow 2A$　　（快反应）

第二步：$2A+B \longrightarrow A_2B$　　（慢反应）

在非基元反应中，每步反应的速率差别很大，有的很快，而有的很慢，其中速率最慢的分步反应速率决定了反应的总体速率，我们把速率最慢的这步反应称为总反应的速率控制步骤。

三、平　　衡

（一）可逆反应和不可逆反应

少数化学反应几乎能进行到底，反应物基本上全部转变成生成物，如氯酸钾的分解反应：

$$2KClO_3 \xrightarrow[\triangle]{MnO_2} 2KCl + 3O_2$$

这类反应称为不可逆反应。

实际上，不可逆反应很少，绝大多数的反应不能进行到底，只有一部分反应物能转变为生成物，例如，乙酸乙酯的水解反应就不能进行到底，在一定的条件下，乙酸乙酯可以发生水解反应生成乙酸和乙醇，

$$CH_3COOCH_2CH_3 + H_2O \longrightarrow CH_3COOH + CH_3CH_2OH$$

在同样条件下，乙酸和乙醇又能自动生成乙酸乙酯和水：

$$CH_3COOH + CH_3CH_2OH \longrightarrow CH_3COOCH_2CH_3 + H_2O$$

上述两个反应同时发生并且反应方向相反，可以写成下列形式：

$$CH_3COOCH_2CH_3 + H_2O \rightleftharpoons CH_3COOH + CH_3CH_2OH$$

这种在相同条件下能同时向两个方向进行的反应称为可逆反应。为了表示反应的可逆性，在可逆反应的化学方程式中用两个方向相反的箭头“$\rightleftharpoons$”代替等号“$=$”或单箭头符号“$\longrightarrow$”。

在可逆反应中，通常把从左到右的反应称为正向反应，把从右向左的反应称为逆向反应。

很多可逆反应对人类的生命活动具有重要的意义，其中之一涉及把空气中的 O_2 从肺部输送到身体各个部位。机体内输送 O_2 的任务由血液中的血红蛋白（Hb）承担，在肺部 O_2 的分压较高，Hb 与 O_2 结合成氧合血红蛋白（HbO_2），HbO_2 被血液携带至身体各部位。在这些部位，由于 O_2 的分压降低，HbO_2 释放出 O_2，以满足体内各种新陈代谢过程的需要。该可逆反应可表示为：

$$Hb + O_2 \underset{脱氧}{\overset{氧合}{\rightleftharpoons}} HbO_2$$

（二）化学平衡

可逆反应不能进行到底，反应物不能全部转变为生成物。在乙酸乙酯水解反应中，开始时乙酸乙酯的浓度最大，因此生成乙酸和乙醇的正向反应速率最大。随着反应的进行，反应物乙酸乙酯的浓度逐渐降低，正向反应速率逐渐减小；而产物乙酸和乙醇的浓度逐渐增大，逆向反应速率逐渐加快。经过一段时间后，正向反应速率和逆向反应速率相等，此时反应物的浓度和产物的浓度都不再发生变化。

在可逆反应中，当正向反应速率和逆向反应速率相等时系统所处的状态称为化学平衡状态。可逆反应达到平衡时，正向反应和逆向反应都仍在继续进行，只是由于相同时间内正向反应所消耗的反应物的物质的量，恰好等于逆向反应所生成的反应物的物质的量，反应混合物中反应物的

浓度和产物的浓度不再发生变化，因此化学平衡是一种动态平衡。

在温度不变时，不管起始浓度如何变化，达平衡时，生成物浓度幂的乘积除以反应物浓度幂的乘积为一常数，实际上这一比值即为化学标准平衡常数。

（三）标准平衡常数

对于可逆反应：

$$a\mathrm{A}\ (\mathrm{s}) + b\mathrm{B}\ (\mathrm{aq}) \rightleftharpoons y\mathrm{Y}\ (\mathrm{g}) + z\mathrm{Z}\ (\mathrm{l})$$

式中，括号里的s，aq，g和l分别代表纯固体，水溶液中的溶质、气体和纯液体（或稀溶液中的水）。上述可逆反应在一定的温度下达到化学平衡时，从理论上推导可得到如下定量关系：

$$K^{\ominus} = \frac{(P_{\mathrm{eq,Y}}/P^{\ominus})^{y}}{(c_{\mathrm{eq,B}}/c^{\ominus})^{b}} \tag{5-13}$$

式中，$K^{\ominus}$称为标准平衡常数，其SI单位为1；$P_{\mathrm{eq,Y}}$代表Y的平衡分压；$c_{\mathrm{eq,B}}$代表溶质B的平衡浓度；$P^{\ominus}$为标准压力，$P^{\ominus}$=100kPa；$c^{\ominus}$为标准浓度，$c^{\ominus}$=1.0mol/L。

式（5-13）称为可逆反应的标准平衡常数表达式，书写可逆反应的标准平衡常数表达式时，如果反应物和产物为气体物质时，则用相对平衡分压表示；如果反应物和产物为稀溶液中的溶质时，则用相对平衡浓度表示，标准平衡常数表达式中不包括固体、纯液体以及水的浓度。这是因为它们的浓度不变或变化很小，本身就是或可以看作是一个常数。所以标准平衡常数表达式中只包括气体和溶液中各溶质的浓度。

标准平衡常数只随温度的变化而变化，与反应物初始浓度无关。所以，对于一个可逆反应，无论是从正反应开始还是从逆反应开始，只要温度是一定的，标准平衡常数就是一定的，至于使用催化剂虽然会改变正逆反应速率，但由于二者变化的程度是相同的，所以标准平衡常数不受其影响。

【例 5-4】 写出下列可逆反应的标准平衡常数表达式：

（1）$N_2+3H_2 \rightleftharpoons 2NH_3$

（2）ZnS（s）+2 H_3O^+（aq）$\rightleftharpoons$ Zn^{2+}（aq）+H_2S（aq）+2H_2O（l）

解：（1）可逆反应的标准平衡常数表达式为：

$$K^{\ominus} = \frac{\left[P_{\mathrm{eq}}(\mathrm{NH_3})/P^{\ominus}\right]^2}{\left[P_{\mathrm{eq}}(\mathrm{N_2})/P^{\ominus}\right]\cdot\left[P_{\mathrm{eq}}(\mathrm{H_2})/P^{\ominus}\right]^3}$$

（2）可逆反应的标准平衡常数表达式为：

$$K^{\ominus} = \frac{\left[c_{\mathrm{eq}}(\mathrm{Zn^{2+}})/c^{\ominus}\right]\cdot\left[c_{\mathrm{eq}}(\mathrm{H_2S})/c^{\ominus}\right]}{\left[c_{\mathrm{eq}}(\mathrm{H_3O^+})/c^{\ominus}\right]^2}$$

（四）多重平衡规则

根据标准平衡常数的表达式可知，如果某一可逆反应由几个可逆反应相加（或相减）得到，则该可逆反应的标准平衡常数等于几个可逆反应的标准平衡常数的乘积（或商）。上述规则就称为多重平衡规则。

【例 5-5】 298.15K 时，已知下列可逆反应：

（1）$2N_2$（g）+O_2（g）$\rightleftharpoons$ $2N_2O$（g）

（2）N_2（g）+$2O_2$（g）$\rightleftharpoons$ $2NO_2$（g）

$K_1^{\ominus}=4.8\times10^{-37}$，$K_2^{\ominus}=8.8\times10^{-19}$，计算在 298.15K 时，可逆反应：

（3）$2N_2O$（g）+$3O_2$（g）$\rightleftharpoons$ $4NO_2$（g）

的标准平衡常数 $K_3^{\ominus}$。

解：可逆反应（3）= 可逆反应（2）+ 可逆反应（2）–可逆反应（1）

所以，可逆反应（3）在 298.15K 时的标准平衡常数 $K_3^{\ominus}$ 为：

$$K^{\ominus} = \frac{K_2^{\ominus} \cdot K_2^{\ominus}}{K_1^{\ominus}} = \frac{(8.8\times10^{-19})}{4.8\times10^{-37}} = 1.6$$

（五）可逆反应的方向

对于可逆反应：

$$a\text{A (s)} + b\text{B (aq)} \rightleftharpoons y\text{Y (g)} + z\text{Z (l)}$$

若给定 B 的浓度为 c_B、Y 的分压为 P_Y，则

$$J = \frac{(P_Y/P^{\ominus})^y}{(c_B/c^{\ominus})^b} \tag{5-14}$$

称为该反应的反应熵。

比较 J 和标准平衡常数 $K^{\ominus}$的大小即可判断可逆反应进行的方向。

当 $J=K^{\ominus}$时，反应处于平衡状态；当 $J>K^{\ominus}$时，反应向逆方向进行；当 $J<K^{\ominus}$时，反应向正方向进行。

（六）化学平衡的移动

当可逆反应的外界条件改变时，原来的化学平衡就会被破坏，反应物的浓度或分压和产物的浓度和分压也随着发生相应的变化，直至建立新的平衡。这种因外界条件的改变使可逆反应从原来的平衡状态转变为新的平衡状态的过程称为化学平衡的移动。下面讨论浓度、压力、温度和催化剂对化学平衡的影响。

1. 浓度对化学平衡的影响 对于任意一个可逆反应，若其他条件不变，改变化学平衡系统中任何反应物或产物的浓度，必然导致 $J>K^{\ominus}$或 $J<K^{\ominus}$，若增大反应物或减小产物的浓度，则 $J<K^{\ominus}$，平衡正向移动，直至 $J=K^{\ominus}$时，建立新的平衡。

同理，若减小反应物或增大产物的浓度，则 $J>K^{\ominus}$，平衡逆向移动，直至 $J=K^{\ominus}$时，建立新的平衡。

2. 压力对化学平衡的影响 固体物质和液体物质的体积受压力的影响很小，可以不考虑压力的影响。

对于有气体参与的反应，若反应前后气体分子数不同，改变化学平衡系统中压力，也必然会导致 $J>K^{\ominus}$或 $J<K^{\ominus}$，平衡发生移动，直至 $J=K^{\ominus}$时，建立新的平衡。

压力对化学平衡的影响可概括如下：在其他条件不变的情况下，缩小体积增大压力时，化学平衡向气体分子总数减小的方向移动；而增大体积缩小压力时，化学平衡向气体分子总数增加的方向移动；对于反应前后气体分子总数不变的可逆反应，改变压力对化学平衡没有影响。

3. 温度对化学平衡的影响 温度对化学平衡的影响，与浓度和压力对化学平衡的影响有本质的区别。浓度和压力的改变是使反应熵发生变化，但不影响标准平衡常数，导致 $J>K^{\ominus}$或 $J<K^{\ominus}$，平衡发生移动。而温度的改变不影响反应熵 J，而是引起标准平衡常数 $K^{\ominus}$发生变化，导致 $J>K^{\ominus}$或 $J<K^{\ominus}$，平衡发生移动。

温度对标准平衡常数的影响与反应热有关。当温度升高时，吸热反应的标准平衡常数增大，而放热反应的标准平衡常数减小；当温度降低时，吸热反应的标准平衡常数减小，而放热反应的标准平衡常数增大。

对于吸热反应，当温度升高时，$K^{\ominus}$增大，导致 $J<K^{\ominus}$，平衡正向移动；当温度降低时，$K^{\ominus}$减小，导致 $J>K^{\ominus}$，平衡逆向移动。同理，对于放热反应，当温度升高时，$K^{\ominus}$减小，导致 $J>K^{\ominus}$，平衡逆向移动；当温度降低时，$K^{\ominus}$增大，导致 $J<K^{\ominus}$，平衡正向移动。

温度对平衡的影响可概括为：在其他条件不变时，升高温度，化学平衡向吸热反应方向移动；

降低温度，化学平衡向放热反应方向移动。

4. 催化剂与化学平衡的关系 催化剂的加入既不能影响可逆反应的反应熵，也不能影响可逆反应的标准平衡常数，所以，催化剂对化学平衡没有影响，只能缩短可逆反应到达化学平衡的时间，提高时效。

第三节 化学方程式和计算

利用化学反应的标准平衡常数，可以计算反应物和生成物的平衡浓度或平衡分压，也能判断可逆反应进行的限度及预测反应方向。

一、计算平衡组成

标准平衡常数确定了反应到达平衡时各反应物和生成物的浓度和分压之间的数量关系，因此，利用标准平衡常数可以计算反应物和生成物的平衡浓度或平衡分压。

【例 5-6】 在 1000℃时，下列可逆反应为：

$$FeO(s) + CO(g) \rightleftharpoons Fe(s) + CO_2(g)$$

的标准平衡常数 $K^{\ominus}=0.5$，如果在 CO 的压力为 6000kPa 的密闭容器中加入足量的 FeO，计算 CO 和 CO_2 的平衡分压。

解：

	FeO（s）+ CO（g）	⇌ Fe（s）+ CO_2（g）
P_0/kPa	6000	0
ΔP/kPa	$-x$	$+x$
P_{eq}/kPa	$6000-x$	x

反应的标准平衡常数表达式为：

$$K^{\ominus} = \frac{P_{eq}(CO_2)/P^{\ominus}}{P_{eq}(CO)/P^{\ominus}} = \frac{P_{eq}(CO_2)}{P_{eq}(CO)}$$

将平衡分压和标准平衡常数数值代入上式，得

$$0.5 = \frac{x}{6000-x}$$

$$x = 2000$$

CO 和 CO_2 的平衡分压分别为：

$$P_{eq}(CO) = (6000-x)\ kPa = 4000kPa$$

$$P_{eq}(CO_2) = 2000kPa$$

二、判断化学反应进行的限度

在一定条件下，当可逆反应达到平衡状态时，正反应速率与逆向反应速率相等，反应物和生成物的浓度或分压不再发生变化。这表明在该条件下，反应物转化为生成物已经达到了最大限度。

如果可逆反应的标准平衡常数很大，平衡时生成物的浓度或分压比反应物的浓度或分压要大很多，说明反应物已经大部分转变为生成物，反应进行的限度很大。反之，如果可逆反应的标准平衡常数很小，平衡时生成物的浓度或分压就会比反应物的浓度或分压要小很多，说明反应物只有一小部分转变为生成物，反应进行的限度很小。

可逆反应的标准平衡常数和反应物的平衡转化率都可以表示可逆反应在一定条件下进行的限度。但反应物的平衡转化率受反应物的起始浓度或起始分压的影响，而标准平衡常数与反应物的起始浓度或起始分压无关。在通常情况下，可逆反应的标准平衡常数越大，反应物的平衡转化率也越大。

【例 5-7】 298.15K 时，可逆反应为：

$$Ag^{+}(aq)+Fe^{2+}(aq) \rightleftharpoons Ag(s)+Fe^{3+}(aq)$$

的标准平衡常数 $K^{\ominus}$=3.0，试分别计算下列两种情况下 Ag^{+}，Fe^{2+} 和 Fe^{3+} 的平衡浓度及 Ag^{+} 的平衡转化率：

（1）Ag^{+} 和 Fe^{2+} 的浓度均为 0.10mol/L。

（2）Ag^{+} 的浓度为 0.10mol/L，Fe^{2+} 的浓度为 0.20mol/L。

解：该反应的标准平衡常数表达式为：

$$K^{\ominus}=\frac{c_{eq}(Fe^{3+})/c^{\ominus}}{\left[c_{eq}(Ag^{+})/c^{\ominus}\right]\cdot\left[c_{eq}(Fe^{2+})/c^{\ominus}\right]}$$

（1）设 Fe^{3+} 的浓度为 $x$mol/L，则 Ag^{+} 和 Fe^{2+} 的平衡浓度都为（0.10–x）mol/L，代入标准平衡常数表达式：

$$3.0=\frac{x}{(0.10-x)^{2}}$$

$$x=0.020$$

Ag^{+}，Fe^{2+} 和 Fe^{3+} 的平衡浓度分别为：

$$c_{eq}(Ag^{+})=(0.10-x)\ mol/L=(0.10-0.020)\ mol/L=0.080mol/L$$

$$c_{eq}(Fe^{2+})=(0.10-x)\ mol/L=0.080mol/L$$

$$c_{eq}(Fe^{3+})=x mol/L=0.020mol/L$$

Ag^{+} 的平衡转化率为：

$$\alpha_{1}=\frac{c_{0}(Ag^{+})-c_{eq}(Ag^{+})}{c_{0}(Ag^{+})}\times 100\%$$

$$=\frac{0.10-0.080}{0.10}\times 100\%=20\%$$

（2）设 Fe^{3+} 的平衡浓度为 $y$mol/L，则 Ag^{+} 和 Fe^{2+} 的平衡浓度为（0.10−y）mol/L 和（0.20−y）mol/L，代入标准平衡常数表达式：

$$3.0=\frac{y}{(0.10-y)(0.20-y)}$$

$$y=0.033$$

Ag^{+}，Fe^{2+} 和 Fe^{3+} 的平衡浓度分别为：

$$c_{eq}(Ag^{+})=(0.10-y)\ mol/L=(0.10-0.033)\ mol/L=0.067mol/L$$

$$c_{eq}(Fe^{2+})=(0.20-y)\ mol/L=(0.20-0.033)\ mol/L=0.167mol/L$$

$$c_{eq}(Fe^{3+})=y mol/L=0.033mol/L$$

Ag^{+} 的平衡转化率为：

$$\alpha_{1}=\frac{c_{0}(Ag^{+})-c_{eq}(Ag^{+})}{c_{0}(Ag^{+})}\times 100\%$$

$$=\frac{0.10-0.067}{0.10}\times 100\%=33\%$$

三、预测化学反应的方向

利用标准平衡常数还可以判断可逆反应进行的方向。

【例 5-8】 已知 298.15K 时，可逆反应为：

$$Pb^{2+}(aq)+Sn(s) \rightleftharpoons Pb(s)+Sn^{2+}(aq)$$

的标准平衡常数 $K^{\ominus}=2.2$，若反应分别从下列情况开始，试判断可逆反应进行的方向。

（1）Pb^{2+} 和 Sn^{2+} 的浓度均为 0.10mol/L。

（2）Pb^{2+} 的浓度均为 0.10mol/L，Sn^{2+} 的浓度均为 1.0mol/L。

解：（1）上述可逆反应的反应熵为

$$J_1 = \frac{c_1(Sn^{2+})/c^{\ominus}}{c_1(Pb^{2+})/c^{\ominus}} = \frac{0.1}{0.1} = 1.0$$

由于 $K^{\ominus} > J_1$，因此在 298.15K 时反应正向自发进行。

（2）上述可逆反应的反应熵为

$$J_2 = \frac{c_1(Sn^{2+})/c^{\ominus}}{c_1(Pb^{2+})/c^{\ominus}} = \frac{1.0}{0.1} = 10$$

由于 $K^{\ominus} < J_2$，因此在 298.15K 时反应逆向自发进行。

第四节 反应速率

不同化学反应的速率相差很大，有的进行得很快，瞬间即可完成，如酸碱中和反应，血红蛋白和氧结合的生化反应等。有的则进行得极慢，甚至长年累月也看不出它们有什么变化，如常温下，N_2 与 H_2 生成 NH_3 的反应，从热力学角度讨论该反应能够发生而且转化率很高，但由于它们的反应速率太慢，以至于在通常条件下并没有任何意义，在生产实践活动中，人们总是希望提高某些化学反应的速率，例如，在生命活动中的反应如果没有催化剂参与，反应速率是极慢的，只有在生物催化剂（如酶）的作用下，才能顺利进行，因此，研究化学反应速率以及影响化学反应速率的因素是研究化学反应一个十分重要的课题。

一、反应速率的定义

反应速率表现的是化学反应的快慢程度，广义地讲是参与反应的物质的量随时间的变化量的绝对值，分为平均速率与瞬时速率两种。平均速率是反应进程中某时间间隔（Δt）内参与反应的物质浓度的改变量，即可用单位时间内反应物浓度的减少量或生成物浓度的增加量来表示；瞬时速率是浓度随时间的变化率，即浓度-时间图像上函数在某一特定时间的切线斜率。反应速率通常用符号 v 表示，单位：mol/（L·s）或 mol/（L·min）或 mol/（L·h）。

反应速率的计算公式为：

$$v=\frac{\Delta c}{\Delta t} \tag{5-15}$$

H_2O_2 水溶液（含有少量 I^-）的分解反应为：

$$2H_2O_2\text{（aq）} \rightarrow 2H_2O\text{（l）} + O_2\text{（g）}$$

在 298.15K 时，将 0.80mol/L H_2O_2 溶液（含少量 I^-）分解过程的浓度变化，列于表 5-1 中。

表 5-1 H_2O_2 水溶液的分解反应速率表（298.15K）

t（min）	$c_{H_2O_2}$(mol/L)	$\frac{\Delta c_{H_2O_2}}{\Delta t}$ [mol/（L·min）]
0	0.80	–
20	0.40	$\frac{0.40}{20}=2.0\times10^{-2}$
40	0.20	$\frac{0.20}{20}=1.0\times10^{-2}$

续表

t（min）	$c_{H_2O_2}$(mol/L)	$\frac{\Delta c_{H_2O_2}}{\Delta t}$ [mol/（L·min）]
60	0.10	$\frac{0.10}{20}=5.0\times10^{-3}$
80	0.05	$\frac{0.05}{20}=2.5\times10^{-3}$

对于大多数反应而言，我们看出化学反应并不是等速进行的，在反应过程中，化学反应速率均随时间而改变，如上，在 H_2O_2 分解的第一个 20min，H_2O_2 浓度减少 0.40mol/L，第二个 20min，H_2O_2 浓度减少 0.20mol/L，第三个 20min，H_2O_2 浓度减少 0.10mol/L，由此推断，化学反应在每个不同的瞬间，反应速率都是有差别的，所以上表所列的速率是在这 20min 之内的平均速率。

瞬时速率反映的是化学反应在某一瞬间的真实速率，可表示为：

$$v=\frac{\mathrm{d}c}{\mathrm{d}t} \tag{5-16}$$

上面的反应，其反应的平均速率也可以用 O_2 浓度的增加来表示，其数值正好为 H_2O_2 表示的平均速率的一半。可见，对于同一个反应，用不同物质表示的反应速率，数值并不相同，但它们反映的实质应该是相同的。因此，这两个数值之间的联系点就在于它们化学反应方程式中的计量系数，比如 H_2O_2 的分解反应，因为每分解 1mol 的 H_2O_2，只生成 0.5mol 的 O_2，可以看出，在单位时间内，它们的浓度变化关系的比值正好等于其化学反应方程式的计量系数的比值。

故，对于给定的化学反应：

$$a\mathrm{A}+b\mathrm{B}\longrightarrow y\mathrm{Y}+z\mathrm{Z}$$

则有：

$$v=-\frac{1}{a}\frac{\Delta c_{\mathrm{A}}}{\Delta t}=-\frac{1}{b}\frac{\Delta c_{\mathrm{B}}}{\Delta t}=\frac{1}{y}\frac{\Delta c_{\mathrm{Y}}}{\Delta t}=\frac{1}{z}\frac{\Delta c_{\mathrm{Z}}}{\Delta t} \tag{5-17}$$

需要注意的是，对于一个反应来说不同物质的化学反应速率是相同的，但是各自的生成（消耗）速率是不同的，与化学计量数成正比。对于气相反应，还可以通过理想气体状态方程来写出它的用压力表示的速率表达式，以及换算关系。

在一个化学反应中，如果知道用某一种物质的浓度变化所表示的反应速率，即可通过化学反应式中各物质的计量系数求出其他物质所表示的化学反应速率，究竟用哪种物质的浓度变化来表示反应速率，主要取决于实验测定的方便。

二、反应速率的影响因素

决定化学反应速率快慢的内在因素是反应物质的结构，但反应速率的快慢也受反应的外界条件，如浓度、温度、催化剂等因素的影响。

（一）浓度对反应速率的影响

实验表明，当其他条件一定时，增加反应物的浓度能加快反应速度，这是因为当其他条件不变时，增大浓度，使得反应物分子在单位时间内有效碰撞次数增多，故而反应速率加快。

早在 19 世纪 60 年代，挪威科学家古德贝格（Guldberg）和瓦格（Waage）根据大量实验事实总结出：化学反应速率与反应物的物质的量浓度成正比。这个规律被称为质量作用定律。质量作用定律仅适用于基元反应。其反应为：

$$a\mathrm{A}+b\mathrm{B}\longrightarrow y\mathrm{Y}+z\mathrm{Z}$$

其质量作用定律的表达式为：

$$v = k \cdot c_A^a \cdot c_B^b \tag{5-18}$$

式（5-18）表明：在一定温度下，基元反应的反应速率与反应物的浓度以其化学计量系数为幂指数的乘积成正比。式中，k 称为反应速率系数，其大小是由反应物的本性所决定的，与反应物浓度无关，但受温度和催化剂的影响，对于非基元反应，其速率方程通过实验测定，不能按化学反应式写出。

（二）温度对反应速率的影响

温度对反应速率的影响是很显著的，对大多数化学反应来说，反应速率随温度的升高而加快，例如，氢气和氧气化合生成水的反应，在常温下几乎不发生，如果温度升高到 873K 时，反应就迅速发生，甚至爆炸。由化学反应的速率方程可知，温度对反应速率的影响，实质是温度改变了反应的速率系数。只要升高温度，反应物分子获得能量，使得有效碰撞次数增多，故反应速率加大。

Arrhenius 基于实验提出了反应速率常数与温度的关系：

$$k = Ae^{-\frac{E_a}{RT}} \tag{5-19}$$

式中，k 是反应速率常数，A 为指前因子，E_a 为表观活化能，R 为普适气体常数。

对（5-19）取对数则有：

$$\ln k = \ln A - \frac{E_a}{RT} \tag{5-20}$$

（三）催化剂对反应速率的影响

在反应体系中，因加入少量某种物质而使反应速率发生改变，但它本身的化学组成、质量和化学性质在反应前后均保持不变的一类物质称为催化剂，其改变化学反应的速率的作用称为催化作用。在催化剂中，凡能加快化学反应速率的，称为正催化剂；能减慢化学反应速率的，称为负催化剂或抑制剂。一般提到的催化剂，若不做特殊说明，均指正催化剂。

催化剂能加快化学反应速率是因为催化剂的介入，改变了反应原来的历程，降低了反应的活化能，使得反应更容易发生。但需要注意的是：催化剂既加快了正反应，同时也加快了逆反应，但不能改变反应体系的始态和终态，仅仅是缩短了反应到达平衡的时间而已。

应该注意：催化剂虽然改变了反应的途径，但不改变反应的始态和终态；催化剂对正、逆反应速率的影响是等同的；催化剂对加快反应速率的程度是非常惊人的，可达到成千上万倍。因此，催化剂的研究和生产对工业生产是非常有意义的。

在生物体内，几乎所有重要的生化都是在酶的催化下完成的，物体内酶的种类不可胜数，如果生物体内缺少某种酶，则会影响它负责催化的反应，并间接影响其他反应，如果没有了酶的催化作用，就没有了机体的生命活动，生命也就不存在了。

酶与一般非生物催化剂相比，具有四个特点：第一是酶具有高度专一性。一般说来，一种酶只对一种或一种类型的生化反应起催化作用，例如，淀粉酶只催化淀粉水解，对蛋白质和脂肪的水解则不起催化作用。有的反应只要其中的一个原子或基团发生了变化，甚至只是空间取向的改变，都能被酶所识别，例如，乳酸脱氢酶只能催化 *L*-乳酸脱氢，而对 *D*-乳酸则没有影响。第二是酶具有高度催化活性。第三是酶对温度具有特殊的敏感性。由于酶是蛋白质，所以它极易受外界条件的影响而改变其活性。温度升高可以使酶变性而失活。所以对催化反应来说，在一定的温度范围内，温度升高，反应速率加快，当温度过高，则可能会使酶变性、失活，只有在某一温度时，速率最大，此时的温度成为酶作用的最适温度。人体大多数酶的最适温度在 310K 左右。第四是酶的最适 pH。酶是蛋白质，本身具有许多可电离的基团。由于溶液 pH 改变时，可改变这些基团的质子化，改变荷电状态，改变构象，因而影响酶的活性，酶的活性常常是在某一 pH 范围内最大，称为酶的最适 pH。

人体视角 **反应与速度**

生命起源于化学，人体本身就是一个复杂的化工厂，人体中的元素组成了人体中重要的生命物质，并在人体内进行着众多的化学反应，维持正常的新陈代谢。人体能量的来源是糖、蛋白质和脂肪。一个健康的人通过一日三餐进食米饭、肉、蛋、鱼、青菜、水果，它们都转化为糖、蛋白质，脂肪、维生素等，这些有机化合物在人体内进行氧化分解，最后生成二氧化碳和水，同时释放出热能供人体活动需要；人体内还存在多种微量金属元素，它们大都是过渡金属，这些金属元素能与蛋白质结合形成金属酶，是一类生物催化剂，能加速体内化学反应的进行。

有人估计人体内有数千种化学反应，科学家已经发现人体中有两千多种酶，人体中的化学反应都是在常温常压、接近中性温和条件下，在酶的催化下逐步进行的，所以化学反应的速度特别快，这是人体中化学反应的特点。

关 键 词

化学反应、化学热力学、化学动力学、可逆反应、不可逆反应、基元反应、非基元反应、化学平衡、标准平衡常数、化学反应速率。

问题与练习

一、单选题

1. 增大反应物浓度，使反应加快的原因是（　　）
   A. 分子总数增大
   B. 活化分子分数增大
   C. 反应级数增大
   D. 单位体积内活化分子总数增加
2. 在下列平衡体系中，保持温度一定时，改变某物质的浓度，混合气体的颜色会改变；改变压强时，颜色也会改变，但平衡并不移动，这个反应是（　　）
   A. $2NO+O_2 \rightleftharpoons 2NO_2$
   B. Br_2（g）$+H_2 \rightleftharpoons 2HBr$
   C. $N_2O_4 \rightleftharpoons 2NO_2$
   D. $6NO+4NH_3 \rightleftharpoons 5N_2+6H_2O$
3. 在某温度下，反应 ClF（g）$+F_2$（g）$\rightleftharpoons$ ClF_3（g）（正反应为放热反应）在密闭容器中达到平衡。下列说法正确的是（　　）
   A. 温度不变，缩小体积，ClF 的转化率增大
   B. 温度不变，增大体积，ClF_3 的产率提高
   C. 升高温度，增大体积，有利于平衡向正反应方向移动
   D. 降低温度，体积不变，F_2 的转化率降低
4. 反应分子数和反应级数相等的反应，一定是（　　）
   A. 基元反应　　B. 复杂反应
   C. 双分子反应　　D. 不能确定
5. 下列说法中正确的是（　　）
   A. 可逆反应的特征是正反应速率和逆反应速率相等
   B. 在其他条件不变时，升高温度可以使化学平衡向放热反应的方向移动
   C. 在其他条件不变时，增大压强会破坏有气体存在的反应的平衡状态
   D. 在其他条件不变时，使用催化剂可以改变化学反应速率，但不能改变化学平衡状态
6. 在一定条件下，向 5L 密闭容器中充入 A 气体 2mol 和 B 气体 1mol，发生可逆反应：2A（g）+B（g）$\rightleftharpoons$ 2C（g），达到平衡时 B 物质的量浓度为 0.1mol/L，则 A 的转化率为（　　）
   A. 67%　　B. 50%
   C. 25%　　D. 5%
7. 对于平衡体系：aA（g）+bB（g）$\rightleftharpoons$ cC（s）+dD（g）；有下列判断，其中不正确的是（　　）
   A. 若容器容积不变，升高温度。各气体的相对分子质量一定增大
   B. 若从正反应开始，平衡时 A、B 的转化率相等，则 A、B 的物质的量之比为 $a:b$
   C. 达到平衡时，有 $a$mol A 消耗的同时有 $b$mol B 生成
   D. 反应达平衡时，正逆反应速度相等
8. 已知：C（s）$+CO_2$（g）$\rightleftharpoons$ 2CO（g）；$\Delta H>0$。该反应达到平衡后，下列条件有利于反应向正方

向进行的是（ ）

A. 升高温度和减小压强

B. 降低温度和减小压强

C. 降低温度和增大压强

D. 升高温度和增大压强

9. 将 4mol A 气体和 2mol B 气体在 2L 的容器中混合并在一定条件下发生如下反应：2A（g）+B（g）$\rightleftharpoons$ 2C（g）。若经 2s 后测得 C 的浓度为 0.6mol/L，现有下列几种说法：其中正确的是（ ）

①用物质 A 表示的反应的平均速率为 0.3mol/（L·s）

②用物质 B 表示的反应的平均速率为 0.6mol/（L·s）

③ 2s 时物质 B 的浓度为 0.7mol/L

④ 2s 末，物质 A 的转化率为 70%

A. ①④　　B. ①③

C. ②④　　D. ③④

10. 在恒温恒容条件下，能使 A（g）+B（g）$\rightleftharpoons$ C（g）+D（s）反应速率加快的是（ ）

A. 减少 C 或 D 的物质的量

B. 增大 D 的物质的量

C. 减少 B 的物质的量

D. 增大 A 或 B 的物质的量

二、填空题

1. 反应 3Fe（s）+4H_2O（g）$\rightleftharpoons$ Fe_3O_4（s）+4H_2（g）在一可变容积的密闭容器中进行，试回答：

（1）增加 Fe 的量，其反应速率 __________（填“增大”“不变”“减小”，以下相同）。

（2）保持体积不变，充入 N_2 使体系压强增大，其反应速率 __________。

（3）保持压强不变，充入 N_2 使容器的体积增大，其反应速率 __________。

2. 向一容积为 5L 的密闭容器中充入 NH_3 和 O_2，它们的物质的量之比为 1∶2，发生如下反应：$4NH_3+5O_2 \rightleftharpoons 4NO+6H_2O$（g）

（1）上述反应在一定条件下 2min 后达到平衡，NH_3 为 2mol，NH_3 的转化率为 20%，以 NO 的浓度变化表示该反应的平均反应速率为 __________。O_2 的平衡浓度为 __________。

（2）在达到平衡后，加入相当于原组成气体 1 倍的惰性气体。如果容器的体积不变，平衡 __________ 移动，如果总压强保持不变，平衡 __________ 移动。

三、计算题

1. 已知下列反应的标准平衡常数

（1）$HCN \rightleftharpoons H^+ + CN^-$　　$K_1^\ominus=4.9\times10^{-10}$

（2）$NH_3+H_2O \rightleftharpoons NH_4^+ + OH^-$　　$K_2^\ominus=1.8\times10^{-5}$

（3）$H_2O \rightleftharpoons H^+ + OH^-$　　$K_w^\ominus=1.0\times10^{-14}$

试计算下面反应的标准平衡常数 $K^\ominus$：

$NH_3+HCN \rightleftharpoons NH_4^+ + CN^-$

2. 已知 298K 时，NH_4HCO_3（s）$\rightleftharpoons$ NH_3（g）+ CO_2（g）+H_2O（g）的相关热力学数据如下：

	NH_4HCO_3（s）	NH_3（g）	CO_2（g）	H_2O（g）
$\Delta_f G_m^\ominus$（kJ/mol）	−670	−17	−394	−229
$\Delta_f H_m^\ominus$（kJ/mol）	−850	−40	−390	−240
$S_m^\ominus$[J/（K·mol）]	130	180	210	190

试计算：（1）298K、标准态下 NH_4HCO_3（s）能否发生分解反应？

（2）在标准态下 NH_4HCO_3（s）分解的最低温度。

思 考 题

1. 为什么正催化剂能加快化学反应速率呢？

2. 在一定温度和压力下，某一定量的 PCl_5 气体的体积为 1L，此时 PCl_5 气体已有 50% 分解为 PCl_3 和 Cl_2，试判断在下列情况下，PCl_5 的分解率是增大还是减小？

（1）减小压力使 PCl_5 的体积变为 2L。

（2）保持压力不变，加入氮气使体积增至 2L。

（3）保持体积不变，加入氮气使压力增加 1 倍。

（4）保持体积不变，加入氯气使体积变为 2L。

（5）保持体积不变，加入氯气使压力增加 1 倍。

3. 已知各基元反应的活化能如下表。

序号	A	B	C	D	E
正反应活化能（kJ/mol）	70	16	40	20	20
逆反应活化能（kJ/mol）	20	35	45	80	30

在相同温度下：

（1）反应是吸热反应的是（　　）。

（2）放热最多的反应是（　　）。

（3）正反应速率常数最大的反应是（　　）。

（4）反应可逆程度最大的反应是（　　）。

（辛　莹）

第六章　氧化还原反应与电极电势
(oxidation-reduction reaction and electrode potential)

学习目标

1. 掌握：电极电势、标准电极电势的意义，能够运用电极电势判断氧化剂或还原剂的相对强弱、氧化还原反应自发进行的方向和程度；掌握电极电势的Nernst方程、影响因素及有关计算。

2. 熟悉：氧化值、氧化还原反应相关的基本概念及表示方法；氧化还原反应与原电池的关系；电池组成式的书写；pH 操作定义。

3. 了解：电极电势的产生，电势法测量溶液 pH 的原理。

化学视角　　**把人体变成电池**

众所周知，人体运动可以产生大量能量，法国科研人员发明了一种“人体电池”，即能把身体运动产生的能量转化成电能的微型装置。

这个装置是将一个质量为 50g、两端拴有弹簧且经过磁化的惯性重块放在一个 10cm 长的圆筒里上下移动，圆筒的内壁上环绕着线圈。装置可以被固定在人的髋部，在髋部运动的作用下，利用惯性原理，重块的运动形成感应电动势，最后被收集起来，形成电流。

“人体电池”经科研人员反复试验表明，其产生的电能足够满足各种便携电器的需要，人们将可以随时随地、随心所欲地使用随身携带的手机、手提电脑、计算器、全球定位装置等，而不用担心电池的电量会在关键时刻耗尽。特别对于那些必须随身携带呼吸辅助装置或体内安装了人造心脏膜的患者，这种装置带来的便利就更大了，因为他们再也不用为不断更换电池而操心了。

氧化还原反应（oxidation-reduction reaction）是自然界中一类重要的化学反应，氧化还原反应伴随的能量变化与人们日常生活的诸多领域，尤其是生命活动过程有着密切的联系，如生物的光合作用、呼吸过程、能量转换、新陈代谢、肌肉收缩、神经传导、心电、脑电、肌电等生命电现象都涉及氧化还原反应，对认识生命现象的本质及其变化规律有着极其重要的意义。

第一节　氧化还原反应的基本概念

一、氧　化　值

1970 年国际纯粹与应用化学联合会（IUPAC）为了方便描述氧化还原反应，提出了氧化值（oxidation number）的概念：氧化值是某元素一个原子的电荷数，该电荷数是假定把每一个化学键中的成键电子指定给电负性较大的原子而求得。

根据下列基本规则，可以确定物质中元素原子的氧化值：

（1）单质中，原子的氧化值为零。

（2）氢在化合物中的氧化值一般为+1；但在活泼金属氢化物（如 NaH、CaH_2 等）中，H 的氧化值是−1。

（3）氧在化合物中的氧化值一般为 -2，但在过氧化物（如 Na_2O_2、H_2O_2 等）中，O 的氧化值是 -1；在超氧化物（如 KO_2）中，O 的氧化值为 $-\frac{1}{2}$；在 OF_2 中氧的氧化值为 +2。

（4）卤素元素氟在化合物中的氧化值均为 -1。其他卤素原子的氧化值在二元化合物中为 -1；在卤族的二元化合物中，周期表中靠前卤原子的氧化值为 -1，如 BrCl 中 Cl 的氧化值为 -1；在含氧化合物中按氧化物决定，如 ClO_2 中 Cl 的氧化值为 +4。

（5）单原子离子，元素的氧化值等于该元素离子的电荷数，如 $CaCl_2$ 中，Ca 的氧化值为 +2，Cl 的氧化值为 -1；对于复杂多原子离子，所有原子的氧化值的代数和等于该离子所带的电荷数。

（6）电中性化合物中，所有元素原子的氧化值的代数和等于零。

【例 6-1】 分别求 CH_4、$Na_2S_4O_6$ 中 C 和 S 的氧化值。

解： 设在 CH_4 中 C 的氧化值为 x，则：

$$x + 4 \times (+1) = 0$$

$$x = -4$$

设在 $Na_2S_4O_6$ 中 S 的氧化值为 y，则：

$$2 \times 1 + 4y + 6 \times (-2) = 0$$

$$y = +2.5$$

元素的氧化值可以是整数，也可以是分数或小数，而元素的化合价只能是整数，应严格区分元素原子的氧化值和元素的化合价这两个概念。

二、氧化还原反应

元素原子氧化值发生变化的化学反应，称为氧化还原反应，其实质是物质之间电子的得失，包括电子的转移和偏移。氧化（oxidation）是指元素原子氧化值升高的过程，相当于失电子的过程；而还原（reduction）是指元素原子氧化值降低的过程，相当于得电子过程。

氧化值升高的物质称为还原剂（reducing agent），发生了氧化反应（oxidation reaction）；氧化值降低的物质称为氧化剂（oxidizing agent），发生了还原反应（reduction reaction）。例如：

$$Zn + Cu^{2+} = Zn^{2+} + Cu$$

反应中，Zn 失去 2 个电子，氧化值升高，Zn 是还原剂，本身被氧化；Cu 得到 2 个电子，氧化值降低，Cu^{2+} 是氧化剂，本身被还原。

三、氧化还原半反应和氧化还原电对

根据电子得失，氧化还原反应由两个氧化还原半反应（redox half-reaction）构成。例如，上面的反应中，Zn 失去电子，经过氧化半反应变成 Zn^{2+}，即

$$Zn - 2e^- \rightleftharpoons Zn^{2+}$$

Cu^{2+} 得到电子，经过还原半反应变成 Cu，即

$$Cu^{2+} + 2e^- \rightleftharpoons Cu$$

两个半反应偶合，完成整个氧化还原反应，生成产物 Zn^{2+} 和 Cu。

在氧化还原反应中，电子有得有失，氧化反应和还原反应同时存在。在反应过程中得失电子数目相等。每个半反应中都包含同一元素的两种不同氧化态，构成一对氧化还原电对，一般把氧化值高的称为氧化型（oxidation state，Ox），而把氧化值低的称为还原型（reduction state，Red），它们互为共轭关系，通常表示为氧化态 / 还原态（Ox/Red）。如：

$$Cu^{2+}/Cu、Zn^{2+}/Zn$$

氧化还原半反应的通式为：

$$\text{氧化型} + ne^- \rightleftharpoons \text{还原型} \qquad (6\text{-}1a)$$

或

$$Ox + ne^- \rightleftharpoons Red \qquad (6\text{-}1b)$$

式中，n 为半反应中电子转移的数目，氧化型物质包括氧化剂及其相关介质，还原型物质包括还原剂及其相关介质。如半反应：

$$MnO_4^- + 8H^+ + 5e^- \rightleftharpoons Mn^{2+} + 4H_2O$$

式中，电子转移数为 5，氧化型包括 MnO_4^- 和 H^+，还原型为 Mn^{2+}（不包括溶剂 H_2O）。

在氧化还原电对这一共轭关系中，若物质氧化型的氧化性越强，与其共轭的还原型物质的还原性就越弱；反之，物质还原型的还原性越强，则与它共轭的氧化型物质的氧化性就越弱。如 Zn 是较强的还原剂，则与它对应的 Zn^{2+} 的氧化性就较弱。

任何氧化还原反应都是由两个电对组成的，其中较强的氧化剂和较强的还原剂反应生成各自对应的还原型和氧化型物质。

临床视角　　化学控制微生物的氧化剂

控制微生物生长繁殖的氧化剂的作用机制具有多样性。其中主要有三种方式：一是使微生物内的蛋白质发生变形作用，即使蛋白质具有立体三维结构，受到理化因素影响后蛋白质的空间结构或构型会被破坏，其活性就会降低甚至失去功能。二是破坏细胞的表面结构，即通过破坏细胞膜、细胞壁的完整性，使细胞内的物质外泄，导致细胞死亡。三是改变酶的功能基团或直接干扰细胞的正常代谢，可使酶的—SH 变成—S—S—等。

常用的杀菌氧化剂主要有：① 0.2～0.5mg/L 氯气，用于净化生活用水。②含氯化合物（0.2～0.5mg/L 氯胺、次氯酸钠、二氧化氯），用于奶制品与食品工业设备、生活用水。③过氧化氢，3% 溶液（双氧水）在医院作为杀菌消毒液。④ 1mg/L 臭氧，用于净化饮用水。⑤ 0.2% 过氧乙酸，用于高效消毒剂、灭菌剂。

四、氧化还原反应方程式的配平

配平氧化还原反应方程式，常用的方法有氧化值法和离子电子法。本章主要讨论离子电子法（ion-electric method）。

离子电子法首先明确氧化还原反应的两个半反应，将半反应式配平，然后根据物质在反应中得失电子数相等的原则来配平反应式。下面以 $KMnO_4$ 和 HCl 的反应为例，说明配平的具体步骤。

（1）写出氧化还原反应的离子反应式为：

$$MnO_4^- + Cl^- \longrightarrow Mn^{2+} + Cl_2$$

（2）把离子反应式写成氧化和还原两个半反应，然后分别配平两个半反应，使半反应式两边的原子数和电荷数相等。如果半反应式两边的氢、氧元素不等，则根据反应进行的酸碱条件，选择适当的介质来配平。如在酸性介质中，反应物每多一个氧则加两个 H^+，以形成一个 H_2O，在碱性或中性介质中，反应物每多一个氧则加一个 H_2O，以形成两个 OH^-，其反应式为：

$$MnO_4^- + 8H^+ + 5e^- \longrightarrow Mn^{2+} + 4H_2O$$

$$2Cl^- - 2e^- \longrightarrow Cl_2$$

（3）将两个半反应式各乘以适当的系数使反应中得失电子的数目相等，然后将两个半反应合并为一个配平的离子反应式为：

$$\begin{array}{rl} MnO_4^- + 8H^+ + 5e^- \longrightarrow Mn^{2+} + 4H_2O & \times 2 \\ +)\quad 2Cl^- - 2e^- \longrightarrow Cl_2 & \times 5 \\ \hline 2MnO_4^- + 16H^+ + 10Cl^- \longrightarrow 2Mn^{2+} + 5Cl_2 + 8H_2O & \end{array}$$

（4）补上氧化值不发生变化的离子，将离子方程式写成分子方程式，将箭头改为等号，即得配平的反应式为：

$$2KMnO_4 + 16HCl \xlongequal{\quad} 2MnCl_2 + 5Cl_2 + 2KCl + 8H_2O$$

对于元素原子的氧化值难以确定的氧化还原反应，采用离子电子法配平比较方便，但它仅适用于水溶液中的氧化还原反应，对于气相或固相反应的配平，就无能为力了。

第二节 原电池

一、原电池的概念

将锌片置于蓝色的$CuSO_4$溶液中，一段时间后可观察到$CuSO_4$溶液的蓝色渐渐变浅，而锌片上会沉积出一层棕红色的铜，这是锌和$CuSO_4$溶液之间发生了氧化还原反应：

$$Zn + CuSO_4 \longrightarrow Cu + ZnSO_4$$

反应过程中，Zn 失去电子被氧化，是还原剂；Cu^{2+}得到电子被还原，是氧化剂。由于 Zn 和$CuSO_4$溶液直接接触，反应在锌片和$CuSO_4$溶液的界面上进行，电子直接由 Zn 传递给Cu^{2+}，因此无法形成电流，其结果是化学能转变为热能，使溶液的温度升高。

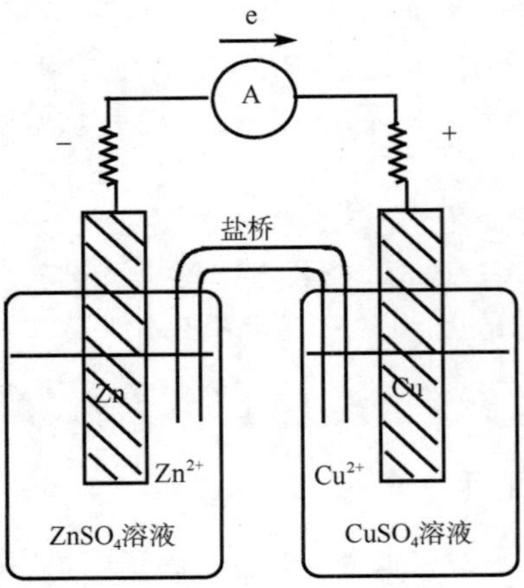

图 6-1 原电池结构示意图

如果采用如图 6-1 所示装置，将 Zn 片插入盛$ZnSO_4$溶液的烧杯中，Cu 片插入盛$CuSO_4$溶液的另一烧杯中，两烧杯的溶液用盐桥（salt bridge）连接。在 Cu 片和 Zn 片上通过导线串联一个电流计，连通后可观察到电流计的指针发生偏转，说明导线上有电流通过，电子有规律地从 Zn 片流向 Cu 片。这种将化学能转化成电能的装置称为原电池（primary cell），简称电池。原电池可以将氧化还原反应所产生的化学能转变为电能，有电流就可以做功。从理论上讲，任何一个氧化还原反应都可以设计成一个原电池。

上述原电池由两个半电池（half-cell）组成，习惯上称为电极。Zn 片和$ZnSO_4$溶液构成 Zn 电极，Cu 片和$CuSO_4$溶液构成 Cu 电极。半电池的组成实际就是氧化还原电对，Zn 电极中 Zn 失去电子是负极（negative electrode），发生了氧化反应。Cu 电极中Cu^{2+}获得电子是正极（positive electrode），发生了还原反应。电极上发生的氧化反应或还原反应统称为电极反应（electrode reaction）。即：

负极反应：$Zn-2e^- \longrightarrow Zn^{2+}$（氧化反应）

正极反应：$Cu^{2+}+2e^- \longrightarrow Cu$（还原反应）

正极反应和负极反应构成的总反应，称为电池反应（cell reaction）。

电池反应为：$Cu^{2+}+Zn \longrightarrow Cu+Zn^{2+}$

原电池中盐桥是一支倒置的 U 形玻璃管，里面充满了琼脂凝胶固定的饱和电解质溶液（如 KCl、KNO_3、NH_4NO_3），离子可在其中自由移动。盐桥的作用就是构成原电池的通路并维持溶液的电中性。发生氧化还原反应时，Zn 失去电子成为Zn^{2+}进入溶液中，使$ZnSO_4$溶液中Zn^{2+}过多，带正电荷；Cu^{2+}获得电子沉积为 Cu，溶液中Cu^{2+}减少，SO_4^{2-}过多，溶液带负电荷。当有盐桥连接时，其中的Cl^-向$ZnSO_4$溶液移动，K^+向$CuSO_4$溶液移动，分别中和过剩的电荷，使溶液保持电中性，反应可以继续进行。

二、原电池组成式

为了书写方便起见，原电池的组成可用简化的符号来表示，称为原电池的组成式。书写原电池组成式的要点如下：

（1）用“‖”表示盐桥，将两个半电池分开，一般将负极写在盐桥的左边，用（−）表示，将正极写在盐桥的右边，用（+）表示。

（2）半电池中溶液紧靠盐桥，电极板远离盐桥。

（3）写出电极的化学组成，括号内标注物态，溶液注明浓度，气体注明压力。若不特别说明，温度系指 298.15K，浓度系指 1mol/L，压力系指 100kPa。

（4）电极中用“｜”表示物质的界面，同相中的不同物质之间用“，”隔开。

（5）气体或液体物质不能直接作为电极时，必须附以不活泼金属如 Pt 等（称惰性电极），起导体作用。

例如，上述铜-锌原电池的组成式为：

$$(-)\ Zn \mid ZnSO_4\ (c_1) \parallel CuSO_4\ (c_2) \mid Cu\ (+)$$

【例 6-2】 写出氧化还原反应 $FeCl_3+SnCl_2 \rightleftharpoons SnCl_4+FeCl_2$ 的电池组成式。

解： 反应中 Fe^{3+} 为氧化剂，得到电子，构成原电池的正极；Sn^{2+} 为还原剂，失去电子，构成原电池的负极。在两个半电池中都需要铂片作为半电池的导电材料。

电极反应　负极：$Sn^{2+}-2e^- \rightleftharpoons Sn^{4+}$

正极：$Fe^{3+}+e^- \rightleftharpoons Fe^{2+}$

电池组成式：

$$(-)\ Pt \mid Sn^{2+}\ (c_1),\ Sn^{4+}\ (c_2) \parallel Fe^{2+}\ (c_3),\ Fe^{3+}\ (c_4) \mid Pt\ (+)$$

第三节　电极电势

一、电极电势的产生

用导线将原电池的两个电极连接起来，其间就有电流通过。这说明两个电极的电势不同，存在电势差。德国化学家瓦尔特·赫尔曼·能斯特（Walther Hermann Nernst）提出的双电层理论，解释了金属-金属离子电极的电极电势的产生。

金属晶体是由金属原子、金属离子和自由电子所组成的。当把金属电极板（M）浸入含有相应的盐溶液中时，存在两个相反的变化过程。一方面金属表面的原子由于本身的热运动和受极性水分子的吸引，进入溶液生成水合离子，同时把电子留在金属表面，此过程称为溶解。金属愈活泼，金属离子溶液愈稀，这种溶解趋势愈大。另一方面，溶液中的金属离子受金属电极板上电子的吸引，重新获得电子沉积在金属表面，此过程称为沉积。金属愈不活泼，金属离子溶液的浓度愈大，这种沉积趋势愈大。当溶解和沉积的速率相等时，建立如下动态平衡：

$$M^{n+}\ (aq) + ne^- \underset{溶解}{\overset{沉积}{\rightleftharpoons}} M\ (s) \qquad (6\text{-}2)$$

如果金属溶解的趋势大于金属离子沉积的趋势，达到平衡时，金属电极板的表面上会带有过剩的负电荷，等量正电荷的金属离子分布在溶液中。由于静电引力，溶液中的金属离子主要集中在金属电极板表面附近的溶液中，此时金属与溶液的界面便形成所谓双电层结构（electric double layer）如图 6-2a 所示。反之，如果金属溶解的趋势小于金属离子沉积的趋势，则建立平衡后在金属与溶液界面处同样也形成双电层，并产生电极电势，只不过此时金属电极板上带正电荷，而溶液带负电荷，如图 6-2b 所示。

由于双电层的结构，在金属和金属离子溶液之间就产生了电势差，称为该金属电极的电极电势（electrode potential），用符号 $\varphi_{Ox/Red}$ 表示，单位是伏特（V）。电极电势的大小不仅与金属的本性有关，还与金属离子的浓度及溶液的温度有关。

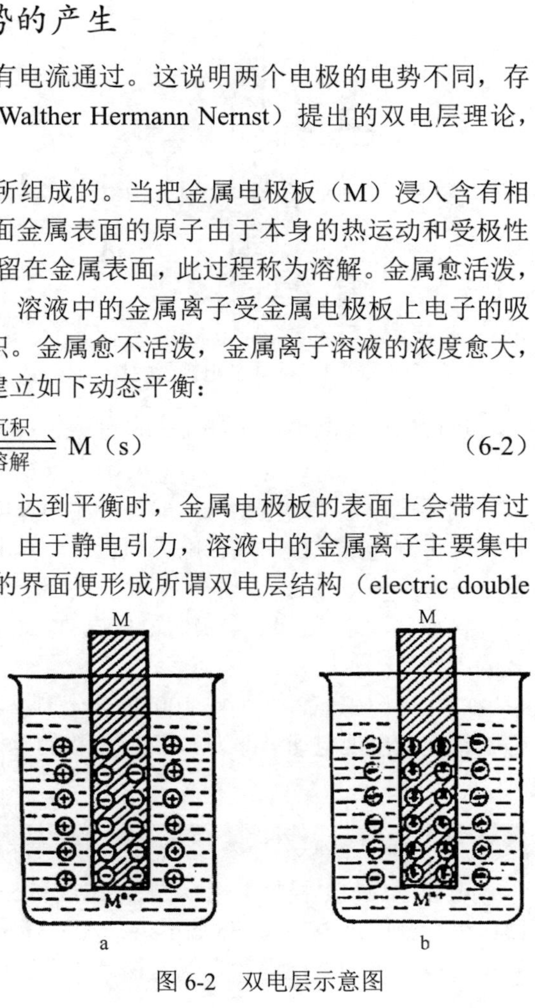

图 6-2　双电层示意图

二、标准电极电势

电极电势的绝对值目前尚无法测量，若选定一个电极作为标准，各种电极与之比较，则可以得到各种电极电势的相对值。IUPAC 规定选择标准氢电极作为比较的标准，测定其相对值。

（一）标准氢电极

标准氢电极（standard hydrogen electrode，SHE）是将镀有海绵状铂黑的铂片，置于 H^+ 浓度为 1mol/L（严格地说是活度 1）的酸性溶液中，在 298.15K 时，不断地通入压力为 100.3kPa 的纯净氢气达到饱和而构成的，如图 6-3 所示。

其电极反应：$2H^+(aq) + 2e^- \rightleftharpoons H_2(g)$

电极组成为：Pt ｜ H_2（100.3kPa）｜ H^+（1mol/L）　$\varphi^{\ominus}_{H^+/H_2}$=0.0000V

（二）电极电势的测定

任意电极的电极电势可以通过实验测定。按照 IUPAC 的规定，将待测电极与标准氢电极组成以下原电池，如图 6-4 所示。

（−）标准氢电极 ‖ 待测电极（+）

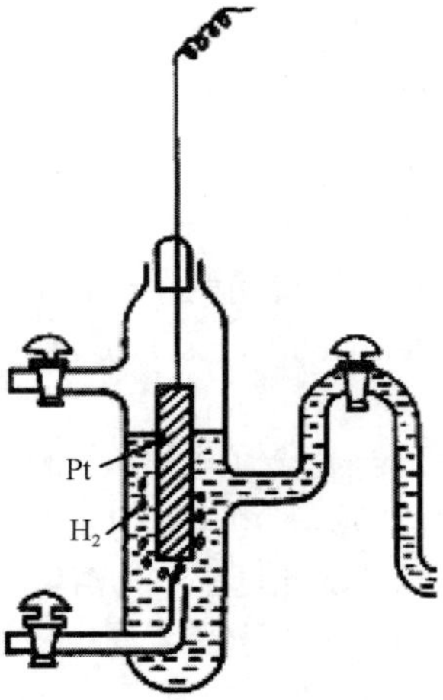

图 6-3　标准氢电极示意图

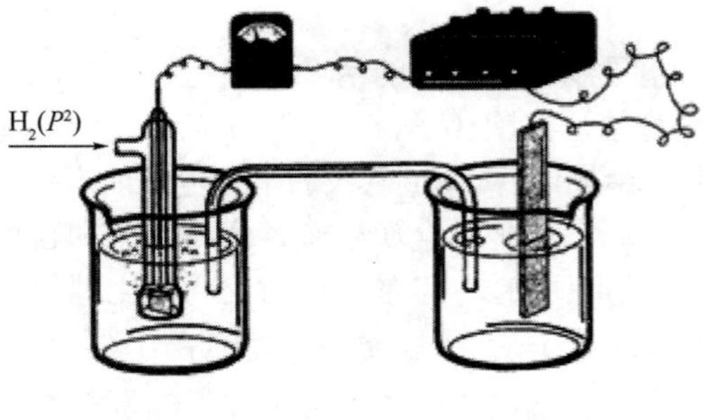

图 6-4　电极电势测定示意图

原电池的电动势（electromotive force，EMF）就是两个电极的电极电势差：

$$E = \varphi_{待测} - \varphi_{SHE} \tag{6-3}$$

测得此原电池的电动势，即为待测任意电极的电极电势。同时规定电子从外电路由标准氢电极流向待测标准电极的电极电势为正号，而电子通过外电路由待测标准电极流向标准氢电极的电极电势为负号。

例如，测定 Fe^{2+}/Fe 电极的电极电势，将 Fe^{2+}/Fe 电极与标准氢电极组成原电池，其电池组成式为：

（−）Pt ｜ H_2（100kPa）｜ H^+（1mol/L）‖ Fe^{2+}（1mol/L）｜ Fe（+）

测定的电池电动势即为 Fe^{2+}/Fe 电极的电极电势，则：

$$E = \varphi_{Fe^{2+}/Fe} - \varphi_{SHE} = \varphi_{Fe^{2+}/Fe}$$

（三）标准电极电势

电极电势与电极的本性、温度、浓度和压力等因素有关。为了便于运用，根据 IUPAC 的建议，提出了标准电极电势（standard electrode potential）的概念：标准状态下，测得的某个氧化还原电对所形成电极的电极电势，就是该氧化还原电对的标准电极电势，用符号 $\varphi^{\ominus}_{Ox/Red}$ 表示，单位为伏特（V）。电极的标准状态与热力学标准态一致，即对于溶液，各电极物质浓度为 1mol/L（严格地是活度为 1）；若有气体参加反应，则气体分压为 100kPa；反应温度未指定，IUPAC 推荐参考温度为 298.15K。

测定 $\varphi^{\ominus}$的方法与测定 φ 相同，只不过此时测得的电动势为标准电动势 $E^{\ominus}$。$E^{\ominus}$与待测 $\varphi^{\ominus}$的关系为：

$$E^{\ominus} = \varphi^{\ominus}_{待测} - \varphi^{\ominus}_{H^+/H_2} = \varphi^{\ominus}_{待测}$$

【例 6-3】 使用标准锌电极和标准铜电极作正极分别与标准氢电极组成原电池，298.15K 时，测得电池的电动势分别为−0.7618V 和 0.3419V。试求 Zn^{2+} | Zn 电极和 Cu^{2+} | Cu 电极的标准电极电势。

解：测定 Zn^{2+} | Zn 电极标准电极电势的原电池组成为：

$$(-)\ Pt \mid H_2(100kPa) \mid H^+(1mol/L) \parallel Zn^{2+}(1mol/L) \mid Zn\ (+)$$

得
$$\varphi^{\ominus}_{Zn^{2+}/Zn} = E^{\ominus} = -0.7618V$$

测定 Cu^{2+} | Cu 电极标准电极电势的原电池组成为：

$$(-)\ Pt \mid H_2(100kPa) \mid H^+(1mol/L) \parallel Cu^{2+}(1mol/L) \mid Cu\ (+)$$

得
$$\varphi^{\ominus}_{Cu^{2+}/Cu} = E^{\ominus} = 0.3419V$$

说明当标准锌电极与标准氢电极组成电池时，锌电极实际为负极。

（四）标准电极电势表

将测得的各种氧化还原电对的标准电极电势按一定的方式汇集在一起就构成标准电极电势表，部分常见氧化还原电对的标准电极电势见表 6-1，其他氧化还原电对的标准电极电势数据见本书末附录十一。

表 6-1　一些常见的氧化还原半反应和标准电极电势表（298.15K）

	半反应	$\varphi^{\ominus}$(V)	
氧化剂的氧化能力增强 ↓	$Li^+ + e^- \rightleftharpoons Li$	−3.0401	↑ 还原剂的还原能力增强
	$Na^+ + e^- \rightleftharpoons Na$	−2.71	
	$Zn^{2+} + 2e^- \rightleftharpoons Zn$	−0.7618	
	$AgCl + e^- \rightleftharpoons Ag + Cl^-$	0.2223	
	$Cu^{2+} + 2e^- \rightleftharpoons Cu$	0.3419	
	$I_2 + 2e^- \rightleftharpoons 2I^-$	0.5355	
	$O_2 + 2H^+ + 2e^- \rightleftharpoons H_2O_2$	0.695	
	$Fe^{3+} + e^- \rightleftharpoons Fe^{2+}$	0.771	
	$Ag^+ + e^- \rightleftharpoons Ag$	0.7996	
	$Br_2(l) + 2e^- \rightleftharpoons 2Br^-$	1.066	
	$Cr_2O_7^{2-} + 14H^+ + 6e^- \rightleftharpoons 2Cr^{3+} + 7H_2O$	1.232	
	$Cl_2 + 2e^- \rightleftharpoons 2Cl^-$	1.3583	
	$MnO_4^- + 8H^+ + 5e^- \rightleftharpoons Mn^{2+} + 4H_2O$	1.507	
	$F_2 + 2e^- \rightleftharpoons 2F^-$	2.866	

标准电极电势表是电化学中非常重要的数据表，在使用过程中应注意以下几点：

（1）标准电极电势是指在热力学标准状态下的电极电势，应在满足标准态的条件下使用。该表中的数据是在水溶液中求得的，因此不能用于非水溶液及高温下的固相间的反应。

（2）电极反应式用 $Ox + ne^- \rightleftharpoons Red$ 表示，表中电极电势又称还原电势。

（3）标准电极电势是强度性质，是衡量氧化剂和还原剂强弱的一种尺度，与电极反应中物质的量无关。如：

$$Ag^+ + e^- \rightleftharpoons Ag \qquad \varphi^{\ominus}_{Ag^+/Ag} = 0.7996V$$
$$2Ag^+ + 2e^- \rightleftharpoons 2Ag \qquad \varphi^{\ominus}_{Ag^+/Ag} = 0.7996V$$

（4）该表为 298.15K 时的标准电极电势。由于电极电势随温度变化并不大，其他温度下的电极电势也可参照使用此表。

（五）标准电极电势表的应用

（1）根据标准电极电势的数值，确定氧化剂和还原剂的相对强弱。

$\varphi^{\ominus}$越高，氧化还原电对中氧化态的氧化能力越强，还原态的还原能力越弱；$\varphi^{\ominus}$越低，氧化还原电对中还原态的还原能力越强，氧化态的氧化能力越弱。在表 6-1 中，最强的氧化剂是 F_2，最强的还原剂是 Li。

较强的氧化剂其对应的还原剂的还原能力较弱，较强的还原剂其对应的氧化剂的氧化能力较弱。如 MnO_4^-/Mn^{2+} 和 $Cr_2O_7^{2-}/Cr^{3+}$ 相比，MnO_4^- 的氧化能力较 $Cr_2O_7^{2-}$ 强，而 Mn^{2+} 的还原能力较 Cr^{3+} 弱。

【例 6-4】 标准状态下，从下列电对中选择出最强的氧化剂和还原剂，并列出各氧化型物质的氧化能力和各还原型物质的还原能力的强弱顺序。

$$Fe^{3+}/Fe^{2+}，Cu^{2+}/Cu，I_2/I^-，Sn^{4+}/Sn^{2+}，Cl_2/Cl^-$$

解：查标准电极电势附表，得：

$$\varphi^{\ominus}_{Fe^{3+}/Fe^{2+}} = +0.771V，\ \varphi^{\ominus}_{Cu^{2+}/Cu} = +0.3419V，$$

$$\varphi^{\ominus}_{I_2/I^-} = +0.5355V，\ \varphi^{\ominus}_{Sn^{4+}/Sn^{2+}} = +0.151V，\ \varphi^{\ominus}_{Cl_2/Cl^-} = +1.358V$$

可知：

$$\varphi^{\ominus}_{Cl_2/Cl^-} > \varphi^{\ominus}_{Fe^{3+}/Fe^{2+}} > \varphi^{\ominus}_{I_2/I^-} > \varphi^{\ominus}_{Cu^{2+}/Cu} > \varphi^{\ominus}_{Sn^{4+}/Sn^{2+}}$$

所以在标准状态下，Cl_2 是最强的氧化剂，Sn^{2+} 是最强的还原剂。

各氧化型物质氧化能力强弱顺序为：$Cl_2 > Fe^{3+} > I_2 > Cu^{2+} > Sn^{4+}$

各还原型物质还原能力强弱顺序为：$Sn^{2+} > Cu > I^- > Fe^{2+} > Cl^-$

（2）较强的氧化剂和较强的还原剂相互作用，生成较弱的还原剂和较弱的氧化剂。如：

$$Zn + Cu^{2+} \rightleftharpoons Zn^{2+} + Cu$$

由于 $\varphi^{\ominus}_{Cu^{2+}/Cu}$ =0.3419V，$\varphi^{\ominus}_{Zn^{2+}/Zn}$ =−0.7618V，所以 Cu^{2+} 是较强的氧化剂，Zn 是较强的还原剂，它们能自发反应，生成较弱的还原剂 Cu 与较弱的氧化剂 Zn^{2+}。

（3）判断氧化还原反应进行的方向：在标准状态下，电池电动势 $E^{\ominus}>0$（即 $\varphi^{\ominus}_+ > \varphi^{\ominus}_-$），则反应按正向进行；若 $E^{\ominus}<0$（即 $\varphi^{\ominus}_+ < \varphi^{\ominus}_-$），反应按逆向进行。

【例 6-5】 在标准状态下，判断反应：$Zn+Fe^{2+} \rightleftharpoons Zn^{2+}+Fe$ 能否从左向右自发进行？

解：查标准电极电势表，得：

$$\varphi^{\ominus}_{Zn^{2+}/Zn} = -0.7618V，\ \varphi^{\ominus}_{Fe^{2+}/Fe} = -0.447V$$

因为 $\varphi^{\ominus}_{Fe^{2+}/Fe} > \varphi^{\ominus}_{Zn^{2+}/Zn}$，可知 Fe^{2+} 是较强的氧化剂，Zn 是较强的还原剂，电池电动势 $E^{\ominus}>0$，因此上述反应能够从左向右自发进行。

（4）选择合适的氧化剂和还原剂。

【例 6-6】 在混合溶液中，含有相同离子浓度的 Cl^-、Br^-、I^-，欲使其中的 I^- 被氧化为 I_2，而 Br^- 和 Cl^- 不被氧化为 Br_2、Cl_2，问 $KMnO_4$ 和 $Fe_2(SO_4)_3$ 哪个是合适的氧化剂？

解：查标准电极电势表，得：

$$\varphi^{\ominus}_{I_2/I^-} = +0.5345V，\ \varphi^{\ominus}_{Br_2/Br^-} = +1.065V，$$

$$\varphi^{\ominus}_{Cl_2/Cl^-} = +1.36V，\ \varphi^{\ominus}_{Fe^{3+}/Fe^{2+}} = +0.771V，\ \varphi^{\ominus}_{MnO_4^-/Mn^{2+}} = +1.51V$$

因为 $\varphi^{\ominus}_{Fe^{3+}/Fe^{2+}} > \varphi^{\ominus}_{I_2/I^-}$，而 $\varphi^{\ominus}_{Fe^{3+}/Fe^{2+}} < \varphi^{\ominus}_{Br_2/Br^-} < \varphi^{\ominus}_{Cl_2/Cl^-}$

所以 $Fe_2(SO_4)_3$ 只能氧化 I^-，而不能氧化 Br^- 和 Cl^-，故可选用 $Fe_2(SO_4)_3$ 作氧化剂。

而 $\varphi^{\ominus}_{MnO_4^-/Mn^{2+}} > \varphi^{\ominus}_{Cl_2/Cl^-} > \varphi^{\ominus}_{Br_2/Br^-} > \varphi^{\ominus}_{I_2/I^-}$，即 $KMnO_4$ 可氧化 Cl^-、Br^-、I^-，因此不能选用 $KMnO_4$ 作氧化剂。

（5）判断溶液中离子的共存性。

【例 6-7】 判断水溶液中 MnO_4^- 与 Mn^{2+} 能否大量共存。

解： 查标准电极电势表，得：

$$\varphi^{\ominus}_{MnO_4^-/MnO_2} = 1.679V，\ \varphi^{\ominus}_{MnO_2/Mn^{2+}} = 1.224V$$

因为 $\varphi^{\ominus}_{MnO_4^-/MnO_2} > \varphi^{\ominus}_{MnO_2/Mn^{2+}}$，则会发生以下反应：

$$2MnO_4^- + 3Mn^{2+} + 2H_2O = 5MnO_2 + 4H^+$$

所以 MnO_4^- 与 Mn^{2+} 在水溶液中不能大量共存。

（六）电极电势的能斯特方程式

为讨论非标准状态下的电极电势，1889 年德国物理化学家能斯特从热力学导出了电极电势与溶液浓度的关系式，即著名的能斯特方程式（Nernst equation）。对于任意电极反应

$$a\text{Ox} + ne^- \rightleftharpoons b\text{Red}$$

$$\varphi_{\text{Ox/Red}} = \varphi^{\ominus}_{\text{Ox/Red}} + \frac{RT}{nT}\ln\frac{c^a_{\text{Ox}}}{c^b_{\text{Red}}} \tag{6-4}$$

式中，φ 为非标准状态下的电极电势，V；$\varphi^{\ominus}$为标准电极电势；R 为气体常数 8.314J/（mol · K）；T 为热力学温度，K；F 为法拉第常数 96 500C/mol；n 为电极反应中转移的电子数；c_{Ox}、c_{Red} 分别表示电对中氧化型、还原型的浓度。

当 T=298.15K 时，将相关常数代入式（6-4），得

$$\varphi_{\text{Ox/Red}} = \varphi^{\ominus}_{\text{Ox/Red}} + \frac{0.05916V}{n}\lg\frac{c^a_{\text{Ox}}}{c^b_{\text{Red}}} \tag{6-5}$$

由式（6-4）、式（6-5）看出，非标准状态的电极电势不仅取决于电极的本性，还与反应时的温度和氧化型、还原型及相关介质的浓度（或分压）有关。如果温度一定，半反应中氧化型、还原型物质浓度发生改变，将导致电极电势的改变。对于同一半反应，其氧化型物质浓度愈大，则 $\varphi_{\text{Ox/Red}}$ 值愈大；反之，还原型物质浓度愈大，$\varphi_{\text{Ox/Red}}$ 值愈小。但是浓度对电极电势的影响是对数关系，还要乘上小于 1 的量 0.05916/n，因此一般情况下，浓度不是影响电极电势的主要因素，决定电极电势大小的主要因素是标准电极电势 $\varphi^{\ominus}_{\text{Ox/Red}}$。通常若不指明温度，即表示温度为 298.15K。

应用能斯特方程式时应注意：

（1）式（6-5）中氧化型、还原型物质若是固体，如金属 Cu（s），难溶盐 AgCl（s）等；纯液体如 Br_2（l）、Hg（l）、H_2O（l）等，则其浓度项不列入方程式中。如：

$$Cu^{2+}\text{（aq）} + 2e^- \rightleftharpoons Cu\text{（s）}$$

$$\varphi^{\ominus}_{Cu^{2+}/Cu} = \varphi^{\ominus}_{Cu^{2+}/Cu} + \frac{0.05916V}{2}\lg c_{Cu^{2+}}$$

$$Br_2\text{（l）} + 2e^- \rightleftharpoons 2Br^-\text{（aq）}$$

$$\varphi_{Br_2/Br^-} = \varphi^{\ominus}_{Br_2/Br^-} - \frac{0.05916V}{2}\lg c^2_{Br^-} = \varphi^{\ominus}_{Br_2/Br^-} - 0.05916V\lg c_{Br^-}$$

（2）c_{Ox}、c_{Red} 或（气体分压）的幂次 a、b 等于电极反应中，化学式前的化学计量数。如：

$$I_2(s) + 2e^- \rightleftharpoons 2I^-(aq)$$

$$\varphi_{I_2/I^-} = \varphi^{\ominus}_{I_2/I^-} - \frac{0.05916V}{2} \lg c^2_{I^-} = \varphi^{\ominus}_{I_2/I^-} - 0.05916V \lg c_{I^-}$$

（3）当氧化型或还原型是气体时，则用相对分压 $p/p^{\ominus}$ 表示，如

$$2H^+(aq) + 2e^- \rightleftharpoons H_2(g)$$

$$\varphi_{H^+/H_2} = \varphi^{\ominus}_{H^+/H_2} + \frac{0.05916V}{2} \lg \frac{c^2_{H^+}}{pH_2/p^{\ominus}}$$

（4）除氧化剂和还原剂外，若有 H^+、OH^- 或 Cl^- 等介质参加电极反应，它们的浓度也必须写入能斯特方程式中。介质若处于反应式氧化型一侧，就当作氧化型处理；若处于反应式还原型一侧，则当作还原型处理。如：

$$Cr_2O_7^{2-}(aq) + 14H^+(aq) + 6e^- \rightleftharpoons 2Cr^{3+}(aq) + 7H_2O(l)$$

$$\varphi_{Cr_2O_7^{2-}/Cr^{3+}} = \varphi^{\ominus}_{Cr_2O_7^{2-}/Cr^{3+}} + \frac{0.05916V}{6} \lg \frac{c_{Cr_2O_7^{2-}} c^{14}_{H^+}}{c^2_{Cr^{3+}}}$$

又如：

$$AgCl(s) + e^- \rightleftharpoons Ag(s) + Cl^-(aq)$$

$$\varphi_{AgCl/Ag} = \varphi^{\ominus}_{AgCl/Ag} - 0.05916V \lg c_{Cl^-}$$

【例 6-8】 计算下列电极的电极电势

（1）Pb^{2+}（0.01mol/L ｜ Pb）

（2）H^+（0.001mol/L），MnO_4^-（0.1mol/L），Mn^{2+}（0.1mol/L）｜ Pt

解：（1）电极反应式：$Pb^{2+} + 2e^- \rightleftharpoons Pb$，查标准电极电势表，得：

$$\varphi^{\ominus}_{Pb^{2+}/Pb} = -0.126V$$

根据能斯特方程式：

$$\varphi_{Pb^{2+}/Pb} = \varphi^{\ominus}_{Pb^{2+}/Pb} + \frac{0.05916V}{2} \lg c_{Pb^{2+}}$$

$$= -0.126 + \frac{0.05916V}{2} \lg 0.01$$

$$= -0.185V$$

从计算结果可知，当氧化态物质浓度 $c_{Pb^{2+}}$ 变化为 0.01mol/L 时，电极电势 φ 值变化为 −0.185V。

（2）电极反应式：$MnO_4^- + 8H^+ + 5e^- \rightleftharpoons Mn^{2+} + 4H_2O$，查标准电极电势表，得 $\varphi^{\ominus}_{MnO_4^-/Mn^{2+}} = +1.507V$，根据能斯特方程式：

$$\varphi_{MnO_4^-/Mn^{2+}} = \varphi^{\ominus}_{MnO_4^-/Mn^{2+}} + \frac{0.05916V}{5} \lg \frac{c_{MnO_4^-} \cdot c^8_{H^+}}{c_{Mn^{2+}}}$$

$$= 1.507V + \frac{0.05916V}{5} \lg \frac{0.1 \times 0.001^8}{0.1}$$

$$= +1.22V$$

从计算结果可知，电极电势 $\varphi_{MnO_4^-/Mn^{2+}}$ 值随 c_{H^+} 的降低而明显减弱。因此凡有 H^+ 参加的电极反应，酸度对电极电势的影响均较大，有时还能影响氧化还原反应的产物。

第四节　电极电势的应用

一、计算电池的电动势

电池电动势的计算可分为两种情况：

1. 标准状态　即参加电极反应的各物质都处于标准状态时，可从标准电极电势表分别查出每个电极的 $\varphi^{\ominus}$值，按下式计算电池的标准电动势：

$$E^{\ominus}=\varphi_{+}^{\ominus}-\varphi_{-}^{\ominus} \tag{6-6}$$

2. 非标准状态　即参加电极反应的各物质若处于非标准状态时，需利用电极电势的能斯特方程式，分别计算每个电极电势的 φ 值，再按下式计算电池电动势：

$$E=\varphi_{+}-\varphi_{-} \tag{6-7}$$

在计算电池电动势时，常要求写出电池反应式。可根据电池组成式写电池反应，分三步进行：第一步是先分别写出正、负极的电极反应（正极发生还原反应，负极发生氧化反应）。第二步是平衡两电极反应的电子数和系数。第三步是合并两电极反应式，所得的反应式即为电池反应式。

【例 6-9】 求下列电池在 298.15K 时的电动势，并写出电极反应式与电池反应式。

$$(-)\ Zn\ |\ Zn^{2+}(0.1mol/L)\ \|\ Ag^{+}(0.01mol/L)\ |\ Ag\ (+)$$

解： 查标准电极电势表，得：

$$\varphi_{Ag^{+}/Ag}^{\ominus}=+0.80V$$

$$\varphi_{Zn^{2+}/Zn}^{\ominus}=-0.76V$$

$$\begin{aligned}\varphi_{Ag^{+}/Ag}&=\varphi_{Ag^{+}/Ag}^{\ominus}+\frac{0.05916V}{1}\lg c_{Ag^{+}}\\&=+0.80+0.05916\lg 0.01\\&=+0.68\ (V)\end{aligned}$$

$$\begin{aligned}\varphi_{Zn^{2+}/Zn}&=\varphi_{Zn^{2+}/Zn}^{\ominus}+\frac{0.05916V}{2}\lg c_{Zn^{2+}}\\&=-0.76+\frac{0.05916}{2}\lg 0.1\\&=-0.79\ (V)\end{aligned}$$

$$E=\varphi_{Ag^{+}/Ag}-\varphi_{Zn^{2+}/Zn}=+0.68-(-0.79)=+1.47\ (V)$$

正极反应：　$Ag^{+}+e^{-} \rightleftharpoons Ag$

负极反应：　$Zn-2e^{-} \rightleftharpoons Zn^{2+}$

电池反应：　$Zn+2Ag^{+} \rightleftharpoons Zn^{2+}+2Ag$

二、判断氧化还原反应进行的方向

氧化还原反应若能自发进行，这个氧化还原反应所对应的原电池的正极电极电势必然高于负极电极电势，电动势将为正值；若电动势为负值，表明正负极需对调，这个氧化还原反应应为逆向自发进行。所以

（1）在标准状态时，$E^{\ominus}>0$，反应正向自发进行；$E^{\ominus}=0$，反应处于平衡状态；$E^{\ominus}<0$，反应逆向自发进行。

（2）在非标准状态时，$E>0$，反应正向自发进行；$E=0$，反应处于平衡状态；$E<0$，反应逆向自发进行。

【例 6-10】 在标准状态下，温度为 298.15K 时，判断下列氧化还原反应自发进行的方向。

（1）Hg^{2+}（aq）+Cu（s）$\rightleftharpoons$ Hg（l）+Cu^{2+}（aq）

（2）Hg_2Cl_2（s）+Cu（s）$\rightleftharpoons$ 2Hg（l）+Cu^{2+}（aq）+2Cl^-

解： 查标准电极电势附表，可知：

$$Hg^{2+}(aq)+2e^- \rightleftharpoons Hg(l) \quad \varphi^{\ominus}_{Hg^{2+}/Hg}=0.851V$$
$$Cu^{2+}(aq)+2e^- \rightleftharpoons Cu(s) \quad \varphi^{\ominus}_{Cu^{2+}/Cu}=0.3419V$$
$$Hg_2Cl_2(s)+2e^- \rightleftharpoons 2Hg(l)+2Cl^- \quad \varphi^{\ominus}_{Hg_2Cl_2/Hg}=0.26808V$$

因为 $E_1=\varphi^{\ominus}_{Hg^{2+}/Hg}-\varphi^{\ominus}_{Cu^{2+}/Cu}>0$，故反应（1）在标准状态时能正向自发进行。

因为 $E_2=\varphi^{\ominus}_{Hg_2Cl_2/Hg}-\varphi^{\ominus}_{Cu^{2+}/Cu}<0$，故反应（2）在标准状态时能正向不能自发进行，逆向则可以自发进行。

【例 6-11】 判断 298.15K 时，下列氧化还原反应的方向：

$$2Fe^{2+}(0.1mol/L)+I_2(s) \rightleftharpoons 2Fe^{3+}(1mol/L)+2I^-(0.1mol/L)$$

解： 将上式写成两个半反应，并查标准电极电势附表得：

$$Fe^{3+}(aq)+e^- \rightleftharpoons Fe^{2+}(aq) \quad \varphi^{\ominus}_{Fe^{3+}/Fe^{2+}}=0.771V$$
$$I_2(s)+2e^- \rightleftharpoons 2I^-(aq) \quad \varphi^{\ominus}_{I_2/I^-}=0.5355V$$

根据 Nernst 方程式：

$$\varphi_{Fe^{3+}/Fe^{2+}}=\varphi^{\ominus}_{Fe^{3+}/Fe^{2+}}+0.05916\lg\frac{c_{Fe^{3+}}}{c_{Fe^{2+}}}=0.771V+0.05916V\lg\frac{1}{0.1}=0.8302V$$

$$\varphi_{I_2/I^-}=\varphi^{\ominus}_{I_2/I^-}+\frac{0.05916}{2}\lg\frac{1}{c^2_{I^-}}=0.5355V+\frac{0.05916V}{2}\lg\frac{1}{(0.1)^2}=0.5947V$$

假设题给反应能够正向自发进行，I_2/I^- 为正极，Fe^{3+}/Fe^{2+} 为负极

$$E=\varphi_{I_2/I^-}-\varphi_{Fe^{3+}/Fe^{2+}}=0.5947-0.8302=-0.255V<0$$

说明假设是错误的，故氧化还原反应逆向自发进行。

三、判断氧化还原反应进行的程度

氧化还原反应属于可逆反应，同沉淀、酸碱以及配位等可逆反应一样，在一定条件下也能达到平衡。

从能斯特方程式可以看出，当温度一定时，电极电势随离子的浓度而改变，当离子浓度不再改变时，电极电势也不再改变。当电池中各物质的浓度不再改变时，标志着各物质达到平衡状态。此时，正、负极的电极电势不再改变，电池反应达到平衡，E=0，即 $\varphi_+=\varphi_-$，氧化还原反应达到平衡，这种平衡状态是氧化还原反应的最大限度，可以用标准平衡常数 $K^{\ominus}$值的大小来衡量。

利用能斯特方程式和标准电极电势表，可以求出氧化还原反应的标准平衡常数 $K^{\ominus}$，其关系表达式为：

$$\lg K^{\ominus}=\frac{nE^{\ominus}}{0.05916}=\frac{n(\varphi^{\ominus}_+-\varphi^{\ominus}_-)}{0.05916} \tag{6-8}$$

式中，n 是配平的氧化还原反应方程式中转移的电子数。从上式（6-8）可以看出，在一定温度下，氧化还原反应的标准平衡常数有如下规律：

（1）氧化还原反应的标准平衡常数与电池的标准电池电动势 $E^{\ominus}$有关，而与反应体系中物质浓度（或分压）无关。$K^{\ominus}$值越大，表示这个反应进行得越完全。

（2）氧化还原反应的标准平衡常数与电子的转移数有关，且 $\lg K^{\ominus}$与 n 成正比。一般认为，对 n=1 的反应，$E^{\ominus}>0.4$；n=2 的反应，$E^{\ominus}>0.2V$。两种反应的标准平衡常数 $K^{\ominus}$均大于 10^6 较大，可以认为反应已经进行完全。

（3）氧化还原反应的标准平衡常数与温度有关。任意温度下，氧化还原反应的标准平衡常数的计算公式为：

$$\lg K^{\ominus} = \frac{nFE^{\ominus}}{2.303RT} \qquad (6\text{-}9)$$

【例 6-12】 计算 298.15K 时下列反应的标准平衡常数，并估计反应进行的程度。

$$Cr_2O_7^{2-} + 6I^- + 14H^+ \rightleftharpoons 2Cr^{3+} + 3I_2 + 7H_2O$$

解：查标准电极电势附表，得：

$$\varphi^{\ominus}_{Cr_2O_7^{2-}/Cr^{3+}} = 1.232\text{V}，\varphi^{\ominus}_{I_2/I^-} = 0.5355\text{V}$$

$$\lg K^{\ominus} = \frac{nE^{\ominus}}{0.05916} = \frac{6\times(1.232-0.5355)\text{V}}{0.05916\text{V}} = 70.64$$

$$K^{\ominus} = 4.37\times10^{70}$$

此反应的标准平衡常数数值很大，表示正向反应能进行到底。

第五节　电势法测定溶液的 pH

Nernst 方程表明，电极的电极电势与溶液中离子的浓度有定量关系，通过电极电势的测定，可以对物质进行定量分析，这种分析方法称为电势分析法。

测定时，被测溶液中插入了两种电极，即参比电极和 pH 指示电极，组成原电池。参比电极的电极电势稳定且已知其准确数值，pH 指示电极的电极电势与溶液中氢离子浓度的关系符合能斯特方程式，这就是电势法的工作原理。

一、参比电极

实际工作中常用的参比电极为饱和甘汞电极。

（一）饱和甘汞电极

饱和甘汞电极（saturated calomel electrode，SCE）由 Hg（l）、Hg_2Cl_2（s）以及 KCl 溶液组成，其构造如图 6-5 所示。电极由内外两个玻璃套管组成，内管上端封接一根铂丝，铂丝上部与电极引线相连，铂丝下部出入汞层中，汞层下部是 $Hg\text{-}Hg_2Cl_2$ 的糊状物，下端用玻璃纤维或石棉塞紧。外玻璃管内充满饱和 KCl 溶液，最下端用素瓷微孔物质封紧，既可将电极内外溶液隔开，又可提供内外溶液离子通道，起到盐桥的作用。外管上端侧口便于补入 KCl 溶液。

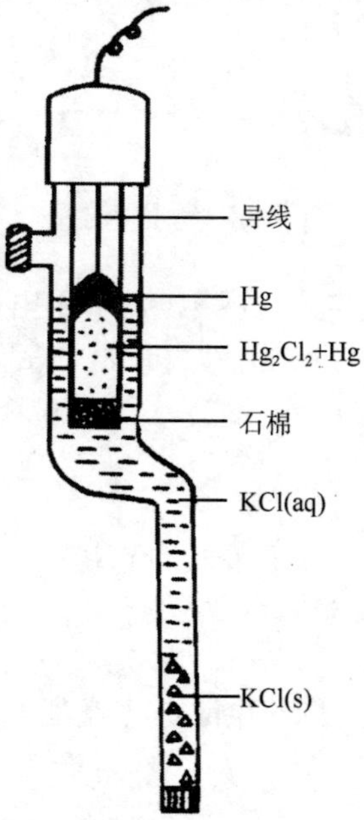

图 6-5　饱和甘汞电极示意图

电极组成：Pt ｜ Hg（l），Hg_2Cl_2（s） ｜ Cl^-（c）

电极反应：$Hg_2Cl_2(s) + 2e^- \rightleftharpoons 2Hg(l) + 2Cl^-(aq)$

$$\varphi_{SCE} = \varphi^{\ominus}_{Hg_2Cl_2/Hg} + \frac{RT}{2F}\lg\frac{1}{c^2(Cl^-)}$$

298.15K 时，电极电势计算式为：

$$\varphi_{SCE} = \varphi^{\ominus}_{Hg_2Cl_2/Hg} + \frac{0.05916}{2}\lg\frac{1}{c^2(Cl^-)}$$

在 298.15K 时，外管装的 KCl 为饱和溶液，故 φ_{SCE}=0.2412V。

（二）AgCl/Ag 电极

AgCl/Ag 电极结构较为简单，属于金属-金属难溶盐-阴离子电极。在盛有 KCl 溶液的玻璃管中插入一根镀有 AgCl 的银丝，玻璃管的下端用石棉丝封住，上端用导线引出。

电极组成式：Ag ｜ AgCl（s）｜ Cl^-（c）

电极反应：$AgCl+e^- \rightleftharpoons Ag+Cl^-$

电极的能斯特方程：

$$\varphi = \varphi^{\ominus} - \frac{RT}{F}\ln c_{Cl^-}$$

298.15K 时，$\varphi_{AgCl/Ag}=0.2223-0.05916\lg c_{Cl^-}$。

298.15K 时，若 KCl 溶液为饱和溶液、1.0mol/L 和 0.1mol/L 时，则 $\varphi_{AgCl/Ag}$ 分别为 0.1971V、0.2223V 和 0.2880V。此电极对温度变化不敏感，甚至可以在 80℃以上使用。

二、指示电极

（一）玻璃电极

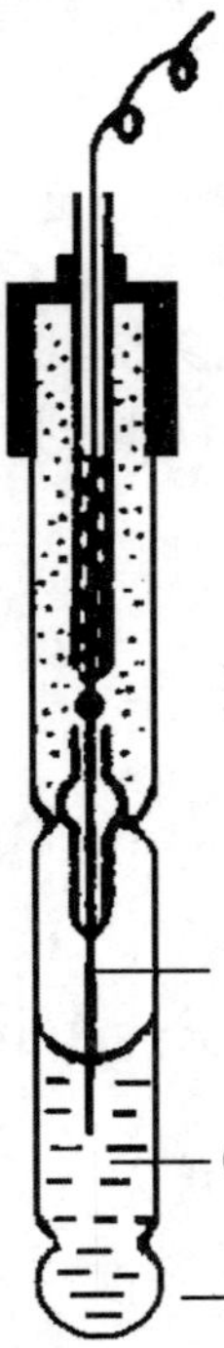

图 6-6 pH 玻璃电极示意图

玻璃电极（glass electrode）是使用最广泛的 pH 指示电极，其构造如图 6-6 所示。

玻璃电极的下端为厚度约为 0.1mm 半球形的玻璃薄膜，膜内装有 0.1mol/L HCl，并用 Ag-AgCl 为内参比电极。玻璃电极表示为：

Ag ｜ AgCl（s）｜ Cl^-（c）｜玻璃膜｜待测溶液（H^+）

将玻璃电极插入待测溶液中，由于玻璃膜内的 H^+ 离子稳定不变，氯化银电极电势也一定，因此玻璃电极的电极电势取决于膜外溶液的 H^+，即被测溶液的 pH。测出玻璃电极的电极电势，就可以确定溶液的 pH。根据 Nernst 方程式，玻璃电极的电极电势为：

$$\varphi_{玻璃} = \varphi^{\ominus}_{玻璃} - \frac{2.303RT}{F}\text{pH}$$

298.15K 时，玻璃电极的电极电势为：

$$\varphi_{玻璃} = \varphi^{\ominus}_{玻璃} - 0.05916\text{pH}$$

（二）复合电极

将指示电极和参比电极组合在一起就构成复合电极，如图 6-7 所示。

测定 pH 使用的复合电极通常由玻璃电极、AgCl/Ag 电极或玻璃电极-甘汞电极组合而成。其结构是将玻璃电极和参比电极用电极外套包裹并固定在一起，敏感的玻璃泡位于外套的保护栅内，参比电极的补充液由外套上端小孔加入。复合电极的优点在于使用方便，而且测定值较稳定。

三、电势法测溶液 pH

测定溶液的 pH 时，常用饱和甘汞电极作参比电极，玻璃电极作指示电极，组成测量溶液 pH 的原电池：

（−）玻璃电极｜待测液（$c_{待测}$）‖ SCE（+）

则其电池电动势为：

$$E = \varphi_{SCE} - \varphi_{玻} = \varphi_{SCE} - \left(K_{玻} - \frac{2.303RT}{F}\text{pH}\right)$$

在一定温度下，φ_{SCE} 为常数，令 $K_E=\varphi_{SCE}-K_{玻}$

$$E = K_E + \frac{2.303RT}{F}\text{pH} \tag{6-10}$$

将复合电极插入已知准确 pH 的标准缓冲溶液中进行测定，得：

$$E_s = K_E + \frac{2.303RT}{F}\text{pH}_s \qquad (6\text{-}11)$$

将两式整理得：

$$\text{pH} = \text{pH}_s + \frac{(E - E_s)F}{2.303RT} \qquad (6\text{-}12)$$

式中，pH_s 为标准缓冲溶液的 pH；E_s 为标准缓冲溶液与电极组成的电池电动势；E 为待测溶液与电极组成的电池电动势；T 为测定时的温度，pH 为待测溶液的 pH。IUPAC 确定，式（6-12）为 pH 操作定义（operational definition of pH）。

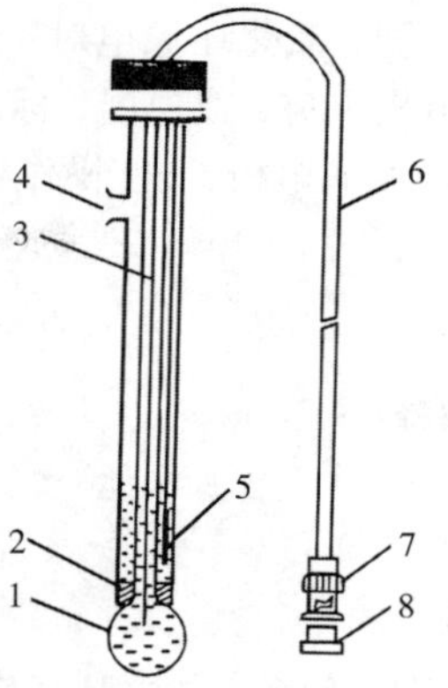

图 6-7　复合 pH 电极

1. 玻璃电极；2. 瓷塞；3. 内参比电极；4. 充液口；5. 参比电极体系；6. 导线；7. 插口；8. 防尘塞

pH 计又称酸度计，就是根据上述原理来测定溶液的 pH。实际测量中，不需要先分别测量 E_s、E，再通过上式计算出待测溶液的 pH。而是先用已知确定 pH 的标准缓冲溶液进行定位后，再插入待测溶液中，此时 pH 计的读数即为被测溶液的 pH，操作简单，使用方便。

本 章 小 结

氧化还原反应是元素氧化值发生变化的化学反应，其实质是物质之间电子的得失，包括电子的转移和偏移。在氧化还原反应中，氧化剂的氧化值降低，还原剂的氧化值升高。一个氧化还原反应可以由两个半反应组成，每个氧化还原半反应都含有一个氧化还原电对，根据离子电子法可配平氧化还原反应方程式。

将化学能转化为电能的装置称为原电池。每个电池都由两个电极组成，负极发生氧化反应，正极发生还原反应。电极电势的绝对值无法测得，IUPAC 规定将待测电极与标准氢电极组成原电池，标准氢电极（SHE）的电极电势为零，据此可求其他电极的标准电极电势。$\varphi^{\ominus}$越高，其氧化剂的氧化能力越强；$\varphi^{\ominus}$越低，其还原剂的还原能力越强。

原电池的电动势就是两个电极的电极电势差，表示为 $E=\varphi_+-\varphi_-$。如果 $E>0$，反应正向自发进行；$E=0$，反应处于平衡状态；$E<0$，反应逆向自发进行。

Nernst 方程式是电化学中最重要的方程式之一。

对于任意的电极反应：$a\text{Ox}+ne^- \rightleftharpoons b\text{Red}$，在 298.15K 时，

$$\varphi_{\text{Ox/Red}} = \varphi^{\ominus}_{\text{Ox/Red}} + \frac{0.05916\text{V}}{n}\lg\frac{c^a_{\text{Ox}}}{c^b_{\text{Red}}}$$

Nernst 方程式表明，非标准状态的电极电势不仅取决于电极的本性，还与反应时的温度和氧化型、还原型及相关介质的浓度（或分压）有关。利用电极电势的相对大小，可以判断氧化还原反应自发进行的方向和程度，其关系表达式为：

$$\lg K^{\ominus} = \frac{nE^{\ominus}}{0.05916}\ (T = 298.15\text{K})$$

电势法可测定溶液的 pH。测定时，用参比电极和 pH 指示电极组成原电池。pH 操作定义为：

$$\text{pH} = \text{pH}_s + \frac{(E - E_s)F}{2.303RT}$$

关　键　词

氧化还原反应、氧化值、离子电子法、氧化剂、还原剂、氧化反应、还原反应、半反应、还

原型、氧化型、氧化还原电对、原电池、盐桥、负极、正极、电极反应、电池反应、半电池、电极、电动势、电极电势、双电层、标准氢电极、标准电极电势、Nernst 方程、参比电极、饱和甘汞电极、指示电极、玻璃电极、pH 操作定义。

问题与练习

一、名词解释

1. 氧化值　　2. 原电池

3. 电极电势

二、判断题

（　　）1.CH_4 中的 C 与 4 个 H 形成四个共价键，因此 C 的氧化值是 4。

（　　）2. 由于标准电极电势是强度性质，因此与物质的数量无关，所以电极 Ag（s）｜Ag^+（1.0mol/L）与电极 Ag（s）｜Ag^+（2.0mol/L）的电极电势相同。

（　　）3. 标准电极电势表中的 $\varphi^{\ominus}$值都是相对值。

（　　）4. 根据标准电极电势的数值，确定氧化剂和还原剂的相对强弱：$\varphi^{\ominus}$越高，氧化还原电对中氧化态的氧化能力越强；$\varphi^{\ominus}$越低，氧化还原电对中还原态的还原能力越强。

（　　）5. 决定电极电势大小的主要因素是标准电极电势 $\varphi^{\ominus}_{Ox/Red}$。

（　　）6. 凡有 H^+ 参加的电极反应，酸度对电极电势的影响较大，有时还能影响氧化还原反应的产物。

（　　）7. 在氧化还原反应中，氧化反应和还原反应同时存在。

三、区别下列各组概念

1. 氧化值和化合价

2. 标准电极电势与电极电势

四、简答题

1. 指出下列物质中画线元素的氧化值。

$\underline{H}Cl$、$H_2\underline{O_2}$、$Na_2\underline{S}_4O_6$、$\underline{Pb}Cl_2$、$\underline{Cr}_2O_7^{2-}$、$\underline{Mn}O_4^-$、$Fe_3\underline{O}_4$、$\underline{O}_3$、$\underline{C}Cl_4$、$\underline{N}H_4^+$

2. 用离子电子法配平并完成下列氧化还原反应方程式：

（1）$H_2O_2+MnO_4^-+H^+ \rightleftharpoons Mn^{2+}+O_2+H_2O$

（2）$Cr_2O_7^{2-}+SO_3^{2-}+H^+ \rightleftharpoons Cr^{3+}+SO_4^{2-}+H_2O$

3. 根据标准电极电势，排列以下物质的强弱顺序：

（1）按氧化能力：Br_2，Cl_2，I_2，$SnCl_4$，$FeCl_3$

（2）按还原能力：$SnCl_2$，$FeCl_2$，KI，Zn，Mg

4. 标准状态下，根据下列电对的标准电极电势，分别判断各组物质中，哪种物质是最强的氧化剂？哪种物质是最强的还原剂？

（1）Ni^{2+}/Ni、Zn^{2+}/Zn、Fe^{2+}/Fe、Ag^+/Ag

（2）Cr^{3+}/Cr、MnO_4^-，H^+/Mn^{2+}、Cu^{2+}/Cu、Hg^{2+}/Hg

5. 根据下列氧化还原反应写出电池组成式及电极反应式。

（1）$2Ag^++Zn \rightleftharpoons Zn^{2+}+2Ag$

（2）$MnO_4^-+8H^++5Fe^{2+} \rightleftharpoons Mn^{2+}+5Fe^{3+}+4H_2O$

6. 在含有相同浓度的 Fe^{2+} 和 Cr^{3+} 离子的酸性溶液中，要使 Fe^{2+} 氧化成 Fe^{3+} 而 Cr^{3+} 不被氧化成 $Cr_2O_7^{2-}$，用 Br_2 或 $KMnO_4$ 中哪一种作氧化剂较为合适？

五、计算题

1.298.15K 时，计算下列电池的电动势，判断电池的正负极，写出电极反应式及电池反应式。

（1）(−) Zn ｜ $ZnSO_4$（0.1mol/L）‖ $CuSO_4$（0.1mol/L）｜ Cu（+）

（2）(−) Cd ｜ Cd^{2+}（0.01mol/L）‖ Sn^{2+}（0.1mol/L）｜ Sn（+）

2. 在标准状态下，根据标准电极电势表，判断下列反应的方向：

（1）$2Ag^++2H^+ \rightleftharpoons 2Ag+H_2$

（2）$2KBr+Cl_2 \rightleftharpoons 2KCl+Br_2$

3. 计算下列反应在 298.15K 时的标准平衡常数：

（1）$2Fe^{3+}+Hg \rightleftharpoons 2Fe^{2+}+Hg^{2+}$

（2）$Zn+2Ag^+ \rightleftharpoons Zn^{2+}+2Ag$

4. 298.15K 时，根据以下电池求出胃液的 pH（已知 φ_{SCE}=0.2412V）

Pt ｜ H_2（100kPa）｜胃液 ‖ SCE　　E=0.420V

5. 利用电势法测定溶液的 pH，以玻璃电极作指示电极，以甘汞电极作参比电极，现用 pH=6 的标准缓冲溶液，在 298.15K 时测得电动势是 0.3265V，当标准缓冲溶液用待测溶液替代时，测得电动势为 0.2504V，试计算待测溶液的 pH。

六、单选题

1. pH 计上所用的指示电极是（　　）

A. 饱和甘汞电极　　B. 玻璃电极

C. 氯化银电极　　D. AgCl/Ag 电极

2. 根据公式 $\lg K^{\ominus} = \dfrac{nE^{\ominus}}{0.05916}$，可以看出溶液中氧化还原反应的标准平衡常数 $K^{\ominus}$（　　）

A. 与温度无关　　B. 与浓度无关

C. 与浓度有关　　D. 与反应本性无关

3. 已知：$\varphi^{\ominus}_{Fe^{3+}/Fe^{2+}}$ =+0.771V，$\varphi^{\ominus}_{Br_2/Br^-}$ = +1.066V，$\varphi^{\ominus}_{H_2O_2/H_2O}$ =+1.776V，$\varphi^{\ominus}_{Cu^{2+}/Cu}$ = +0.34V，$\varphi^{\ominus}_{Sn^{4+}/Sn^{2+}}$ =+0.151V，则下列各物质在标准态下能够共存的是（　　）

A. Fe^{3+}，Cu　　B. Fe^{3+}，Br_2

C. Sn^{2+}，Fe^{3+}　　D. H_2O_2，Fe^{2+}

思　考　题

1. 氧化还原反应的实质是什么？
2. 原电池中，盐桥的作用是什么？
3. 非标准状态下，电极电势的影响因素有哪些？主要因素是什么？
4. 氧化还原反应的标准平衡常数的影响因素是什么？

（李春艳）

第七章 配位化合物
（coordination compound）

学习目标

1. **掌握**：掌握配合物的组成和命名，配位标准平衡常数和影响配位离子稳定的因素。
2. **熟悉**：螯合物的结构。
3. **了解**：配合物在医学上的应用。

化学视角　　**含铁的血红蛋白**

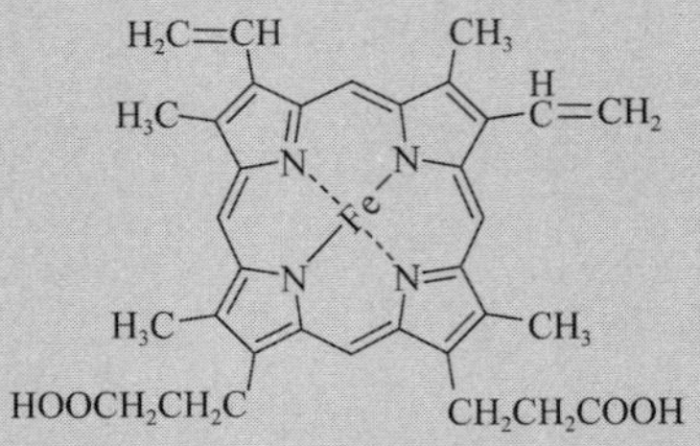

图 7-1　血红素的结构

人体内输送 O_2 和 CO_2 的血红蛋白（hemoglobin，haemoglobin，Hb）是由亚铁血红素（图 7-1）和一个分子球蛋白构成。

其中 Fe^{2+} 为中心原子，处于原卟啉的空腔中，它有六个配位原子，形成八面体结构；原卟啉空腔中处于正方形的四个 N 原子占去 Fe^{2+} 的四个配位数，第五个是球蛋白末端组氨酸咪唑基中的 N 原子，处于正上方；Fe^{2+} 的第六个配位位置由水分子占据，它能可逆地被 O_2 置换形成氧合血红蛋白（HbO_2）以保证体内对氧的需要。CO 中毒患者是由于吸入被 CO 污染的空气，在肺泡进行气体交换时，CO 迅速与血红蛋白结合成碳氧合血红蛋白（HbCO），其结合力要比氧与血红蛋白的结合力大 240 倍，使下述平衡向右移。

$$HbO_2 + CO \rightleftharpoons HbCO + O_2$$

因而使血红蛋白输送氧的功能大为降低，减少对体内细胞的氧气供应，从而造成体内缺氧，如不及时抢救，最终因肌体麻痹而导致死亡。临床上常采用高压氧气疗法抢救 CO 中毒患者，高压氧气可使溶于血液的氧气增多，从而导致上述可逆反应向左进行，达到治疗 CO 中毒之目的。

配位化合物简称配合物，过去称为络合物，是一类组成比较复杂而应用非常广泛和重要的化合物。随着科学技术的发展，它在科学研究和生产实践中显示出越来越重要的意义，专门研究配合物的配位化学现已成为现代无机化学的重要分支学科。配合物不仅在化学领域里得到广泛的应用，并且与医学等生命科学更是有着十分密切的关系，随着从分子水平对生命科学研究的不断深入，人们发现参与生命过程的金属元素大多是以配合物的形式存在。例如，维生素 B_{12} 是一种含钴的配合物；执行植物光合作用的叶绿素，是含镁的配合物；生物体内的催化剂——酶，有约三分之一是金属离子配合物。临床上常用的一些药物本身就是配合物，如治疗糖尿病的胰岛素、治疗贫血症的枸橼酸铁铵、治疗血吸虫病的酒石酸锑钾、具有抗癌作用的顺式二氯二氨合铂（Ⅱ）等都是配合物。此外，在生化检验、环境科学、工业催化、染料和海洋化学等领域，配合物也具有极其广泛的应用。为此，对医学生来说学习和掌握一些有关配合物的知识和理论是非常必要的。

一、配位化合物的定义

配位化合物（coordination compound）是指含有配离子的化合物，其中配离子是指与一定数目的中性分子或阴离子结合成难解离的金属离子或原子。配合物可以是盐、酸、碱，也可以是电中性的配位分子。

在 $CuSO_4$ 溶液中滴加浓氨水，先生成浅蓝色沉淀，继续滴加氨水，沉淀逐渐溶解，成为深蓝色的澄清溶液。将该溶液分为三份，一份加入少量 $BaCl_2$ 溶液仍得白色沉淀 $BaSO_4$，说明溶液中有较多的 SO_4^{2-} 存在；在另一份中加入少量 NaOH 溶液，不产生蓝色 $Cu(OH)_2$ 沉淀，这说明溶液中 Cu^{2+} 已大大减少，其浓度不足以产生 $Cu(OH)_2$ 沉淀。在第三份溶液中加入乙醇，析出深蓝色的结晶。经 X 射线分析，证实在深蓝色的溶液和晶体中，都存在 $[Cu(NH_3)_4]^{2+}$ 这种复杂离子。该离子比较稳定，不仅在晶体中存在，在溶液中也难以解离。

明矾 $[KAl(SO_4)_2 \cdot 12H_2O]$ 虽然也是一种分子化合物，但它不是一种配合物，在明矾晶体中仅含有 K^+、Al^{3+} 和 SO_4^{2-} 等简单离子，并没有配离子存在，这种化合物若溶于水，便完全解离为简单离子：

$$[KAl(SO_4)_2 \cdot 12H_2O] \longrightarrow K^+ + Al^{3+} + 2SO_4^{2-} + 12H_2O$$

就像简单的 K_2SO_4 和 $Al_2(SO_4)_3$ 的混合水溶液一样，则通常称明矾为复盐。

二、配位化合物的组成

配位化合物在组成上一般包括内界（inner sphere）和外界（outer sphere）两部分。组成内界的金属离子（或原子）统称为中心原子（central atom），在其周围与其紧密结合的中性分子或阴离子称为配体（ligand）。配合物的内界与外界之间以离子键相结合，配位分子则没有外界。以配合物 $[Cu(NH_3)_4]SO_4$ 为例，其组成可表示为：

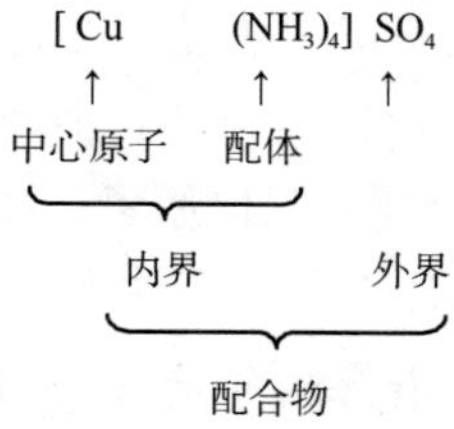

1. 中心原子　中心原子是配合物的核心部分，位于配体的中心，一般多是过渡金属元素的原子或离子，其特征是价电子层有空轨道，能接受孤对电子。如 $[Cu(NH_3)_4]^{2+}$ 中的 Cu^{2+}、$[Fe(CNS)]^{2+}$ 中的 Fe^{3+} 离子等；也有中性的原子，如 $[Ni(CO)_4]$ 中的 Ni 原子。

2. 配体　在配合物中能够提供孤对电子同中心原子以配位键相结合的离子或分子，称为配体，如 NH_3、H_2O、Cl^-、CN^- 等。在配体中能向中心原子提供孤对电子的原子称为配位原子（ligating atom），如 NH_3 分子中的 N 原子、H_2O 中的 O 原子等。配位原子的最外层都有孤对电子，常见的是电负性较大的非金属元素，如 F、Cl、Br、I、O、S、N、C 等。

按配体中配位原子数目的多少，可将配体分为单齿配体（monodentate ligand）和多齿配体（polydentate ligand）。只含 1 个配位原子的配体称为单齿配体。含有 2 个或 2 个以上配位原子的配体称为多齿配体，多齿配体大多是有机分子，如乙二胺 $H_2N—CH_2—CH_2—NH_2$（简写为 en）、乙二胺四乙酸 $(HOOCCH_2)_2N—CH_2—CH_2—N(CH_2COOH)_2$（简写为 EDTA）等。有些配体虽有两个配位原子，但由于两个配位原子靠得太近，成键方向受限，只能由其中一个配位原子与中心离子形成一个配位键，故仍属于单齿配体。如 SCN^- 离子与 Hg^{2+} 配位时，S 作配位原子，形成 $[Hg(SCN)_4]^{2-}$；与 Fe^{3+} 配位时，N 作为配位原子，形成 $[Fe(NCS)_6]^{3-}$。

3. 配位数　配合物中直接与中心离子（或原子）以配位键结合的配位原子总数称为中心离子的配位数（coordination number）。从本质上讲，配位数就是中心离子与配体形成配位键的数目。因此对于单齿配体，配位数等于配体总数，如 $[Pt(NH_3)_2Cl_2]$ 中 Pt^{2+} 的配位数是 4；若含多齿配体，则配体的个数小于配位数。如 $[Cu(en)_2]^{2+}$ 中配位数是 4 而配位体只有 2 个。

4. 配离子的电荷数　配离子的电荷数等于中心离子的电荷数与配位体的电荷数的代数和。因配合物是电中性的，所以也可以根据外界离子的电荷数来决定配离子的电荷数。如 $K_4[Fe(CN)_6]$，根据外界的 4 个 K^+ 可推知配离子应为 $[Fe(CN)_6]^{4-}$，同时可进一步推算出中心离子的氧化数，如 Fe 的氧化数为 +2。

三、配位化合物的命名

配合物的命名与一般无机化合物的命名原则相同。

1. 内界与外界命名 先读阴离子后读阳离子。如果阴离子是简单离子，读作“某化某”，阴离子是复杂离子，读作“某酸某”；若外界离子是氢离子，读作“某酸”，若外界离子是氢氧根离子，读作“氢氧化某”。

2. 内界命名的顺序 配体数 → 配体名称 → 合 → 中心离子名称（氧化数）配体数用二、三、四……表示；不同配体之间以圆点“·”分开；中心离子氧化数用罗马数字标在其后的括号内。如 $[Ag(NH_3)_2]Cl$ 命名为：氯化二氨合银（Ⅰ）。

3. 配体的命名顺序 有多种配体时遵循先简后繁原则。先无机配体，后有机配体；先阴离子，后中性分子。在同类配体中（同为阴离子或同为中性分子），按配位原子元素符号英文字母顺序排列

命名实例如下：

$[Cu(NH_3)_4]SO_4$	硫酸四氨合铜（Ⅱ）
$[Fe(en)_3]Cl_3$	三氯化三（乙二胺）合铁（Ⅲ）
$[Ag(NH_3)_2]OH$	氢氧化二氨合银（Ⅰ）
$H_2[PtCl_6]$	六氯合铂（Ⅳ）酸
$[CoCl_2(NH_3)_2(H_2O)_2]Cl$	氯化二氯·二氨·二水合钴（Ⅲ）
$K_4[Fe(CN)_6]$	六氰合铁（Ⅱ）酸钾

另外，当单齿配体有两个配位原子时，应将参与配位的原子写在左侧，如 NO_2^- 作配体时若在配合物的化学式中写成 NO_2^- 时，表示 N 为配位原子，读作“硝基”；若写成 ONO^- 时，则 O 为配位原子，读作“亚硝酸根”。

四、配位化合物的价键理论简介

配位化学是由瑞士化学家阿尔弗雷德·维尔纳（Alfred Werner）于 1893 年创始的，但配合物结构理论是随着原子、分子结构理论的发展才得到较大的发展。目前，用于解释配合物结构、性质的理论主要有价键理论、晶体场理论、配位场理论和分子轨道理论。现主要以价键理论来介绍。

价键理论是由鲍林将电子配对法的共价键理论和杂化轨道理论用于配合物而形成的，其理论的要点是：配合物的中心原子与配体之间以配位键结合，中心原子提供杂化了的空轨道，配体提供电子对；中心原子提供的杂化轨道类型，取决于中心原子的电子层结构和配体的影响：中心原子全部用最外层轨道（*ns*、*np*、*nd*）参与杂化，则形成外轨型配合物（outer-orbital coordination compound），若是内层（*n*–1）轨道参加杂化，则形成内轨型配合物（inner-orbital coordination compound）；中心原子提供的杂化轨道类型和数目，决定了中心原子的配位数、配合物的结构、稳定性、磁性等性质。

用价键理论来阐述 $[Cu(NH_3)_2]^+$、$[FeF_6]^{3-}$、$[Fe(CN)_6]^{3-}$ 配离子的形成及有关性质，如图 7-2 和图 7-3 所示。

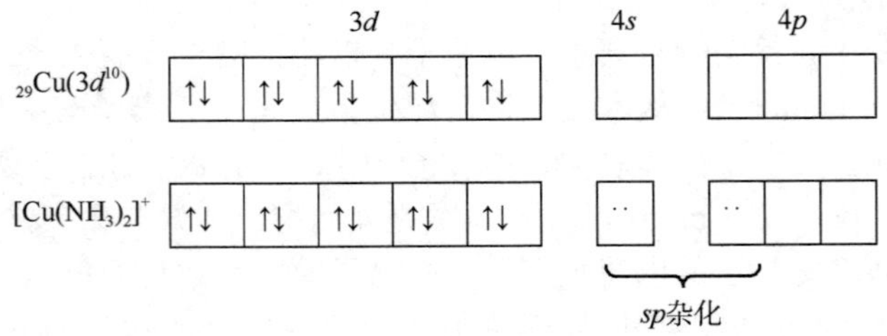

图 7-2　Cu^+ 和 $[Cu(NH_3)_2]^+$ 的电子结构式示意图

Cu^+ 的价电子层结构为 $3d^{10}$，d 轨道全满，根据价键理论，Cu^+ 的 $4s$ 和 $4p$ 轨道是空的且能量相近。若每个轨道可接受 NH_3 提供的一对孤对电子，共可接受四对孤对电子，但由于 Cu^+ 的电荷数较低，一般只能接受两对孤对电子，形成配位数为 2 的配离子，故 Cu^+ 提供一个 $4s$ 轨道和一个 $4p$ 轨道，进行 sp 杂化，形成两个完全等同的 sp 杂化轨道，两个空杂化轨道接受两个 NH_3 中的 N 原子提供的孤对电子，形成两个配位键，键角 180°，呈直线型。这就成功地解释了为什么 $[Cu(NH_3)_2]^+$ 的空间构型是直线型分子。

Fe^{3+} 的价电子层结构为 $3d^5$。根据价键理论，为了增强成键能力，Fe^{3+} 可将能量相近的原子轨道进行杂化。而 Fe^{3+} 究竟采取什么样的杂化类型，不仅与 Fe^{3+} 本身的电子层结构有关，还取决于配体中配位原子的影响。当 Fe^{3+} 与 F^- 配合时，由于 F 的电负性大，吸引电子的能力强，对中心原子的 $3d$ 电子斥力较小，因此不会引起 Fe^{3+} 原有电子层结构发生变化。Fe^{3+} 仅以其外层的 1 个 $4s$、3 个 $4p$ 及 2 个 $4d$ 空轨道进行 sp^3d^2 杂化，形成 6 个完全等同的杂化轨道。这种杂化轨道的空间构型是正八面体，Fe^{3+} 位于八面体的中心，6 个杂化轨道伸向八面体的 6 个顶点，接受 6 个 F^- 的孤对电子，形成配位数为 6 的配离子。

像这种中心原子全部用最外层价电子层轨道进行杂化而成键，所形成的配合物称为外轨型配合物。外轨型配合物的键能小，较不稳定，在水中易解离。

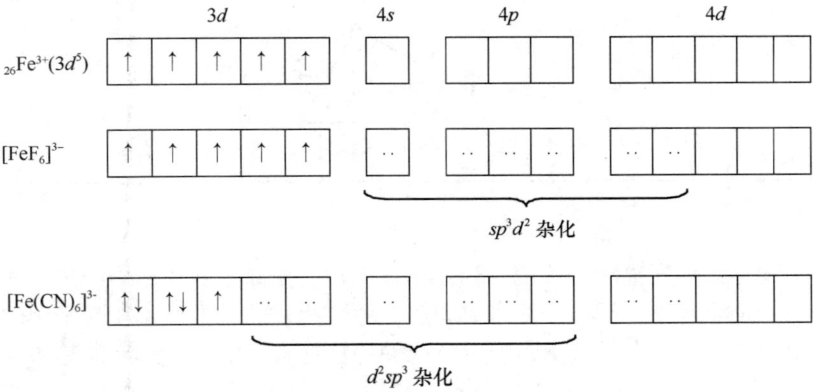

图 7-3　Fe^{3+}、$[FeF_6]^{3-}$、$[Fe(CN)_6]^{3-}$ 电子排布示意图

当 Fe^{3+} 与 CN^- 进行配合时，由于配位原子 C 的电负性较小，吸引电子能力弱，对 Fe^{3+} 的 $3d$ 电子斥力较大，因此对 Fe^{3+} 的电子层结构产生较强的影响，致使 $3d$ 轨道电子发生重排，将 5 个成单的 $3d$ 电子挤进 3 个轨道，未成对电子由 5 个减少为 1 个，空出 2 个能量较低的 $3d$ 轨道与 1 个 $4s$、3 个 $4p$ 轨道一起进行 d^2sp^3 杂化，形成 6 个等价的 d^2sp^3 杂化轨道，与 6 个 CN^- 形成配离子，d^2sp^3 杂化轨道的空间构型也是正八面体。

中心原子用次外层 d 轨道，即（n−1）d 和最外层的 ns、np 空轨道进行杂化而成键，所形成的配合物称内轨型配合物。由于（n−1）d 轨道比 nd 轨道能量低，因而内轨型配合物键能大、稳定，在水溶液中不易解离。

中心原子与配体形成何种类型配合物，首先取决于中心原子的电子层结构。当中心原子的 d 轨道全充满时，由于没有可利用的内层空轨道，只能形成外轨型配合物，如 Ag^+、Zn^{2+}、Cd^{2+} 和 Hg^{2+} 等离子的配合物。当中心原子的 d 轨道电子数小于 5 时，一般形成内轨型配合物，如 Cr^{3+}、Zr^{4+}、V^{3+} 等离子的配合物。当中心原子的 d 轨道电子数为 5～8 时，既可形成内轨型配合物又可形成外轨型配合物，这时配体的影响就成为主要因素。一般来说，F^-、OH^-、H_2O 等配体中配位原子（F、O）电负性大，多形成外轨型配合物；而 CN^-、CO 配体中配位原子电负性小，常形成内轨型配合物。

内轨型配合物一般比外轨型配合物稳定，因为中心离子的成键轨道具有（n−1）d 轨道成分的

杂化轨道比 nd 轨道的能量低。但是含有空的（n−1）d 轨道的内轨型配合物不稳定，如 $[V(NH_3)_6]^{3+}$ 中 V^{3+} 的价电子层为 $3d^2$，采取 d^2sp^3 杂化，与 NH_3 配位后，还有 1 个 $3d$ 轨道空着，所形成的配离子虽为内轨型配合物，但稳定性较差。

现将常见配合物杂化类型及空间构型总结于表 7-1。

表 7-1　常见配合物杂化类型及空间构型表

配位数	杂化轨道	立体构型	轨型	实例
2	sp	直线型 	外	$[Ag(NH_3)_2]^+$ $[Cu(CN)_2]^-$
4	sp^3	四面体型 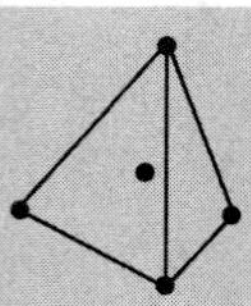	外	$[Zn(NH_3)_4]^{2+}$ $[CoCl_4]^{2-}$
	dsp^2	正方形 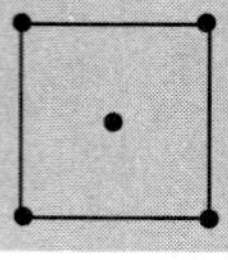	内	$[Ni(CN)_4]^{2-}$ $[Pt(NH_3)_2Cl_2]$
6	sp^3d^2	八面体型 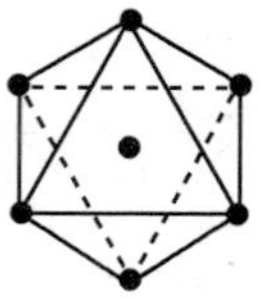	外	$[FeF_6]^{3-}$ $[Ni(NH_3)_6]^{2+}$
	d^2sp^3		内	$[Fe(CN)_6]^{3-}$ $[PtCl_6]^{2-}$

五、配位平衡

中心离子与配体生成配离子的反应称为配位反应，而配离子解离出中心离子和配体的反应称为解离反应。在一定温度下，配离子的生成和解离两个相反的过程达到相对平衡时，称为配位平衡。配位平衡不同于一般平衡的特点是配位反应的趋势远大于配离子解离的趋势。化学平衡的一般原理同样适用于配位平衡。

临床视角　　重金属解毒剂

1. 金属硫蛋白（MT）的自解毒能力　金属硫蛋白是存在于人体及哺乳动物肝内的一种富含金属和半胱氨酸的小分子蛋白质，在体内具拮抗重金属（镉、汞和铅）、抗辐射（包括紫外线）、消除自由基、修复受损组织等功效，其清除羟基自由基的能力比超氧化物歧化酶（SOD）高 10000 多倍，它能为生物体提供多种微量元素（如锌、铜、钴等）。

金属硫蛋白的解毒原理是哺乳动物金属硫蛋白的每个分子都结合 7 个金属离子，不同金属离子对半胱氨酸的巯基硫原子的亲和力有差别，其顺序为：

$$Zn^{2+} < Pb^{2+} < Cd^{2+} < Cu^{2+}，Ag^{+}，Hg^{2+}$$

生物体内存在大量 Zn-MT，当 Hg^{2+}、Cd^{2+} 进入体内时会把 Zn^{2+} 取代出来生成 Hg-MT 和 Cd-MT，使有毒的 Hg^{2+}、Cd^{2+} 失去毒性。

但是金属硫蛋白的自身解毒作用是有一定限度的。一旦有毒金属离子的量超过了金属硫蛋白的承受能力，多余的有毒金属离子就与其他生物配体结合引起中毒。

2. 药物解毒——配位体发挥重要作用　重金属中毒治疗最常用的方法是利用配位能力更强的配体，使之与有害金属离子发生配位作用，形成更稳定且对生物体无害的配合物并能迅速排出体外。

近几十年来，人们在寻找重金属解毒剂方面做了大量的研究，发现了一些有实用意义的解毒

剂，表 7-2 列出了一些有害金属离子或过量金属的解毒剂。

表 7-2　一些有害金属离子或过量金属的解毒剂表

有害金属或过量金属	解毒剂	有害金属或过量金属	解毒剂
Hg	2, 3-二巯基丙醇，乙酰基青霉胺	Sb	青霉胺，二巯基丁酸钠
Pd	EDTA 钙盐，*D*-青霉胺	Sn	2, 3-二巯基丙醇
As	青霉胺	Cu	青霉胺
Fe	去铁敏	Zn	EDTA 钙盐
Ni	乙二基磺酸钠，二苯基硫代卡巴腙	Co	EDTA 钙盐
Au	青霉胺，2, 3-二巯基丙醇	Mn	EDTA 钙盐
Be	金精三羧酸		

六、配离子的稳定常数和不稳定常数

向 $[Cu(NH_3)_4]^{2+}$ 溶液中滴加少量 NaOH 溶液时，无 $Cu(OH)_2$ 沉淀生成，但若加入 Na_2S 溶液时，有黑色的 CuS 沉淀生成。这是因为 $[Cu(NH_3)_4]^{2+}$ 溶液中，Cu^{2+} 浓度很低，说明 $[Cu(NH_3)_4]^{2+}$ 溶液可以微弱地解离出中心原子 Cu^{2+} 和配体 NH_3 分子，当解离速率与配合速率相等时，达到平衡状态的配位平衡可表示为：

$$Cu^{2+} + 4NH_3 \rightleftharpoons [Cu(NH_3)_4]^{2+}$$

根据化学平衡原理，上述配离子生成反应的标准平衡常数表达式为：

$$K_s^{\ominus}\{[Cu(NH_3)_4]^{2+}\} = \frac{c_{eq}\{[Cu(NH_3)_4]^{2+}\}}{c_{eq}(Cu^{2+})\cdot[c_{eq}(NH_3)]^4}$$

式中，$K_s^{\ominus}\{[Cu(NH_3)_4]^{2+}\}$ 为配离子 $[Cu(NH_3)_4]^{2+}$ 生成反应的标准平衡常数，称为 $[Cu(NH_3)_4]^{2+}$ 的标准稳定常数。对于配体数相同的配离子，可利用标准稳定常数比较配离子的稳定性，标准稳定常数越大，形成配离子的倾向就越大，配离子就越稳定。对于配体数不相等的配离子，必须通过计算才能比较出配离子的稳定性。例如，$[Cu(EDTA)]^{2-}$ 和 $[Cu(en)_2]^{2+}$ 的标准稳定常数分别为 5.0×10^{18} 和 1.0×10^{21}，虽然 $[Cu(en)_2]^{2+}$ 的标准稳定常数比较大，但实际上 $[Cu(EDTA)]^{2-}$ 比 $[Cu(en)_2]^{2+}$ 更稳定。

配离子的稳定性除了用标准稳定常数表示外，也常用标准不稳定常数表示。例如，$[Cu(NH_3)_4]^{2+}$ 在溶液中存在下列解离平衡：

$$[Cu(NH_3)_4]^{2+} \rightleftharpoons Cu^{2+} + 4NH_3$$

反应的标准不稳定常数表达式为：

$$K_{is}^{\ominus}\{[Cu(NH_3)_4]^{2+}\} = \frac{c_{eq}(Cu^{2+})\cdot[c_{eq}(NH_3)]^4}{c_{eq}\{[Cu(NH_3)_4]^{2+}\}}$$

$K_{is}^{\ominus}$ 越大，配离子就越易解离，配离子就越不稳定，因此 $K_{is}^{\ominus}$ 称为配离子的标准不稳定常数。显然，配离子的标准稳定常数与标准不稳定常数之间的定量关系为：

$$K_s^{\ominus} = \frac{1}{K_{is}^{\ominus}}$$

七、稳定常数的应用

利用配合物的标准稳定常数，可以判断配体取代反应的方向，也可以计算配合物溶液中某种离子的平衡浓度等。

（一）判断配体取代反应的方向

【例 7-1】 已知 25℃时，$K_s^{\ominus}\{[Ag(NH_3)_2]^+\}=1.67\times10^7$，$K_s^{\ominus}\{[Ag(CN)_2]^-\}=2.48\times10^{20}$，判断下列配体取代反应进行的方向：

$$[Ag(NH_3)_2]^+ + 2CN^- \rightleftharpoons [Ag(CN)_2]^- + 2\,NH_3$$

解： 上述配体取代反应的标准平衡常数为：

$$K^{\ominus} = \frac{[c_{eq}(NH_3)]^2\cdot c_{eq}\{[Ag(CN)_2]^-\}\cdot c_{eq}(Ag^+)}{c_{eq}\{[Ag(NH_3)_2]^+\}\cdot c_{eq}(CN^-)^2\cdot c_{eq}(Ag^+)}$$

$$= \frac{K_s^{\ominus}\{[Ag(CN)_2]^-\}}{K_s^{\ominus}\{[Ag(NH_3)_2]^+\}}$$

$$= \frac{2.48\times10^{20}}{1.67\times10^7} = 1.49\times10^{13}$$

由于反应的标准平衡常数很大，上述配体取代反应向生成 $[Ag(CN)_2]^-$ 的方向进行。因此在含有 $[Ag(NH_3)_2]^+$ 的溶液中，加入足够的 CN^-，$[Ag(NH_3)_2]^+$ 可以全部转化为 $[Ag(CN)_2]^-$。

由此可见，配合物之间可以相互转化，转化的方向总是由较不稳定的配合物转化为较稳定的配合物。

（二）计算配离子溶液中有关离子的浓度

已知配离子的起始浓度，利用配离子的标准稳定常数可以计算出配体和中心原子的平衡浓度。

【例 7-2】 已知 25℃时，$K_s^{\ominus}\{[Cu(NH_3)_4]^{2+}\}=2.30\times10^{12}$，试计算 25℃时 0.10mol/L $[Cu(NH_3)_4]SO_4$ 溶液中 Cu^{2+} 和 NH_3 的浓度。

解： 设溶液中 Cu^{2+} 离子的平衡浓度为 $x$mol/L，则有：

	Cu^{2+}	$+\,4NH_3 \rightleftharpoons$	$[Cu(NH_3)_4]^{2+}$
起始浓度 mol/L	0	0	0.10
平衡浓度 mol/L	x	$4x$	$0.10-x$

$$K_s^{\ominus}\{[Cu(NH_3)_4]^{2+}\} = \frac{c_{eq}\{[Cu(NH_3)_4]^{2+}\}}{c_{eq}(Cu^{2+})\cdot[c_{eq}(NH_3)]^4}$$

代入数据得：

$$\frac{0.10-x}{x\cdot(4x)^4} = 2.3\times10^{12}$$

因为 $K_s^{\ominus}\{[Cu(NH_3)_4]^{2+}\}$ 较大，所以 $0.10-x\approx0.10$ 解得：

$$x = 7.0\times10^{-4}$$

溶液中 Cu^{2+} 离子和 NH_3 的平衡浓度分别为：

$$c_{eq}(Cu^{2+}) = 7.0\times10^{-4}\text{mol/L}$$

$$c_{eq}(NH_3) = 4x\text{mol/L} = 2.8\times10^{-3}\text{mol/L}$$

【例 7-3】 在 10mL 0.04mol/L $AgNO_3$ 溶液中，加入 10mL 2.00mol/L NH_3 溶液，计算平衡后溶液中的 Ag^+ 浓度。

解： 混合后溶液的体积增加 1 倍，浓度降低到原来的 1/2，$AgNO_3$ 为 0.02mol/L；NH_3 的浓度为 1.00mol/L。由于 NH_3 过量，且 $K_s^{\ominus}\{[Ag(NH_3)_2]^+\}$ 很大，可以认为 Ag^+ 几乎全部生成 $[Ag(NH_3)_2]^+$，消耗 NH_3 的浓度为 2×0.02mol/L。设平衡后 $[Ag(NH_3)_2]^+$ 解离出的 Ag^+ 的浓度为 $x$mol/L，则有

	Ag^+	$+\,2NH_3 \rightleftharpoons$	$[Ag(NH_3)_2]^+$
平衡浓度 mol/L	x	$0.96+2x\approx0.96$	$0.020-x\approx0.020$

标准平衡常数表达式为：

$$K_s^{\ominus}\{[Ag(NH_3)_2]^+\}=\frac{c_{eq}\{[Ag(NH_3)_2]^+\}}{c_{eq}(Ag^+)\cdot[c_{eq}(NH_3)]^2}$$

代入数据，得：

$$\frac{0.020}{x\cdot(0.96)^2}=1.67\times10^7$$

解得：

$$x=1.3\times10^{-9}$$

溶液中 Ag^+ 离子的平衡浓度为：

$$c_{eq}（Ag^+）=1.3\times10^{-9}mol/L$$

八、配位平衡的移动

配位平衡与其他化学平衡一样，是一种相对的、有条件的动态平衡。若改变平衡的条件，配位平衡就会发生移动。溶液的酸度变化、沉淀剂、氧化剂或还原剂以及其他配体的存在，均有可能导致配位平衡的移动甚至转化（即为其他平衡所取代）。

中心原子 M 与配体 L 生成配离子 [MLx]（略去 M、L、MLx 的电荷），而配离子又微弱解离出中心原子和配体，在水溶液中存在下列配位平衡：

$$M+xL \rightleftharpoons [MLx]$$

改变中心原子 M 或配体 L 的浓度，将使上述配位平衡发生移动。当 M 或 L 浓度增大时，平衡向生成配离子方向移动；而当 M 或 L 的浓度降低时，平衡向配离子解离的方向移动。

九、螯　合　物

中心原子与多齿配体所形成的具有环状结构的配合物称为螯合物（chelate）。例如，乙二胺是一种多齿配体，它含有两个可提供电子对的 N 原子，一个 Cu^{2+} 与两个乙二胺分子形成具有两个五元螯合环结构的配离子（即螯合物），其结构式为：

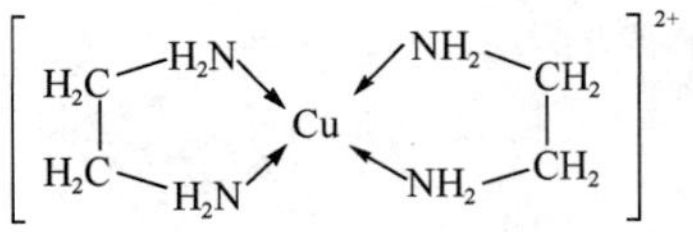

螯合物中每一个螯合环上有几个原子就称为几元环。螯合环的大小及环的数目影响螯合物的稳定性。在螯合环中，五元环和六元环是稳定的，且以五元环最稳定，这是因为五元环的键角为 108°，与 C 原子 sp^3 杂化轨道夹角 109°28′ 接近，张力较小；而小于五元环或多于六元环是不稳定的，且很少见。螯合物中形成的五元环或六元环的数目越多，其稳定性也越大。螯合物与具有相同配位原子的非螯合配合物相比，具有特殊的稳定性，这种现象称为螯合效应。

形成螯合物的多齿配体也称为螯合剂（chelating agent），它们通常是含有 N、O、S、P 等原子的有机化合物。螯合剂必须具有以下两个条件：

（1）配体中必须含有两个或两个以上的配位原子。

（2）配体的配位原子之间应该间隔两个或三个其他原子，以便形成稳定的五元环或六元环。

常见的螯合剂是氨羧类化合物，它们是一类含有—$N(CH_2COOH)_2$（氨基二乙酸）基团的有机化合物，其中最重要和应用最广泛的是乙二胺四乙酸（EDTA）。EDTA 的结构式为：

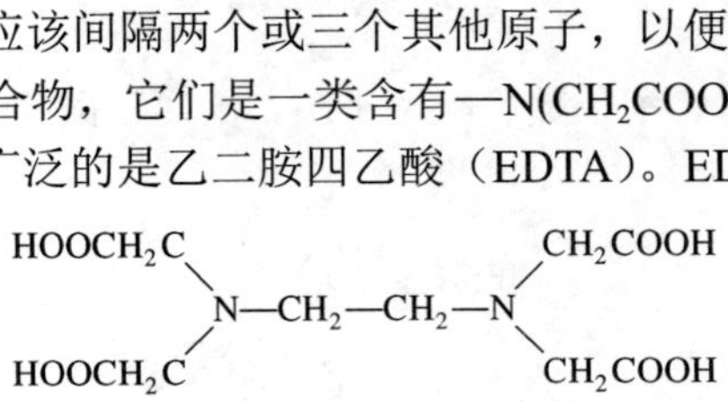

EDTA 是一个六齿配体，其中四个羧基 O 原子和两个氨基 N 原子共提供六对电子，与中心原

子配位时能形成五个五元螯合环，因而配位能力很强，几乎能与所有金属离子形成稳定的螯合物，Ca^{2+}、Mg^{2+} 等离子一般不易形成配合物，但与乙二胺四乙酸在碱性溶液（pH=10）中能形成稳定的螯合物。乙二胺四乙酸与 Ca^{2+} 形成的螯合离子的空间结构为：

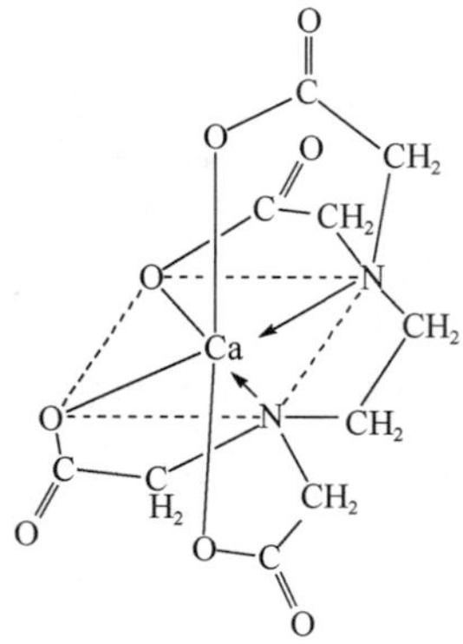

利用乙二胺四乙酸的这种性质，可以测定水中 Ca^{2+}、Mg^{2+} 的含量，确定水的硬度。

临床视角　　抗癌药物顺铂

众所闻知，恶性肿瘤是一类严重威胁人类健康的疾病，它的死亡率极高。长期以来，人类仍然缺乏有效的药物来加以控制和治疗。20 世纪 60 年代末，以金属配合物为基础的抗癌药物的研制取得了明显的进展。例如，1969 年 Rosenberg 发现了顺铂即顺式二氯二氨合铂（Ⅱ）具有广谱且较高的抗癌活性。顺铂 $[Pt(NH_3)_2Cl_2]$ 就是第一代的抗癌药物。该配合物具有脂溶性载体配体 NH_3，可顺利地通过细胞膜的脂质层进入癌细胞内，进入癌细胞的顺铂 $[Pt(NH_3)_2Cl_2]$，由于有可取代配体 Cl^- 存在，Cl^- 即被配位能力更强的 DNA 中的配位原子所取代，进而破坏癌细胞的 DNA 的复制能力，抑制了癌细胞的生长。该配合物作为抗癌药物从 1978 年开始正式应用于临床以来，取得良好的疗效。目前，含铂药物（包括其第二代产品卡铂）联合化疗仍是治疗某些恶性肿瘤的主要手段。新的含铂药物正在不断涌现，一些具有桥联配体和光学活性配体的铂配合物被合成出来，并用于临床试验。迄今为止，尚无任何有机药物能模拟含铂药物对某些恶性肿瘤的独特杀伤作用。显然，金属与生物分子间的相互作用对于铂的抗肿瘤活性至关重要。

在配合物顺铂 $[Pt(NH_3)_2Cl_2]$ 结构模式的启发下，人们广泛开展研制抗癌金属配合物的探索工作，抗癌活性更高的铂系金属（Pd、Ru、Rh）配合物相继开发出来，现在已发现有机锡配合物、金属茂类化合物也具有较高的抗癌活性，有的已在临床使用。如二氯二茂钛（TDC），不仅能与细胞 DNA 磷酸基团结合使 DNA 收缩，而且还与 DNA 碱基键合，导致 DNA 二级结构改变，双螺旋解开甚至变性。有机锡配合物的抗癌机制是其与癌细胞 DNA 磷酸基团结合，导致其局部构象改变，致使 DNA 丧失功能。随着研究的不断发展，在不久的将来，抗癌金属配合物在防癌、治癌方面将会发挥更大的作用。

关　键　词

配离子、配位化合物、配体、配位数、配位平衡、配离子的稳定常数、配离子的不稳定常数、螯合物、螯合效应。

问题与练习

1. 配合物与简单化合物的区别？
2. 如何区分单齿配体和多齿配体？
3. 简述配位化合物的价键理论基本要点。
4. 指出下列配合物的内界、外界、中心原子、配体、配位原子和中心原子的配位数。

（1）$Na[Ag(CN)_2]$

（2）$[Co(NH_3)_2(en)_2]_2(SO_4)_3$

（3）$[CrCl(H_2O)_5]Cl_2$

（4）$[Co(NO_2)_3(NH_3)_3]$

5. 命名下列配合物

（1）$[Zn(NH_3)_4]SO_4$

（2）$[CoCl_2(NH_3)_4]Cl$

（3）$[Pt(Cl)_2(NH_3)_2]$

（4）$Na[Ag(CN)_2]$

（5）$Ni(CO)_4$

（6）$[Co(en)_2]Cl_3$

6. 写出下列配合物的化学式

（1）六氰合铁（Ⅱ）酸钾

（2）氢氧化二氨合银（Ⅰ）

（3）三硝基·三氨合钴（Ⅲ）

（4）氯·五水合铬（Ⅲ）离子

（5）二氯·四硫氰合钴（Ⅲ）酸钾

（6）三（乙二胺）合铬（Ⅲ）离子

7. 已知 $K_s^\ominus\{[Ag(CN)_2]^-\}=2.48\times10^{20}$，计算 0.01mol/L $[Ag(CN)_2]^-$ 配离子溶液中 Ag^+ 离子和 CN^- 离子的平衡浓度。

8. 有三种组成相同的配合物，组成均为 $CrCl_3\cdot H_2O$，但颜色各不同，亮绿色者加入 $AgNO_3$ 溶液后有 2/3 的 Cl^- 离子沉淀析出；暗绿色者能析出 1/3 的 Cl^- 离子；紫色者能沉淀出全部的 Cl^- 离子。试分别写出这三种配合物的化学式。

9. 已知 $K_s^\ominus\{[Ag(NH_3)_2]^+\}=1.67\times10^7$，$K_{sp}^\ominus AgCl=1.56\times10^{-10}$，如果 0.30mol 的 AgCl 刚好能溶解于 1L 氨水中，计算该氨水的浓度。

思考题

乙二胺四乙酸（H_4EDTA）与某些金属离子形成的配离子的标准稳定常数如下表所示：

配离子	$K_s^\ominus$（310 K）	配离子	$K_s^\ominus$（310 K）	配离子	$K_s^\ominus$（310 K）
$[Ca(EDTA)]^{2-}$	3.7×10^{10}	$[Hg(EDTA)]^{2-}$	6.3×10^{21}	$[Sc(EDTA)]^-$	1.3×10^{23}
$[Cd(EDTA)]^{2-}$	3.2×10^{15}	$[Cr(EDTA)]^-$	5.0×10^{18}	$[La(EDTA)]^-$	3.2×10^{15}
$[Co(EDTA)]^{2-}$	2.0×10^{15}	$[Ni(EDTA)]^{2-}$	4.0×10^{15}	$[Th(EDTA)]$	1.6×10^{23}
$[Cu(EDTA)]^{2-}$	6.8×10^{18}	$[Pb(EDTA)]^{2-}$	3.0×10^{18}	$[Zr(EDTA)]$	3.2×10^{29}
$[Fe(EDTA)]^-$	1.2×10^{25}	$[Pd(EDTA)]^{2-}$	3.2×10^{18}		

试回答下列问题：

1. 医疗上是否可以采用 EDTA 为螯合剂，与人体内某些重金属离子形成配离子，以治疗这些金属的中毒症？

2. 向人体内注射药物治疗重金属中毒症时，选用 $Na_2[Ca(EDTA)]$ 溶液好，还是 Na_2H_2EDTA 溶液好？为什么？

（王宏丽）

第八章 核化学和核医学

(nuclear chemistry and nuclear medicine)

学习目标

1. 掌握：放射性、放射性元素、核素、同位素、同质异能素、同质异位素、放射性衰变等基本概念。

2. 熟悉：核化学方程式；衰变规律。

3. 了解：放射性碳年代测定；放射物的监测；核医学。

化学视角 **居里夫人**

居里夫人是被人称为“放射性元素母亲”的法国著名波兰裔物理学家、化学家、哲学家玛丽亚·斯克沃多夫斯卡·居里（Marie Skłodowska Curie），她的代表作品是《放射性专论》，主要成就是开创了放射性理论、发明分离放射性同位素技术、发现两种新元素钋和镭。为了制得纯净的镭化合物，居里夫人历时四载，从数以吨计的沥青铀矿渣中提炼出了100mg氯化镭，并初步测量出镭的相对原子质量是225。在居里夫人的指导下，人们第一次将放射性同位素用于治疗癌症。但由于长期接触放射性物质，居里夫人于1934年7月因恶性白血病逝世。

居里夫人倡导用放射学救护伤员，推动了放射学在医学领域里的运用。居里夫人成为历史上第一个两次获诺贝尔奖的人，第一次于1903年获得诺贝尔物理学奖，第二次于1911年获得诺贝尔化学奖。

第一节 核化学

一、核化学的定义

核化学（nuclear chemistry）是指用化学方法或化学与物理相结合方法研究原子核结构、性质、反应、分离、鉴定和应用的学科。它与放射化学和核物理，在内容上既有区别却又紧密地联系和交织在一起。

二、放射性

放射性（radioactive）是指原子核自发放射出α、β和γ等射线的现象，于1896年由法国物理学家安东尼·亨利·贝克勒尔（Antoine Henri Becquerel）发现，从此揭开了核科学技术的序幕。1898年，居里夫妇进行钋和镭的分离和鉴定；1913年英国著名化学家弗雷德里克·索迪（Frederick Soddy）提出了“同位素”的概念；科学家通过大量化学上的分离和鉴定，以及物理上探测α、β和γ等射线技术的发展，明确了一个元素可能具有不止一个核素的同位素概念，同一核素的不同能态等事实。

三、核素和同位素

原子由原子核和绕核运动的电子组成，其中原子核又由质子和中子组成。核素（nuclide）是指具有特定质量数、质子数和中子数的一种原子。同位素（isotope）是指原子核内具有相同质子数而中子数不同的核素。很多元素有质子数相同而中子数不同的几种原子。通常用符号 ${}_{Z}^{A}X$ 表示，其中 A 是质量数，Z 是质子数（原子序数），X 是元素符号。例如，氢有三种核素：${}_{1}^{1}H$、${}_{1}^{2}H$ 和 ${}_{1}^{3}H$，它们的原子核中分别有 0、1、2 个中子。这三种核素互称为同位素。在自然界中 ${}_{1}^{1}H$ 占 99.985%，${}_{1}^{2}H$ 只占 0.0148%，其中 ${}_{1}^{2}H$ 是一种重要的核原料。再如，碳有五种同位素：${}_{6}^{10}C$、${}_{6}^{11}C$、${}_{6}^{12}C$、${}_{6}^{13}C$ 和 ${}_{6}^{14}C$，其中 ${}_{6}^{12}C$、${}_{6}^{13}C$ 和 ${}_{6}^{14}C$ 是天然的，${}_{6}^{10}C$ 和 ${}_{6}^{11}C$ 是人工制成的。

同质异能素（isomer）是指质量数和质子数均相同而核能态不同的一类核素，如 ${}_{43}^{99m}Tc$ 是 ${}_{43}^{99}Tc$ 的同质异能素。质量数相同而质子数不同的核素称为同质异位素（isobar），如 ${}_{19}^{40}K$ 和 ${}_{20}^{40}Ca$ 等。

四、放射性元素

1. 放射性元素的定义　放射性元素是指能够自发地从不稳定原子核内部放出粒子或射线（如 α 粒子、β 射线、γ 射线等），同时释放出能量，最终形成稳定核素的一类元素，这一过程被称为放射性衰变（radioactive decay）。具有放射性的核素称为放射性核素（radioactive nuclide），不具有放射性的核素称为稳定核素。一般原子序数在 84 以上的元素都具有放射性，原子序数在 83 以下的某些元素如锝（Tc）、钷（Pm）等也具有放射性。

2. 放射性元素的分类　根据来源，放射性元素可分为天然放射性元素和人工放射性元素两类。其中，天然放射性元素是指在自然界中存在的放射性元素，如钋（Po）、氡（Rn）、钫（Fr）、镭（Ra）、锕（Ac）、钍（Th）、镤（Pa）和铀（U）等；人工合成的放射性元素，如锝（Tc）、钷（Pm）和铀（U）以后的元素。自然界存在三个主要的天然放射系，分别为铀系、锕系和钍系，这三个系的“始祖”核素分别为 ^{238}U、^{235}Ac 和 ^{232}Th。由于“始祖”核素的寿命和地球的年龄相近，所以这些核素还没有完全衰变掉。系中每一个放射性核素都是由前代的放射性核素通过 α 或 β 衰变产生，最后分别终止于稳定核素 ^{206}Pb、^{207}Pb 和 ^{208}Pb。

3. 常见的放射性元素　常见的放射性元素主要有铯（Cs）、碘（I）、锶（Sr）、氡（Rn）和氚（${}_{1}^{3}H$）等。

（1）放射性铯：铯放射性同位素有 34 个，由铀裂变生成的铯重要同位素为 ^{137}Cs，它在核电站的乏燃料（燃烧以后的核燃料）的裂变产物中裂变产额较高，是 β^- 辐射体。由于其衰变产物 ^{137m}Ba 为 γ 辐射体，因此 ^{137}Cs 可同时作为 β 辐射源和 γ 辐射源应用。^{137}Cs 的半衰期约 30 年，完全消失则长达 300 年。由于具有放射毒性，一旦环境中的 ^{137}Cs 被人体吸收，就会对人体产生极大危害。在核爆炸或者核事故所致的环境污染检测中，^{137}Cs 是重点检测的放射性元素，由于铯作为 γ 辐射源的半衰期较长，且易造成扩散，现在已逐渐用 ^{60}Co 源取代 ^{137}Cs 源。

（2）放射性碘：碘的同位素有 37 种，除 ^{127}I 外均为放射性同位素。寿命最长的放射性碘同位素是 ^{129}I，半衰期为一千五百多万年。由于其半衰期与地球寿命相比很小，^{129}I 是一种已灭绝的放射性核素，它在太阳系早期的存在可从其子体 ^{129}Xe 的观测来推断。^{131}I 是核电站燃料的主要裂变产物之一，由于碘具有易挥发的特点，在核爆炸及反应堆事故时，它是早期污染环境的主要核素，^{131}I 和 ^{125}I 是毒性相对较大的放射性核素。放射性碘进入体内时，约 70% 在血浆中，另外 30% 很快转移到体内各组织器官内，且呈高度不均匀分布，大部分选择性地富集于甲状腺，其浓度高达血浆浓度的 25 倍，在供碘不足的情况下其浓度可达到血浆浓度的 500 倍，所以，甲状腺辐射损伤是放射性碘对人体的主要危害。然而，医学上也正是利用碘在甲状腺中的富集行为，用放射性 ^{131}I 治疗甲状腺疾病。

（3）放射性锶：锶的放射性同位素有 19 种。其中 ^{85}Sr、^{89}Sr 和 ^{90}Sr 是具有重要意义的同位素，^{89}Sr 和 ^{90}Sr 是用来评估核试验所致环境污染物的主要核素之一。^{90}Sr 半衰期较长、在裂变产物中的份额较高、进入人体后有重要的毒理学意义；^{90}Sr 可作为 β 辐射源，在军事、科学研究及医学上均有重要用途。^{89}Sr 可作 β 放射源。^{85}Sr 则是纯 γ 辐射源，是一种常用的示踪剂。动物实验证明，进入体内的放射性锶主要造成骨髓造血组织和骨骼的损伤，其随机性效应主要是骨组织瘤，其次为白血病。

（4）放射性氡：氡是天然放射性惰性气体，无色无臭，可溶于水，它有很多放射性同位素，其中半衰期最长的同位素是 ^{222}Rn，半衰期为 3.82 天。由于 ^{222}Rn 的放射性子体是固态放射性核素，因此能在空气中形成气溶胶被人吸入。^{220}Rn 是氡的另一种同位素，半衰期为 55 秒，在我国，发现泥土房和窑洞中 ^{220}Rn 的浓度较高。世界卫生组织已把氡列为 19 种致癌物质之一，氡吸入是仅次于吸烟的第二大致肺癌因素。

（5）放射性元素氚：氚（$^{3}_{1}H$）是元素氢的一种放射性同位素。氚会发射 β 射线而衰变成氦-3，半衰期为 12.5 年。氚主要用于热核武器、科学研究中的标记化合物，制作发光氚管，还可能成为热核聚变反应的原料。在生命科学研究中，酶的作用机制和分析、细胞学、分子生物学、受体结合研究、放射免疫分析、药物代谢动力学，以及癌症的诊断和治疗等，都离不开氚标记化合物。

五、核 反 应

1. 核反应的定义 核反应（nuclear reaction）是指原子核与原子核或者原子核与各种粒子（如质子、中子、光子或高能电子等）之间相互作用引起的各种变化。在核反应过程中，将会产生不同于入射弹核和靶核的新原子核。因此，核反应是生成各种不稳定原子核的根本途径。

2. 核反应的分类 核反应主要可分为衰变、粒子轰击、裂变和聚变。

3. 核衰变 核衰变（nuclear decay）是指放射性同位素的原子核很不稳定，会不间断地、自发地放射出射线，直至变成另一种稳定同位素。放射性同位素在进行核衰变的时候，可放射出 α 射线、β 射线、γ 射线和电子俘获等，在这个过程中，原来的核素（母体）或者变为另一种核素（子体），或者进入另一种能量状态。

（1）α 衰变：是指释放 α 射线（α 粒子）的衰变方式。α 衰变后，质子数减少 2，质量数减少 4，即在元素周期表中核素的位置比原来的核素左移 2 格。α 粒子（$^{4}_{2}He$）含 2 个质子和 2 个中子，带 2 个正电荷，质量数为 4。α 粒子具有射程短、能量高和电离能力强等特点。通式可表示为：

$$^{A}_{Z}X \rightarrow ^{A-4}_{Z-2}Y + ^{4}_{2}\mathrm{He} + \mathrm{Q}$$

【例 8-1】 $^{226}_{88}\mathrm{Ra} \rightarrow ^{222}_{86}\mathrm{Rn} + ^{4}_{2}\mathrm{He} + \mathrm{Q}$

式中，左侧母核，右侧分别为子核、α 粒子（$^{4}_{2}He$）和衰变能 Q。

（2）β 衰变：是由于母核的质子或中子过多而产生。β 衰变可分 β^- 衰变、β^+ 衰变和电子俘获（electron capture）。

β^- 衰变是指放射性核素的原子核自发地放射出电子的衰变。其通式可表示为：

$$^{A}_{Z}X \rightarrow ^{A}_{Z+1}Y + \beta^- + \bar{\nu} + \mathrm{Q}$$

【例 8-2】 $^{210}_{83}\mathrm{Bi} \rightarrow ^{210}_{84}\mathrm{Po} + \beta^- + \bar{\nu} + \mathrm{Q}$

β^+ 衰变是指放射性核素的原子核自发地放射出正电子的衰变。其通式可表示为：

$$^{A}_{Z}X \rightarrow ^{A}_{Z-1}Y + \beta^+ + \nu + \mathrm{Q}$$

【例 8-3】 $^{1}_{1}\mathrm{H} \rightarrow ^{1}_{0}\mathrm{n} + \beta^+ + \nu + \mathrm{Q}$

电子俘获是指原子核从核外内层的原子轨道上俘获一个电子，使一个质子转化为中子，其质子数减少，在元素周期表中向左移动一位置。其衰变反应式如下：

$$ {}_{Z}^{A}X + e^{-} \rightarrow {}_{Z-1}^{A}Y + \nu + Q $$

【例 8-4】 ${}_{26}^{55}Fe + e^{-} \rightarrow {}_{25}^{55}Mn + \nu + Q$

（3）γ 衰变：是伴随着 α 衰变或 β 衰变时发生的衰变，一般不能单独发生。因为有些放射性核素的原子核，当放射出 α 粒子或 β 粒子以后，新生子核仍然处在激发状态，是不稳定的，它要向基态跃迁，将多余的能量以 γ 光子发射出来。例如，${}_{82}^{210}Pb$ 发生 β^{-} 衰变后变成 ${}_{83}^{210}Bi$，同时有 γ 射线产生，过程为：

$$ {}_{82}^{210}Pb \rightarrow {}_{83}^{210}Bi + {}_{-1}^{0}e + \nu + \gamma + Q $$

（4）衰变规律：放射性元素的核衰变是原子核自发产生的，不受任何外来的物理和化学因素影响，它完全由原子核的不稳定性来确定。对于单个核来说，衰变是无规律的，而对足够多原子核的整体来说，它的衰变是有规律可循的。

放射性核素的衰变服从指数衰减规律。随着时间的增加，放射性原子的数目按几何级数减少，用公式表示为：

$$ N = N_0 e^{-\lambda t} \tag{8-1} $$

式中，N_0 为初始的放射性原子数目，N 为经过 t 时间衰变后，剩下的放射性原子数目，λ 为衰变常数（decay constant），是与该种放射性同位素性质有关的常数。

4. 核粒子轰击　揭开原子核内部奥秘的基本方法是用高速运动的粒子去轰击原子核，其轰击结果产生了另一种新核，其核反应方程的一般形式为：

$$ {}_{Z}^{A}X + x \rightarrow {}_{Z'}^{A'}Y + y + Q $$

式中，${}_{Z}^{A}X$ 是靶核的符号，x 是入射粒子的符号，${}_{Z'}^{A'}Y$ 是新生核的符号，y 是放射出的粒子的符号。

1919 年卢瑟福首先做了用 α 粒子轰击氮原子核的实验，其反应方程式为：

$$ {}_{7}^{14}N + {}_{2}^{4}He \rightarrow {}_{8}^{17}O + {}_{1}^{1}H + Q $$

1930 年查德威克发现中子，其核反应方程为：

$$ {}_{4}^{9}Be + {}_{2}^{4}He \rightarrow {}_{6}^{12}C + {}_{0}^{1}n + Q $$

5. 核裂变　核裂变（nuclear fission）也称核分裂，是指由重的原子核（主要是指铀核或钚核）分裂成两个或多个质量较小原子的一种核反应形式。例如，原子弹、裂变核电站或核能发电厂的能量来源就是核裂变。其中铀裂变在核电厂最常见，热中子轰击 ^{235}U 原子后会放出 2 到 4 个中子，中子再去撞击其他 ^{235}U 原子，从而形成链式反应，其反应方式为：

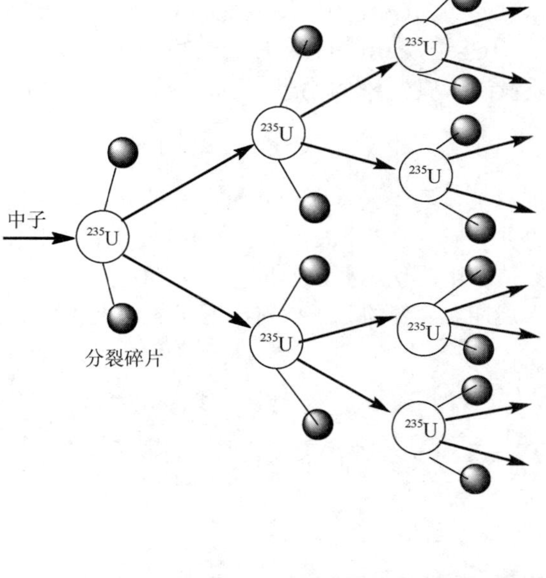

6. 核聚变 核聚变（nuclear fusion）也称核融合、融合反应、聚变反应或热核反应，是指由质量小的原子（主要是指氘或氚）在超高温和高压条件下让核外电子摆脱原子核的束缚，让两个原子核能够相互吸引而发生原子核互相聚合作用，生成新的质量更重的原子核（如氦）。核聚变是核裂变相反的形式。在这碰撞过程中，逃离原子核束缚而释放出来的大量电子和中子所表现出来的就是巨大的能量释放，这是核反应的一种形式。原子核中蕴藏着巨大的能量，原子核的变化（从一种原子核变化为另外一种原子核）往往伴随着能量的释放。

核聚变可能成为未来的能量来源。为此，科学家们正在努力研究可控的核聚变为人类服务。

六、核化学的方程式

核变化过程可用核化学方程式来表示，书写方法与通常的化学反应方程式不同，必须遵守三条原则：一是核化学方程式中质子，中子以及电子数和质量数需要标明。例如，质子（$^{1}_{1}H$）、中子（$^{1}_{0}n$）、电子（$^{0}_{-1}\beta$或$^{0}_{-1}e$）、α粒子（$^{4}_{2}He$或$^{4}_{2}\alpha$）等。二是核化学方程式两端的质量数之和相等。三是核化学方程式两端的质子数之和相等。

【例 8-5】 $^{59}_{26}Fe$衰变成$^{59}_{27}Co$。

核化学方程为：$^{59}_{26}Fe \rightarrow ^{59}_{27}Co + ^{0}_{-1}e + Q$

【例 8-6】 α粒子轰击$^{229}_{92}U$产生$^{239}_{94}Pu$。

核化学方程为：$^{239}_{92}U + ^{4}_{2}\alpha \rightarrow ^{239}_{94}Pu + 4\,^{1}_{0}n + Q$

【例 8-7】 中子轰击$^{6}_{3}Li$产生$^{3}_{1}H$。

核化学方程为：$^{6}_{3}Li + ^{1}_{0}n \rightarrow ^{3}_{1}H + ^{4}_{2}He + Q$

七、放射性活度及其度量单位

放射性活度（radioactivity）是描述放射性核素的放射性程度的一个物理量，通过实验可观察得到放射性物质的衰变速率。由于它表示放射源在单位时间内发生衰变的核数，因此也被表示为放射性强度。

放射性活度的 SI 单位为 Bq，定义为每秒发生一次核衰变。

即：1Bq = 一次核衰变 / 秒

放射性活度常用派生单位有：$kBq=10^{3}Bq$

$MBq=10^{6}Bq$

$GBq=10^{9}Bq$

以前习惯用单位是 Ci（居里），1Ci 相当于每秒发生 3.7×10^{10} 次衰变。

$$1Ci=3.7\times10^{10}Bq \text{ 或 } 1Bq=2.703\times10^{-11}Ci$$

比放射性活度：单位质量或体积放射性制剂中的放射性活度，单位为 Bq/g 或 mCi/g 等。

八、衰变半衰期

核衰变的速度只与时间有关，不受元素所处状态以及外界条件（温度、压力、电磁场等）的影响，放射性同位素衰变的快慢，通常用半衰期 $t_{1/2}$（half life time）来表示，即一定数量放射性同位素原子数目减少到其初始值一半时所需要的时间。半衰期是放射性同位素的一特征常数，不同的放射性同位素有不同的半衰期，衰变的时候放射出射线的种类和数量也不同。当 $N=N_0/2$，由式（8-1）可得：

$$N_0/2 = N_0 e^{-\lambda t_{1/2}} \quad t_{1/2} = \ln2/\lambda = 0.693/\lambda$$

由此可见，半衰期 $t_{1/2}$ 与衰变常数 λ 成反比，衰变常数大的核素半衰期越短，衰变得越快；反之，衰变常数小的核素半衰期越长，衰变得越慢。

九、放射性碳年代测定

在自然界中，^{14}C 是宇宙射线与大气中的氮通过核反应产生的。^{14}C 存在于大气中，随着生物体的吸收代谢，经过食物链进入活的动物或人体等一切生物体中，自然界中的 ^{14}C（包括一切生物体内）的含量与稳定同位素 ^{12}C 的含量的相对比值基本保持不变。当生物体死亡后，新陈代谢停止，由于 ^{14}C 的不断衰变减少，因此体内 ^{14}C 和 ^{12}C 含量的相对比值相应不断减少。通过对生物体出土化石中 ^{14}C 和 ^{12}C 含量的测定，就可以准确算出生物体生存（即死亡）的年代。美国放射化学家威拉得·法兰克·利比（Willard Frank Libby）据此原理发明了放射性测年代的方法。例如，某一生物体出土化石，经测定含碳量为 *m* 克（或 ^{12}C 的质量），按自然界碳的各同位素的原子丰度，计算出 ^{14}C 的质量为 *m* 克。但实际测得体内 ^{14}C 的质量内只有 *m* 克的八分之一，根据半衰期可知生物死亡已有了 3 个 5730 年了，即已死亡了 17 290 年了。由于 ^{14}C 含量极低，而且半衰期很长，所以用 ^{14}C 只能准确测出 5 万～6 万年以内的出土文物。若超过在 6 万年以上的出土文物，^{14}C 测年法就无法测定出来种同位素含量的相对比值可计算出，生物体活着时，体内 ^{14}C 的质量应为 *m*。

环境视角 **放射性废物处理的方法**

放射性废物是含量超过国家规定限值任何放射性核素的固体、液体和气体废物的统称。正确处理放射性废物，保护环境，减少公共受照剂量极为重要。

1. 放射性固体废物处理　对各种有放射性污染的固体物品，如注射器、药杯、手套、棉签及各种药品，实验动物的尸体、粪便，放射性废液固化物等，首先必须严格收集，按照核素的半衰期分类存放。对含短半衰期核素的废物，待到 10 个半衰期后，可以按照医院一般污物处理。对半衰期超过 15 天的废物，应暂时储存在医院的临时专用半衰性废物存放处，定期送交当地集中废物进行处理。

2. 放射性废水处理　对半衰期小于 15 天的放射性废水，采用自然衰变方法处理。待到 10 个半衰期后，经环保部门监测符合排放要求后才能排放。对长半衰期核素必须严格收集，经混凝沉淀、离子交换等处理后，再将其沉渣固化，按放射性固体废物处理。

3. 放射性废气处理　对含有放射性气体如碘蒸气、放射性气溶胶的废气，活性炭过滤器及高效过滤器过滤后，再经排气管道排入大气，排放口高度须高出其周围 50cm 范围内最高建筑 3m 以上。

十、放　射　物

1. 放射物的定义　放射性物质（radioactive substances，简称放射物）是指原子核能发生衰变的物质。能放出肉眼看不见也感觉不到而只能用专门的仪器才能探测到的射线，其物质的这种性质叫放射性。

2. 放射源的定义　放射源是指用放射性物质制成的能产生辐射照射的物质或实体，放射源按其密封状况可分为密封源和非密封源。密封源是密封在包壳或紧密覆盖层里的放射性物质，工农业生产中应用的料位计、探伤机等使用的都是密封源，如 ^{60}Co、^{137}Cs、^{192}Lr 等。非密封源是指没有包壳的放射性物质，医院里使用的放射性示踪剂属于非密封源，如 ^{131}I、^{125}I、^{99m}Tc 等。

3. 放射源的分类　国际原子能机构根据放射源对人体可能伤害的程度，将放射源分为 5 类：Ⅰ类放射源属极危险源。没有防护情况下，接触这类源几分钟到 1 小时就可致人死亡。Ⅱ类放射源属高危险源。没有防护情况下，接触这类源几小时至几天可以致人死亡。Ⅲ类放射源属中危险源。没有防护情况下，接触这类源几小时就可对人造成永久性损伤，接触几天至几周也可致人死亡。上述三类放射源为危险放射源。Ⅳ类放射源属低危险源。基本不会对人造成永久性损伤，但对长时间、近距离接触这些放射源的人可能造成可恢复的临时性损伤。Ⅴ类放射源属极低危险源。不会对人造成永久性损伤。在我国被盗或失控的放射源多数属于Ⅳ类放射源或Ⅴ类放射源。

4. 放射性污染 放射性污染是由放射性核素的化学物质而造成，但是放射性污染与一般化学毒害物质污染是有区别的。放射性污染物的放射性与物质的化学状态无关；每一种放射性核素都能放射出具有一定能量的一种或多种射线，每一种射线都有一定的半衰期，而且不受温度、气压的影响，有的半衰期极长，如 ^{241}Pu 衰变产物 ^{241}Am 的半衰期为433年，$^{238}_{93}U$ 的半衰期为109年，有的则只有几分钟或几秒；除核反应条件外，任何物理、化学、生物的处理都不能改变放射性核素的性质；放射性物质进入环境后，可随介质的扩散或流动在自然界稀释和迁移，还可在生物体内富集并由此产生在人体内放射性污染。

5. 放射物的监测 根据对象，放射物的监测可分为现场监测、个人剂量监测和环境监测。其中，现场监测是指对放射性物质的产生或应用单位内部工作区域所作的监测。个人剂量监测是指对放射性专业工作人员或公众作内照射和外照射的监测。环境监测是指对核试验、核企业生产和使用放射性核素以及其他场所进行的监测。

根据测量指标或方法，放射物的监测可分为物理测量方法和放射化学测量方法。前者是针对环境辐射的放射源的活度、射线种类、半衰期、能量和对空气的电离情况，以及在环境与人体中的电离辐射剂量；后者是对放射性核素进行监测，其目的在于了解各种放射性核素的含量、分布和转移规律，同时也可掌握主要放射性核素的情况。

放射性核素能发射出各种不同的射线，可以被放射性探测仪器所测定或被感光材料所记录。通常采用的测定仪器有电离探测仪、闪烁探测仪和半导体探测仪三种。其中，第一种是电离探测仪，是以气体作为探测介质的辐射探测仪。此探测仪是通过收集射线在气体中产生的电离电荷来进行测量，其优点是能量响应好、可做绝对测量用、稳定性好、使用寿命长、密封电离室无需温度以及气压修正等，而不足是灵敏度差和空间分辨率不高等。第二种是闪烁探测仪，是由荧光晶体、光电倍增管及计数系统组成。医学上主要用于探测γ射线和X射线。当射线照射在某些闪烁体上使它发生闪光，利用光电倍增管将闪光信号放大、记录下来进行测量。其优点是探测效率高、分辨时间短等。第三种是半导体探测仪：用半导体材料制成的将射线能量转换成电信号的探测仪。实质上，它是一个半导体材料高掺杂较大体积的晶体二极管。其工作原理是入射粒子进入半导体探测仪后，产生空穴-电子对，这些空穴-电子对被探测器两电极的电场分开，并分别被阴极和阳极收集，产生同射线粒子交出的能量成正比的输出脉冲信号，从而可探测射线的强度。该探测仪的能量分辨率比前两种探测仪高得多。其优点是具有空间分辨率好、分辨时间快、灵敏度高和同样剂量辐照下输出的信号比电离室大等。其缺点是能量响应差、长期稳定性不好、温度变化会明显增加探测器的暗电流（即输出随温度的漂移大）等。

6. 放射源的防护 放射源发射的射线主要有α射线、β射线和γ射线等。不同的射线在物体中穿透能力也各有不同。一张厚纸可挡住α射线；有机玻璃、铝等中有效阻挡β射线；γ射线穿透力较强，可以用混凝土、铅等阻挡。因此，放射源并不可怕，特别是那些已经采取了安全保护措施，正常使用的放射源，对人体是基本没有危害的。为了防止或减少放射源发出的射线对人体的伤害，主要采取的防护手段有3种：距离防护、屏蔽防护和时间防护。距离防护是距离放射源越远，接触的射线就越少，受到的伤害也越小；屏蔽防护是选取适当的屏蔽材料（如混凝土、铁或铅等）做成屏蔽体遮挡放射源发出的射线；时间防护是尽可能减少与放射源的接触时间。

环境视角 **氡和室内空气污染**

氡无所不在，遍布在我们的生活环境之中，室内的氡是我们需要特别警惕的，氡气可以来自各种建筑材料，如花岗岩、瓷砖、砂、水泥、石膏等室内装饰材料，特别是含有放射性元素的天然石材，也可来自空气或用水，供水及用于取暖和厨房设备的天然气中也可释放出氡，通风不好也会导致氡气积累而使浓度升高。人体吸入氡后，会影响神经系统，使人精神不振，而其在人体内部的辐射会使细胞发生异变，会堆积在肺部，沉淀到一定程度后，损坏肺泡，进而可能诱发肺癌等。长期生活在含氡量高的环境里，就可能对人的血液循环系统造成危害，如白细胞和血小板减少，严重的还可能导致白血病。因此，为了减少氡的危害，需要保持室内通风良好。

十一、核技术及应用

核技术和核能是核领域的两个重要方面，有人形象地把核能比喻为“核领域的重工业”，而把核技术比喻为“核领域的轻工业”。核技术涉及基础研究的对象的相互作用、射线探测方法和信息处理方法。实际上应用方面着重跨学科的研究，如物理学、医学和生命科学、环境科学、工业、农业和社会安全等。其中同位素与辐射技术是20世纪迅速发展起来的一门高技术产业，是核技术应用的一个重要方面，由于具有灵敏、准确、迅速和使用方便等优点，可以帮助人们解决用其他方法无法解决的特殊疑难问题，因此得到了广泛应用。实践业已证明，该技术的应用在医学方面提高了人类征服疾病的防治能力。

第二节　核　医　学

一、核医学的定义

核医学（nuclear medicine）是指核技术与医学相结合的综合性边缘科学，是采用放射性同位素来诊断、治疗疾病和进行医学研究的学科，是核技术、电子技术、计算机技术、化学、物理和生物学等现代科学技术与医学相结合的产物。可应用于药物作用原理、药物活性、药物分析和药物的辐射消毒等方面。

二、核医学的分类

根据研究对象，核医学可分为实验核医学和临床核医学两类。

实验核医学利用核技术探索生命现象的本质和物质变化规律，在医学基础理论研究已经得到广泛应用，内容主要包括核衰变测量、标记、示踪、体外放射分析、活化分析和放射自显影等。

临床核医学与临床各科紧密结合并互相渗透，按器官或系统又可分为心血管核医学、神经核医学、消化系统核医学、内分泌核医学、儿科核医学和治疗核医学等。20世纪70年代以来由于单光子发射计算机断层和正电子发射计算机断层技术的发展，以及放射性药物的创新和开发，使核医学显像技术取得突破性进展。它和CT、核磁共振、超声技术等相互补充、彼此印证，极大地提高了对疾病的诊断和研究水平，故核医学显像是近代临床医学影像诊断领域中一个十分活跃的分支和重要组成部分。临床核医学是利用开放型放射性核素诊断和治疗疾病的临床医学学科，由诊断和治疗两部分组成。诊断核医学包括以脏器显像和功能测定为主要内容的体内诊断法和以体外放射分析为主要内容的体外诊断法。这种诊断方法一般具有灵敏、简便、安全、无损伤等优点，用途非常广泛，几乎所有组织器官或系统的功能检查都可应用。治疗核医学是利用放射性核素发射的核射线对病变进行高度集中照射治疗。

三、核医学的应用

核医学的应用主要涉及核医学示踪技术和放射诊疗。

核医学示踪技术是将一些放射性同位素派到人体里去当“侦察兵”，通过它们不断放出的射线了解人体内部的结构和健康状况。例如，检查人体血液循环系统时，将用放射性同位素 ^{24}Na 制成的氯化钠-24 溶液注射到静脉，让它随着血液一起在体内流动，不断放出射线，此时利用放在人体各个不同部位的放射性计数器显示的情况，就可测出体内的血液循环到达各个部位所需要的时间，由此查明血液循环系统是否有狭窄或障碍等情况。

放射诊疗是利用物质的放射性进行诊断和治疗，主要包括 X 射线诊断、核医学、放射治疗和介入放射学等四类方法。

第一类方法是 X 射线诊断：即利用 X 射线对不同密度物质的穿透性有差异，通过 X 射线照射后的成像图能诊断并发现体内的疾患，主要有胸透、拍胸片、CT 检查等。

第二类方法是核医学：利用放射性同位素产生的电离辐射进行诊治。该法是重要的医学研究法，通常也用于新药临床前研究，探索药物代谢的规律。其常用的同位素诊断可分为体外脏器显像、脏器功能测定和体外放射分析三种方法。①体外脏器显像：是以发射 γ 射线的同位素有选择性地聚集到人体的某种组织或器官，利用 γ 照相机等探测并显示标记试剂在体内分布的情况，了解组织器官的形态和功能。例如，硫化锝胶体经注射进入血液后，能被肝脏的枯氏细胞摄取，探测仪器在体外的记录可显示出肝脏放射性物质的分布，从而可判断肝脏的大小、形态和位置，肝脏是否正常，有无肿块等等。这种检查已广泛用于肝、脑、心、肾、肺等主要组织、器官的形态和功能检查。②脏器功能测定：测定器官功能的同位素方法。例如，测定甲状腺摄碘离子的数量和速度，以检查甲状腺功能状态；在注射（^{131}I）-邻碘马尿酸后，用探测仪器同时记录两侧肾区放射性起落变化曲线，以检查两侧肾脏血流情况、肾小管分泌功能和输尿管通畅程度；在注 Cr 标记的红细胞后，测定血中放射性消失的速度，以查出红细胞寿命等。③体外放射分析：用竞争放射分析这种超微量分析技术，可以准确测出血、尿等样品中小于 $10^{-10}g$ 的激素、药物、毒物等成分。用这种方法测定的具有生物活性的物质已达到数百种。中国曾把这种技术用于妊娠早期检查、献血员肝炎病毒检查、肝癌普查等。另外，还可以通过中子活化分析测出头发、指甲、血、尿等样品中的各种微量元素，用来诊断微量元素异常所引起的一些疾病。核射线有杀伤细胞的能力，用放射性碘治疗甲状腺功能亢进，是内服同位素疗法中最成功的例子。碘的 β 射线可有效地将甲状腺组织破坏，等于进行了一次“无刀手术”，磷常用于治疗真性红细胞增多症。还可采用放射性磷、锶等同位素敷贴疗法治疗血管瘤、湿疹、角膜炎症等浅表部位的皮肤病和眼科疾病。此外，钴治疗机、电子感应加速器、直线加速器等外照射治疗已成为治疗恶性肿瘤的重要手段，在癌症治疗中所占的比重高达 70% 左右，而且遍及癌症的绝大部分病种。

第三类方法是放射治疗：利用电离辐射照射肿瘤组织，将肿瘤细胞杀死以达到治疗目的，这是世界上治疗恶性肿瘤的重要手段之一。近年来的三维适形放疗、适形调强放疗等新技术使疗效更高、副作用更少。

第四类方法是介入放射学：是在医学影像设备（如 X 射线、超声、CT）和核磁共振成像（MRI）的引导下，以影像诊断学和临床诊断学为基础，结合临床治疗学原理，利用导管、导丝等器材来进行疾病诊治的一系列技术。

四、核医学的安全防护

（1）从事核医学相关的工作人员首先应了解有关放射性核素的基本知识和临床知识，熟悉各项工作常规，按有关规定考核合格、体检合格，并按国家规定持有放射性工作许可证方可正式参加操作，严格按操作规程要求进行工作。

（2）医用核素室的建筑大体分为：清洁区（办公室、会议室）；工作区（测量室、扫描室、示踪室等）；活性区（注射室、储源室、分装室、洗涤室、病室等）。工作区与活性区应根据放射性强度不同，进一步区分为高、中、低活性区。清洁区与活性区、工作区之间应有卫生通过间及清洁、洗消设施；清洁区与活性区应各有独立通道与外界相通。

（3）当进入活性区应穿戴防护用品，离开高活性操作区前应通过卫生通过间进行清洁处理。

营具、装备、清洁工具等均须按区固定使用，不得混淆；核医学科内各项清洁方法一律采用湿洁法，以防尘土飞扬。清洁区及其他非活性区内不得进行放射性核素操作，不得携入带有放射性的物质、器具，以防止放射性污染。

（4）核医学工作室必须配备放射性固、液、气体放射性废物处理及（或）存放设施；所用物品应固定使用，排泄物和接触到排泄物的敷料、棉花、纸张等，应按国家有关规定进行处理。进行放射性核素（放射药物）操作，包括制备、分装、应用、存贮等，应在专门的操作间实施；其中开放式高活性操作（发生器淋洗、标记、分装）应在专用通风橱内进行；高活性操作间应有必要的洗消、通风等防护装备。

临床视角　　核磁共振成像

核磁共振成像（MRI）是随着电脑技术、电子电路技术、超导体技术的发展而迅速发展起来的一种生物磁学核自旋成像技术，其原理是通过外加梯度磁场与射频脉冲使人体组织内进动的氢核（即 H^+）发生振动产生射频信号，经电脑处理而成像的。由于人体约 70% 是由水组成的，MRI 即依赖水中氢原子。当把物体放置在磁场中，用适当的电磁波照射它，使之共振，然后分析它释放的电磁波，就可以得知构成这一物体的原子核的位置和种类，据此可以绘制成物体内部的精确立体图像。通过一个磁共振成像扫描人类大脑获得的一个连续切片的动画，由头顶开始，一直到基部。MRI 诊断广泛应用于临床，在神经系统应用较为成熟。三维成像和流空效应使病变定位诊断更为准确，并可观察病变与血管的关系，对脑干、幕下区、枕大孔区、脊髓与椎间盘的显示明显优于 CT，对脑脱髓鞘疾病、多发性硬化、脑梗死、脑与脊髓肿瘤、血肿、脊髓先天异常与脊髓空洞症的诊断有较高价值。

关　键　词

核素、同位素、同质异能素、同质异位素、放射性元素、放射性衰变、α 衰变、β 衰变、γ 衰变、电子俘获、衰变规律、衰变半衰期、放射性活度、同位素标记。

问题与练习

一、名词解释

核素

同位素

同质异能素

同质异位素

α 衰变

β 衰变

γ 衰变

电子俘获

衰变半衰期

放射性活度

二、简答题

1. 放射性衰变有哪些类型？
2. 放射性污染与一般化学毒害物质污染有哪些区别？

三、完成下列核化学方程式

1. ${}^{226}_{88}Ra \rightarrow (\quad\quad) + {}^{4}_{2}He + Q$
2. ${}^{14}_{6}C \rightarrow (\quad\quad) + {}^{0}_{-1}e + Q$
3. ${}^{226}_{88}Ra \rightarrow (\quad\quad) + {}^{4}_{2}He + Q$
4. ${}^{238}_{92}U + {}^{4}_{2}He \rightarrow (\quad\quad) + {}^{0}_{-1}n + Q$

四、计算题

已知某放射性元素在 5min 内减少 43.2%，求它的衰变常数和衰变半衰期。

思　考　题

1. 说明放射性衰变的物理意义。衰变常数、衰变半衰期的物理意义是什么？两者的关系如何？
2. 辐射监测的目的是什么？放射防护三种手段是什么？

（马慧朋）

第九章 饱和烃

(saturated hydrocarbon)

学习目标

1. **掌握**：烷烃和环烷烃的结构、命名、同分异构现象、主要化学性质。
2. **熟悉**：烷烃和环烷烃的构象；自由基取代反应历程。
3. **了解**：烷烃和环烷烃在医药学中的用途。

化学视角　　**有机化合物与有机化学**

有机化合物（organic compound），简称有机物，广泛存在于自然界中，与人类的生产生活关系密切，如蛋白质、糖、各种食用油、合成纤维、橡胶、塑料和药品等。19世纪以前，根据来源将物质分为无机物和有机物，当时认为有机物只有依靠在动植物体内存在的“生命力”才能生成。1828年，德国化学家弗里德里希·维勒（Friedrich Wohler）在实验室浓缩无机物氰酸铵溶液时，偶然得到有机物尿素。

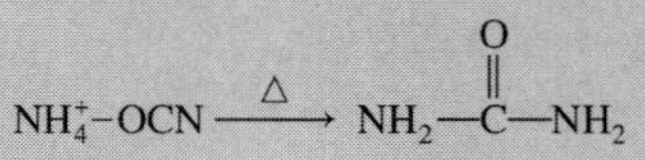

氰酸铵(无机物)　　尿素(有机物)

此后，人们有意识地合成了许多自然界存在的有机物，并认为有机物是指含碳的化合物（除CO、CO_2、碳酸及碳酸盐等化合物外），而将研究有机物的组成、结构、性质及其变化规律的化学称为有机化学。

烃（hydrocarbon）是指仅由碳和氢两种元素组成的化合物，是一切有机物的母体。饱和烃（saturated hydrocarbon），即烷烃（alkane），是只有C—C单键和碳氢键的烃，是最简单的一类有机物。烷烃中的碳原子有链状（直链或含支链）和环状两种连接方式，一般将前者称为烷烃，后者称为环烷烃（cycloalkane）。

当烃中的氢原子被其他原子或原子团取代就得到烃的衍生物。例如，乙醇CH_3CH_2OH可视为CH_3CH_3中的一个H原子被—OH取代的衍生物。

第一节　烷　　烃

一、烷烃的结构

烷烃分子中的所有碳原子均为sp^3杂化，各原子之间以单键相连，即分子中每一个C—C单键都是由两个碳原子的sp^3杂化轨道沿着键轴方向以“头碰头”方式重叠成键；每一个C—H键都是由碳原子的一个sp^3杂化轨道和一个氢原子的1s轨道沿着键轴方向以“头碰头”方式重叠成键，见图9-1。

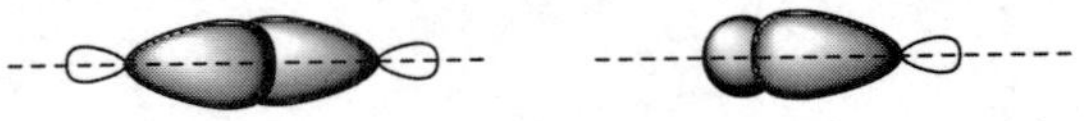

图9-1　C—Cσ键和C—Hσ键形成示意图

由轨道以“头碰头”重叠形成的共价单键，其成键电子云围绕着连接两个原子的键轴呈对称性分布，这种键称为σ键，构成σ键的电子称为σ电子。σ键由于成键轨道重叠最大，因此它比较稳定。此外，σ 键的成键轨道沿键轴对称分布，成键原子沿键轴旋转时，不会改变两个原子轨道的重叠程度。

烷烃的分子通式为 C_nH_{2n+2}。其中甲烷是最简单的烷烃，分子式为 CH_4。甲烷分子中的四个 C—H 键在空间构成正四面体，碳原子在正四面体的中心，四个氢原子位于正四面体的四个顶点，见图 9-2。除甲烷外，其他烷烃如乙烷分子中各个碳原子上键角大都接近 109°28′，见图 9-3。

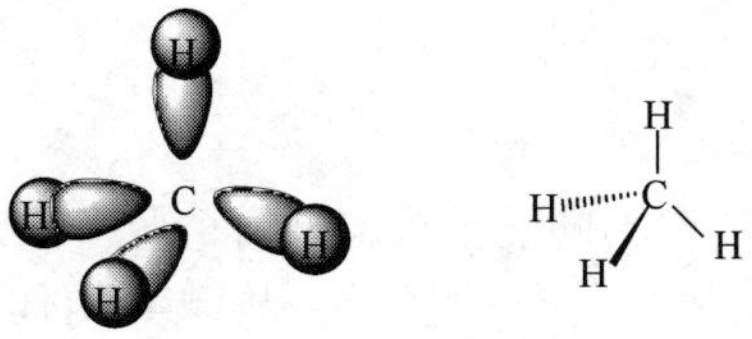

图 9-2 甲烷的结构

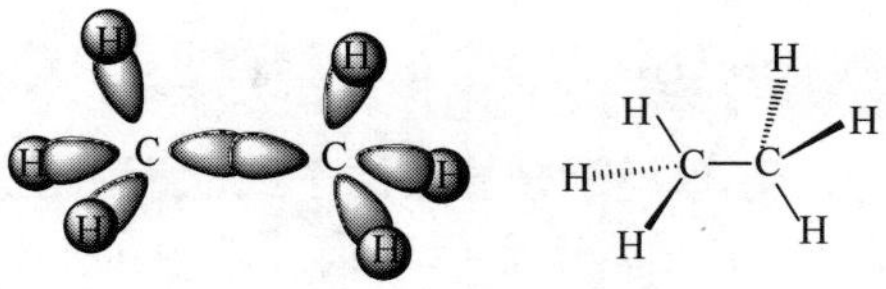

图 9-3 乙烷的结构

二、烷烃的同系列

具有同一分子通式和相同结构特征的一系列化合物，称为同系列（homologous series）。同系列中各化合物互称为同系物（homologue）。相邻两个烷烃在组成上都有一个 CH_2 差数，称为同系差。同系物的结构相似，化学性质也相似，物理性质随碳原子数目的增减，呈现规律性的递变。

三、烷烃的碳原子类型

烷烃中的所有碳原子均为饱和碳原子，根据烷烃分子中碳原子上连接其他碳原子的数目不同，可将碳原子分为四类，即只与一个碳原子相连的碳原子称为伯碳原子（primary carbon），又称一级碳原子（以 1° 表示）；与二个碳原子相连的碳原子称为仲碳原子（secondary carbon），又称二级碳原子（以 2° 表示）；与三个碳原子相连的碳原子称为叔碳原子（tertiary carbon），又称三级碳原子（以 3° 表示）；与四个碳原子相连的碳原子称为季碳原子（quaternary carbon），又称四级碳原子（以 4° 表示）。例如：

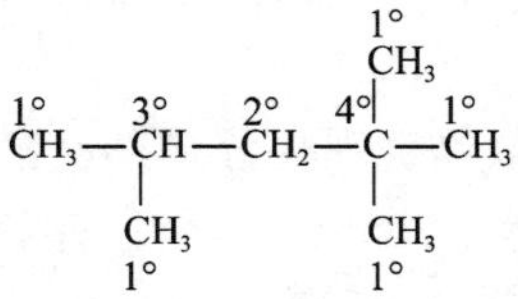

伯、仲、叔碳原子上连接的氢原子，分别称为伯、仲、叔氢原子，可分别记为 1°H、2°H 和 3°H。不同类型氢原子的相对反应活性也各不相同。

四、烷烃的同分异构现象

分子式相同的不同化合物彼此互为同分异构体，简称异构体（isomer）。分子中原子之间相互连接的次序和方式称为构造（constitution）。分子式相同，由于构造不同而产生的同分异构现象称为构造异构（constitutional isomerism）。

（一）碳链异构

甲烷、乙烷和丙烷只存在一种碳原子连接方式。随着碳原子数增加，烷烃碳原子可以有多种连接方式。具有相同的分子式，由于碳链结构不同而产生的同分异构现象称为碳链异构。碳链异构是由于组成分子的原子或基团的连接次序不同而产生的异构现象，属于构造异构。例如，丁烷有两种碳原子连接方式，戊烷有三种碳原子连接方式。

丁烷　C_4H_{10}　$CH_3CH_2CH_2CH_3$　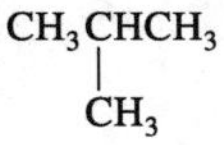

戊烷	C_5H_{12}	$CH_3CH_2CH_2CH_2CH_3$	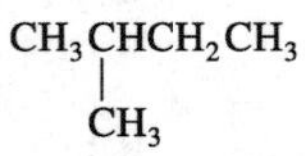	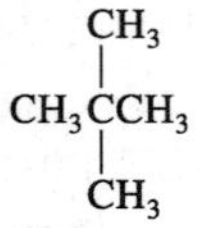

随着烷烃分子中碳原子数的增加，碳链异构体的数目迅速增多。例如，C_6H_{14} 有 5 个异构体，C_8H_{18} 有 18 个异构体，$C_{10}H_{22}$ 有 75 个异构体，$C_{20}H_{42}$ 有 366319 个异构体。这也是有机物数目众多的主要原因之一。

（二）构象异构

由于 C—C 单键旋转导致原子或原子团在空间具有不同的排列方式称为构象异构（conformational isomerism），属于立体异构。其中每一种空间排列的异构体称为构象异构体（conformer）。构象异构体的分子构造相同，但原子或原子团在空间的排列不同。

1. 乙烷的构象 当乙烷中的两个碳原子围绕着 C—C 单键旋转时，可产生无数种构象，其中两种典型的构象为重叠式（eclipsed conformation）和交叉式（staggered conformation）。乙烷的两种典型构象可用锯架式和纽曼（Newman）投影式表示为：

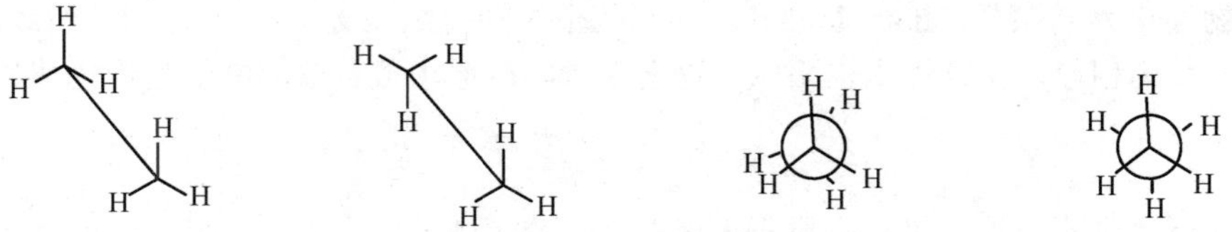

重叠式构象　交叉式构象　重叠式构象　交叉式构象

锯架式　纽曼投影式

乙烷的锯架式是从分子的侧面观察立体结构，能直接反映出碳、氢原子在空间的排列。当沿 C—C 单键的轴向观察，前后两个碳原子上的氢处于重叠位置，这种立体形象称为乙烷的重叠式构象。将前面一个碳原子固定不动，后面一个碳原子围绕 C—C 单键旋转，当旋转到前后两个碳原子上的 C—H 键的夹角为 60° 时，产生的立体形象称为乙烷的交叉式构象。介于这两种典型构象之间，还有无数种构象异构体存在。

乙烷的纽曼投影式则是沿着 C—C 单键观察分子，投影为平面的表达方式。在投影式中，用圆圈和圆心表示碳原子，从圆心伸出的三条短线表示前面碳原子上的三个 C—H 键，从圆圈上伸出的三条短线表示后面碳原子上的三个 C—H 键。

在乙烷的重叠式构象中，两个碳原子上的 C—H 键距离较近，氢原子之间的距离也较近，它们相互之间的排斥作用力较大，使分子内能增高，是不稳定的构象；在其交叉式构象中，两个碳原子上的 C—H 键相距较远，分子能量低，是较稳定的构象，也称为优势构象。如图 9-4 所示，重叠式构象的能量约比交叉式大 12.6kJ/mol，此能量差称为旋转能垒，意即交叉式需要获得 12.6kJ/mol 的能量，才能通过单键旋转，变为重叠式。室温下分子的热运动可以提供此能量，因此室温下这两种构象可以互相转化。介于重叠式和交叉式两种构象之间，有无数种构象，其能量也介于这两者之间。

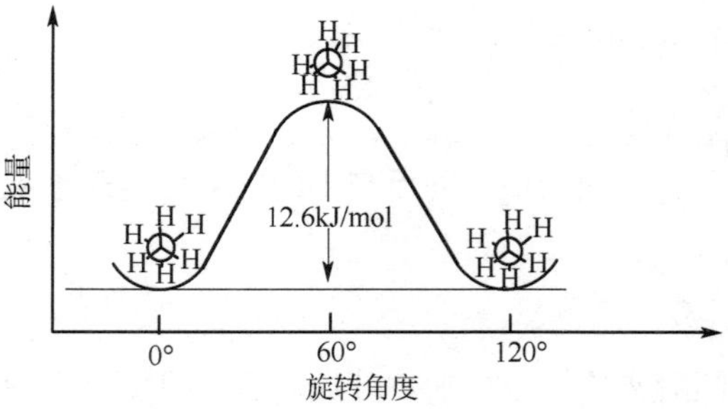

图 9-4　乙烷分子构象的能量曲线图

2. 正丁烷的构象 像乙烷分子构象一样，正丁烷分子在围绕 C-2 与 C-3 之间的单键旋转时，可以从两个甲基处于重叠式开始旋转，会产生无数种构象，其中有四种典型的构象如下：

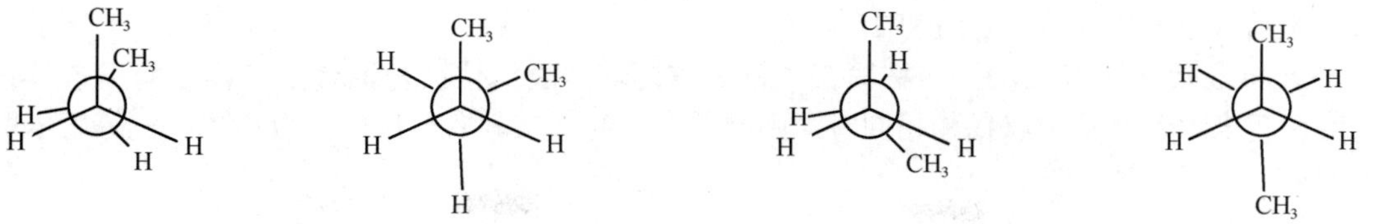

全重叠式　　邻位交叉式　　部分重叠式　　对位交叉式

在全重叠式中，两个体积大的甲基相距最近，能量最高，是最不稳定的构象。在对位交叉式中，两个体积大的甲基相距最远，能量最低，是正丁烷的最稳定的构象，也称为优势构象。邻位交叉式和部分重叠式的能量介于这两者之间。

五、烷烃的命名

有机物不仅数目众多，而且存在同分异构现象，为了避免混淆和便于交流，制定出了共同遵循的规则。烷烃的命名通常分为普通命名法（common nomenclature）和系统命名法（systematic nomenclature）。

（一）烷烃的普通命名法

普通命名法适用于结构简单的烷烃。碳原子数在 10 以内的直链烷烃，采用天干（甲、乙、丙、丁、戊、己、庚、辛、壬、癸）命名为某烷，11 个碳以上的烷烃用中文数字十一、十二……表示。为了区分异构体，在名称前加“正”(normal 或 *n*-)，“正”字通常可以省略。例如：

$CH_3CH_2CH_3$	$CH_3CH_2CH_2CH_2CH_2CH_3$	$CH_3(CH_2)_{10}CH_3$
(正)丙烷	(正)己烷	(正)十二烷

具有 $(CH_3)_2CH$—端链时，在名称前加“异”字（iso-或 *i*-）；具有 $(CH_3)_3C$—端链时则在名称前加“新”字（neo-），例如：

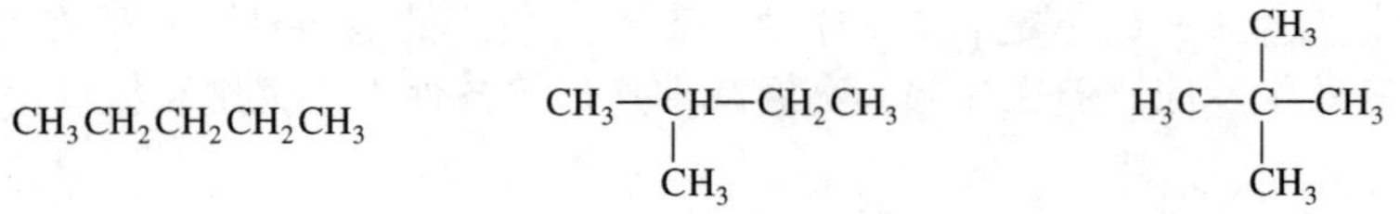

正戊烷　　异戊烷　　新戊烷

普通命名法的适用范围有限，对于结构比较复杂的烷烃，采用系统命名法。

（二）烷烃的系统命名法

国际纯粹与应用化学联合会（International Union of Pure and Applied Chemistry，IUPAC）根据 1892 年在日内瓦举行的国际化学会议首次拟定有机物系统命名原则，随后又多次修订了系统命名法原则。有机物的中文系统命名法是中国化学会以 IUPAC 命名法为基础，结合汉字特点而制定的。中国化学会于 2017 年发布了最新的有机化合物命名原则。

1. 烷基　烷基是指烷烃分子中失去一个氢原子而剩余的部分，常用 R-表示。常见的烷基有：

CH_3—	CH_3CH_2—	$CH_3CH_2CH_2$—	$(CH_3)_2CH$—	$(CH_3)_3C$—
甲基	乙基	丙基	异丙基	叔丁基

2. 烷烃的系统命名原则

（1）选择结构中最长的连续碳链作为主链，并以此主链作为母体烷烃，按主链碳原子数目称为某烷。

（2）当主链上连有取代基时，从靠近取代基的一端开始，将主链上的碳原子依次编号为：1，2，3，…，使取代基在主链的编号位次尽可能小。主链上若有多个取代基，采用最低（小）位次组的编号程序，即：取代基的位次组按数字从小到大排列。不同组相比较时，由首位开始，依次比较至分出大小，小者位次组在前为低（小）位次组。如主链上 3 个取代基的位次分别为 2，3，6，该位次组前（小）于3，4，6组和2，4，5组。

（3）将取代基所在位次及名称写在主链名称之前，表示位次与取代基名称之间用短半字线“-”连接起来。若有几个取代基相同时，则合并在一起，在其名前用中文数字二、三等表示取代基数目。

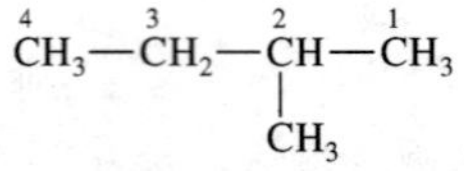

2-甲基丁烷

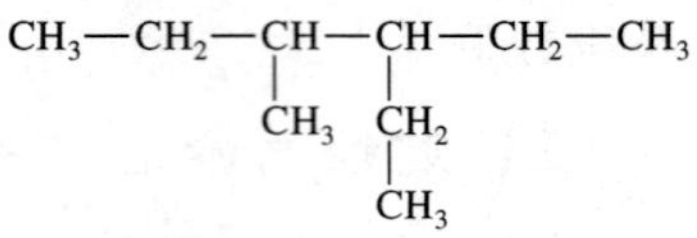

3-乙基-4-甲基己烷

根据2017版新命名规则，按取代基英文名称的字母顺序排列。字母表中，乙基（ethyl）的首字母在甲基（methyl）的首字母之前，所以上述化合物的名称为3-乙基-4-甲基己烷。

六、烷烃的物理性质

有机物的物理性质通常包括沸点、熔点、溶解度、密度、折光率和比旋光度等。在常温常压下，C_1～C_4的直链烷烃为气体，C_5～C_{16}的直链烷烃为液体，C_{17}以上的直链烷烃则为固体。直链烷烃的熔点和沸点随碳原子数的增加而增高。烷烃为非极性物质，根据“极性相似者互溶”的经验规律，烷烃易溶于非极性或弱极性的有机溶剂如苯、氯仿、四氯化碳及其他烃类中，而难溶于水中。其密度小于1。

七、烷烃的化学性质

烷烃分子中只含有C—C单键和C—H键，表现出高度的稳定性，一般在室温下不与强酸、强碱、强氧化剂等发生反应。但在光照、高温或催化剂等条件下，甲烷和氯气可发生剧烈的放热反应：

$$CH_4 + Cl_2 \xrightarrow{h\nu} CH_3Cl + HCl$$

甲烷分子中氢原子被卤原子取代的反应，称为卤代反应。甲烷的卤代反应是一个自由基的链反应。其反应历程包括三个阶段：链引发、链增长和链终止。

1. 链引发（chain initiation） 即氯分子由于吸收光能而引起Cl∶Cl键的均裂，生成高能量的氯原子，即氯自由基或称游离基，其反应式为：

$$Cl:Cl \xrightarrow{h\nu} 2Cl\cdot$$

2. 链增长（chain propagation） 即反应阶段，氯自由基与甲烷分子中的C—H键作用，使C—H键均裂，夺去一个氢自由基而形成H—Cl，与此同时生成甲基自由基$\cdot CH_3$，甲基自由基同氯自由基一样，非常活泼，又与氯分子作用使之均裂，生成一氯甲烷和氯自由基，其反应式为：

$$Cl\cdot + CH_4 \longrightarrow CH_3\cdot + HCl$$
$$CH_3\cdot + Cl:Cl \longrightarrow CH_3Cl + Cl\cdot$$

在链增长阶段，当一氯甲烷达到一定浓度时，氯自由基除了同甲烷作用外，也可以同一氯甲烷作用生成$\cdot CH_2Cl$，该自由基再与氯分子作用生成CH_2Cl_2和新的氯自由基，反应继续下去直至生成四氯化碳。因此，甲烷的氯代产物最终是几种氯代物的混合物，其反应式为：

$$Cl\cdot + CH_4 \longrightarrow CH_3\cdot + HCl$$
$$CH_3\cdot + Cl:Cl \longrightarrow CH_3Cl + Cl\cdot$$
$$CH_3Cl + Cl\cdot \longrightarrow CH_2Cl\cdot + HCl$$

$$\mathrm{CH_2Cl\cdot + Cl:Cl \longrightarrow CH_2Cl_2 + Cl\cdot}$$
$$\mathrm{CH_2Cl_2 + Cl\cdot \longrightarrow CHCl_2\cdot + HCl}$$
$$\mathrm{CHCl_2\cdot + Cl:Cl \longrightarrow CHCl_3 + Cl\cdot}$$
$$\mathrm{CHCl_3 + Cl\cdot \longrightarrow CCl_3\cdot + HCl}$$
$$\mathrm{CCl_3\cdot + Cl:Cl \longrightarrow CCl_4 + Cl\cdot}$$

3. 链终止（chain termination） 即反应终止，是指消除反应中的自由基。自由基消除的方式主要是自由基之间结合生成稳定的分子，其反应过程为：

$$\mathrm{Cl\cdot + Cl\cdot \longrightarrow Cl_2}$$
$$\mathrm{CH_3\cdot + CH_3\cdot \longrightarrow CH_3CH_3}$$
$$\mathrm{CH_3\cdot + Cl\cdot \longrightarrow CH_3Cl}$$

临床视角　　　　医药中常用的烷烃类化合物

一些烷烃混合物是医药中常用的有机溶剂或药物制剂中的基质材料等。

1. 凡士林　凡士林的主要成分是 C_{18}—C_{22} 的烷烃混合物，呈软膏状半固体，不溶于水，溶于醚和石油醚。因不同用途而有棕、黄、白三种颜色。因为它化学性质稳定、不被皮肤吸收，并且不与软膏中的药物起反应，所以常用作化妆品、药物制剂软膏中的基质材料。

2. 液体石蜡　液体石蜡的主要成分是 C_{18}—C_{24} 的烷烃混合物，呈透明状液体，不溶于水和醇，能溶于醚和氯仿。化学性质稳定，在体内不被吸收，在医药上用于配制滴鼻剂、喷雾剂、肠道润滑缓泻剂，临床各种侵入性检查润滑剂，软膏及搽剂的基质，也可用于医疗器械的防锈。

环境视角　　　　食 油 细 菌

中美学者共同研究发现了一种“吃”油细菌，这一被命名为 NY3 的细菌是从陕北石油污染环境中分离筛选出来的。该菌株能以 C_5—C_{16} 烷为碳源生长，在水体中能够快速降解石油烃和五种多环芳烃（蒽、菲、芘、荧蒽和药），能够产生鼠李糖脂类物质的表面活性剂，是一种阴离子表面活性剂，具有生物降解性，可以促进多环芳烃（polycyclic aromatic hydrocarbons，PAHs）的生物降解，且对微生物、植物、动物和人类均不会构成危害。

第二节　环　烷　烃

一、环烷烃的分类和命名

环烷烃（cycloalkane）是指含有环状骨架的烷烃。单环烷烃比相应的开链烷烃少一分子氢，其通式为 C_nH_{2n}。按环的数目，可将环烷烃分为单环和多环烷烃。单环烷烃按成环碳原子数目又可分为小环（三、四元环）、普通环（五、六元环）、中环（七至十二元环）及大环（十二元环以上）环烷烃。

环丙烷

环丁烷

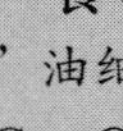
环戊烷

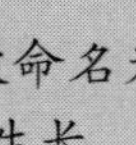
环己烷

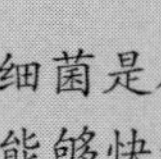
环庚烷

分子中含有两个及以上碳环的称为多环脂环烃。按其结合方式可分为螺环和桥环。

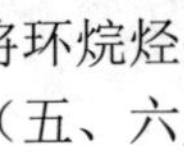
螺环烃

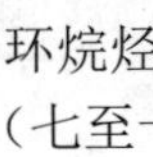
桥环烃

螺环是两个环间以一个共用碳原子相结合，该碳原子称为螺原子。

桥环是指环与环共用两个或两个以上碳原子的环状烷烃，共用的碳原子称为桥头碳原子，两个桥头碳原子之间可以直接相连，也可以是一个碳原子及其以上的碳链。

单环烷烃的命名，与烷烃类似，前加“环（cyclo-）”字。环碳原子的编号，应使环上取代基的位次最小。环上若有多个取代基，采用最低位次组编号，并按英文字母顺序依次列出取代基。

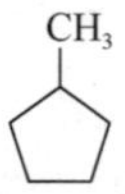

甲基环丙烷

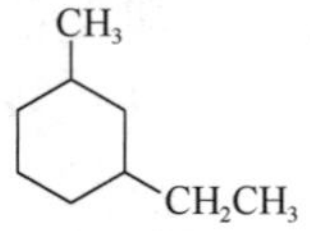

1-乙基-3-甲基环己烷

当环上有复杂取代基时，可将环作为取代基命名。

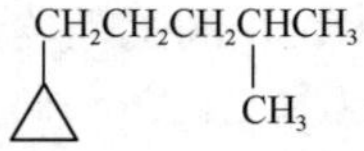

4-甲基-1-环丙基戊烷

二、环烷烃的立体异构

1. 环烷烃的顺反异构 环烷烃因环的存在而阻碍了 C—C 单键的自由转动，因而当成环的两个碳原子上各连有一个取代基时就可能产生顺反异构。例如，1, 2-二甲基环丙烷，两个甲基位于环平面同侧的，称为顺式异构体（cis-isomer）；位于环平面异侧的，则称为反式异构体（trans-isomer）。

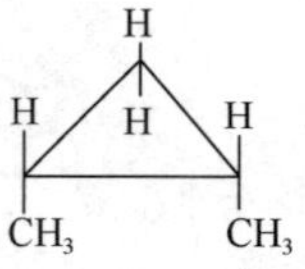

顺-1,2-二甲基环丙烷

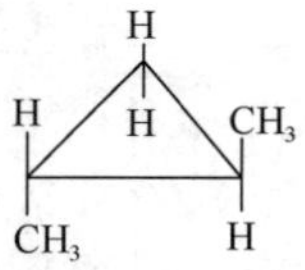

反-1,2-二甲基环丙烷

2. 环烷烃的构象异构 除环丙烷的碳原子只能处于同一平面外，其他环烷烃分子由于 C—C 单键的转动，也可出现构象异构。现就环己烷为例进行讨论。

（1）两种典型的构象式：环己烷分子中的碳原子以 sp^3 杂化，C—C 单键之间的键角为 109°28′，六个碳原子并不在同一平面上，由于成环 C—Cσ 键可旋转，使环己烷形成各种空间排布不同的构象，其中有两种典型的构象：船式构象（boat conformation）和椅式构象（chair conformation）。

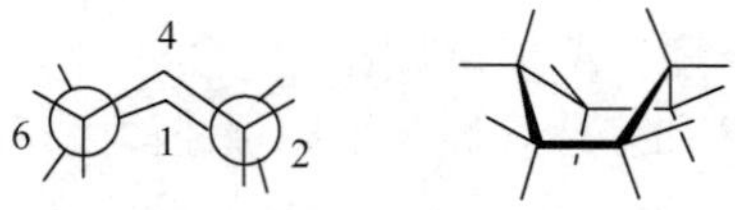

船式构象

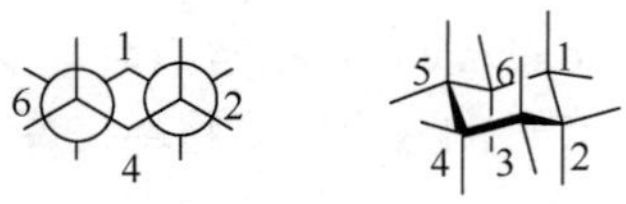

椅式构象

在环己烷的船式构象中，C-2 与 C-3、C-5 与 C-6 的键彼此处于重叠式，且 C-1 与 C-4 上的氢原子相距很近，斥力较大，能量较高；而在环己烷的椅式构象中，所有相邻碳原子的键均处于交叉式，碳原子上的氢原子相距较远，互相间产生斥力较小，能量较低，故环己烷的椅式比船式构象稳定。经实验证明，环己烷的船式构象比椅式构象的能量高约 30kJ/mol。

在环己烷的椅式构象中，C-1、C-3 和 C-5 位于同一个平面，C-2、C-4 和 C-6 位于另一个平面，两个平面相互平行。12 个 C—H 键可分为两组：一组垂直于 C-1、C-3 和 C-5（或 C-2、C-4 和 C-6）所在平面的 C—H 键，称为直立键，或称为 a 键；另一组是大致与环平面相平行，与直立键成 109°28′ 的 C—H 键，称为平伏键，或称为 e 键。6 个 a 键中，3 个向上，3 个向下，交替排列；6 个 e 键也是 3 个向上斜伸，3 个向下斜伸，交替排列。每个碳原子上的 a 键和 e 键的夹角为 109°28′。

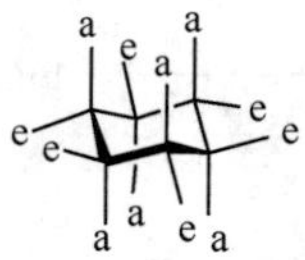

（2）构象的相互转化：在室温下，由于分子的热运动，环己烷可以通过 C—C 单键的旋转，由一种椅式构象 A 转变为另一种椅式构象 B。

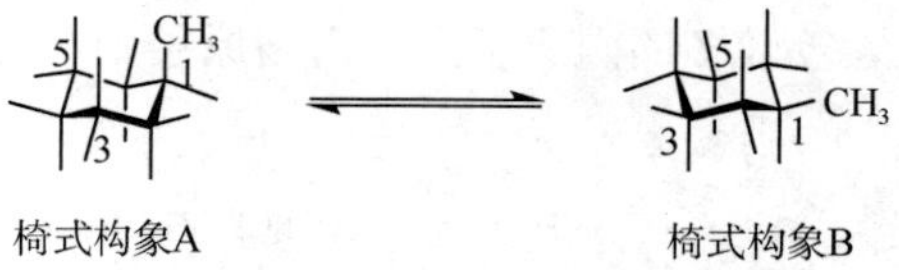

当环翻转时，椅式构象 A 中的 a 键转变为椅式构象 B 中的 e 键，而相应的 e 键转变为 a 键，但所有的键相对于环己烷分子平面的指向不变。

（3）单取代的环己烷：如甲基环己烷，则存在两种椅式构象，一种是甲基在 a 键上，另一种是甲基在 e 键上。在这两种构象中，椅式构象 B 为优势构象，因为椅式构象 A 中 1 位 a 键上的甲基与环上 3, 5 位 a 键氢原子距离较近，产生的斥力较大，能量较高，构象不稳定；而椅式构象 B 中 1 位 e 键上的甲基与环上其他氢原子距离较远，产生的斥力较小，能量较低，构象稳定，此构象称为优势构象。

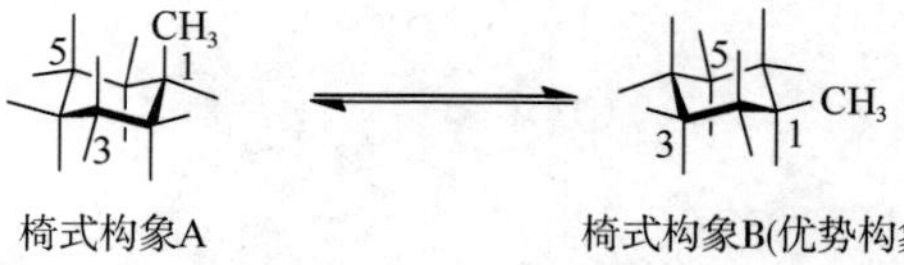

（4）含两个或两个以上取代基的环己烷：其优势构象式是 e 键上取代基最多的构象。若不能满足取代基都在 e 键上时，以大取代基或尽可能多的取代基在 e 键上时最稳定。例如，反 -1, 4-二甲基环己烷。

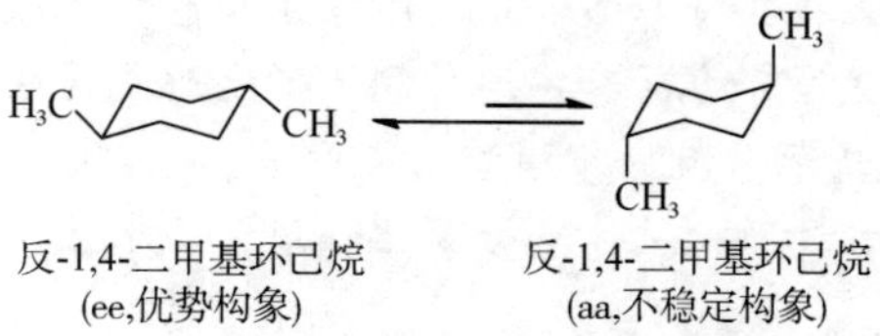

三、环烷烃的化学性质

1. 取代反应　环烷烃的化学性质与链状烷烃相似，一般在室温下不与酸、碱、氧化剂和还原剂等发生反应，而在光照、高温下可与卤素发生自由基取代反应。

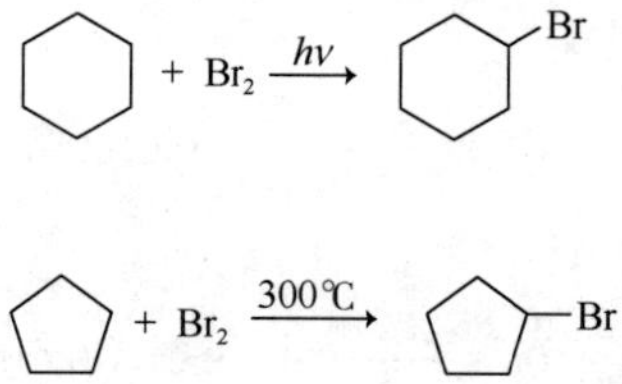

2. 开环反应　含三元环或四元环的环烷烃，由于碳环结构存在较强的张力，容易发生开环反应，生成相应的链状化合物。

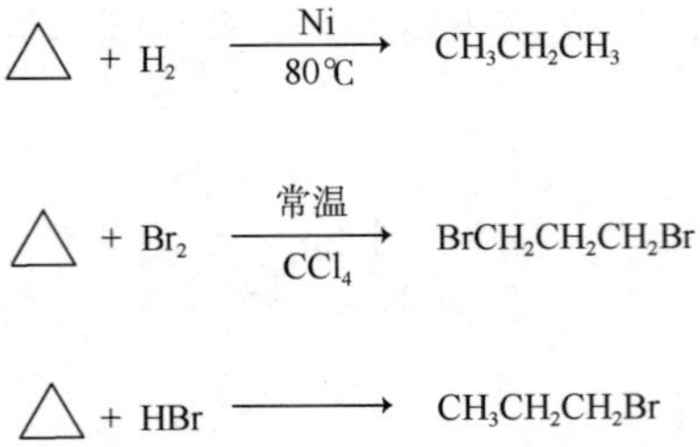

在相同条件下，环戊烷和环己烷等不发生开环反应。

烷基取代的环丙烷与卤化氢反应时，碳环开环发生在连氢最多的碳原子和连氢最少的碳原子之间，卤化氢中的氢原子加在连氢较多的碳原子上，而卤原子则加在连氢较少的碳原子上。

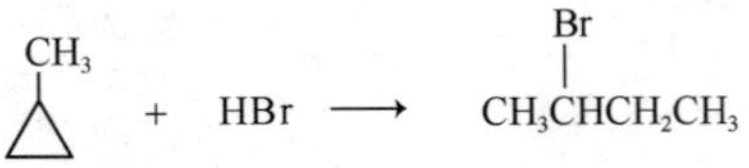

临床视角 **甾体化合物**

甾体化合物（steroid）又称为类固醇化合物，是一大类广泛存在于动植物体内具有重要生理活性的天然产物。

甾体化合物共同的结构特点是，都含有一个环戊烷并多氢菲的母核，四个环从左至右分别用 A、B、C、D 标注，环上的 17 个碳原子有固定编号。“甾”字很形象地表示了甾体化合物的四环稠合及环上有取代基的基本结构特点。

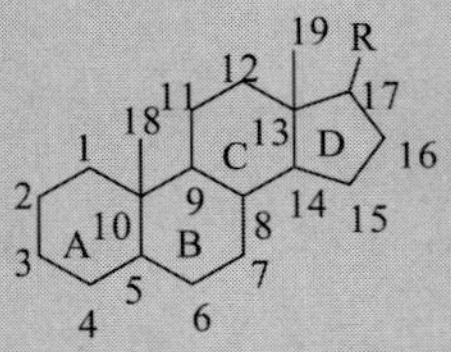

甾体化合物的种类很多，一般根据结构、存在和功能不同可分为甾醇、胆甾酸和甾体激素等。其中甾醇又称为固醇，常以游离状态或以酯或以苷的形式广泛存在于动物和植物的体内。人体内最重要的胆甾酸是胆酸和脱氧胆酸。甾体激素主要包括性激素和肾上腺皮质激素。性激素对机体发育、生殖和物质代谢等方面有广泛作用。肾上腺皮质激素是由肾上腺皮质分泌的一类甾体激素，其作用广泛而复杂，与糖、脂质、蛋白质、核酸、水和电解质的代谢密切相关，此外还有抗炎，免疫抑制、抗过敏，抗休克等药理作用，临床上是一类重要的药物。

本 章 小 结

1. 烷烃的自由基取代反应

$$CH_4 + Cl_2 \xrightarrow{h\nu} CH_3Cl + HCl$$

2. 小环烷烃的开环反应

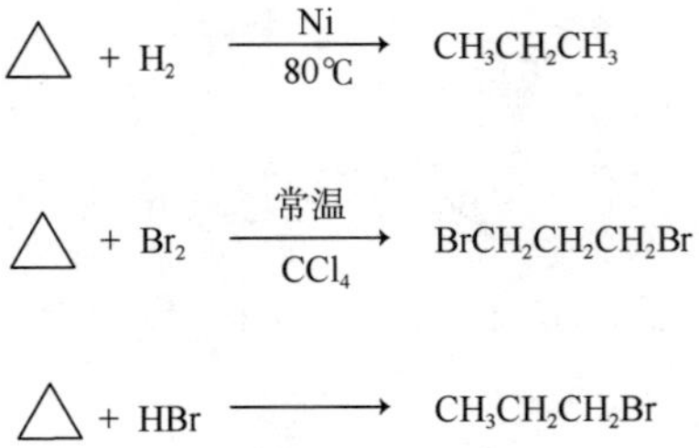

3. 五、六元环的取代反应

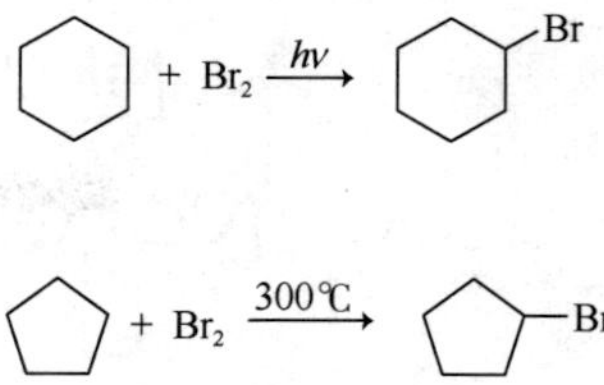

关 键 词

烷烃，环烷烃，碳链异构，构象异构，顺反异构，自由基取代反应，开环反应，五、六元环的取代反应。

问题与练习

一、命名下列化合物

1. 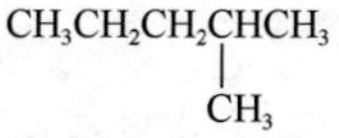

2. 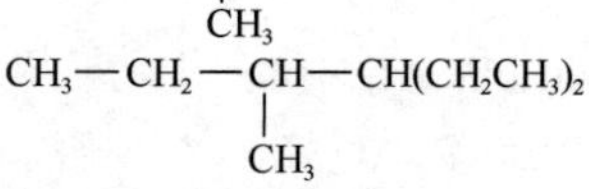

3. 

4. 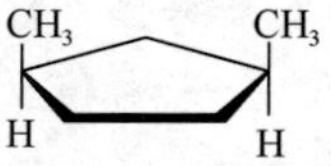

二、写出下列化合物的结构

1. 2, 3-二甲基戊烷
2. 4-乙基-3-甲基庚烷
3. 3-环丙基己烷
4. 反-1, 4-二甲基环己烷的优势构象
5. 顺-1, 2-二甲基环丙烷
6. 顺-1-叔丁基-4-甲基环己烷的优势构象

三、用 Newman 投影式表示戊烷围绕 $C_2—C_3$ 键旋转时的最稳定构象和最不稳定构象

四、完成下列反应方程式

1. $CH_4+Br_2 \xrightarrow{h\nu}$

2. 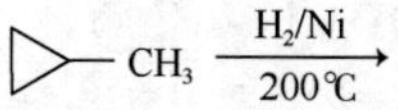

3. 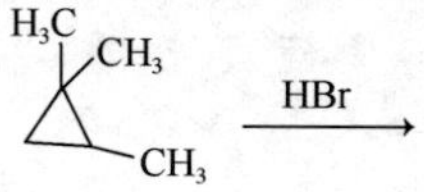

思 考 题

1. 写出 1, 2-二甲基环己烷最稳定的构象，并说明其为什么是最稳定的？

2. 为什么丙烷与氯气在日光作用下，生成 1-氯丙烷和 2-氯丙烷？

3. 某烷烃分子式为 C_7H_{16} 进行一氯取代反应后，生成三种沸点不同的一氯代烷烃，试推测该烷烃的可能结构。

（孙立力）

第十章 不饱和烃

(unsaturated hydrocarbon)

学习目标

1. 掌握：烯烃、炔烃、苯系芳烃的系统命名；烯烃的顺反异构及构型标记法；σ 键和 π 键的特点；烯、炔烃的化学性质（加成、氧化）；苯及同系物的化学性质（取代、氧化）。

2. 熟悉：单烯烃、炔烃、共轭二烯烃、苯、萘、蒽、菲的结构；共轭二烯烃的化学性质；诱导效应、共轭效应的概念；马尔科夫尼科夫（Markovnikov）规则。

3. 了解：烯（炔）烃的亲电加成反应历程、苯的亲电取代反应历程。

化学视角　　滴滴涕（二氯二苯三氯乙烷）和生物放大

DDT 又称滴滴涕，化学名为二氯二苯三氯乙烷（dichlorodiphenyltrichloroethane），化学式 $(ClC_6H_4)_2CH(CCl_3)$，是有机氯类杀虫剂，为 20 世纪上半叶防治农业病虫害，减轻疟疾、伤寒等蚊蝇传播的疾病危害起到了不小的作用。由于其不易被降解成无毒物质，使用中易造成积累从而污染环境。在 1962 年，美国海洋生物学家蕾切尔•卡森（Rachel Carson）在其发表著作《寂静的春天》中高度怀疑，DDT 进入食物链，最终会在动物体内富集，如在游隼、秃头鹰和鱼鹰这些鸟类中富集。由于氯化烃会干扰鸟类钙的代谢，致使其生殖功能紊乱，使蛋壳变薄，结果使一些食肉和食鱼的鸟类接近灭绝。一些昆虫也会对 DDT 逐渐产生抗药性、目前很多国家和地区已经禁止使用。

烯烃（alkene）、炔烃（alkyne）和芳烃（aromatic hydrocarbon）属于不饱和烃（unsaturated hydrocarbon）。根据结构的不同，不饱和烃又可分为不饱和链烃和不饱和环烃。本章重点讨论不饱和链烃中的烯烃和炔烃，以及不饱和环烃中的芳烃。

第一节　烯　　烃

烯烃是分子中含碳碳双键（C═C）的不饱和链烃，可分单烯烃、二烯烃和多烯烃。分子中仅含一个 C═C 双键的称单烯烃，含两个 C═C 双键的称二烯烃，含三个以上 C═C 双键的称多烯烃。单烯烃在组成上比同数碳的烷烃少两个氢原子，其通式为 C_nH_{2n}。

一、烯烃的结构及化学键特点

乙烯是最简单的烯烃，分子中含 C═C 双键。杂化轨道理论认为，碳原子为 sp^2 杂化，两个碳原子各以一个 sp^2 杂化轨道沿键轴“头碰头”方式重叠，形成碳碳（$C_{sp^2}—C_{sp^2}$）σ 键，又各以两个 sp^2 杂化轨道分别与氢原子的 1*s* 轨道“头碰头”方式重叠，共形成 4 个碳氢（$C_{sp^2}—H_{1s}$）σ 键，这 5 个 σ 键均在同一平面上。与该平面垂直的两个碳原子上的未杂化 2*p* 轨道相互“肩并肩”平行重叠形成 π 键（$C_{2p}—C_{2p}$），构成 π 键的电子云称为 π 电子，π 电子云分布在成键两个原子的键轴所在平面的上下方。乙烯分子为平面型分子，分子中所有的原子均在同一平面上，键角接近 120°，如图 10-1 所示。

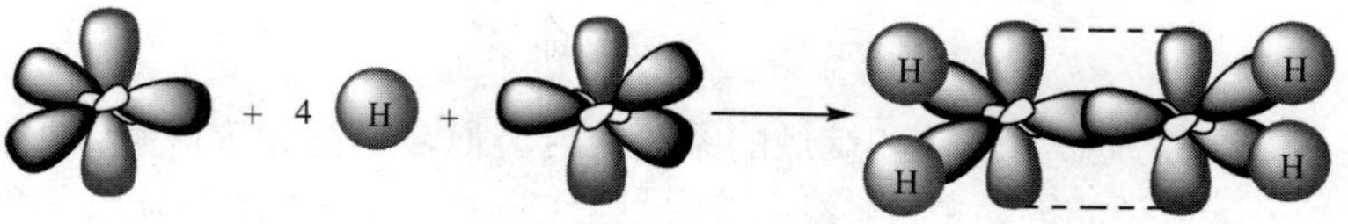

图 10-1 乙烯分子的形成示意图

π 键是由 *p* 轨道平行重叠而形成的，π 电子云呈块状分布在键轴的上下方，与 σ 键相比，重叠的程度小，离核较远，受核的约束力小，所以 π 键的键能小，键不稳定。乙烯分子中 C═C 双键的键能为 610.28kJ/mol（25℃），小于 C—C 单键键能（346.94kJ/mol 25℃）的两倍，由此可知，C═C 双键中的 π 键比 σ 键容易断裂。烯烃分子中的 C═C 双键的键长为 134 pm，比 C—C 单键的键长（154 pm）短。σ 键和 π 键的主要特点，如表 10-1。

表 10-1 σ 键和 π 键的主要特点表

	σ 键	π 键
存在	可以单独存在，存在于任何共价键之中	不能单独存在，只能与 σ 键共存于双键或三键中
形成	成键轨道沿键轴“头碰头”重叠，重叠程度大	成键轨道沿键轴“肩并肩”平行重叠，重叠程度小
电子云分布	电子云呈柱状，沿键轴呈圆柱形对称分布，电子云密集于两核之间	电子云呈块状，分布在通过键轴的平面上下方
键能	键能大，比较稳定	键能小，不够稳定
键的可极化性	不易被极化	易被极化
键的旋转	成键原子可沿键轴自由旋转	成键原子不能自由旋转

二、烯烃的异构现象

烯烃的同分异构较烷烃复杂，除了具有构造异构外，有的烯烃还有顺反异构。烯烃主要有三种异构现象，其中碳链异构和位置异构属于构造异构，顺反异构属于构型异构。

（一）碳链异构

烯烃碳链异构与烷烃的情况相似。如：

$CH_2{=}CHCH_2CH_3$　　丁-1-烯

$CH_2{=}C(CH_3)CH_3$（$CH_2{=}CCH_3$，C 上连 CH_3）　　2-甲基丙烯

（二）位置异构

C═C 双键是烯烃的官能团，由于双键在碳链中的位置不同所产生的异构现象。如：

$CH_2{=}CHCH_2CH_3$　　丁-1-烯

$CH_3CH{=}CHCH_3$　　丁-2-烯

（三）顺反异构

由于 C═C 双键不能自由旋转，使 C═C 双键两侧上连接的不同原子或原子团在空间有两种不同的排列方式，从而产生一种新的立体异构现象，称为顺反异构，又可称为几何异构。产生顺反异构体的必要条件是 C═C 双键每个碳原子上连接的两个原子或原子团不相同。

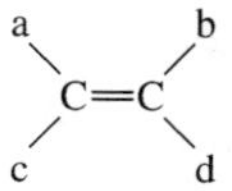

（1）a≠c 且 b≠d 可产生顺反异构

（2）a=c 或 b=d 无顺反异构

三、烯烃的命名

烯烃的命名多采用系统命名法，和烷烃的系统命名类似，遵循如下原则：

（1）选择含最多碳原子的链为主链，若主链中包含C═C双键，按主链碳原子数目称为“某烯”。

（2）若主链中含有C═C双键，从离双键最近端开始给主链碳原子编号，使表示双键位置的数字尽可能小，将双键碳原子中位次较小的编号用阿拉伯数字写在某烯之间，用短横线隔开，称为“某-x-烯”。

（3）取代基所在位次及名称写在主链名称之前，位次与取代基名称之间用“-”短横线连接起来。

（4）若存在顺反异构时，在C═C双键不同碳原子上分别有一个取代基时（即二取代烯烃），采用顺/反标记法，即相同的原子或原子团在C═C双键同侧的称为顺式异构体；反之，在异侧的称为反式异构体。命名时分别在名称之前加“顺”或“反”字，例如，C═C双键碳上都连有H，当两个H处于双键同侧时标记为“顺”，处于异侧时标记为“反”。

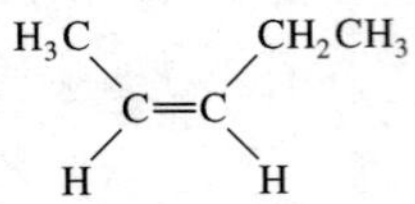
顺-戊-2-烯

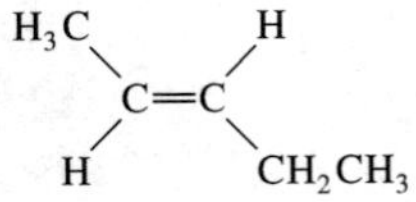
反-戊-2-烯

（5）若在C═C双键上连接的4个原子或原子团都互不相同，不能用顺/反标记法，需用*Z*/*E*标记法，即：

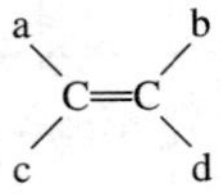

式中，a ≠ b ≠ c ≠ d时，不能用顺/反命名，而采用*Z*/*E*命名法命名。*Z*和*E*分别取自德语“Zuzammen”（意为“在一起”，指同侧）和“Entgegen”（意为“相反”，指异侧）的首位字母。其步骤为：首先分别将C═C双键同一碳原子上连有的两个原子（或基团）按“次序规则”确定出优先次序，然后把优先原子（或基团）处于双键同侧的异构体标记为*Z*构型，优先原子（或基团）处于双键异侧的异构体标记为*E*构型。例如，根据“次序规则”，—Cl＞—CH_3，—CH_2CH_3＞—H，优先基团处于C═C双键同侧时标记为*Z*构型，处于异侧时标记为*E*构型，通常以斜体加括号作为主体词头写在化合物名称的前面。

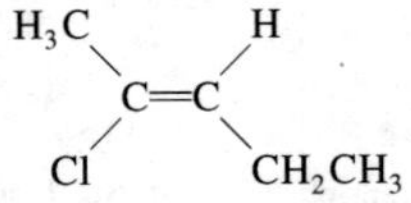
(*Z*)-2-氯戊-2-烯

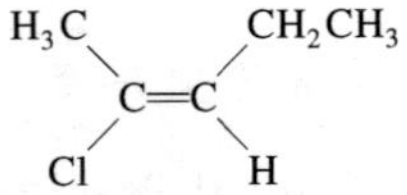
(*E*)-2-氯戊-2-烯

值得注意的是*Z*/*E*标记法与顺/反标记法是两种不同的方法，二者之间没有必然的联系，*Z*/*E*标记法的适用范围更广泛。

己烯雌酚是人工合成的雌激素类药物，其顺反异构体的生理活性具有明显的差异。反式己烯雌酚的生理活性更强，是顺式异构体的7～10倍，这是由于反式己烯雌酚的构型与天然激素分子如雌二醇的构型类似所致，故临床上使用反式异构体。

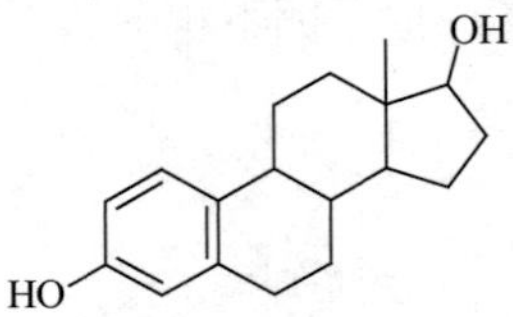
雌二醇

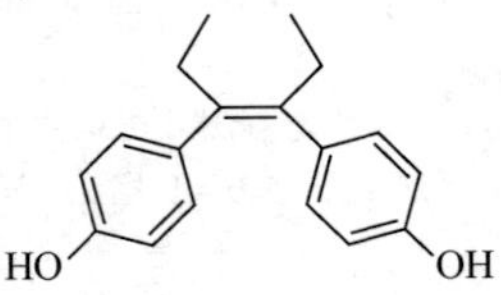
顺式己烯雌酚

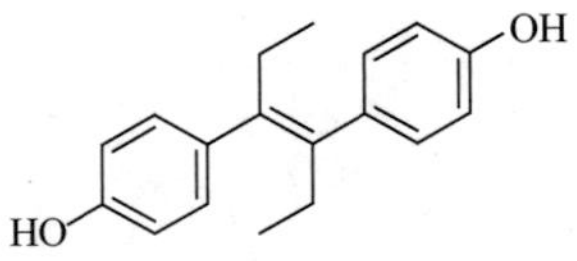
反式己烯雌酚

四、烯烃的物理性质

烯烃的物理性质同烷烃基本相似。常温下 C_2—C_4 的烯烃为气体，C_5—C_{15} 的为液体，C_{16} 以上的为固体。熔点和沸点都随碳原子的增加而上升。密度都小于 1，但比相应的烷烃略高。烯烃都不溶于水，而易溶于弱极性或无极性有机溶剂，可溶于浓硫酸。

乙烯略带甜味，是果实的催熟剂。

五、烯烃的化学性质

烯烃的化学性质由其官能团（功能基）C═C 双键决定。C═C 双键由稳定的 σ 键和不稳定的 π 键组成，由于 π 键的电子云重叠程度小，电子云又分布在碳碳 σ 键所在平面的上下方，受核的束缚力较小，键能较小，可极化性大，易受外来原子或原子团的进攻而断键发生化学反应，如加成、氧化、聚合等反应。

（一）加成反应

加成反应（addition reaction）是指反应时，分子中的π键断裂，试剂中的两个一价原子（或基团）分别加到原来不饱和键相连的两个碳原子上，形成两个 σ 键，生成饱和度增加的新化合物的反应。

1. 加氢反应　又称为还原反应，即在镍（Ni）、钯（Pd）和铂（Pt）等催化及加压下，乙烯与 H_2 加成生成乙烷，即：

$$CH_2{=\!=}CH_2 + H_2 \xrightarrow{\text{催化剂}} CH_3{-}CH_3$$

由于催化加氢反应是定量进行的，所以可根据反应所吸收氢气的体积来推测分子中不饱和键的数目。

2. 加卤素反应　烯烃与卤素在常温下即能发生加成反应，生成相应的多卤代烃。例如：

$$\underset{}{CH_2{=\!=}CH_2} + \underset{\text{(红棕色)}}{Br_2} \longrightarrow \underset{\text{(无色)}}{CH_2Br{-}CH_2Br}\text{(1,2-二溴乙烷)}$$

烯烃与溴的四氯化碳或溴水溶液反应生成多卤代烃为无色化合物，溴的红棕色迅速消失，所以常利用此方法鉴别烯烃与烷烃。

3. 加卤化氢反应　烯烃也能与卤化氢发生加成反应，生成卤代烃，例如：

$$CH_2{=\!=}CH_2 + HBr \longrightarrow CH_3{-}CH_2Br\text{(溴乙烷)}$$

但丙烯与溴化氢作用，则有两种不同的加成方式，生成两种不同的化合物。例如：

$$CH_3CH{=\!=}CH_2 + HBr \longrightarrow \begin{cases} CH_3{-}CH_2{-}CH_2Br & \text{1-溴丙烷(次要)} \\ CH_3{-}CHBr{-}CH_3 & \text{2-溴丙烷(主要)} \end{cases}$$

上述反应理论上生成两种加成产物，哪个产物为主？1870 年，俄国化学家马尔科夫尼科夫（Markovnikov）在总结了大量实验事实的基础上，得出如下经验规律：当不对称烯烃与不对称试剂加成时，不对称试剂中带负电荷的部分总是加到双键中含氢较少的双键碳原子上，带正电荷的部分则加到双键中含氢较多的双键碳原子上，这一规律称为马尔科夫尼科夫规则，简称马氏规则。在丙烯与溴化氢加成时，主要产物是 2-溴丙烷。

（二）氧化反应

烯烃较烷烃易被氧化，在较温和条件下仅 π 键断裂，条件强烈时 σ 键也随之断裂，得到的氧化产物随氧化剂、反应条件及分子结构不同而不同。

1. 在碱性或中性介质中　烯烃被稀 $KMnO_4$ 的冷溶液氧化，不饱和键中的 π 键断裂，生成邻二醇，紫红色的 $KMnO_4$ 立即被还原成褐色的 MnO_2 沉淀，颜色变化显著。可用此反应来检验碳碳双键的存在。例如：

$$3\ CH_2{=}CH_2 + 2\ KMnO_4 + 4\ H_2O \longrightarrow 3HOCH_2{-}CH_2OH + 2MnO_2\downarrow + 2\ KOH$$

2. 在酸性条件下 烯烃与高锰酸钾溶液作用时，不饱和键中的 π 键和 σ 键相继断裂，根据不饱和键碳原子上连接的基团不同，可得到各种不同产物。例如：

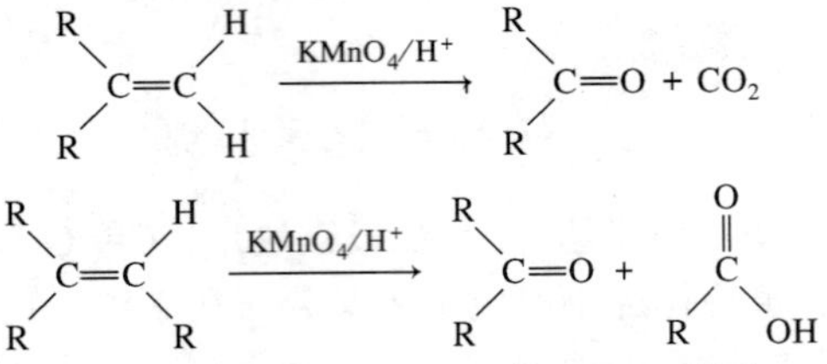

酮　　羧酸

六、诱导效应

分子中原子间的相互影响是有机化合物中极为重要和普遍存在的现象，分子中原子间的相互影响的实质可用电子效应（electric effect）和立体效应（steric effect）来描述。电子效应指分子中的电子云密度分布对分子性质产生的影响；立体效应指分子中各原子在空间处于不同位置即空间结构对性质产生的影响。电子效应又可分为诱导效应（inductive effect）和共轭效应（conjugative effect）两类，这里只讨论诱导效应。

由于分子中电负性不同的原子或基团的影响，使整个分子中的成键电子云向着一个方向偏移而分子产生极化的效应，叫做诱导效应。诱导效应中电子移动的方向是以 C—H 键中的 H 作为标准，其他原子（或基团）X 或 Y 取代 C—H 中的氢原子后，如果取代基 X 的电负性大于 H，则 C—X 键的电子云偏向 X，X 具有吸电子性，叫做吸电子基，由吸电子基引起的诱导效应叫做吸电子诱导效应，常用 *–I* 表示。反之，如果取代基 Y 的电负性小于 H，则 C—Y 键的电子云偏向 C，Y 具有斥电子性，叫做斥电子基，由斥电子基引起的诱导效应叫做斥电子诱导效应或给电子诱导效应，常用 *+I* 表示。诱导效应是分子本身结构所固有的特征，与外界因素无关，强度由近及远逐渐减弱，其效应一般不超过三个连续的共价键。根据实验结果，得出一些取代基的电负性次序，H 前面的是吸电子基，后面的是斥电子基：

$$-F > -Cl > -Br > -I > -OCH_3 > -NHCOCH_3 > -C_6H_5 >$$
$$-CH{=}CH > -H > -CH_3 > -C_2H_5 > -CH(CH_3)_2 > -C(CH_3)_3$$

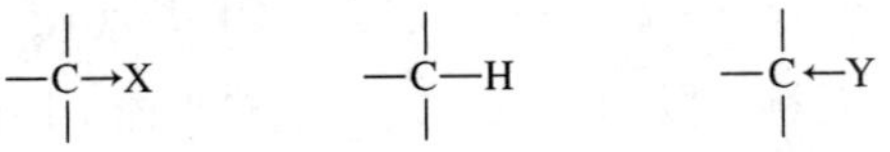

–I 效应　　比较标准　　*+I* 效应

例如，1-氯丙烷中的—Cl 具有吸电子诱导效应（*–I*），由于 C 原子和 Cl 原子的电负性不同而使 C—Cl 键具有极性，C—Cl 键极性的影响通过 σ 电子的转移传递到 C_2 和 C_3 上，致使整个分子中的电子云密度分布发生了改变，每个碳原子上都带上不同量的正电荷。

$$\overset{\delta^-}{Cl} \leftarrow \overset{\delta^+}{CH_2} \leftarrow \overset{\delta\delta^+}{CH_2} \leftarrow \overset{\delta\delta\delta^+}{CH_3}$$

HBr 和丙烯的加成取向符合马氏规则，可从诱导效应角度加以解释。由于丙烯存在甲基斥电子诱导效应（*+I*），HBr 中的带部分正电荷的 H^+ 进攻双键中带部分负电荷的碳，形成加成反应的中间体碳正离子。然后碳正离子迅速与 Br^- 结合生成 2-溴丙烷。烯烃加成的反应机制是加成试剂中带正电荷的部分进攻电子云密度大的带负电荷部分的反应中心的“亲电”过程，这样的加成反应称为亲电加成反应。

七、二　烯　烃

二烯烃是指分子中含有两个 C═C 双键的烯烃，其通式为 C_nH_{2n-2}。根据双键的相对位置，二烯烃可分为三类：

聚集二烯烃 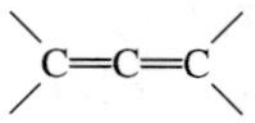

隔离二烯烃或孤立二烯烃 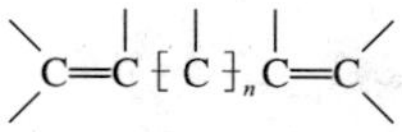 $n \geqslant 1$

共轭二烯烃 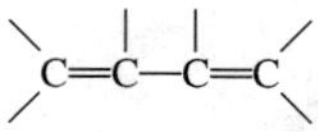

具有聚集二烯烃骨架的化合物数量较少。隔离二烯烃或孤立二烯烃中 C═C 双键相距较远，在性质上与单烯烃相似。而共轭二烯烃中两个双键互相影响，使其结构和性质上有某些特殊性。现以丁 -1, 3-二烯为例着重介绍共轭二烯烃的结构与性质。

（一）丁-1, 3-二烯的结构

丁-1, 3-二烯是二烯烃中最简单、最重要的共轭二烯烃，分子中 3 个 C_{sp2}—C_{sp2} σ 键和 6 个 C_{sp2}—H_{1s}σ 键在一个平面上。4 个碳原子均为 sp^2 杂化，各剩下的一个 p 轨道垂直于 σ 键骨架所在的平面，且相互平行，不仅以“肩并肩”重叠的方式在 C_1 和 C_2 及 C_3 和 C_4 之间形成两个 π 键，而且 C_2 和 C_3 的 p 轨道也有一定程度的侧面重叠，这样使得两个 π 键不是孤立存在的，而是形成了以 4 个碳原子为中心，包含 4 个 p 轨道的大 π 键，π 键电子的运动范围扩展到 4 个碳原子的周围，这种现象称为 π 电子离域，这种体系又称共轭体系。π 键电子云密度趋于平均化，即键长趋于平均化，结构中 C═C 双键的键长为 137 pm，比乙烯中 C═C 双键的键长（134 pm）要长；而 C—C 单键的键长 146 pm，比乙烷中 C—C 单键的键长（154 pm）明显缩短。电子离域使分子的能量降低而稳定，这种效应称为共轭效应。见图 10-2。

在丁-1, 3-二烯的结构中，两个 π 键之间的共轭现象称为 π-π 共轭，能形成共轭 π 键的体系称为共轭体系。其键长趋于平均化，使体系稳定性增强，特点是：形成共轭体系的所有原子必须在同一平面上；必须有可以实现平行重叠的 p 轨道；有一定数量的供成键用的 p 电子，一般不少于 3 个。

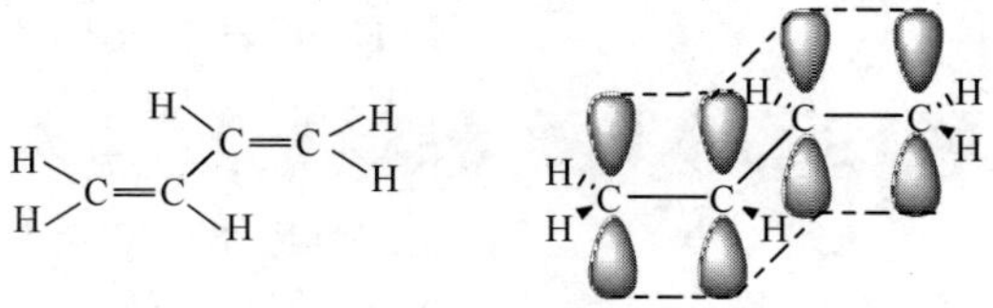

图 10-2　丁-1, 3-二烯的结构示意图

（二）丁-1,3-二烯的加成反应

丁-1, 3-二烯与卤素等发生亲电加成反应。例如：

$$CH_2{=}CH{-}CH{=}CH_2 + Br_2 \begin{cases} \xrightarrow{1,2\text{ 加成}} CH_2Br{-}CHBr{-}CH{=}CH_2 \\ \xrightarrow{1,4\text{ 加成}} CH_2Br{-}HC{=}CH{-}CH_2Br \end{cases}$$

上述反应中，可得 1, 2 加成产物，也可得 1, 4 加成产物。受反应条件影响很大，在低温和非极性溶剂中，以 1, 2 加成产物为主；在常温和极性溶剂中，以 1, 4 加成产物为主。

第二节　炔　　烃

炔烃结构的最基本特征是含有 C≡C 键。最简单的炔烃为乙炔，其结构式为：CH≡CH。

一、炔烃的异构现象和命名

炔烃是分子中含有 C≡C 三键的链烃，其通式为 C_nH_{2n-2}。同分异构现象有碳链异构和位置异构，但无顺反异构。

炔烃的命名与烯烃相似，可依据 C≡C 三键来选择主链、编号、书写名称等。例如：

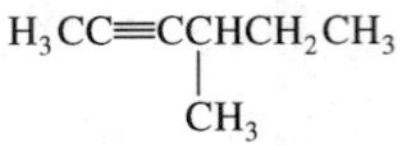

4-甲基己-2-炔

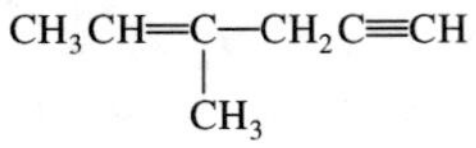

4-甲基己-4-烯-1-炔

二、炔烃的化学性质

炔烃的化学性质与烯烃相似，发生加成、氧化等反应。但由于结构上的差异，也表现出特殊性。在发生加成反应时，炔不如烯活泼。

（一）加成反应

1. 加氢反应

$$HC\equiv CH + 2H_2 \xrightarrow{Pt} H_3C—CH_3$$

2. 加卤素反应

$$HC\equiv CH + 2Cl_2 \xrightarrow{FeCl_3} Cl_2HC—CHCl_2$$

3. 加卤化氢反应

$$HC\equiv CH \xrightarrow{HBr} H_2C=CHBr \xrightarrow{HBr} H_3C—CHBr_2$$

（二）氧化反应

同烯烃一样，炔也容易被酸性高锰酸钾溶液氧化，使高锰酸钾溶液紫红色褪去，这一反应也用于检验 $C\equiv C$ 三键的存在。

$$R—C\equiv CH \xrightarrow{KMnO_4/H^+} RCOOH + CO_2$$

$$R—C\equiv C—R' \xrightarrow{KMnO_4/H^+} RCOOH + R'COOH$$

（三）金属炔化合物的生成

末端 $C\equiv C$ 三键碳上的氢原子比较活泼，可以离解表现出弱酸性，可以被金属取代，生成金属炔化合物。例如，将硝酸银的氨溶液或氯化亚铜的氨溶液滴加到末端炔烃中，则析出白色的炔化银沉淀或棕红色的炔化亚铜沉淀。反应极为灵敏，常用于鉴定具有末端炔 $R—C\equiv CH$ 结构特征的炔烃，也可利用这一反应从混合物中把这类炔烃分离出来。炔化银和炔化亚铜在湿润时较稳定，而干燥时因撞击或升温易爆炸，实验室里用硝酸分解处理之。

$$R—C\equiv CH + [Ag(NH_3)_2]NO_3 \longrightarrow \underset{\text{炔化银（白色）}}{R—C\equiv CAg\downarrow} + NH_3 + NH_4NO_3$$

$$R—C\equiv CH + [Cu(NH_3)_2]Cl \longrightarrow \underset{\text{炔化亚铜（砖红色）}}{R—C\equiv CCu\downarrow} + NH_3 + NH_4Cl$$

临床视角　　与临床有关的烯、炔类有机物

1. β-胡萝卜素　是由八个异戊二烯单位组成的全反式化合物，其结构为：

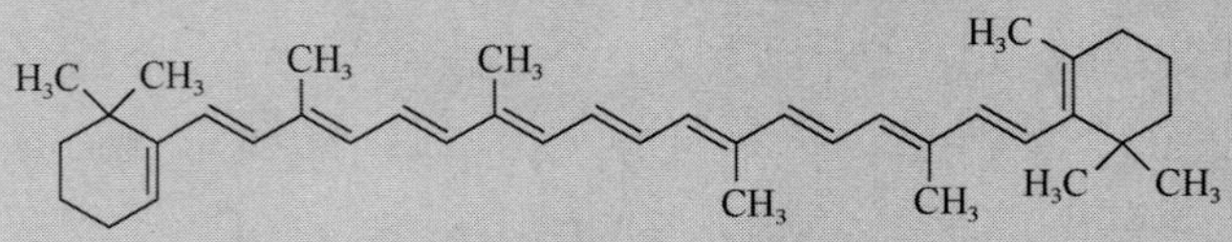

β-胡萝卜素(β-carforene)

它是广泛存在于动、植物中的一种天然色素，显示的颜色对人体无害，因此可作为天然色素用作食品、化妆品等的添加剂。位于β-胡萝卜素多烯碳链中间的烯键（共轭多烯链第五位处）较易断裂，在人体肝脏内受酶作用裂解并氧化成两分子维生素 A。所以β-胡萝卜素在体内能显示出维生素 A 的活性，并称为维生素 A 原。

2. 维生素A　维生素A（vitamin A），一般指的是维生素A_1，结构式为：

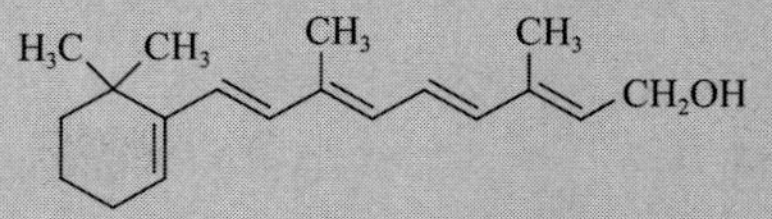

化学名为：全反-3, 7-二甲基-9-（2, 6, 6-三甲基环己烯-1-）-2, 4, 6, 8-壬四烯-1-醇。存在于动物来源的食物如肝、奶、蛋黄等，尤以海鲜鱼类肝油中含量最丰富，植物中仅含有维生素A系，如β-胡萝卜素、玉米黄素中。若缺乏维生素A就会患干眼症、夜盲症等。在临床上常将维生素A或维生素棕榈酸酯溶于植物油中应用。

3. 维甲酸　又称维生素A酸或视黄酸（vitamin A acid，retinoic acid），其结构式为：

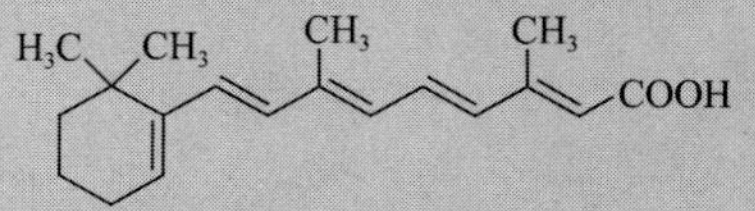

维甲酸是维生素A在体内的代谢中间产物，其为黄色至亮黄色结晶性粉末，不溶于水而溶于有机溶剂。在临床上，维甲酸广泛用于皮肤病及肿瘤患者的治疗，特别是早幼粒细胞白血病的治疗。

第三节　芳　　烃

芳香烃（aromatic hydrocarbon），简称芳烃。芳香烃的分子结构和性质都表现出与链烃和脂环烃不同而具独自的特殊性，这种特殊性称为“芳香性”。根据芳香烃分子中苯环的多少，芳香烃可分为苯及其同系物和多环芳香烃两大类。最简单的芳烃是苯，下面主要讨论苯。

一、苯的结构

苯的分子式为C_6H_6，分子中每个碳原子以sp^2杂化，6个碳原子共平面构成平面六边形结构。碳原子上还有一个与分子平面相垂直的未杂化的p轨道，彼此间以“肩并肩”的方式重叠，构成一个闭合环状共轭体系，形成一个属于6个碳原子所有的环状闭合π键，称为闭合大π键，见图10-3。

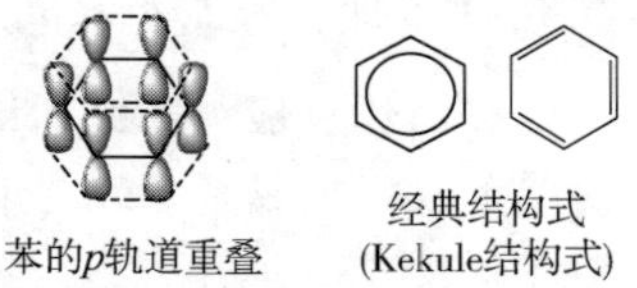

图 10-3　苯的结构示意图

苯分子中碳原子之间的键长完全平均化（139nm），具有较低的内能。在化学性质方面，既不同于烷烃，也不同于烯烃，易发生取代反应，难发生氧化和加成反应，于是，将苯的这种特殊性称为“芳香性”。

二、苯同系物的异构现象和命名

苯分子中的氢原子被烃基取代形成的衍生物称为苯的同系物。例如：

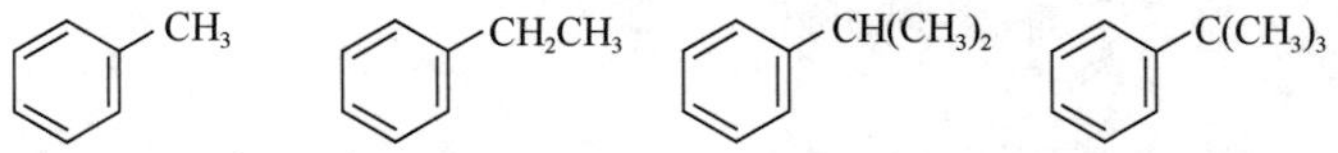

甲苯　　乙苯　　异丙苯　　叔丁苯

苯的同系物有一烷基苯、二烷基苯和三烷基苯等。用系统命名法命名时，其主要原则是：

（1）若只有一个取代基时，无异构现象。以苯为母体，在苯前加取代基的名称。例如：

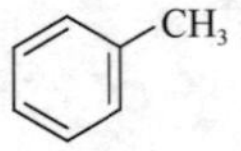
甲苯

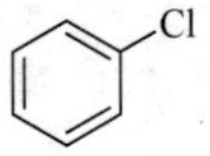
氯苯

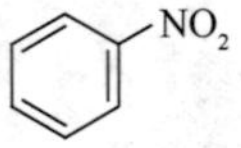
硝基苯

（2）当苯环上有两个相同取代基时，由于取代位置的不同而有三种异构体。

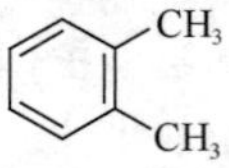
邻-二甲苯
（*o*-二甲苯或1,2-二甲苯）

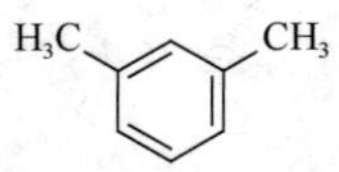
间-二甲苯
（*m*-二甲苯或1,3-二甲苯）

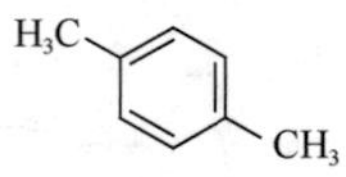
对-二甲苯
（*p*-二甲苯或1,4-二甲苯）

（3）当苯环上有三个相同取代基时，同样也有三种异构体。

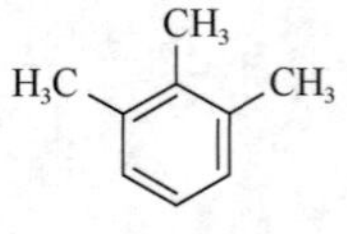
连-三甲苯
(1,2,3-三甲苯)

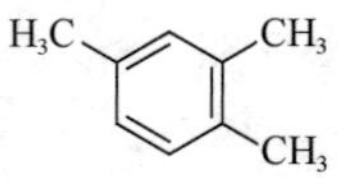
偏-三甲苯
（1,2,4-三甲苯）

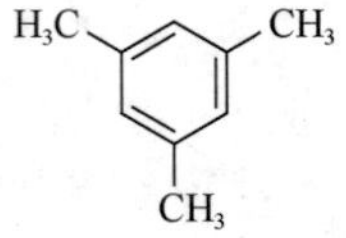
均-三甲苯
（1,3,5-三甲苯）

芳香烃分子中去掉一个氢原子后剩下的原子团称为芳香烃基或芳基，常用 Ar—表示。常见的有：苯基 C_6H_5—，可用 Ph—表示；苯甲基也称苄基：$C_6H_5CH_2$—。

三、苯的物理性质

苯是一种无色有芳香气味的液体，不溶于水，密度为 876.5kg/m^3，熔点 5.5℃，沸点 80.1℃。常用作有机溶剂，但具有毒性，使用时应注意防护。

四、苯的化学性质

苯分子高度对称而具有较高的稳定性，表现出可发生取代、较难发生加成和氧化反应，通常把苯的这种化学特性称为“芳香性”。

（一）取代反应

1. 卤代反应 在铁粉或三氯（溴）化铁的催化下，苯和氯或溴作用，苯环上的氢原子被氯或溴原子取代生成氯苯或溴苯的反应，称为氯代或溴代反应。例如：

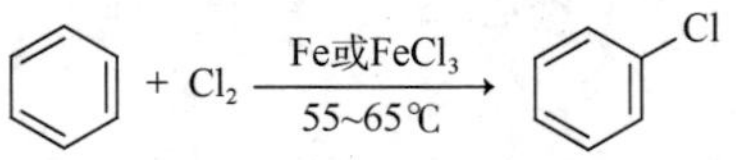

2. 硝化反应 苯和浓硝酸在浓硫酸存在下反应生成硝基苯。

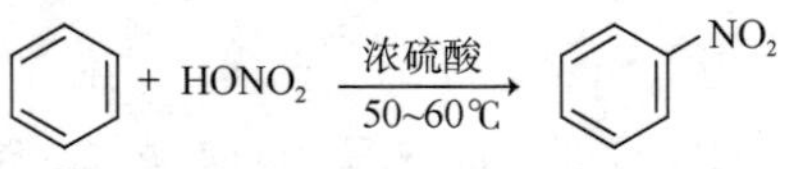

3. 磺化反应 苯和浓硫酸作用，环上的氢原子被磺酸基（—SO_3H）取代生成苯磺酸。

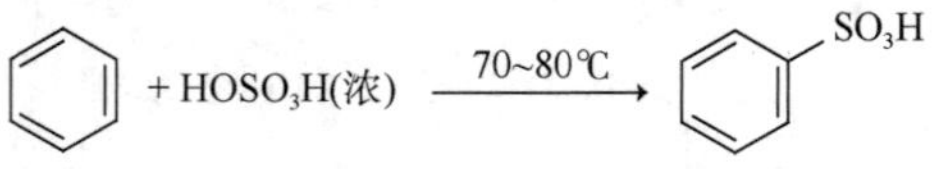

（二）氧化反应

在通常情况下，苯环比较稳定，难以氧化。但与苯直接相连的碳原子上至少连有一个氢原子时，可以发生侧链氧化反应，不论侧链的长短，氧化都生成羧基—COOH，例如：

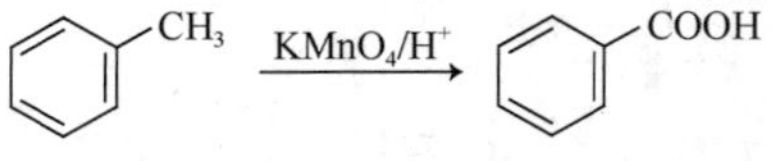

五、稠环芳香烃

稠环芳香烃是由两个或两个以上的苯环共用两个相邻碳原子稠合而成的多环芳香烃。重要的化合物有萘、蒽、菲等。

（一）萘

萘的分子式为 $C_{10}H_8$，由两个苯环稠合而成，白色片状晶体，熔点：80.5℃，沸点：218℃，能挥发，在室温下可以升华，具有特殊气味。存在于煤焦油中。

（二）蒽和菲

蒽和菲分子式都为 $C_{14}H_{10}$，二者互为同分异构体，存在于煤焦油中。蒽为无色片状晶体，熔点：101.5℃，沸点：340℃。

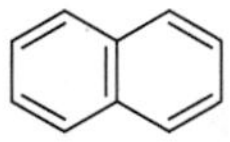
萘

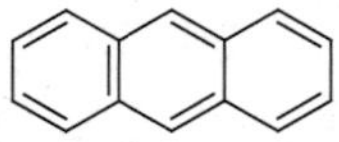
蒽

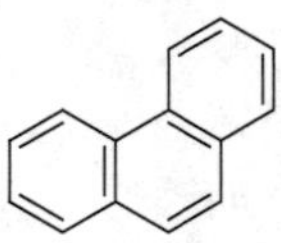
菲

生物体内许多重要化合物分子结构中都含有菲的骨架。例如，由一个完全氢化的菲与环戊烷稠合在一起的结构，称为环戊烷并多氢菲。它以衍生物的形式存在于动植物体内，具有重要的生理功能。例如，胆固醇、胆酸、性激素等。

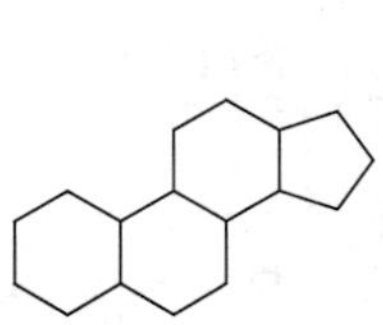
环戊烷并多氢菲

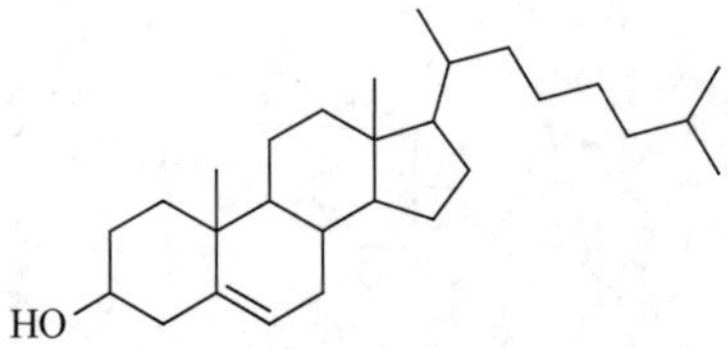

胆固醇

人体视角　　**芳香族化合物与致癌作用**

致癌芳香烃（carcinogenic aromatic hydrocarbon）主要是稠环芳香烃及其衍生物，有些致癌烃在煤、石油、木材和烟草等燃烧不完全时产生，煤焦油中也含有一些致癌烃，其中下列三种化合物是最强的致癌烃。

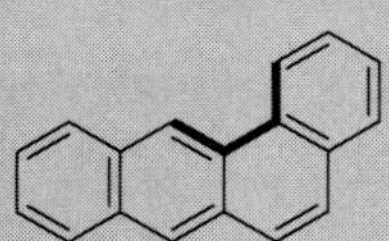
1,2-苯并蒽

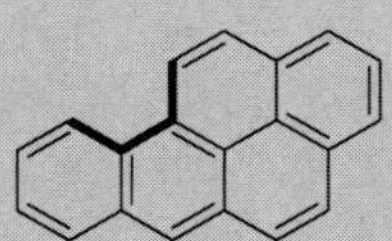
3,4-苯并芘

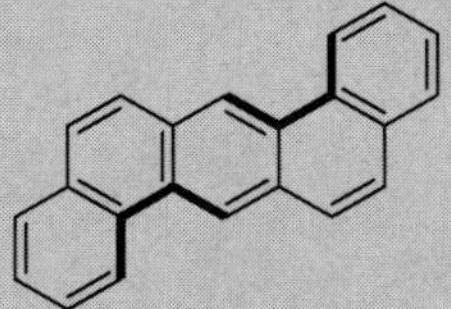
1,2,5,6-苯并蒽

致癌芳烃结构上一些共同的特征是：都包含四个或四个以上苯环的稠环，并且都有一个“角”，即上述结构中粗黑线表示区域。这些“角”的结构特征与致癌作用正在研究中。

世界卫生组织（WHO）证实，糖、油脂和蛋白质等食品加热时，若烧焦则会产生 3, 4-苯并芘；汽车尾气和烟等的烟气中都含有 3, 4-苯并芘。3, 4-苯并芘容易诱发肺癌和唇癌。经临床观察得知，一个人吸烟支数越多、时间越久，则患癌的概率就越高。

本章小结

烯烃和炔烃的化学反应主要发生在 C═C 双键和 C≡C 三键上，双键或三键的加成反应和氧化反应。不对称的烯烃或炔烃与不对称的试剂发生加成反应时均遵循马氏规则，即试剂中带正电荷部分加到 C═C 双键或 C≡C 三键含氢较多的碳原子上，带负电荷的部分加到含氢较少的碳原子上，其本质是反应首先生成更加稳定的碳正离子中间体。由于三键碳原子是 *sp* 杂化，*s* 成分多，电负性较大，因此末端炔烃有一定的酸性，能与硝酸银的氨溶液或氯化亚铜的氨溶液发生取代反应生成相应的炔化银白色沉淀和炔化亚铜的砖红色沉淀，可用于鉴别或分离末端炔烃。丁-1, 3-二烯能发生 1, 2 加成和 1, 4 加成。

烯烃与炔烃都容易被高锰酸钾氧化，碱性和酸性高锰酸钾氧化性不同，生成的产物与氧化剂的类型和反应底物分子的结构有关，碱性或中性条件下，烯烃主要生成邻二醇。酸性条件下烯烃生成酮或羧酸，炔烃则生成羧酸。

芳烃的反应则主要发生在芳环上和侧链上，芳环上发生的亲电取代反应主要有卤代、硝化和磺化等反应。与芳环连接的烷基碳原子上有氢时，烷基可以被酸性高锰酸钾溶液氧化为羧基，无氢则不会被氧化。

1. 烯烃的化学反应小结

（1）催化氢化，吸附加氢

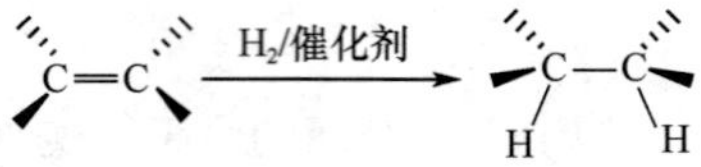

（2）亲电加成反应

与 H—X，X_2 加成反应如下：

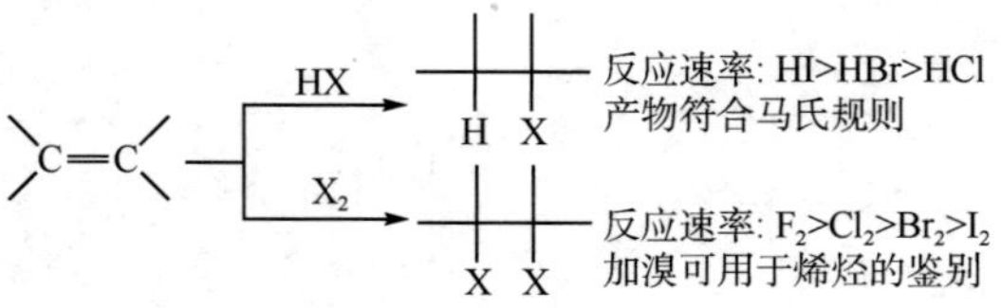

（3）烯烃的氧化反应

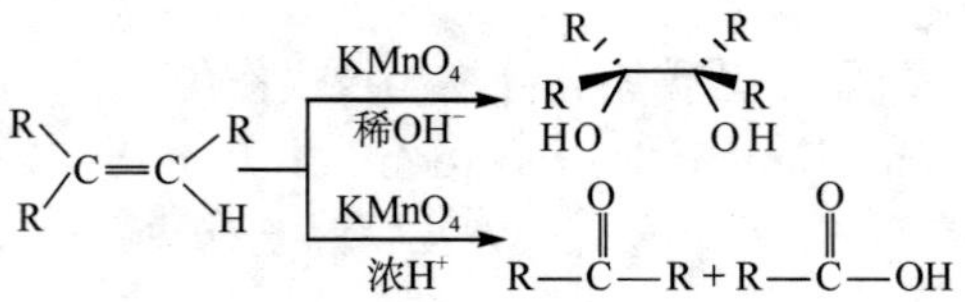

2. 炔烃的化学反应小结

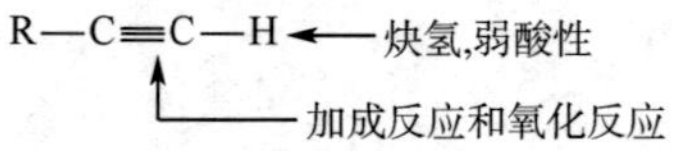

（1）炔氢的反应

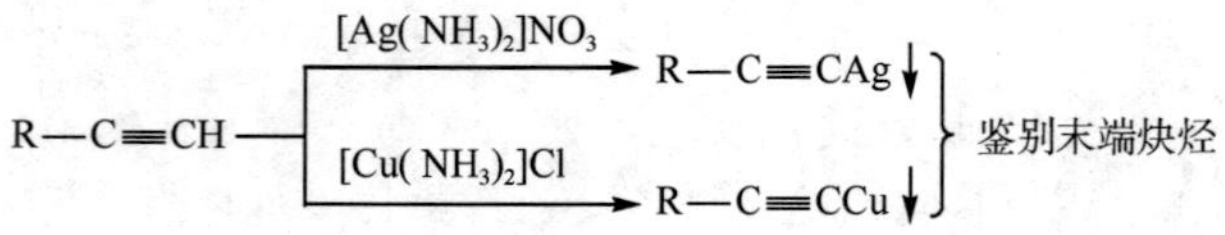

（2）加成反应

1）加氢

$$R—C\equiv C—R + 2H_2 \xrightarrow{Pt} RCH_2CH_2R$$

2）加卤素或卤化氢

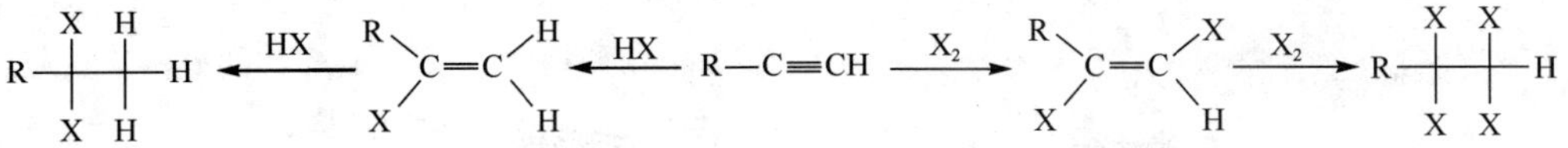

3）氧化反应

$$R—C\equiv CH \xrightarrow{KMnO_4/H^+} RCOOH + CO_2$$

$$R—C\equiv C—R' \xrightarrow{KMnO_4/H^+} RCOOH + R'COOH$$

3. 芳烃的化学反应小结

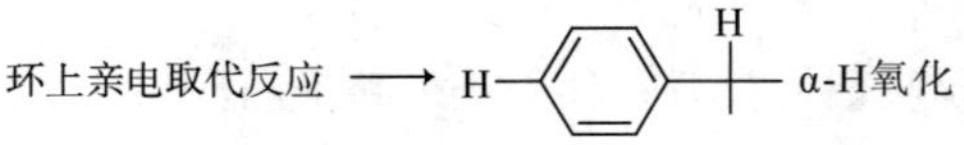

（1）苯环上的亲电取代反应

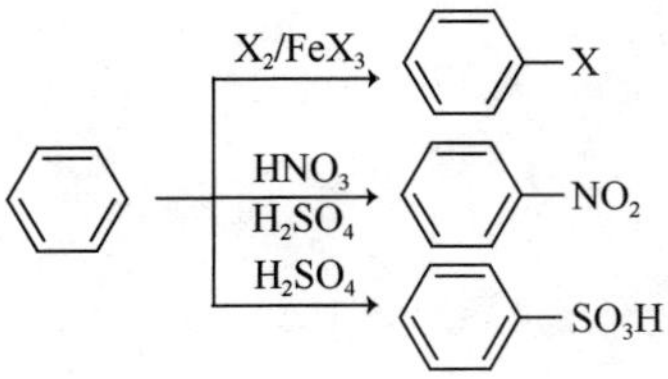

（2）侧链氧化反应

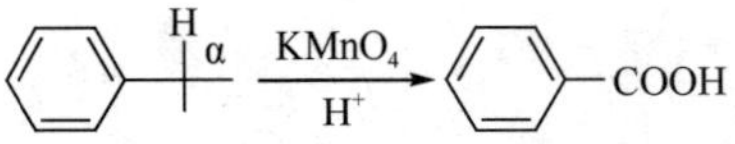

关　键　词

烯烃、炔烃、芳烃、顺反异构、马氏规则、诱导效应、共轭效应、亲电加成、亲电取代。

问题与练习

一、命名下列化合物（必要时注明构型）

1. $CH_3CH{=}CHCH_2CH_3$

2. $CH_2{=}CHCHCH_3$（3号碳上连 CH_3）

3. $CH\equiv CCH_2CHCH_3$（4号碳上连 CH_3）

4. 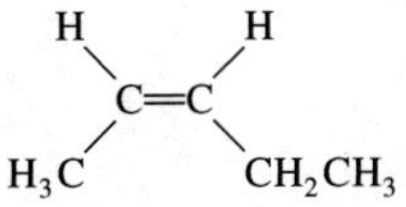

5. 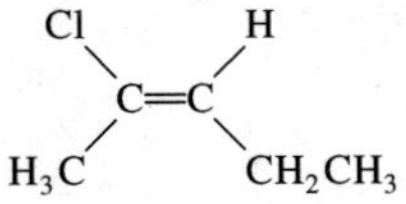

6. 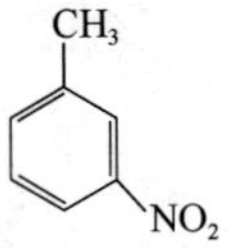

7. $CH_2{=}CHCHC\equiv CCH_3$（3号碳上连 CH_3）

二、写出下列各化合物的结构式

1. 2-甲基丁-2-烯　　2. 2-甲基-3-乙基己-2-烯

3. 反-戊-2-烯　　4.（*Z*）-2-溴戊-2-烯

5. 4-甲基戊-2-炔　　6. 对溴甲苯

7. 戊-1, 3-二烯　　8. 苄氯

三、用简单的化学方法鉴别下列各组化合物

1. 丙烷、环丙烷、丙烯

2. 乙烷、乙烯、乙炔

3. 苯、甲苯、环己烯

四、完成下列反应式，写出主要产物

1. $CH_2{=}CHCH_2CH_3 + HBr \longrightarrow$

2. $CH_3CH{=}C(CH_3)_2 + KMnO_4/H^+ \longrightarrow$

3. $CH_3CH_2C\equiv CH + Ag(NH_3)_2NO_3 \longrightarrow$

4. $CH_3CH_2C\equiv CH + Cu(NH_3)_2Cl \longrightarrow$

5. 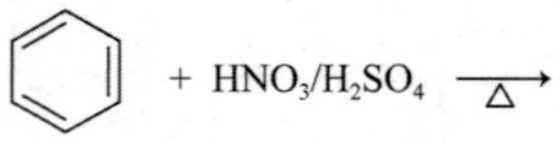

6. 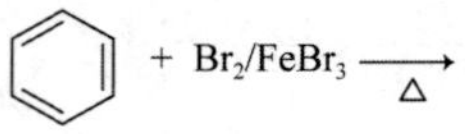

7. 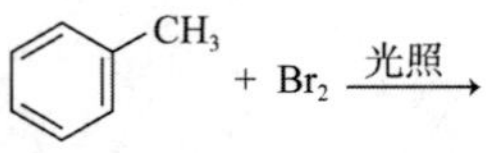

8. 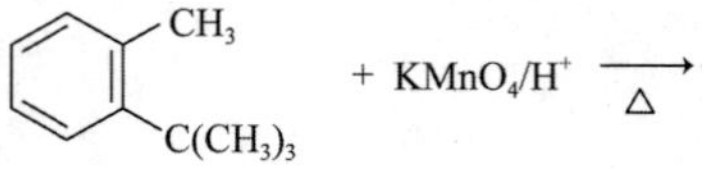

五、推测结构

1. 化合物A氢化后生成2-甲基丁烷。1mol A能与2mol的溴加成。A与硝酸银的氨溶液反应生成白色沉淀。试推测A的结构式。
2. 化合物A的分子式为C_4H_8，可以吸收一分子溴。A与$KMnO_4/H^+$反应生成CH_3COCH_3和二氧化碳，试推测A的结构式。

思 考 题

1. 丙烯分子中碳原子有哪些杂化类型？分子是否共平面，为什么？
2. 任何不对称的烯烃和不对称的试剂发生亲电加成反应都符合马氏规则吗？
3. 烯烃的顺反异构体的命名中，顺/反标记法与*Z*/*E*标记法有何区别？

（史大斌）

第十一章 卤代烃
(halohydrocarbon)

学习目标

1. 掌握： 卤代烃的分类、命名、亲核取代反应和消除反应；不同卤代烃的反应活性和鉴别；消除反应的札依采夫规律。

2. 熟悉： 卤代烃亲核取代的反应历程及特点；碳正离子的结构稳定性及对反应活性的影响；格氏试剂的生成和性质。

3. 了解： 卤代烃的物理性质和医药方面应用；卤代烃消除反应历程；亲核取代反应与消除反应的竞争。

临床视角 **有机氟化合物（1）**

有机氟化合物（organic fluorine compound）在医药工业中有非常重要的应用，由于其特殊的生物活性，在上市新药中，每年有15%～20%都是有机氟化合物。常见的药物中有机氟化合物也很多，例如，抗癌药物中的5-氟尿嘧啶、治疗精神类疾病的盐酸三氟拉嗪、喹诺酮类抗菌药物诺氟沙星和非甾体抗炎药氟比洛芬等。

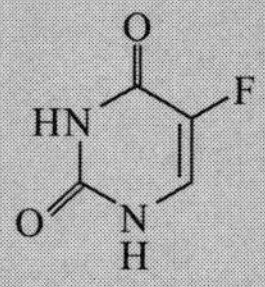

5-氟尿嘧啶

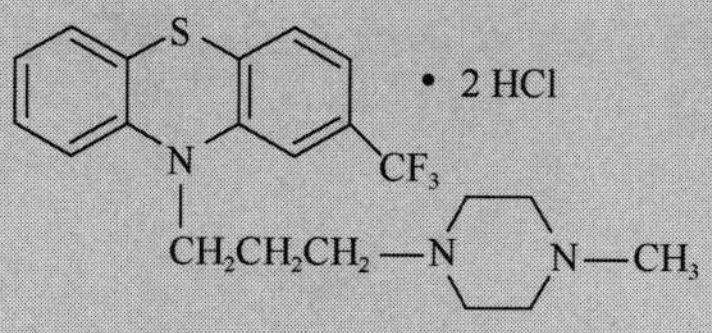

盐酸三氟拉嗪

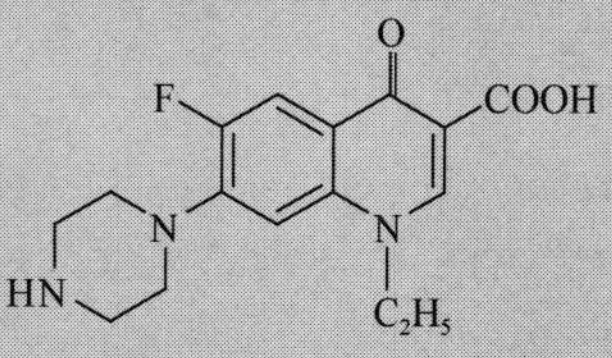

诺氟沙星

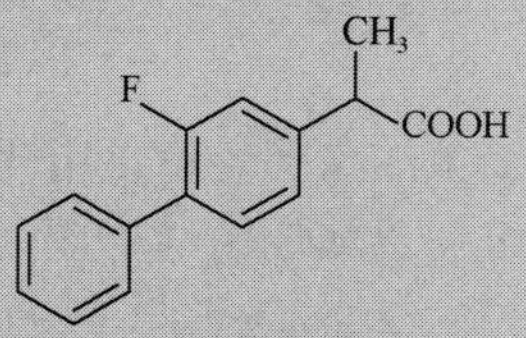

氟比洛芬

卤代烃（halohydrocarbon，alkyl halide），简称卤烃，是指烃分子中氢原子被卤原子取代生成的有机物。卤原子（F、Cl、Br、I）是卤代烃的官能团。

天然的卤代烃种类不多，主要存在于海洋生物如海绵、珊瑚和海藻等中，大多数的卤代烃都是人工合成物。卤代烃由于具有较强的反应和生物活性，因此在有机合成中是烃转化为其他各种烃及其衍生物的桥梁有机物，同时，卤代烃与工业、农业、医药和日常生活关系密切，可用作农药、麻醉剂、灭火剂、溶剂等。其中由于氟代烃的性质、用途和制法与其他卤代烃相差较多，故本章主要介绍氯代烃、溴代烃和碘代烃。

一、卤代烃的分类

1. 按卤素原子种类分类 卤代烃可分为氯代烃、溴代烃和碘代烃，即：

CH_3CH_2Cl	CH_3CH_2Br	CH_3CH_2I
氯代烃	溴代烃	碘代烃

2. 按卤原子数目分类 卤代烃可分为一卤代烃、二卤代烃和多卤代烃，即：

CH_3Cl	CH_2Cl_2	$CHCl_3$
一氯甲烷	二氯甲烷	三氯甲烷(氯仿)

3. 按烃基结构分类 卤代烃可分为饱和卤代烃、不饱和卤代烃和芳香族卤代烃。其中芳香族卤代烃又可分为卤代芳烃和芳香卤代烃（或称侧链卤代芳烃）。前者卤素直接连在苯环上；后者不直接连在苯环上。

R—CH_2—X
饱和卤代烃

R—CH═CH—$(CH_2)_n$X
不饱和卤代烃

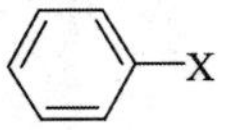
卤代芳烃

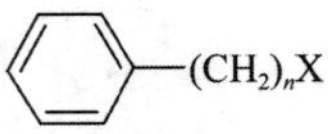
芳香族卤代烃

4. 根据不饱和键与卤原子的位置分类 不饱和卤代烃可分为乙烯型、烯丙型和孤立型卤代烯烃，即：

R—CH═CH—X
乙烯型卤代烃

R—CH═CH—CH_2—X
烯丙型卤代烃

R—CH═CH—$(CH_2)_n$—X($n \geq 2$)
孤立型卤代烯烃

5. 根据苯环和卤原子的位置分类 卤代芳烃也可分为苯型、苄基型和孤立型卤代芳烃，即：

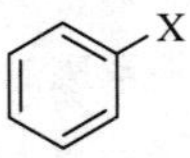
苯型芳烃

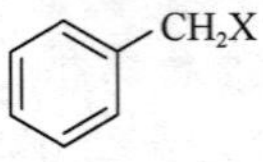
苄基型卤代烃

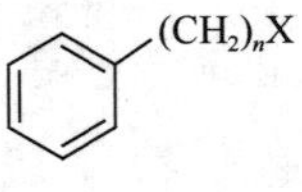
($n \geq 2$)
孤立型卤代芳烃

6. 根据卤原子连接饱和碳原子的种类分类 卤代烃可分为伯卤代烃（1° 卤代烃）、仲卤代烃（2° 卤代烃）和叔卤代烃（3° 卤代烃），即：

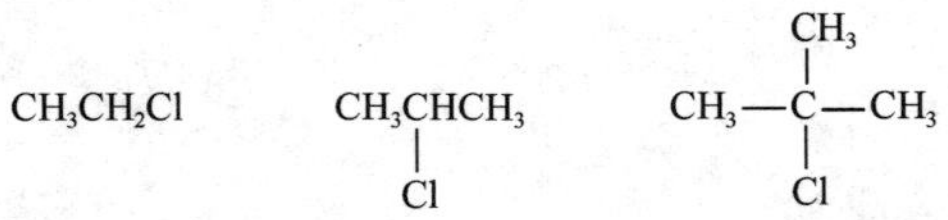

伯卤代烃	仲卤代烃	叔卤代烃

二、卤代烃的命名

1. 普通命名法 简单的卤代烃可以用普通命名法命名，方法一可对应于结构中的烃基，称为“某烃基卤”；方法二可在母体烃的名称前面加上“卤代”两字，称为“卤代某烃”，“代”字常可省略。例如：

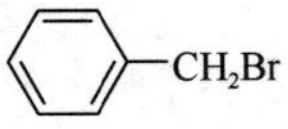

普通命名法	CH_3CH_2Cl	CH_2═CHCl	$CH_3CH(Br)CH_3$	$C_6H_5CH_2Br$
方法一	乙基氯	乙烯基氯	异丙基溴	苄基溴
方法二	氯乙烷	氯乙烯	溴代异丙烷	溴化苄

有些卤代烃还常采用俗名表示，如氯仿、碘仿、氟里昂等。

2. 系统命名法 针对复杂的卤代烃可采用系统命名法命名，即把卤原子视为取代基，以烃基为母体，按不同类型烃的各自命名原则进行命名。

即以烃为母体，按烃的命名原则对母体进行编号，将卤素作为取代基，然后按照英文字母的顺序排列，依次写在母体名称之前。例如：

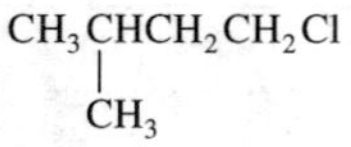
1-氯-3-甲基丁烷

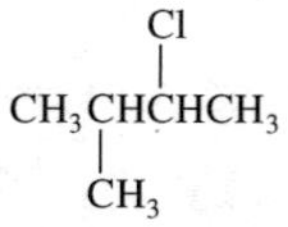
2-氯-3-甲基丁烷

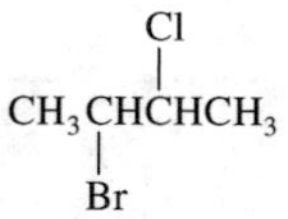
2-溴-3-氯丁烷

$CH_2{=}CHCH_2Br$
3-溴丙-1-烯(烯丙基溴)

$CH_2{=}CHCH_2CH_2Cl$
4-氯丁-1-烯

芳香族卤代烃，一般以芳烃作为母体，卤原子作为取代基。例如：

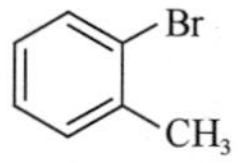
1-溴-2-甲基苯

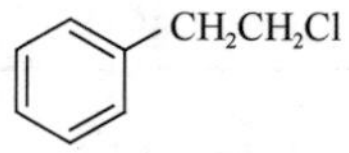
(2-氯乙基)苯

临床视角　　卤代烃与麻醉剂

1. 氯仿（$CHCl_3$） 氯仿的化学名称为三氯甲烷，是一种无色有甜味的液体，沸点61.1℃，相对密度为1.4832，不溶于水，不能燃烧。可溶解油脂和多种高分子化合物，是良好的有机溶剂。氯仿是最早应用于外科手术的全身麻醉药之一，因其对心脏、肝脏的毒性较大，目前临床已很少使用。作溶剂使用时也应在通风橱中进行，尽量避免对身体造成损害。

氯仿在光照条件下，能被逐渐氧化为剧毒的光气。所以，氯仿应用棕色瓶保存，并加入1%的乙醇破坏光气。因为乙醇可使产生的光气转化为无毒的碳酸二乙酯。

2. 氟烷（$F_3CCHClBr$） 氟烷的化学名称为2-溴-2-氯-1, 1, 1-三氟乙烷。氟烷为无色液体，无刺激性，性质稳定，可以与氧气任意比例混合，不燃不爆。作为麻醉药，氟烷的麻醉强度比乙醚大2～4倍，比氯仿强1.5～2倍，对黏膜无刺激性，对肝、肾功能不全造成持久性的损害，是目前常用的吸入性全身麻醉药之一。

三、卤代烃的物理性质

在常温常压下，氯甲烷、氯乙烷和溴甲烷为气体，其他低碳数卤代烃为液体，而15个碳以上的高级卤代烃为固体。

一卤代烷的沸点随碳原子数的增加而升高。同分异构体中，直链异构体的沸点最高，支链越多，沸点越低。烃基相同、卤原子不同的卤代烃，分子量越大，沸点越高，其沸点顺序是：碘代烃＞溴代烃＞氯代烃。

卤代烃均难溶于水，而溶于弱极性或非极性的乙醚、苯和烃等有机溶剂，二氯甲烷和三氯甲烷本身就是常用的有机溶剂，常用于从水层中分离有机化合物。

除少数一氯代烷外，其余卤代烷的密度都比水重。

许多卤代烃具有强烈的气味，但一般都无色，只有碘代烃易分解产生游离的碘，所以碘代物常带有棕色，一般使用前需要重新蒸馏。

一些常见卤代烃的沸点和相对密度见表11-1。

表11-1　一些常见卤代烃的沸点和相对密度表

X / 化合物	沸点（℃）			相对密度（g/cm^3）		
	Cl	Br	I	Cl	Br	I
CH_3X	−24	4	42	–	–	2.28
CH_3CH_2X	12	38	72	–	1.44	1.93

续表

X / 化合物	沸点（℃）			相对密度（g/cm³）		
	Cl	Br	I	Cl	Br	I
$CH_3CH_2CH_2X$	47	71	103	–	1.34	1.75
C_6H_5X	132	156	189	1.11	1.50	1.83
CH_2X_2	40	99	180（分解）	1.37	2.49	3.33
CHX_3	61	151	升华	1.49	2.89	4.00
CX_4	77	190	升华	1.60	3.42	4.32

四、卤代烃的化学性质

卤代烃的化学性质主要由官能团卤原子决定。由于卤原子的电负性比碳原子强，卤代烷分子中的卤原子带部分负电荷（δ^-），与卤原子直接相连的α-碳原子（α-C，Cα 原子）带部分正电荷（δ^+），C—X 键为极性共价键，容易断裂。当带未共用电子对或负电荷的亲核试剂进攻 α-C 时，C—X 键发生异裂，卤素以负离子的形式离去，进攻试剂与 α-C 结合，从而发生亲核取代反应。另外，由于受卤原子吸电子诱导效应的影响，卤代烷 β-位上碳氢键的极性增大，即 β-H 的酸性增强，在强碱性试剂作用下，易脱去 β-H 和卤原子，发生消除反应。

（一）亲核取代反应

卤代烃中与卤素原子相连的 α-C 易受到带负电荷试剂或含有未共用电子对试剂的进攻。这种具有较大的电子云密度，进攻带部分正电荷的碳原子并形成共价键的试剂，称为亲核试剂（nucleophilic reagent），通常用 $Nu:^-$ 表示。由亲核试剂进攻显正电性的碳原子而引起的取代反应，称为亲核取代反应（nucleophilic substitution reaction），用 S_N 表示，其反应通式为：

$$\underset{亲核试剂}{Nu:^-} + \underset{底物}{R—X} \longrightarrow \underset{产物}{R—Nu} + \underset{离去基团}{X:^-}$$

卤代烃的亲核取代反应实现了官能团的转变和新键的形成，在有机合成中应用十分广泛。卤代烃能与多种无机或有机试剂反应，卤原子被其他原子或基团取代，生成各种取代产物。例如：

$$R—X + \begin{cases} NaOH \xrightarrow{H_2O} R—OH(醇类) + NaX \\ NaOR' \longrightarrow R—OR'(醚类) + NaX \\ NaCN \xrightarrow{醇} R—CN(腈类) + NaX \\ NH_3 \longrightarrow R—NH_2(胺类) + HX \\ AgNO_3 \xrightarrow{醇} R—ONO_2(硝酸酯类) + AgX\downarrow \end{cases}$$

1. 水解反应 卤代烷与强碱（氢氧化钠、氢氧化钾）水溶液共热，卤原子被羟基（—OH）取代生成醇的反应称为卤代烷的水解反应，其反应为：

$$CH_3CH_2Br + NaOH \xrightarrow[\triangle]{H_2O} CH_3CH_2OH + NaBr$$

这是一个制备醇的方法。

2. 醇解反应 卤代烷与醇钠作用，卤原子被烷氧基（RO—）取代生成醚的反应称为卤代烷的醇解反应，其反应为：

$$CH_3Br + CH_3CH_2ONa \xrightarrow[\triangle]{} CH_3OCH_2CH_3 + NaBr$$

卤代烷醇解是合成混合醚的重要方法，称为 Williamson 醚合成法。此反应中的卤代烷为伯卤代烷。若用叔卤代烷与醇钠作用，则主要发生消除反应得到烯烃。

3. 氰解反应 卤代烷与氰化钠或氰化钾的醇溶液共热，卤原子被氰基取代生成腈的反应称为卤代烃的氰解反应，其反应为：

$$CH_3CH_2Br \xrightarrow{NaCN} CH_3CH_2CN \xrightarrow{H_3O^+} CH_3CH_2COOH$$

$$CH_3CH_2CN \xrightarrow{[H]} CH_3CH_2CH_2NH_2$$

此反应的特点是产物比反应物多一个碳原子，在有机合成中常用作增长碳链的方法。此反应可用于合成腈，也可将氰基转变为羧基或氨基，合成羧酸或胺。

4. 氨（胺）解反应 卤代烷与氨（胺）的水溶液或醇溶液作用，卤原子被氨基取代生成胺的反应称为卤代烷的氨（胺）解。由于产物胺具有亲核性，反应很难停留在一取代阶段，产物往往是各种取代胺的混合物。当使用大大过量的氨时，则主要生成 RNH_2。

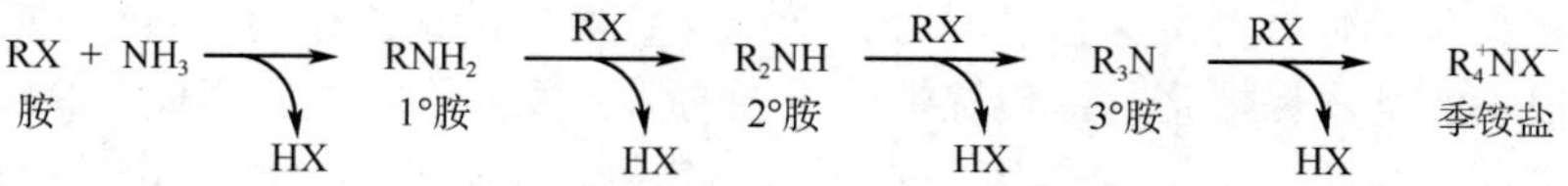

5. 与硝酸银的反应 卤代烃与硝酸银的醇溶液作用，卤原子被硝酸根取代生成硝酸酯，同时产生卤化银沉淀，其反应为：

$$RX + AgNO_3 \xrightarrow{醇} RONO_2 + AgX\downarrow$$

此反应因生成的卤代银沉淀有颜色，可以作为卤代烃的鉴别反应。卤代烃的活性次序为：RI＞RBr＞RCl。当卤原子相同，烃基结构不同时，其中饱和卤代烃活性顺序为叔卤代烃＞仲卤代烃＞伯卤代烃；不饱和卤代烃活性顺序为烯丙型（苄基型）卤代烃＞孤立型卤代烯烃（卤代芳烃），而乙烯型（苯型）基本不反应。

（1）乙烯型（苯型）卤代烃：以氯乙烯和氯苯为例，其结构特征为氯原子与乙烯中 C═C（或苯环）直接相连，其中氯原子中孤对电子的 *p* 轨道与乙烯（或苯环）中的 π 键形成 p-π 共轭（图 11-1 和图 11-2），导致 C—Cl 键有部分双键性质，稳定性增强，氯原子活泼性很低，难与 $AgNO_3$ 的醇溶液反应。

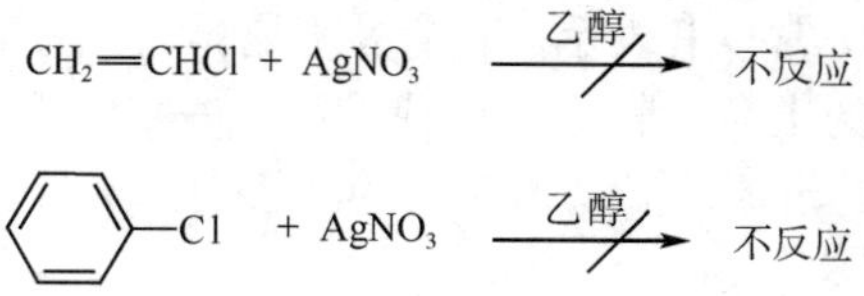

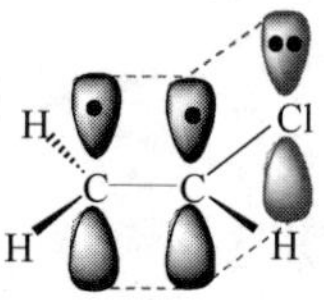

图 11-1 氯乙烯分子的 p-π 共轭体系示意图

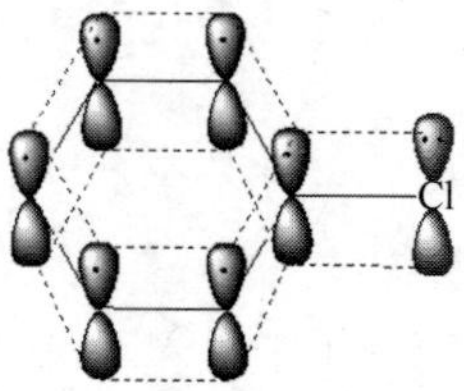

图 11-2 氯苯分子的 p-π 共轭体系示意图

（2）烯丙型（苄基型）卤代烃：此类卤代烃的结构特征为卤原子与 C═C（或苯环）之间相隔一个饱和碳原子，卤原子很活泼，与 $AgNO_3$ 的醇溶液反应，立即产生卤化银沉淀，例如，烯丙基氯或苄氯与 $AgNO_3$ 的反应分别为：

$$CH_2{=}CHCH_2Cl + AgNO_3 \xrightarrow{乙醇} CH_2{=}CHCH_2ONO_2 + AgCl\downarrow$$

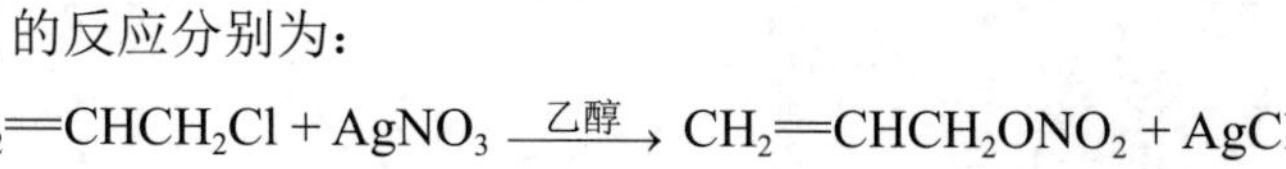

在烯丙基氯或苄氯分子中，氯原子与双键（或苯环）中的 π 键不存在 p-π 共轭效应，但氯原

子解离后碳正离子的 p 空轨道可与 C═C 双键（或苯环）上的 π 电子产生 p-π 共轭效应，生成比较稳定的烯丙型碳正离子（图 11-3）或苄基型碳正离子（图 11-4）。因此烯丙基氯或苄氯中氯原子比较活泼，其反应活性强于叔卤代烷。

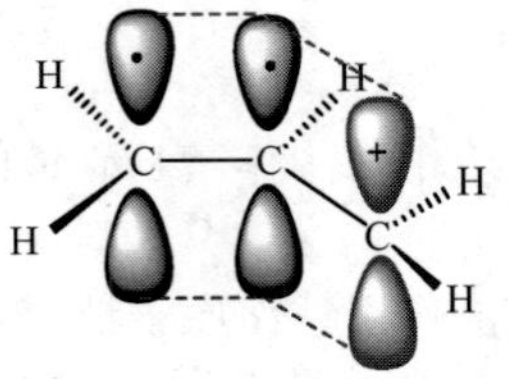

图 11-3　烯丙型碳正离子的 p-π 共轭体系示意图

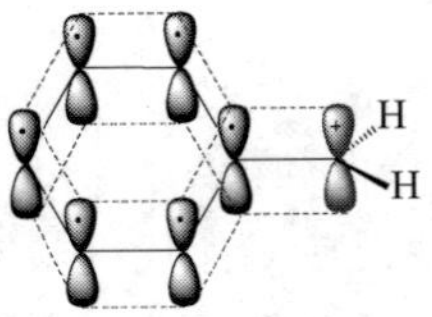

图 11-4　苄基型碳正离子的 p-π 共轭体系示意图

（3）孤立型卤代烯烃和孤立型卤代芳烃：此类卤代烃中的卤原子与 C═C（或苯环）相隔较远，相互影响很小，基本保持正常卤代烷中卤原子的活泼性，不同类型卤代烃的活性顺序与饱和卤代烃相似。例如，4-氯丁-1-烯或 2-氯乙基苯在加热条件下可与 $AgNO_3$ 的醇溶液反应，产生卤化银沉淀，其反应为：

$$CH_2{=}CHCH_2CH_2Cl + AgNO_3 \xrightarrow{\text{乙醇}} CH_2{=}CHCH_2CH_2ONO_2 + AgCl\downarrow$$

综上所述，不同结构的卤代烃与 $AgNO_3$ 醇溶液反应生成卤化银沉淀的速率不同，总体反应活性顺序为：烯丙型（苄基型）＞叔卤代烃＞仲卤代烃＞伯卤代烃＞乙烯型（苯型）卤代烃，利用此性质可以鉴别不同类型的卤代烃。

（二）消除反应

卤代烃在强碱性条件（如氢氧化钠、氢氧化钾、氨基钠、醇钠、醇钾等）下，分子内脱去一分子卤化氢生成烯烃。这种分子内消去一个简单分子（如 HX，H_2O），形成不饱和烃的反应称为消除反应（elimination reaction），常以 E 表示。因消去的是 β-C 上的氢，故又称为 β-消除反应。β-消除反应的发生是由于卤素原子的电负性较大，卤代烷中 C—X 的极性可以通过吸电子诱导效应影响到 β-C 原子，使 β-C 原子上的氢原子表现出一定的活泼性，其反应为：

$$CH_3CH_2\overset{\beta}{C}H_2CH_2Br \xrightarrow[C_2H_5OH]{C_2H_5ONa} CH_3CH_2CH{=}CH_2$$

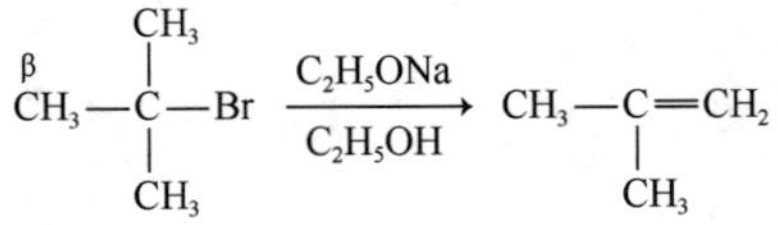

消除反应可以在分子中引入双键，因此是制备烯烃的一种方法。

仲卤代烃和叔卤代烃发生消除卤化氢反应时，结构中存在两种或三种不同的 β-C 时，消除反应可以有不同的取向，得到不同的烯烃，即：

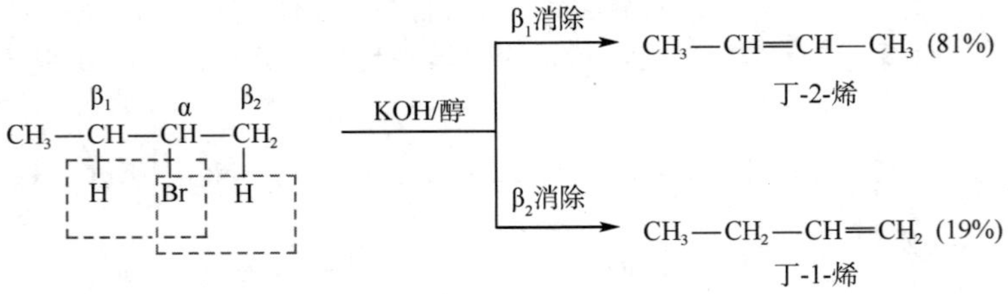

在 2-溴丁烷消除反应产物中，丁-2-烯的产率为 81%，丁-1-烯的产率只有 19%，即丁-2-烯为主要产物。大量实验表明，仲、叔卤代烷消除卤化氢时，主要脱去含氢较少的 β-C 上的氢原子，生成双键上有较多烃基的烯烃。这一经验规律称为札依采夫（Saytzeff）规则。

（三）与金属反应

卤代烃能与某些金属反应，形成含有碳金属键的有机金属化合物。其中，与金属镁反应生成的有机镁化合物 RMgX 称为 Grignard（格利雅）试剂，简称格氏试剂。格氏试剂是由卤代烃和金属镁在无水乙醚中反应得到的。这个反应是由法国化学家维克多·格利雅（Victor Grignard）发现并成功地应用于有机合成，为此于 1912 年获得诺贝尔化学奖。

$$CH_3CH_2Br + Mg \xrightarrow{\text{醚}} \underset{\text{乙基溴化镁}}{CH_3CH_2MgBr}$$

格氏试剂生成反应的反应速率与卤代烃的结构及种类有关。卤素相同的卤代烃，反应速率为：伯卤代烷＞仲卤代烷＞叔卤代烷。烃基相同的卤代烃，反应速率为：碘代烷＞溴代烷＞氯代烷。

所用溶剂，一般为乙醚、四氢呋喃（tetrahydrofuran，THF）。在乙醚或四氢呋喃溶液中，格氏试剂通过溶剂化形成配合物而稳定。例如：

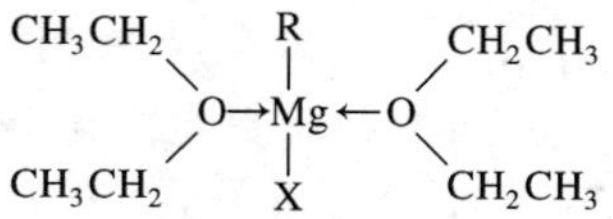

格氏试剂中含有强极性的 C—Mg 共价键，碳原子带有部分负电荷。它的性质非常活泼，是有机合成中一个重要的强亲核试剂。利用格氏试剂与二氧化碳反应可以制备羧酸；与含羰基的化合物反应可制备各种醇。

格氏试剂很活泼，与水、醇、氨（胺）、酸及末端炔烃等具有活泼氢的化合物反应生成烷烃。

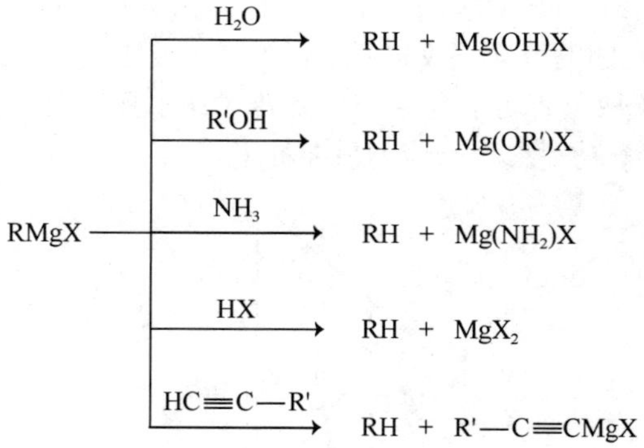

因此，在格氏试剂制备和使用时，反应仪器和所用试剂均需干燥，而且不能用含有活泼氢的化合物作试剂。同时，格氏试剂也可与空气中的二氧化碳、氧反应，所以有关格氏试剂反应都尽量避免与空气接触，常采用氮气进行保护。

（四）亲核取代的反应机制

通过对卤代烷水解反应的动力学和立体化学研究发现，卤代烷的水解反应是按两种不同的反应机制进行的。

1. 双分子亲核取代反应（S_N2） 例如，溴甲烷在碱性条件下的水解反应：

$$OH^- + CH_3—Br \longrightarrow CH_3—OH + Br^-$$

经实验证明，溴甲烷在 80% 乙醇溶液中进行水解，其反应速率极低，若在 80% 乙醇溶液中加入碱，水解速率随 OH^- 浓度的增加而加快。反应速率与溴甲烷和碱的浓度有关，在动力学上属于二级反应，其反应速率表达式为：

$$v = k[CH_3Br][OH^-]$$

这种反应速率与两种反应物的浓度均有关的亲核取代反应称为双分子亲核取代反应，常用符号 S_N2 表示（S 为 substitution，取代；N 为 nucleophilic，亲核的；2 代表双分子）。溴甲烷的 S_N2 反应进程为：

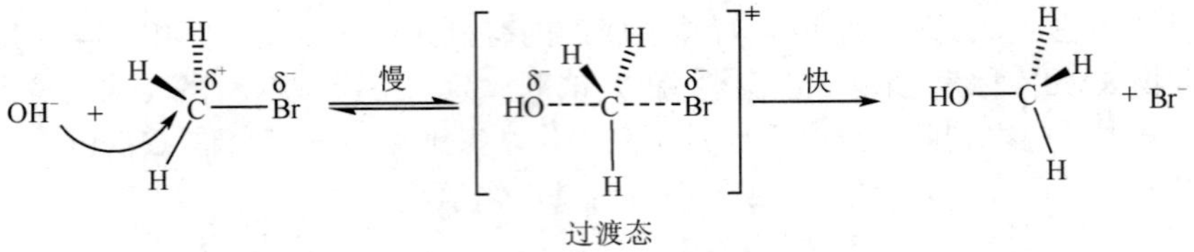

S_N2 反应是协同过程，亲核试剂 OH^- 从离去基团 Br 的背面进攻带部分正电荷的 α-C，形成一个过渡态。该过渡态可以看作是碳原子与羟基和溴原子部分键合的结构，C—O 键没有完全形成，C—Br 键也没有完全断裂，3 个氢原子与碳原子在同一个平面内，相互间的键角为 120°，羟基和溴原子处于垂直于该平面的一条直线上。负电荷分散在羟基和溴原子之间，C—Br 键逐渐变弱，C—O 键逐渐增强。由于在过渡态中卤代烃的中心碳原子上同时连有 5 个基团，这一步是整个反应中能量最高的一步，整个反应速率的快慢取决于形成过渡态的速度。溴甲烷水解反应的能量变化如图 11-5。

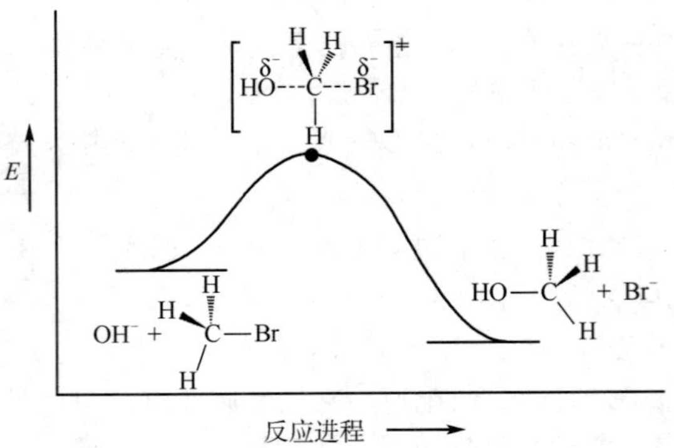

图 11-5　溴甲烷水解反应能量变化示意图

S_N2 反应机制的特点是：①双分子反应，反应速率与卤代烃和亲核试剂 OH^- 浓度有关。②反应一步完成，旧键的断裂和新键的生成同时进行，称为协同反应。③反应过程中伴有“构型转化”。亲核试剂是从离去基团的背面进攻碳原子，若作为反应底物的卤代烃分子的中心碳原子具有手性，取代产物的中心碳原子有可能发生构型翻转（瓦尔登转化，如图 11-6 所示）。从立体化学上说，瓦尔登（Walden）转化是 S_N2 反应的重要标志。

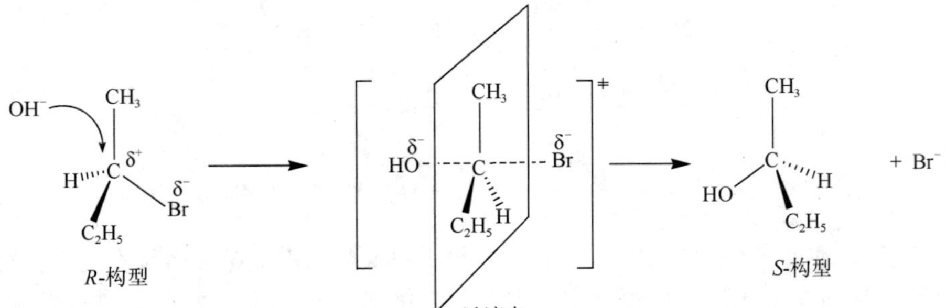

图 11-6　瓦尔登转化示意图

2. 单分子亲核取代反应（S_N1）　例如，叔丁基溴在碱性溶液中的水解反应：

$$(CH_3)_3C—Br + OH^- \longrightarrow (CH_3)_3C—OH + Br^-$$

经实验证明，叔丁基溴的水解反应与溴甲烷不同，叔丁基溴在 80% 乙醇溶液中水解的速率非常快，而且在反应体系中加入碱其反应速率不变，即叔丁基溴的水解反应速率只取决于卤代烃的浓度，与 OH^- 的浓度无关，在动力学上属于一级反应，其反应速率表达式为：

$$v = k[(CH_3)_3CBr]$$

该反应是分步进行的，其反应速率决定步骤（即慢反应步骤）是由卤代烃分子控制的，仅有卤代烃分子参与慢反应步骤过渡态的形成。此类反应称为单分子亲核取代反应（用 S_N1 表示）。

叔丁基溴的水解反应机制分两步进行，能量变化如图 11-7。

第一步：反应底物叔丁基溴分子中的溴原子带着一对电子逐渐远离中心碳原子，碳溴键发生异裂，生成活性中间体叔丁基碳正离子和溴负离子，此步反应的反应速率很低，是反应速率的决定步骤。

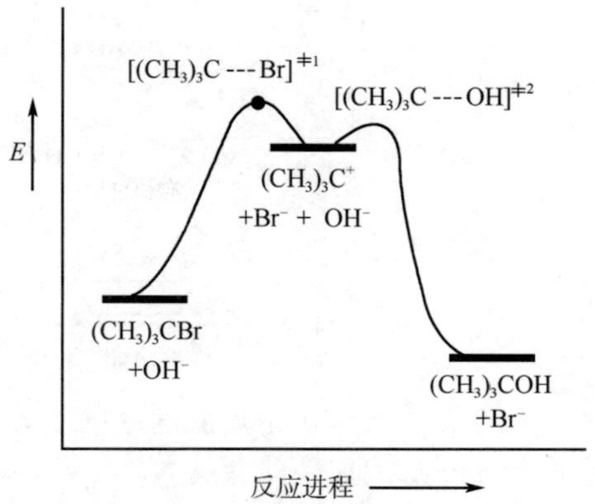

图 11-7 叔丁基溴水解反应能量示意图

$$(CH_3)_3C—Br \xrightarrow{\text{慢}} \left[(CH_3)_3\overset{\delta^+}{C}\text{---}\overset{\delta^-}{Br}\right]^{\neq 1} \longrightarrow (CH_3)_3C^+ + Br^-$$

叔丁基碳正离子

第二步：生成的叔丁基碳正离子很快与亲核试剂 OH^- 结合，经过过渡态形成碳氧键，生成取代产物叔丁醇。此步反应是快反应步骤。

$$(CH_3)_3C^+ + OH^- \xrightarrow{\text{快}} \left[(CH_3)_3\overset{\delta^+}{C}\text{---}\overset{\delta^-}{OH}\right]^{\neq 2} \longrightarrow (CH_3)_3C—OH$$

S_N1 反应机制的特点是：①单分子反应：反应速率只与卤代烷的浓度有关，不受亲核试剂浓度的影响。②反应分两步进行：C—Br 键首先断裂，形成碳正离子，总的反应速率是由形成碳正离子步骤决定的。③可能发生碳正离子的重排。④若反应物中与卤素相连的碳原子为手性碳原子，产物外消旋化。反应历程是通过形成具有平面构型的碳正离子进行的。亲核试剂可以从 sp^2 杂化平面的两侧进攻碳正离子，并且概率均等，因此可以得到外消旋产物（“构型转化”和“构型保持”两种产物各为50%）。理论上说，产物外消旋化可以作为 S_N1 反应立体化学的特征。例如，(*S*)-(1-氯乙基）苯在碱性条件下水解得到外消旋产物，如图 11-8 所示。

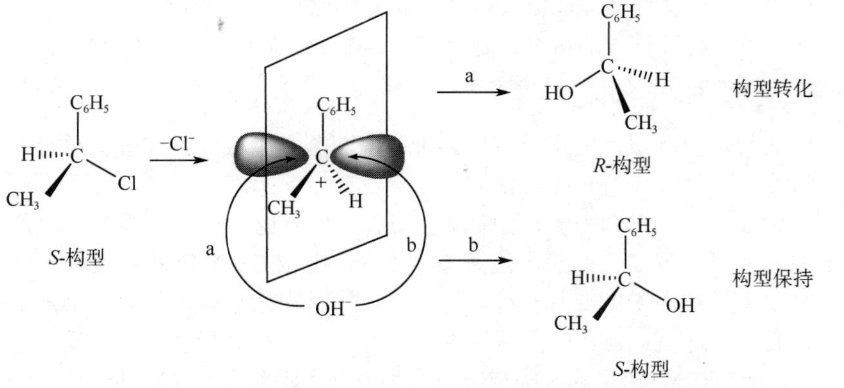

图 11-8 (*S*)-(1-氯乙基) 苯在碱性条件下水解产物示意图

3. 影响亲核取代反应的因素 亲核取代反应的两种机制，在反应中是同时存在、相互竞争的。卤代烃的亲核取代反应是按 S_N1 历程还是按 S_N2 历程进行，主要与反应底物烷基结构、亲核试剂的亲核能力、离去基团的离去能力和溶剂的极性大小等因素有关。

（1）烷基的影响：卤代烃的烷基结构是通过电子效应和空间立体效应影响卤代烃的反应活性。这两种效应对不同反应机制的影响是不同的，其中电子效应主要影响 S_N1 机制，而空间立体效应主要影响 S_N2 机制。

烷基的结构对亲核取代反应的影响可以归纳为：

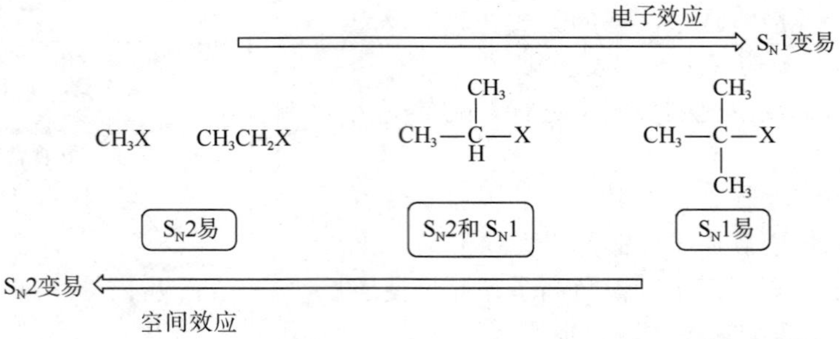

在S_N1反应中决定反应速率的步骤是碳正离子的生成，碳正离子越稳定、越容易形成，S_N1反应的相对反应速率就会越大。所以，不同结构的卤代烷进行S_N1反应的速率大小顺序与碳正离子的稳定性一致，即：叔卤代烷＞仲卤代烷＞伯卤代烷＞卤甲烷。

而S_N2反应是双分子反应，决定反应速率的步骤是过渡态的形成，此步骤与进攻试剂有关。由于卤素的电负性较大，亲核的进攻试剂只能从离去基团的背面进攻α-C，α-C上连接的烷基越多，体积越大，空间位阻越大，越不利于亲核试剂的进攻，S_N2反应的相对反应速率越小。所以，不同结构的卤代烷进行S_N2反应的速率大小顺序与进行S_N1反应的速率大小顺序恰好相反。即：卤甲烷＞伯卤代烷＞仲卤代烷＞叔卤代烷。

综上所述，一般伯卤代烷易按S_N2机制反应，叔卤代烷按S_N1机制反应，而仲卤代烷则介于二者之间，可以按S_N2机制反应，也可以按S_N1机制反应，或者二者兼而有之。

（2）离去基团（卤原子）的影响：在亲核取代反应中，反应底物的C—X键断裂，X带有一对电子离开，X被称为离去基团。无论是进行S_N1反应还是S_N2反应历程，离去基团影响一样。离去基团离去能力越强，亲核反应越容易进行。一般来说，离去基团的碱性越弱，形成的负离子越稳定，就越容易离去。

（3）亲核试剂的影响：对于S_N1反应，反应速率只与反应底物有关，与亲核试剂无关，亲核试剂的改变对反应速率不产生明显的影响。但是在S_N2反应中，亲核试剂提供一对电子与底物的碳原子成键，试剂的亲核性越强，成键越容易，越有利于反应的进行。

（4）溶剂的影响：极性越大的溶剂，越有利于S_N1反应的进行，而不利于S_N2反应的进行。

（五）消除反应的机制

消除反应与取代反应相似，根据反应中共价键的断裂和生成的次序分为单分子消除反应和双分子消除反应两种，分别用E1和E2表示。

1. 双分子消除反应（E2） 双分子消除反应与S_N2相似也是一步完成的，试剂进攻卤代烃分子中的β-C上的氢原子，形成过渡态。过渡态中C—H键及C—X键的断裂与碳碳双键的形成同时进行，碳氢键发生异裂，X也带着一对电子离开，同时在两个碳原子之间形成π键。其反应速率取决于形成过渡态的速度，在决定反应速率的步骤中有两种分子参加，即反应速率与卤代烷和碱的浓度均有关，$v=k[R\text{-}X][OH^-]$。此类反应被称为双分子消除反应（E2反应）。

E2与S_N2反应历程也很相似，在化学动力学上均为二级反应，不发生重排。其不同点是S_N2反应中，亲核试剂进攻的是α-C，而在E2反应中，试剂进攻的则是β-C上的氢。例如：

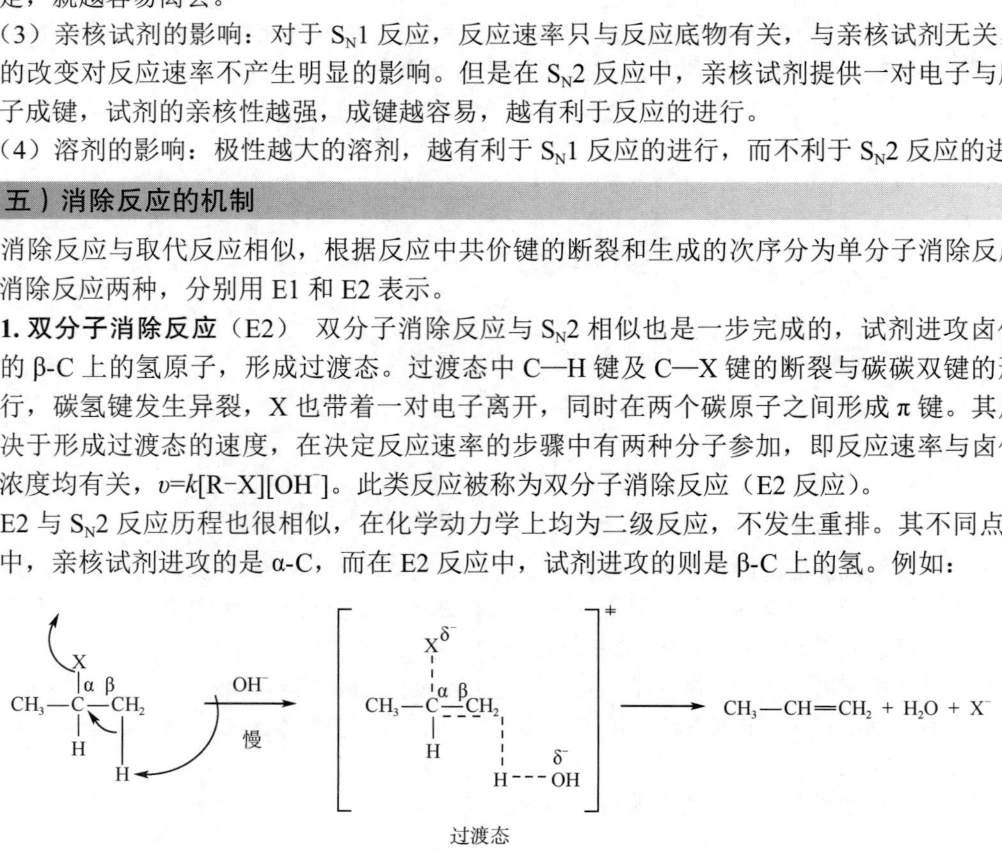

2. 单分子消除反应（E1） 叔丁基溴在碱性溶液中发生消除反应分两步进行：第一步，卤代烃分子中的C—X键发生异裂，生成碳正离子；第二步，碳正离子在碱的作用下，β-C上的氢以质子的形式解离，α和β-C之间形成π键，生成烯烃。

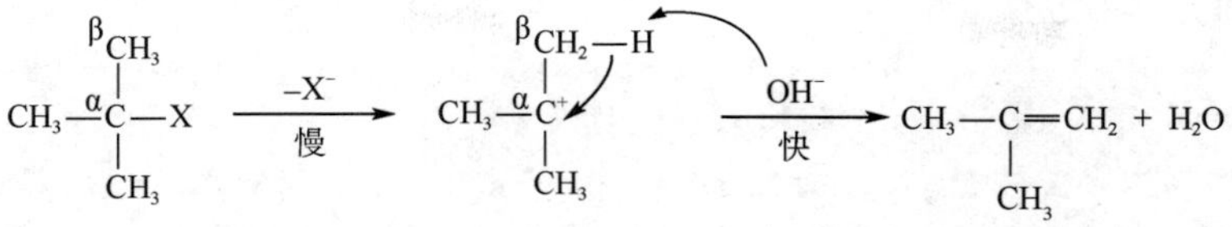

此机制中第一步反应很慢，是反应速率决定步骤。在这一步中，只有卤代烷分子参加反应，即消除反应的速率只与卤代烷浓度有关，$v=k[R-X]$。此类反应被称为单分子消除反应（E1 反应）。

E1 与 S_N1 反应相似，分两步进行，中间体均为碳正离子。只是在 E1 反应中，生成的碳正离子不像 S_N1 中与亲核试剂结合，而是β-C上的氢以质子的形式离去生成烯烃。

消除反应，不论是E1机制还是E2机制，卤代烷反应活性的排列顺序是一致的：叔卤代烷＞仲卤代烷＞伯卤代烷。因为叔碳正离子最稳定，叔卤代烷生成的烯烃也是最稳定的。

（六）消除反应与亲核取代反应的竞争

卤代烃和一个指定的试剂反应时，既可以发生消除反应，也可以发生亲核取代反应。消除反应和亲核取代反应历程相似。它们的区别在于：在亲核取代反应中，试剂进攻的是α-C；而在消除反应中，试剂进攻的是β-C上的氢原子（图11-9）。

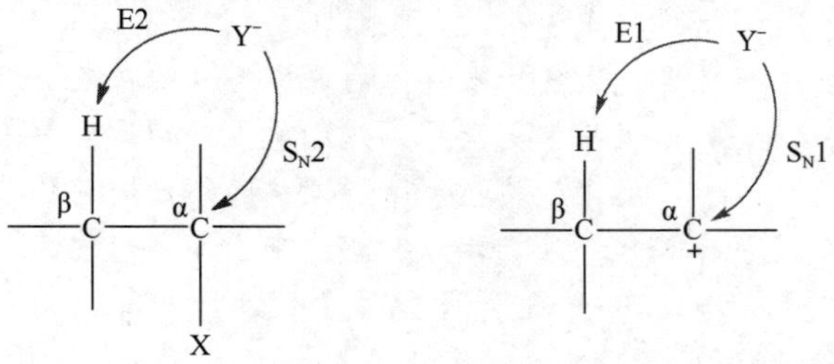

图 11-9 消除反应和亲核取代反应竞争示意图

因此，卤代烃的取代反应和消除反应同时发生，而且相互竞争。如何有效地控制反应条件，较大比例地获得取代反应或消除反应的产物，在有机合成上具有重要的意义。影响反应的因素包括卤代烃的结构、亲核试剂的种类、反应的溶剂以及反应温度。

1. 卤代烃结构 一般来说，伯卤代烃消除反应速率慢，取代反应速率快；叔卤代烃消除反应速率快，而取代反应速率慢。卤代烃的结构对消除和取代反应的影响归纳如下：

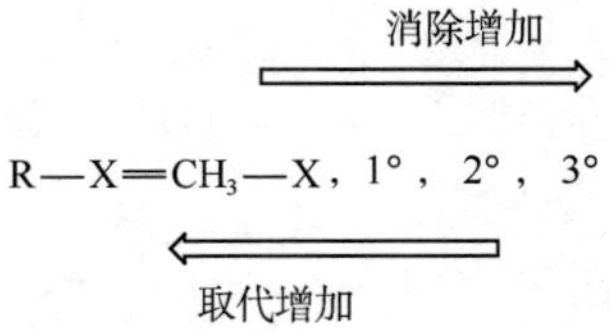

因此制备烯烃一般用叔卤代烃，而制备醇时一般用伯卤代烃。

2. 试剂性质 试剂的碱性越强，亲核性越弱，越有利于消除反应的发生；反之，试剂的碱性越弱，亲核性越强，则越有利于取代反应。

3. 溶剂极性 溶剂极性对反应有明显的影响，极性大的溶剂对单分子反应（E1 和 S_N1）有利，而对双分子反应（E2 和 S_N2）不利。一般来说，强极性溶剂有利于取代反应的进行，弱极性溶剂有利于消除反应的进行。所以，卤代烷在 NaOH 的水溶液中主要生成醇，而在 NaOH 的醇溶液中主要生成烯烃。

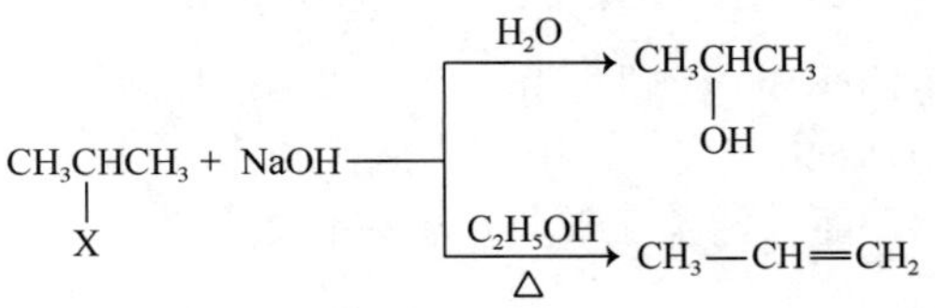

4. 反应温度 由于消除反应的活化过程需拉长C—H键；而在亲核取代反应中，则没有这一情况，所以消除反应的活化能比取代反应大，提高反应温度，有利于消除反应的进行。

综上所述，一般卤代烃的消除反应最好用叔卤代烃，采用高浓度的强碱性试剂，使用极性较小的溶剂，在较高的温度下进行。

临床视角　　有机氟化合物（2）

1. 三氟乙酸（TFA） 三氟乙酸是一种强羧酸，pK_a=0.23，能够刺激人体组织和皮肤。有轻微的毒性，但是在不流动的地表水中富集则会影响农业和水生系统，并且三氟乙酸经历微生物降解产生温室气体CHF_3。有强酸性，酸性比乙酸强十万倍。三氟乙酸是重要的脂肪含氟中间体，可参与多种有机合成反应，尤其用于合成含氟医药、农药和染料等，已成为含氟精细化学品的重要中间体之一。

2. 氟苯 氟苯为无色液体，沸点85℃，不溶于水，能与乙醇、乙醚、丙酮、苯混溶。易燃，遇高热、明火、氧化剂有引起燃烧的危险。主要用于制备抗精神病特效药物氟哌啶醇、达罗哌丁苯、喹诺酮类抗菌药物环丙沙星等原料。

3. 聚四氟乙烯（polytetrafluoroethylene，PTFE） 聚四氟乙烯为四氟乙烯（$F_2C{=}CF_2$）的聚合物，熔点327℃，沸点400℃。商品名为特氟隆（Teflon）。耐腐蚀又具有较高的机械强度，是一种性能优良的塑料，被美誉为“塑料王”，广泛应用于各种需要抗酸碱和有机溶剂的材料。

4. 氟里昂 氟里昂是几种氟氯代甲烷和氟氯代乙烷的总称。由于氟里昂化学性质稳定，具有不燃、无毒、易液化等特性，因而广泛用作冷冻设备和空气调节装置的制冷剂。它们的商业代号为Fabc。F表示氟代烃，百位a等于碳原子数减1（如果是零就省略），十位b等于氢原子数加1，个位c等于氟原子数目，氯原子数目不列。由于氟里昂可能破坏大气臭氧层，已限制使用。

本章小结

1. 亲核取代反应

$$Nu:^- + R—X \longrightarrow R—Nu + X:^-$$

$$R—X + \begin{cases} NaOH \xrightarrow{H_2O} R—OH（醇类）+ NaX \\ NaOR' \longrightarrow R—OR'（醚类）+ NaX \\ NaCN \xrightarrow{醇} R—CN（腈类）+ NaX \\ NH_3 \longrightarrow R—NH_2（胺类）+ HX \\ AgNO_3 \xrightarrow{醇} R—ONO_2（硝酸酯类）+ AgX\downarrow \end{cases}$$

2. 氨（胺）解反应

$$\underset{胺}{RX + NH_3} \xrightarrow{-HX} \underset{1°胺}{RNH_2} \xrightarrow[-HX]{RX} \underset{2°胺}{R_2NH} \xrightarrow[-HX]{RX} \underset{3°胺}{R_3N} \xrightarrow[-HX]{RX} \underset{季铵盐}{R_4^+NX^-}$$

3. 与硝酸银的反应

$$RX + AgNO_3 \xrightarrow{醇} RONO_2 + AgX\downarrow$$

卤代烃的活性次序为：RI＞RBr＞RCl。当卤原子相同，烃基结构不同时，其中饱和卤代烃活性顺序为叔卤代烃＞仲卤代烃＞伯卤代烃；不饱和卤代烃活性顺序为烯丙型（苄基型）卤代烃＞孤立型卤代烯烃（卤代芳烃），而乙烯型（苯型）基本不反应。

4. 消除反应

$$\mathrm{CH_3CH_2\overset{\beta}{C}H_2CH_2Br \xrightarrow[C_2H_5OH]{C_2H_5ONa} CH_3CH_2CH{=}CH_2}$$

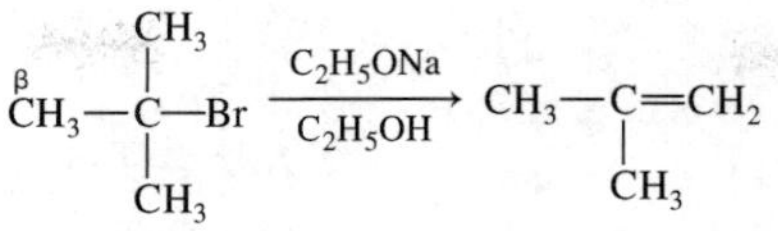

大量实验表明，仲、叔卤代烷消除卤化氢时，主要脱去含氢较少的β-C上的氢原子，生成双键上有较多烃基的烯烃。这一经验规律称为札依采夫（Saytzeff）规则。

5. 与金属反应

$$\mathrm{CH_3CH_2Br + Mg \xrightarrow{醚} CH_3CH_2MgBr}$$

6. 双分子亲核取代反应（S_N2）

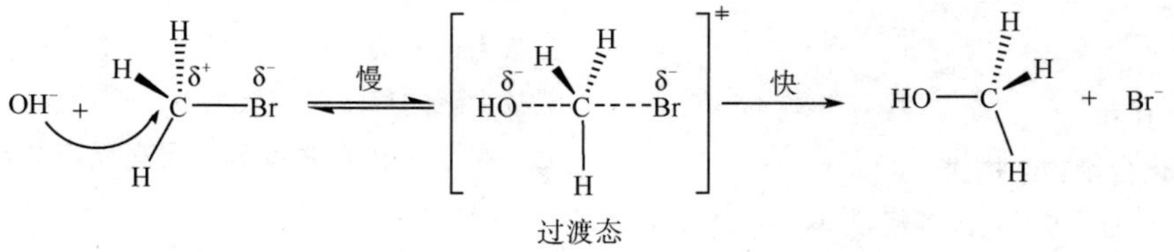

S_N2 反应机制的特点是：①双分子反应，反应速率与卤代烃和亲核试剂 OH^- 浓度有关。②反应一步完成，旧键的断裂和新键的生成同时进行，称为协同反应。③反应过程中伴有“构型转化”。

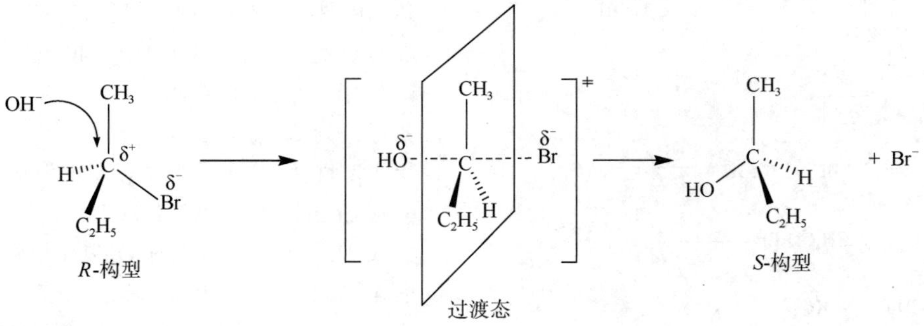

7. 单分子亲核取代反应（S_N1）

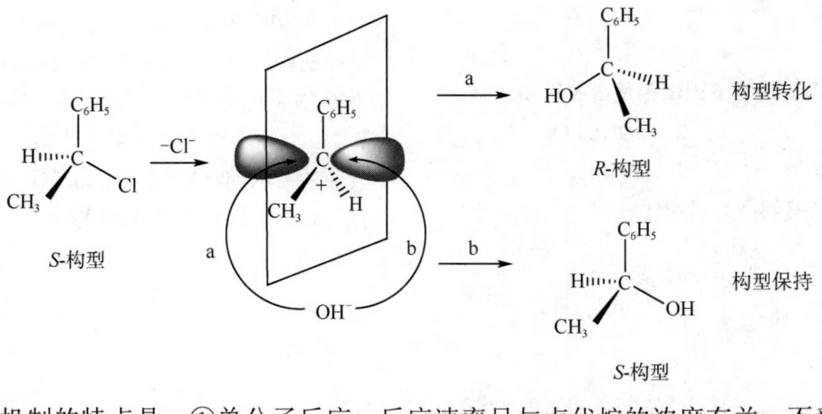

S_N1 反应机制的特点是：①单分子反应：反应速率只与卤代烷的浓度有关，不受亲核试剂浓度的影响。②反应分两步进行：C—Br 键首先断裂，形成碳正离子，总的反应速率是由形成碳正离子步骤决定的。③可能发生碳正离子的重排。④若反应物中与卤素相连的碳原子为手性碳原子，产物外消旋化。

关　键　词

卤代烃、亲核试剂、亲核取代反应、消除反应、格氏试剂、S_N1、S_N2。

问题与练习

一、命名下列化合物

1. 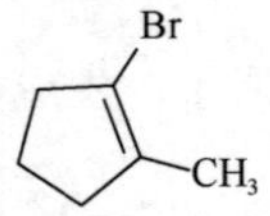

2. 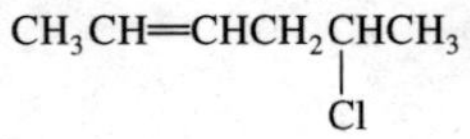

3. 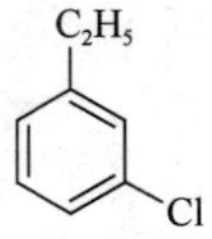

4. $CH_2{=}CH{-}CH_2Br$

二、写出下列化合物的结构式

1. 2-溴-3-甲基丁烷　　2. 2-溴-2, 4-二甲基戊烷

3. 乙基碘化镁　　4. 烯丙基氯

三、完成下列反应

1. 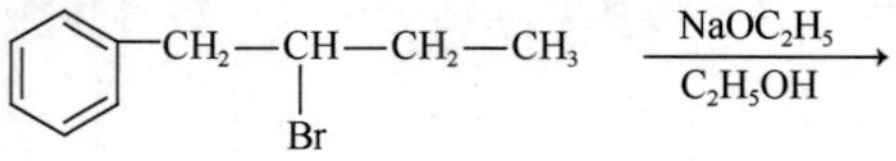

2. 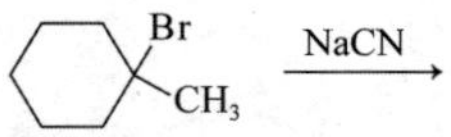

3. 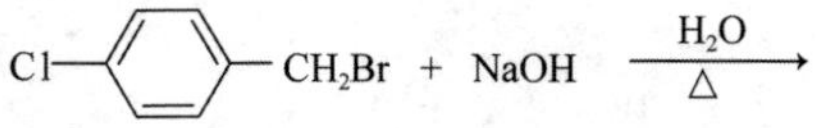

4. 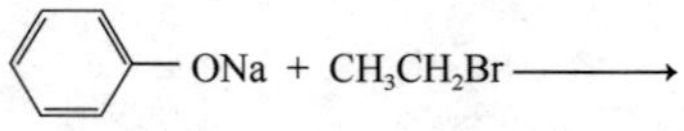

5. 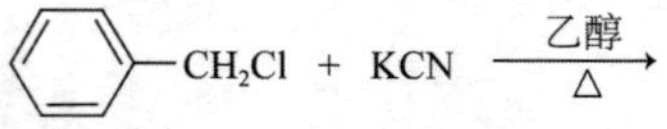

6. 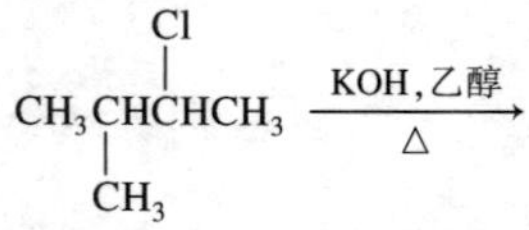

四、请写出 1-溴丁烷与下列试剂反应的产物

1. NaCN　　2. $NaOH/H_2O$

3. ① Mg/ 醚；②水　　4. $NaOC_2H_5$

五、用化学方法鉴别下列各组化合物

1. A. 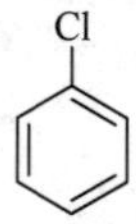 B. 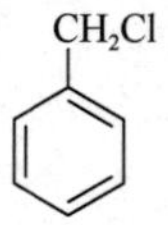 C. 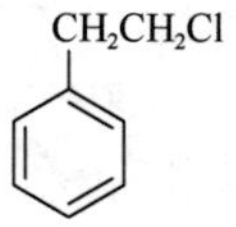

2. A. 2-溴丁-1-烯　　B. 3-溴丁-1-烯　　C. 4-溴丁-1-烯

六、卤代烃与氢氧化钠在水中进行反应，指出哪些是 S_N2 反应？哪些是 S_N1 反应？

1. 产物构型完全转化
2. 反应过程只有一步
3. 伯卤代烃比仲卤代烃反应快
4. 有碳正离子产生
5. 叔卤代烃快于仲卤代烃
6. 减少碱的量反应速度不变

七、将下列化合物按 S_N1 历程反应的活性由大到小排列

1. $(CH_3)_2CHBr$　2. $(CH_3)_3CCl$　3. $(CH_3)_3CBr$

八、推测结构

1. 某卤代烃的分子式为 $C_6H_{13}Br$，与 KOH 的醇溶液共热后得到的产物进行臭氧化反应，氧化产物用 Zn/H_2O 处理，生成 $(CH_3)_2CHCHO$ 和 CH_3CHO。试推测该卤代烃的结构。
2. 分子式为 C_5H_{10} 的烃 A，与溴水不发生反应，在紫外光照射下与相同物质的量的溴作用得到产物 B（C_5H_9Br），B 与 KOH 的醇溶液加热得到 C（C_5H_8），C 经酸性 $KMnO_4$ 氧化得到戊二酸。写出 A、B 和 C 的结构式以及相应的反应式。
3. 化合物 A 的分子式为 C_4H_8，它不能使高锰酸钾溶液褪色，但可与 HBr 反应生成分子式为 C_4H_9Br 的化合物 B。B 与 KOH 乙醇溶液共热得到产物 C，C 有两种异构体。试写出 A、B 和 C 的结构式。
4. 化合物 A 的分子式为 C_4H_8，加溴后生成化合物 B，B 与 KOH 乙醇溶液共热，生成分子式为 C_4H_6 的化合物 C，C 能与硝酸银氨溶液反应生成白色沉淀。试写出 A、B 和 C 的结构式。

思　考　题

1. 比较 S_N1 和 S_N2 反应机制。
2. 叔丁基碳正离子稳定的原因。

（许秀枝）

第十二章 醇、酚、醚、硫醇和硫醚（alcohol，phenol，ether，thioalcohol and thioether）

学习目标

1. 掌握： 醇、酚、醚和硫醇的结构、系统命名法及化学性质；醇、酚羟基的电子结构和极性；环氧化合物的开环反应。

2. 熟悉： 醇、酚、醚和硫醇的普通命名以及与医学的关系。

3. 了解： 醚中鎓盐的形成、醚键的断裂和醚的氧化反应；硫醇和硫醚；冠醚的结构及性质。

化学视角 　　**喝酒与酒精呼吸测试**

根据中华人民共和国国家标准GB19522—2010《车辆驾驶人员血液、呼气酒精含量阈值与检验》规定：车辆驾驶人员呼气酒精含量按1∶2200的比例关系换算成血液酒精含量，即呼气酒精含量值乘以2200等于血液酒精含量值。

血液酒精浓度达到每100毫升血液含20～80毫克酒精的驾驶员，将被认定为饮酒后驾驶机动车；血液酒精浓度达到每100毫升血液含80毫克酒精以上的驾驶员，将被认定为醉酒后驾驶机动车。

醇、酚、醚、硫醇和硫醚均是重要的有机物，在医学上具有重要意义。

醇（alcohol）是指脂肪烃、脂环烃中氢被羟基取代所得的化合物；酚（phenol）是指芳香环碳原子上氢被羟基取代所得的化合物；醚（ether）是指醇或酚羟基中氢被烃基取代所得的化合物。环醚是醚分子中氧和碳原子共同构成的环状化合物，又称为环氧化合物。

硫与氧同属周期表第ⅥA族的元素，因此，与醇、酚和醚相应的含硫化合物即为硫醇（thiol，mercaptan）、硫酚（thiophenol）和硫醚（thioether）。

第一节 醇

一、醇的结构

醇的通式为ROH。羟基为醇的官能团，称为醇羟基。以甲醇CH_3OH为例，其中氧原子类似于水中氧原子的sp^3杂化（图12-1），外层的6个电子分布在4个sp^3轨道，其中2个电子分别与C、H成键；余下两对孤对电子占据另外2个sp^3轨道。羟基与甲基的3个C—H键呈交叉式优势构象。

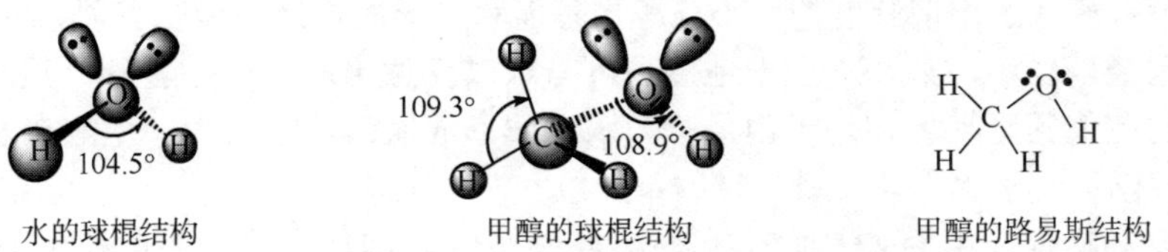

图12-1　水和甲醇的结构示意图

二、醇的分类

1. 根据羟基所连烃基分类 醇分为脂肪醇、脂环醇和芳香醇，其中脂肪醇又可分为饱和醇和不饱和醇。

R—CH$_2$—OH	R—CH═CH—CH$_2$—OH	Ar—CH$_2$—OH
饱和醇	不饱和醇	芳香醇

2. 根据羟基所连碳原子类型分类 醇可分为三类，羟基连在伯碳原子上的化合物叫伯醇或称一级醇，可用 1° 醇表示；羟基连在仲碳原子上的化合物叫仲醇或称二级醇，可用 2° 醇表示；羟基连在叔碳原子上的化合物叫叔醇或称三级醇，可用 3° 醇表示。

R—CH$_2$—OH	(R)$_2$CH—OH	(R)$_3$C—OH
伯醇(1°醇)	仲醇(2°醇)	叔醇(3°醇)

3. 根据所含羟基数目分类 醇可分为一元醇、二元醇及多元醇。例如：

CH$_3$CH$_2$—OH	HO—CH$_2$CH$_2$—OH	HO—CH$_2$CH(OH)CH$_2$—OH
一元醇	二元醇	三元醇或多元醇

三、醇的命名

1. 醇的普通命名法 一般仅用于结构简单的醇类，即“醇”前加上烃基名，省去“基”字，例如：

CH$_3$OH	(CH$_3$)$_2$CH—OH	(CH$_3$)$_3$C—OH	C$_6$H$_5$CH$_2$—OH
甲醇	异丙醇	叔丁醇	苄醇

2. 醇的系统命名法

（1）将连有羟基的最长碳链作为主链称某醇，从离羟基最近的一端开始编号，在醇名前用阿拉伯数字表明羟基的位置，侧链或其他取代基的位置、数目、名称则依次写在羟基位置之前。

（2）脂环醇可按脂环烃基的名称后加“醇”来命名。

（3）不饱和一元醇的命名应选择包含连有羟基和不饱和键在内的最长碳链为主链，在编号时应从靠近羟基的一端开始编号，在不饱和键和羟基前标明其位置。

（4）多元醇的主链应尽可能选择连有多个羟基的最长碳链，按羟基数而称为某二醇、某三醇，并在醇名前再标明羟基位置。例如：

BrCH$_2$CH$_2$OH	(CH$_3$)$_3$CCH$_2$—OH	CH$_3$CH═CHCH$_2$OH
2-溴乙醇	2,2-二甲基丙-1-醇	丁-2-烯-1-醇
Ar—CH(OH)—CH$_3$	HO—CH$_2$CH$_2$CH$_2$—OH	HO—CH$_2$CH(OH)CH$_2$—OH
1-苯基乙醇	丙-1,3-二醇	丙-1,2,3-三醇

四、醇的物理性质

醇的物理性质取决于烃基和羟基两大部分何者处于主导地位，其分子中烃基具有亲脂性而羟基具有亲水性。

C_1～C_4 的低级醇为无色液体，C_6～C_{11} 的醇为油状黏稠液体，C_{13} 以上则为蜡状固体。

醇的溶解度：醇在水中溶解度的大小与醇羟基能和水形成氢键的程度有关。低级醇（C_1～C_3）或多元醇中，因烃基较小，羟基占主导地位，可与水以任意比例相溶；随着烃基增大，由于烃基间引起分子间的范德瓦耳斯力超过了由羟基与水之间形成氢键的吸引力，使醇在水中溶解度也明显下降，如壬醇已不溶于水。

醇的沸点除随碳原子数目增加而上升外，每增加一个 CH_2 系差，沸点升高 18～20℃，在醇的同分异构体中，随支链出现而下降，支链越多沸点越低。例如，正丁醇沸点为 117℃，异丁醇沸点为108℃，仲丁醇沸点为99℃，叔丁醇沸点为82℃。对于多元醇，其沸点则随羟基数目增加而增加。例如，一元的正丙醇沸点仅97.8℃，而三元的丙三醇沸点却高达290℃。醇的沸点比与其相对分子质量相近的烷烃高得多。例如，甲醇（相对分子质量为32）的沸点为64.7℃，就比乙烷（相对分子质量为30）的沸点高出153℃，这是因为醇羟基之间可通过氢键使分子缔合，而烷烃就不存在这种分子间的氢键，故醇沸腾时，就必须多提供一部分能量以断裂氢键。

五、醇的化学性质

因氧的电负性比碳和氢都强，在醇中C—O键和O—H键均为极性键，其中O—H键异裂，使醇表现出酸性，形成的烷氧基负离子可起亲核试剂的作用，醇羟基氧能提供未共用电子对，使醇羟基可被质子化而脱去羟基，形成碳正离子。

（一）与金属钠的反应

在无水时，醇与金属钠作用，生成醇钠和氢气。

$$2C_2H_5OH + 2Na \longrightarrow \underset{\text{乙醇钠}}{2C_2H_5O^-Na^+} + H_2\uparrow$$

当生成的乙醇钠遇水时，可立即分解成氢氧化钠和原来的醇。

$$C_2H_5O^-Na^+ + H—OH \longrightarrow NaOH + C_2H_5O—H$$

在有水时，金属钠不与醇反应，而与水反应，生成氢氧化钠和氢气，反应剧烈，放出的热量可使氢气燃烧。

$$2H_2O + 2Na \longrightarrow 2NaOH + H_2\uparrow$$

（二）脱水反应

醇可按两种方式发生脱水反应：其一是分子内脱水生成烯；其二是分子间脱水生成醚。

1. 分子内脱水 乙醇和浓H_2SO_4加热到170℃，经分子内脱水生成乙烯：

$$CH_3CH_2OH \xrightarrow[170℃]{浓H_2SO_4} CH_2{=}CH_2 + H_2O$$

醇分子内脱水成烯的反应遵循Saytzeff（札依采夫）规则，即主要产物是双键上连有最多烃基的烯烃，例如，丁-2-醇脱水的主要产物是丁-2-烯而不是丁-1-烯。

2. 分子间脱水 乙醇和浓H_2SO_4加热到140℃，经分子间脱水生成乙醚，例如：

$$2CH_3CH_2OH \xrightarrow[140℃]{浓H_2SO_4} CH_3CH_2—O—CH_2CH_3 + H_2O$$

（三）酯化反应

醇可与含氧无机酸如硝酸、亚硝酸、硫酸和磷酸等反应，失水而生成相应无机酸酯。

$$CH_3CH_2OH + NaNO_2 \xrightarrow[0℃]{浓H_2SO_4} CH_3CH_2ON{=}O + NaOH$$

$$(CH_3)_2CHCH_2CH_2OH + NaNO_2 \xrightarrow[0℃]{浓H_2SO_4} (CH_3)_2CHCH_2CH_2ON{=}O + NaOH$$

多元醇的硝酸酯，例如，甘油三硝酸酯，由于具有扩张微血管和松弛平滑肌的作用，在临床上可用作缓解心绞痛的药物。

$$\begin{array}{l} CH_2OH \\ | \\ CHOH \\ | \\ CH_2OH \end{array} + 3HNO_3 \xrightarrow{H_2SO_4} \begin{array}{l} CH_2ONO_2 \\ | \\ CHONO_2 \\ | \\ CH_2ONO_2 \end{array} + 3H_2O$$

硫酸是二元酸，可形成两种硫酸酯——酸性酯和中性酯。其中低级醇的硫酸酯可作为烷基化试剂，高级醇（C_8～C_{18}）的硫酸酯钠盐是合成洗涤剂，在人体内软骨中就含有硫酸酯结构的硫酸软骨素。另外，肝素中也有硫酸酯的结构（见第十八章）。

细胞内的重要成分 [如核糖核酸（RNA）、脱氧核糖核酸（DNA）、磷脂等] 都含有磷酸酯键结构。在生物体内，在磷酸戊糖变位酶的催化下可使 α-*D*-吡喃葡萄糖-1-磷酸酯转变为 α-*D*-吡喃葡萄糖-6-磷酸酯，见第十八章糖类，这是葡萄糖进入细胞后进行代谢的起始反应。

（四）氧化反应

在有机反应中，通常把脱去氢原子或加上氧原子的反应看成是氧化反应，把加上氢原子或脱去氧原子的反应看成是还原反应。

醇类化合物的氧化，实质上是从分子中脱去两个氢原子，其中一个是羟基上的氢，另一个是与羟基相连碳上的氢（α-H），反应的产物取决于醇的类型和反应条件。

伯醇含有 2 个 α-H，可失去其中 1 个 α-H 而生成醛，醛继续氧化生成羧酸。

$$\underset{\text{醇}}{R—CH_2—OH} \xrightarrow{(O)} \underset{\text{醛}}{R—CHO} \xrightarrow{(O)} \underset{\text{羧酸}}{R—COOH}$$

仲醇含有 1 个 α-H，可失去而生成酮，通常酮不会被继续氧化为酸。

$$\underset{\text{异丙醇}}{(CH_3)_2CH—OH} \xrightarrow{(O)} \underset{\text{丙酮}}{(CH_3)_2CO}$$

叔醇没有 α-H，一般不能被氧化。但在剧烈的条件下，可发生碳碳键的断裂，生成比原来碳原子数少的氧化产物。

常用的氧化剂有 $KMnO_4$ 或 $K_2Cr_2O_7$ 的酸性水溶液、CrO_3 的冰醋酸溶液，CrO_3 的吡啶溶液等。

由于伯、仲、叔醇氧化的产物不同，因此，可利用此性质区别伯、仲、叔醇。伯醇氧化产生醛或酸，仲醇氧化产生酮，一般情况下叔醇不被氧化。

另外，橙色的铬酸试剂与伯醇或仲醇发生反应，而转变为蓝绿色。例如，由于酒中含有乙醇，可将这一性质用于某种呼吸分析仪，以检查汽车驾驶员是否属于酒后驾车。

（五）与氢氧化铜的反应

具有邻二醇的多元醇可与新配制的 $Cu(OH)_2$ 反应，形成蓝色的溶液。例如：

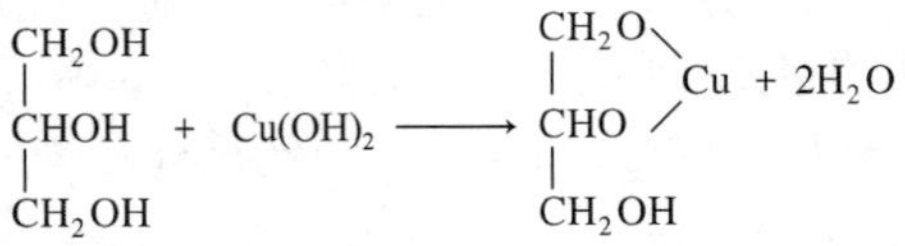

临床视角　　医药中的醇

1. 甲醇　为无色透明液体，沸点 64.7℃，俗称木精，因最初是从木材的干馏液里分离制得而得名。工业上可用 CO 和 H_2 在高温高压下经催化制得，甲醇有毒，内服少量（10mL）可致人失明，大量（30mL）可致人死亡，这是因为其氧化产物甲醛和甲酸在体内不能被人体的细胞利用所致。甲醇能与水和大多数有机溶剂混溶，是实验室里常用的溶剂，也是一种重要的化工原料。

2. 乙醇　为无色透明液体，沸点 78.3℃。俗称酒精，是酒的主要成分，可通过淀粉或糖类物质的发酵而得。我国是世界上最早发明酿酒的国家，目前更好的方法是利用石油裂解气中的乙烯进行加水反应制得。临床上使用 75% 乙醇溶液作外用消毒剂；用乙醇作溶剂来溶解药品所成的制剂称酊剂，如碘酊（俗称碘酒）就是将碘和碘化钾（作助溶剂）溶于乙醇制成；溶于乙醇的药物系挥发性的，则称醑剂，如薄荷醑、氯仿醑等。乙醇也用于制取中草药浸膏以提得其中的有效成分。

3. 丙三醇　俗称甘油。为带有甜味的无色黏稠液体，沸点 290℃，能以任何比例与水混溶。

甘油吸湿性很强，对皮肤有刺激性，故用于润滑皮肤时，一般需先经水稀释。甘油在药剂上可用作溶剂，如酚甘油、碘甘油等。对便秘患者，常用甘油栓剂或50%的甘油溶液灌肠通便。

4. 山梨醇和甘露醇　山梨醇和甘露醇均为六元醇，差别在于其中一个羟基的立体结构不同。两者都是白色结晶性粉末，味甜，广泛存在于水果中。临床上，一般使用20%甘露醇或25%山梨醇，两者均可用作渗透性利尿剂，以降低颅内压，减轻脑水肿。

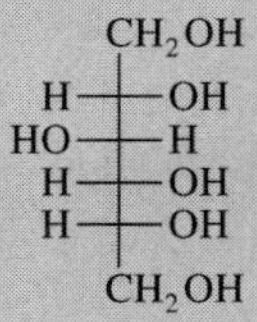

山梨醇

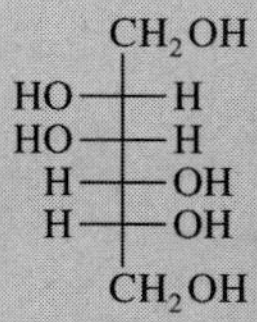

甘露醇

5. 苯甲醇　又名苄醇，为无色液体，沸点205℃，是最简单的芳香醇，具有芳香气味，存在于植物的香精油中。苯甲醇微溶于水，也可与乙醇或乙醚混溶。因其具有微弱的麻醉作用和防腐功能，故10%的苯甲醇软膏或其洗剂为局部止痒剂。

第二节　酚

一、酚的结构

酚类可用通式Ar-OH表示，以苯酚为例，它是—OH直接连在苯环sp^2杂化碳原子上的化合物，见图12-2。

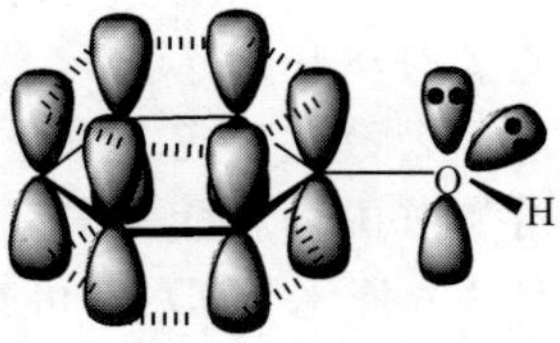

图12-2　苯酚的结构图

二、酚的分类

1. 根据芳烃基的不同分类　酚分为苯酚和萘酚等。

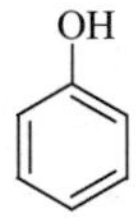

苯酚

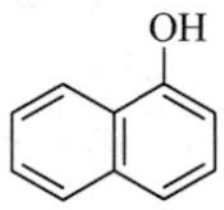

α-萘酚

2. 根据芳环上含羟基的数目分类　酚可分为一元酚、二元酚和三元酚等。含有两个以上酚羟基的酚统称为多元酚。

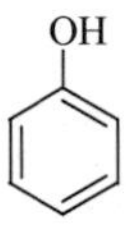

一元酚

二元酚

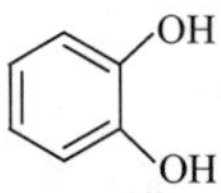

二元酚

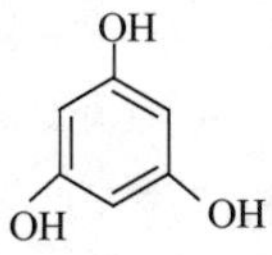

三元酚

三、酚的命名

通常以酚为母体，若有取代基，则以阿拉伯数字或邻、间、对（*o*-、*m*-、*p*-）标明其位置，并采取最小编号原则，例如：

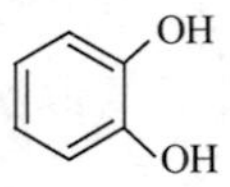

苯-1,2-二酚
（邻-苯二酚）

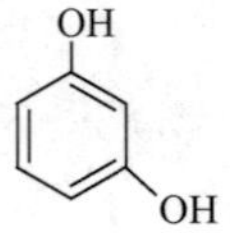

苯-1,3-二酚
（间-苯二酚）

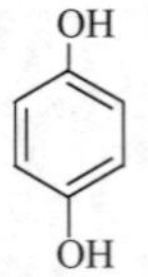

苯-1,4-二酚
（对-苯二酚）

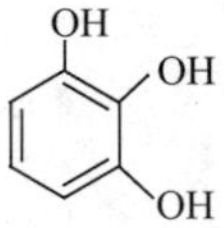

苯-1,2,3-三酚
（连-苯三酚）

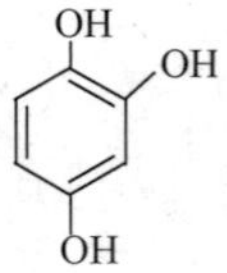

苯-1,2,4-三酚
（偏-苯三酚）

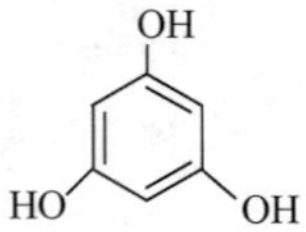

苯-1,3,5-三酚
（均-苯三酚）

对于复杂的酚，也可将酚羟基作为取代基来命名。例如：

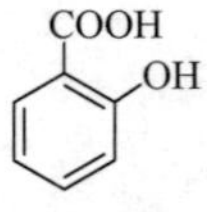

邻-羟基苯甲酸

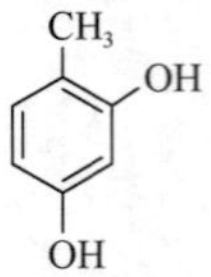

4-甲基苯-1,3-二酚

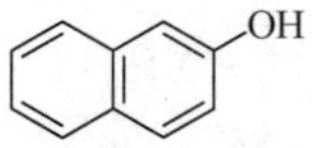

β-萘酚

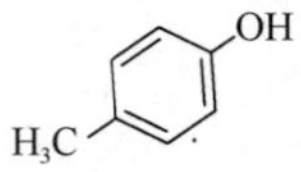

对-甲苯酚

四、酚的化学性质

1. 酸性 酚类化合物的O—H键极易断裂而显示酸性。例如，苯酚能与氢氧化钠反应生成易溶于水的苯酚钠。这是因为苯酚分子中酚羟基氧与苯环形成共轭体系，使O—H键极性增大，易给出质子，生成的苯氧负离子因其负电荷可以分散到整个苯环上，所以比较稳定。

苯酚的酸性（$pK_a^\ominus$=9.89）比碳酸弱，向苯酚钠溶液中通入二氧化碳，苯酚就游离出来。

$$C_6H_5O^-Na^+ + CO_2 + H_2O \longrightarrow C_6H_5OH + NaHCO_3$$

利用酚的弱酸性，常用于酚的分析及分离。如酚能溶于氢氧化钠溶液，而不溶于碳酸氢钠溶液；羧酸既能溶于氢氧化钠溶液，又能溶于碳酸氢钠溶液，利用此性质，可将醇、酚和羧酸的混合物分离开来。

2. 酯化反应 酚可以与羧酸直接反应酯化，但产率很低，因此，常借助于反应活性较高的酰化剂如酰卤和酸酐来完成此反应。例如，邻-羟基苯甲酸（水杨酸，salicylic acid）与乙酸酐在浓H_2SO_4催化下加热，可制得邻-乙酰氧基苯甲酸（阿司匹林，aspirin），这是常用的解热镇痛药。

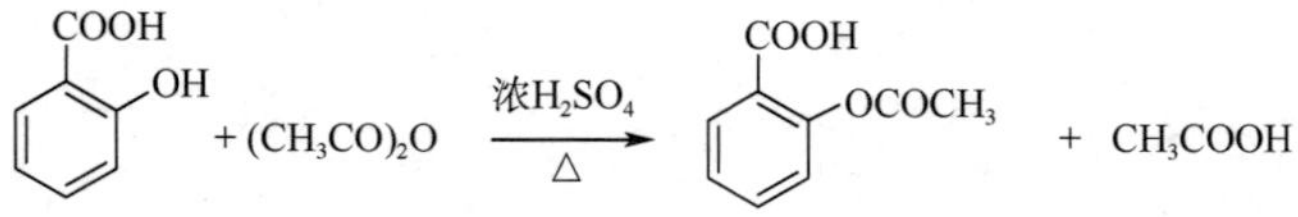

3. 氧化反应 酚类化合物易被氧化，产物很复杂。例如，苯酚为无色晶体，在空气中慢慢被氧化，颜色逐渐变深。如用重铬酸钾和硫酸作氧化剂，苯酚可被氧化成对-苯醌。

多元酚更容易被氧化。如邻位的二元酚和对位的二元酚易氧化，其产物为醌类化合物，即：

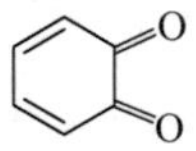

邻-苯醌

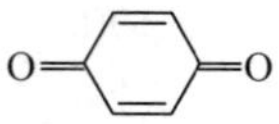

对-苯醌

4. 与三氯化铁的反应 酚类化合物因含有类似于烯醇式的结构，可与三氯化铁水溶液发生呈色反应。例如，苯酚与三氯化铁水溶液发生反应，使溶液呈蓝紫色。

$$6C_6H_5OH + FeCl_3 \longrightarrow H_3[Fe(OC_6H_5)_6] + 3HCl$$

又如，间-苯二酚、苯-1, 3, 5-三酚呈紫色；甲苯酚呈蓝色；邻-苯二酚和对-苯二酚分别呈绿色和暗绿色；苯-1, 2, 3-三酚则呈红色。除酚以外，凡含有“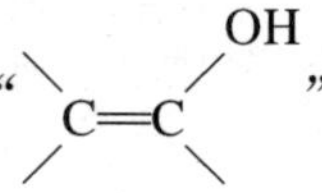”烯醇式结构的化合物，遇三氯化铁水溶液都能显色。

5. 取代反应 苯酚因羟基的活化，苯环容易发生亲电取代反应。例如，苯酚水溶液与溴水可立即作用，生成2, 4, 6-三溴苯酚的白色沉淀，其反应非常灵敏，即使很稀的苯酚溶液（10mg/L）也能与溴水产生明显的浑浊现象，因此可用此反应检验部分酚类化合物。

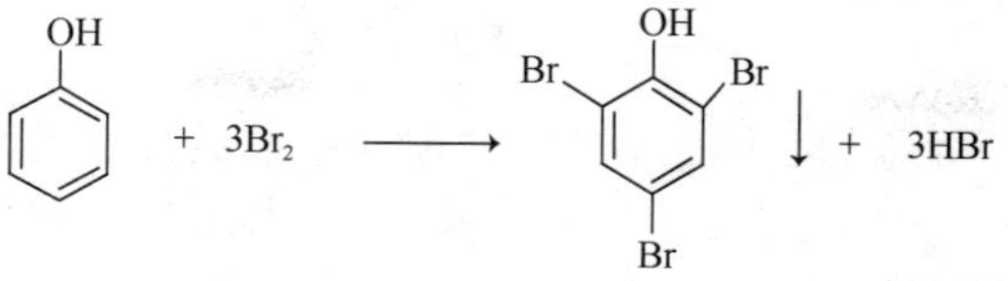

临床视角　　**医药中的酚**

1. 苯酚　简称酚，俗称石炭酸，熔点43℃，沸点181℃，是一种具有特殊气味的无色晶体，对皮肤有强烈腐蚀性。易溶于乙醚、乙醇、氯仿、苯等有机溶剂中，常温下微溶于水。苯酚在医药上用作消毒剂，临床所用的液化苯酚或称液体酚是将苯酚固体加入适量的水，使之保持流动性而得，3.5%苯酚水溶液可用于消毒外科手术用具。苯酚易氧化，平时应贮藏于棕色瓶内并注意避光保存。

2. 甲酚　又称煤酚，因其来源于煤焦油。它是邻、间、对三种甲酚的混合物，由于三者沸点相近，一般不易分离，故实际常使用其混合物，煤酚的杀菌力比苯酚强，因难溶于水，故常配成47%～53%的肥皂溶液，称为煤酚皂溶液，俗称"来苏尔"（lysol），临用时加水稀释，用于消毒。

3. 苯二酚　苯二酚有邻、间、对三种异构体，均有俗名，邻-苯二酚又名儿茶酚（catechol）；间-苯二酚又名雷琐辛（resorcinol）；对-苯二酚又名氢醌（hydroquinone），其中邻-苯二酚和对-苯二酚易被氧化成相应的醌，故为还原剂。在生物体内，它们则以衍生物而存在，例如人体内代谢中间体4-（2-氨乙基）苯-1, 2-二酚[又名多巴胺（DOPA）]及医学上常用的肾上腺素中均含有儿茶酚的结构。

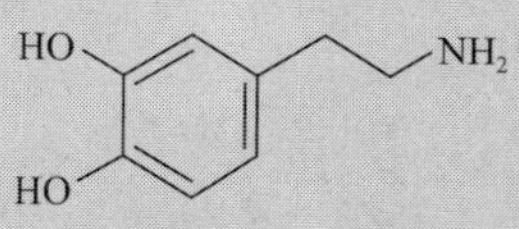

多巴胺

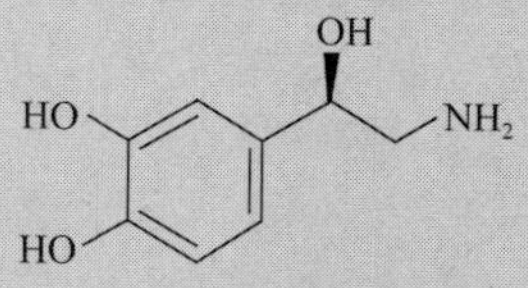

肾上腺素

第三节　醚

一、醚的分类

根据醚氧原子是否构成环的一部分，将醚分为直链醚和环醚两大类。

在直链醚中，氧原子所连接的两个烃基都相同的为单醚；两个烃基不相同的为混醚；两个烃基中如有一个或两个是芳基的称为芳醚。

$CH_3—O—CH_3$　单醚

$CH_3—O—CH_2CH_3$　混醚

Ar—O—CH_3　Ar—O—Ar　芳醚

在环醚中，最简单的环醚是环氧乙烷，常见的环醚有：1, 2-环氧丙烷、1, 4-环氧丁烷（或称四氢呋喃）和1, 4-二氧六环等。

环氧乙烷　1,2-环氧丙烷　1,4-环氧丁烷　1,4-二氧六环

醚可用通式 R-O-R(R′)、Ar-O-R、Ar-O-Ar 表示。醚分子中的 C—O—C 键称为醚键，是醚的官能团。醚是非线性分子，醚键中的氧原子为 sp^3 杂化，C—O—C 的键角约为 110°。

二、醚的命名

醚的普通命名是在两个烃基的名称之后加上“醚”字，英文命名是在两个烃基后加“ether”。简单醚称为“二某烃基醚”，习惯上“二”字和“基”字可以省略，对于混醚中两个不同基团分别列出的顺序是：按照取代基的英文名称的首字母顺序排列，再加“醚”字。例如：

$CH_2CH_3—O—CH_2CH_3$ 二乙基醚(乙醚)

$CH_3—O—CH_2CH_3$ 乙甲醚

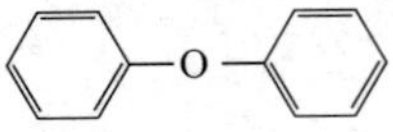
(二)苯醚

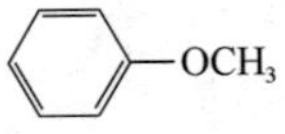

甲苯醚

醚的系统命名是把较小的烷氧基（RO—）当作取代基，选取较大的烃基为母体，称为“某烷氧基某烷”。如有不饱和烃基存在时，则选取不饱和程度最大的烃基作为母体。例如：

$CH_3—O—CH_2CH_2—O—CH_3$ 1, 2-二甲氧基乙烷

$CH_3CH_2—O—CH=CH_2$ 乙氧基乙烯

一个氧原子与相邻的两个碳原子构成的三元环醚，特称为环氧化合物。环氧化合物的命名法通常称为“环氧某烷”，而其他的环醚习惯上按杂环命名法命名。例如：

环氧乙烷

四氢呋喃

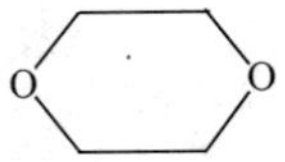
1,4-二氧六环

冠醚是一类大环多醚，分子中含有多个—OCH_2CH_2—结构单元特征的大环醚，由于其形似皇冠，故称为冠醚。命名时在冠字前面标出构成环的碳和氧的总原子数，冠字后面标出环中的氧原子数，阿拉伯数字与冠字之间用半字线隔开。例如：

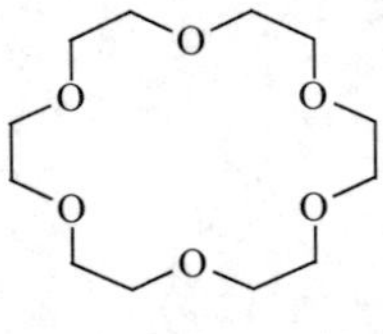
18-冠-6(18-crown-6)

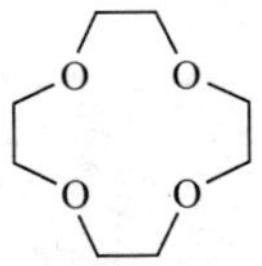
12-冠-4(12-crown-4)

三、醚的化学性质

1. 锌盐的形成 醚能溶于强酸中而形成锌盐（oxonium salt），这是因为醚中的氧原子上所具有的未共用电子对与强酸中的 H^+ 以配位键相结合所致。

$$CH_3CH_2—O—CH_2CH_3 + HCl \longrightarrow [CH_3CH_2—\overset{H}{\overset{|}{O}}—CH_2CH_3]^+ + Cl^-$$

这种醚的锌盐极不稳定，一旦遇水立即分解，恢复成原来的醚。

2. 过氧化物的形成 醚类化合物尽管对氧化剂很稳定，但在空气中久置，α-C 上的氢可被氧化，生成过氧化物（peroxide），例如：

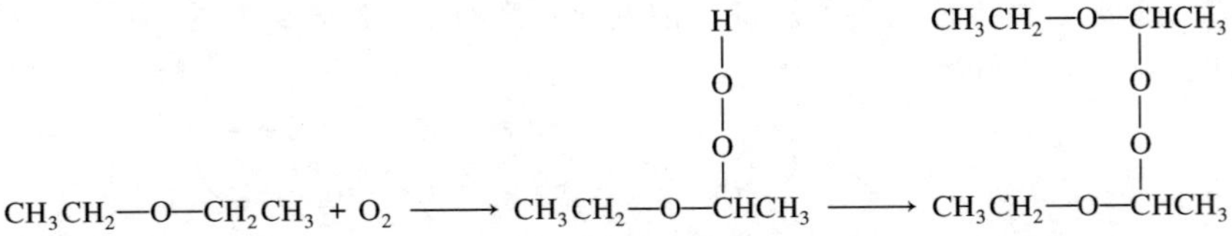
氢过氧化物　　过氧化物

过氧化物是不稳定的物质，受热容易分解而发生爆炸，为了检验乙醚中是否有过氧化物，其方法是：取少量乙醚与酸性碘化钾一起振摇，如有过氧化物存在，则无色的 I^- 会被氧化成棕色的 I_2，其遇到淀粉试纸呈蓝色，若要除去乙醚中的过氧化物，可用硫酸亚铁、亚硫酸钠或碘化钾等还原剂将乙醚充分洗涤，以破坏过氧化物。

四、冠 醚

冠醚（crown ether）是一类分子结构中含有"—O—CH_2CH_2—"重复单元的大环多醚。其特点是环中间有一空穴，氧原子上具有未共用电子对，可与金属离子借助离子-偶极作用形成不同类型的具有一定稳定性的主-客体配合物。冠醚的空穴半径大小与阳离子半径大小有关，因此这种配合作用是有选择性的。当金属离子半径与冠醚空穴半径相近时，二者才能形成稳定的配合物。通常把冠醚叫做主体，与之形成配合物的阳离子叫做客体。这种主-客体之间"相配才稳"的选择关系称为主-客体关系（host-guest relationship）。例如，18-冠-6 中的空穴半径是 130～160pm，与 K^+ 的半径 133pm 相近；13-冠-4 的空穴半径约为 60pm，与 Li^+ 的半径 60pm 相近，它们之间可形成稳定的配合物。而 18-冠-6 与 Li^+、13-冠-4 与 K^+ 之间却不能配合或配合不牢，因此，可利用冠醚这种具有较高选择性的特性来分离不同金属离子。

冠醚的重要用途之一就是作为相转移催化剂（phase-transfer catalyst），所谓相转移催化剂指的是能使非均相中的物质从一相转移到另一相，而能与水相中金属离子配合，并把水相中的某些无机物以配合物的形式带到有机相中，从而使无机试剂与有机化合物同处于一相之中，加速两者之间的反应。例如，氰化钾水溶液与卤代烷的反应，由于反应物处于两相中不易反应，若加入18-冠-6，就可使氰化钾由水相转移至有机相中，从而促进了反应迅速进行。

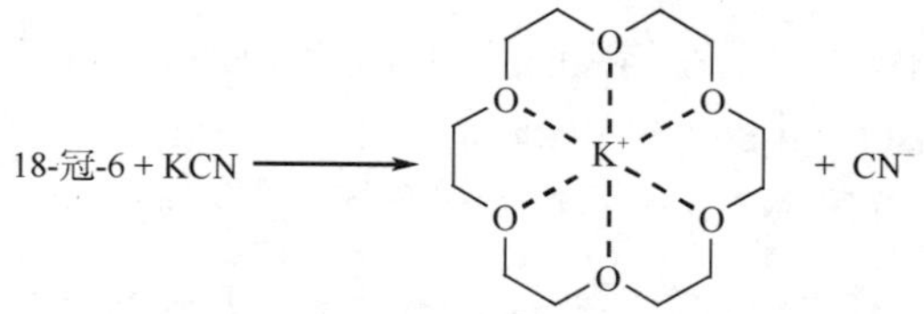

在医学上，把冠醚建立为分子酶模型，用于模拟及研究生物素催化作用。

冠醚是合成的，其类似物在自然界也存在。例如，无活菌素（nonactin）、短杆菌肽（gramicidin）等抗生素，它们类似于冠醚那样能与金属离子形成配合物。无活菌素与 K^+ 形成配合物，由于其分子外侧具有脂溶性，因此它可以把 K^+ 转移至细菌膜内，破坏细菌膜内外所必需的 K^+ 和 Na^+ 的浓度梯度，从而达到抗菌的目的。

临床视角 **医药中的醚**

1. 乙醚 是无色透明液体，具有刺激性气味。沸点为 34.6℃，极易挥发，非常容易燃烧。乙醚蒸气密度比空气重，易沉积于地面，当空气中含有 1.85%～3.65%（体积分数）的乙醚时可以引起燃烧和爆炸，故使用乙醚时应保持高度警惕，远离明火。

乙醚能溶于乙醇、苯、氯仿等有机溶剂中，微溶于水，比水轻。乙醚的化学性质稳定，在工业上和实验室中常用作溶剂和萃取剂。

在临床上，乙醚用于外科手术麻醉，全麻性能强，安全范围广，使用的设备简单，因此目前仍为一些山区和基层医疗单位用于全身麻醉剂。但是，由于乙醚易燃、易爆，麻醉苏醒后常有恶心、呕吐等缺点，限制了其在临床中继续广泛地使用。目前，城市大医院中使用乙醚麻醉已日渐减少，甚至不用，而被更为安全的吸入麻醉剂所替代。例如，恩氟烷（安氟醚，enflurane，CHF_2—O—CF_2CHFCl，二氟甲基-1, 1, 2-三氟-2-氯乙基醚）、脱氟醚（CHF_2—O—$CFHCF_3$，二氟甲基-1, 1, 2, 2-四氟乙基醚）都是近年来使用的新型醚类麻醉剂。

2. 聚乙二醇（PEG） 是由环氧乙烷和水在少量酸催化下，加聚而成的聚合物。其结构简式为 HO（—CH_2CH_2O—）$_n$—H，其主链结构中具有重复的醚键结构，故它在高分子化合物中属于杂链聚合物中的聚醚类化合物，PEG 的性质稳定，毒性小，对很多药物具有增溶、增稳和延效作用，常用做药用辅料。可作为注射溶媒、外用亲水软膏基质和片剂填充剂。

在分子生物学实验中，平均相对分子质量从 1000～4000 的 PEG 常用于促进细胞融合，制备杂交瘤；而平均相对分子质量 6000 的 PEG 多用于沉淀病毒。

高级醇和环氧乙烷在碱性催化剂存在下，可制得聚乙二醇型表面活性剂。此表面活性剂是一种聚醚类非离子型表面活性剂，在工业上、医药上和食品制造业中有着广泛用途。

3. 环氧乙烷　是最简单的环醚，常温下为无色有醚样气味的易燃气体，低温时为无色易流动的液体，沸点为 10.78℃，能溶于水、乙醇和乙醚。

环氧乙烷化学性质活泼，能与许多亲核试剂发生开环反应，是有机合成的重要中间体和工业原料。工业上主要用于制造乙二醇、聚乙二醇、醚类非离子型表面活性剂、乙醇胺、农药乳剂和杀虫剂，环氧乙烷可用作粮食的熏蒸剂，也作为气体杀菌剂使用。例如，在盛有材料或器材的密封容器中，通入 10% 环氧乙烷和 90% CO_2 的混合气体，就能对材料或器材起到灭菌作用。

第四节　硫醇和硫醚

一、硫醇和硫醚的分类和命名

硫醇中的巯基—SH（sulfhydryl，mercapto）是硫醇的官能团，硫醚中的 C—S—C 是硫醚键，是硫醚的特征结构。

硫醇和硫醚的命名较简单，只需在相应的醇和醚名称前加上“硫”字即可。例如：

CH_3SH	$HSCH_2CH_2SH$	$HSCH_2CH_2OH$	CH_3SCH_3	$C_6H_5SCH_3$
甲硫醇	乙-1,2-二硫醇	2-巯基乙醇	(二)甲硫醚	甲苯硫醚

二、硫醇和硫醚的物理性质

硫醇大多易挥发并且具有特殊的臭味，即使量很少，气味也很明显。例如，乙硫醇在空气中的浓度达 10^{-11}g/L 时，即可为人所察觉。工业上常把低级硫醇作为臭味剂使用，如燃气中常加入少量叔丁硫醇，一旦泄漏，就可产生自动报警的作用。

与醇相比，因硫原子电负性小，硫醇与水分子间形成氢键以及硫醇分子间形成氢键的能力较醇弱，较难缔合，故硫醇难溶于水。其沸点也较同碳原子数的醇低，见表 12-1。

表 12-1　部分同碳原子数的醇和硫醇的沸点比较表

名称	化合物	沸点（℃）	名称	化合物	沸点（℃）
甲硫醇	CH_3SH	6	甲醇	CH_3OH	64.5
乙硫醇	C_2H_5SH	37	乙醇	C_2H_5OH	78.3
丙硫醇	$CH_3CH_2CH_2SH$	67	丙醇	$CH_3CH_2CH_2OH$	97.2

低级硫醚为无色液体，具刺鼻气味。硫醚较同碳原子数的醚的相对分子质量大，故沸点较相应的醚高。例如，甲硫醚的沸点为 37.6℃，而甲醚的沸点为 −24℃。硫醚不能与水形成氢键，故不溶于水。

三、硫醇和硫醚的化学性质

1. 酸性　与氧原子相比，硫原子半径大，易被极化，断键放出质子，因此，硫醇具有较强的酸性，例如乙硫醇的 pK_a=10.6，乙醇的 pK_a=16，硫醇虽然难溶于水，却易溶于氢氧化钠溶液中，生成相应较稳定的硫醇钠。

$$C_2H_5SH + NaOH \longrightarrow C_2H_5SNa + H_2O$$

硫醇的酸性比醇强的原因是 S—H 键比 O—H 键弱，它在水溶液中更容易电离，放出质子生成 RS^-。

$$RSH + H_2O \longrightarrow RS^- + H_3O^+$$

硫醇不仅可与碱金属生成不溶于水的硫醇盐，还与无机硫化物类似，可与汞、银、铅等重金属盐或氧化物生成不溶于水的硫醇盐。

$$2RSH + HgO \longrightarrow (RS)_2Hg\text{（白色）}\downarrow + H_2O$$

$$2RSH + Pb(CH_3COO)_2 \longrightarrow (RS)_2Pb\text{（黄色）}\downarrow + 2CH_3COOH$$

临床视角　　重金属中毒

所谓重金属中毒，即是体内许多重要的酶（如琥珀酸脱氢酶、乳酸脱氢酶等）上的巯基与铅、汞等重金属发生了上述反应，使其变性失活而丧失正常的生理功能所致，医药上利用硫醇的这一性质，制备了某些含巯基化合物，作为重金属中毒的解毒剂。例如：

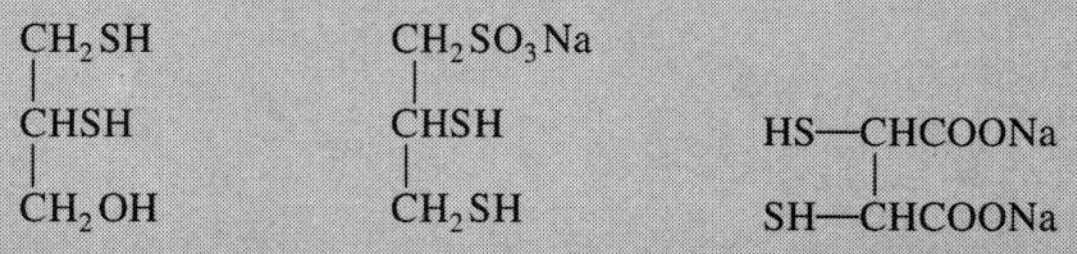

二巯丙醇(BAL)　　二巯丙磺酸钠　　二巯丁二钠

这些解毒剂不仅能与进入体内的重金属离子结合成不易解离的无毒配合物由尿排出体外，以保护酶系统，而且由于它们与金属离子的亲和力较强，还能夺取已经与酶结合的重金属离子，使酶的活性恢复，从而达到解毒的目的。

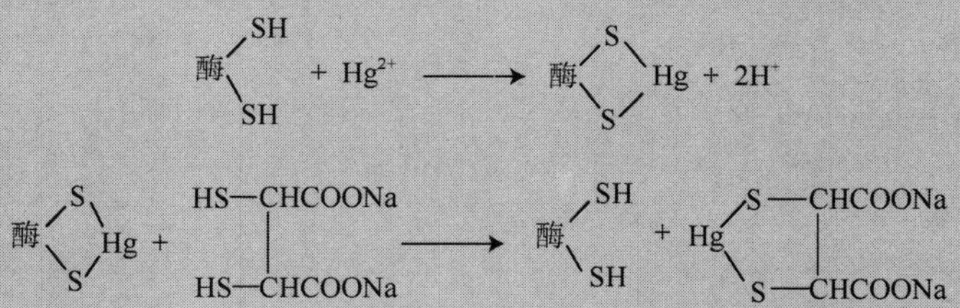

2. 氧化反应　硫醇较醇易氧化。在温和的氧化条件下，用稀过氧化氢或碘，甚至在空气中氧的作用下，硫醇也可被氧化成二硫化物（disulfide）。

$$2RSH + H_2O_2 \longrightarrow R—S—S—R + 2H_2O$$

这个反应可以定量地进行，因此可测定巯基化合物的含量。

二硫化物分子中由两个硫原子组成的化学键（—S—S—）称为二硫键（disulfide bond）。二硫化物与过氧化物结构类似，但更稳定。二硫化物在一定的条件下又可还原为硫醇。

硫醇与强氧化剂（如硝酸、高锰酸钾等）作用时，则可氧化成磺酸（sulfonic acid）。

$$RSH \xrightarrow{[O]} RSO_3H$$

在生物体中，巯基与二硫键之间的氧化还原作用，是一个非常重要的生理过程。例如，在酶的作用下，半胱氨酸和胱氨酸通过氧化还原反应相互转化。

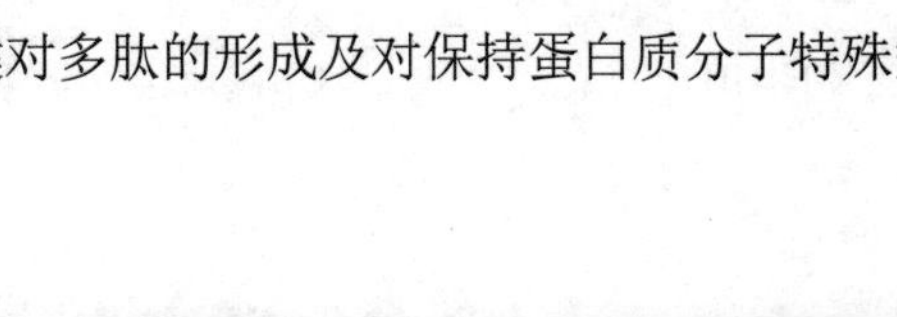

在蛋白质化学中，二硫键对多肽的形成及对保持蛋白质分子特殊空间结构均具重要意义。例如，

牛胰岛素就是由 A、B 两条多肽链通过二硫键相互连接成具有一定空间结构的复杂生物分子。

硫醚的一个重要性质是易被氧化，硫醚因分子中的硫原子上留有两对未共用电子对，可与氧原子成键，使硫的氧化值从 +2 变为 +4 或 +6。氧化产物视氧化条件而异，在室温下，硫醚可被硝酸、铬酸或过氧化氢氧化成亚砜（sulfoxide）；在高温下，硫醚可被发烟硝酸或高锰酸钾强氧化剂氧化成砜（sulfone）。

$$CH_3{-}S{-}CH_3 \longrightarrow \underset{\text{二甲基亚砜}}{H_3C{-}\overset{}{\underset{\|}{S}}{-}CH_3 \; (S{=}O)} \longrightarrow \underset{\text{二甲砜}}{CH_3{-}SO_2{-}CH_3}$$

临床视角　　　　　　　　　　二甲基亚砜

二甲基亚砜（dimethyl sulfoxide，DMSO）是一种无臭、几乎无臭、无味或微有苦味的透明液体。凝固点 18.45℃；沸点 189℃。长时间回流易分解，加碱能抑制分解；加酸、乙二醇或酰胺可促进这种分解。它具有高极性、高吸湿性、高沸点及可燃性，毒性极低，热稳定性好，能与水、乙醇、丙酮、醚、苯和氯仿任意混溶。DMSO 既能溶解水溶性物质，又能溶解脂溶性物质，由于它对化学反应具有特殊溶媒效应和对许多物质的溶解特性，俗称“万能溶媒”，可作为非质子的优良极性溶剂，与此同时它又可作为弱氧化剂，不含水时对金属无腐蚀性，含水时对铁铜等金属有腐蚀性，但对铝不腐蚀，对碱稳定，有酸存在时加热会产生少量的甲基硫醇、甲醛、二甲基硫醚、甲磺酸等化合物。DMSO 吸湿性强，在 20℃时相对湿度 60%，可吸收相当于本身重量的 70% 的水分。2.16% 的 DMSO 水溶液与血液等渗。

在医药中，DMSO 用在喹诺酮类抗菌药物和药物中间体的合成、中药萃取以及外用药剂及药膏中。DMSO 本身具有消炎、止痛，促进血液循环，伤口愈合，有利尿和镇静作用，对皮肤有较强的穿透力，可作载体成为某些药物的透皮促进剂，如 DMSO 可增加醋酸地塞米松、睾酮、肝素、维生素类、水杨酸、胰岛素等药物的透皮吸收。目前主要用于外用制剂，比如用在骨友灵、脚气药、肤氢松软膏等外用药中。DMSO 基本无毒，但由于穿透皮肤的能力强，因此在使用过程中须戴手套，以防有毒物质以 DMSO 为载体进入机体。

本章小结

1. 与金属钠的反应

$$2C_2H_5OH + 2Na \longrightarrow 2C_2H_5O^-Na^+ + H_2\uparrow$$

2. 分子内脱水　乙醇和浓 H_2SO_4 加热到 170℃，经分子内脱水生成乙烯：

$$CH_3CH_2OH \xrightarrow[170℃]{浓H_2SO_4} CH_2{=}CH_2 + H_2O$$

3. 分子间脱水　乙醇和浓 H_2SO_4 加热到 140℃，经分子间脱水生成乙醚，如：

$$2CH_3CH_2OH \xrightarrow[140℃]{浓H_2SO_4} CH_3CH_2{-}O{-}CH_2CH_3 + H_2O$$

4. 酯化反应（醇）　醇可与含氧无机酸如硝酸、亚硝酸、硫酸和磷酸等反应，失水而生成相应无机酸酯。

$$CH_3CH_2OH + NaNO_2 \xrightarrow[0℃]{浓\ H_2SO_4} CH_3CH_2ON{=}O$$

$$(CH_3)_2CHCH_2CH_2OH + NaNO_2 \xrightarrow[0℃]{浓\ H_2SO_4} (CH_3)_2CHCH_2CH_2ON{=}O$$

$$\begin{array}{l}CH_2OH\\|\\CHOH\\|\\CH_2OH\end{array} + 3HNO_2 \xrightarrow{H_2SO_4} \begin{array}{l}CH_2ONO_2\\|\\CHONO_2\\|\\CH_2ONO_2\end{array} + 3H_2O$$

5. 氧化反应（醇） 伯醇含有 2 个 α-H，可失去其中 1 个 α-H 而生成醛，醛继续氧化生成羧酸。

$$\underset{\text{醇}}{R—CH_2—OH} \xrightarrow{(O)} \underset{\text{醛}}{R—CHO} \xrightarrow{(O)} \underset{\text{羧酸}}{R—COOH}$$

仲醇含有 1 个 α-H，可失去而生成酮，通常酮不会被继续氧化为酸。

$$\underset{\text{异丙醇}}{(CH_3)_2CH—OH} \xrightarrow{(O)} \underset{\text{丙酮}}{(CH_3)_2CO}$$

6. 与氢氧化铜的反应 具有邻二醇的多元醇可与新配制的 $Cu(OH)_2$ 反应，形成蓝色的溶液。例如：

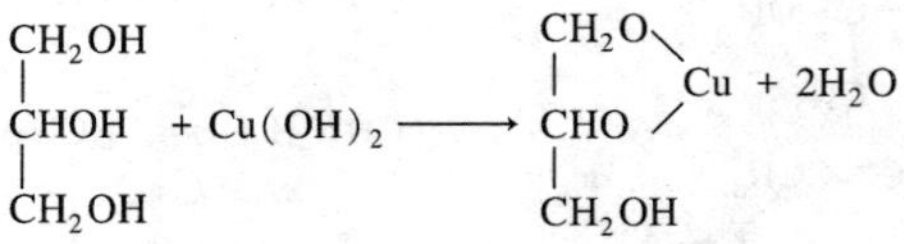

7. 酸性（酚）

$$C_6H_5O^-Na^+ + CO_2 + H_2O \longrightarrow C_6H_5OH + NaHCO_3$$

8. 酯化反应（酚）

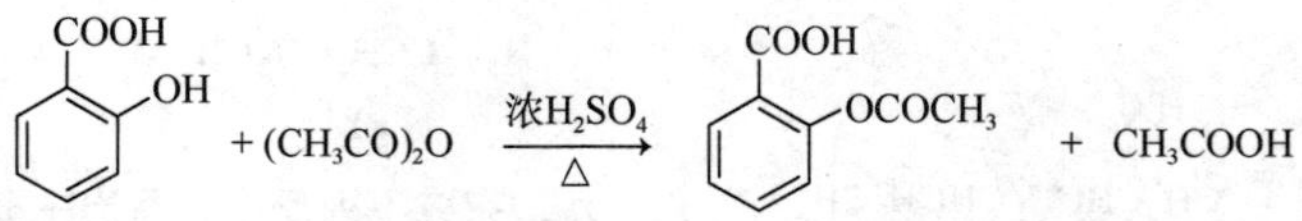

9. 与三氯化铁的反应 酚类化合物因含有类似于烯醇式的结构，可与三氯化铁水溶液发生呈色反应。例如，苯酚与三氯化铁水溶液发生反应，使溶液呈蓝紫色。

$$6C_6H_5OH + FeCl_3 \longrightarrow H_3[Fe(OC_6H_5)_6] + 3HCl$$

又如，间-苯二酚、苯-1, 3, 5-三酚呈紫色；甲苯酚呈蓝色；邻-苯二酚和对-苯二酚分别呈绿色和暗绿色；苯-1, 2, 3-三酚则呈红色。

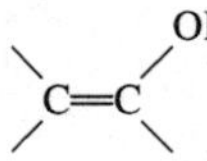

10. 取代反应

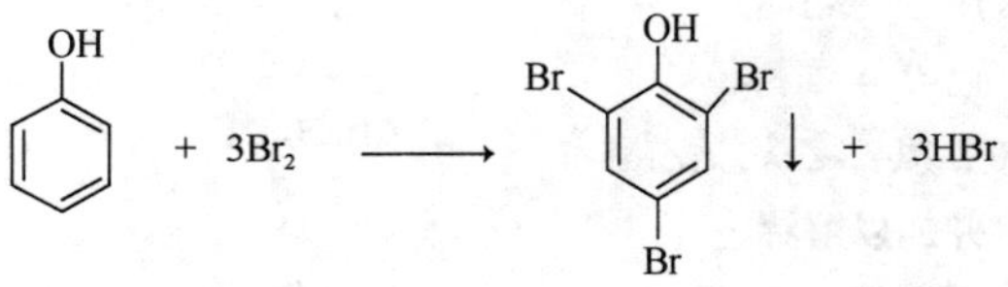

11. 锌盐的形成

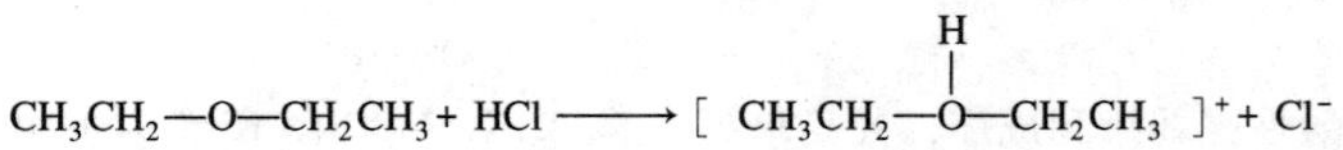

12. 过氧化物的形成

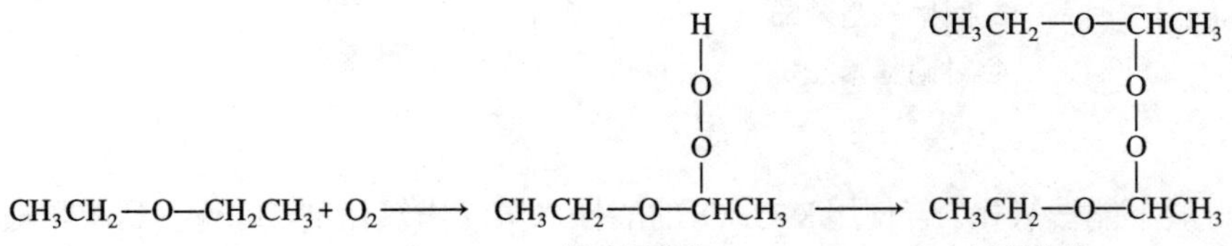

氢过氧化物　　过氧化物

13. 酸性（硫醇）

$$C_2H_5SH + NaOH \longrightarrow C_2H_5SNa + H_2O$$

14. 氧化反应（硫醇）

$$2RSH + H_2O_2 \longrightarrow R—S—S—R + 2H_2O$$

关 键 词

醇、酚、醚、硫醇、分类和命名、物理性质、化学性质。

问题与练习

一、命名下列化合物

1. 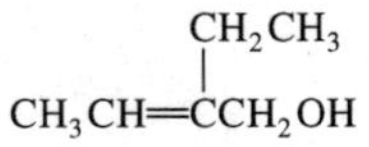

2. 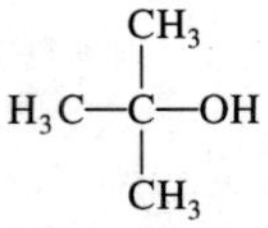

3. 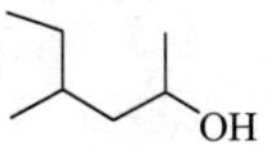

4. 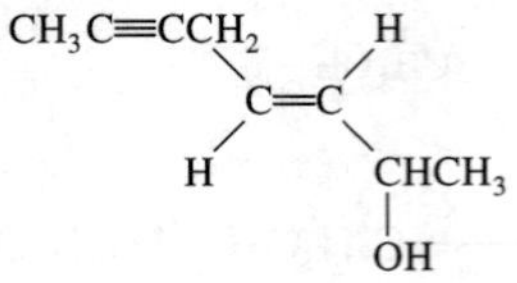

5. $HOCH_2CH_2CH_2OH$

6. 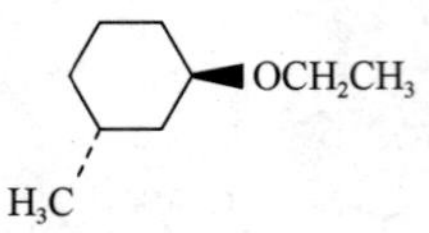

7. 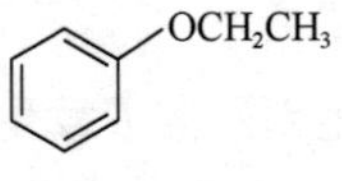

8. 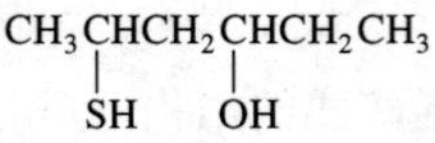

9. 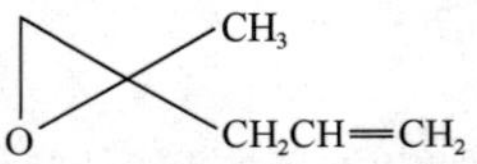

10. 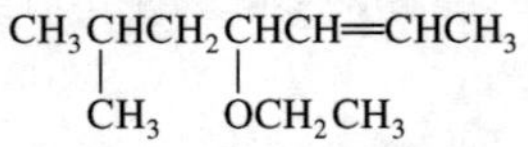

二、写出下列化合物的结构

1. 3-氯丙醇　　2. 苄醇

3. 环己-3-烯-1-醇　　4. 甘油-2-甲醚

5. 1-乙氧基-4-甲氧基苯　　6. 戊-3-烯-1-醇

7. 2, 3-环氧丁烷　　8. 己-2, 4-二醇

9. 2, 3-二甲基丁-1-醇　　10. 2-氯-2-乙氧基乙醇

三、比较下列化合物的沸点，并加以解释

1. 正戊烷　　2. 正丁醇

3. 乙醚　　4. 丙三醇

5. 1-氯丙烷

四、将下列化合物按酸性强弱排列成序，并简单陈述理由

1. 对甲氧基苯酚　　2. 间甲氧基苯酚

3. 对氯苯酚　　4. 对硝基苯酚

5. 间硝基苯酚

五、鉴别下列化合物

$CH_3(CH_2)_4C≡CH$ (a)　　$CH_3CH_2CH═CHCH_2CH_3$ (b)

$CH_3CH_2CH═CHCH_2OH$ (c)　　$CH_3(CH_2)_4I$ (d)

$CH_3(CH_2)_4OH$ (e)　　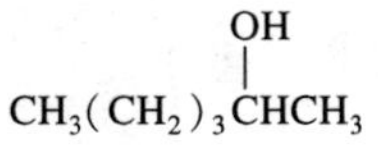 (f)

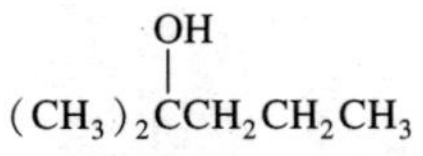 (g)

六、完成下列反应，写出主要产物

1. $(CH_3)_3CBr + CH_3CH_2CH_2ONa \longrightarrow$

2. 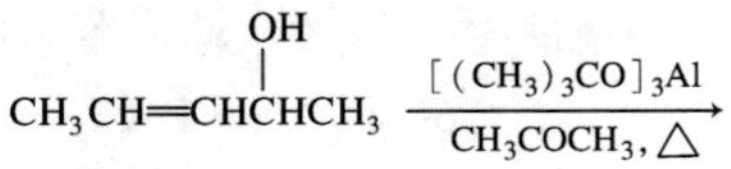

3. 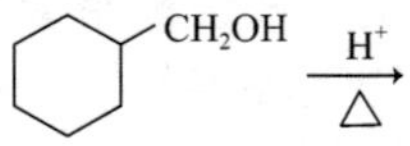

4. $CH_3CH_2CH_2OH \xrightarrow[H_2SO_4,\triangle]{HBr}$

5. 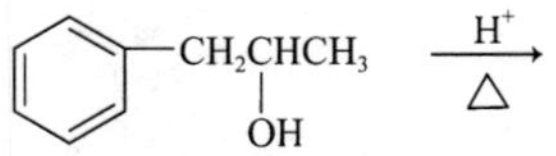

6. 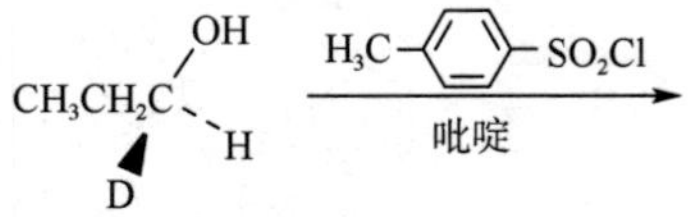

7. 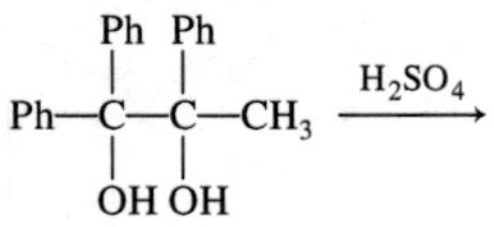

8. $CH_3CH_2OCH_2CH═CH_2 + HBr \longrightarrow$

9. 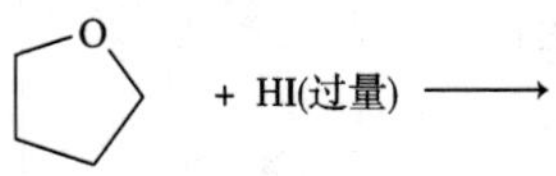

思 考 题

1. 叔醇一般不能被氧化。若使用$K_2Cr_2O_7$的酸性水溶液作氧化剂，可观察到叔醇被氧化的现象，试解释之。

2. 为什么乙硫醇的酸性（pK_a 约为 11）强于乙醇（pK_a 约为 16）？

（贾瑞虹）

第十三章　醛、酮和醌
（aldehyde，ketone and quinone）

学习目标

1. **掌握**：醛、酮、醌的结构特点；醛和酮的主要化学性质及鉴别方法。
2. **熟悉**：醛、酮、醌的分类和命名。
3. **了解**：重要的醛、酮、醌类化合物及其医学应用。

环境视角　　　　**甲醛与室内空气污染**

甲醛（HCHO），又名蚁醛，是具有刺激性气味的无色气体，易溶于水。40% 的甲醛水溶液称为福尔马林（formalin），具有使蛋白质凝固的性能，因而有杀菌的作用，医学上常作为消毒剂和防腐剂使用。甲醛也广泛应用于工业，是制造树脂、油漆、塑料、合成纤维和各种黏合剂等的原料。甲醛作为我国新装修家庭中主要的室内空气污染物，对人体的嗅觉、肺、肝和免疫功能等方面具有不利影响。同时，甲醛与人类肿瘤之间的关系也很密切，世界卫生组织将甲醛确定为Ⅰ类致癌物。由于儿童是易受室内环境污染危害的高危人群，甲醛污染与儿童肿瘤，尤其是白血病之间的关系尤为引人关注。

醛（aldehyde）、酮（ketone）和醌（quinone）都是分子中含有羰基官能团的有机物。羰基（carbonyl group）是指碳原子与氧原子通过双键相连形成的官能团。醛是指羰基碳与一个烃基和一个氢相连的有机物；酮是指羰基碳与两个烃基相连的有机物；醌是一类含有共轭体系的环己二烯二酮有机物。

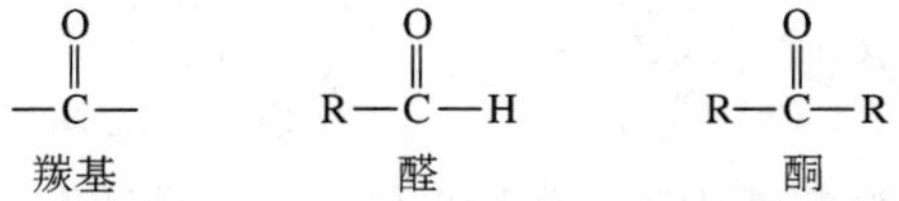

羰基　　　　醛　　　　酮

由于羰基很活泼，易发生许多化学反应，因此这些有机物不仅是有机化学中重要的一类有机物，而且也是动植物体代谢过程中重要的中间体。

第一节　醛　和　酮

一、醛和酮的结构

醛和酮中羰基的碳原子为 sp^2 杂化，三个 sp^2 杂化轨道形成三个 σ 键，并且同处于一个平面上，剩余一个未杂化 p 轨道和氧原子的 p 轨道“肩并肩”重叠形成 π 键，并与三个 σ 键所在的平面垂直。碳氧双键由一个 σ 键和一个 π 键组成，见图 13-1。由于氧电负性较大，带部分负电荷 δ^-；碳原子电负性较小，带部分正电荷 δ^+。因此羰基的电子云呈非对称性分布，具有极性。因此醛和酮均为极性分子。

图 13-1　碳氧双键中 σ 键和 π 键的结构示意图

二、醛和酮的分类

1. 根据羰基所连烃基分类 醛和酮可分为脂肪醛、酮和芳香醛、酮，例如：

CH_3CHO 乙醛(脂肪醛)　　CH_3COCH_3 丙酮(脂肪酮)

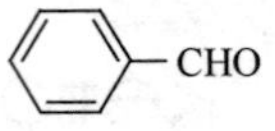
苯甲醛(芳香醛)

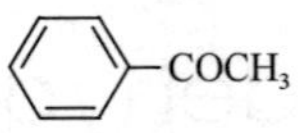
苯乙酮(芳香酮)

2. 根据羰基所连烃基饱和与否分类 醛和酮可分为饱和醛、酮和不饱和醛、酮。饱和醛和酮，如乙醛、丙酮等。不饱和醛、酮，如丙烯醛、苯丙烯醛和戊-3-烯-2-酮等。

$CH_2{=}CH{-}CHO$ 丙烯醛（不饱和醛）　　$C_6H_5{-}CH{=}CH{-}CHO$ 苯丙烯醛（不饱和醛）　　$CH_3{-}CO{-}CH{=}CH{-}CH_3$ 戊-3-烯-2-酮（不饱和酮）

三、醛和酮的命名

1. 普通命名法 结构简单的醛和酮常用普通命名法。如脂肪醛，按分子内烃基的碳原子数命名为某醛，例如：

CH_3CHO 乙醛　　$CH_3CH_2CH_2CHO$ 丁醛　　$OHC{-}CHO$ 乙二醛

脂肪酮的命名与醚的命名相似，按羰基两端的烃基名称，称为“某某酮”。例如：

CH_3COCH_3 二甲酮（丙酮）　　$CH_3COCH_2CH_3$ 乙甲酮

2. 系统命名法 结构较为复杂的醛、酮多用系统命名法命名。

脂肪醛、酮命名时，首先是选择含有羰基的最长碳链为主链，称为某醛或某酮；其次是主链碳原子的编号应从醛基一端或靠近酮基一端开始，由于醛基位于碳链之端，故其位置不必标出，但酮基位置则必须用数字标出。当有取代基时，则将其写在母体化合物名称前面，例如：

$(CH_3)_2CHCH_2CHO$ 3-甲基丁醛

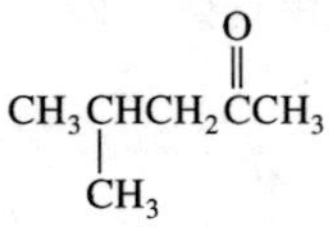
4-甲基戊-2-酮

芳香醛、酮命名时，以脂肪醛或脂肪酮作为母体，芳香烃基作为取代基来命名。例如：

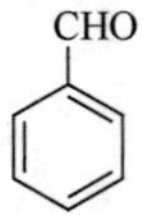
苯甲醛(苦杏仁油)

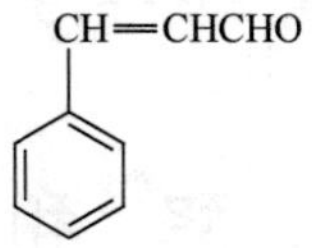
β-苯基丙烯醛(肉桂醛)

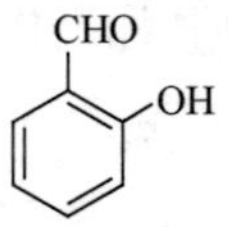
邻羟基苯甲醛(水杨醛)

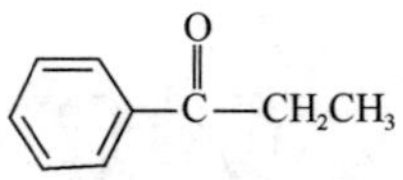
1-苯基丙-1-酮

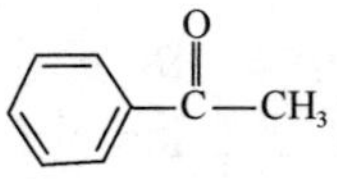
苯乙酮

四、醛和酮的物理性质

在常温下，除甲醛是气体外，其余低级脂肪醛、酮均为液体；高级脂肪醛、酮以及芳香酮则多为固体。低级醛具有强烈的刺激气味，中、高级醛、酮及一些芳香醛、酮具有特殊的香味，有的被用于香料工业中。

醛和酮分子中羰基上的氧原子可以与水形成氢键，因此，低级醛、酮在水中有一定的溶解度。例如，甲醛、乙醛和丙酮能与水混溶，其他醛、酮在水中的溶解度随分子量增加而减小，大多数微溶于水或不溶于水而易溶于有机溶剂。有些酮（如丙酮等）本身就是最常用的有机溶剂。

醛和酮的沸点比分子量相近的烷烃和醚高，这是因为羰基的极性所致。醛和酮的沸点比相应的醇低，这是由于醛、酮分子间不能形成氢键所致。

五、醛和酮的化学性质

醛和酮的化学反应主要发生在羰基和受羰基影响较大的α-H 上。因此它们的化学性质有很多相似之处。由于醛羰基较酮羰基活泼，在一般反应中，醛比酮更容易发生反应，并且有些反应为醛所特有。

1. 还原反应　在催化剂铂、钯或镍的存在下，羰基与氢发生加成反应生成相应的醇羟基，通过该反应醛、酮可分别被还原为伯醇、仲醇。

醛和酮被金属氢化物如 $LiAlH_4$、$NaBH_4$ 还原时，也被还原成相应的醇，且分子中的 C═C 双键、C≡C 三键等不受影响。如 $NaBH_4$、$LiAlH_4$ 对不饱和醛、酮只还原羰基，而不影响 C═C 双键。

$$RCHO + H_2 \xrightarrow{Ni} RCH_2OH$$

$$R_2CO + H_2 \xrightarrow{Ni} R_2CHOH$$

$$CH_3CH{=}CHCHO \xrightarrow[H_2]{Ni} CH_3CH_2CH_2CH_2OH$$

$$CH_3CH{=}CHCHO \xrightarrow{NaBH_4} CH_3CH{=}CHCH_2OH$$

2. 亲核加成反应　亲核加成反应（nucleophilic addition reaction）是指亲核试剂带负电荷的部分，首先向带正电荷的羰基碳原子进攻，然后是带正电荷的部分加到羰基氧原子上，得到加成产物的反应。

（1）与氢氰酸的加成：醛和酮在碱作为催化剂的条件下可与 HCN 反应生成 α-羟基腈（α-氰醇），其反应式为：

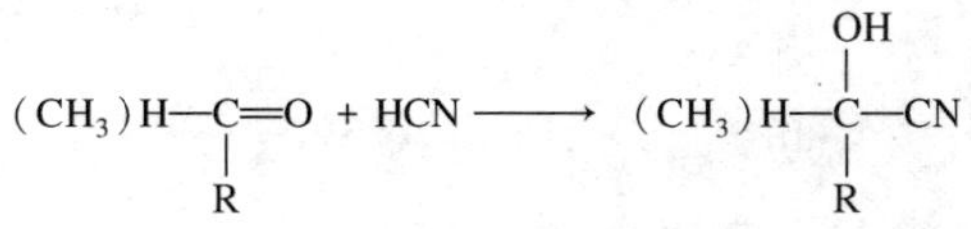

不同结构的醛和酮对氢氰酸反应的活性有明显差异，只有醛、脂肪族甲基酮和少于 8 个碳原子的环酮才能进行反应。通过该反应可使碳链增长，生成的 α-羟基腈水解可制得 α-羟基酸，这在有机合成中具有重要意义。

（2）与亚硫酸氢钠的加成：醛、脂肪族甲基酮和 8 个碳原子以下的环酮能与亚硫酸氢钠饱和水溶液反应生成无色结晶加成产物而析出，其他酮不能发生此反应，常用此反应来鉴别醛、脂肪族甲基酮和 8 个碳原子以下的环酮。其反应式为：

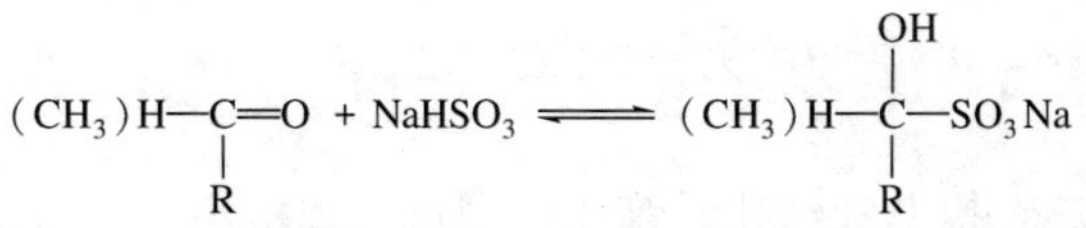

此反应是可逆的，即当加成产物与稀酸或稀碱加热时，又会重新分解成为原来的醛和酮。由于加成产物是一种盐，并且形成的结晶很好，能溶于水，而难溶于乙醚、亚硫酸氢钠饱和水溶液，故常用此方法来分离或精制某些醛和酮。

（3）与醇加成：在干燥的 HCl 作用下，醛与醇发生加成反应，生成半缩醛（hemiacetal），其反应式为：

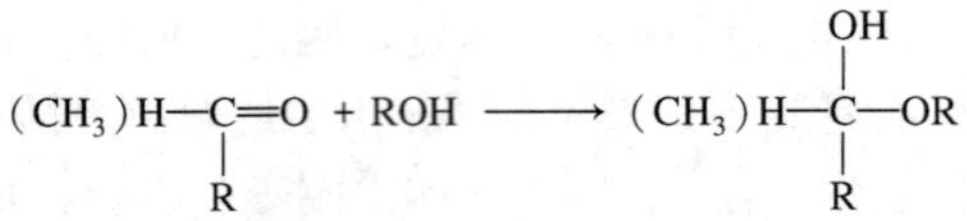

链状半缩醛不太稳定，在同样条件下，可继续与另外一分子醇作用，脱掉一分子水生成较稳定的缩醛（acetal），其反应式为：

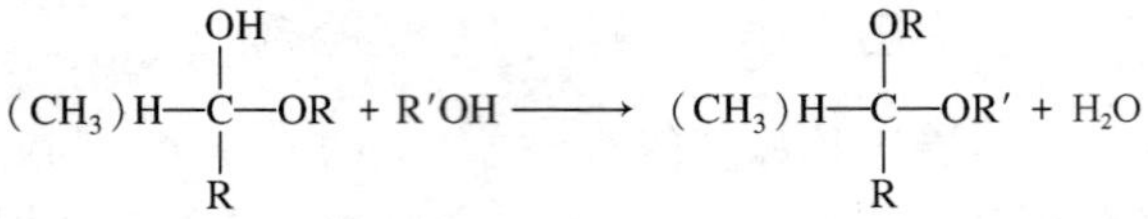

缩醛具有与醚相似的结构，对碱及氧化剂、还原剂都很稳定，但在酸性介质中，却很易水解成原来的醇和醛，因此，要得到缩醛，必须在无水条件下进行。在有机合成中，常用此法来保护醛基，待反应完毕后，再用酸分解缩醛，使醛基复原，这样就可避免活泼醛基在反应中被破坏。

酮在同样条件下，很难生成缩酮，原因是平衡时反应偏向于反应物酮的一方，除非将生成物中的水除去，使平衡移向生成物一方，也可制得缩酮。

（4）与氨的衍生物加成：醛和酮可与氨的衍生物发生加成反应，所得加成产物失去一分子水后，形成含有碳氮双键的产物，称为希夫碱（Schiff base）。例如，以 H_2N-Y 代表氨的衍生物，Y 代表不同的取代基，其反应通式为：

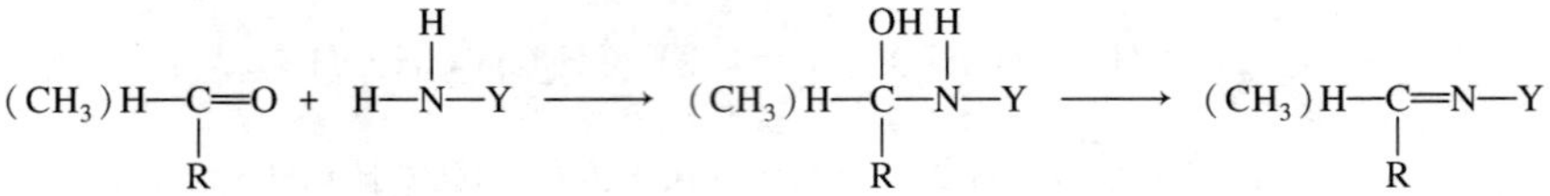

不同氨的衍生物与醛或酮反应的生成产物见表 13-1。

表 13-1　醛、酮与氨的衍生物的加成产物表

氨的衍生物 H_2N—Y	名称	加成产物
H_2N—OH	羟胺	—C ═ N—OH（肟）
H_2N—NH_2	肼	—C ═ N—NH_2（腙）
H_2N—NH—C_6H_5	苯肼	—C ═ N—NH—C_6H_5（苯腙）
H_2N—NH—CO—NH_2	氨基脲	—C ═ N—NH—CO—NH_2（缩胺脲）
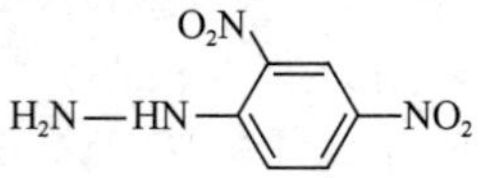	2, 4-二硝基苯肼	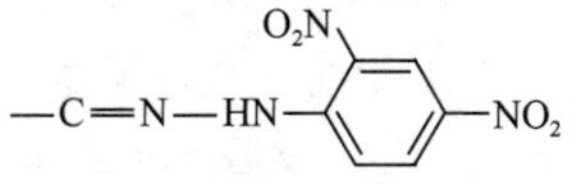 （2,4-二硝基苯腙）

上述加成产物大多是固体，并且能形成很好的结晶，具有一定的熔点，因此，可用来鉴定常见的醛和酮。这些氨的衍生物称为羰基试剂，其中以 2, 4-二硝基苯肼最为常用，所生成的 2, 4-二硝基苯腙为黄色晶体，从反应液中析出，易于观察和鉴定，故其作为羰基试剂应用较广。

上述加成产物经酸水解，可重新生成原来的醛和酮。由于醛基易被氧化，故在有机合成中常用此反应来保护醛基。

很多醛和酮在直接分离、提取和纯化时都比较困难，故常用此方法来分离和提纯醛和酮。

3. α-活泼氢的反应　醛和酮分子中与羰基直接相连的碳原子称为 α-碳原子（α-C），α-C 上连接的氢原子称为 α-氢原子（α-H）。受羰基的影响，醛和酮分子中的 α-H 表现出活泼性，容易发生卤仿反应和羟醛缩合反应。

（1）卤仿反应：在强碱作用下，乙醛和甲基酮分子中的三个 α-H 可被卤原子（Cl、Br、I）取代，生成三卤代物。因三卤代物在碱性条件下不稳定，易发生碳碳键断裂，生成三卤甲烷（俗称卤仿）和羧酸盐，其反应过程为：

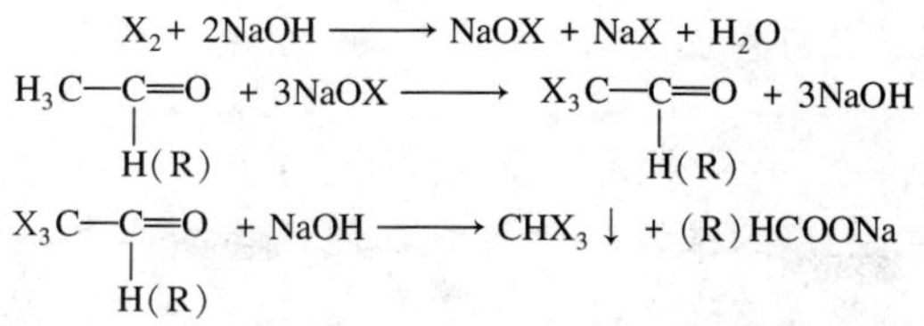

能生成卤仿的反应称为卤仿反应。卤仿中的氯仿和溴仿为无色油状液体，而碘仿是难溶于水、具有特殊气味的黄色固体。碘仿反应很灵敏，易于观察鉴别。为此，常采用碘仿反应，鉴别具有甲基酮结构的羰基化合物。

具有 $CH_3CH(OH)$—结构的醇类化合物，如乙醇，也能被次碘酸钠（NaOI）氧化成含甲基酮结构的羰基化合物，因此，该类化合物也能用碘仿反应鉴别。

（2）羟醛缩合反应：在稀碱溶液中，两分子醛相互作用，一个醛分子中的 α-H 加到另一个醛分子的醛基氧上，α-C 则与醛基碳原子连接生成 β-羟基醛，此反应称为羟醛缩合（或醇醛缩合）（aldol condensation）反应。例如，在稀碱和低温（5℃）下，乙醛分子之间可发生羟醛缩合反应，生成 β-羟基丁醛，其反应为：

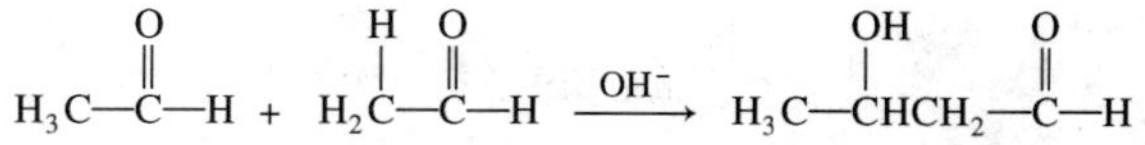

羟醛缩合反应的产物 β-羟基醛分子中的 α-H 同时被醛基和与 β-C 相连的羟基所活化，因此在加热或酸性作用下发生分子内脱水，生成具有共轭双键的 α, β-不饱和醛，其反应式为：

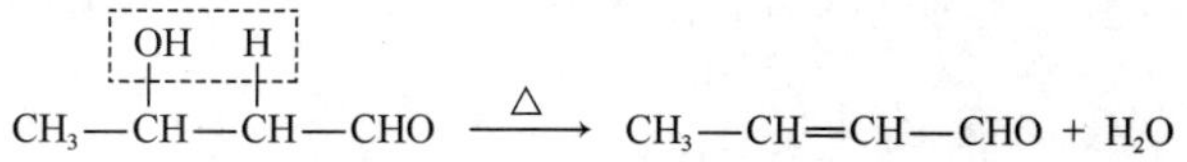

通过羟醛缩合反应可使碳链增长，但是没有 α-H 的醛不能发生羟醛缩合反应。而含有 α-H 的酮也能发生此类缩合反应，但反应速率较慢。

在人体内，通过酶的作用，可以使含有醛基或酮基的丙糖衍生物发生羟醛缩合反应，生成己糖衍生物。

4. 醛的特殊反应

（1）与弱氧化剂的反应：醛由于其羰基碳上连有氢原子，因此具有较强的还原性，即使在弱氧化剂条件下，也很容易被氧化生成相应的羧酸。常用的弱氧化剂有托伦（Tollen）试剂和费林（Fehling）试剂。酮一般不被氧化。

托伦试剂的配制：向硝酸银溶液中滴加少量氨水（或氢氧化钠溶液），可产生褐色的氧化银沉淀，再滴加氨水至沉淀全部溶解为止，即得无色的银氨配合物（$[Ag(NH_3)_2]^+$）溶液。其中 $[Ag(NH_3)_2]^+$ 起着氧化剂作用，可氧化醛成相应的羧酸铵盐，而本身被还原成金属银析出，附着在玻璃容器壁上形成银镜，故此反应又称银镜反应，其反应式为：

$$RCHO + 2[Ag(NH_3)_2]^+ OH^- \xrightarrow{\triangle} RCOONH_4 + 2Ag\downarrow + 3NH_3 + H_2O$$

由于酮不能被托伦试剂氧化，所以用托伦试剂的银镜反应可鉴别醛和酮。

费林试剂由硫酸铜溶液和酒石酸钾钠碱溶液两部分组成，用时等体积混合，形成深蓝色的二价铜配合物溶液。其中 Cu^{2+} 起着氧化剂作用，Cu^{2+} 与醛一起加热，可氧化醛成相应的羧酸钠盐，而本身被还原成砖红色的 Cu_2O 沉淀析出，其反应式为：

$$RCHO + 2Cu(OH)_2 + NaOH \xrightarrow{\triangle} RCOONa + Cu_2O\downarrow + 3H_2O$$

只有脂肪醛能与费林试剂反应，芳香醛不发生此反应，故可用费林试剂鉴别脂肪醛和芳香醛。

（2）与希夫（Schiff）试剂的反应：把二氧化硫通入粉红色的品红水溶液中，直至粉红色恰好褪去，所得溶液称为希夫试剂。甲醛与希夫试剂作用生成的紫红色加成物加硫酸后紫红色不褪，其他醛与希夫试剂反应生成的紫红色加成物加硫酸后颜色消去。因此，可用此法鉴别甲醛。

人体视角　　　　视觉化学与β-胡萝卜素

人视网膜上的感光细胞有视锥细胞和视杆细胞两类。其中视杆细胞中富含视紫红质（rhodopsin），对弱光或暗光非常敏感。视紫红质是一种结合蛋白，由11-顺视黄醛与不同的视蛋白构成。当视紫红质感光时，11-顺视黄醛在光异构酶的作用下转变为全反视黄醛，与视蛋白分离而失色。这一光异构变化同时会引起视杆细胞膜的钙离子通道开放，Ca^{2+}迅速流入细胞引发神经冲动，传导至大脑后产生视觉。维生素A可在体内转化为视黄醛，缺乏时会引起11-顺视黄醛的不足，视紫红质合成减少。从而引起视网膜对弱光的敏感性下降，使暗适应时间延长，严重时甚至会发生“夜盲症”。植物中的β-胡萝卜素在体内可分解为两分子视黄醛，所以β-胡萝卜素又称为维生素A原，具有预防“夜盲症”的功能。

第二节　醌

一、醌的结构

醌是一类含有环己二烯二酮结构的化合物。醌分子中的碳碳双键与羰基构成π-π共轭体系，但不是闭合的共轭体系，因此醌型结构无芳香性。

常见的醌有苯醌、萘醌和蒽醌以及它们的羟基、烃基衍生物。苯醌的基本结构有对位和邻位两种形式。

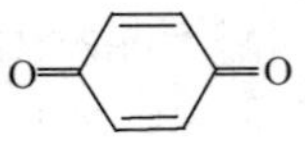

对位

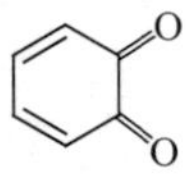

邻位

二、醌的命名

醌可作为相应的芳烃衍生物来命名。命名时，在醌字前加上相应芳烃的名称，由苯衍生而来的称为苯醌，由萘和蒽等衍生而来的就称为萘醌和蒽醌等。两个羰基的位置用数字或用对、邻、远、α、β等标明，并写在名称前面，母体上如有取代基，则注明位置，写在母体前面。例如：

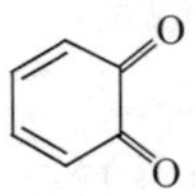

邻苯醌
1,2-苯醌

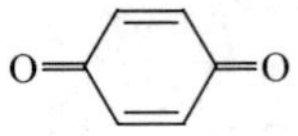

对苯醌
1,4-苯醌

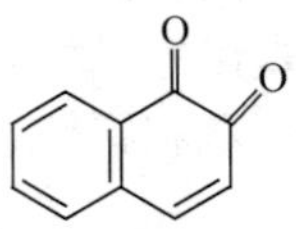

β-萘醌
1,2-萘醌

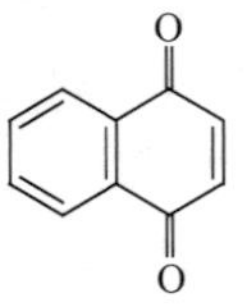

α-萘醌
1,4-萘醌

三、重要的醌

醌类化合物广泛存在于自然界，一般都有颜色，许多染料（如茜素）和指示剂（如酚酞）都含有醌的结构。泛醌（辅酶Q）是对苯醌的重要代表物，参与线粒体呼吸链的电子传递，在生物氧化中发挥重要作用。许多药物分子中也含有醌类化合物，如中药大黄中主要的有效成分大黄素、大黄酸是蒽醌类的化合物，而具有凝血作用的维生素 K_1、K_2、K_3 都是萘醌的衍生物等。

临床视角　　　　　　　　　　医药中的醛和酮化合物

1. 乙醛　乙醛的化学结构为 CH_3CHO，是无色具有刺激性臭味的液体，沸点为 21℃。将氯气通入乙醛中，可制得三氯乙醛。它与水加成后生成水合氯醛。10% 水合氯醛溶液具有催眠和镇静作用，用于治疗失眠、烦躁以及抗惊厥。

2. 丙酮　丙酮的化学结构为 CH_3COCH_3，是无色具有特殊气味的液体，易燃，易挥发。可溶解许多有机物，是常用的有机溶剂。在人体内，丙酮是糖类和脂类物质的分解产物，为酮体物质之一。正常人血液中丙酮含量很低，但当人体代谢出现紊乱时，如某些糖尿病患者，体内丙酮含量增加，并随呼吸和尿液排出。临床上可通过检测患者尿液中的丙酮对患者进行相关医学诊断。

3. 樟脑　樟脑的化学结构为 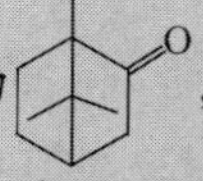，又称 2-莰酮，属于脂环酮类化合物。主要存在于樟树中，具有特殊气味。樟脑在医药上用途广泛，具有兴奋运动中枢、呼吸中枢及心肌的功效。100g/L 的樟脑乙醇溶液称为樟脑酊，有良好的止咳作用。清凉油、十滴水、消炎镇痛膏等中均含有樟脑。在生活中樟脑还可作为驱虫剂使用。

本章小结

由于醛、酮都含有羰基，所以能发生许多相似的化学反应，但因羰基在分子中所处的位置不同，它们的性质又存在一些差异。

醛、酮的化学反应主要发生在羰基及受羰基影响的 α-H 上。醛和酮中的羰基由于 π 键的极化，使得碳原子上带部分正电荷，而氧原子上带部分负电荷。羰基碳由于带有部分正电荷，易受到亲核试剂的进攻而发生加成反应，如与氢氰酸、亚硫酸氢钠、氨及氨的衍生物等的反应。此外受羰基影响，与羰基直接相连接的 α-C 上的氢原子也比较活泼，容易发生反应，如卤仿反应和醇醛缩合反应。此外，羰基上由于碳氧双键的存在，还能发生还原反应生成相应的醇。

1. 亲核加成反应

（1）与氢氰酸的加成

$$(CH_3)H-\underset{\large R}{\underset{|}{C}}=O + HCN \longrightarrow (CH_3)H-\underset{\large R}{\underset{|}{\overset{\large OH}{\overset{|}{C}}}}-CN$$

（2）与亚硫酸氢钠的加成

$$(CH_3)H-\underset{\large R}{\underset{|}{C}}=O + NaHSO_3 \longrightarrow (CH_3)H-\underset{\large R}{\underset{|}{\overset{\large OH}{\overset{|}{C}}}}-SO_3Na$$

（3）与醇加成

$$(CH_3)H-\underset{\large R}{\underset{|}{C}}=O + ROH \longrightarrow (CH_3)H-\underset{\large R}{\underset{|}{\overset{\large OH}{\overset{|}{C}}}}-OR$$

半缩醛

$$(CH_3)H-\underset{\large R}{\underset{|}{\overset{\large OH}{\overset{|}{C}}}}-OR + R'OH \longrightarrow (CH_3)H-\underset{\large R}{\underset{|}{\overset{\large OR}{\overset{|}{C}}}}-OR' + H_2O$$

缩醛

（4）与氨的衍生物加成

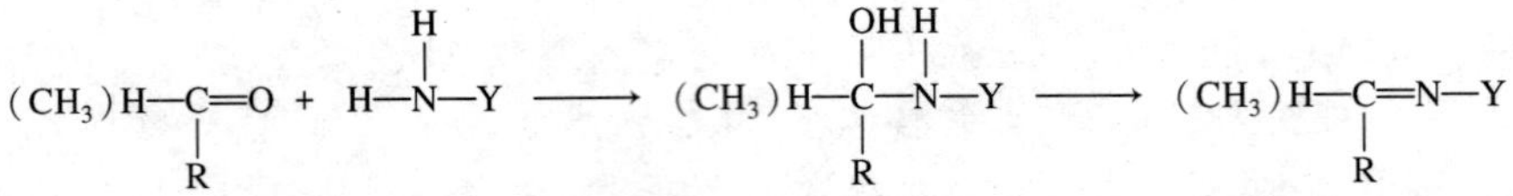

2. α-H 的反应 在一般反应中，醛比酮更活泼。但值得注意是，含有甲基酮结构的酮在许多反应中表现也比较活泼。

（1）卤仿反应：

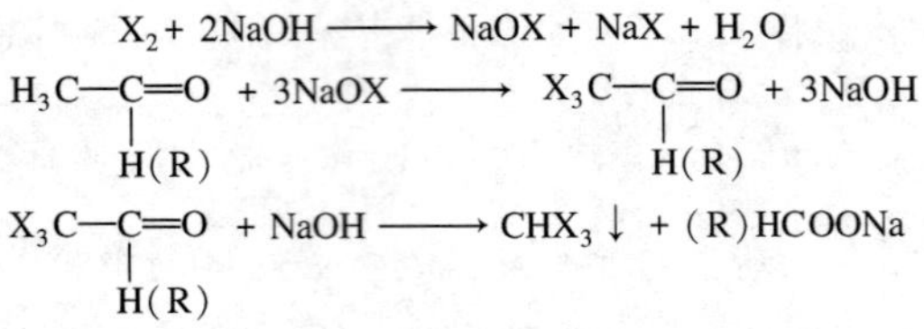

（2）羟醛缩合反应

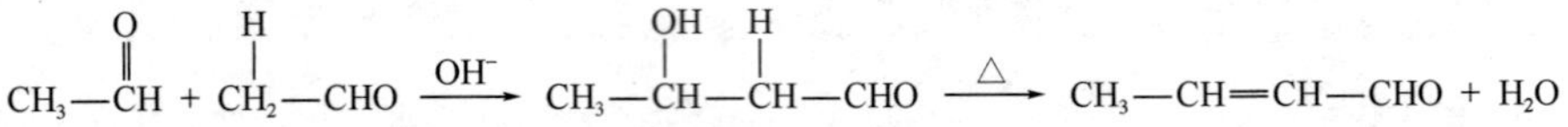

3. 醛的特殊反应 醛基上由于接有氢原子，与酮相比较更容易被氧化，因此可以与一些弱的氧化剂，如托伦（Tollen）试剂和费林（Fehling）试剂发生反应，酮则很难被氧化，因此可以利用氧化反应区别醛和酮。

（1）与托伦试剂反应

$$RCHO + 2Ag(NH_3)_2^+ OH^- \xrightarrow{\triangle} RCOONH_4 + 2Ag\downarrow + 3NH_3 + H_2O$$

由于酮不能被托伦试剂氧化，所以用托伦试剂的银镜反应可鉴别醛和酮。

（2）与费林试剂反应

$$RCHO + 2Cu(OH)_2 + NaOH \xrightarrow{\triangle} RCOONa + Cu_2O\downarrow + 3H_2O$$

只有脂肪醛能与费林试剂反应，芳香醛不发生此反应，故可用费林试剂鉴别脂肪醛和芳香醛。

关 键 词

醛、酮、亲核加成反应、希夫碱、α-氢原子、卤仿、卤仿反应、羟醛缩合反应、托伦（Tollen）试剂、费林（Fehling）试剂、银镜反应、希夫（Schiff）试剂。

问题与练习

一、命名下列化合物

1. $(CH_3)_3CCH_2CHO$
2. $(CH_3)_2CHCH_2CHO$
3. $C_6H_5CH_2CH_2CHO$
4. $C_6H_5COC_6H_5$
5. 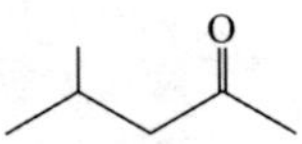
6. 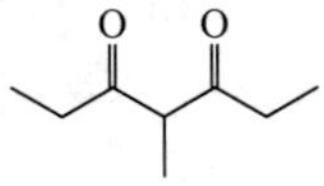

二、写出下列化合物的结构式

1. 2-甲基环戊酮
2. 2-苯基丁-3-烯醛
3. 2-苯基丙醛
4. 3-甲基丁-2-酮
5. 4,5-二甲基己-2-酮
6. 对氨基苯甲醛

三、完成下列反应式

1. 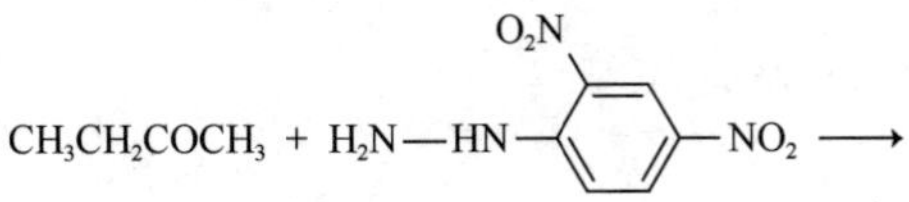

2. $CH_3CHO + I_2 + NaOH \longrightarrow$

3. $CH_3CHO + CH_3CH_2OH \xrightarrow{\text{干燥HCl}}$

4. 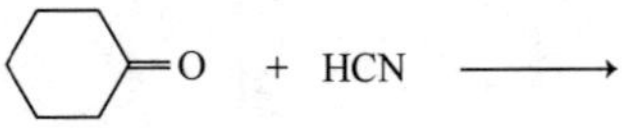

5. 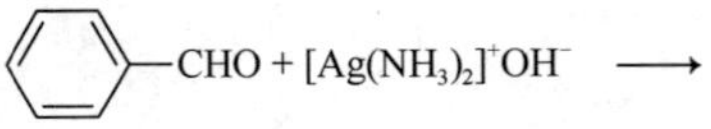

6. $CH_3COCH_3 + NaHSO_3 \longrightarrow$

思　考　题

1. 醛和酮在结构和性质方面有何异同？

2. 举例说明醛、酮和醌类化合物在临床医学和生活中的应用。

3. 请用化学方法鉴别下列各组化合物。

（1）甲醛、乙醛和丁-2-酮

（2）丙醇、丙醛和丙酮

（3）苯甲醛、苯甲醇和苯乙酮

（4）戊-2-酮、戊-3-酮和戊醛

4. 在下列化合物中，只能与亚硫酸氢钠发生加成反应的有哪些？只能发生碘仿反应的有哪些？既能与亚硫酸氢钠加成，又能发生碘仿反应的有哪些？

（1）乙醇　（2）丙酮　（3）丁-2-醇　（4）丁醛　（5）苯乙酮　（6）丁-2-酮

（于姝燕）

第十四章　羧酸与取代羧酸

(carboxylic acid and substituted carboxylic acid)

学习目标

1. 掌握： 羧酸的结构、系统命名方法；羧酸及取代羧酸的主要化学性质；酮式与烯醇式互变异构现象。

2. 熟悉： 常见羧酸、羟基酸和酮酸的俗名。

3. 了解： 重要羧酸的用途及其在医学上的意义，酰化反应的生物学意义。

临床视角　　**医药中的羧酸**

1. 乙酸　其俗名是醋酸，是制药工业和人体合成许多物质的重要原料。纯乙酸为具有强烈刺激气味和腐蚀性的无色液体，沸点118℃，熔点16.6℃，在低于熔点温度时，纯乙酸固化为冰状，故称为冰醋酸。用发酵法制得的食醋，含乙酸3%～5%，这是人类最早制备乙酸的方法，至今食醋酿造业仍然采用。医药上常用0.5%～2%乙酸溶液作为消毒防腐剂，用于烫伤或灼伤感染的创面冲洗。近年来也用“食醋消毒法”预防流感，被广泛应用。

2. 丁二酸　其俗名是琥珀酸，最早是从蒸馏琥珀中得到的，含8%左右琥珀酸的透明红褐色树脂化石，称为琥珀。丁二酸在中药上用作安神镇静剂；在医学上用作抗痉挛、祛痰、利尿剂；在药物合成上用作酸化剂和酰化剂。

3. 苯甲酸　其俗名是安息香酸。苯甲酸为白色晶体，能升华，熔点122.4℃，微溶于冷水，溶于热水；具有防腐杀菌作用，其钠盐常用作食品和药液的防腐剂。

4. 当归酸　其化学名为（*Z*）-2-甲基丁-2-烯酸，结构式为：

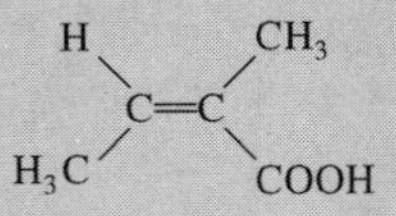

当归酸为无色晶体，熔点45℃，有香辣气味，存在于中药当归中，可作镇静剂。

羧酸（carboxylic acid）是指含有羧基的有机物；取代羧酸（substituted carboxylic acid）是指羧酸分子中烃基上的氢原子被其他原子或基团所取代的有机物。许多羧酸和取代羧酸是动植物代谢的中间产物；有些参与动植物的生命过程；有些具有生物活性，能防治疾病；有些是工农业和医药工业的重要原料。本章主要讨论羧酸、羟基酸和酮酸。

第一节　羧　　酸

一、羧酸的结构

羧酸分子中羧基的碳原子为 sp^2 杂化，3个 sp^2 杂化轨道分别与羰基氧原子、羟基氧原子和烃基碳原子或氢原子形成σ键，3个σ键在同一个平面上，键角约120°，羧基碳原子未参与杂化的 *p* 轨道与羰基氧原子的 *p* 轨道以“肩并肩”重叠形成π键，羟基氧原子的 *p* 电子对与羰基的π键形成p-π共轭体系，见图14-1。

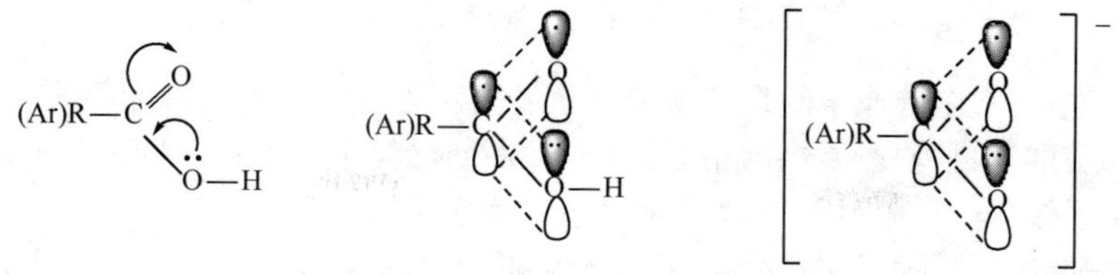

图 14-1　羧酸的结构示意图

p-π 共轭体系的形成使得羧基中的 C═O 双键与 C—O 单键的键长趋于平均化，羟基氧原子的电子云向羧基碳原子偏移，降低了羰基碳原子的正电性，因而不利于羰基发生亲核性反应。相反，p-π 共轭体系增加了羧基阴离子的稳定性，有利于氢原子的解离，所以羧基表现出明显的酸性。

二、羧酸的分类

根据羧基所连烃基，羧酸可分为脂肪族羧酸（fatty acid）和芳香族羧酸（aromatic acid）；根据烃基饱和程度，脂肪族羧酸可分为饱和脂肪酸（saturated fatty acid）和不饱和脂肪酸（unsaturated fatty acid）；根据分子中羧基数目，羧酸可分为一元羧酸（monocarboxylic acid），二元羧酸（dicarboxylic acid）和多元羧酸（polycarboxylic acid）等。

三、羧酸的命名

1. 俗名命名　许多羧酸最初都是从天然产物中分离获得，因此常根据来源而采用俗名。例如，甲酸最初是由蒸馏蚂蚁获得，故称为蚁酸；从酿制的食用醋中得到的乙酸称为醋酸。在生活和工作中，使用羧酸的俗名也较为普遍，如油酸、亚油酸、富马酸和琥珀酸等，为此，需要着重记忆常见羧酸的俗名。

2. 系统命名　脂肪族羧酸的系统命名，是选择含有羧基的最长碳链为主链，根据主链所含碳原子的数目称为某酸。简单的羧酸，常用阿拉伯数字或希腊字母 α、β、γ、δ 等标明取代基、C═C 双键和 C≡C 三键等位置，并写在母体名称前面。例如：

$CH_3CH_2CH_2COOH$	$CH_3(CH_2)_{16}COOH$	$CH_3CH{=}CHCOOH$
丁酸(酪酸)	十八酸(硬脂酸)	丁-2-烯酸(α-丁烯酸，巴豆酸)

脂肪族二元羧酸的系统命名，是选择含有两个羧基的最长碳链作为主链，并称为某二酸，例如：

$\begin{matrix} COOH \\ \vert \\ COOH \end{matrix}$	$\begin{matrix} CH_2COOH \\ \vert \\ CH_2COOH \end{matrix}$
乙二酸(草酸)	丁二酸(琥珀酸)

若某直链烃直接与两个以上羧基相连，命名时可看作母体中的氢被羧基取代，采用“某甲酸”后缀表示。例如：

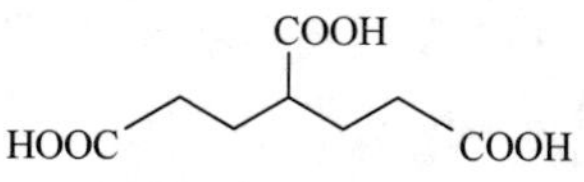

戊烷-1,3,5-三甲酸

芳香族羧酸的系统命名，是在相应芳环的名称后面直接加后缀“甲酸”，例如：

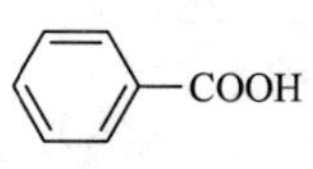

苯甲酸(安息香酸)

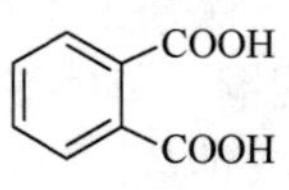

邻苯二甲酸

四、羧酸的物理性质

在常温下，含 1～9 个碳原子的直链饱和一元羧酸为液体，甲酸、乙酸和丙酸具有刺激性气味，而丁酸、己酸和癸酸等则有腐败味；高级饱和一元脂肪酸是无味的蜡状固体；脂肪二元羧酸和芳香羧酸均为结晶固体。

一元脂肪羧酸随碳原子数增加，水溶性逐渐降低。多元酸的水溶性大于相同碳原子的一元酸。

饱和一元羧酸的沸点随着相对分子质量的增加而升高。羧酸的沸点比相对分子质量相近的醇的沸点高得多。例如，甲酸的沸点（100.5℃）比相对分子量相同的乙醇的沸点（78.3℃）高；乙酸的沸点（118℃）比丙醇的沸点（97.2℃）高。这是因为羧酸分子通过氢键缔合成二聚体或多聚体（甲酸、乙酸在气态时都保持双分子聚合状态），而且羧酸分子间的氢键也比醇中氢键牢固。

五、羧酸的化学性质

羧酸的化学性质主要表现在羧基上。因存在 p-π 共轭体系，羧基中羰基的活性较低，而羟基以及羟基上的氢活性较大。由于羧基的吸电子作用，使羧酸分子中 α-H 的活性增加，能发生取代反应。

1. 酸性 羧酸具有明显的酸性，在水溶液中能解离出氢离子和羧酸根负离子：

$$R(Ar)COOH \rightleftharpoons H^+ + R(Ar)COO^-$$

羧基上的氢原子解离后，氧上的负电荷可通过 p-π 共轭得到分散，使羧酸根的能量降低而稳定，因此羧基上的氢离子易解离，导致水溶液显酸性。常见的饱和一元酸的 pK_a 为 3～5，比碳酸（pK_a=6.5）强，但仍为弱酸。

羧酸的酸性强弱取决于解离后生成的羧基阴离子的稳定性（负电荷的分散程度），即有利于负电荷分散的基团能使羧基阴离子更稳定，故酸性增强；反之，酸性则减弱。

在脂肪族一元羧酸中，甲酸的酸性最强。当羧酸分子中烃基上的氢原子被供电子的烃基取代时，则酸性随烃基个数的增加而减弱；与此相反，被吸电子的卤素取代后，酸性随卤素原子在周期表中的周期数增大而降低，随卤素原子个数增加而增强，随卤素原子离羧基的距离增加而减弱。例如：

$$HCOOH > CH_3COOH > CH_3CH_2COOH > (CH_3)_2CHCOOH > (CH_3)_3CCOOH$$

pK_a 3.77 4.76 4.86 4.87 5.05

$$FCH_2COOH > ClCH_2COOH > BrCH_2COOH > ICH_2COOH$$

pK_a 2.67 2.87 2.90 3.16

$$CH_3CH_2\underset{|}{\overset{Cl}{C}}HCOOH \qquad CH_3\underset{|}{\overset{Cl}{C}}HCH_2COOH \qquad \underset{|}{\overset{Cl}{C}}H_2CH_2CH_2COOH$$

pK_a 2.86 4.06 4.52

苯甲酸（pK_a=4.20）的酸性强于饱和脂肪族一元羧酸，但比甲酸的酸性弱，这是因为苯甲酸中苯环的大 π 键与羧基形成共轭体系，电子云向羧基偏移，不利于羧基阴离子的稳定所致。

羧酸能与 $NaHCO_3$、Na_2CO_3、NaOH 及某些生物碱等反应生成盐。例如，羧酸与 $NaHCO_3$ 反应放出 CO_2，可利用该反应鉴别、分离苯酚和羧酸。

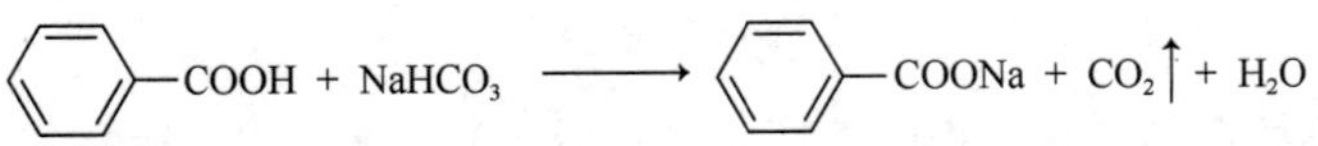

许多羧酸盐在工业、农业、医药卫生领域里广泛应用，如表面活性剂（硬脂酸钠或硬脂酸钾等）、杀菌剂和防霉剂（琥珀酸铜、苯甲酸钠等）；利用羧酸的碱金属盐易溶于水的特点，医药上常将水溶性差的药物转变成钾或钠盐，以增加其水溶性，如含有羧基的青霉素和氨苄西林水溶性极差，转变成钾或钠盐后水溶性增大，便于临床使用。

2. 脱羧反应 在一定条件下，羧酸及其盐中羧基失去二氧化碳（CO_2）的反应称为脱羧反应

(decarboxylation)。饱和一元酸一般对热稳定，通常不发生脱羧反应，但在强碱存在下受热可能发生脱羧反应。例如，乙酸钠与碱石灰（NaOH—CaO）混合加热就可能失去二氧化碳，生成甲烷和碳酸钠，其反应式为：

$$\mathrm{CH_3COONa \xrightarrow[\triangle]{NaOH-CaO} CH_4 + Na_2CO_3}$$

脂肪酸的α-位上连有吸电子基（如硝基、卤素、酰基、羧基、氰基和碳碳双键等）时，易发生脱羧反应，其反应式为：

$$\mathrm{H_2C{=}CHCH_2COOH \xrightarrow{\triangle} H_2C{=}CHCH_3 + CO_2}$$

3. 羧酸衍生物的生成 羧基中的羟基被其他原子或基团取代后的有机物称为羧酸衍生物，如酰卤、酸酐、酯和酰胺等。

（1）酰卤的生成：羧酸可与三卤化磷、五卤化磷或氯化亚砜等反应，生成酰卤（acyl halide or acid halide），其反应式为：

$$\mathrm{R-\overset{\overset{O}{\|}}{C}-OH + PCl_3 \longrightarrow R-\overset{\overset{O}{\|}}{C}-Cl + H_3PO_3}$$

$$\mathrm{R-\overset{\overset{O}{\|}}{C}-OH + PCl_5 \longrightarrow R-\overset{\overset{O}{\|}}{C}-Cl + POCl_3 + HCl\uparrow}$$

$$\mathrm{R-\overset{\overset{O}{\|}}{C}-OH + SOCl_2 \longrightarrow R-\overset{\overset{O}{\|}}{C}-Cl + HCl\uparrow + SO_2\uparrow}$$

在上述羧基除去羟基后的剩余部分称为酰基（acyl），能提供这种基团的化合物称为酰化试剂（acylating reagent）。酰卤是一类具有高度反应活性的酰化剂，广泛应用于有机合成中。其中氯化亚砜参与的反应，因其副产物都是气体，易提纯，故实验室中常采用此法制备酰氯。

（2）酸酐的生成：羧酸（除甲酸外）在脱水剂（P_2O_5 等）存在下加热，羧基间失水生成酸酐（acid anhydride），其反应式为：

$$\mathrm{R-\overset{\overset{O}{\|}}{C}-OH + HO-\overset{\overset{O}{\|}}{C}-R' \xrightarrow[\triangle]{P_2O_5} R-\overset{\overset{O}{\|}}{C}-O-\overset{\overset{O}{\|}}{C}-R' + H_2O}$$

某些二元羧酸加热可发生分子内脱水，生成较稳定的五元或六元环的酸酐，如邻苯二甲酸酐可由邻苯二甲酸加热得到，其反应式为：

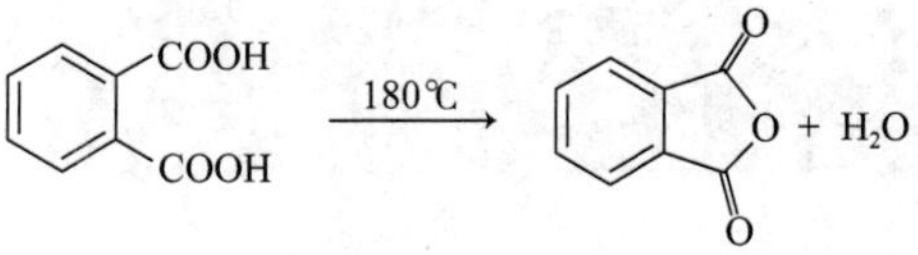

（3）酯化反应：羧酸在强酸（如浓硫酸）的催化下加热，可以与醇反应生成酯（ester）。该反应称为酯化反应（esterification），它是可逆反应，且反应速度很慢，其中强酸的作用是脱水和提高羰基活性。例如：

$$\mathrm{H_3C-\overset{\overset{O}{\|}}{C}-OH + CH_3CH_2OH \underset{回流}{\overset{H_2SO_4(浓)}{\rightleftharpoons}} H_3C-\overset{\overset{O}{\|}}{C}-O-CH_2CH_3 + H_2O}$$

乙酸乙酯

（4）酰胺的生成：羧酸与氨或碳酸铵反应生成羧酸的铵盐。然后将铵盐加热失水而得到酰胺（amide）。例如：

$$\mathrm{RCOOH \xrightarrow{NH_3} RCOONH_4 \xrightarrow[\triangle]{-H_2O} R-\overset{\overset{O}{\|}}{C}-NH_2}$$

酰卤、酸酐和酯进行氨解，都可以得到酰胺。酰胺是一类很重要的化合物，很多药物和化工产品都含有酰胺键“$\overset{\overset{\displaystyle O}{\|}}{—C}—\overset{\displaystyle H}{N}—$”。

4. 脂肪族二元羧酸的脱羧和脱水反应 常见的脂肪族二元羧酸没有支链，均为晶体。熔点比相对分子质量相近的一元羧酸高。在水和乙醇中溶解度较大。由于分子中两个羧基的相互影响，不同碳原子数的二元羧酸受热反应的产物也不同。

（1）脂肪族二元羧酸的脱羧反应：含 2～3 个碳原子的二元羧酸加热后失去二氧化碳，发生脱羧反应（decarboxylation），生成少一个碳原子的一元羧酸。例如：

$$\begin{array}{l}COOH\\ |\\ COOH\end{array} \xrightarrow{160\sim180℃} HCOOH + CO_2\uparrow$$

（2）脂肪族二元羧酸的脱水反应：含 4～5 个碳原子的二元羧酸加热后发生分子内脱水反应生成环状酸酐。例如：

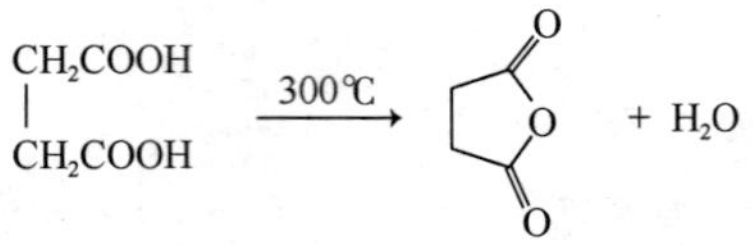

（3）脂肪族二元羧酸的脱羧和脱水反应：含 6～7 个碳原子的二元羧酸加热时，会同时发生分子内脱水和脱羧反应，生成少一个碳原子的环酮。

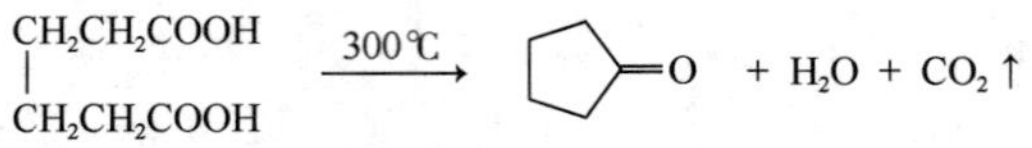

（4）脂肪族二元羧酸分子间的脱水反应：当大于 7 个碳原子的二元羧酸加热时，分子间失水生成高分子的聚酐。

实验室常利用上述反应产物的差异，鉴别不同的二元羧酸。

环境视角　　　　生物可降解材料——聚乳酸

聚乳酸（polylactic acid，PLA）是 20 世纪 90 年代迅速发展起来的，属于新一代可完全生物降解的高分子材料。它是以微生物发酵得到的乳酸为单体，用化学方法聚合而成。PLA 具有优良的生物相容性和可吸收性，无毒、无刺激性，可将其制成农用薄膜、纸代用品、包装薄膜、食品容器、生活垃圾袋以及化妆品的添加成分等。这些产品的最大优点是，无需人工处理，在自然界中的微生物、水、酸、碱等作用下，它们能完全分解成 CO_2 和 H_2O，对环境无污染，可作为环保材料代替传统的聚合物材料。

第二节　取代羧酸

一、羟　基　酸

羟基酸（hydroxy acid）是羧酸分子中烃基氢原子被羟基取代的有机物。它们广泛存在于动植物体内，有些是生物代谢过程中的中间体，如乳酸；有些是合成药物的原料和食品调味剂，如柠檬酸。

1. 羟基酸的分类和命名

（1）羟基酸的分类：根据烃基不同，羟基酸可分为醇酸和酚酸两类：一类是醇酸（alcoholic acid），即羟基连在脂肪烃基上；一类是酚酸（phenolic acid），即羟基直接连在芳环上。按羟基与羧基的相对位置不同，醇酸可分为α-羟基酸、β-羟基酸、γ-羟基酸等。

（2）羟基酸的命名：羟基酸常采用俗名。羟基酸的系统命名多以羧酸为母体，羟基作取代基并且标明位置；酚酸是以脂肪酸为母体，连有酚羟基的芳环多作为取代基。例如：

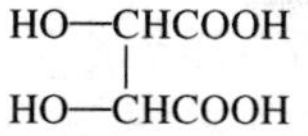
2,3-二羟基丁二酸(酒石酸)

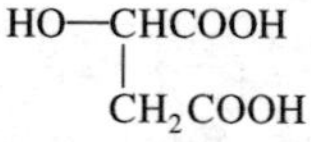
2-羟基丁二酸(苹果酸)

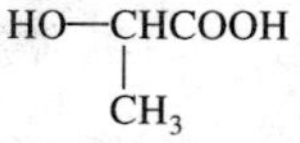
2-羟基丙酸(乳酸)

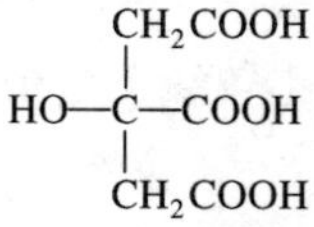
2-羟基丙烷-1,2,3-三甲酸(柠檬酸或枸橼酸)

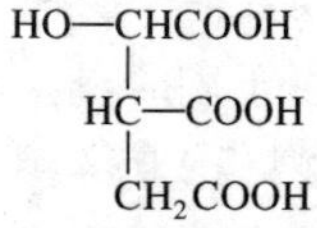
1-羟基丙烷-1,2,3-三甲酸(异柠檬酸)

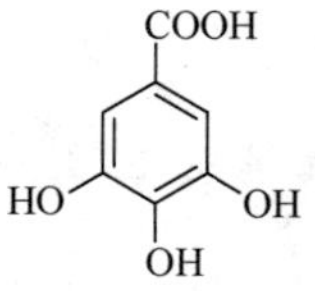
3,4,5-三羟基苯甲酸
(没食子酸)

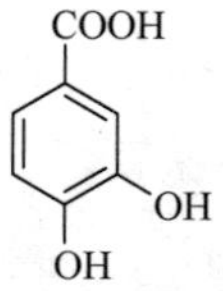
3,4-二羟基苯甲酸
(原儿茶酸)

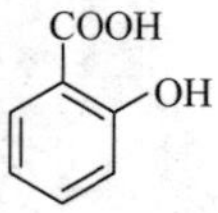
邻羟基苯甲酸
(水杨酸)

2. 羟基酸的物理性质　羟基酸中的醇酸多为黏稠液体或晶体，易溶于水，微溶于石油醚和乙醚，许多醇酸具有旋光性；而酚酸都为晶体，多以盐、酯或糖苷形式存在于植物中，熔点比相应的芳香酸高。酚酸微溶于水，随羟基数目增加水溶性增大。

3. 羟基酸的化学性质　羟基酸中的羧基具有羧酸的通性，而羟基则具有醇或酚的通性。羟基酸中羧基和羟基两个官能团之间的相互影响又产生了一些特殊的性质。

（1）酸性：醇羟基是吸电子基，因此醇酸的酸性比相应的羧酸强。羟基离羧基越近酸性越强。例如：

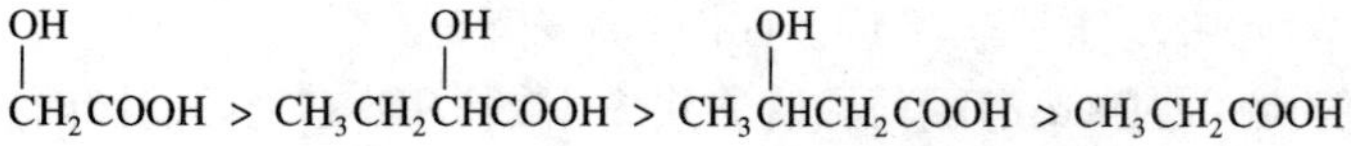

pK_a　3.83　3.89　4.22　4.88

酚酸由于存在诱导效应、共轭效应和邻位效应等影响导致酸性顺序为：

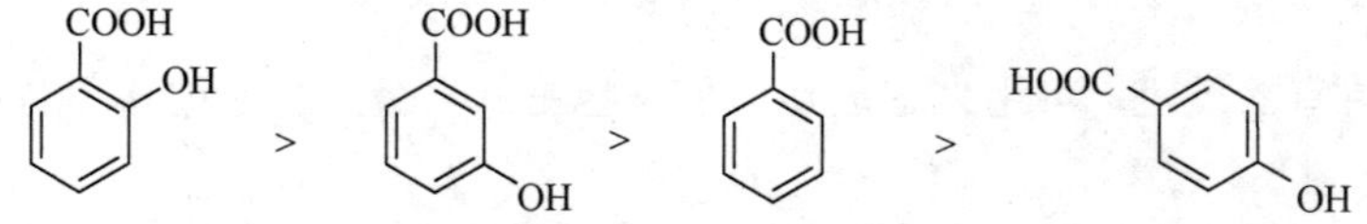

pK_a 3.00　4.12　4.17　4.54

（2）氧化反应：稀硝酸一般不氧化醇，但能将醇酸氧化成醛酸、酮酸或二元酸。与醇中的羟基相比，α-醇酸中的羟基更易被氧化，弱氧化剂即可将其氧化成α-酮酸。生物体内羟基酸的氧化是在酶催化下进行的。例如：

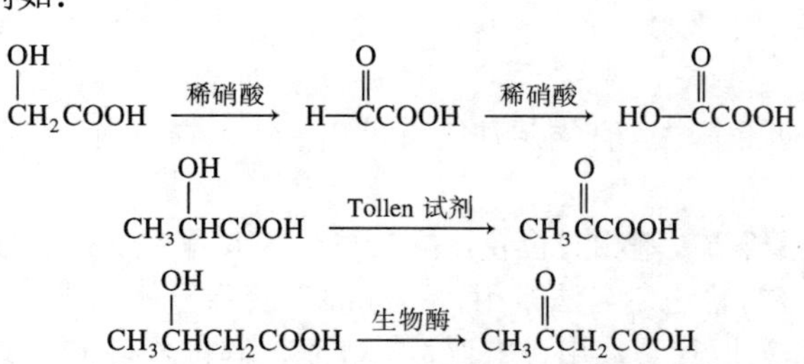

（3）醇酸的脱水反应：醇酸分子中由于两个官能团之间的相互影响，加热时很容易脱水；随

着羟基与羧基相对位置不同，其脱水方式也不同。即当α-醇酸受热时，发生两分子间的交叉脱水反应，生成较稳定六元环状的交酯（lactide），其反应式为：

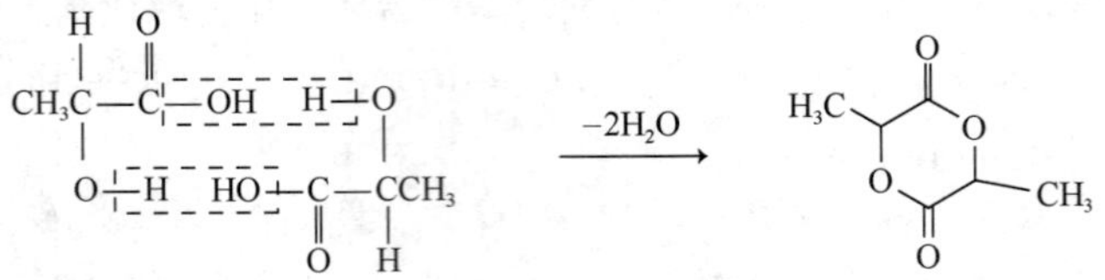

β-醇酸中的α-H，由于同时受羧基和羟基的影响而比较活泼，受热时分子中的羟基与α-H结合脱去水，生成α, β-不饱和羧酸，其反应式为：

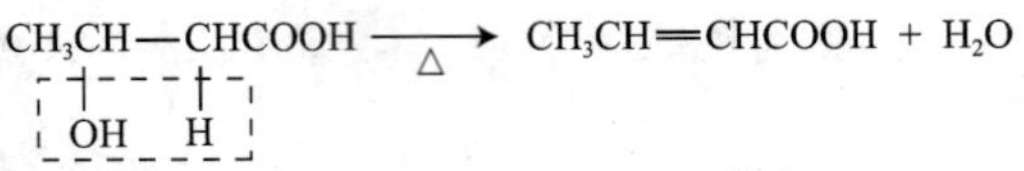

β-羟基丁酸　　丁-2-烯酸

当γ和δ-醇酸受热时，可发生分子内脱水反应，分别形成稳定的五元环和六元环内酯（lactone），其反应式为：

γ-羟基丁酸　　γ-丁内酯(丁-4-内酯)

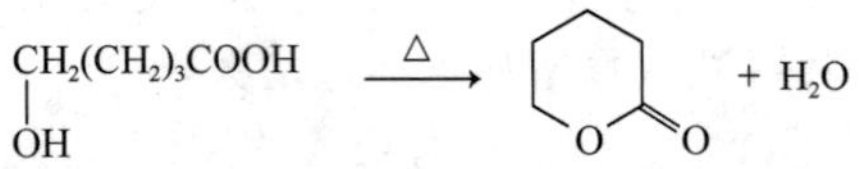

δ-羟基戊酸　　δ-戊内酯(戊-5-内酯)

γ-醇酸比δ-醇酸更易脱水，通常在室温下即可失水，因此游离的γ-醇酸一般不易获得。γ-内酯是中性化合物，遇热的碱溶液能水解成稳定的γ-羟基酸盐。例如，γ-羟基丁酸钠具有麻醉及术后苏醒快等优点，对呼吸功能不全者可做手术中的麻醉剂。

（4）羟基酸的分解反应：α-醇酸与稀硫酸共热，羧基和α-C之间的键断裂，可生成1分子甲酸，其反应式为：

$$\underset{\text{RCHCOOH}}{\overset{\text{OH}}{|}} \xrightarrow[\triangle]{\text{稀 } H_2SO_4} \text{RCHO} + \text{HCOOH}$$

这是α-醇酸特有的反应，可用来鉴定α-醇酸，也是从高级羧酸通过α-氯代酸水解制备降一级高级醛的方法。

羟基在羧基邻、对位的酚酸加热易失去羧基，发生脱酸反应，其反应式为：

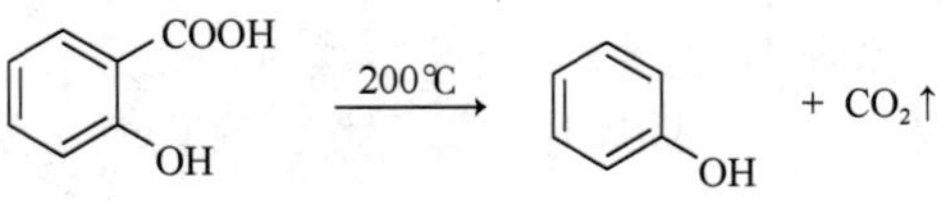

二、酮　　酸

酮酸是指脂肪羧酸的烃基中含有酮羰基的有机物。在生物体内，酮酸可由相应的羟基酸被氧化获得。

1. 酮酸的分类　按羰基与羧基相对位置，酮酸可分为α-酮酸、β-酮酸和γ-酮酸等。

2. 酮酸的命名　酮酸的普通命名法常用“某酮酸”表示母体，或用俗名。酮酸的系统命名法以羧酸为母体，酮羰基作为取代基，用“氧亚基”表示，其位置可用阿拉伯数字或希腊字母表示。例如：

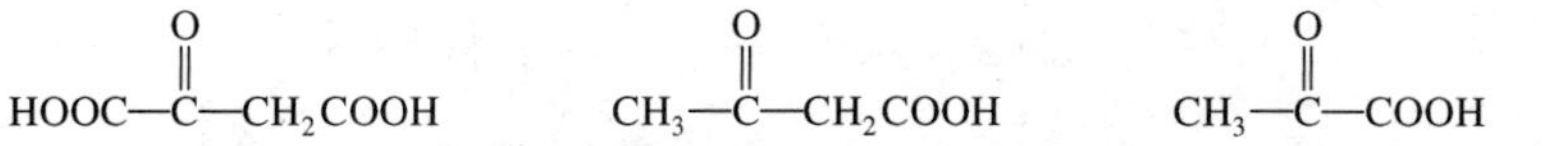

2-氧亚基丁二酸　　3-氧亚基丁酸　　2-氧亚基丙酸

丁酮二酸(草酰乙酸)　　β-丁酮酸(乙酰乙酸)　　丙酮酸

3. 酮酸的化学性质　酮酸分子中含有酮羰基和羧基，因此酮酸除具有酮和酸的通性外，由于两个官能团之间的相互影响，还有一些特殊的化学性质。

（1）酸性：酮羰基的吸电子效应强于羟基，因此酮酸的酸性比相同碳原子的醇酸强，α-酮酸也比 β-酮酸的酸性强，即

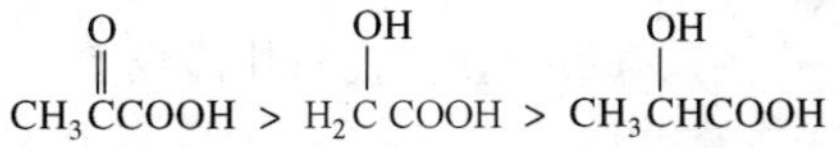

pK_a　2.49　　3.83　　3.87

（2）α-酮酸的反应：因氧原子电负性较强，使酮羰基与羧基碳原子间的电子云密度降低，键能变小而容易断裂，故可以发生分解反应和氧化反应。

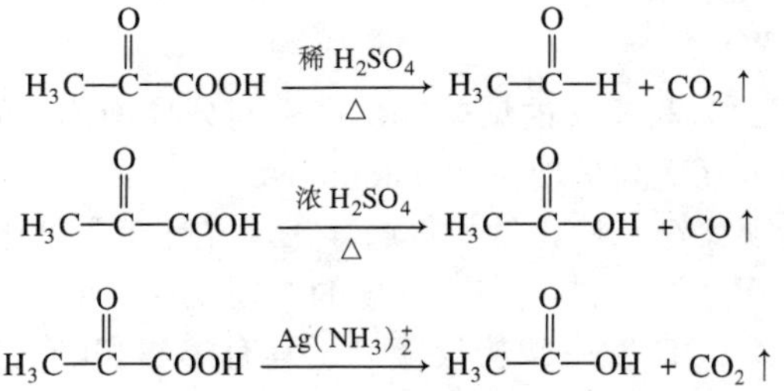

生物体内的丙酮酸在缺氧情况下，发生脱羧反应生成乙醛，然后还原成乙醇。水果开始腐烂或制作发酵饲料时，常常产生酒味就是这个原因。

（3）β-酮酸的分解反应：β-酮酸的典型代表有机物是乙酰乙酸，因其结构的特殊性，在受热或酶催化下很容易酮式分解或酸式分解，这是 β-酮酸的共性。

当 β-酮酸受热时，比 α-酮酸更易发生脱羧反应。因生成的产物为酮，故称为酮式分解，其反应为：

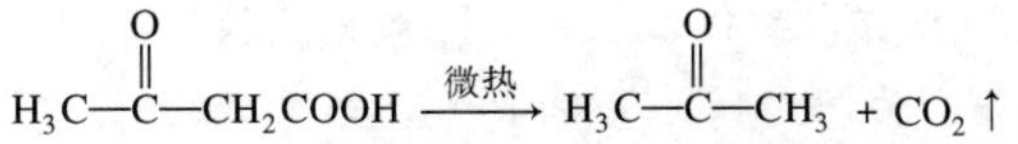

当 β-酮酸与浓碱共热时，则发生 α, β-碳原子间的 σ 键断裂，生成两分子羧酸盐，故称为酸式分解，其反应为：

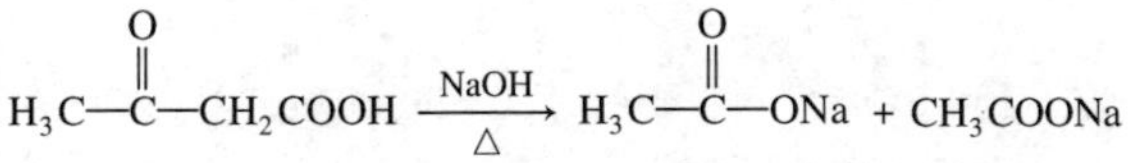

临床视角　　**糖尿病与酮体**

酮体包括乙酰乙酸、β-羟丁酸和丙酮。酮体是脂肪酸在肝分解氧化时特有的中间代谢物，脂肪酸在线粒体中 β-氧化生成的大量乙酰 CoA 除氧化磷酸化提供能量外，也可合成酮体。但肝因缺乏利用酮体的酶，故不能利用酮体。长期饥饿，糖供应不足时，脂肪酸被大量动用，生成乙酰 CoA 氧化供能，但因其不能通过血脑屏障导致脑组织不能利用脂肪酸，而酮体分子小，可溶于水，能通过血脑屏障，故此时肝中酮体的合成增加，再转运至脑为其供能。但在正常情况下，血中酮体含量很少。严重糖尿病患者，葡萄糖得不到有效利用，脂肪酸转化生成大量酮体，超过肝外组织利用的能力，引起血中酮体升高，可致酮症酸中毒。

三、酮式-烯醇式互变异构现象

乙酸乙酯在乙醇钠作用下可生成乙酰乙酸乙酯，其反应为：

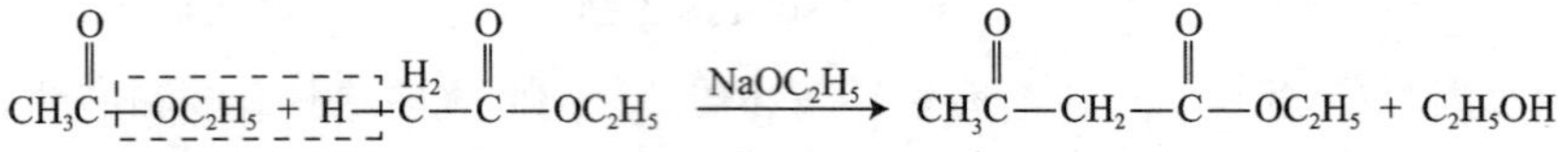

乙酰乙酸乙酯

乙酰乙酸乙酯为无色具有香味的液体，沸点 180℃，溶于乙醇、乙醚等有机溶剂，在水中溶解度为 1.43g/L。在乙酰乙酸乙酯分子中，亚甲基上的氢原子受两个羰基的影响，呈现出弱酸性，并能以质子形式转移一个 H^+ 到羰基氧上，进而重排成烯醇式。该烯醇式不仅增加了共轭体系的范围和程度，而且可通过分子内氢键形成六元螯环，进一步增加了烯醇式的稳定性，其反应为：

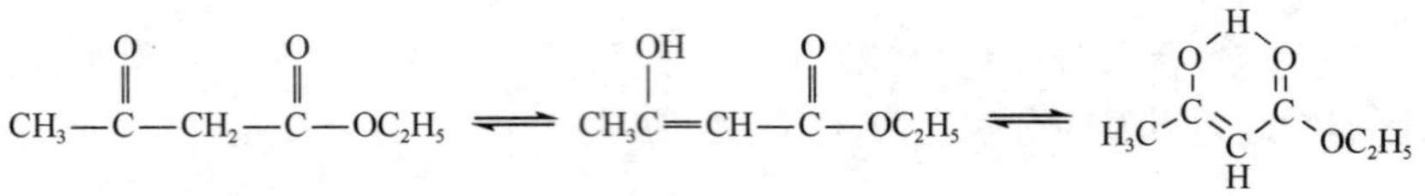

酮式(93%)　　烯醇式(7%)　　螯环

上述乙酰乙酸乙酯（酮式）与相应的烯醇式，由于同分异构体之间的相互转变，并以一定比例呈动态平衡存在的现象称为互变异构现象（tautomerism）。乙酰乙酸乙酯的酮式和烯醇式互称为互变异构体。这种互变异构现象在有机化学中普遍存在，并且在含氮化合物中也经常发生。

因存在互变异构体，乙酰乙酸乙酯具有甲基酮的典型反应，即可与 HCN、$NaHSO_3$ 和氨的衍生物等发生加成反应，与 I_2/NaOH 发生碘仿反应；又具有烯醇和酯的典型反应，即可与 $FeCl_3$ 呈颜色反应，使溴水褪色；与金属钠反应放出 H_2；酸碱催化可以水解成乙酰乙酸和乙醇，这是实验室制备乙酰乙酸的方法。

临床视角　　医药中的取代羧酸

1. 乳酸　乳酸有消毒防腐的作用，乳酸钙可作为人体补钙剂，乳酸钠可用作人体酸中毒的解毒剂。

2. 枸橼酸　在医学上将枸橼酸钠用作抗血凝剂，枸橼酸铁铵 $[(NH_4)_3Fe(C_6H_5O_7)_2]$ 用作补铁剂。

3. 乙酰水杨酸　其商品名为阿司匹林（aspirin），结构式为：

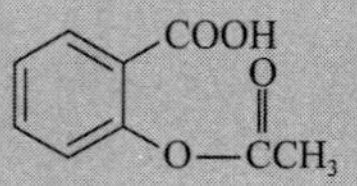

常用作解热镇痛药物。阿司匹林、非那西丁（phenacetin）与咖啡因（caffeine）三者配伍的制剂称为复方阿司匹林，常用“APC”表示。

阿司匹林对胃有一定的刺激性，故目前常使用肠溶性阿司匹林。近年报道，成人每日服低剂量的肠溶性阿司匹林，可降低因急性心肌梗死、冠状动脉血栓患者的死亡率。还有报道，成人每日口服一定量的阿司匹林可降低结肠癌患者约 50% 的死亡率。

4. 对-氨基水杨酸　简称为“PAS”，化学名为 4-氨基-2-羟基苯甲酸。结构式为：

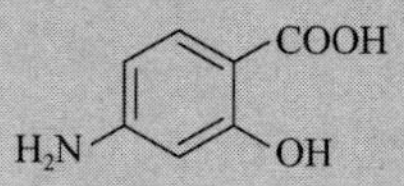

PAS 对结核杆菌有抑制作用，但易产生耐药性，常与链霉素或异烟肼合用，以增强疗效。将 PAS 制成钠盐（PAS-Na）后，其水溶性和刺激性都可得到改善，故一般将 PAS-Na 制成针剂使用，但其水溶液的稳定性较差，易变色而影响其质量和疗效，因此应在使用前临时配制。

本章小结

1. 脱羧反应

$$CH_3COONa \xrightarrow[\triangle]{NaOH-CaO} CH_4 + Na_2CO_3$$

2. 酰卤的生成

$$R-\overset{O}{\overset{\|}{C}}-OH + PCl_3 \longrightarrow R-\overset{O}{\overset{\|}{C}}-Cl + H_3PO_3$$

$$R-\overset{O}{\overset{\|}{C}}-OH + PCl_5 \longrightarrow R-\overset{O}{\overset{\|}{C}}-Cl + POCl_3 + HCl\uparrow$$

$$R-\overset{O}{\overset{\|}{C}}-OH + SOCl_2 \longrightarrow R-\overset{O}{\overset{\|}{C}}-Cl + HCl\uparrow + SO_2\uparrow$$

3. 酸酐的生成

$$R-\overset{O}{\overset{\|}{C}}-OH + HO-\overset{O}{\overset{\|}{C}}-R' \xrightarrow[\triangle]{P_2O_5} R-\overset{O}{\overset{\|}{C}}-O-\overset{O}{\overset{\|}{C}}-R' + H_2O$$

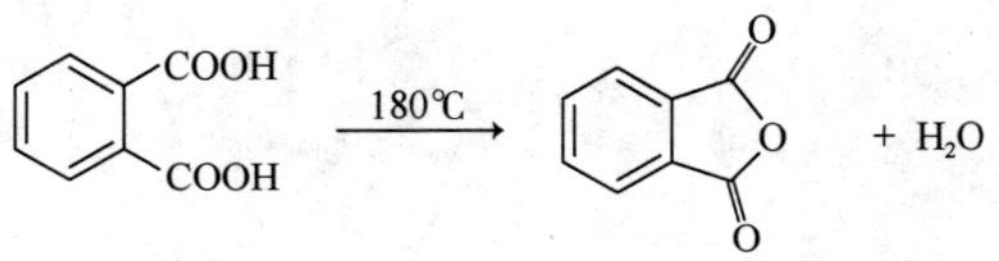

4. 酯化反应

$$H_3C-\overset{O}{\overset{\|}{C}}-OH + CH_3CH_2OH \underset{回流}{\overset{H_2SO_4(浓)}{\rightleftharpoons}} H_3C-\overset{O}{\overset{\|}{C}}-O-CH_2CH_3 + H_2O$$

乙酸乙酯

5. 酰胺的生成

$$RCOOH \xrightarrow{NH_3} RCOONH_4 \xrightarrow[\triangle]{-H_2O} R-\overset{O}{\overset{\|}{C}}-NH_2$$

6. 脂肪族二元羧酸的脱羧和脱水反应

$$\begin{matrix}COOH\\|\\COOH\end{matrix} \xrightarrow{160\sim180℃} HCOOH + CO_2\uparrow$$

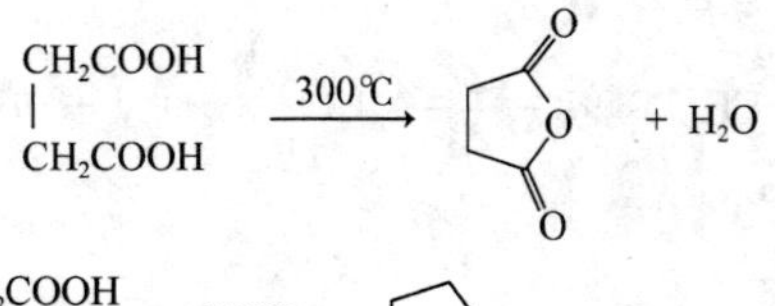

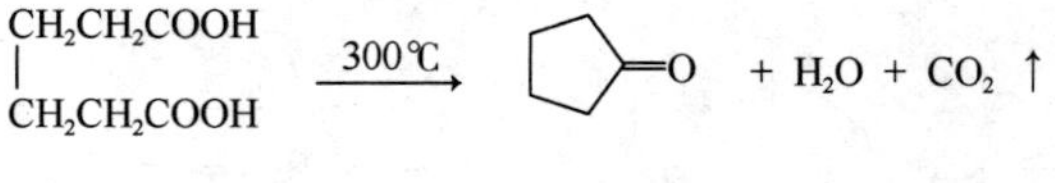

7. 氧化反应

$$\overset{OH}{\overset{|}{C}H_2}COOH \xrightarrow{稀硝酸} H-\overset{O}{\overset{\|}{C}}COOH \xrightarrow{稀硝酸} HO-\overset{O}{\overset{\|}{C}}COOH$$

$$CH_3\overset{OH}{\overset{|}{C}H}COOH \xrightarrow{Tollen\ 试剂} CH_3\overset{O}{\overset{\|}{C}}COOH$$

$$CH_3\overset{OH}{\overset{|}{C}H}CH_2COOH \xrightarrow{生物酶} CH_3\overset{O}{\overset{\|}{C}}CH_2COOH$$

8. α-醇酸的脱水反应

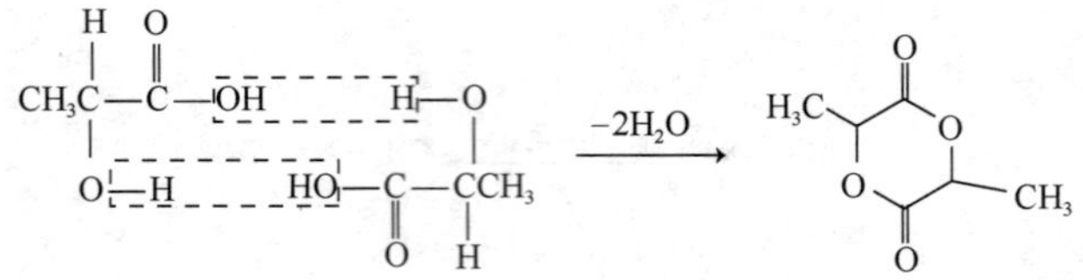

9. β-醇酸的脱水反应

$$CH_3\underset{OH}{CH}-\underset{H}{CH}COOH \xrightarrow{\triangle} CH_3CH=CHCOOH + H_2O$$

β-羟基丁酸　　丁-2-烯酸

10. γ 和 δ-醇酸的反应

γ-羟基丁酸　　γ-丁内酯(丁-4-内酯)

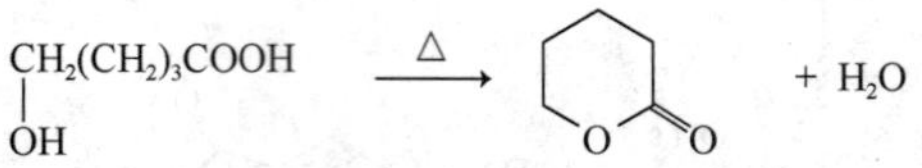

δ-羟基戊酸　　δ-戊内酯(戊-5-内酯)

11. α-酮酸的反应

$$H_3C-\overset{O}{\overset{\|}{C}}-COOH \xrightarrow[\triangle]{稀\ H_2SO_4} H_3C-\overset{O}{\overset{\|}{C}}-H + CO_2\uparrow$$

$$H_3C-\overset{O}{\overset{\|}{C}}-COOH \xrightarrow[\triangle]{浓\ H_2SO_4} H_3C-\overset{O}{\overset{\|}{C}}-OH + CO\uparrow$$

$$H_3C-\overset{O}{\overset{\|}{C}}-COOH \xrightarrow{Ag(NH_3)_2^+} H_3C-\overset{O}{\overset{\|}{C}}-OH + CO_2\uparrow$$

12. β-酮酸的酮式分解

$$H_3C-\overset{O}{\overset{\|}{C}}-CH_2COOH \xrightarrow{微热} H_3C-\overset{O}{\overset{\|}{C}}-CH_3 + CO_2\uparrow$$

13. β-酮酸的酸式分解

$$H_3C-\overset{O}{\overset{\|}{C}}-CH_2COOH \xrightarrow[\triangle]{NaOH} H_3C-\overset{O}{\overset{\|}{C}}-ONa + CH_3COONa$$

14. 酮式-烯醇式互变异构现象

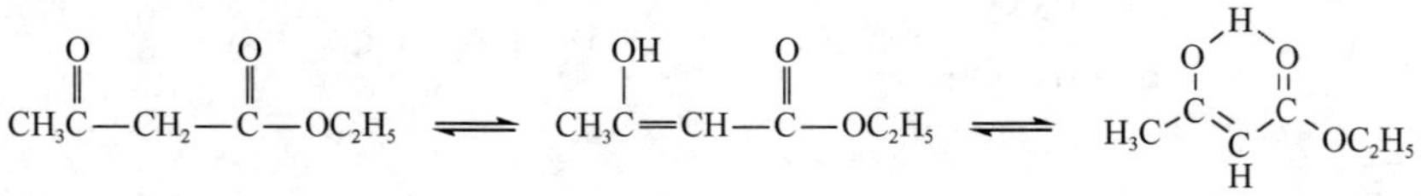

酮式(93%)　　烯醇式(7%)　　螯环

关　键　词

羧基、羧酸、取代羧酸、羟基酸、酮酸、脱羧反应、酰卤、酸酐、酯、酰胺、酰基、酰化试剂、酐键、酯化反应、酰胺键、醇酸、酚酸、内酯、交酯、酮式分解、酸式分解、酮体、互变异构现象。

问题与练习

一、命名下列化合物

1. $CH_3(CH_2)_{16}COOH$
2. $CH_3CH{=}CHCOOH$
3. $CH_3CH(OH)COOH$
4. 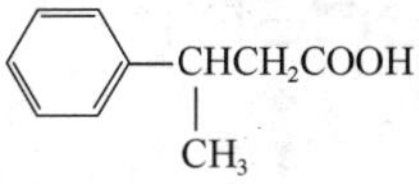
5. 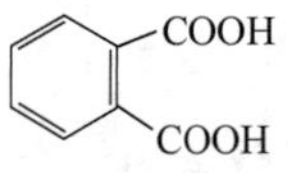
6. 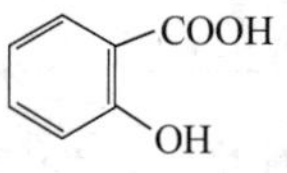
7. $\underset{\displaystyle CH_2COOH}{\overset{\displaystyle CH_2COOH}{|}}$
8. $CH_3-\overset{O}{\overset{\|}{C}}-CH_2COOH$
9. $HOOC-\overset{O}{\overset{\|}{C}}-CH_2COOH$

二、写出下列各化合物的结构式

1. 酪酸　　2. 巴豆酸
3. 草酸　　4. 琥珀酸
5. 安息香酸　　6. 酒石酸
7. 苹果酸　　8. 柠檬酸
9. 没食子酸　　10. 乙酸乙酯

三、用简单的化学方法鉴别下列各组化合物

1. 乙醇、乙醛、乙酸
2. 草酸、戊二酸
3. 乙酸乙酯、乙酰乙酸乙酯、乙酰丁酸乙酯

四、将下列各组化合物按酸性增强的顺序排列

1. 甲酸、乙酸、丙酸、苯甲酸
2. 乙醇、乙酸、乙二酸
3. 碳酸、苯酚、苯甲酸

五、写出下列反应的主要产物

1. 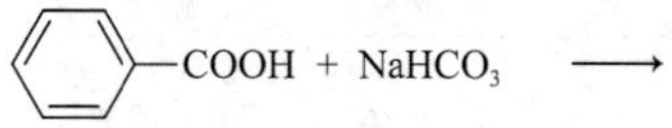
2. $H_3C-\overset{O}{\overset{\|}{C}}-OH + SOCl_2 \longrightarrow$
3. 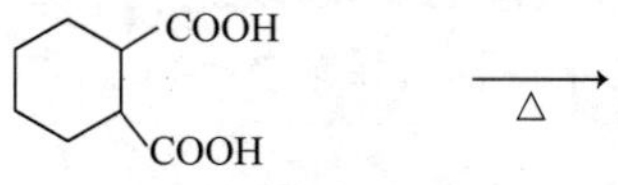
4. $H_3C-\overset{O}{\overset{\|}{C}}-OH + CH_3CH_2OH \xrightleftharpoons[\text{回流}]{H_2SO_4(\text{浓})}$
5. $CH_3CH(OH)CH_2COOH \xrightarrow{\triangle}$
6. $CH_3\overset{C}{\overset{\|}{C}}-\underset{CH_3}{\underset{|}{CH}}-\overset{O}{\overset{\|}{C}}-OC_2H_5 \xrightarrow{I_2/NaOH}$
7. $CH_3CH_2COCH_2COOH \xrightarrow[\triangle]{NaOH}$
8. $H_3C-\overset{O}{\overset{\|}{C}}-CH_2COOH \xrightarrow{\text{微热}}$

思　考　题

1. 为什么顺-丁烯二酸第一羧基解离常数大于反-丁烯二酸，而第二羧基解离常数反-丁烯二酸大于顺-丁烯二酸？

2. 酮体的主要成分是什么？检测酮体方法有哪些？

（胡雪原）

第十五章　对映异构

(enantiomerism)

学习目标

1. 掌握： 手性、手性分子、手性碳原子、对映体、非对映体、外消旋体和内消旋体的概念；对映异构体命名方法（*R/S*、*D/L* 构型命名法）。

2. 熟悉： 费歇尔投影式和透视式表示立体异构体的方法。

3. 了解： 旋光异构体的性质及其在医学上的重要意义。

有机化合物结构复杂、种类繁多、数量巨大，一个重要的原因是有机化合物中普遍存在着异构现象。到目前为止，已经学习了构造异构和立体异构中的顺反异构和构象异构，本章将学习立体异构中的对映异构（enantiomerism）。对映异构体是指分子式、构造式相同，构型不同的有机物，它们是互呈镜像对映关系的立体异构现象。

一、对映异构现象

产生对映异构现象的结构依据是手性（chirality）。什么叫手性呢？人们都有这样的感受，当你将一只左手套戴在右手上就会觉得很不舒服。这种体验就揭示了左手与右手看似相同，但实际上是不同（即不能重叠），左手与右手之间的这种现象互为实物与镜像的关系。左手与右手二者之间相互对映而不能重叠的现象称为手性（图 15-1）。日常生活中有许多这种现象的手性物，例如，海螺、剪刀、螺丝钉等都是手性物。

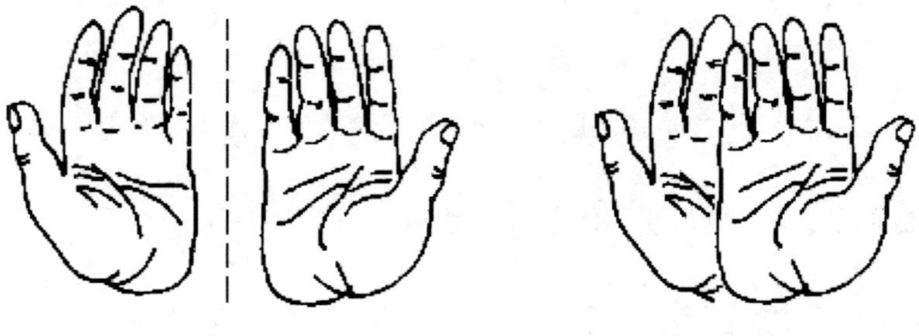

图 15-1　左手、右手的关系及其重叠示意图

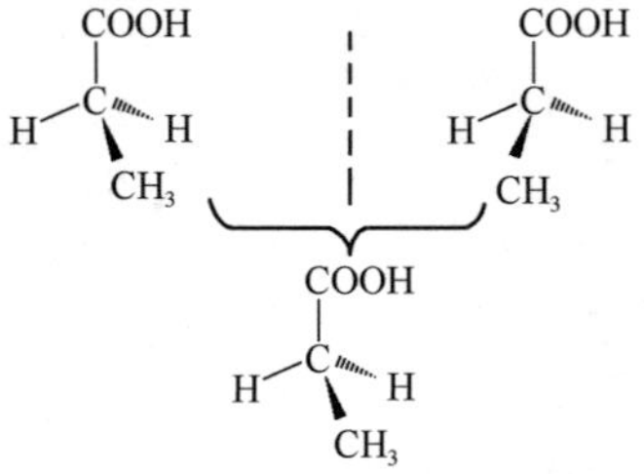

图 15-2　丙酸的物像关系示意图

有机物和实物一样，有的有机分子与其镜像能完全相互重合，即一个分子中的任何一个原子或基团、化学键都能与其镜像的相同部位重合，而有的则不能完全相互重合。例如，图 15-2 中的两个丙酸分子模型，他们互为实物和镜像关系，也可以说，它们具有对映关系。但是当将丙酸两个分子中连有羧基的碳原子相互重叠，然后再将连在碳原子上的任何两对基团（图中为羧基和甲基）重叠时，那么剩下的两个基团（图中为氢原子）一定也是重合的，所以这两个分子模型代表同一化合物。

而对于图 15-3 中的两个乳酸分子模型而言，当将两个模型的羧基和羟基分别重叠时，剩下的并不能重合，它们具有互为镜像而不能重叠的关系，因此，属于两种不同的化合物。像这种具有对映关系而不能重叠一对化合物，彼此互称为对映异构体（enantiomers），简称对映体。不能与其镜像重合的分子称为手性分子。

为什么乳酸存在一对对映体？仔细观察一下图 15-3 的两个乳酸分子的结构，可发现分子中有一个碳原子（C-2）所连的四个基团（—COOH、—OH、$—CH_3$、—H）均不相同。凡是连有四个不同的原子或基团的碳原子称为手性碳原子（chiral carbon atom），也可称为手性中心，用“C^*”表示。含有一个手性碳原子的化合物就有一对对映体。

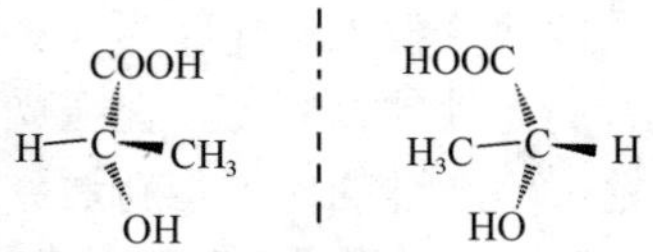

图 15-3 乳酸分子与其镜像关系示意图

二、对映异构体的光学活性及其测定

（一）平面偏振光和旋光性

光波是一种电磁波，光振动方向与前进的方向垂直。普通光在垂直于它的传播方向的各个不同的平面上振动。当普通光通过尼科耳（Nicol）棱镜时，一部分光线被阻挡，只有振动方向与棱镜晶轴平行的光线才能通过。这种只在一个平面上振动的光叫做平面偏振光（plane-polarized light），简称偏振光。如图 15-4 所示。

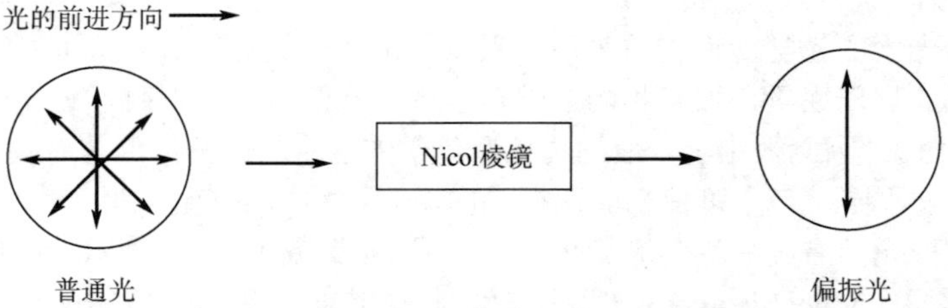

图 15-4 平面偏振光的形成示意图

当平面偏振光通过一些物质，如水、乙醇等时，这些物质对偏振光的振动平面不发生任何影响；而有些物质，如葡萄糖、酒石酸等能使通过的平面偏振光振动平面旋转一定的角度。这种能使平面偏振光振动平面发生旋转的性质称为旋光性（optical activity）或光学活性，具有这种性质的物质称为旋光性物质或光学活性物质（optically active substance）。

（二）旋光仪、旋光度和比旋光度

化合物的旋光性通常用旋光仪进行测定，旋光仪的基本结构如图 15-5 所示。

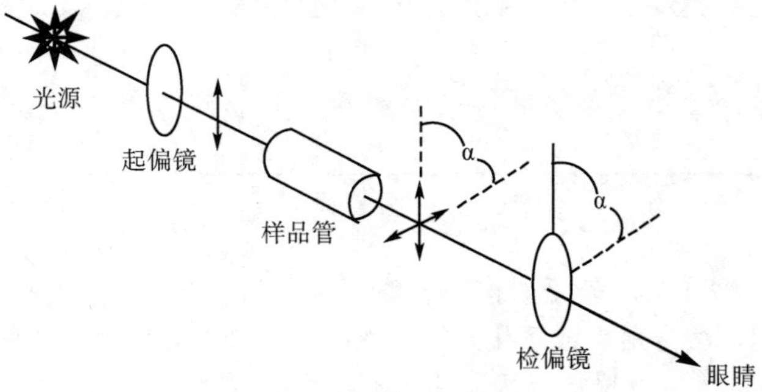

图 15-5 旋光仪示意图

它由一个光源和两个棱镜组成。在两个棱镜中间有一个盛放样品的旋光管。第一个棱镜叫起偏镜，是固定不动的，用以把光源投射来的光转变为偏振光。第二个棱镜叫检偏镜，与刻度盘相连，可以转动，以便测定被测物质对偏振光偏振面旋转的角度及方向。

测定时，先调节两个棱镜的镜轴，使其相互平行，从目镜中可观察到最大的光亮。把被测样品的溶液放入旋光管中，如果被测物质不影响光亮，则此物质是无旋光性的。当在旋光管中放入有旋光性的物质时，偏振光会改变方向，使通过检偏镜的光量减少，光线变暗。这时可旋转检偏镜，使透过的光亮重新达到最大。同时刻度盘上会标明旋转度数，也就是这种物质的旋光度，用 α 表示，刻度盘顺时针旋转为右旋（dextrorotation），用“*d*”或“(+)”表示；逆时针旋转为左旋（levorotation），用“*l*”或“(-)”表示。

对某一化合物来讲，实验测得的旋光度不是固定的，因为旋光度的大小与方向除了与分子的结构有关外，还与测定时溶液的浓度、盛液管的长度、温度、溶剂和测定波长等因素有关。因此，为了比较不同物质旋光性能大小，常用比旋光度（specific rotatory power）来表示。比旋光度是指在一定温度 t、波长 λ 下，旋光性物质浓度为 1g/cm^3，在 1dm 长的旋光管中测得的旋光度，用 $[\alpha]$ 表示，在其他长度的旋光管和不同浓度下测得的旋光度，可按下式换算成比旋光度：

$$[\alpha]_D^{20}=\frac{\alpha}{l(\mathrm{dm})\times c(\mathrm{g/cm^3})}$$

式中，$[\alpha]_D^{20}$ 中 20 表示温度，单位为℃；D 为钠光（589nm）；l 为盛液管长；c 为纯液体的密度或溶液的浓度；在 $[\alpha]_D^{20}$ 值之后常需注明溶剂或浓度，例如，左旋乳酸在水溶液中的比旋光度为 -3.8°，可表示为 $[\alpha]_D^{20}$=-3.8°（水）。

对于已知比旋光度的光学活性物质来说，根据已测得的旋光度，可判断其光学纯度。一对对映体通常具有相同的物理性质，如有相同的熔点、沸点、溶解度等；化学性质也基本相同（当不涉及立体化学问题时），因此很难用一般的物理及化学方法将其区分，但是对映体的溶液对平面偏振光振动平面的影响不同；一个可使平面偏振光向左旋，称为左旋体，用符号“*l*”或（-）表示；另一个可使平面偏振光向右旋，称为右旋体，用符号“*d*”或为（+）表示，因此对映异构也称为旋光异构或光学异构（optical isomerism）。一对对映体其向左和向右旋转的角度基本相同。当这两个对映体等量混合后，不难想象由于比旋光度值相等，旋光方向相反，刚好相互抵消，使此混合物无光学活性，这种等量混合物叫外消旋体（racemic mixtures），可用“*dl*”或（±）表示。虽然对映体的物理性质一般相同，但外消旋体的物理性质如熔点、溶解度等与单一对映体性质常常是不相同的。例如，乳酸的一些物理性质见表 15-1。把手性、对映异构和旋光活性联系起来，可知：实物与镜像不能重合，物质具有手性，有对映异构现象，具有光学活性；反之，实物与镜像能重合，此物质是非手性的，无对映体，无旋光活性。

表 15-1 乳酸的一些物理性质表

名称	m.p.（℃）	$[\alpha]_D^{20}$（水）	pK_a^0	溶解度（g/100g 水）
(+)-乳酸	53	+3.8	3.76	∞
(-)-乳酸	53	-3.8	3.76	∞
(±)-乳酸	18	0	3.73	∞

三、对映异构体的表示法

对映异构体属于构型异构，分子的构型一般用费歇尔（Fischer）投影式来表示，其规则为：投影时将主链竖向排列，编号最小或氧化态较高的碳原子放在顶端，以手性碳原子为中心，使竖键上相连的原子或原子团朝后，横键上相连的原子或原子团朝前，即按“横前竖后”的原则投影，手性碳原子则处于两条垂直交叉直线的交点，省略不写出。例如，可将一种乳酸的立体结构用 Fischer 投影式表示为：

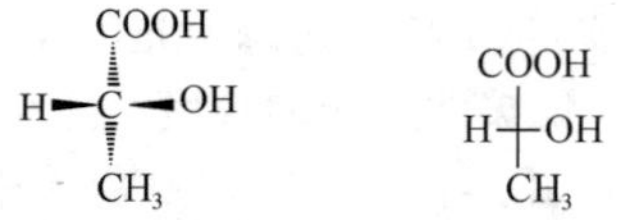

乳酸的立体结构　　乳酸的Fischer投影式

为了在命名时能反映出化合物在构型上的差异，可以用 *D*、*L*-构型标记法（又称为相对构型）及 *R*、*S*-构型标记法（又称绝对构型）命名。

1. *D*、*L*-构型标记法 本方法是选用含一个手性碳原子的旋光性物质甘油醛为标准，人为地规定在甘油醛的两种立体构型的 Fischer 投影式中，其碳链处于竖直方向，氧化态高的碳原子在上方，当手性碳原子上的羟基在右边，定为 *D*-构型；在左边的，定为 *L*-构型。

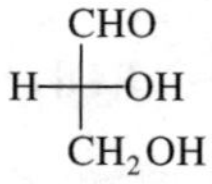

D-(+)-甘油醛

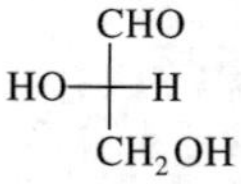

L-(−)-甘油醛

其他旋光性物质的构型，可通过化学反应与甘油醛联系起来加以确定。例如，乳酸的一对对映体用 *D*、*L*-法标记为：

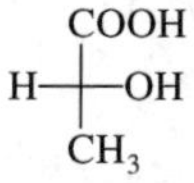

D-(−)-乳酸

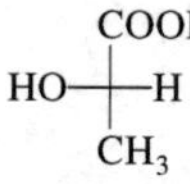

L-(+)-乳酸

D、*L*-标记法有其局限性，一般适用于与甘油醛结构类似的化合物。一般在糖类、氨基酸类等化合物中仍沿用，但在其他旋光性物质如药物或环状化合物中就不适用了。目前，广泛采用 *R*、*S*-构型标记法。

2. *R*、*S*-构型标记法 本方法根据旋光性化合物的实际构型即绝对构型或 Fischer 投影式直接确定手性碳原子的构型。首先，根据“次序规则”将与手性碳原子相连的四个原子或原子团排序，较优先基团在前，如 a＞b＞c＞d。其次，把最小的（d）放在观察者的对面，其余三个基团指向观察者，沿着 d 的方向看去，如 a → b → c 是按顺时针方向排列，则构型为 *R*（拉丁文 Rectus，右的意思）；如 a → b → c 是按逆时针方向排列，则构型为 *S*（拉丁文 Sinister，左的意思）。

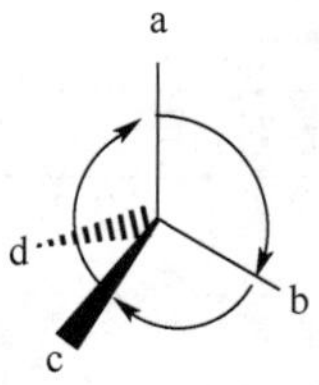

R-构型

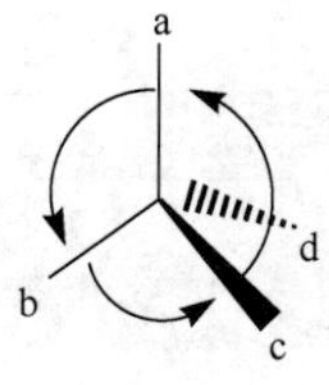

S-构型

例如，乳酸的基团优先顺序为：OH＞COOH＞CH_3＞H，可用 *R*、*S*-标记法直接标记如下：

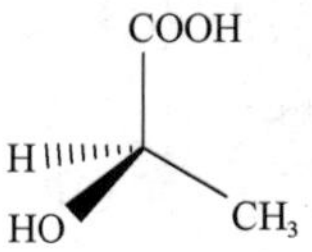

R-(−)-乳酸

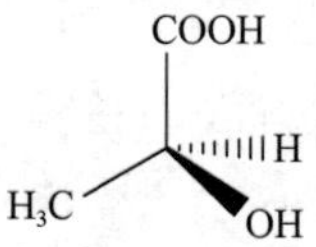

S-(+)-乳酸

再如，抗生素氯霉素，含有两个手性碳原子，其四个光学异构体的结构如下：

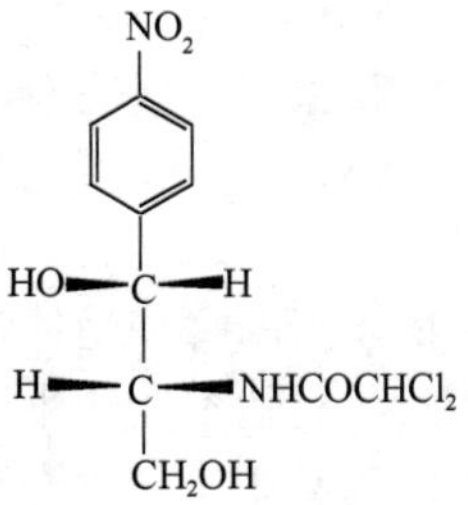

1*R*,2*R* (−)

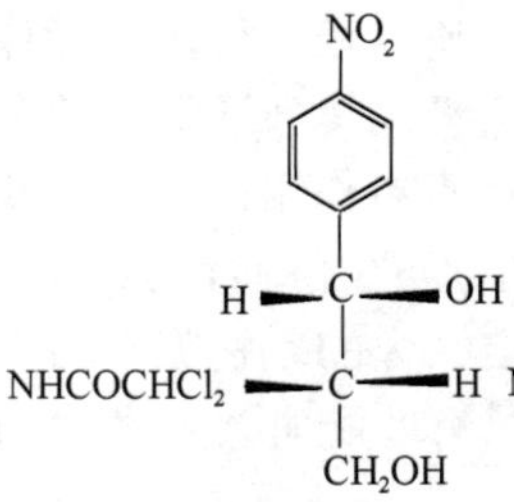

1*S*, 2*S* (+)

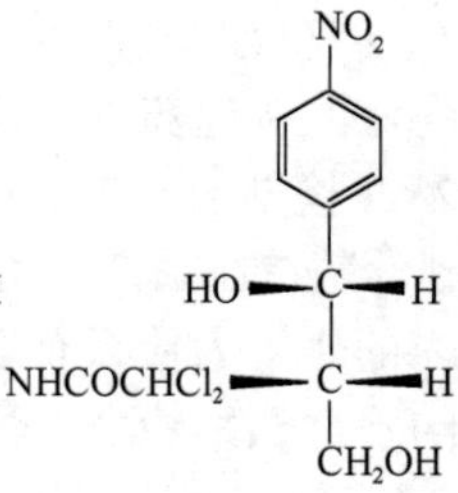

1*R*,2*S* (+)

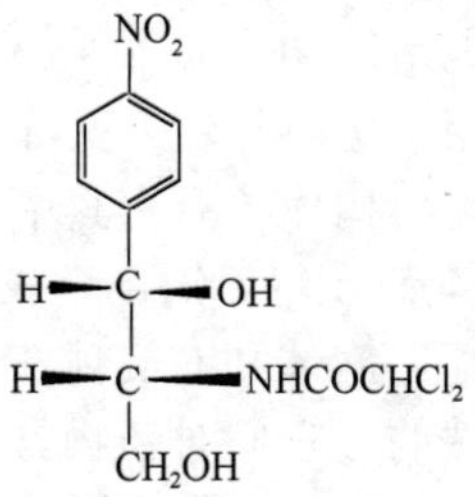

1*S*,2*R* (−)

其中，仅 1*R*, 2*R*（−）氯霉素有抗菌活性，为临床使用。

四、含两个手性碳原子的对映异构体

我们已经知道含有一个手性碳原子的化合物只存在着两个光学异构体，即一对对映体。分子中有两个手性碳原子，最多可产生四个立体异构，当有 *n* 个手性碳原子时，则对映异构体最多的数目是 2^n 个。

酒石酸的分子式为 $C_4H_6O_6$，其结构为：HOOC—CH(OH)—CH(OH)—COOH，由于分子中含有两个手性碳原子，就应有四个光学异构体。

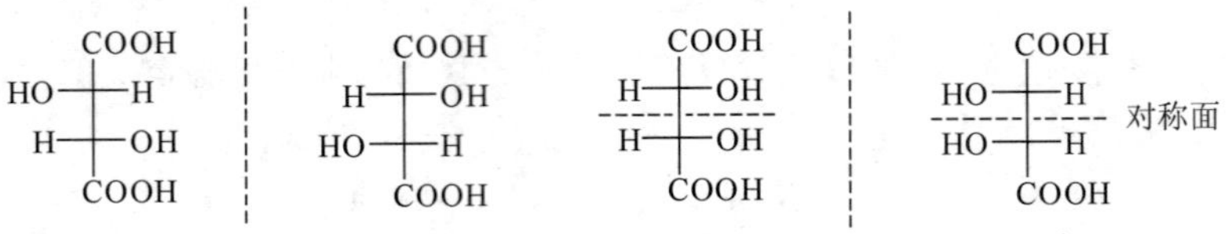

1　　2　　3　　4

1 和 2 互为镜像关系，二者不能重合，它们是一对对映体。3 和 4 也互为镜像关系，但能重合，它们是同一种物质，这是由于 3 和 4 分子中有一对称面，因此虽然分子中有手性碳原子，但分子无手性，即没有旋光性。这种化合物叫内消旋化合物（meso compound），这是由于分子中一部分引起的旋光被作为镜像的另一部分抵消所致，实际上酒石酸就只有三个立体异构体。

1 与 3 和 4 或 2 与 3 和 4 也不重合，它们是立体异构，但不是镜像关系，这种不是镜像关系的立体异构称为非对映异构（diastereoisomers），非对映异构体具有不同的物理性质，利用性质上的差异，可以把对映异构体转变为非对映异构体进行分离。

内消旋体和外消旋体虽然都不具有旋光性，但它们有着本质的不同：内消旋体是一种纯物质，不能拆分得到对映体；外消旋体是由两种等量的旋光度相同、旋光方向相反的对映体组成的混合物，经分离可得到单一对映体。几种酒石酸的物理性质见表 15-2。

表 15-2　几种酒石酸的物理性质表

酒石酸	m.p.（℃）	$[\alpha]_D^{20}$（水）	溶解度（g/100g 水）
（+）	170	+12	147.0
(−)	170	−12	147.0
meso	140	0	125.0
（±）	206	0	20.6

五、对映异构体生理作用的差异

对映异构体，在物理性质方面，一般条件下除旋光方向相反外，其旋光度、熔点、沸点、溶解度等都相同；在化学性质方面，一般条件下化学反应几乎相同。但在生理作用方面，对映异构体由于在立体结构上的差异，对生物活性一般存在很大差异。例如，除草剂 Metolachlor，其左旋体具有非常高的除草性能，而右旋体不仅没有除草作用，而且具有致突变作用。每年有 2000 多万吨 Metolachlor 投放市场，其中 1000 多万吨右旋体是环境污染物。Metolachlor 自 1997 年起以单旋体上市，10 年间少向环境投放约 1 亿吨化学废物。研究还发现，单旋体手性材料可以作为隐形材料用于军事领域。又如，治疗伤寒的首选药物氯霉素，其分子中有两个手性碳原子，就应有四个立体异构体，只有其中（1*R*、2*R*）构型的左旋氯霉素有作用，而其对映体（1*S*、2*S*）构型的右旋氯霉素无治疗作用，并且还抑制骨髓造血系统，引起再生障碍性贫血。

左旋体和右旋体在生物体内的作用为什么有这么大的差别呢？由于生物体内的酶和受体都是手性的，它们对药物具有精确的手性识别能力，只有匹配时才能发挥药效，误配就不能产生预期药效。正如“一把钥匙开一把锁！”。在药物发展史上，以消旋体形式上市的药品中，产生影响最大的就是著名的“反应停事件”。反应停（thalidomide），又名沙利度胺，分子中含有一个手性碳原子，最早于 1956 年在原西德以外消旋体的形成上市，主要治疗妊娠呕吐反应。临床疗效十分明显，迅速被欧洲、亚洲（以日本为主）、北美洲、拉丁美洲的 17 个国家广泛使用。到 1960 年左右，上述国家突然发现许多新生儿的上肢、下肢特别短小，甚至没有臂部和腿部，手脚直接连在身体上，其形状酷似“海豹”，部分新生儿还伴有心脏和消化道畸形、多发性神经炎等。大量的流行病学调查和动物实验证明，“海豹肢畸形”是由于患儿的母亲在妊娠期间服用沙利度胺所引起。尽管造成这一事件的原因非常复杂，但正是这起事件促使药品审核部门加强了药品上市审核制度，特别是具有手性的药品。

目前，虽然许多国家的药物审批部门仍然允许以外消旋体形式申请新药上市，但要求分离其对映异构体，分别进行毒理、药理实验。1992 年美国 FDA 已经规定，一种新的手性药物在上市之前必须分别对左旋体、右旋体进行药效和毒性试验，否则不允许上市。2006 年 1 月中国 SFDA 也出台了内容与 FDA 一致的《手性药物药学技术指导》草案。因此，可以预见，以单一光学异构体形式上市将是药物的发展趋势。

关 键 词

手性、手性分子、手性碳原子、旋光性、对映异构体、非对映体、外消旋体、内消旋体。

问题与练习

一、解释下列名词

1. 旋光性　　2. 比旋光度
3. 对映异构体　　4. 非对映异构体
5. 外消旋体　　6. 内消旋体

二、试写出（2*S*, 3*S*）-2, 3-二羟基丁二酸的 Fischer 投影式

三、用“*”标出下列分子的手性碳原子

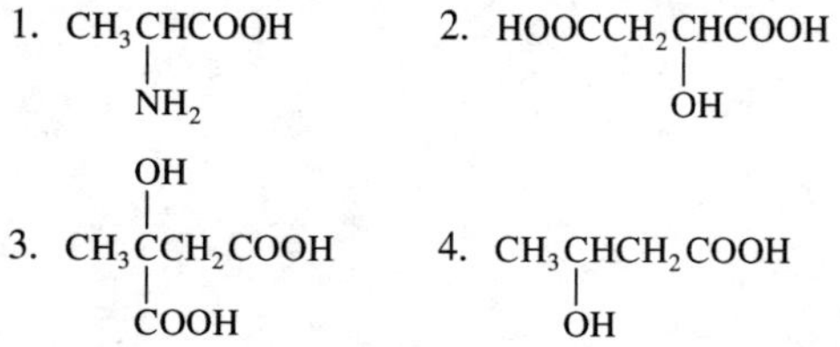

四、用 *R*、*S*-构型标记法标记下列分子构型

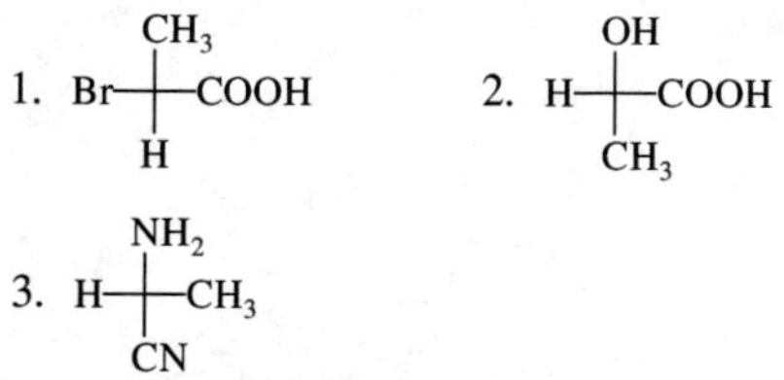

五、指出下面构型式是 *R* 或 *S*

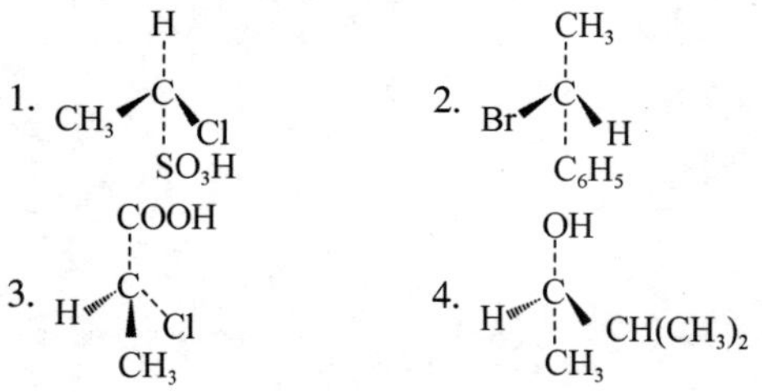

六、下列化合物的构型式中哪些是相同的？哪些是对映体？哪些是内消旋体？

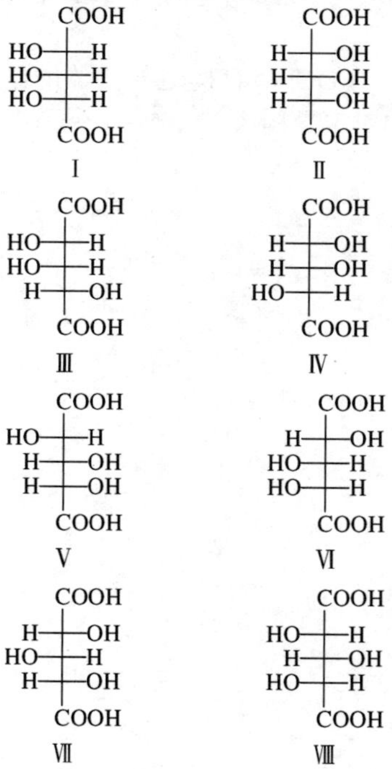

七、单选题

1. 化合物（+）-乳酸和（–）-乳酸在性质方面的区别是（　　）

A. 熔点　　B. 密度
C. 旋光性能　　D. 水中溶解度

2. 与对映异构有关的性质是（　　）

A. 化学性质　　B. 物理性质

C. 旋光性　　D. 可燃性

3. 既具有顺反异构，又具有对映异构的有机物是（　　）

A. $CH_3CH═CHCH_2CH_2Cl$

B. $CH_3CH═CHCHClCH_3$

C. $CH_3CH═CClCH_2CH_3$

D. $CH_2═CHCH_2CH_2CH_2Cl$

4. 下面 Fisher 投影式化合物的绝对构型是（　　）

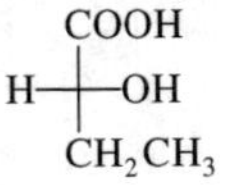

A. *D*-型　　B. *L*-型

C. *R*-型　　D. *S*-型

思 考 题

1. 回答下面的一些说法是否确切？简要说明理由。

（1）在含有手性碳原子化合物的分子结构中都不具有任何对称因素，因此都有旋光性。

（2）有机物中如含有任何对称因素，此化合物就不具有旋光性。

2. 溶于氯仿中的胆甾醇的浓度是每 100mL 溶液溶解 6.15g。

（1）一部分放在 5cm 长的旋光管中的这种溶液所观察到的旋光度是 −1.2°，试计算胆甾醇的比旋光度。

（2）同样的溶液若放在 10cm 长的旋光管中时，预计其旋光度。

（3）如果把 10mL 溶液稀释到 20mL，然后放在 5cm 长的旋光管中，预计其旋光度。

3. 用 $KMnO_4$ 与顺-丁-2-烯反应，得到一个熔点为 32℃的邻二醇，而与反-丁-2-烯反应得到的熔点为 19℃的邻二醇。两个邻二醇都是无旋光性的。将熔点为 19℃的进行拆分，可以得到两个旋光度绝对值相同，方向相反的一对对映体。试推测熔点为 19℃的及熔点为 32℃的邻二醇各是什么构型。

4. 分子式为 C_3H_6DCl 所有构造异构体的结构式，在这些化合物中哪些具有手性？用 Fischer 投影式表示它们的对映异构体。

（周丽平）

第十六章 有机含氮化合物
(organonitrogen compound)

学习目标

1. 掌握：胺、酰胺、杂环化合物的命名方法；胺和酰胺的主要化学性质；吡咯、吡啶的结构和生物碱的概念。

2. 熟悉：胺的分类；吡咯、吡啶、噻唑、嘧啶、嘌呤及其重要衍生物的结构；吡咯和吡啶的化学性质。

3. 了解：胺和酰胺的物理性质；常见的一些胺、酰胺类化合物；重要的天然杂环药物及重要生物碱的结构。

化学视角　　尼古丁贴片（nicotinepatch）

尼古丁（nicotine）为烟草中的主要成分之一，俗名烟碱，主要存在于茄科植物（茄属）中，属于含氮化合物中的生物碱。尼古丁是一种气味难闻、味苦、无色透明的油状液态物质，熔点–79℃，沸点247℃，可溶于水、乙醇、氯仿。其结构为：

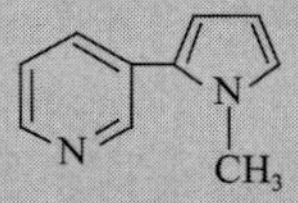

经检测，烟草中的有害物质有4000多种，已有超过81种化合物被证实具有致癌作用，对人体的毒害较大。但烟草中所含尼古丁并非致癌物质，只是一种致成瘾物质。因此，临床上将尼古丁制作成贴片，利用其渗入皮肤性能好，加之贴片中尼古丁含量较低，可减缓尼古丁的吸收与代谢速率，从而取代来自香烟的尼古丁，为尝试戒烟者提供一低量而稳定的尼古丁浓度，在正确使用下能有效缓解禁断症状。由于吸收的途径与香烟不同，故不会引起对药物成瘾。

碳与氮可以形成碳氮（C—N）共价键，通常将含有碳氮键的化合物称为有机含氮化合物（organonitrogen compound）。有机含氮化合物种类较多，包括硝基化合物、亚硝基化合物、胺类、酰胺、含氮杂环化合物和生物碱等。其中大多数胺类、构成蛋白质的氨基酸、组成核酸的杂环化合物嘧啶和嘌呤、含氮激素等均具有重要的生理功能，与人类生命活性密切相关。本章主要介绍胺、酰胺、含氮杂环化合物和生物碱。

第一节　胺

一、胺的结构

胺（amine）可以看做是氨（NH_3）分子中的氢原子被烃基取代而成的烃基衍生物。其结构与氨相似，氮原子采用不等性的 sp^3 杂化，其中一对孤对电子占据一个 sp^3 杂化轨道，其余三个 sp^3 轨道分别与氢或碳原子成键，形成四面体结构。氨、甲胺、三甲胺的结构如图16-1所示。

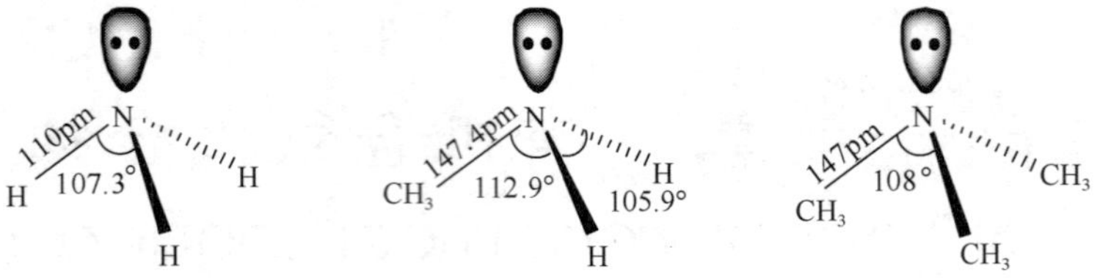

图 16-1　氨、甲胺、三甲胺的结构示意图

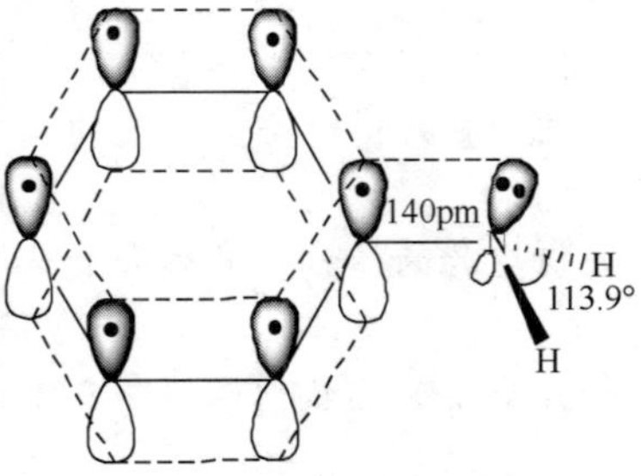

图 16-2　苯胺的结构示意图

苯胺（C_6H_5—NH_2）分子中的氮原子也采用不等性的 sp^3 杂化，但经物理方法测定：H—N—H 平面与苯环平面的二面角接近于 39.5°，H—N—H 键角为 113.9°，说明苯胺分子中氮原子上的孤对电子参与苯环的共轭，使其结构与脂肪胺的结构有差别，表现在苯胺的分子虽呈棱锥体，但趋向于平面化，如图 16-2 所示。

二、胺的分类

根据氮原子所连烃基，胺可分为脂肪胺和芳香胺。芳香胺指氮原子直接与苯环相连的胺，而氮原子与脂肪烃基相连为脂肪胺；其次，胺可按分子中氮原子上所连烃基数目不同，分为连有一个烃基的伯胺（1° 胺）、连二个烃基的仲胺（2° 胺）和连三个烃基的叔胺（3° 胺），如表 16-1。

根据分子中所含氨基（—NH_2，amino）数目，胺还可分为一元胺和多元胺。表 16-1 中的胺均为一元胺，而戊 -1, 5-二胺（$H_2NCH_2CH_2CH_2CH_2CH_2NH_2$）则为二元胺。

表 16-1　胺的分类

名称	脂肪胺		芳香胺
伯胺	CH_3—NH_2 甲胺	CH_3CH_2—NH_2 乙胺	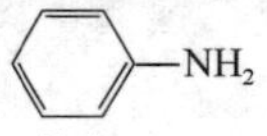 苯胺
仲胺	$(CH_3)_2NH$ 二甲胺	$CH_3NHC_2H_5$ 乙甲胺	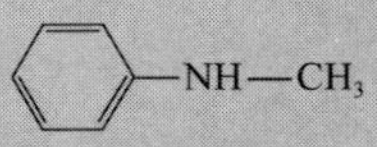 *N*-甲基苯胺
叔胺	$(CH_3)_2N$—CH_3 三甲胺	$(CH_3)_2N$—C_2H_5 乙二甲胺	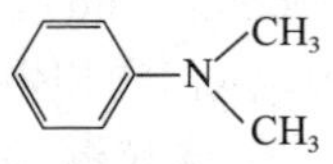 *N*,*N*-二甲基苯胺

此外，无机铵根离子（NH_4^+）中的氢原子都被烃基取代后，可生成一类季铵类化合物（quaternary ammonium）。季铵类化合物包括季铵盐（quaternary ammonium salt，$R_4N^+X^-$）和季铵碱（quaternary ammonium hydrate，$R_4N^+OH^-$）。

三、胺的命名

简单胺的命名，是以胺为母体，根据烃基命名为“某胺”。如表 16-1 中的甲胺、乙胺和苯胺；当含有两个以上烃基时，将相同的烃基合并，将其数目、名称写于母体名称胺之前，如二甲胺和三甲胺；若为不相同的烃基，则将基团按首字母依次写于母体名称之前，如甲乙胺、二甲乙胺。芳香胺的命名是以芳香胺为母体，脂肪烃基为取代基，命名时在氮原子所连脂肪烃基名称前冠以“*N*-”，以表示该烃基直接与氮原子相连，而不是与苯环相连。如 *N*-甲基苯胺、*N*, *N*-二甲基苯胺。

复杂胺的命名，是以烃为母体，将氨基或烃氨基（—NHR、—NR_2）作为取代基，按烃的命名方法命名。例如：

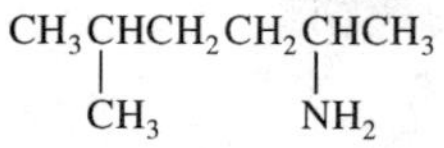
2-氨基-4-甲基己烷

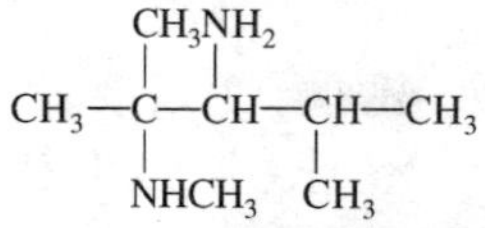
3-氨基-2,4-二甲基-2-甲氨基戊烷

季铵类化合物的命名与氢氧化铵和铵盐类似，并结合氮上所连烃基名称，按简单胺类化合物方法进行命名。例如：

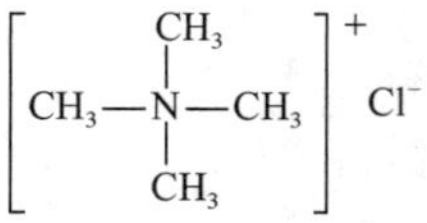
氯化四甲铵

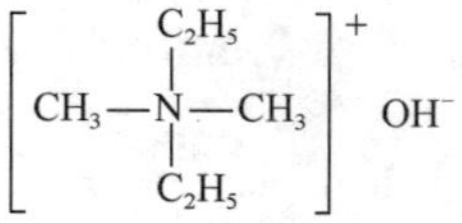
氢氧化二甲二乙铵

四、胺的物理性质

在常温下，低级和部分中级脂肪酸为无色气体或易挥发的液体，气味与氨相似，能与水形成氢键而溶于水。高级脂肪胺为固体，大多没有气味，不溶于水。芳香胺多为高沸点的液体或低熔点的固体，具有特殊气味，毒性较大，有的还可致癌。例如，吸入过量或通过皮肤渗入的苯胺易引起中毒。伯胺和仲胺分子间能形成氢键，因此，熔点和沸点比分子量相近的非极性化合物要高。但由于胺分子中 N—H 的极性比醇分子中 O—H 极性弱，形成的氢键也就比醇要弱，所以其沸点又比相应的醇低。叔胺中氮上无氢，不能形成分子间氢键，故沸点比相应的伯胺和仲胺低。常见的胺的物理常数见表 16-2。

表 16-2 胺的物理常数表

胺	结构式	沸点（℃）	熔点（℃）	水溶性（25℃，g/100ml）	pK_b
氨	NH_3	-33	-78	易溶	4.46
甲胺	CH_3NH_2	-6	-95	易溶	3.35
二甲胺	$(CH_3)_2NH$	7	-93	易溶	3.27
三甲胺	$(CH_3)_3N$	3	-117	易溶	4.22
乙胺	$CH_3CH_2NH_2$	17	-81	易溶	3.29
二乙胺	$(CH_3CH_2)_2NH$	56	-48	易溶	3.06
三乙胺	$(CH_3CH_2)_3N$	89	-114	14	3.25
苯胺	$C_6H_5NH_2$	184	-6	3.7	9.38
二苯胺	$(C_6H_5)_2NH$	302	-53	微溶	13.0
对硝基苯胺	$C_6H_4NO_2NH_2$	332	148	0.05	13.0

五、胺的化学性质

（一）碱性

胺的结构与无机氨相似，其分子中氮原子上具有未共用的电子对，所以同氨一样能与水中的质子结合，使 OH^- 游离出来呈碱性。

$$RNH_2 + H_2O \rightleftharpoons RNH_3^+ + OH^-$$

胺是一弱碱，不同的胺碱性强弱不同，其碱性强弱可从胺类化合物电离平衡常数的负对数值（pK_b）看出，pK_b 越大，碱性越弱，pK_b 越小，碱性越强（表 16-2）。实验证明，脂肪胺的碱性比氨强，芳香胺的碱性比氨弱。因为脂肪胺中的烷基是斥电子基，故胺中氮原子上的电子云密度较氨中强，更容易与质子结合；而芳香胺则由于氮与苯环形成共轭，使其电子云向苯环转移，电子云密度降低，碱性减弱。此外，氮上氢越多，胺与质子结合成的铵离子溶剂化效应增强，铵离子越稳定，胺的碱性越强；氮原子上连接的烃基空间阻碍越小，接受质子能力越强，胺的碱性越强。胺的碱性受电子效应、溶剂化效应和空间效应的综合影响而定。季铵碱是离子化合物，碱性与 NaOH 相似。其碱性强弱通常为：

$$(CH_3)_4N^+OH^- > (CH_3)_2NH > CH_3NH_2 > (CH_3)_3N > NH_3 > C_6H_5NH_2 > (C_6H_5)_2NH$$

季铵碱＞脂肪胺＞氨＞芳香胺

胺有碱性，可与酸成盐。胺盐一般都易溶于水，但遇强碱（NaOH 或 KOH）又重新游离出原来的胺。利用此性质，可用来分离或精制胺。例如：

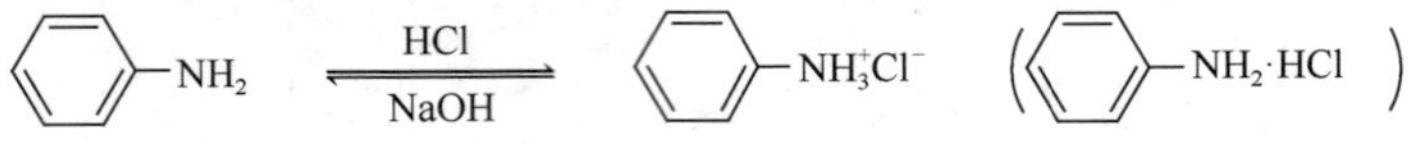

苯胺　　　　氯化苯铵　　　　（盐酸苯胺）

制药工业上常利用铵盐溶解性较好，性质稳定，将难溶于水的胺类药物制成相应的盐。例如，局部麻醉药盐酸普鲁卡因；治疗过敏性休克、支气管哮喘和心脏骤停的急救药——肾上腺素都可与酸成盐后溶于水使用。

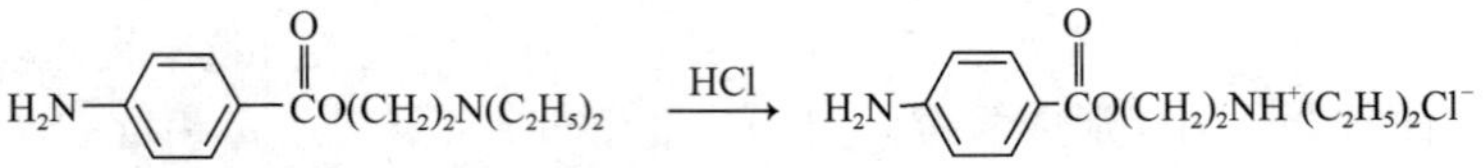

普鲁卡因　　　　盐酸普鲁卡因

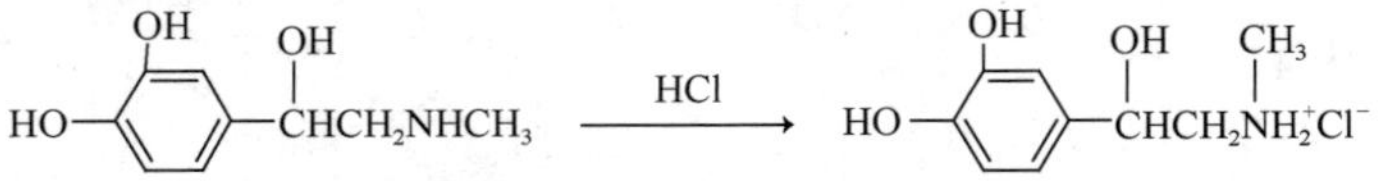

肾上腺素　　　　盐酸肾上腺素

（二）酰化反应

伯胺（RNH_2）、仲胺（R_2NH）与无机氨（NH_3）一致，分子中 N 原子上有活性氢，能与羧酸衍生物酰卤和酸酐等发生反应，在胺分子中的 N 原子上引入酰基，形成酰胺类化合物，这种在化合物中引入酰基的反应称酰化反应。该反应是羧酸衍生物的氨解反应。例如：

$$CH_3CH_2NH_2 + CH_3-\overset{\overset{\displaystyle O}{\|}}{C}-Cl \longrightarrow CH_3-\overset{\overset{\displaystyle O}{\|}}{C}-NHCH_2CH_3 + HCl$$

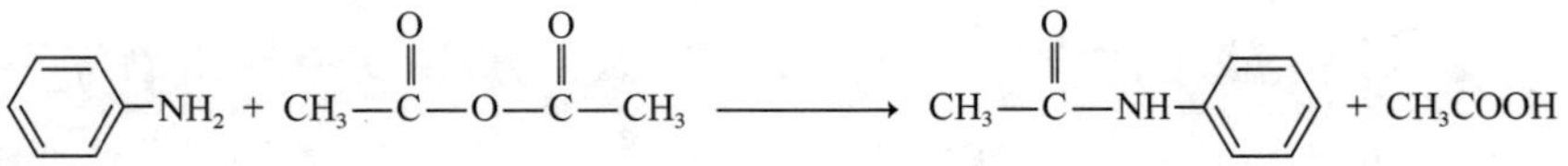

叔胺分子中氮原子上无活性氢，故不能发生酰化反应。

酰化反应是胺的重要化学反应。因为芳香伯胺易被氧化，酰化后能使稳定性增强，故在药物合成中常引入酰基来保护氨基。另外，游离胺的毒性较大，引入酰基则可降低药物的毒性。在人体内，酰胺可通过酰化反应来解除某些残留药物的毒性。大多数胺都是液体，引入酰基后，生成的酰胺多为结晶，有固定的熔点，可测定熔点来鉴别伯胺和仲胺。

（三）与亚硝酸反应

胺类可与亚硝酸发生反应，但伯、仲、叔胺与亚硝酸反应的产物和现象不同。

1. 伯胺　脂肪伯胺与亚硝酸反应生成醇、卤代烃、烯烃等的混合物，同时放出氮气，可根据放出定量的氮气，定量测定氨基。由于亚硝酸不稳定，一般用亚硝酸盐与盐酸或硫酸代替亚硝酸。

$$R—NH_2 + NaNO_2 + HCl \longrightarrow R—OH + N_2\uparrow + H_2O + NaCl$$

芳香伯胺与亚硝酸在常温下反应与脂肪胺相似，但在强酸性和低温（0～5℃）条件下则生成芳香重氮盐（diazonium salt），此反应称为重氮化（diazotization）。生成的重氮盐在低温水溶液中稳定，受热则分解生成苯酚，并放出氮气；与酚或芳香胺在弱碱性或弱酸性溶液中发生偶联反应，生成有颜色的偶氮化合物。

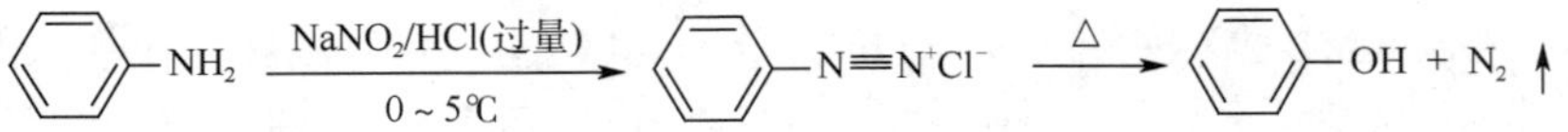

氯化重氮苯

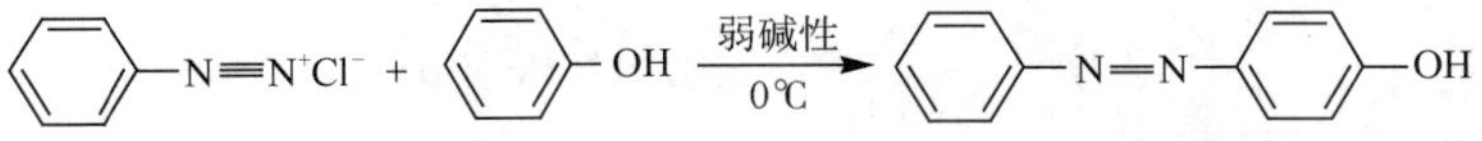

对羟基偶氮苯(橘黄色)

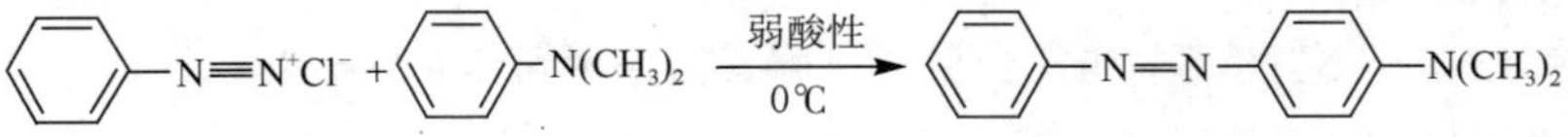

对二甲氨基偶氮苯(黄色)

2. 仲胺　无论是脂肪仲胺还是芳香仲胺，与亚硝酸反应都是在胺的氮原子上进行亚硝基化反应，生成*N*-亚硝基胺（nitrosoamine）类化合物。

$$R_2NH + NaNO_2 + HCl \longrightarrow R_2N—N＝O$$

N-亚硝基胺(黄色油状物)

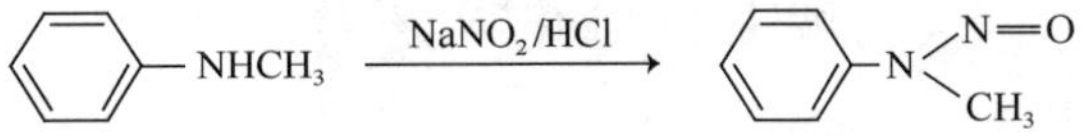

N-甲基-*N*-亚硝基苯胺(黄色油状物)

N-亚硝基胺为难溶于水的黄色油状液体或固体。经动物实验证明，*N*-亚硝基胺类化合物是一类强致癌物。

临床视角　　仲胺与癌症

仲胺与亚硝酸反应生成的*N*-亚硝基胺是一类强致癌物，该物质在自然界中存在得不多，但它可以通过食品加工过程中添加的着色剂或防腐剂（硝酸盐或亚硝酸盐）与食品中的仲胺发生反应而生成。例如，某些肉类制品加工过程中也常加入亚硝酸盐使肉类色质鲜艳。当食用这些含*N*-亚硝基胺或亚硝酸盐的食品后，一方面*N*-亚硝基胺直接随食物进入体内；另一方面食品中的亚硝酸盐在胃酸作用下形成的亚硝酸，可以与体内代谢产生的仲胺形成*N*-亚硝基胺类化合物，危害人体健康。实验证明维生素C能抑制体内的*N*-亚硝基胺的合成。因此，多食富含维生素C的新鲜蔬菜、水果，可以减少体内*N*-亚硝基胺的合成。

3. 叔胺　脂肪族叔胺氮上无氢，只能与亚硝酸反应形成不稳定的、易水解的亚硝酸盐。

$$R_3N + NaNO_2 + HCl \longrightarrow R_3NH^+NO_2^-$$

芳香族叔胺中氨基对苯环的致活性很强，所以与亚硝酸能发生苯环上氢的亲电取代反应，生成对-亚硝基胺类化合物，若氨基对位有取代基，亚硝基则进入邻位。

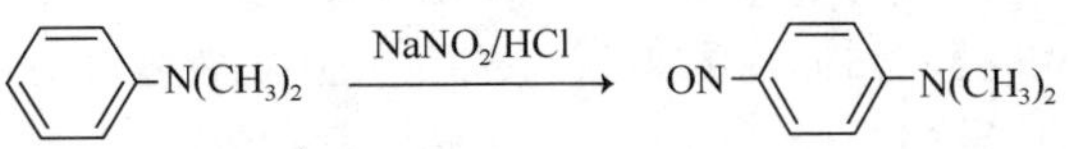

N,*N*-二甲基苯胺　　*N*,*N*-二甲基-对-亚硝基苯胺

N, *N*-二甲基-对-亚硝基苯胺在酸性条件下呈橘黄色，用碱中和至碱性后变为翠绿色。

根据上述反应可知，伯、仲、叔胺与亚硝酸反应生成的产物和现象不同，可以用来鉴别几种不同类型的胺。

六、与医药学有关的胺类化合物

（一）普鲁卡因

普鲁卡因（procaine）也称奴佛卡因（novocain），其结构中含有叔胺，在临床上以其盐酸盐的形式应用。其盐酸盐为无色、无臭小针状或小叶状结晶，味微苦，舌尝之有钝麻感。易溶于水，难溶于有机溶剂。其水溶液不稳定，尤其遇到光线，酸碱类物质易变质。其结构为：

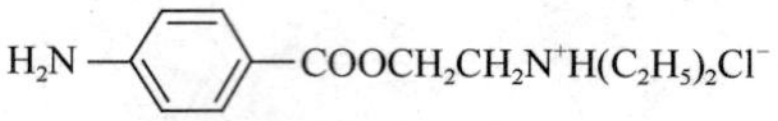

该药是目前临床上常用的局部麻醉药。它作用强，毒性低；但由于穿透力弱，可用作表面麻醉药；主要用于浸润麻醉，传导麻醉，蛛网膜下麻醉和硬膜外麻醉；亦用作局部封闭，缓解炎症。局部作用可维持45min，若药液中加入少量肾上腺素，作用可维持1～2h。

（二）生源胺

生源胺（biogenic amine）是生物体内释放出的担负神经冲动传导作用的化学介质，如儿茶酚胺类化合物，5-羟色胺、胆碱和乙酰胆碱等。

1. 儿茶酚胺类化合物 多巴胺（dopamine）、肾上腺素（adrenaline，AD）和去甲肾上腺素（noradrenaline，NE）都为儿茶酚（catechol）胺类化合物，为拟肾上腺素药物，常常具有强烈的药理作用。其主要作用是收缩血管、升高血压、舒张支气管、弛缓胃肠肌、加速心率、加强心肌收缩力等。临床上主要用作升压药、平喘药、抗心律失常药等。

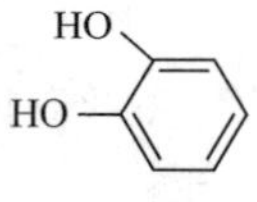

儿茶酚

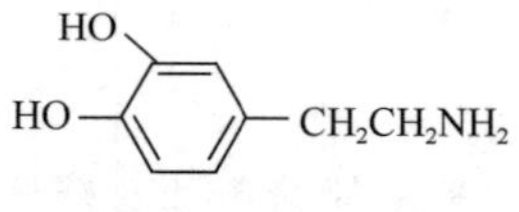

多巴胺

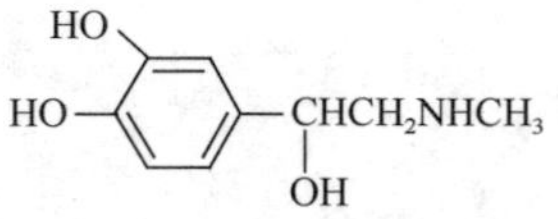

肾上腺素

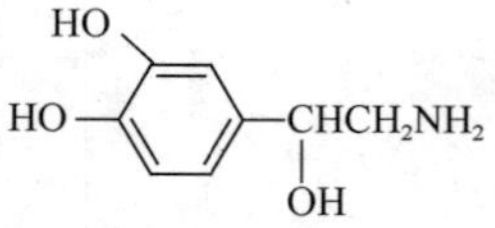

去甲肾上腺素

2. 5-羟色胺 5-羟色胺（5-HT）又称为血清素（serotonin）。主要产生于消化道黏膜和血液中，在人体内担负脑中枢的神经传导介质。血液凝固时，血小板游离出5-HT，引起血压降低、平滑肌收缩加速，缩短出血时间。

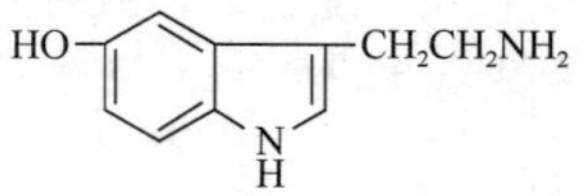

5-羟色胺

3. 胆碱和乙酰胆碱 胆碱（choline）为氢氧化三甲基-β-羟乙基铵，是存在于体内的一种季铵碱。由于最初发现它是胆汁中的碱性物质，因而得名。胆碱为白色结晶，吸湿性强，易溶于水和乙醇，不溶于乙醚、氯仿。在生物体内参与脂肪代谢，有抗脂肪肝的作用。胆碱的羟基经乙酰化后生成乙酰胆碱（acetylcholine），如体内的胆碱与乙酸在胆碱酯酶作用下就可生成乙酰胆碱。乙酰胆碱是副交感神经细胞间传导神经冲动的一种生源胺，常称为神经介质。结构为：

$HOCH_2CH_2N^+(CH_3)_3OH^-$ 胆碱

$CH_3COOCH_2CH_2N^+(CH_3)_3OH^-$ 乙酰胆碱

人体视角　　胺与中枢神经系统

中枢神经系统（central nervous system，CNS）是神经系统的主要部分，其中在化学突触传递中担当信使的特定化学物质，简称递质。神经递质受体都是一些跨越细胞膜的蛋白质复合体，主要包含乙酰胆碱、去甲肾上腺素、多巴胺、5-羟色胺、组胺、γ-氨基丁酸、兴奋性氨基酸和神经肽等，这些物质大多为胺类化合物，均有着重要的功能，与人体健康密切相关。像乙酰胆碱在中枢分布广泛，其功能与运动、记忆、警觉及内脏活动相关，主要为兴奋性递质。去甲肾上腺素在中枢内分布较集中，其功能则与警觉、睡眠、情绪等调节有关，能使神经元活性增高，表现愉快、激动等效应；多巴胺大部分集中分布在纹状体、黑质和苍白球，是脑内重要的神经递质，在大脑的运动控制、情感思维和神经内分泌方面发挥重要的生理作用，帕金森病、精神分裂症、药物依赖与成瘾的发生、发展密切相关。中枢神经系统中心问题和外周神经系统一样，是递质和受体问题。作用于中枢神经系统的药物主要是影响递质和受体。

（三）新洁尔灭

新洁尔灭（bromo-geramine）为溴化二甲基十二烷基苄铵，属于季铵盐，其分子内既含有憎水的长链烃基，又有亲水的铵离子，是一种阳离子型的表面活性剂。能乳化脂肪，起到去污保洁的作用，又能渗入细菌内部引起细胞破裂，从而有杀菌消毒的能力，临床上常将其稀溶液用于皮肤、创面及手术器械等的消毒。其结构为：

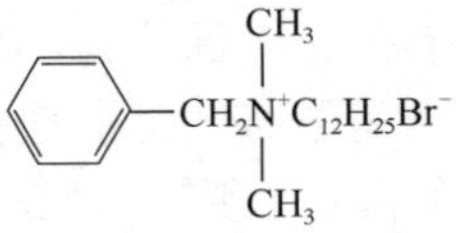

新洁尔灭

临床视角　　医学上重要的胺——肾上腺素

肾上腺素是人体经历某些刺激（如兴奋、恐惧、紧张等）而分泌出的化学物质，是一种激素和神经传送体，由肾上腺释放。肾上腺素能让人呼吸加快（提供大量氧气），心跳与血液流动加速，瞳孔放大，为身体活动提供更多能量，使反应更加快速，会使心脏收缩力上升，使心脏、肝和筋骨的血管扩张和皮肤、黏膜的血管收缩，是拯救濒死的人或动物的必备品。因其易在碱性肠液、肠黏膜、肝脏内被破坏，故口服无效。皮下注射因收缩局部血管而吸收缓慢，作用可维持 1h 左右。肌内注射因扩张骨骼肌血管而吸收较为迅速，作用可维持 10～30min。静脉注射立即生效，但作用仅维持数分钟。临床主要用于心脏骤停、支气管哮喘、过敏性休克，也可治疗荨麻疹、枯草热及鼻黏膜或齿龈出血。

第二节　酰　　胺

一、酰胺的结构和命名

酰胺是羧酸中羧基上的羟基被氨基（$—NH_2$）或烃氨基（—NHR、$—NR_2$）取代后的产物，也可看作是氨、伯胺、仲胺的酰化产物。其中，$RCONH_2$ 为伯酰胺；RCONHR、$RCONR_2$ 分别为仲酰胺和叔酰胺。命名时以酰胺为母体，根据相应的酰基来命名，称为“某酰胺”，只是仲、叔酰胺氮原子上连有取代基，命名时在取代基名前加字母“*N*”，表示取代基连在氮原子上。例如：

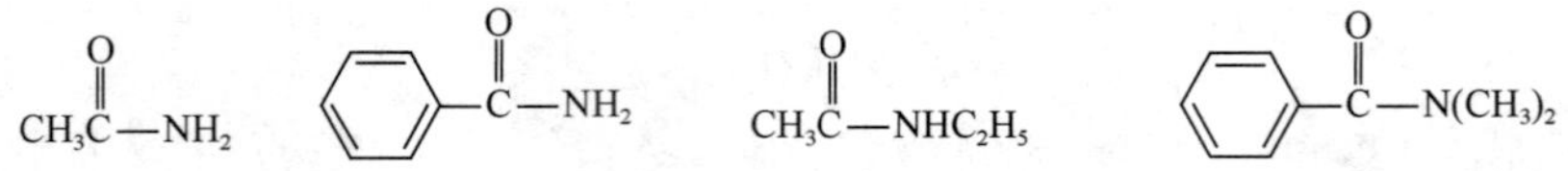

乙酰胺　　苯甲酰胺　　*N*-乙基乙酰胺　　*N,N*-二甲基苯甲酰胺

二、酰胺的化学性质

1. 酸碱性　酰胺分子中氮原子上未共用电子与酰基形成富电子的 p-π 共轭体系，电子云向碳氧双键一侧转移，降低了氮原子结合质子的能力，故酰胺呈中性。

酰亚胺分子中，氮与两个酰基相连，受两个酰基吸电子基的影响，N-H 键的极性增强而呈现弱酸性。

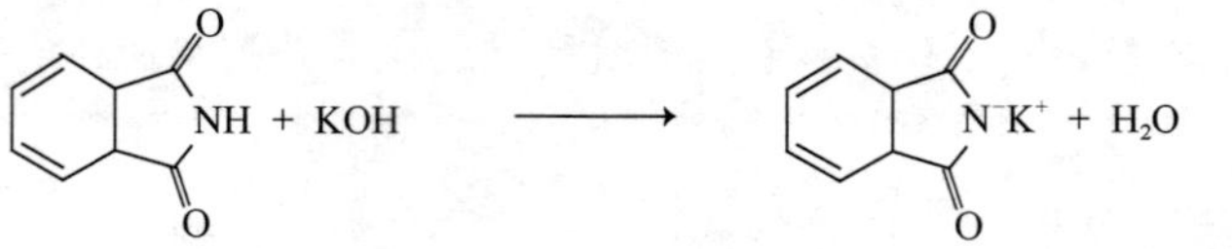

2. 水解　酰胺在酸、碱或酶的存在下加热时，可发生水解反应，该反应属于酰化反应。反应中，伯酰胺碱性水解时可产生氨气，可用于伯酰胺的鉴别。

$$RC(=O)-NH_2 + NaOH \xrightarrow{\triangle} RC(=O)-ONa + NH_3\uparrow$$

由于酰胺能发生水解反应，所以含有酰胺键的药物，在使用和保存过程中，要防止水解而失效。如临床上常用的青霉素 G 钾盐，因含有酰胺（特别是β-内酰胺）的结构，很容易被胃酸水解失效，故不宜口服，只能制成粉针剂，在临床上现加水配成注射液使用。

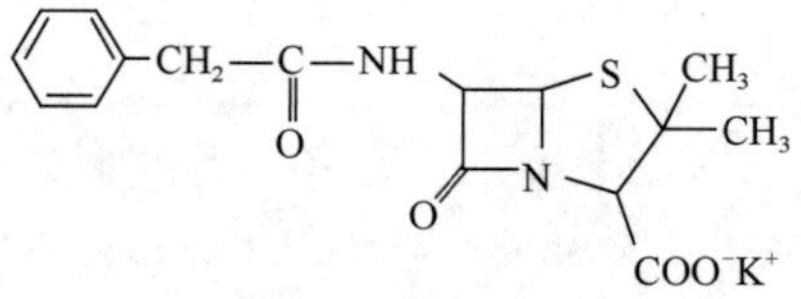

青霉素G

三、尿　　素

尿素（urea）简称脲，是一无色长菱形晶体，熔点 133℃，可溶于乙醇或水，难溶于乙醚。它是碳酸的二元酰胺，是人类及许多动物生命活动中蛋白质新陈代谢排泄出来的含氮产物，存在于人和动物的尿中，故称为尿素。成人每日从尿中大约排泄出 25～30g 尿素。其在农业上可用作高效固体氮肥（氮的质量分数为 46.4%）；在工业上用于合成塑料（脲甲醛塑料）和药物（对降低脑颅内压和眼内压有显著疗效的尿素注射液）。其结构为：

碳酸　　尿素

尿素的主要化学性质如下：

1. 弱碱性　尿素与酰胺相比，具有较弱的碱性，可与强酸作用成盐。例如，在尿素的溶液中加入浓硝酸或草酸时，可析出白色结晶。此性质可用于鉴别和分离尿素。

$$H_2N-C(=O)-NH_2 + HNO_3 \longrightarrow N-C(=O)-NH_2\cdot HNO_3\downarrow$$ 硝酸脲

2. 水解反应　尿素具有酰胺的通性，在强酸、碱或脲酶的催化下可发生水解反应。例如：

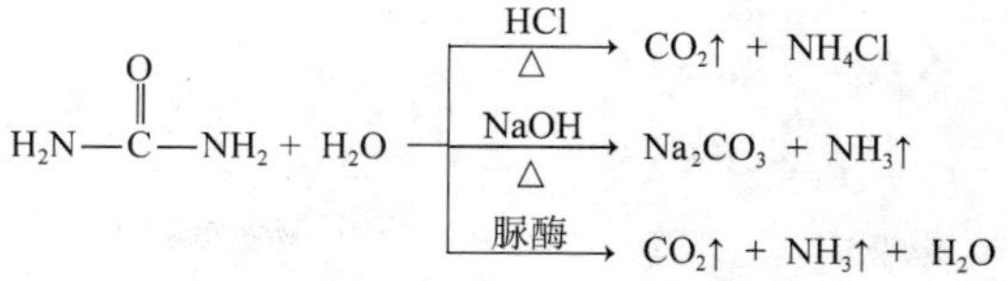

3. 与亚硝酸反应 尿素分子中由于含有氨基，所以同伯胺一样能与亚硝酸作用，其氨基被羟基取代放出氮气，同时生成二氧化碳和水，该反应可用于尿素的含量测定。

$$H_2N-\overset{\overset{\displaystyle O}{\|}}{C}-NH_2 + HNO_2 \longrightarrow N_2\uparrow + CO_2\uparrow + H_2O$$

4. 缩二脲的生成和缩二脲反应 尿素除了具有酰胺的上述通性外，还有一个特性即缩二脲的生成反应：将固体尿素缓慢加热至150～160℃（温度过高则分解），两分子尿素相互作用失去一分子氨后的缩合产物——缩二脲（又称为双缩脲 biuret）。

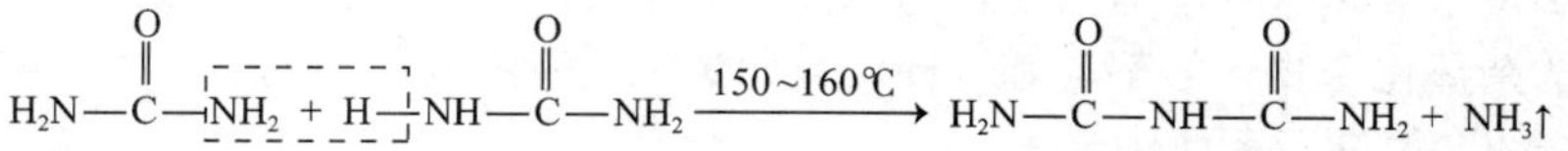

缩二脲

缩二脲难溶于水，易溶于碱液中，但当在其碱液中加入极稀的硫酸铜溶液时，溶液显紫色或紫红色，这一反应称为缩二脲反应。此反应除缩二脲外，凡分子中含有两个以上的酰胺基的化合物（如多肽、蛋白质等）都能发生缩二脲反应。

临床视角 **医学上重要的酰胺**

1. 丙二酰脲（malonyl urea） 为无色结晶，熔点245℃，微溶于水。可通过脲与丙二酸酯在醇钠作用下，反应得到。丙二酰脲有酮式-烯醇式互变异构现象。

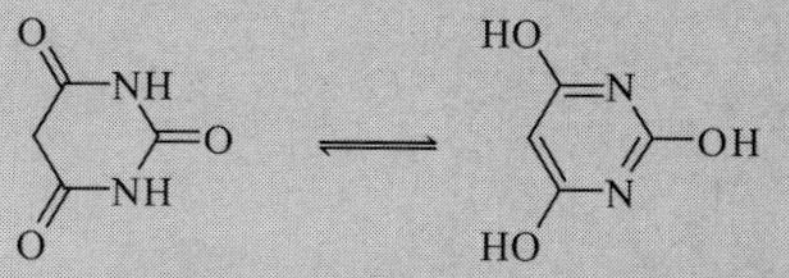

其烯醇式显示出比醋酸更强的酸性（pK_a=3.98），俗称巴比妥酸（barbitalic acid）。巴比妥酸本身无药效，但分子中亚甲基上两个氢原子被一些烃基取代，形成相应的衍生物。具有镇静、催眠和麻醉作用，总称巴比妥类药物。常用的有苯巴比妥（phenobarbital）、异戊巴比妥（amobarbitalum）、司可巴比妥（secobarbital）等。

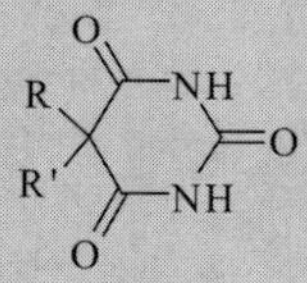

苯巴比妥 R= $-C_2H_5$ R'= $-C_6H_5$

异戊巴比妥R= $-C_2H_5$ R'=$-CH_2CH_2CH(CH_3)_2$

司可巴比妥 R=$-CH(CH_3)CH_2CH_2CH_3$ R'=$-CH_2CH=CH_2$

2. 磺胺类药物 磺胺类药物是一类用于预防和治疗细菌感染性疾病的化学治疗药。磺胺类药物的基本结构是对氨基苯磺酰胺（sulfanilamide），简称磺胺。磺胺类药物是对氨基苯磺酰胺的衍生物。磺胺分子中有两个氮原子，当 N^1 上的氢原子被某些基团取代后，抑菌作用增强，而 N^2 上的氢原子被其他基团取代后，抑菌作用减弱甚至丧失。它们的结构通式为：

磺胺

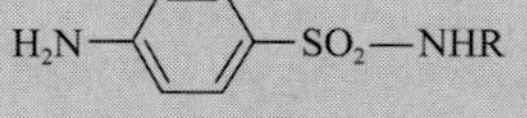

磺胺类药物

磺胺类药物是临床上一类重要的抗菌药物，例如：

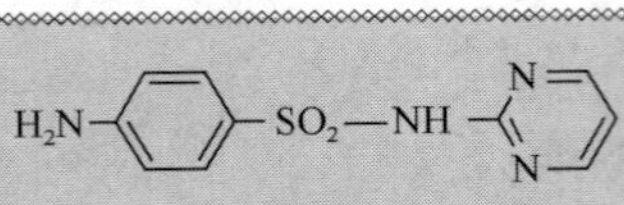

磺胺嘧啶(SD)

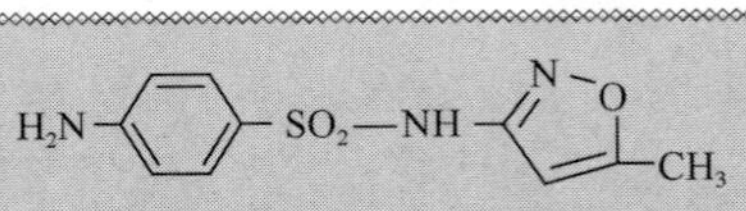

磺胺甲基异噁唑(SMZ)

第三节　含氮杂环化合物

杂环化合物（heterocyclic compounds）指由碳原子和非碳原子构成的环状有机化合物，环中的非碳原子（氮、氧、硫等）称为杂原子（heteroatom）。该类化合物广泛存在于自然界，其数目约占已知有机化合物的三分之一。例如，动植物体内具有生理活性的血红素、叶绿素、生物碱、维生素、核酸中的碱基以及一些合成药物多数都是杂环化合物。像前面介绍的内酸酐、内酯、交酯、内酰胺等也应属于杂环化合物，但由于它们的性质与相应的链状化合物相似，所以不归入本章讨论。本章介绍的杂环化合物一般都与苯一样比较稳定，具有不同程度的芳香性，称为芳杂环化合物。这里主要介绍含氮的芳杂环化合物。

一、杂环化合物的分类

杂环化合物种类繁多，为了便于学习和研究，常按环的数目不同，分为单杂环和稠杂环两大类。单杂环仅含一个杂环，可根据成环原子数目分为五元杂环和六元杂环。稠杂环常由苯与单杂环或单杂环与单杂环稠合而成。常见杂环化合物的母体结构和名称如表 16-3 所示。

表 16-3　常见杂环化合物的结构和名称

杂环种类		重要杂环					
单杂环	五元杂环	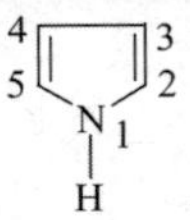 吡咯 (pyrrol)	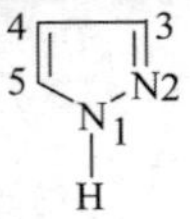 吡唑 (pyrazole)	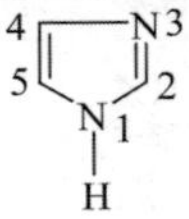 咪唑 (imidazole)	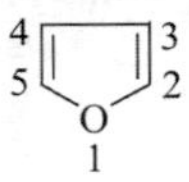 呋喃 (furan)	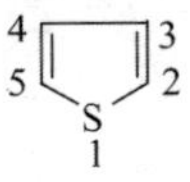 噻吩 (thiophene)	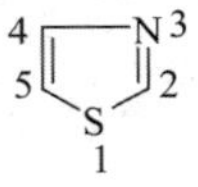 噻唑 (thiazole)
	六元杂环	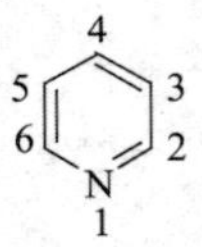 吡啶 (pyridine)	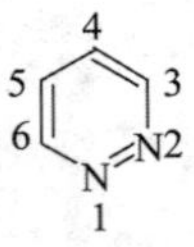 哒嗪 (pyridazine)	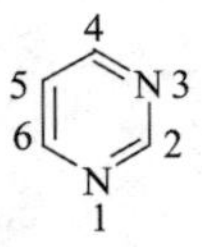 嘧啶 (pyrimidine)	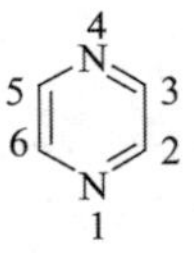 吡嗪 (pyrazine)	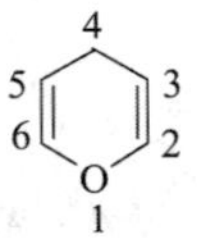 吡喃 (pyran)	
稠杂环		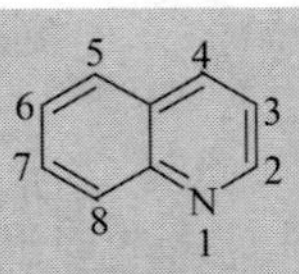 喹啉 (quinoline)	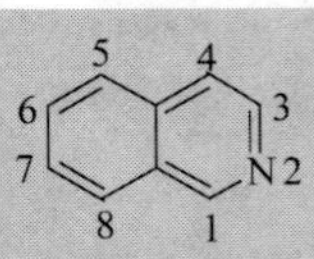 异喹啉 (isoquinoline)	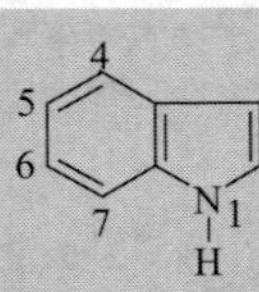 吲哚 (indole)	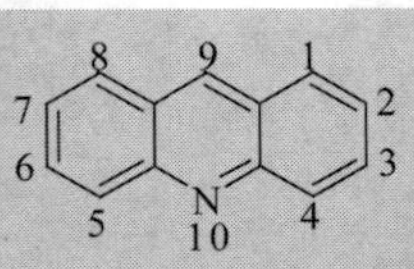 吖啶 (acridine)	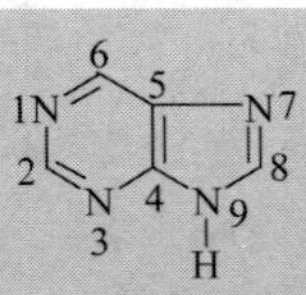 嘌呤 (purine)	

二、杂环化合物的命名

杂环化合物的命名方法很多，我国通常使用“音译法”，即根据国际通用英文名称的译音，用同音汉字加“口”旁，见表 16-3。比较简单的杂环化合物的基本命名方法如下：

（1）以杂环为母体，含一个杂原子的杂环，从杂原子开始，从靠近取代基一侧编号。若环上有两个或两个以上杂原子时，应使杂原子位次之和最小。相同杂原子，从连有氢原子或取代基的杂原子编号；不同杂原子，则按 O、S、NH 和 N 的顺序编号。稠杂环大多有自身特殊的编号，如异喹啉、吖啶和嘌呤等（表 16-3）。

（2）有时常将杂环作为取代基，以官能团侧链为母体进行命名。

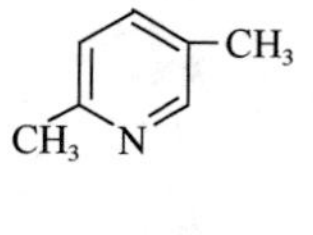

2,5-二甲基吡啶

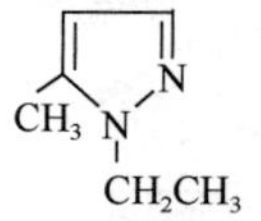

1-乙基-5-甲基吡唑

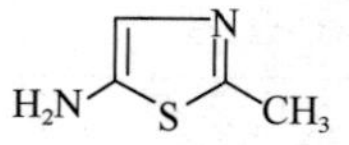

5-氨基-2-甲基噻唑

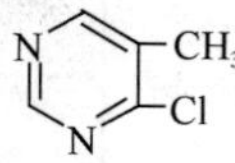

4-氯-5-甲基嘧啶

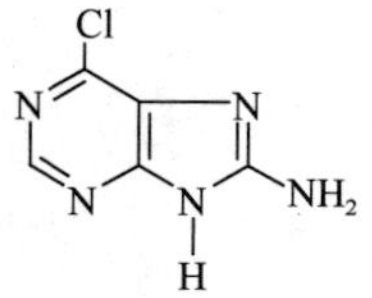

8-氨基-6-氯嘌呤

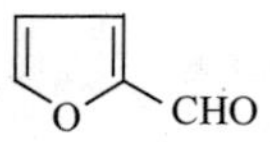

2-呋喃甲醛(糠醛)

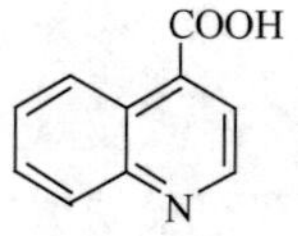

4-喹啉甲酸

三、吡咯及其衍生物

（一）吡咯

1. 吡咯的结构　吡咯存在于煤焦油和骨焦油中，为无色液体，沸点 131℃，气味与氯仿类似，不溶于水，能与乙醇和乙醚混溶。分子式为 C_4H_5N，是一个含氮原子的五元单杂环化合物，氮及其碳原子均采用等性的 sp^2 杂化，形成一平面型分子。分子中，氮原子上孤对电子所处未杂化 *p* 轨道与每个碳原子上未杂化 *p* 轨道相互平行重叠，形成闭合的大 π 键，大 π 键的 π 电子数为 6，符合 $4n+2$ 规则，具有芳香性。吡咯的大 π 键不同于苯，它是富电子的 p-π 共轭体系，在 5 个 *p* 轨道上分布着 6 个 π 电子，环上碳原子的电子云密度升高，亲电取代反应能力增强，因此，将吡咯或类似吡咯环上的 π 电子云密度比苯高的芳杂环亦称为“多 π”芳杂环（图 16-3）。

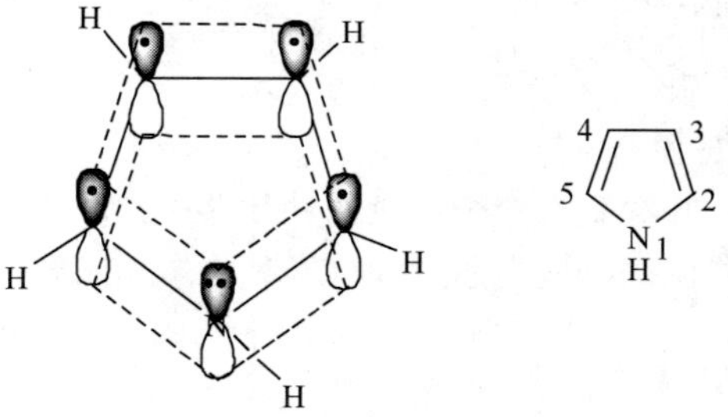

图 16-3　吡咯的结构示意图

2. 吡咯的化学性质

（1）酸碱性：吡咯分子中，由于氮原子上的孤对电子参与了闭合大 π 键的形成，氮原子上的电子云密度降低，不再具有给出电子对的能力，与质子难于结合，碱性极弱，比苯胺还弱得多，只能缓慢地溶于冷稀的强酸中，微热生成吡咯红。实验中常用其蒸气能使盐酸浸湿的松木片变红来鉴别吡咯。另一方面，随着氮原子上电子云密度降低，N-H 键的极性有所增加，氢能以 H^+ 的形式解离，而显示弱酸性，其 pK_a=17.5。吡咯能与强碱（如固体氢氧化钾、金属钠）共热成盐。例如：

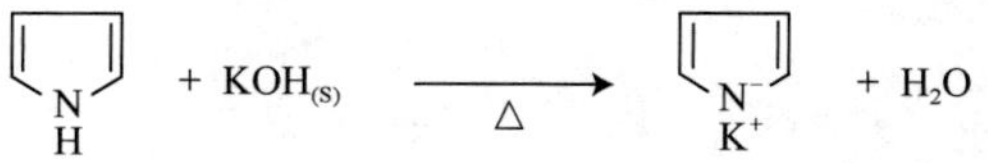

（2）亲电取代反应：吡咯环上碳原子的电子云密度升高，比苯更容易发生亲电取代反应，取代基主要进入 α-位。因为吡咯遇强酸时易发生聚合等反应，所以不能直接用强酸进行硝化、磺化等反应，而需要采用较温和的非质子性试剂进行反应。例如：

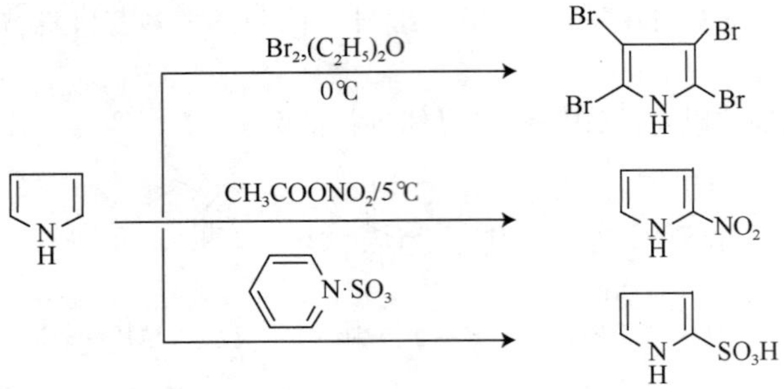

（二）吡咯衍生物

吡咯衍生物广泛存在于动植物体中，如叶绿素、血红素、胆红素、维生素 B_{12} 以及许多生物碱中均含有吡咯环，它们具有重要的生理作用。

1. 卟吩（porphine） 卟吩是由 4 个吡咯环的 α-C 和 4 个次甲基（—CH═）相连而成。自然界中不存在卟吩，但在卟吩分子中，四个氮原子的位置适当，可以分别与不同的金属离子结合，形成叶绿素、血红素、维生素 B_{12} 等各种化合物。

2. 血红素（heme） 血红素存在于哺乳动物的红细胞中，它与蛋白质结合成血红蛋白，血红素中的二价铁能可逆地与卟吩的氮配合，在动物体内起到输送氧气的作用。一氧化碳中毒，其原因之一就是因为它与血红蛋白结合的能力大于氧，从而阻止了血红蛋白与氧的结合，造成机体由于缺氧而引起窒息。

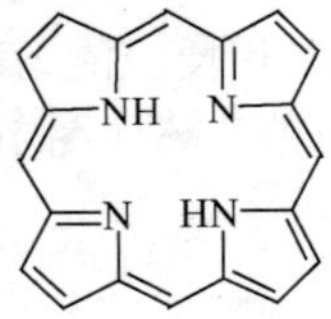

卟吩

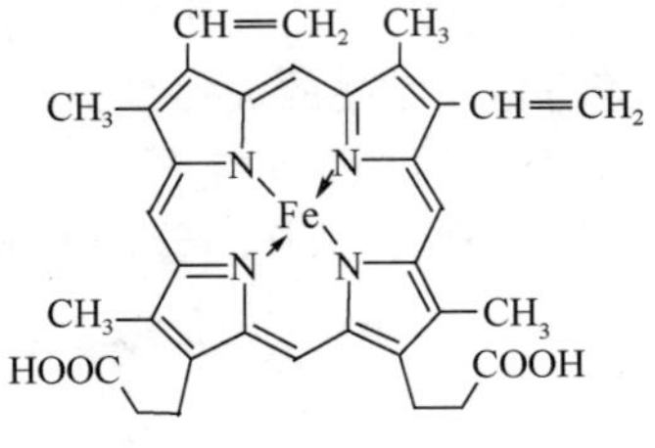

血红素

3. 叶绿素（chlorophyll） 叶绿素富含于植物的叶和茎中，与蛋白质结合存在于叶绿体中，是植物进行光合作用所必需的催化剂，植物通过叶绿素吸收了太阳能才能进行光合作用。叶绿素是叶绿素 a 和叶绿素 b 的混合物，两者的比例为 3 ∶ 1。叶绿素 a 和叶绿素 b 的结构式如下：

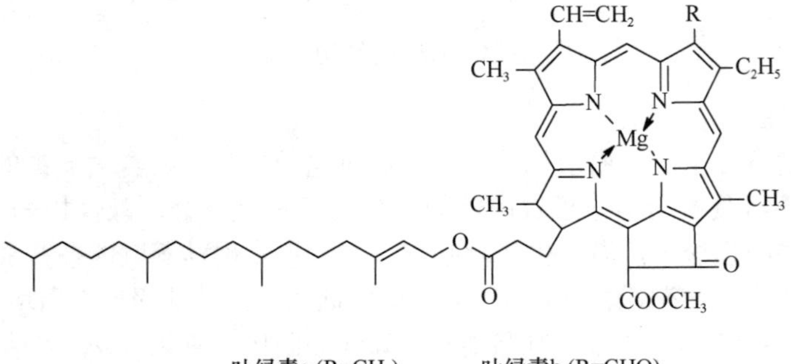

叶绿素a (R=CH_3)　　叶绿素b (R=CHO)

四、吡啶及其衍生物

（一）吡啶

1. 吡啶的结构 吡啶主要存在于煤焦油及页岩油中，沸点 115.5℃，比重 0.982，为具有特殊臭味的无色液体，能与水、乙醇、乙醚等互溶，且能溶解许多有机物和无机物，故为良好的溶剂。

分子式为C_5H_5N，是一含氮六元单杂环化合物，结构与苯相似，可看成苯环中碳原子被氮原子取代的产物，氮原子和五个碳原子处于同一平面上，与吡咯相比，氮原子采用不等性sp^2杂化，两个sp^2杂化轨道与相邻sp^2杂化碳原子的杂化轨道重叠成键，孤对电子处于余下的sp^2杂化轨道中，未参与杂化的p轨道与每个碳原子上未杂化p轨道相互平行重叠，形成闭合的大π键，大π键的π电子数为6，符合$4n+2$规则，具有芳香性。由于氮原子的电负性比碳大，因此，环上电子云向氮原子偏移，氮原子上的电子云密度增大，碳原子的电子云密度较低，即吡啶环上电子云密度不平均分布，所以吡啶的亲电取代反应比苯难，反应部位主要发生在间位上。因此，将吡啶或类似于吡啶环上的π电子云密度比苯低的芳杂环亦称为“缺π”芳杂环（图16-4）。

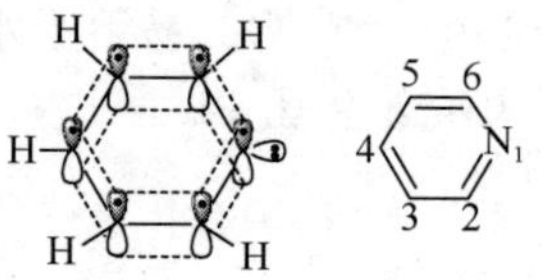

图16-4　吡啶的结构

2. 吡啶的化学性质

（1）碱性：吡啶氮原子上具有未参与成键的孤对电子，它未参与共轭，可以和质子结合或给出电子，呈弱碱性，可与强酸成盐。

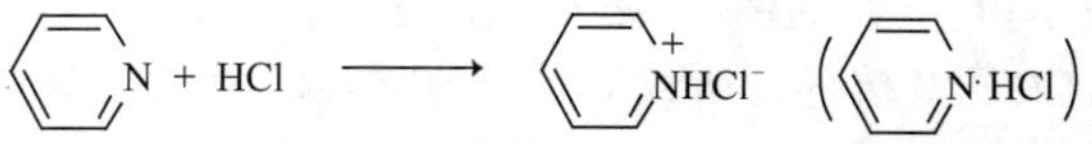

吡啶的碱性比一般的脂肪胺及氨都弱，但比苯胺强。这是因为吡啶的孤对电子在不等性的sp^2杂化轨道上，其s成分较多，距核较近，受核束缚较强，给出电子能力降低，较难与质子结合，所以碱性较弱。几种物质的碱性强弱如下：

	二甲胺	> 甲胺	> 氨	> 吡啶	> 苯胺
pK_b	3.27	3.35	4.76	8.81	9.37

（2）亲电取代反应：吡啶是“缺π”芳杂环，环上电子云密度比苯低，亲电取代反应比苯难，需在较强烈的条件下进行，取代基多进入间位（β-位），产率较低。

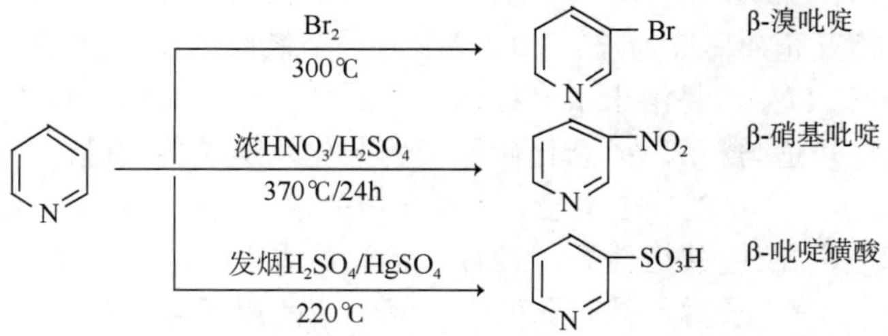

（3）侧链上的氧化反应：由于吡啶环上的电子云密度较低，故难以失去电子被氧化。但当吡啶环上有烷基或芳基侧链时，在强氧化剂如$KMnO_4$作用下，侧链则可被氧化，生成吡啶甲酸。

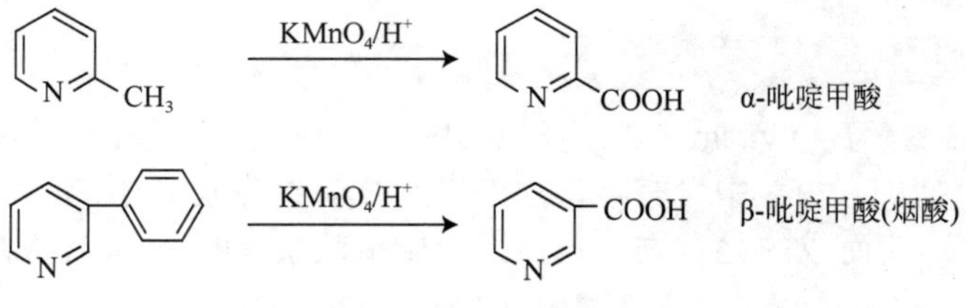

（二）吡啶衍生物

1. 维生素PP　维生素PP（vitamin PP）是吡啶的重要衍生物，包括烟酸（nicotinic acid）和烟酰胺（nicotinamide），属于B族维生素类，它们都是白色晶体，能溶于热水和乙醇中，对酸、碱和热稳定。存在于肉类、谷物、花生及酵母中，对中枢神经和交感神经系统有维护作用，缺乏维生素PP时，易患烟酸缺乏症。烟酸能扩张血管，并有降低血浆中胆固醇和脂肪的作用，但大剂量服用时对人的胃和皮肤有一定的副作用。

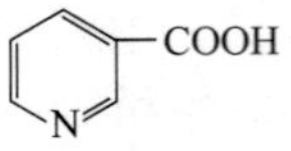

烟酸(β-吡啶甲酸)

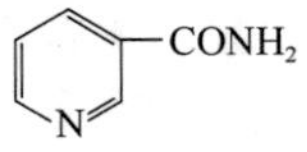

烟酰胺(β-吡啶甲酰胺)

2. 异烟肼 异烟肼（isoniazid）又称为雷米封（rimifon），为白色针状结晶或粉末，熔点170～173℃，易溶于水和乙醇，可用于结核病的治疗，对维生素PP有拮抗作用，长期服用，应补充维生素PP。

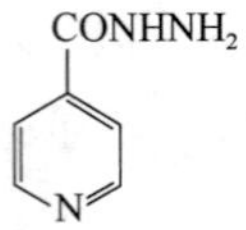

异烟肼

3. 维生素 B_6 维生素 B_6（vitamin B_6）包括吡哆醇（pyridoxol）、吡哆醛（pyridoxal）和吡哆胺（pyridoxamine），均为无色晶体，对酸较稳定，在碱性溶液中易被破坏，对光敏感，与三氯化铁作用呈红色。广泛存在于鱼、肉、谷物和蔬菜中，是蛋白质代谢过程中的必需物质，临床上常用维生素 B_6 治疗妊娠、放射病及抗癌药所致的恶心与呕吐，脂溢性皮炎等。

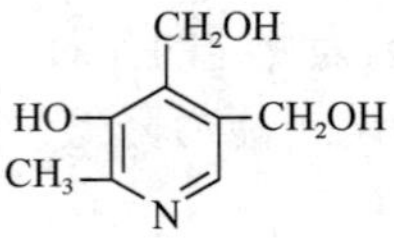

吡哆醇

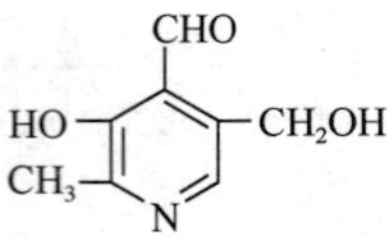

吡哆醛

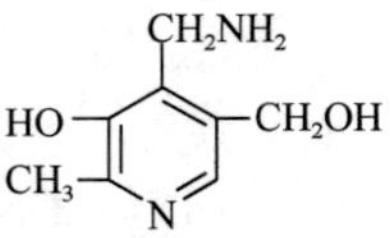

吡哆胺

五、噻唑及其衍生物

（一）噻唑

含有两个杂原子的五元杂环称为唑。噻唑是含有一个氮原子和一个硫原子的五元杂环，为无色有臭味的液体，沸点117℃，易溶于水，结构为平面型分子，氮原子和硫原子均采用不等性的 sp^2 杂化，两个 sp^2 杂化轨道与相邻 sp^2 杂化碳原子的杂化轨道重叠成键，氮原子中未杂化 p 轨道中的一个电子、硫原子中的未共用电子对参与形成闭合的六电子大π键共轭体系，具有一定的芳香性；此外，杂原子上还余有未共用电子对，具有弱碱性；氮、硫两原子电负性较强，使之对氧化剂、还原剂稳定。噻唑的结构如图16-5所示。

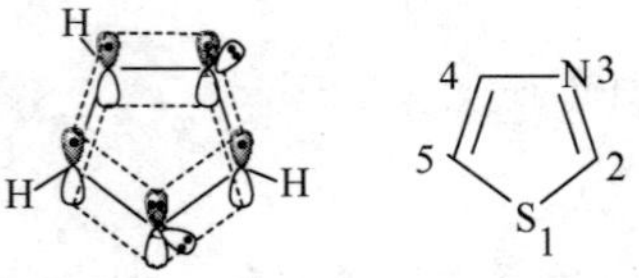

图 16-5 噻唑的结构

噻唑的衍生物在生物体内和医药上都很重要。例如，维生素 B_1 和青霉素为噻唑的衍生物。

（二）噻唑衍生物

1. 维生素 B_1 维生素 B_1（vitamin B_1）在植物中分布很广，主要存在于种子的外皮和胚芽中，米糠、麦麸、酵母、瘦肉、白菜中含有丰富的维生素 B_1。维生素 B_1 由噻唑环和含氨基的嘧啶环通过亚甲基—CH_2—连接而成的化合物，医药上叫做硫胺素（thiamine），常用的是它的盐酸盐，其结构式如下：

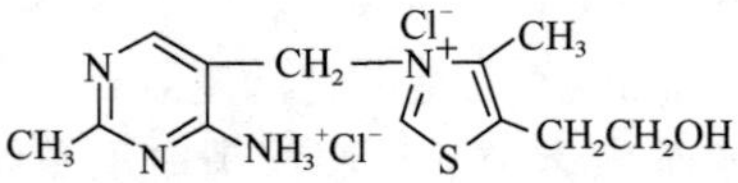

维生素B_1

维生素 B_1 为白色晶体，易溶于水，对酸稳定，遇碱分解。它在细胞内以焦磷酸硫胺素（thiamine pyrophosphate，TPP）的形式存在，作为脱羧酶的辅酶参与糖代谢。当机体缺乏维生素 B_1 时，糖代谢受阻，其代谢的中间产物丙酮酸和乳酸在组织中积累，使机体尤其是神经组织的能量来源发生障碍，从而影响神经组织的正常功能，导致多发性神经炎、脚气病及食欲不振，因此，临床上常用维生素 B_1 为辅助药物治疗上述疾病。

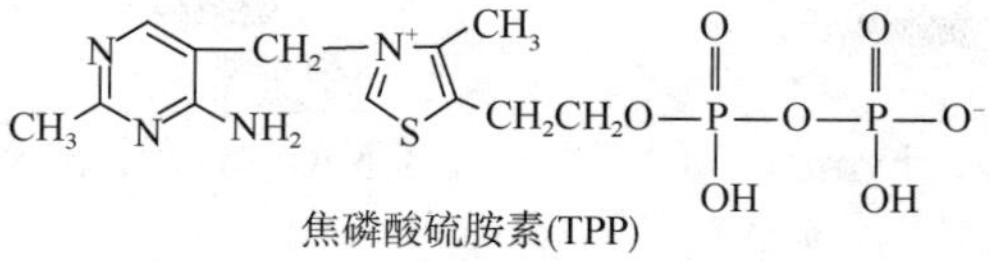

焦磷酸硫胺素(TPP)

2. 青霉素　青霉素（penicillin）是一类应用相当广泛的β-内酰胺类抗生素（β-lactam antibiotics），β-内酰胺类抗生素包括青霉素、头孢菌素、碳青霉烯类、单环类、头霉素类等。青霉素有抑菌作用，且毒性低，疗效好，广泛用于临床，是很常用的抗菌药品。天然的青霉素有青霉素G、F、X、K、二氢青霉素F、3-戊烯青霉素和顶芽孢菌素七种，它们的基本结构是6-氨基青霉烷酸（6-aminopenicillanic acid），由β-内酰胺环和氢化噻唑环稠合而成，各种青霉素的区别在于取代基R的不同。

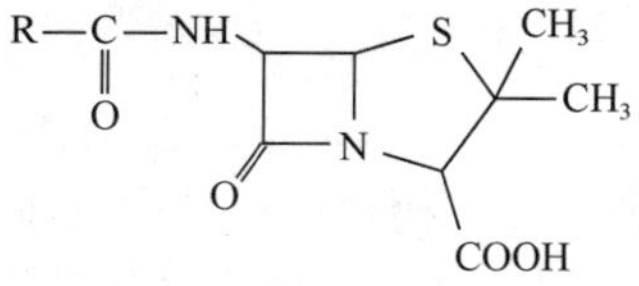

青霉素的基本结构

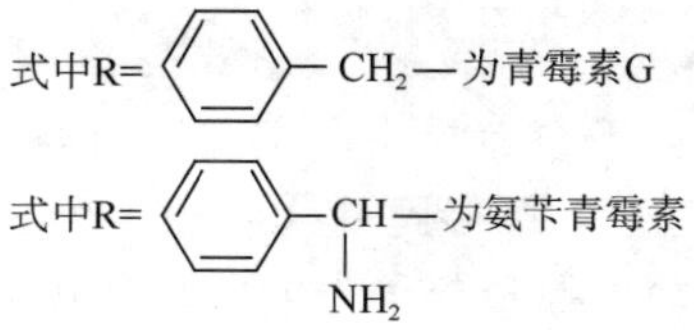

六、嘧啶及其衍生物

（一）嘧啶

嘧啶（pyrimidine）是一无色结晶，熔点22.5℃，沸点124℃，易溶于水。嘧啶是一含有两个氮原子的六元杂环化合物，结构可看成吡啶环上的3位CH被氮原子取代而成的杂环化合物，所以性质与吡啶相似，但碱性（pK_b=12.7）比吡啶弱得多，其水溶液近于中性，由于环中有两个吸电子性较强的氮原子，亲电取代反应也比吡啶弱，只有环上有致活基团时，才能发生亲电取代反应，取代基一般进入5-位。其结构如图16-6所示。

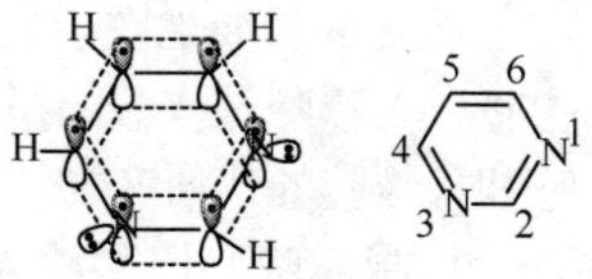

图16-6　嘧啶的结构

嘧啶本身不存在于自然界中，但它的衍生物在自然界中分布很广，并在动植物新陈代谢中起着重要的作用。

（二）嘧啶衍生物

1. 尿嘧啶　尿嘧啶（uracil，U），存在于RNA中，具有酮型和烯醇型互变异构现象，在生理pH环境下以酮式为主。嘧啶5-位上的氢被氟取代后生成的5-氟尿嘧啶，具有干扰核酸的功能和合成的作用，可用作抗癌药物。

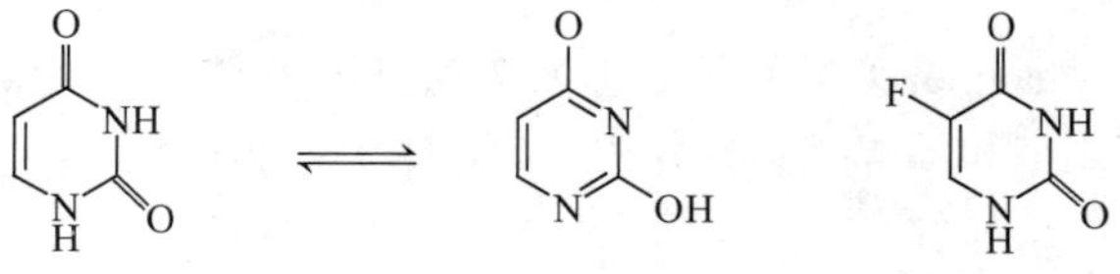

酮型　　烯醇型　　5-氟尿嘧啶

2. 胞嘧啶　胞嘧啶（cytosine，C），存在于RNA和DNA中，也具有酮型和烯醇型互变异构现象：

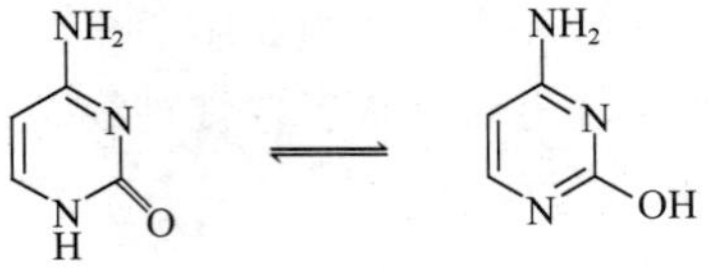

酮型　　　烯醇型

3. 胸腺嘧啶　胸腺嘧啶（thymine，T），存在于 DNA 中，其酮型和烯醇型互变异构现象如下：

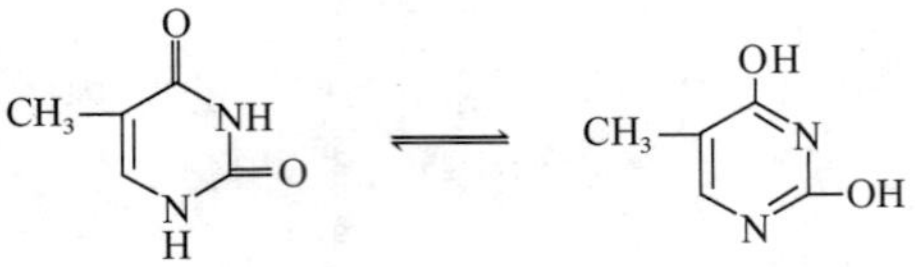

酮型　　　烯醇型

七、嘌呤及其衍生物

（一）嘌呤

嘌呤本身不存在于自然界中，主要通过合成方法得到。嘌呤为无色晶体，熔点 217℃，易溶于水，也可溶于乙醇。嘌呤可看作是由一个嘧啶环和一个咪唑环稠合而成的两性杂环化合物，所以能与酸或碱成盐。嘌呤分子中的咪唑环可以互变，有两种互变异构体，晶体状态下主要以 7*H*-嘌呤（7*H*-purine）的形式存在，在生物体内多以 9*H*-嘌呤（9*H*-purine）的形式存在。

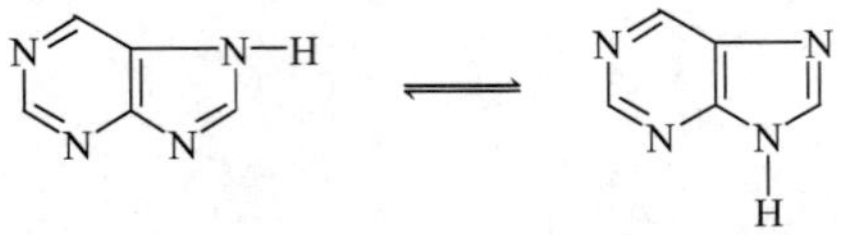

7*H*-嘌呤　　　9*H*-嘌呤

（二）嘌呤衍生物

嘌呤的重要性在于它的羟基和氨基衍生物广泛存在于动植物体中，并参与生命活动，例如，腺嘌呤、鸟嘌呤是核酸的组成成分，次黄嘌呤（6-氧嘌呤）、黄嘌呤（2, 6-二氧嘌呤）和鸟酸则是腺嘌呤和鸟嘌呤的代谢产物。嘌呤的某些衍生物具有药用价值，如 6-巯基嘌呤可用于治疗急性白血病。

1. 腺嘌呤　腺嘌呤（adenine，A）系统名称为 6-氨基嘌呤，能溶于水，熔点 352℃，具有刺激白细胞增生的作用。其结构如下：

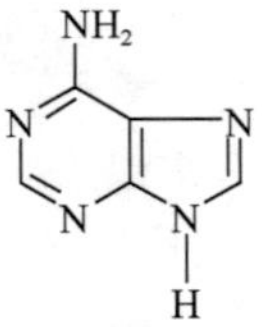

腺嘌呤(6-氨基嘌呤)

2. 鸟嘌呤　鸟嘌呤（guanine，G）系统名称为 2-氨基-6-氧嘌呤，不溶于水和大多数有机溶剂，在 350℃下不熔化，具有酮型和烯醇型互变异构现象，在生理 pH 条件下，以酮式为主。结构如下：

2-氨基-6-氧嘌呤(酮型)　　　2-氨基-6-羟基嘌呤(烯醇型)

3. 尿酸　尿酸（uric acid）系统名称为 2, 6, 8-三氧嘌呤，为白色晶体，无臭无味，极难溶于水，有弱酸性，具有酮型和烯醇型互变异构现象，在平衡混合物中以酮型占优势。

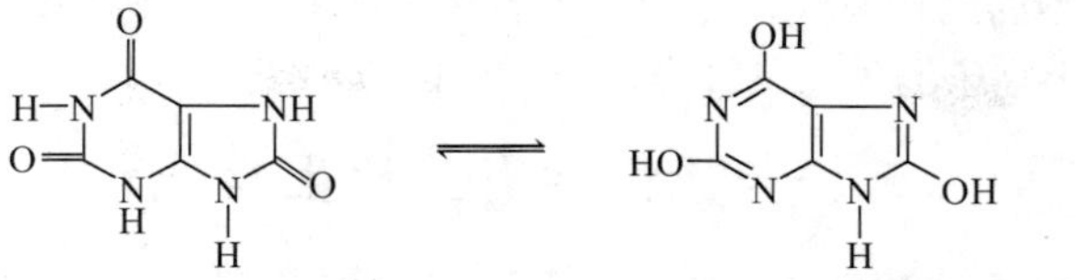

2,6,8-三氧嘌呤(酮型)　　　　2,6,8-三羟基嘌呤(烯醇型)

尿酸存在于哺乳动物的尿和血中，健康人每天的排泄量为 0.5～1g，但当代谢紊乱时，尿中尿酸含量增加，形成尿结石；血液中尿酸含量过多时，可沉积在关节处，形成痛风石。

第四节　生　物　碱

一、生物碱的概念

生物碱（alkaloid）是一类存在于植物体内，对人和动物有强烈生理作用的碱性含氮有机化合物。生物碱多数属于仲胺、叔胺或季铵，少数为伯胺，很多含有含氮杂环。生物碱在植物体内是由氨基酸转化来的，可与有机酸（如苹果酸、柠檬酸、草酸和琥珀酸）成盐，常以盐的形式存在于植物体内。一种植物可含有多种生物碱，同一科的植物所含生物碱的结构通常是相似的。生物碱对人体有特殊而显著的生理活性，如止痛、平喘、止咳、清热、利尿、抗菌及抗癌等作用，像吗啡碱是强镇痛药，奎宁是治疗疟疾的重要药物，麻黄碱有止咳平喘的作用，阿托品是常用的平滑肌解痉药和有机磷农药的解毒剂；有些生物碱的毒性极强，量小时可作为药物，量大时可引起中毒，因此，必须经处理后方能用于临床。许多中草药的有效成分就是生物碱，因此从植物中提取、分离生物碱，测定其结构和药理活性，再将其合成出来是有机化学与医药学的重要工作。

生物碱的分类方法通常有两种，一类是按植物来源分，如长春花生物碱、夹竹桃生物碱、乌头生物碱等；另一类是按生物碱的杂环母核结构分类，如喹啉类、异喹啉类、吲哚类、嘌呤类生物碱等。生物碱的名称大多数根据它所来源的植物命名，如麻黄碱由麻黄中得到、烟碱是由烟草中提取得到、乌头碱是由乌头中提取得到而得名。

二、生物碱的一般性质

大多数生物碱具有结晶性，但也有少数如烟碱常温下还是液体并有挥发性。生物碱多数是味苦、无色，但也有例外，如麻黄素、小檗碱等呈黄色。

大多数生物碱由于分子结构中都含有氮原子，而氮上有一对未共用电子，可接受质子成盐，所以显碱性。生物碱的结构不同，碱性强弱也不同。游离生物碱极性较小，一般不溶或难溶于水，而能溶于乙醚、氯仿和丙酮等有机溶剂，也能溶解于稀酸溶液生成盐。生物碱的盐类极性大，大多易溶解于水及醇，难溶于苯、氯仿和乙醚等有机溶剂，其溶解性能与游离生物碱恰恰相反。生物碱的盐遇碱仍可变为不溶水的游离生物碱。

$$\underset{\text{（难溶于水）}}{\text{生物碱}} \underset{OH^-}{\overset{H^+}{\rightleftharpoons}} \underset{\text{（易溶于水）}}{\text{生物碱盐}}$$

因此，我们在分离、提纯和精制生物碱时，可先将样品在酸存在下用水提取，再将提取液调节至碱性，最后用有机溶剂提取。

苦味酸或鞣酸等与生物碱作用可生成难溶水的盐，故可作为生物碱的沉淀剂，其他如碘化汞钾、碘化铋钾等也都是生物碱的沉淀剂。

生物碱可与一些试剂发生颜色反应，常用的试剂有Mandelin试剂（1%钒酸铵的浓硫酸溶液）、Frohde试剂（1%钼酸铵的浓硫酸溶液）、Macquis试剂（少量甲醛的浓硫酸溶液）、浓硫酸及浓硝酸。其颜色变化与生物碱的结构有关，利用它可鉴别生物碱，能使生物碱显色的试剂称为生物碱显色剂。目前广泛应用于临床的生物碱种类达100种以上。

三、与医药学有关的生物碱

（一）麻黄碱

中药麻黄中含多种生物碱，其中主要是麻黄碱（ephedrine），又称麻黄素，其含量在60%以上，其次为伪麻黄碱，还有少量其他生物碱。麻黄碱是仲胺，不含氮杂环，分子中含有两个手性碳原子，应有两对对映体，但在麻黄中只有（-）-麻黄碱和（+）-伪麻黄碱存在，它们的结构式如下：

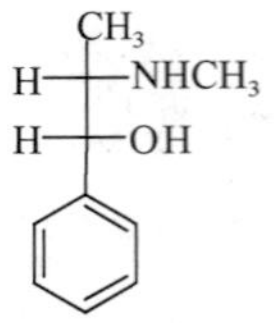

(−)-麻黄碱

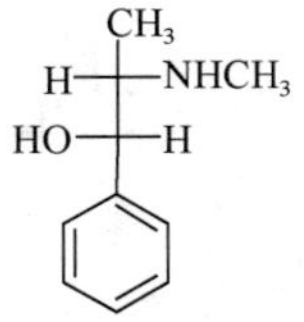

(+)-伪麻黄碱

麻黄碱为无色结晶，熔点36℃，其溶解性与一般生物碱不同，溶于水及乙醇、氯仿、乙醚等有机溶剂中，与生物碱沉淀试剂亦不易生成沉淀。麻黄碱有兴奋交感神经、增高血压、扩张支气管的作用，在临床上用于防治支气管哮喘、发汗和消除由于鼻黏膜充血而引起的鼻塞。

（二）颠茄碱

颠茄碱（atropine）是指存在于茄科植物颠茄、莨菪、曼陀罗、洋金花等中草药中所含生物碱的总称，主要有莨菪碱、东莨宕碱、山莨菪碱和樟柳碱。由于分子中所含的氮杂环叫莨菪烷（托烷），故又称莨菪烷生物碱。莨菪烷可看由四氢吡咯和六氢吡啶（又称哌啶）的两个杂环拼合形成的双环体系。而颠茄碱又称莨菪碱，它是由莨菪醇和莨菪酸所形成的酯。颠茄碱为左旋体，其外消旋体（阿托品）为长柱状晶体，熔点118℃，易溶于乙醇、氯仿等，难溶于水。颠茄碱在医药上用作抗胆碱药，能抑制唾液、肝腺、泪腺、胃液等的分泌，并能扩散瞳孔，用于治疗平滑肌痉挛、胃和十二指肠溃疡，也可用作有机磷和锑剂中毒的解毒剂。莨菪烷的结构式如下：

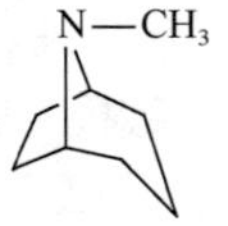

莨菪烷（托烷）

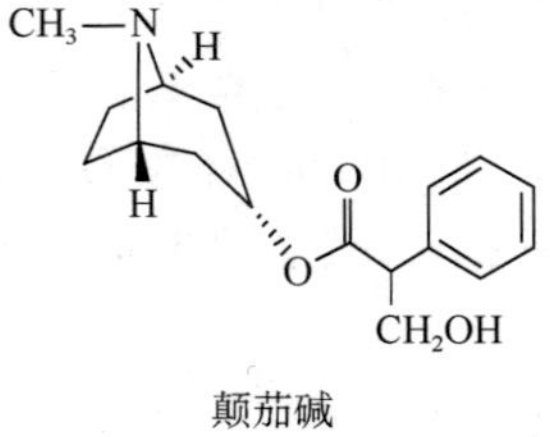

颠茄碱

（三）小檗碱

小檗碱（berberine）又名黄连素，存在于黄连、黄柏等中草药中，属于异喹啉类生物碱，是一种季铵碱。小檗碱从乙醚中可析出黄色针状晶体；熔点145℃；溶于水，难溶于苯、乙醚和氯仿等有机溶剂。其盐类在水中的溶解度都比较小，如盐酸盐为1∶500，硫酸盐为1∶30。小檗碱有抑制痢疾杆菌、链球菌及葡萄球菌的作用，是一类抗菌药物，临床上常用于治疗痢疾、肠炎等症。

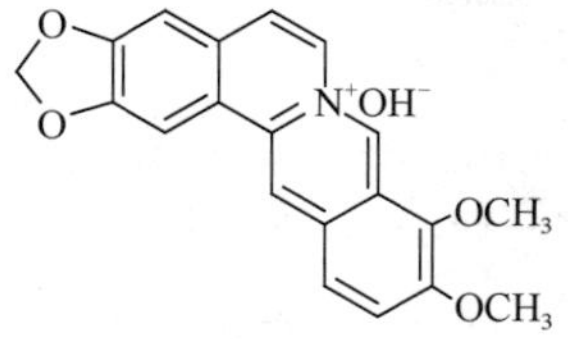

小檗碱(黄连素)

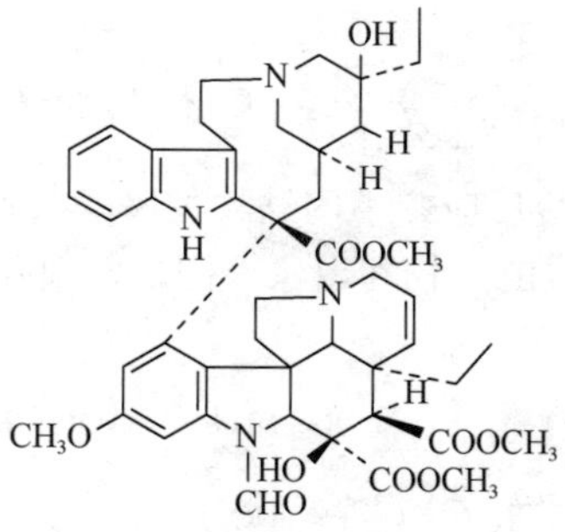

长春新碱

（四）长春新碱

长春新碱（vincristine，oncovin，VCR）是夹竹桃科植物长春花中提取出的生物碱，是一种双吲哚型生物碱。甲醇中重结晶时为针状结晶。熔点 211～216℃，比旋光度 +42°（氯仿）。溶于氯仿、丙酮和乙醇。因抗肿瘤作用良好，疗效比长春碱约高 10 倍，可用于治疗急性淋巴细胞性白血病，疗效较好，对其他急性白血病、霍奇金病、淋巴肉瘤、网状细胞肉瘤和乳腺癌也有疗效。目前其制剂作为临床抗肿瘤药物。其结构如上。

人体视角　　**茶叶中的生物碱**

茶叶被誉为世界三大饮料之一，含有许多营养成分和药效成分，可以增进人体健康。像茶叶生物碱就是茶叶内富含的一类重要化学物质，属于含氮杂环化合物，该类化合物主要包含嘌呤碱类化合物（如咖啡碱、可可碱、茶叶碱、腺嘌呤、鸟嘌呤等），也含有少量的嘧啶碱类化合物（尿嘧啶、胸腺嘧啶、胞嘧啶及 5-甲基胞嘧啶等），其中，咖啡碱含量最多，一般在 2%～4%，是具有绢丝光泽的白色针状结晶体，失去结晶水后呈白色粉末，无臭，有苦味，因易溶于水，具有增强大脑皮质的兴奋程度，减少疲乏感等生理功能，是形成茶叶滋味的重要物质，也是茶叶区别于其他植物而成为饮料的主要原因。

现代科学研究结果证明，茶叶生物碱对中枢神经系统、心血管系统、消化系统、呼吸系统、生殖系统、内分泌及代谢系统等方面的生理活性都有显著的影响，但过量摄取咖啡因等茶叶生物碱不仅容易引起心悸、震颤、胃肠生理功能失调、血压升高等不良反应，也可能表现出焦虑、失眠等中枢神经系统的临床反应。

本章小结

1. 胺的化学性质

（1）碱性：胺分子中氮原子上的孤对电子能接受质子而显碱性，能与酸发生成盐反应。其碱性受电子效应、溶剂化效应、空间效应等多种因素综合影响，强弱顺序大致为：季铵碱＞脂肪仲胺＞脂肪伯胺或叔胺＞氨＞芳香胺。

$$RNH_2 + HCl \longrightarrow RNH_3^+Cl^-$$

（2）酰化反应：伯胺、仲胺分子中氮上有氢原子，能与酰氯、酸酐等发生酰化反应。叔胺氮原子上无氢，故不能反应。

$$RNH_2 + R'-\overset{\overset{O}{\|}}{C}-Cl \longrightarrow R'-\overset{\overset{O}{\|}}{C}-NHR$$

$$CH_3CH_2NH_2 + CH_3-\overset{\overset{O}{\|}}{C}-Cl \longrightarrow CH_3-\overset{\overset{O}{\|}}{C}-NHCH_2CH_3$$

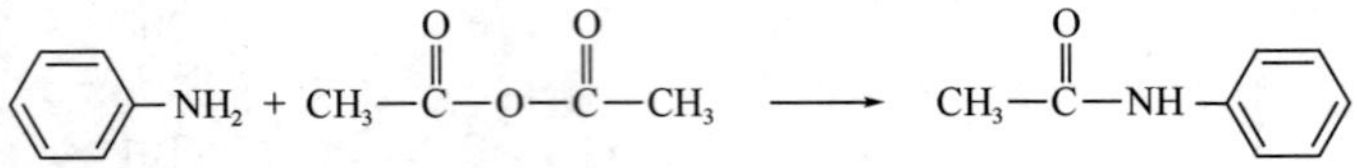

（3）与亚硝酸反应：不同结构的胺类与亚硝酸反应类型不同。可利用伯、仲、叔胺在低温下与 HNO_2 反应生成的产物和现象不同，鉴别几种不同类型的胺。

1）伯胺的反应

$$R{-}NH_2 + NaNO_2 + HCl \longrightarrow R{-}OH + N_2\uparrow + H_2O$$

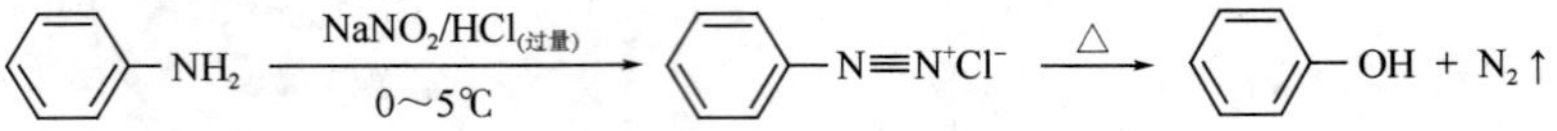

氯化重氮苯

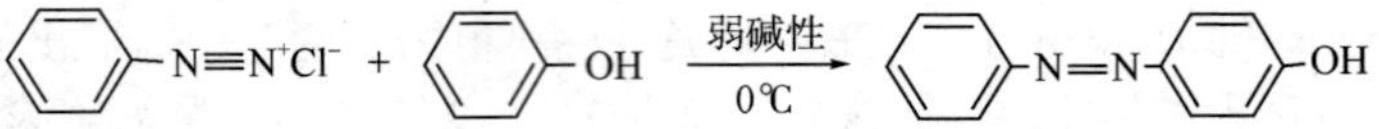

对羟基偶氮苯（橘黄色）

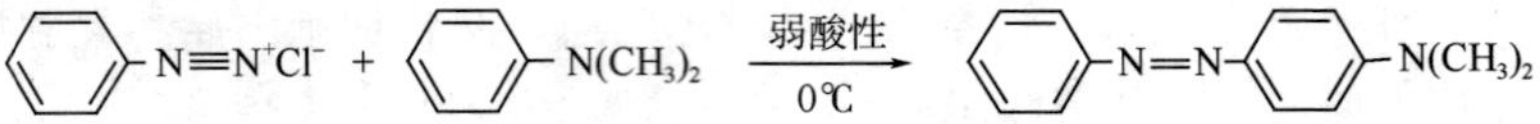

对二甲氨基偶氮苯（黄色）

2）仲胺的反应

$$R_2NH + NaNO_2 + HCl \longrightarrow R_2N{-}N{=}O$$

N-亚硝基胺 (黄色油状物)

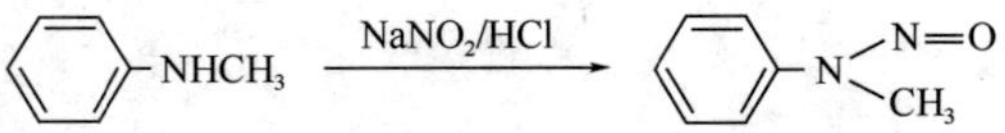

N-甲基-*N*-亚硝基苯胺 (黄色油状物)

3）叔胺的反应

$$R_3N + NaNO_2 + HCl \longrightarrow R_3NH^+NO_2^-$$

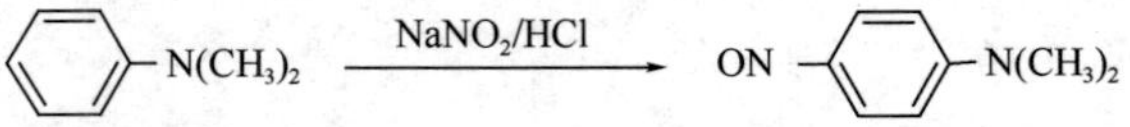

酸性下呈橘黄色
碱性下呈翠绿色

N,N-二甲基苯胺　　*N,N*-二甲基-对亚硝基苯胺

2. 酰胺及重要衍生物的化学性质

（1）酸碱性：酰胺呈近中性。但酰亚胺则由于两酰基的吸电子性，表现出弱酸性。

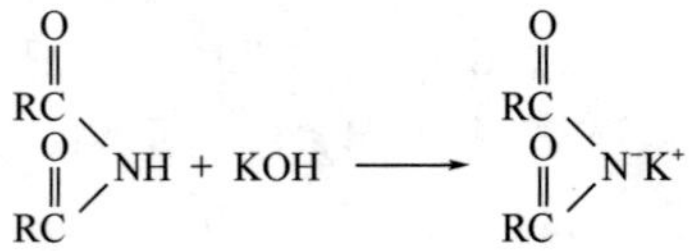

（2）水解反应：酰胺在酸、碱或酶的存在下加热时，可发生水解反应。反应中，伯酰胺碱性水解时可产生氨气，可用于伯酰胺的鉴别。

$$RCONH_2 + NaOH \xrightarrow{\triangle} RCOONa + NH_3\uparrow$$

（3）尿素的性质

1）弱碱性

$$H_2N-\overset{O}{\overset{\parallel}{C}}-NH_2 + HNO_3 \longrightarrow H_2N-\overset{O}{\overset{\parallel}{C}}-NH_2 \cdot HNO_3\downarrow \text{硝酸脲}$$

2）水解反应

$$H_2N-\overset{O}{\overset{\parallel}{C}}-NH_2 + H_2O \begin{cases} \xrightarrow[\triangle]{HCl} CO_2\uparrow + NH_4Cl \\ \xrightarrow[\triangle]{NaOH} Na_2CO_3 + NH_3\uparrow \\ \xrightarrow{\text{脲酶}} CO_2\uparrow + NH_3\uparrow + H_2O \end{cases}$$

3）与亚硝酸反应

$$H_2N-\overset{O}{\overset{\parallel}{C}}-NH_2 + HNO_2 \longrightarrow N_2\uparrow + CO_2\uparrow + H_2O$$

4）缩二脲的生成反应

$$H_2N-\overset{O}{\overset{\parallel}{C}}-NH_2 + H-NH-\overset{O}{\overset{\parallel}{C}}-NH_2 \xrightarrow{150\sim160℃} \underset{\text{缩二脲}}{H_2N-\overset{O}{\overset{\parallel}{C}}-NH-\overset{O}{\overset{\parallel}{C}}-NH_2} + NH_3\uparrow$$

缩二脲与碱性稀硫酸铜作用显紫色或紫红色的缩二脲反应可用于鉴别分子中含有两个以上的酰胺基的化合物，如多肽、蛋白质等。

3. 含氮杂环化合物的化学性质　吡咯为闭合的共轭体系，具有芳香性，其亲电取代反应比苯更容易，取代基主要进入α-位；氮原子上未共用电子对参与共轭，电子云密度降低，无碱性，但氮上氢原子在其吸电子影响下，具有弱酸性。

吡啶为六原子六电子组成的闭合共轭体系，具有芳香性，其亲电取代反应比苯难，取代反应主要发生在间位（即β-位）上；氮原子上未共用电子对未参与共轭，吡啶具有弱碱性。

其余含氮杂环与吡咯或吡啶相似，大多具有芳香性和酸碱性。

（1）吡咯的性质

1）酸碱性

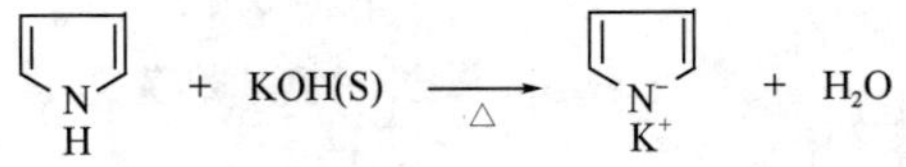

2）亲电取代反应

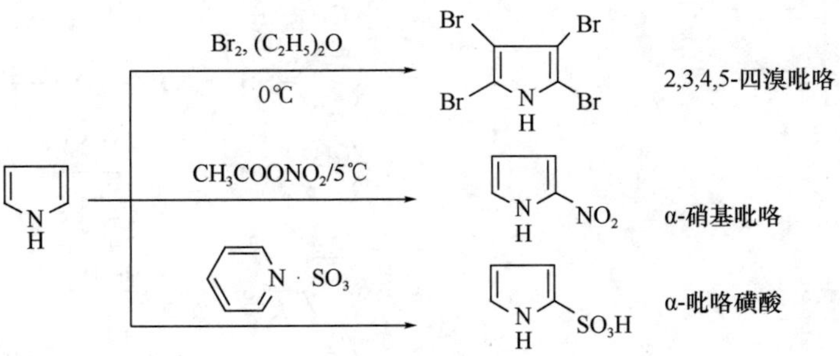

（2）吡啶的性质

1）碱性

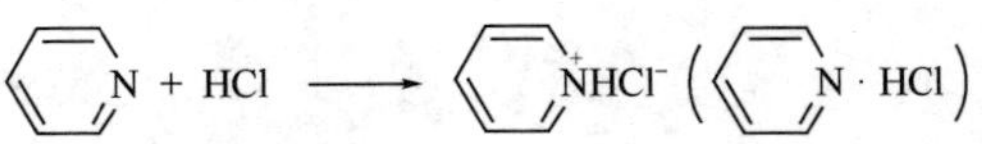

2）亲电取代反应

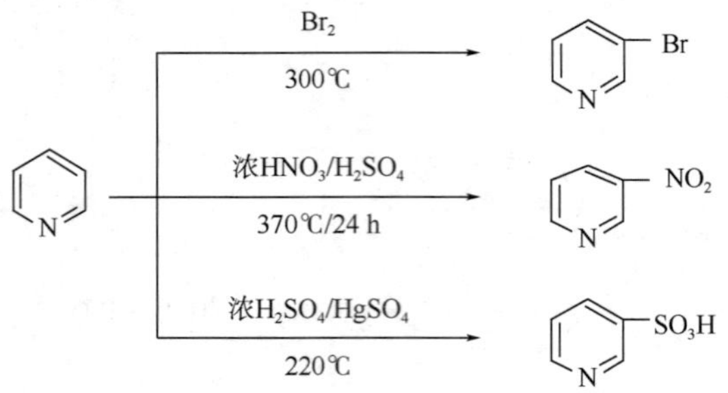

3）侧链上的氧化反应

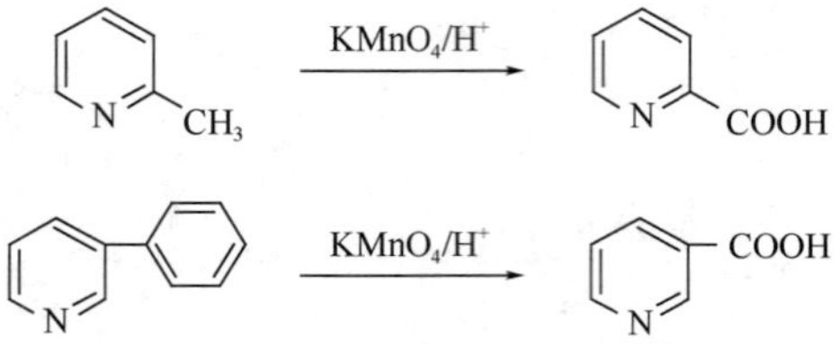

4. 生物碱的化学性质

（1）沉淀反应：大多数生物碱与碘化汞钾试剂、碘化铋钾试，碘-碘化钾试剂、磷钨酸、苦味酸、硅味酸试剂能发生沉淀反应，由于沉淀的颜色、形态等的不同，可用于鉴别生物碱。

（2）颜色反应：生物碱大多能与甲醛-浓硫酸试剂、钼酸铵-浓硫酸试剂、钒酸铵-浓硫酸试剂等反应产生不同的颜色，可用于鉴别生物碱。

关　键　词

氨、胺、铵、碱性、酰化、重氮盐、酰胺、水解、杂环、杂原子、芳香性、生物碱。

问题与练习

一、命名下列化合物

1.$CH_3CH_2CH_2NH_2$

2.$(CH_3)_2NCH(CH_3)_2$

3. 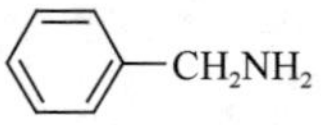

4. 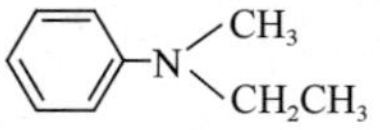

5. 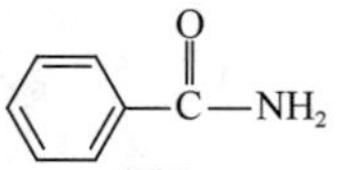

6. 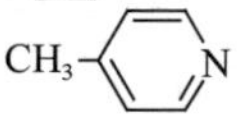

7.$[HOCH_2CH_2N(CH_3)_3]^+OH^-$

8.$[(CH_3CH_2)_3NCH_3]^+Cl^-$

9.H_2NCONH_2

10. 

二、写出下列化合物的结构式

1. 叔丁胺　　2. *N*, *N*-二甲基苯胺

3. *N*-甲基苯甲酰胺　　4. 氢氧化四乙胺

5. β-吡咯甲醛　　6. 5-溴-4-甲基嘧啶

7. 对氨基苯磺酰胺　　8. 乙酰胆碱

9. 烟碱　　10. 烟酸

三、完成下列反应方程式

1.（CH_3CH_2）$_2NH+HCl \longrightarrow$

2. 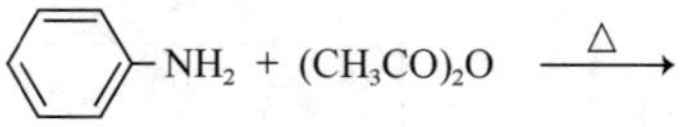

3. 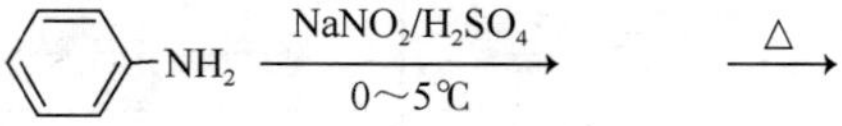

4. 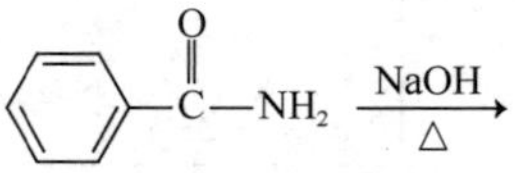

5. 

6.$2H_2NCONH_2 \xrightarrow{150\sim160℃}$

7. 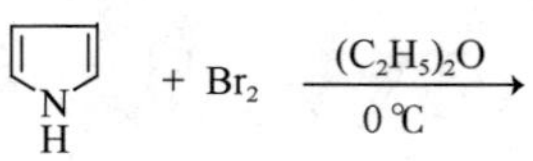

8. 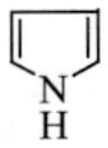 + KOH $\xrightarrow{\triangle}$

9. 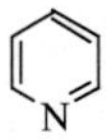 + 浓HNO_3 $\xrightarrow[\triangle]{浓H_2SO_4}$

四、填空题

1. 乙胺、二乙胺、氨、氢氧化四甲胺、二苯胺的碱性强弱为 ____________。

2. 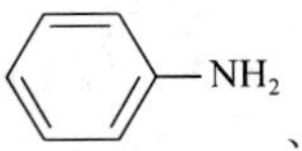、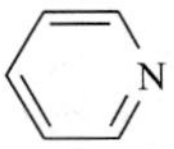、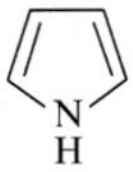、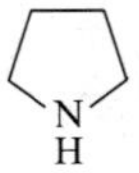的碱性强弱为 ____________。

3. 丙二酰脲的酮型和烯醇型互变异构转化平衡为 ____________。

4. 尿嘧啶的酮型和烯醇型互变异构转化平衡为 ____________。

5. 甲硝唑（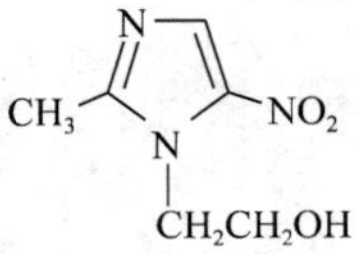）的结构中所含的杂环母核是 ____________。

6. 咖啡因（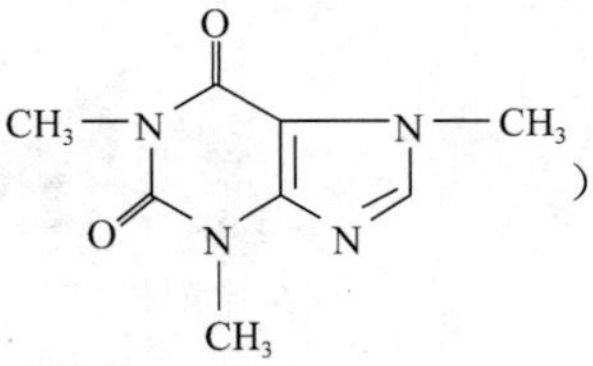）的结构中所含的杂环母核是 ____________。

五、用简便的化学方法鉴别下列各组化合物

1. 乙胺、二乙胺、三乙胺、苯胺
2. 尿素、缩二脲、乙酰胺、乙胺

六、推测结构

某旋光性化合物 A（$C_5H_{13}N$）与亚硝酸反应生成化合物 B（$C_5H_{12}O$）。B 也具有旋光性，B 与浓硫酸共热得到化合物 C（C_5H_{10}）。C 能使溴水褪色，并具有顺反异构现象，被酸性高锰酸钾溶液氧化得到两种不同的酸。试写出 A、B、C 的结构式和 B 的 R 构型、C 的 E 构型。

思　考　题

1. 伯、仲、叔胺与伯、仲、叔醇的分类方法是否相同？举例说明。
2. 什么是生物碱？

（孙忠文）

第十七章 脂　　类

（lipid）

学习目标

1. **掌握**：卵磷脂、脑磷脂、糖脂、甾族化合物的结构及性质。
2. **熟悉**：酸败、碘值、皂化值的概念。
3. **了解**：重要甾族化合物及其生理作用。

人体视角　　**肥胖：遗传性疾病吗?**

体内脂肪，尤其是甘油三酯积聚过多是导致肥胖的直接原因。甘油三酯是由三分子脂肪酸与一分子甘油结合而成的，是脂肪酸的贮藏库，会根据身体所需被分解。如果甘油三酯过量，囤积于皮下就会使身体肥胖。常见的肥胖多为单纯性肥胖，也称为原发性肥胖，可能与遗传、饮食和运动习惯有关，所占比例高达99%。而继发性肥胖即由于其他健康问题所导致的肥胖仅占1%。遗传因素决定了个人的体质，进而决定甘油三酯的消耗能力。研究发现，肥胖人的家族中有肥胖病史者占34.3%，双亲都肥胖者，其子女肥胖占70%；双亲中有一人肥胖，其子女肥胖占40%；双亲中都是瘦的或体格正常的人，其子女肥胖只占10%。以上数据表明，肥胖与遗传密切相关，即肥胖具有一定的遗传性。

脂类（lipid）是油脂和类脂（lipoid）的总称，是构成生物体的重要成分，在生理活动中都起着十分重要的作用。

油脂是指甘油与脂肪酸（主要是高级脂肪酸）生成的酯，由油（oil）和脂肪（fat）组成，主要存在于人体的皮下结缔组织、腹腔、大网膜及肠系膜等脂肪组织中。脂肪氧化除可供给一部分能量外，还可作为能源的储备物。它在脏器周围起了保护内脏免受磨损及外力撞伤的作用，在皮下有保温作用，此外，脂肪还是脂溶性维生素A、D、E、K等及许多生物活性物质的良好溶剂。

类脂的结构和理化性质与油脂相似，主要包括磷脂、糖脂、蜡、甾醇、甾类激素及强心苷等。类脂是细胞原生质的必要成分，称为原生质脂。它们在细胞内与蛋白质结合在一起形成脂蛋白，构成细胞的各种膜，如细胞膜、核膜、线粒体膜等。甾族化合物广泛存在于动植物的组织中，如动物体内的胆固醇、胆汁酸、肾上腺皮质激素和性激素等；植物（中草药）中的强心苷及甾族生物碱等。

第一节　油　　脂

一、油脂的组成、结构和命名

油和脂肪统称油脂，一般在常温下为液体的油脂称为油，如豆油、花生油、芝麻油等植物油脂；常温下为固态或半固态的油脂称为脂肪，如牛脂、猪脂、羊脂等动物油脂。天然油脂是多种物质的混合物，其中主要成分是高级脂肪酸的甘油三酯，又称三酰甘油，其化学结构通式表示如下：

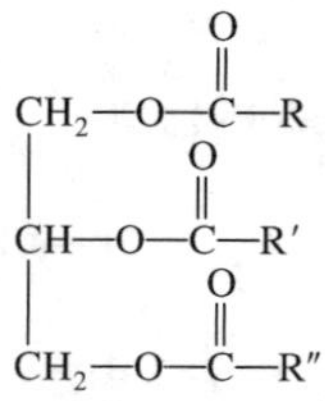

甘油三酯(三酰甘油)

式中的 R, R′, R″ 可以相同或不同，如果相同，则该油脂称为单酸甘油酯，又称单三酰甘油；若不同，则称为混酸甘油酯，又称混三酰甘油。天然油脂是混酸甘油酯的复杂混合物，除甘油三酯外，还含有少量游离脂肪酸、色素和维生素等。组成油脂的常见脂肪酸（表 17-1）具有如下特性：①直链、很少带支链，多含偶数碳原子；②不饱和脂肪酸的双键大多为顺式构型，多不饱和脂肪酸为非共轭多烯结构；③不饱和脂肪酸的熔点低于同碳数的饱和脂肪酸。

表 17-1 油脂中一些常见高级脂肪酸表

类别	名称	系统命名	结构式	熔点（℃）
饱和脂肪酸	月桂酸 auric acid	*n*-十二烷酸	$CH_3(CH_2)_{10}COOH$	44～46
	豆蔻酸 myristic acid	*n*-十四烷酸	$CH_3(CH_2)_{12}COOH$	58.5
	软脂酸 palmitic acid	*n*-十六烷酸	$CH_3(CH_2)_{14}COOH$	62.9
	硬脂酸 stearic acid	*n*-十八烷酸	$CH_3(CH_2)_{16}COOH$	69.9
	花生酸 arachidic acid	*n*-二十烷酸	$CH_3(CH_2)_{18}COOH$	75.2
不饱和脂肪酸	棕榈油酸 palmitoleic acid	十六碳 -9-烯酸	$CH_3(CH_2)_5CH=CH(CH_2)_7COOH$	0.5
	油酸 oleic acid	十八碳 -9-烯酸	$CH_3(CH_2)_7CH=CH(CH_2)_7COOH$	13～14
	蓖麻油酸 ricinoleic acid	12-羟基十八碳-9-烯酸	$CH_3(CH_2)_5CHOHCH_2CH=CH(CH_2)_7COOH$	5.5
	亚油酸 linoleic acid	十八碳 -9, 12-二烯酸	$CH_3(CH_2)_3(CH_2CH=CH)_2(CH_2)_7COOH$	-5.0
	α-亚麻油酸 α-linoleic acid	十八碳 -9, 12, 15-三烯酸	$CH_3(CH_2CH=CH)_3(CH_2)_7COOH$	-11.3
	γ-亚麻油酸 γ-linoleic acid	十八碳 -6, 9, 12-三烯酸	$CH_3(CH_2)_3(CH_2CH=CH)_3(CH_2)_4COOH$	-11.0
	桐油酸 eleostearic acid	十八碳 -9, 11, 13-三烯酸	$CH_3(CH_2)_3(CH=CH)_3(CH_2)_7COOH$	49.0
	花生四烯酸 arachidonic acid	二十碳 -5, 8, 11, 14-四烯酸	$CH_3(CH_2)_3(CH_2CH=CH)_4(CH_2)_3COOH$	-49.3
	神经酸 nervonic acid	二十四碳 -15-烯酸	$CH_3(CH_2)_7CH=CH(CH_2)_{13}COOH$	42～43

人体可以合成大多数脂肪酸，但少数不饱和脂肪酸如亚油酸和 α-亚麻酸人体不能合成，花生四烯酸体内虽能合成，但数量不能完全满足人体生命活动的需求，这些人体不能合成或合成不足，必须从食物中摄取的不饱和脂肪酸，称为必需脂肪酸。二十二碳六烯酸（DHA）是一类非常重要的不饱和脂肪酸，存在于人体的大脑、视网膜、心脏、母乳中，也是心脏的重要组成成分，缺乏时可引发一系列症状，包括生长发育迟缓、皮肤异常鳞屑、不育、智力障碍等。研究还发现，DHA 可降低人的血脂，抗血栓，防治心脑血管系统疾病，故称“脑黄金”。

甘油酯的命名可按多元醇酯的命名法。单甘油酯命名时，通常把甘油的名称放在前面，脂肪酸的名称放在后面，称为“甘油三某酸酯”，如甘油三硬脂酸酯；也可将脂肪酸的酰基名称放在前面，甘油的名称放在后面，称为“三某酰甘油”，如三硬脂酰甘油。如果是混酸甘油酯，则须将脂肪酸的位次标明，例如：甘油-α-硬脂酸-β-亚油酸-α′-油酸酯，也称 α-硬脂酰-β-亚油酰-α′-油酰甘油。

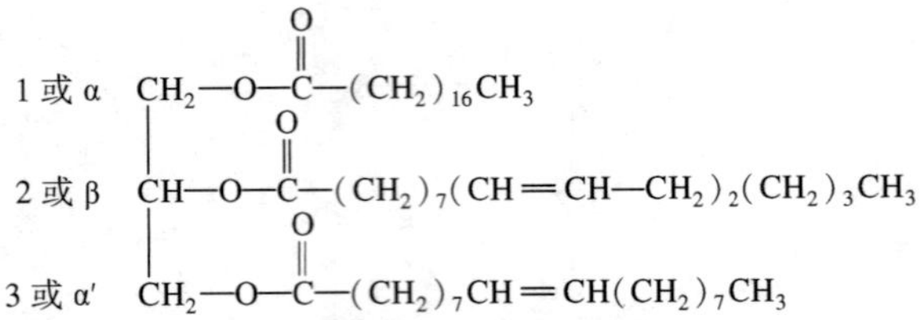

甘油-α-硬脂酸-β-亚油酸-α'-油酸酯

二、油脂的物理性质

油脂无色、无臭、无味，但一般的油脂，尤其是植物性油脂，因常溶有维生素和色素，而带有香味或特殊气味，并有颜色。相对分子质量小的油脂为液体，易挥发，相对分子质量大的油脂常呈油状固体或半固体。油脂的相对密度小于1，一般难溶于水，易溶于乙醚、石油醚、氯仿、苯等有机溶剂，难溶于冷酒精而能溶于热酒精，利用这些溶剂可从动植物组织中提取油脂。天然油脂是混合物，无确切的熔点和沸点。

三、油脂的化学性质

1. 水解 油脂对酸、碱或酶（如胰脂酶）均不稳定，能水解生成一分子甘油和三分子高级脂肪酸。在 NaOH 或 KOH 碱性溶液中，油脂水解生成甘油和高级脂肪酸钠盐或钾盐。油脂在碱性条件下水解的过程称为皂化。高级脂肪酸盐称为肥皂，普通肥皂是各种高级脂肪酸钠盐的混合物。油脂用氢氧化钾皂化所得的高级脂肪酸钾盐，质软，叫做软肥皂。医药上，常用以洗净皮肤。外用消毒防腐剂“来苏尔”是煤酚和肥皂制成的溶液。

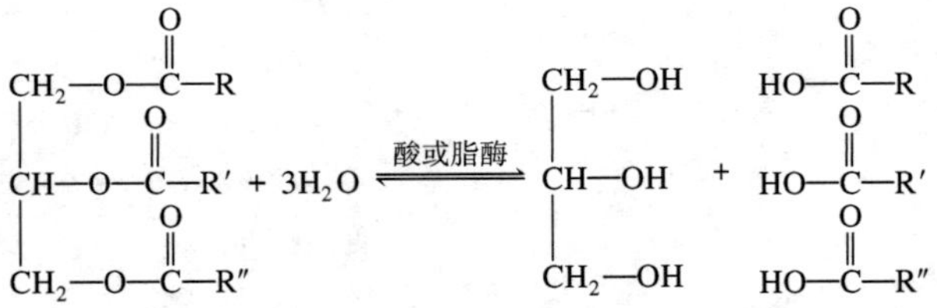

油脂　　甘油　　高级脂肪酸

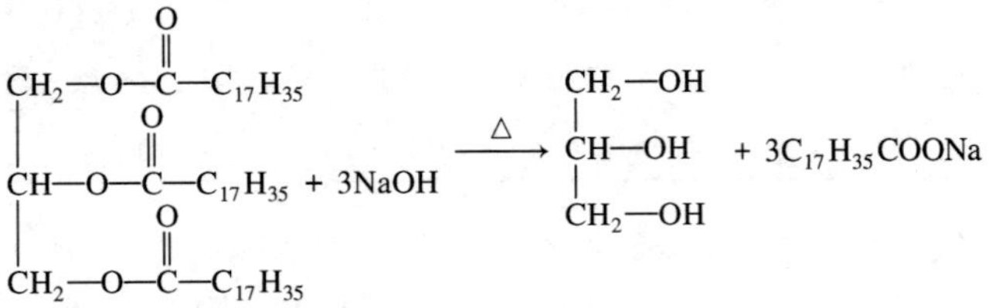

甘油三硬脂酸酯　　甘油　　硬脂酸钠

皂化值是使 1g 油脂完全皂化所需要的氢氧化钾的质量（单位为 mg）。油脂中甘油酯的平均相对分子质量越大，则皂化值越小。反之，皂化值越大，表示甘油酯的平均相对分子质量越小。根据皂化值的大小，可以判断油脂中所含甘油酯的平均相对分子质量，而且油脂的皂化值一般情况下都有一定的范围，测定皂化值可以作为判定油脂纯度的参考依据。

油脂不完全水解，生成脂肪酸、甘油一酯或甘油二酯。

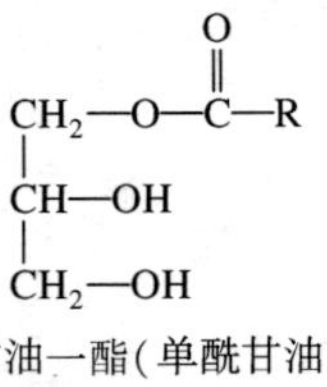

甘油一酯（单酰甘油）

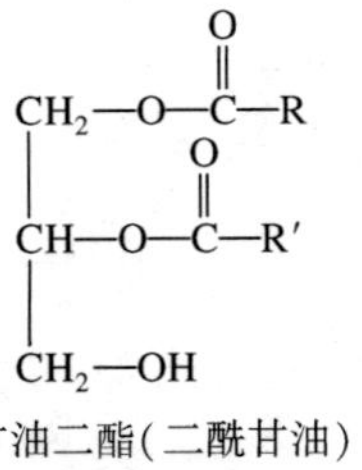

甘油二酯（二酰甘油）

在人体内，油脂的水解主要发生在小肠，在胰脂酶催化下，产生脂肪酸、甘油及不完全水解产物单酰甘油等。油脂在小肠内催化水解的过程称为油脂的消化。水解产物透过肠壁被吸收（少量油脂微粒同时被吸收），进一步合成人体的脂肪。

2. 加成

（1）氢化：含不饱和脂肪酸较多的油脂，易氧化变质，所以油脂中双键愈多（熔点愈低），愈易受空气氧化变质。将天然油脂中的不饱和键通过催化加氢成饱和键，既可提高油脂的熔点，又能改进其他一些性能。加氢后的油脂称为氢化油或硬化油，例如：

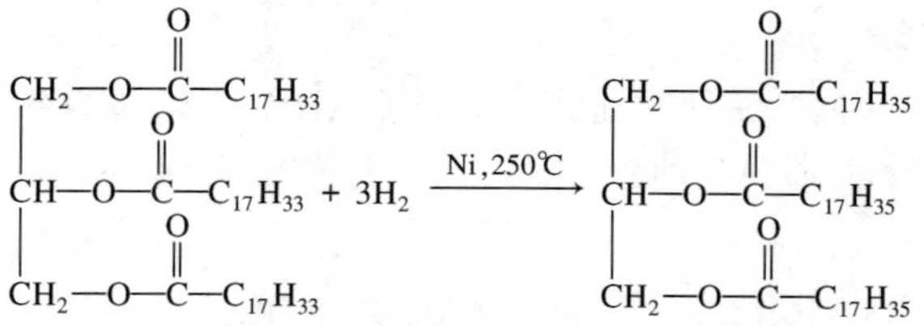

甘油三油酸酯　　　　甘油三硬脂酸酯

（2）加碘：含不饱和脂肪酸的油脂可与碘加成，通过测定一定量油脂所能吸收碘的量，用于判断油脂的不饱和程度。100g 油脂所能吸收碘的质量（单位为 g）称为碘值。碘值大，表示油脂的不饱和程度高。但因碘和碳碳双键的加成反应较慢，所以测定时常用氯化碘（ICl）或溴化碘（IBr）的冰醋酸溶液作试剂代替碘，其中的氯或溴能使碘活化，提高反应速率。

3. 酸败　油脂或油脂含量较高的食品，在加工和贮藏期间，因空气中的氧气、光照、微生物、酶等作用，产生令人不愉快的气味、苦涩味和一些有毒性的化合物，这种现象称为油脂的酸败（哈喇）。油脂酸败的主要原因是油脂中不饱和脂肪酸中的碳碳双键被空气氧化，生成过氧化物，后者继续氧化或分解，产生有臭味的低级醛和游离脂肪酸。

$$\cdots\!-\!CH_2CH\!=\!CHCH_2\!-\!\cdots\xrightarrow{\text{氧化}}\xrightarrow{\text{分解}}$$

在微生物或酶的作用下，油脂也酸败，被水解为甘油和脂肪酸，再经过一系列复杂的变化，使脂肪酸转变为β-酮酸，这个过程称为β-氧化。生成的β-酮酸易脱羧生成具有臭味的酮。其过程如下：

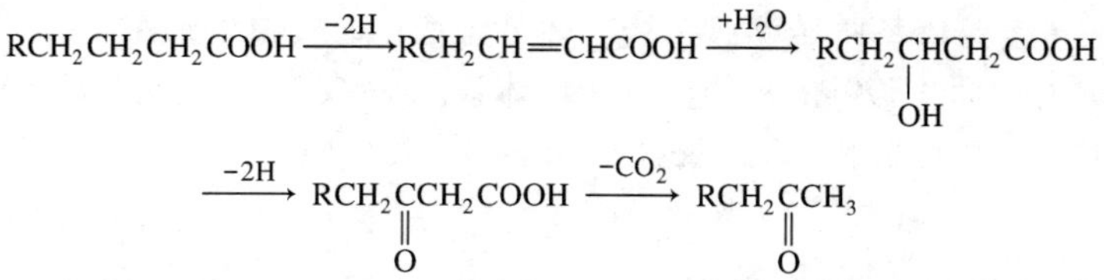

油脂酸败不但能改变油脂和含油食品的风味，影响油脂和含油食品的营养价值，而且对人体的健康也有一定影响，有的产物甚至具有致癌作用，因此酸败的油脂不能食用或药用。油脂酸败的指标是油脂中游离脂肪酸的含量，含量越高，酸败越严重。通常将能中和 1g 油脂中的脂肪酸所需要的氢氧化钾的毫克数称为油脂的酸值，酸值大于 6mg 的油脂不宜食用。为了避免油脂变质，油脂储存应低温、干燥、避光。此外，在油脂中加入适量抗氧剂如花椒、丁香也能有效降低酸败。

四、油脂代谢

1. 油脂的分解　在脂肪酶、甘油二酯脂肪酶和甘油单酯脂肪酶等参与下，油脂能逐步水解生成甘油和游离脂肪酸。甘油三酯的分解代谢又称脂肪动员，即在脂肪细胞内激素敏感性甘油三酯脂肪酶（HSL）作用下，脂肪分解为脂肪酸及甘油并释放入血液供其他组织氧化利用的过程。在脂肪动员中，脂肪细胞内激素敏感性甘油三酯脂肪酶起决定作用，它是脂肪分解的限速酶。脂肪动员的产物是乙酰辅酶 A（CoA）。在肝脏中乙酰 CoA 与乙酰 CoA 两两缩合生成乙酰乙酰 CoA，再转化成乙酰乙酸，乙酰乙酸可进一步被还原成 β-羟基丁酸或者脱羧形成丙酮。

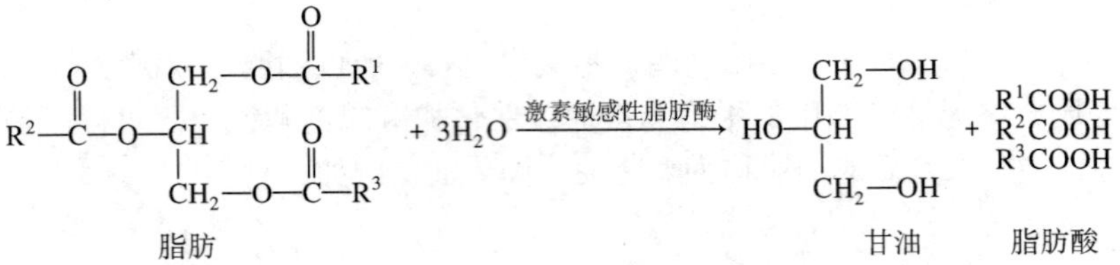

在肝、肾等组织中，甘油激酶使甘油结合 1 分子 ATP（三磷酸腺苷），生成 3-磷酸甘油，从而利用游离甘油。而脂肪和骨骼肌甘油激酶活性低，不利用游离甘油。

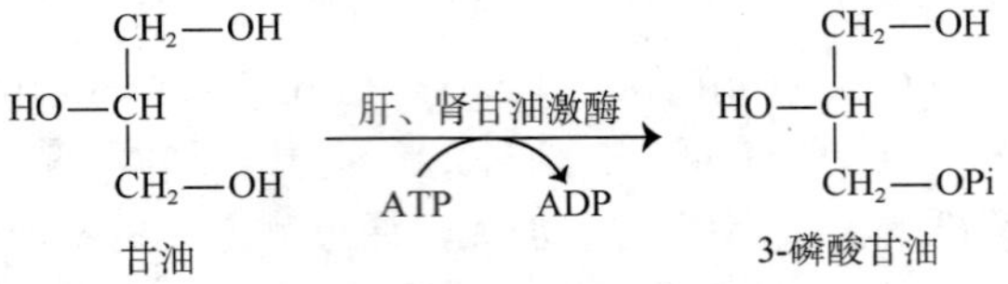

2. 脂肪酸的分解 在供氧充足条件下，脂肪酸可分解为乙酰 CoA，彻底氧化成 CO_2 和 H_2O 并释放出大量能量。大多数组织均能氧化脂肪酸，但脑组织例外，这是因为脂肪酸不能通过血脑屏障。其氧化步骤如下：

（1）脂肪酸生成脂酰 CoA：在细胞质中，脂肪酸被活化形成脂酰 CoA（然后再进入线粒体内氧化），其反应为：

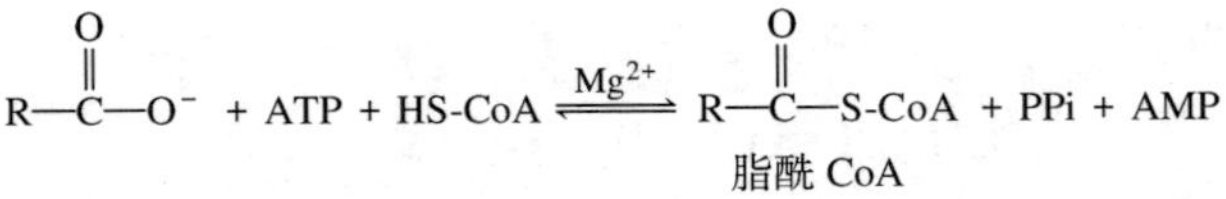

催化脂肪酸活化的酶有两类：一类是内质网脂酰辅酶 A 合成酶（acyl-CoA synthetase）也称硫激酶（thiokinase），可活化 12 个碳原子以上的长链脂肪酸；一类是线粒体脂酰辅酶 A 合成酶，可活化 4～10 个碳原子的中链或短链脂肪酸。

（2）脂酰 CoA 向线粒体基质转移：在线粒体外合成中、短链的脂酰 CoA 可以直接穿过线粒体膜进入线粒体基质中，而长碳链的不能穿过线粒体膜。脂酰 CoA 在肉碱脂酰转移酶 Ⅰ（acyl-CoA transferase Ⅰ）作用下，生成脂酰肉碱（acyl carnitine），其反应为：

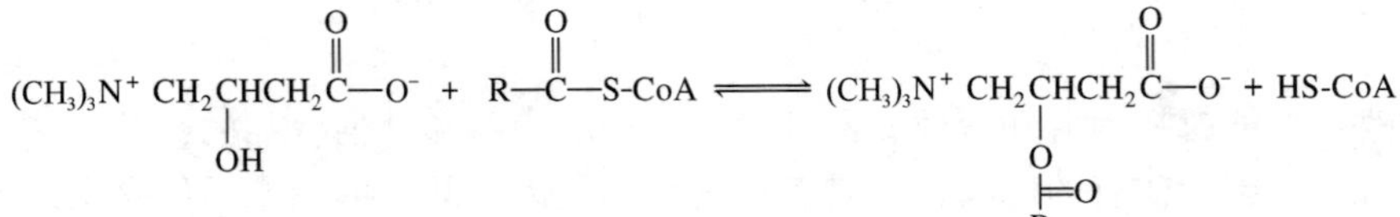

氧化脂肪酸的 β-氧化酶系都存在于线粒体中，最近发现肉碱（*L*-β-羟基-γ-三甲基氨基丁酸，肉碱 carnitine）是一种载体，可将脂肪酸以脂酰基形式从线粒体膜外转运到膜内。它在线粒体膜外侧与脂酰 CoA 结合，催化该反应的酶为肉碱脂酰转移酶 Ⅰ（acyl-CoA transferase Ⅰ）。

（3）脂肪酸 β-氧化：在酶作用下，在脂肪酸的 α-C 和 β-C 之间断裂，生成含乙酰辅酶 A 和较原来少 2 个碳原子的脂酰辅酶 A。其 β-氧化作用包括四个循环的步骤，其反应为：

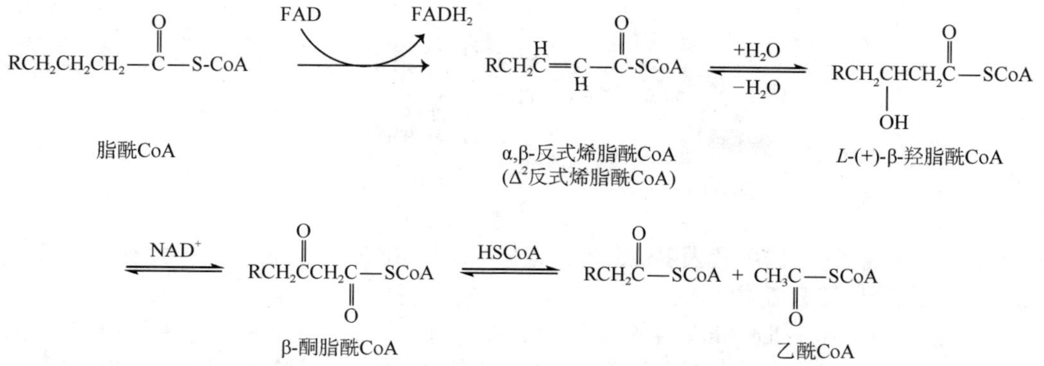

虽然β-氧化作用中四个步骤都是可逆反应，但由于硫解酶催化的硫解反应是高度放能反应，促使整个反应平衡点偏向于裂解方向，难以进行逆向反应，故脂肪酸氧化得以继续进行。在脂肪酸β-氧化作用中，有四个要点：①脂肪酸仅需一次活化，其代价是消耗1个ATP分子的两个高能键，其活化酶在线粒体外；②在线粒体外活化的长链脂酰CoA需经肉碱携带进入线粒体；③所有脂肪酸β-氧化的酶都是线粒体酶；④β-氧化过程包括脱氢、水化、再脱氢、硫解四个重复步骤，最终1分子脂肪酸变成许多分子乙酰CoA。生成的乙酰CoA可以进入三羧酸循环，氧化成CO_2及H_2O，也可以参加其他合成代谢。

3. 脂肪酸的其他氧化方式

（1）不饱和脂肪酸的氧化：在线粒体进行，与饱和脂肪酸不同的是其存在顺反问题，通过异构体之间的相互转化，即可进行β-氧化。

（2）过氧化酶的氧化：主要是使不能进入线粒体的二十碳以上脂肪酸先氧化成短链的脂肪酸，以便能进入线粒体内分解氧化，而对短链脂肪酸无作用。

（3）丙酸的氧化：人体含有极少量奇数碳原子脂肪酸，氧化后生成1分子丙酰CoA，丙酰CoA经羧化及异构酶作用转变为琥珀酰CoA，然后参加三羧酸循环而被氧化。

化学视角 **脂肪与肥胖**

脂肪俗称油脂，由碳、氢和氧元素组成。它既是人体组织的重要构成部分，又是提供热量的主要物质之一。食物中的脂肪在肠胃中消化降解，吸收后大部分又再度转变为脂肪。它主要分布在人体皮下组织、大网膜、肠系膜和肾脏周围等处。摄入过多的脂肪，因得不到分解在体内就会堆积，导致肥胖。但事实上，摄入错误种类的脂肪才是造成肥胖的原因。馅饼皮以及其他烘焙食物里的反式脂肪，加工和饲养的肉类中的饱和脂肪在损害你身体的营养底线的同时也会增加卡路里。而健康的脂肪却起到相反的作用：通过降低食欲让你减少每天卡路里的摄入量，同时也可以预防心血管疾病，促进新陈代谢。

第二节 类 脂

一、磷 脂

磷脂（phospholipid）是指分子中含有磷酸基团的高级脂肪酸酯，主要存在于脑和神经组织、骨髓、心、肝、肾等器官中；蛋黄、种子、大豆中也含有丰富的磷脂。常见的磷脂有卵磷脂、脑磷脂和（神经）鞘磷脂。

磷脂与油脂结构相似，但更为复杂，水解产物为醇（甘油或其他醇）、脂肪酸、磷酸和含氮有机碱。根据分子中醇的不同，磷脂可分为甘油磷脂（甘油构成）和鞘磷脂（鞘氨醇构成）。甘油磷脂的母体结构是磷脂酸，其结构通式为：

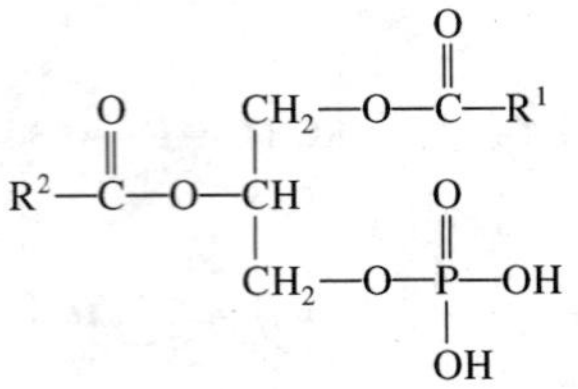

磷脂酸

当 R^1 和 R^2 不同时，磷脂酸为手性分子，根据 IUPAC-IUB 命名规则，手性磷脂酸应采用立体专一编号，天然磷脂酸为 *L*-构型。

1. 卵磷脂 卵磷脂（lecithin）存在于各种动物组织与器官中，其中脑、神经组织、心、肝、肾上腺及红细胞中含量丰富，尤以蛋黄含量最多，占 8%～10%，故称卵磷脂。卵磷脂结构与油脂相似，但在卵磷脂分子内，甘油部分的其中一个羟基与磷酸结合，磷酸又与胆碱结合通过磷脂键连接，如 *L*-α-卵磷脂。

$HOCH_2CH_2N^+(CH_3)_3OH^-$

胆碱

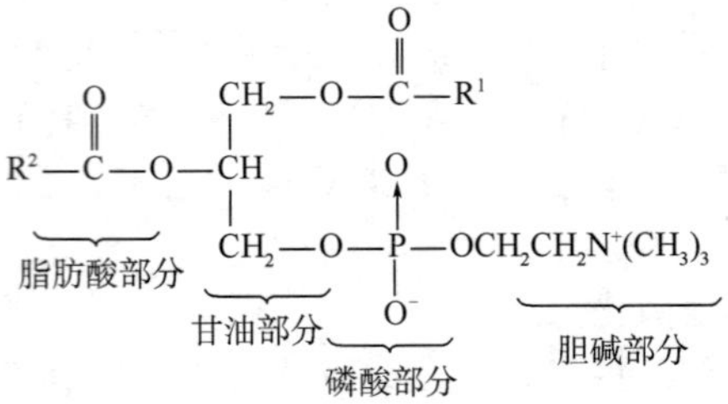

L-α-卵磷脂

卵磷脂有 α 和 β 两种异构体，差异在于磷酸和胆碱在卵磷脂分子中连接的位置不同，自然界的卵磷脂是 α-卵磷脂。天然卵磷脂含有手性碳原子，有旋光性，为 *L*-构型，且 β-位所连的脂肪酸常是不饱和脂肪酸。

卵磷脂为白色蜡状固体，易吸水，在空气中易被氧化而迅速变为黄色，久置则呈褐色。卵磷脂不溶于水和丙酮，易溶于乙醚、乙醇和氯仿。故可用乙醚从蛋黄中提取卵磷脂，再用丙酮沉淀。虽然脑磷脂也沉淀，但脑磷脂在冷乙醇中不溶，可实现二者分离。

卵磷脂水解得到甘油、脂肪酸、磷酸和胆碱。天然卵磷脂是混合物，水解得到的脂肪酸有棕榈酸、硬脂酸、油酸、亚油酸、亚麻酸及花生四烯酸。有些毒蛇的毒汁中含有某种脂酶，它能催化水解磷脂，使 β-位的不饱和脂肪酸脱落，从而破坏了细胞膜，在血液中引起溶血。

2. 脑磷脂 脑磷脂（cephalin）因在脑组织中含量最多得名，它的结构和理化性质均与卵磷脂相似，差别在于其结构中磷酸上的羟基与胆胺或丝氨酸形成酯。

$HOCH_2CH_2NH_2$

胆胺（β-羟基乙胺，乙醇胺）

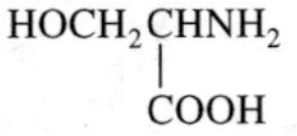

丝氨酸（α-氨基-β-羟基丙酸）

脑磷脂也有α和β两种异构体，自然界的脑磷脂也是 *L*-型的α异构体。脑磷脂水解后生成甘油、脂肪酸、磷酸与胆胺或丝氨酸。组成脑磷脂的脂肪酸通常有棕榈酸、硬脂酸、油酸及少量花生四烯酸。

α-脑磷脂也是白色蜡状固体，吸水性强，不稳定，在空气中易氧化而呈棕黑色。α-脑磷脂能溶于乙醚，不溶于丙酮，但与卵磷脂不同的是脑磷脂难溶于乙醇。血小板内能促使血液凝固的凝血激活酶，就是由脑磷脂与蛋白质所组成的，故脑磷脂常与血液的凝固有关。

3.（神经）鞘磷脂

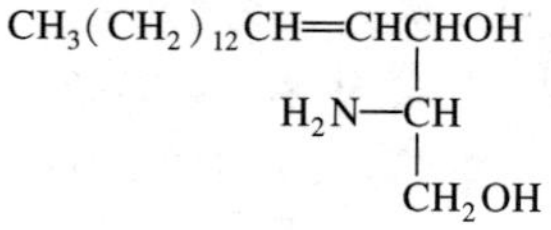

鞘氨醇

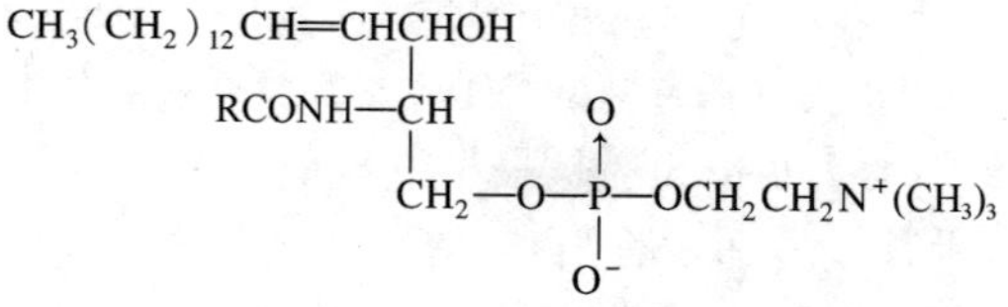

鞘磷脂

脑和神经含有大量的（神经）鞘磷脂（sphingomyelin），而肝、脾及其他组织中含量较少。与卵磷脂、脑磷脂不同，鞘磷脂分子中含有一个长链不饱和醇，即（神经）鞘氨（基）醇（sphingol），而不是甘油。在鞘磷脂结构中，鞘氨醇的氨基与脂肪酸以酰胺键相连接，以1位上的羟基与磷酸成酯，磷酸又以酯的形式与胆碱相结合。

鞘磷脂是白色结晶，在光的作用下或空气中不易氧化，比较稳定，不溶于丙酮及乙醚，而溶于热乙醇中，这是鞘磷脂与卵磷脂和脑磷脂的不同之处。由于鞘氨醇的前三个碳所连的基团类似于甘油，剩余的烃基长链与高级脂肪酸相近，所以鞘磷脂在大小、形状和极性方面都与卵磷脂、脑磷脂相似。

二、糖　　脂

糖脂（glycolipid）分子中含有糖（半乳糖或葡萄糖）、长链脂肪酸和鞘氨醇，但不含磷酸。它不仅是细胞结构中神经髓鞘的组成部分，也是构成血型物质及细胞抗原的重要组成成分。在脑和神经髓鞘中含量最多，重要的糖脂有脑苷脂、神经节苷脂等。

糖脂为白色蜡状物，溶于热乙醇、丙酮、苯和氯仿中，而不溶于乙醚和冷乙醇。糖脂水解后可得己糖（半乳糖、葡萄糖等）、鞘氨醇（有的为二氢鞘氨醇）和脂肪酸（主要有二十四烷酸、神经酸、α-羟基二十四烷酸、α-羟基神经酸等）。在体内各种糖脂的分解需各自专一的水解酶，缺乏任何一种酶均可引起糖脂在组织中的沉积而患病。

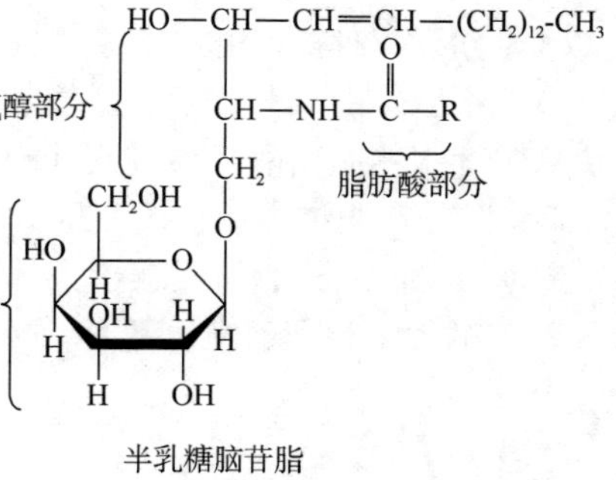

半乳糖脑苷脂

三、甾族化合物

甾族化合物（steroid）是一类具有多种生理活性的类脂，广泛存在于动植物体内，主要包括甾醇、维生素D、胆汁酸、肾上腺皮质激素及性激素等。甾族化合物含有环戊烷并多氢菲的基本骨架，四个环分别用字母A、B、C及D表示，四个环上的17个碳原子按如下顺序编号：

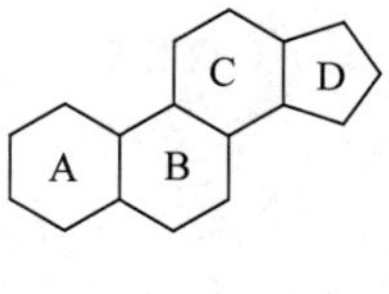

环戊烷并多氢菲

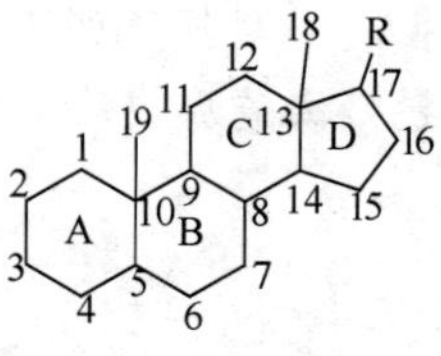

甾族化合物的基本骨架

除具有四环基本骨架外，大部分甾族化合物都带有三个侧链：在C-10及C-13上常连有甲基，称为角甲基，这两个角甲基的碳原子编号分别为C-18及C-19，在D环的C-17上连有碳链、含氧基团或其他基团。这三个原子团都在环平面的上方，故用实线表示。环上若有其他取代基，则它们在空间上有两种取向，与角甲基取向相同的（即在环平面上方），称为β构型，用实线表示。若与角甲基取向相反的（即在环平面下方），称为α构型，用虚线表示。

1. 甾醇 甾醇（sterol）是最早发现的一类甾族化合物，在动植物体内广泛存在，为结晶体，故称固醇。所有甾醇都含有3β-羟基，大多数有一至几个碳碳双键，双键较常出现的位置是C-5，其次是C-7及C-22。天然甾醇能以游离状态与高级脂肪酸成酯、与蛋白质结合成脂蛋白或与糖结合成苷等形式存在。

（1）胆甾醇（cholesterol）：是发现于胆结石中的固体状醇，故又称胆固醇，广泛存在于动物细胞中，尤以脑和神经组织中含量最多，其结构式如下：

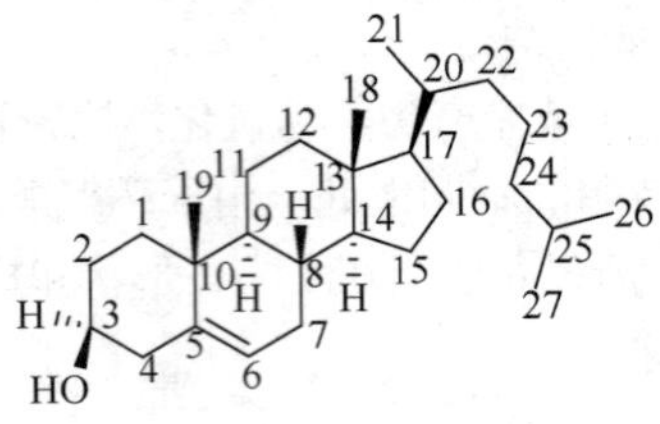

胆甾醇

胆甾醇为无色或带黄色结晶，熔点148 ℃，难溶于水，易溶于乙醚、氯仿和热乙醇等有机溶剂，是油脂中不皂化成分之一。胆甾醇的3β-羟基可与脂肪酸结合成胆甾醇酯，在体内的胆甾醇以游离状态和酯（主要是不饱和脂肪酸酯）两种形式存在。

人体中的胆甾醇一部分来自食物，一部分由组织细胞自己合成。此外，它还可以合成体内其他甾族化合物。如胆甾醇在肝脏中可合成胆酸等，在肾上腺皮质中转变成肾上腺皮质激素，在性腺（睾丸和卵巢）中则转变为性激素，在肠黏膜中转变为7-脱氢胆甾醇，后者在皮下经紫外线照射后可转变为维生素D_3。

血液中的胆甾醇主要以酯的形式存在（约有65%），是血液运输不饱和脂肪酸的途径之一。当胆甾醇代谢发生障碍时，血液中胆甾醇及其酯的含量增加，并从血浆中析出，沉积于动脉血管壁，引起动脉粥样硬化斑块。胆汁中的胆甾醇，通过胆汁酸盐的作用，形成乳状液。当胆汁中胆甾醇过多或胆汁酸盐过少，胆甾醇便在胆道中沉积，参与胆结石的形成。

（2）7-脱氢胆甾醇（7-dehydrocholesterol）：存在于人体皮下，经太阳的紫外线照射，B环开环而转化为维生素D_3。因此，多晒太阳有利于维生素D_3的形成，进而促进生长和骨骼钙化。

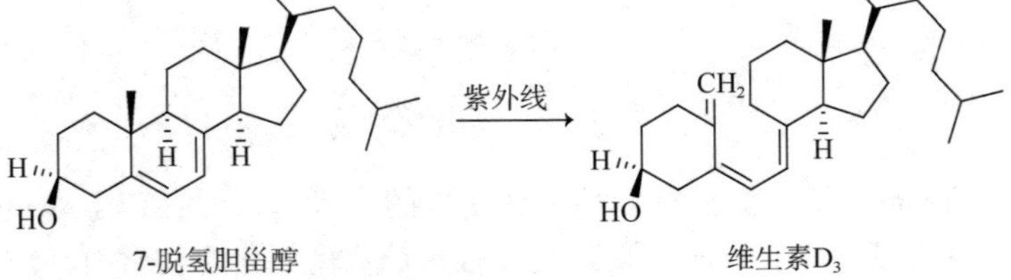

（3）麦角甾醇（ergosterol）：存在于酵母及某些植物中，它的C-17侧链比7-脱氢胆甾醇多一个甲基和一个双键。麦角甾醇在紫外线照射下，B环开环形成维生素D_2。维生素D_2和D_3有较强的生理作用，能促进肠道对钙及磷的吸收，所以能防治佝偻病和软骨病。

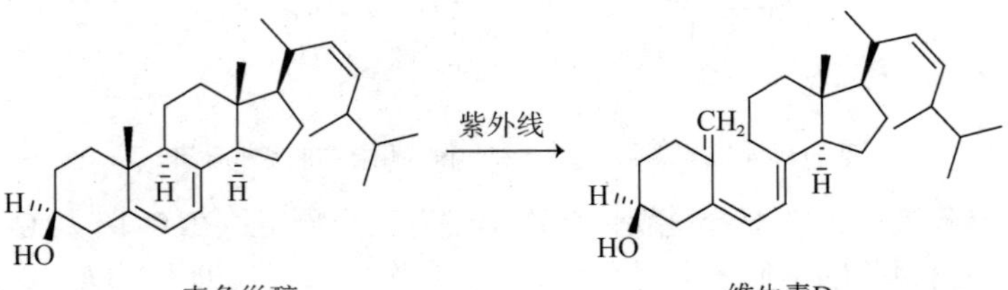

2. 胆甾酸 在人和动物的胆汁中，含有几种结构与胆甾醇类似的酸，如胆酸、脱氧胆酸、鹅脱氧胆酸、石胆酸及猪脱氧胆酸等，均称为胆甾酸。其结构特征是：C-17 上的侧链有五个碳原子，末端有一个羧基，环上都无双键，环上的羟基均为 α 型。这些胆甾酸的羧基常与甘氨酸（$H_2N—CH_2—COOH$）或牛磺酸（$H_2N—CH_2—CH_2—SO_3H$）以酰胺键结合，所形成的结合胆酸混合物总称为胆汁酸（bile acid）。在碱性胆汁中，胆汁酸以钠盐或钾盐形式存在，称为胆盐。分泌到肠中的胆盐对油脂的消化起着重要作用。由于胆盐是一种表面活性剂，能降低水的界面张力，使油脂乳化为微粒并稳定地分散于消化液中，增加了油脂与脂肪酶的接触机会，从而加速油脂的水解，以利于油脂的消化吸收。乳化的油脂不仅容易消化，而且一部分高度乳化的油脂微粒，可以不经消化而直接由肠黏膜吸收。

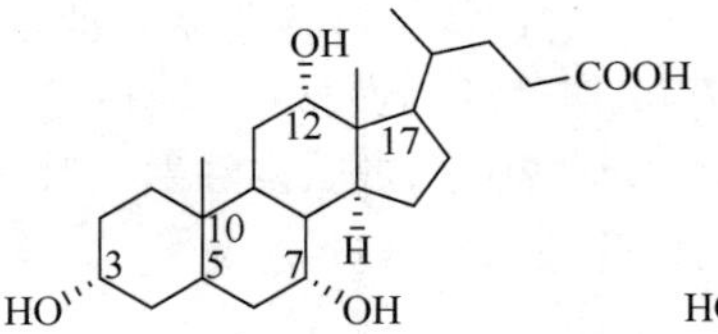

胆酸

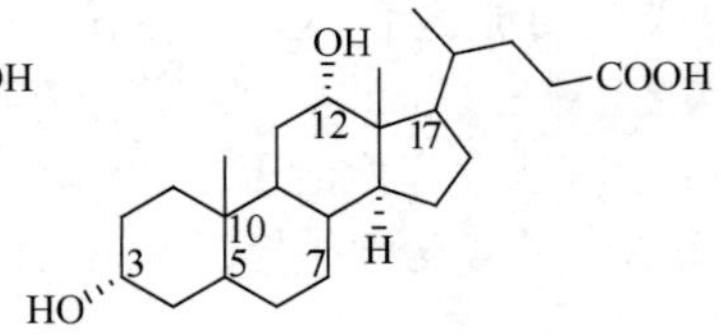

脱氧胆酸

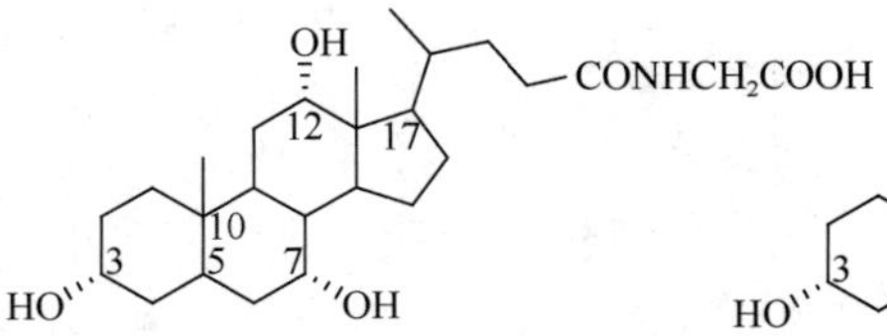

甘氨胆酸

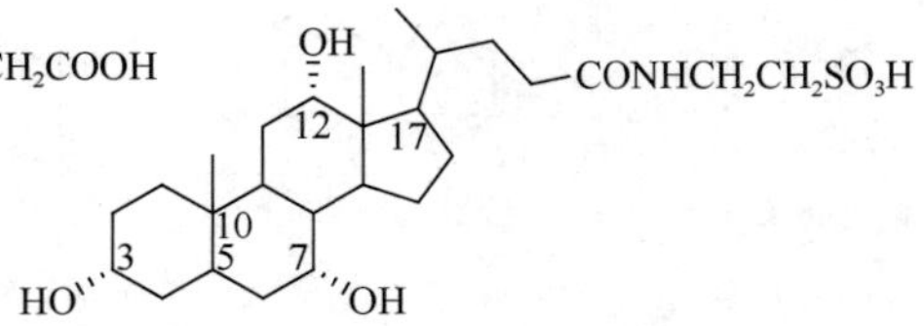

牛磺胆酸

3. 甾类激素 激素（hormone）是由内分泌腺分泌的一类化学活性物质，物质有很强的生理效应，具有控制生长、调节代谢和性的机能等作用，是维持正常生理活动所必需的。激素按结构特征分为两类：一类是含氮激素，如肾上腺素、甲状腺素、催产素和胰岛素等；另一类是具有甾族基本结构的激素，称为甾类激素。甾类激素根据来源不同又可分为肾上腺皮质激素和性激素两类。

（1）肾上腺皮质激素（adrenocortical hormone）：产生于肾上腺皮质部分，其中糖皮质激素，如皮质醇等具有调节糖类代谢（也影响蛋白质及脂类）作用，可的松、去氢可的松、地塞米松等具有抗炎症、抗过敏、抗毒素、抗休克等药理作用，临床上多用于控制严重中毒性感染和风湿病等；盐皮质激素，如 11-去氧皮质酮、醛固酮等控制体内水和电解质的平衡。

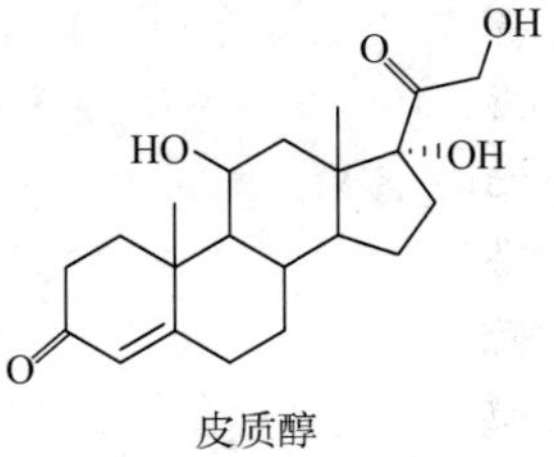

皮质醇

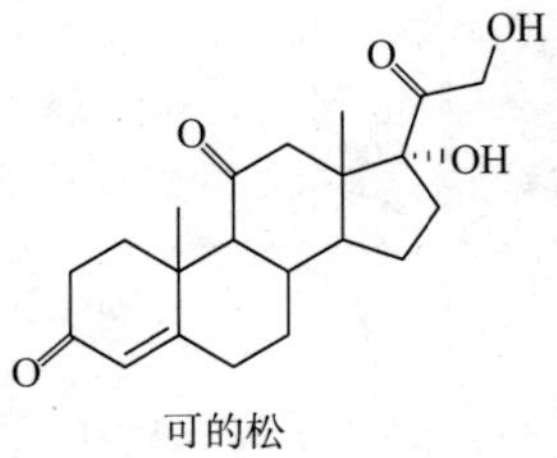

可的松

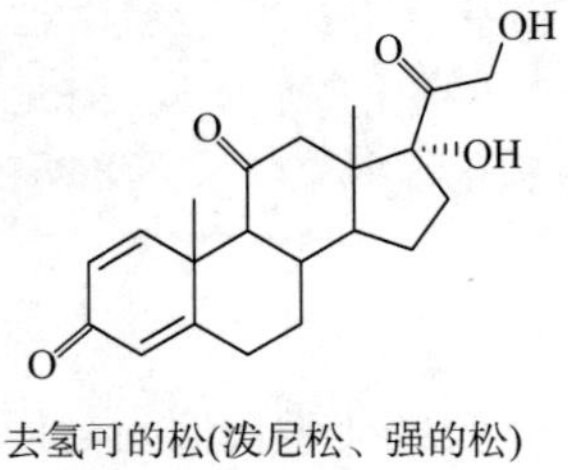

去氢可的松(泼尼松、强的松)

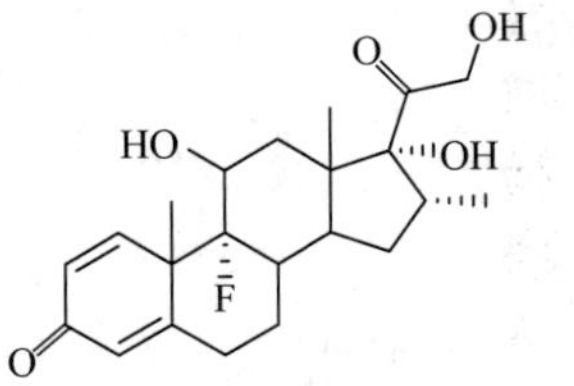

地塞米松

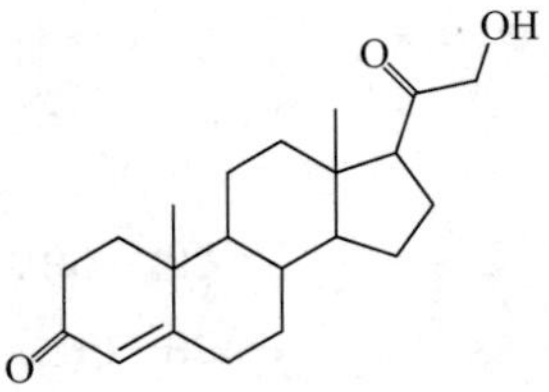

11-去氧皮质酮

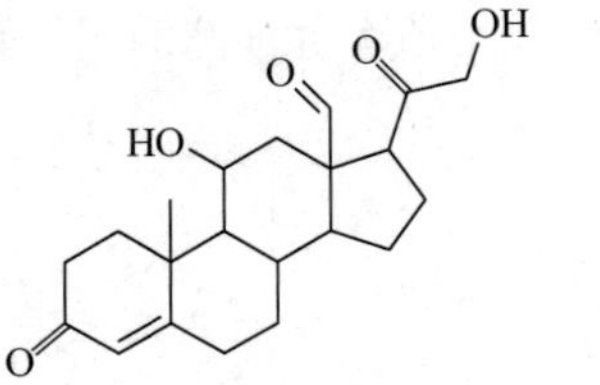

醛固酮

（2）性激素（sex hormone）：性激素对生育功能和第二性征如声音、体型等的改变都有决定性的作用。按来源分，性激素又可分为雄性激素（睾丸分泌）和雌性激素（卵巢分泌）。睾酮是雄性激素，能促进雄性器官和第二性征的发育。睾酮易被氧化，在消化道内易被破坏，故口服无效，多制成油剂供肌内注射，但作用也不能持久。目前临床上多采用其衍生物如甲基睾酮和睾酮丙酸酯。

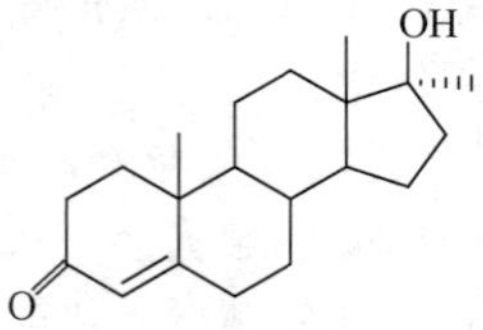
甲基睾酮

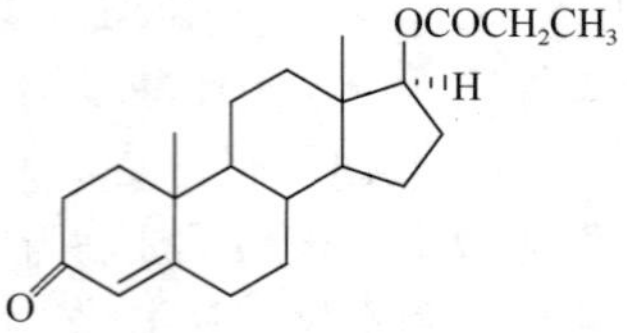
睾酮丙酸酯

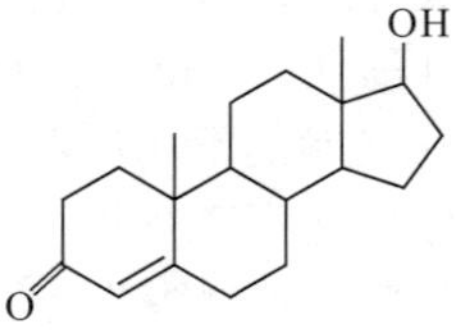
睾酮

雌性激素由卵巢中成熟的卵泡和黄体所分泌，包括雌激素和孕激素。雌激素其中以雌二醇-17β活性最强，雌酮次之，雌三醇最弱。雌二醇-17β是白色结晶性粉末，较稳定，几乎不溶于水，但溶于醇、丙酮及氢氧化钠溶液。它微溶于植物油，可制成针剂供肌内注射。临床上用于卵巢机能不全所引起的病症，如用于子宫发育不全、月经失调等的治疗。

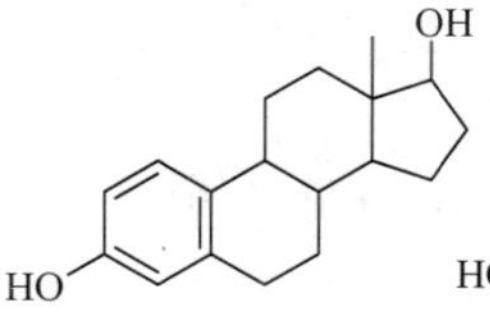
雌二醇-17β

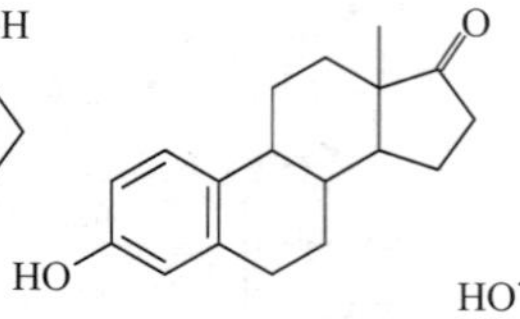
雌酮

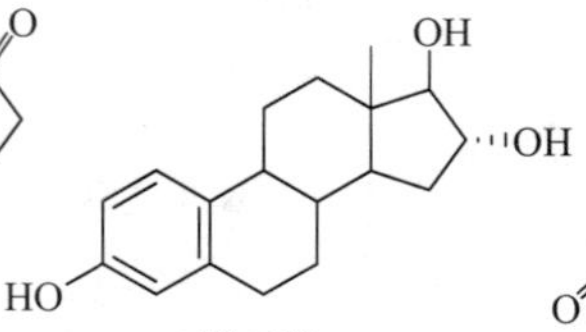
雌三醇

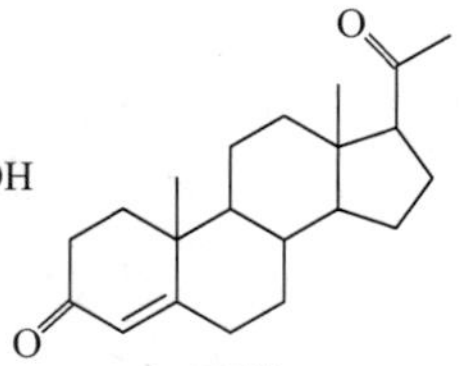
孕酮

人体内主要的孕激素是孕酮，由卵巢中的黄体分泌产生，故又称为黄体酮。孕酮的结构与睾酮极为相似，其区别仅在于 C-17 上所连的基团，睾酮是羟基，孕酮是乙酰基，但它们的生理作用完全不同。孕酮的作用是抑制排卵，并使受精卵在子宫中发育，临床上用于治疗习惯性流产、子宫功能性出血、痛经和月经失调等。

人体视角　　人体中的激素与作用

激素是内分泌腺或内分泌细胞分泌的高效生物活性物质，在体内作为信使传递信息，对机体生理过程起调节作用。人体内的激素按化学结构大体分为四类：①第一类为类固醇，如肾上腺皮质激素、性激素；②第二类为氨基酸衍生物，有甲状腺素、肾上腺髓质激素、松果体激素等；③第三类为肽与蛋白质，如下丘脑激素、垂体激素、胃肠激素、降钙素等；④第四类为脂肪酸衍生物，如前列腺素。主要的生理作用有：①调节三大物质代谢和水盐代谢；②促进生长、发育，影响衰老；③影响中枢神经系统（central nervous system，CNS）及生育（生殖器官的发育与成熟）；④使机体更好地适应环境。任何一种激素都不能在体内发动一个新的代谢过程，它们也不直接参与物质或能量的转换，只是直接或间接地促进或减慢体内原有的代谢过程。

本章小结

本章重要的化学反应为皂化反应，即油脂与氢氧化钠或氢氧化钾混合，得到高级脂肪酸的钠/钾盐和甘油的反应。这个反应是制造肥皂流程中的一步，因此而得名。此外，根据皂化值的大小，可以判断油脂中所含甘油酯的平均相对分子质量，进而判定油脂的纯度。

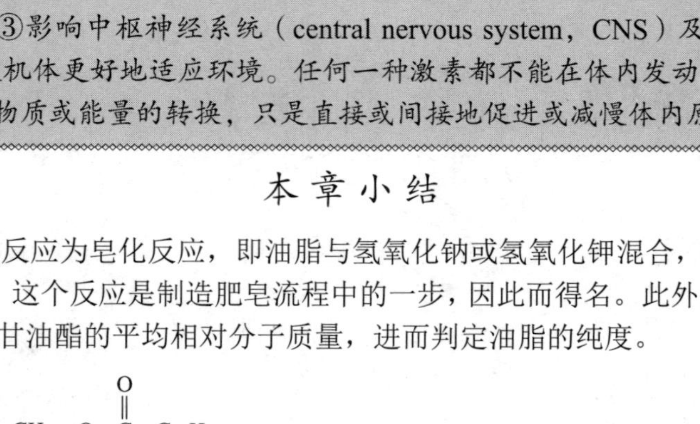
甘油三硬脂酸酯　　甘油　　硬脂酸钠

关 键 词

油脂、糖脂、磷脂、甾族化合物、多不饱和脂肪酸、必需脂肪酸、甘油三酯、酸败作用、皂化、皂化值、碘值。

问题与练习

一、命名或写出下列结构式

1. 环戊烷并多氢菲　　2. 甘油二酯
3. 胆碱　　4. 油酸
5. $CH_3(CH_2)_{14}COOH$　　6. $CH_3(CH_2)_{10}COOH$
7. $CH_3(CH_2)_7CH{=}CH(CH_2)_{13}COOH$
8. $CH_3(CH_2)_3(CH_2CH{=}CH)_4(CH_2)_3COOH$

二、单选题

1. 天然油脂是由（　　）组成的
　A. 同种单甘油酯　　B. 各种单甘油酯的混合物
　C. 同种混甘油酯　　D. 各种混甘油酯的混合物
2. 含不饱和脂肪酸多的油脂具有较低的熔点，这是因为（　　）
　A. 不饱和脂肪酸的对称性差
　B. 不饱和脂肪酸的碳碳双键为顺式结构，分子间不能紧密排列，相互作用力小
　C. 碳碳双键易断裂
　D. 不饱和脂肪酸的种类少
3. 分子结构中含有胆碱残基的是（　　）
　A. 脑磷脂　　B. 鞘磷脂
　C. 磷脂酸　　D. 神经酰胺
4. 二十二碳 -4, 7, 10, 13, 16, 19-六烯酸属于（　　）
　A. ω-3 族脂肪酸　　B. ω-6 族脂肪酸
　C. ω-7 族脂肪酸　　D. ω-9 族脂肪酸
5. 酸值大，说明（　　）
　A. 油脂的不饱和程度大
　B. 油脂的平均相对分子质量大
　C. 油脂中游离脂肪酸含量高
　D. 油脂的熔点高

三、完成下列反应式

1. 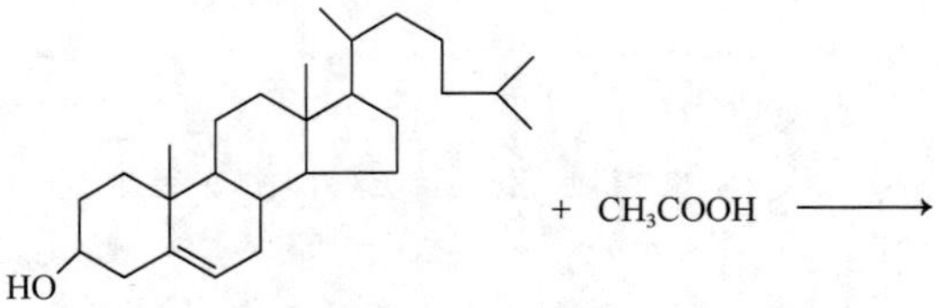

2. 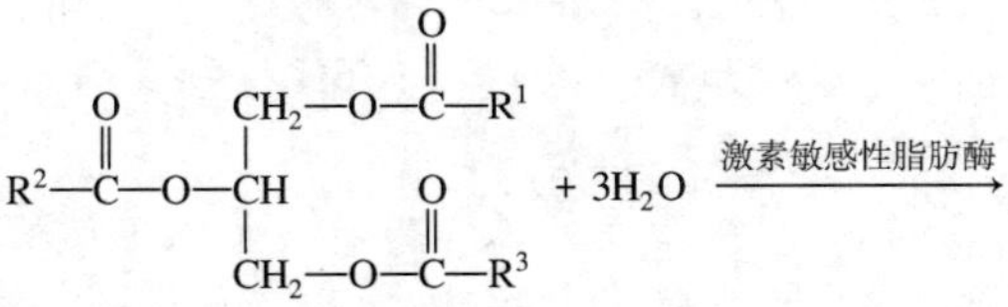

3. 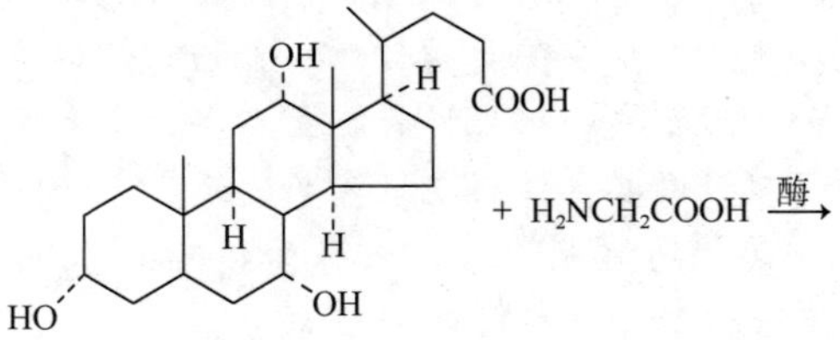

思 考 题

1. 猪油的皂化值 193～200，花生油的皂化值 185～195，哪种油脂的平均相对分子质量大？
2. 牛油的碘值为 30～48，大豆油的碘值为 124～136，这说明什么？
3. 油脂的皂化值和酸值有什么不同？
4. 室温下油和脂肪的存在状态与其分子中的脂肪酸有何关系？
5. 下列油脂中何种脂肪酸构成？

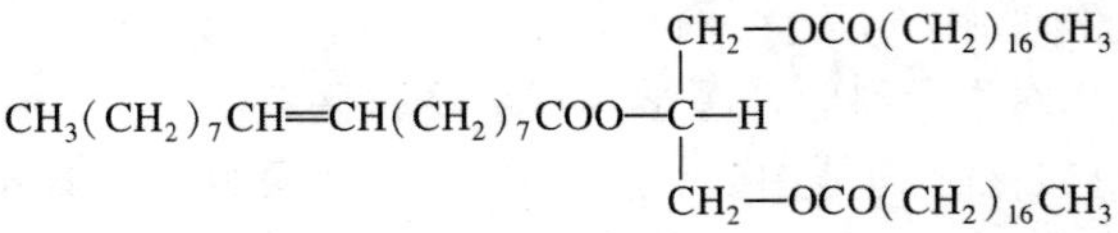

6. 卵磷脂比脂肪易溶于水还是难溶于水？为什么？

（许　凤）

第十八章 糖 类

(saccharide)

学习目标

1. 掌握：单糖的结构和构型，开链式和哈沃斯式，单糖的化学性质，常见二糖（蔗糖、麦芽糖、乳糖）的组成单元。

2. 熟悉：重要多糖（淀粉、纤维素、糖原）的组成单元、结构特点及性质。

3. 了解：糖类化合物及其衍生物的医学应用。

人体视角 **糖与龋齿**

从19世纪到20世纪这100多年中，大量的科学研究证实，糖确实是引起龋齿的一种危险因素。另一方面，有关研究也证实了龋齿是由多种因素引起的一种感染性疾病。在龋齿发病过程中，致龋细菌利用摄入口内的糖，经发酵后产生酸，引起口腔内pH下降，使口腔呈酸性环境。若频繁摄入甜食，致口腔内pH持续下降至临界值以下，牙釉质不断遭受到酸的侵蚀，引起脱矿，从而导致龋齿的发生。

糖的种类很多，蔗糖被认为是致龋性质最强的一种。但是，其他的糖和含糖食品，包括蜂蜜，对牙齿也都有致龋性。糖与面粉混合加工的食品比糖本身更易致龋，烘烤的含糖食品以及淀粉类食品中含糖更易致龋。食物的致龋性取决于含糖量的高低，尤其是蔗糖含量；还有糖存在的物理形式，如黏性含糖食品比液态形式更有致龋性。但是，如果含糖饮料的总暴露时间超过了黏性食品，饮料也很容易致龋。

食糖的消耗量每人每年低于10kg水平，龋病的发病率处于可接受的低水平状态，如果超过15kg，其发病率就会增加较快。

糖类化合物（saccharide）是自然界中含量最多、分布最广的一类重要的有机物。它与人类生活关系密切，首先它是生物体维持一切生命活动所需能量的主要来源，人类摄取食物的总能量中大约70%以上由糖类提供，主要涉及人体所需的葡萄糖、日常食用的蔗糖、谷物中的淀粉、植物中的纤维素等；其次它是生物体的重要组成成分，具有多种生理功能，如糖代谢的中间产物是体内蛋白质、脂类和核酸合成的基本原料；核糖、脱氧核糖以及糖脂、糖蛋白等与组织结构、遗传有关；再次它还是人类和动植物体内的重要信息物质，它与细胞间的相互作用、表面识别、激素与免疫活性及血型特异性等有重要关系。此外，某些糖还具有特殊的生理作用，如肝素的抗凝血作用。随着分子生物学的发展及分析技术的进步，尤其是在糖蛋白的研究中各种专一性的内切糖苷酶和外切糖苷酶的纯化和使用，糖链结构和功能的研究再次成为生命科学研究的热点和前沿领域。为此，学习糖类化合物对生命科学、医学具有重要的意义。

最初，经研究发现糖类化合物是由碳、氢、氧三种元素组成，其符合通式为$C_n(H_2O)_m$，形式上像碳与水组成的化合物，故又将其称为碳水化合物（carbohydrate）。后来发现有些糖的组成不符合上述通式，且还含有氮、硫、磷等元素；还有些化合物组成虽符合$C_n(H_2O)_m$通式，但结构和性质却与碳水化合物完全不同，如乙酸（$C_2H_4O_2$）、乳酸（$C_3H_6O_3$）等。因此，“碳水化合物”这个名称已不能准确地反映糖类的结构及其特点，但由于历史沿用已久，至今仍在广泛使用。

从化学结构上看，糖类化合物是多羟基醛或多羟基酮及其衍生物或缩合物。根据其水解情况可以分为三类：第一类是单糖（monosaccharide）：是指不能水解的多羟基醛或多羟基酮。例如，葡萄糖（glucose）和果糖（fructose）等。第二类是低聚糖（oligosaccharide）又称为寡糖：是由2～10个单糖分子脱水缩合而成的化合物。根据水解后生成单糖的数目，低聚糖又可分为二糖、三糖等，其中以二糖最为常见，如蔗糖（sucrose）、麦芽糖（maltose）、乳糖（lactose）等。第三类是多糖（polysaccharide）：是由10个以上单糖分子脱水聚合而成，如淀粉（starch）、纤维素（cellulose）、糖原（glycogen）等。

糖类一般不采用系统命名，多根据来源而采用俗名。例如，葡萄糖最初是从葡萄汁中分离得到的，蔗糖是从甘蔗中得来的，淀粉、纤维素等也都是俗名。

第一节　单　　糖

根据分子中所含碳原子的数目，单糖可分为丙糖、丁糖、戊糖和己糖等，如甘油醛就是丙糖，葡萄糖属于己糖。根据羰基的不同，单糖又可分为醛糖（aldose）和酮糖（ketose），如葡萄糖属于醛糖，而果糖属于酮糖。

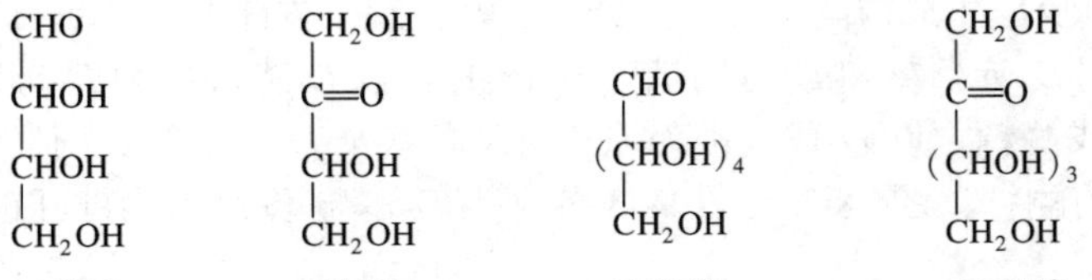

丁醛糖　　丁酮糖　　己醛糖　　己酮糖

自然界中的单糖以戊糖和己糖最为常见，其中与生命活动关系密切的主要有葡萄糖、果糖、核糖和脱氧核糖等，葡萄糖是自然界中分布最广的己醛糖。本节主要以葡萄糖为例，讨论单糖的结构、构型和性质。

一、单糖的开链结构和构型

在绝大多数单糖分子结构中，碳链无支链，除羰基外的碳原子都连有一个羟基，故单糖（除丙酮糖外）都含有不同数目的手性碳原子，都有立体异构体。如己醛糖分子中有四个手性碳原子，有 2^4=16个立体异构体，组成8对对映体；己酮糖分子中有三个手性碳原子，有 2^3=8个立体异构体，组成4对对映体。

对于含手性碳原子较多的单糖，用*R*/*S*法表示构型相对较麻烦，故目前多采用*D*/*L*构型标记法。其具体的规定是：将单糖以Fischer投影式表示，即主链竖写；编号最小的碳原子放在上端；将编号最大的手性碳原子（离羰基最远的手性碳原子）的构型与*D*-甘油醛相比较，构型相同的为*D*型，反之则为*L*型。自然界存在的单糖绝大多数都为*D*型糖。例如：

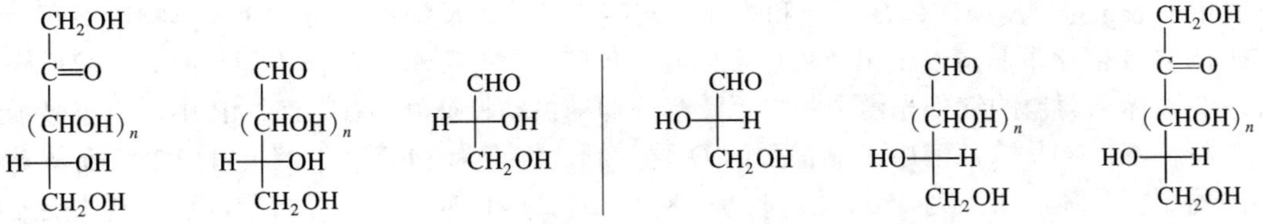

D-酮糖　　*D*-醛糖　　*D*-甘油醛　　*L*-甘油醛　　*L*-醛糖　　*L*-酮糖

葡萄糖的分子式为 $C_6H_{12}O_6$，结构简式为 $HOCH_2(CHOH)_4CHO$，C-2、C-3、C-4、C-5为手性碳原子。在天然葡萄糖的Fischer结构式中，C-5上的羟基在右边，为*D*型葡萄糖。如果C-5上的羟基在左边，即为*L*型葡萄糖。

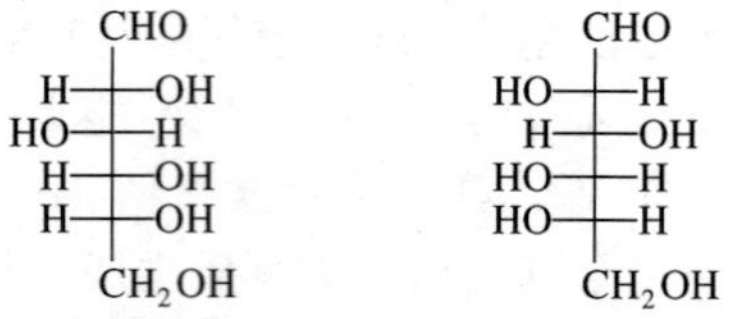

D-葡萄糖　　　　*L*-葡萄糖

以上结构称为葡萄糖的开链式结构。为了书写方便，手性碳原子上的氢通常可以省去不写，羟基可以用一短横线表示，甚至可以进一步简化，用“△”表示醛基“—CHO”，“○”表示末端的羟甲基（—CH_2OH），即

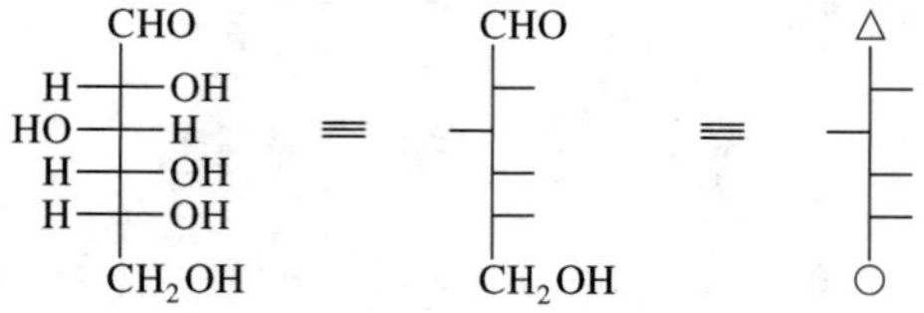

D-葡萄糖

采用基里安尼-费歇尔（Kiliani-Fischer）合成法，以 *D*-甘油醛为原料，先与氢氰酸加成，把加成物水解成酸，再反应生成内酯（为了方便画图及美观，内酯的 C—O—C 键画成弧线），内酯用钠汞齐还原可得到 *D*-赤藓糖和 *D*-苏阿糖（图 18-1）。以 *D*-赤藓糖和 *D*-苏阿糖为原料用类似的方法可制备 4 个 *D*-戊醛糖，以 *D*-戊醛糖为原料可制备八个 *D*-己醛糖。同样，以二羟基丙酮为原料可以得到一系列的酮糖。图 18-2 及图 18-3 分别为 *D*-醛糖和 *D*-2-酮糖开链结构的 Fischer 投影式及其俗名。

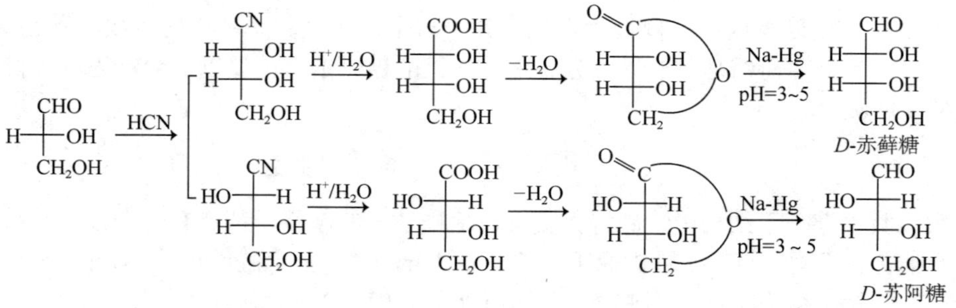

图 18-1　Kiliani-Fischer 合成法路线示意图

二、单糖的环状结构和变旋光现象

糖的开链结构表明它们都具有羰基，但随后发现这种开链结构与一些实验事实不符。例如，研究者在研究 *D*-葡萄糖的性质时发现：①葡萄糖具有醛基，可以和弱氧化剂如费林试剂或托伦试剂（Tollen reagent）反应，但却不能和饱和亚硫酸氢钠溶液反应；②与普通醛类物质不同，葡萄糖在干燥 HCl 催化下与醇发生亲核加成反应时，仅能与一分子醇反应而不能与两分子醇反应生成缩醛；③固体葡萄糖的红外光谱中不显示羰基的伸缩振动特征峰，在 ^1H NMR 中，也不显示醛基质子的特征峰；④从冷乙醇中结晶得到的 *D*-葡萄糖，熔点为 146℃，$[\alpha]^{20}_{D}$=+112.2°。而从吡啶中析出的葡萄糖晶体，熔点为 150℃，$[\alpha]^{20}_{D}$=+18.7°。将其中任何一种结晶溶于水后，其比旋光度都会逐渐变成 +52.7° 并保持恒定。这种在溶液中比旋光度自行改变的现象称为变旋光现象（mutarotation）。

以上实验事实用开链结构均无法解释。人们从醛和醇作用生成半缩醛或缩醛的反应中得到启发：葡萄糖分子内具有醛基和羟基，理论上可以生成环状的半缩醛。这种环状结构已被 X 射线衍射结果所证实，即葡萄糖分子中的醛基与 C-5 上的羟基作用形成六元环状半缩醛结构。

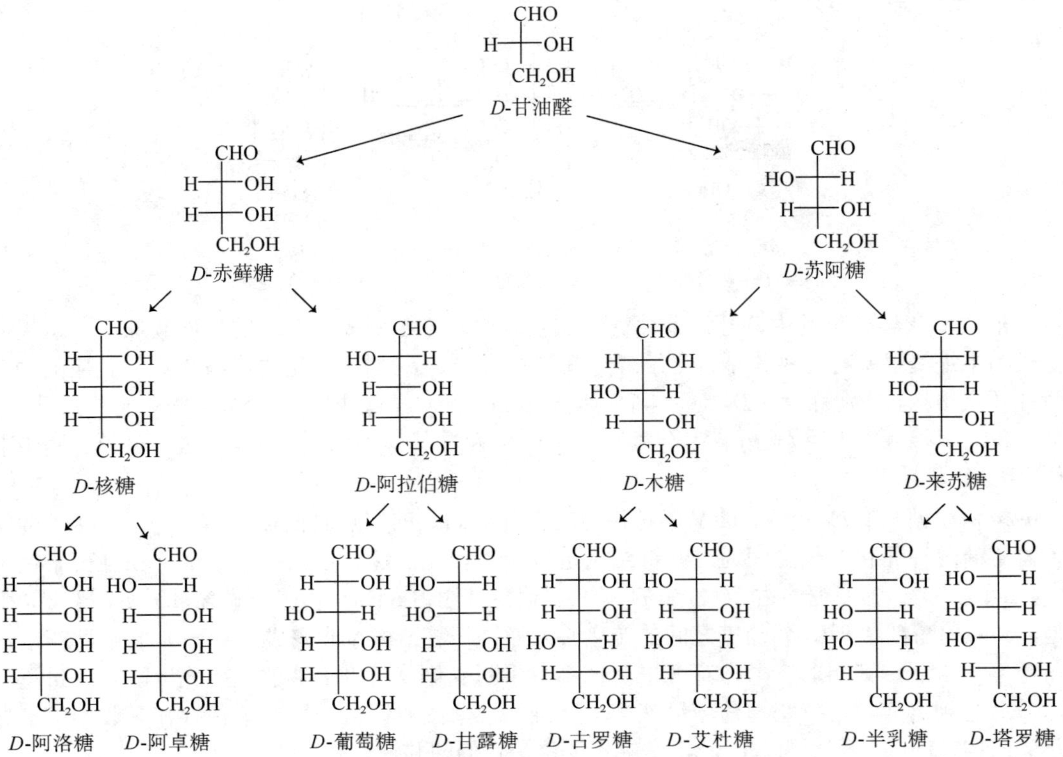

图 18-2　*D*-醛糖开链结构的 Fischer 投影式

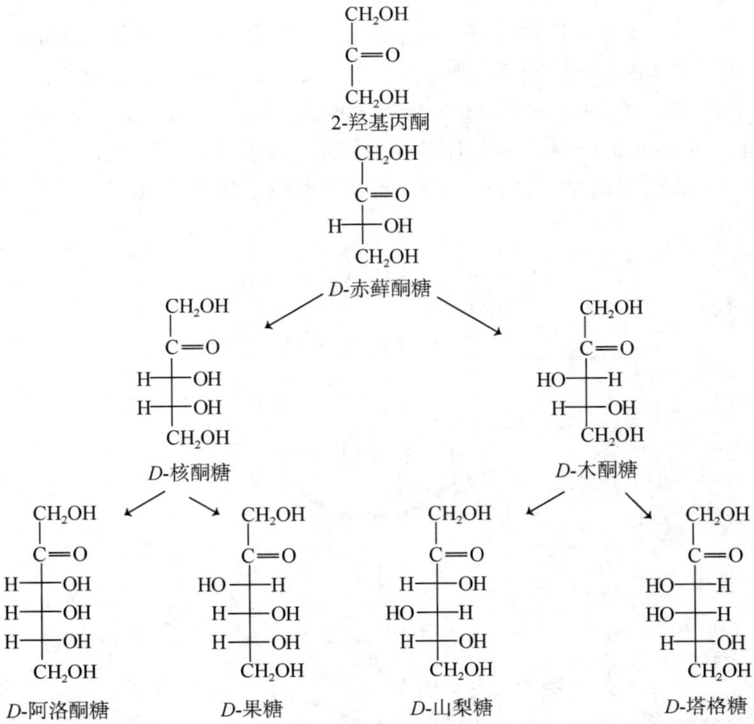

图 18-3　*D*-2-酮糖开链结构的 Fischer 投影式

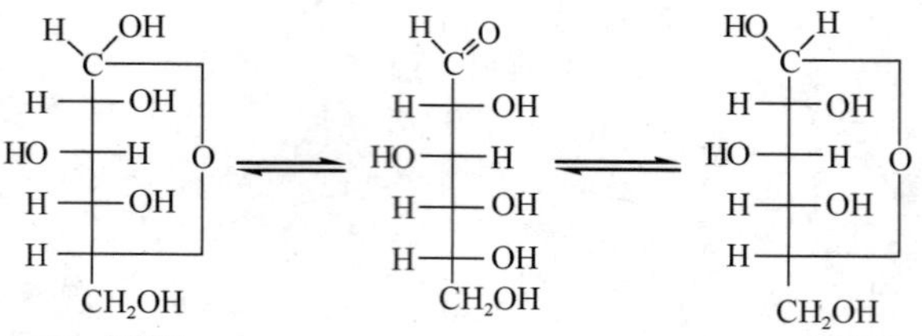

m.p.146℃　　　　　　　　　　m.p.150℃

$[\alpha]_D$+112°　　$[\alpha]_D$+52.7°　　$[\alpha]_D$+18.7°

α-*D*-(+)-葡萄糖　　*D*-(+)葡萄糖　　β-*D*-(+)-葡萄糖

在形成环状结构过程中，开链葡萄糖的羰基碳原子 C-1 变成一个新的手性碳原子，结果导致新生成的半缩醛羟基有两种构型：半缩醛羟基在右边称为 α- 型；在左边称为 β-型。相应的葡萄糖有两种环状结构，分别称为 α-*D*-（+）-葡萄糖和 β-*D*-（+）-葡萄糖。二者在结构上的差别只是 C-1 构型不同，其余手性碳原子构型完全相同，所以称为端基异构体或异头物（anomer），属于非对映体。

α-*D*-葡萄糖和 β-*D*-葡萄糖的晶体是稳定的，各有固定的熔点。但在水溶液中，α-*D*-葡萄糖和 β-*D*-葡萄糖两种环状结构之间通过开链结构进行相互转化，逐渐达到动态平衡。在互变平衡混合物中，α-*D*-（+）-葡萄糖约占 36%，β-*D*-（+）-葡萄糖约占 64%，开链醛式含量很少，不足 0.1%。但是，α-*D*- 葡萄糖和 β-*D*- 葡萄糖之间的转化必须通过开链结构才能完成。由于 α-*D*- 葡萄糖或 β-*D*- 葡萄糖溶于水后，其相对含量在互变平衡体系中不断变化，所以溶液的比旋光度随互变进程而变化，最后达到定值，这就是葡萄糖溶液产生变旋光现象的原因。一般单糖都存在环状半缩醛结构和开链结构之间的互变平衡，因此，变旋光现象是它们的共性。

三、葡萄糖环状结构的哈沃斯式和构象式

为了更合理地表达葡萄糖的环状结构，英国化学家诺尔曼・哈沃斯（Norman Haworth）采用平面六元环透视式代替 Fischer 投影式，称为哈沃斯式（Haworth 式）。通常把含氧的六元环单糖看成杂环吡喃的衍生物，称为吡喃糖（glycopyranose）；把含氧的五元环单糖看成杂环呋喃的衍生物，称为呋喃糖（furanose）。葡萄糖通常以吡喃糖的形式存在。因此，两种环状结构的葡萄糖分别称为 α-*D*-（+）-吡喃葡萄糖和 β-*D*-（+）-吡喃葡萄糖。由费歇尔投影式写成哈沃斯式的过程如下：

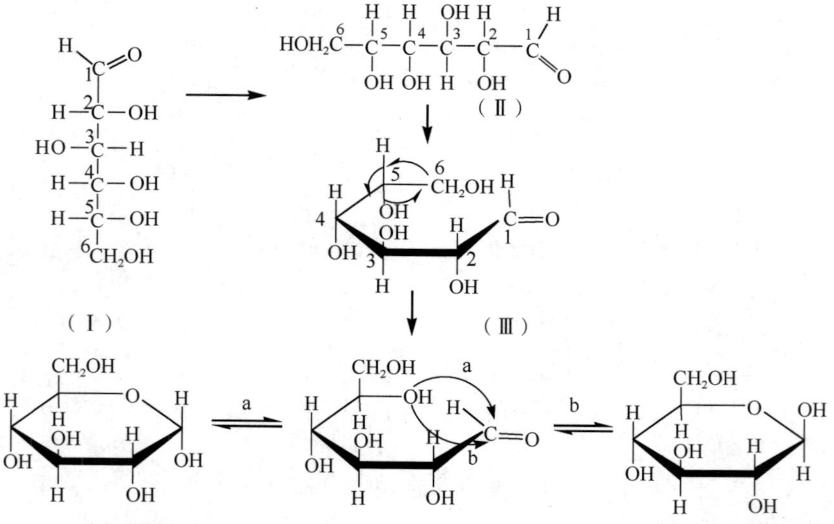

α-*D*-(+)-吡喃葡萄糖　　　β-*D*-(+)-吡喃葡萄糖

将开链式（Ⅰ）顺时针旋转 90° 成水平状态得（Ⅱ）式，由于碳链的弯曲得到（Ⅲ）式。为了形成含氧六元环，C-5 上的羟基应更靠近醛基，可通过 C-4～C-5 间 σ 键旋转得到（Ⅳ）式，使 C-5 羟基有利于向羰基进攻。当 C-5 羟基上的氧分别从羰基碳平面上方（弯箭头 a）或下方（弯箭头 b）所示方向生成环状半缩醛时会分别得到 α-*D*-（+）-吡喃葡萄糖和 β-*D*-（+）-吡喃葡萄糖。在哈沃斯式中，成环的六个原子在同一平面上，碳原子通常略去不标出，环平面与纸面垂直，粗线表示环平面在纸前，细线表示在纸后。Fischer 投影式左边羟基写在环的上方，右边羟基写在环的下方，以表示空间排布。为了简便起见，环上的羟基也可用一短直线表示，环上的氢省略。当无需强调 C-1 的构型，或表示是二者的混合物时，可将 C-1 上的氢原子和羟基并列写出，或者用虚线与羟基平行连接如下：

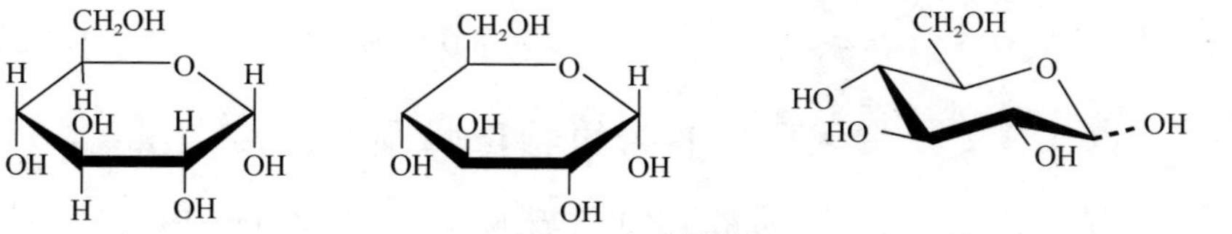

D-(+)-吡喃葡萄糖

在哈沃斯式中，当成环碳原子按顺时针方向排列，六元环中的氧写在右上角时，则 C-5 上—CH_2OH 在环上方为 *D*-型。*D*-型糖中，半缩醛羟基在环下方为 α-型，反之为 β-型；或者说半缩醛羟基与 C-5 上的羟甲基（—CH_2OH）在环的同侧为 β-型，反之为 α-型。

哈沃斯式把糖的六元环看成平面，其余原子和基团垂直排布在环的上、下方。与环己烷相似，吡喃糖中成环的各个原子不在同一平面上，可以有船式和椅式两种构象，但以椅式构象比较稳定，是能量较低的优势构象。α-*D*-（+）-吡喃葡萄糖和 β-*D*-（+）-吡喃葡萄糖的优势构象式如下：

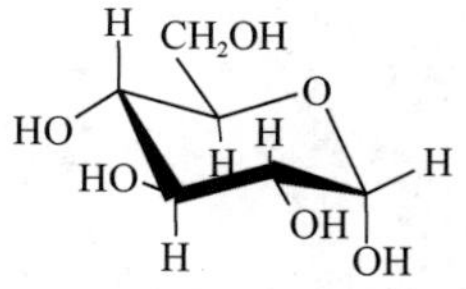

α-*D*-(+)-吡喃葡萄糖

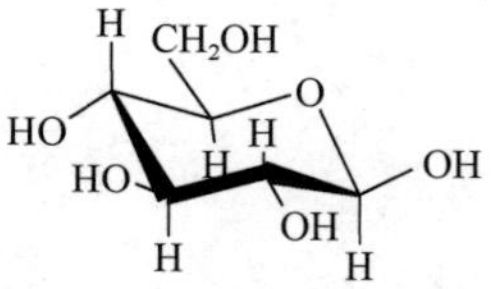

β-*D*-(+)-吡喃葡萄糖

在 β-*D*-（+）-吡喃葡萄糖中，所有较大的基团都在 e 键上，相互距离较远，斥力较小；而 α-*D*-（+）-吡喃葡萄糖中，半缩醛羟基在 a 键上，其余较大基团在 e 键上，因此，β-型比 α-型内能更低，更稳定，这也是在互变异构平衡中 β-*D*-（+）-吡喃葡萄糖的含量较高（占 64%）的原因。

四、果糖的结构

果糖（fructose）分子式为 $C_6H_{12}O_6$，属于己酮糖，广泛存在于水果和蜂蜜中，是最甜的一种糖。果糖含有 3 个手性碳原子，由于编号最大的手性碳原子的羟基在投影式右边，也属于 *D*-型，其比旋光度 $[\alpha]_D^{20}$ 为 −92°，通常称为 *D*-（−）-果糖。果糖为无色晶体，易溶于水，有还原性和变旋光现象。

游离态的果糖具有吡喃糖的六元环状结构，由 C-6 上的羟基与酮基结合形成环状半缩酮。蔗糖中含有结合态的果糖，由 C-5 上的羟基与酮基结合形成含氧五元环状半缩酮，具有呋喃糖结构。上述两种环状结构都有各自的 α-型和 β-型异构体。在水溶液中，通过开链结构形成含有五种结构的互变异构平衡体系。

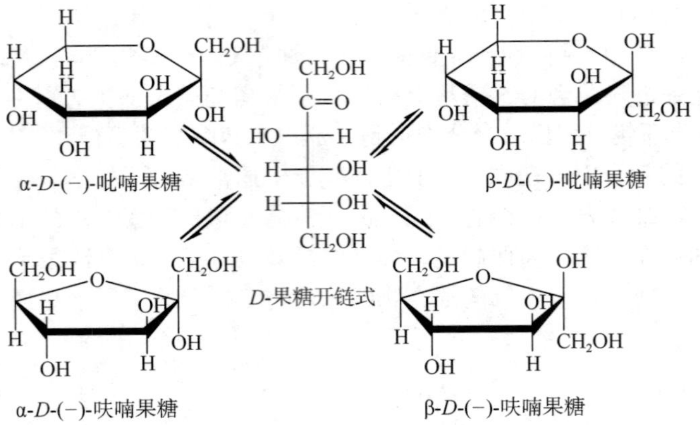

五、单糖的物理性质

单糖皆为无色晶体，易溶于水，可溶于乙醇和吡啶，难溶于乙醚、丙酮、苯等有机溶剂。单糖都有甜味。除二羟基丙酮外，单糖都具有旋光性，能形成环状结构的单糖存在变旋光现象。比旋光度是鉴别糖的重要物理常数。如表 18-1 所示。

表 18-1　一些单糖的物理常数表

名称	比旋光度			糖脎熔点（℃）
	α-型	β-型	平衡混合物	
		戊糖		
D-阿拉伯糖	−55.4	−175	−103	160
D-核糖	–	–	−23.7	160
D-木糖	+ 93.7	−20	+ 18.8	163
		己糖		
D-葡萄糖	+ 112	+ 18.7	+ 52.7	210
D-甘露糖	+ 29.9	−16.3	+ 14.7	210
D-半乳糖	+ 150.7	+ 52.8	+ 80.2	186
D-果糖	–	−133.5	−92	210

六、单糖的化学性质

单糖分子中含有羟基和羰基，兼具羟基及羰基的性质，如可发生羟基的成酯、成醚、氧化及发生分子内脱水反应等；可发生羰基的相关反应，如氧化、还原以及成缩醛的反应等。单糖在水溶液中是以链式结构和环式结构平衡存在的。在某些反应中，单糖以链式结构参与反应，环式结构不断地转变为链式结构，最后全部生成链式结构的衍生物，也有些情况下单糖以环状结构参与反应。单糖的主要化学性质如下：

1. 单糖在弱碱溶液中的差向异构化反应　用稀碱溶液处理 *D*-葡萄糖，会得到 *D*-葡萄糖、*D*-甘露糖和 *D*-果糖的混合物。用稀碱处理 *D*-甘露糖或 *D*-果糖，也会得到相同的混合物。在酶作用下，生物体内的单糖也能进行类似的转化。

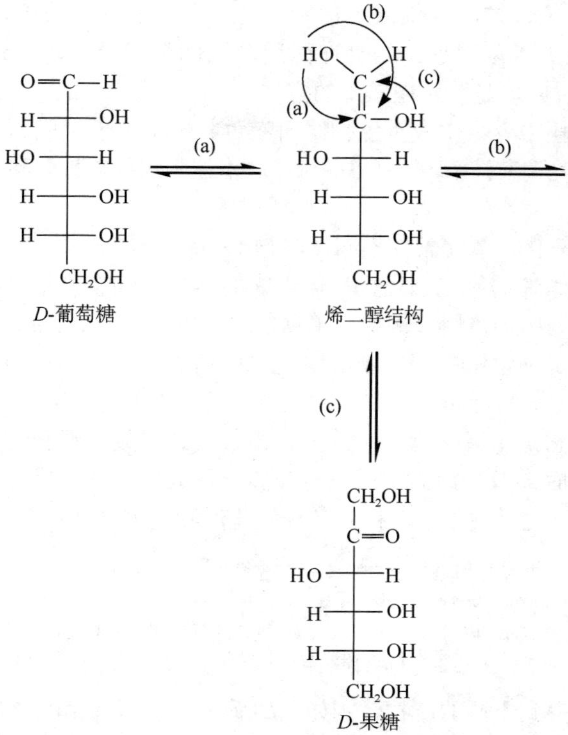

在弱碱催化下，*D*-葡萄糖羰基烯醇化生成烯二醇中间体，从而使C-2失去手性。烯二醇结构很不稳定，将立即发生进一步转化。此时C-1上的羟基氢可从两个方向转移至C-2上，如果沿（a）途径与C-2结合，则C-2—OH仍在投影式右方，构型不变，仍得到*D*-葡萄糖；若沿（b）转移到C-2上，则C-2上原有的—OH移位至投影式的左方，生成*D*-甘露糖；若C-2上—OH的氢按（c）指示方向转移与C-1结合，双键移位，C-2成为酮基，则生成*D*-果糖。因此，在稀碱溶液中，*D*-葡萄糖、*D*-甘露糖和*D*-果糖间存在相互转化，得到互变平衡混合物。用稀碱处理*D*-甘露糖或*D*-果糖，也得到同样结果。

在含有多个手性碳原子的对映异构体之间，如果只有一个手性碳原子的构型不同，其余手性碳原子的构型相同，这样的异构体互称差向异构体（epimer），如*D*-葡萄糖与*D*-甘露糖是C-2差向异构体。差向异构体之间的转化称为差向异构化（epimerization）。*D*-葡萄糖或*D*-甘露糖与*D*-果糖之间的转化，是醛糖与酮糖之间的转化，常见于体内糖代谢过程，如6-磷酸葡萄糖在异构酶作用下转变成6-磷酸果糖。在强碱溶液中，单糖很不稳定，分解成各种不同的物质。

2. 脱水反应 在浓酸（浓硫酸或浓盐酸）作用下，单糖发生分子内脱水形成糠醛或糠醛的衍生物。例如，戊糖脱水生成糠醛，己糖脱水生成5-羟甲基糠醛。

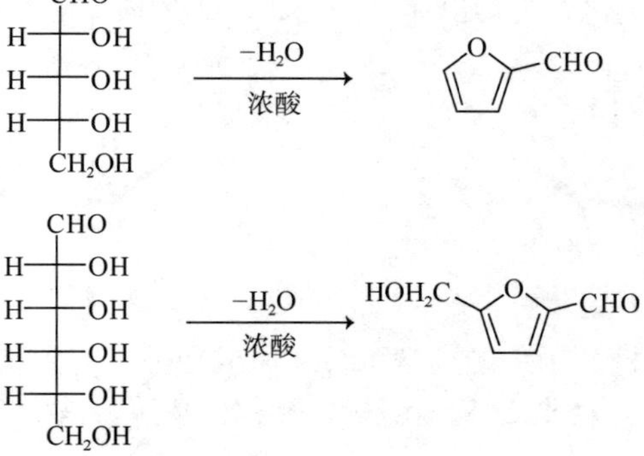

糠醛及其衍生物可与酚类化合物缩合生成有色物质。如在糖的水溶液中加入α-萘酚的乙醇溶液，然后沿着试管壁小心地加入浓硫酸，则会在两层液面间形成紫色环。该反应称为莫利希（Molisch）反应，又称α-萘酚反应，是鉴别糖常用的方法。

葡萄糖制剂在加热灭菌过程中容易生成有色物质而变黄，也是由于生成5-羟甲基糠醛，后者再经氧化、聚合而呈色的缘故。调节溶液pH在3～4并严格控制灭菌温度，可有效防止有色物质的产生。

3. 氧化反应 单糖容易被氧化，氧化条件不同，产物不同。

醛和酮的区别在于酮不与碱性弱氧化剂反应，但当酮的α-C上连有羟基时，由于在碱溶液中的互变异构作用，它也能与弱氧化剂作用。例如，单糖能与Tollen试剂、Fehling试剂作用，可分别生成银镜、砖红色氧化亚铜沉淀，常用于单糖的鉴别。单糖的这种性质称为单糖的还原性。在糖化学中，凡具有上述性质的糖称为还原糖。临床检验中，常用本尼迪克特（Benedict）试剂来测定血液和尿中葡萄糖的含量，它是由硫酸铜、碳酸钠、枸橼酸钠组成的混合物，其中铜离子被氧化成砖红色的氧化亚铜沉淀，而枸橼酸钠的作用是与铜离子形成配合物，以防止氢氧化铜沉淀的形成。在碱性条件下，单糖的氧化相当复杂，得到各种氧化产物的混合物：

单糖 + Ag_2O ⟶ Ag↓ + 复杂的氧化产物
（Tollen试剂）　　银镜

单糖 + $2Cu(OH)_2$ ⟶ Cu_2O↓ + 复杂的氧化产物+$2H_2O$
（Fehling 试剂或 Benedict 试剂）棕红色

在不同条件下，单糖氧化得到不同的产物。例如，*D*-葡萄糖若用稀硝酸氧化则生成*D*-葡萄糖二酸。

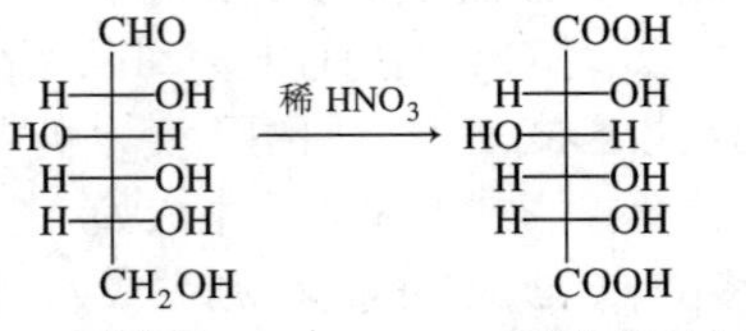

D-葡萄糖　　*D*-葡萄糖二酸

D-葡萄糖用溴水氧化，醛基氧化成羧基，生成*D*-葡萄糖酸，而在该条件下酮糖不发生氧化，故可用溴水区别醛糖和酮糖。

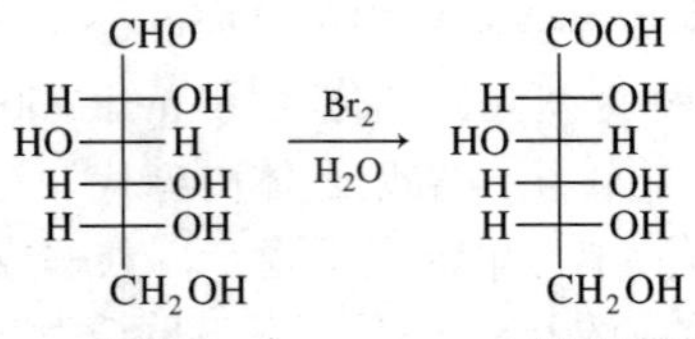

D-葡萄糖　　*D*-葡萄糖酸

D-葡萄糖在酶的催化下，生成*D*-葡萄糖醛酸（glucuronic acid）。由于它可以和体内的有毒物质醇、酚结合成无毒的糖苷类化合物排出体外，因此，*D*-葡萄糖醛酸是体内重要的解毒物质。

D-葡萄糖酸内酯

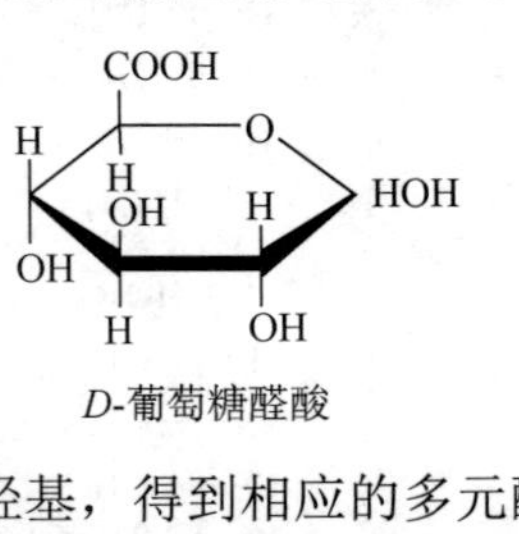

D-葡萄糖醛酸

4. 还原反应 醛糖和酮糖分子中的羰基可被还原成羟基，得到相应的多元醇。例如，葡萄糖经催化加氢或用$NaBH_4$还原，得到*D*-葡萄糖醇，又称山梨醇，是生产维生素C的原料。

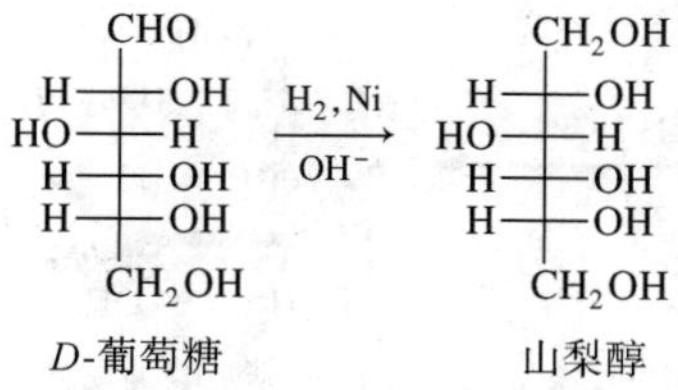

5. 成脎反应 单糖具有醛或酮羰基，可与苯肼反应。首先生成糖苯腙，当苯肼过量时，则继续反应生成难溶于水的黄色结晶，称为糖脎（osazone）。一般认为成脎反应分三步完成：首先单糖和苯肼生成糖苯腙，然后糖苯腙的α-羟基被过量的苯肼氧化为羰基，再与苯肼作用生成糖脎。

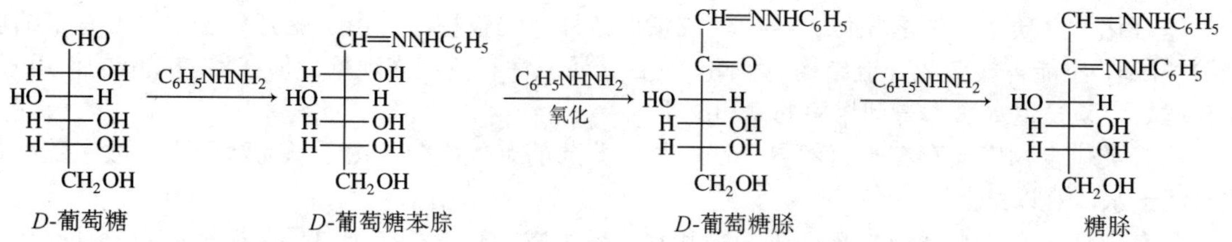

糖脎分子可以通过氢键形成螯环结构，阻止了 C-3 上羟基被继续氧化。

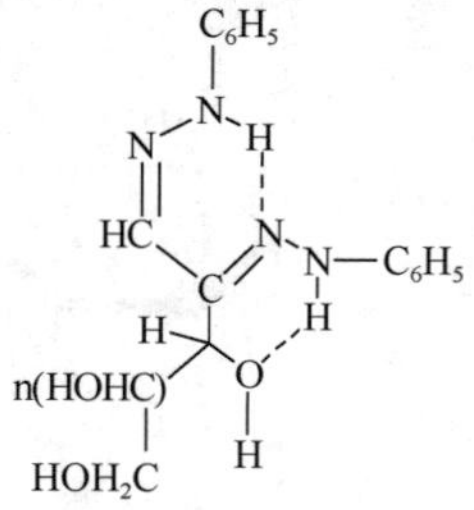

糖脎分子螯环结构

成脎反应一般在羰基和具有羟基的α-C 上发生，对于单糖，一般在 C-1 和 C-2 上发生。因此，除 C-1、C-2 外，其他手性碳构型相同的单糖可以生成相同的糖脎。例如，*D*-葡萄糖、*D*-果糖、*D*-甘露糖会生成相同的糖脎。

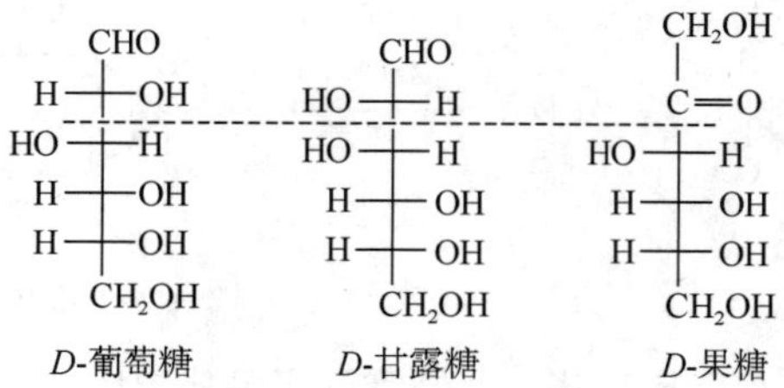

糖脎是难溶于水的黄色晶体，不同的糖脎具有不同的晶型和熔点，可用糖脎来鉴别不同的糖（常用的糖可参考表 18-1）。

6. 成苷反应 单糖环状半缩醛（酮）结构中的半缩醛（酮）羟基较其他醇羟基活泼，在干燥 HCl 催化下，容易与含羟基、氨基、巯基等具有活泼氢的化合物失水，生成具有缩醛（酮）结构的化合物，称为糖苷（glycoside），也称甙或配糖体。常把糖的半缩醛（酮）羟基称为苷羟基，有α-和β-两种类型，生成的糖苷也有α-和β-两种类型。例如，在干燥 HCl 催化下，*D*-葡萄糖与甲醇作用，生成α-*D*-甲基吡喃葡萄糖苷和β-*D*-甲基吡喃葡萄糖苷的混合物。

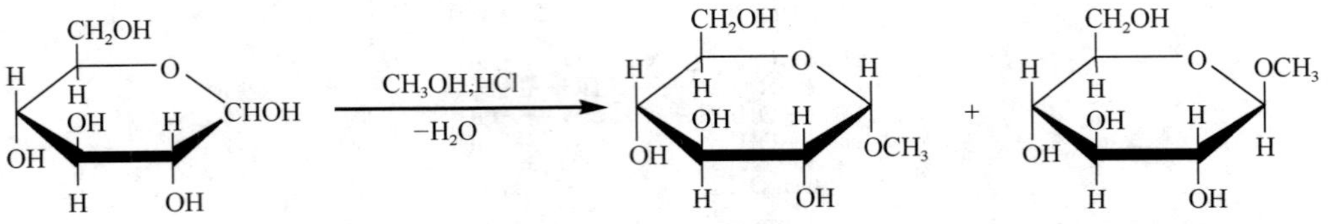

α-*D*-甲基吡喃葡萄糖苷　　β-*D*-甲基吡喃葡萄糖苷

糖苷由糖和非糖两部分组成。糖的部分称为糖基，非糖部分称为配基或苷元。通过氧原子把糖和配基连接起来的化学键称氧苷键或糖苷键，也有 α-和 β-之分。除氧苷键外，在糖和配基之间还可以通过氮原子、硫原子或碳原子相连，分别称为氮苷键、硫苷键、碳苷键等。例如，核酸分子中各戊糖与碱基之间就是通过氮苷键结合起来的。

糖苷化学性质上与缩醛相似。在中性或碱性条件下比较稳定。由于糖苷分子中已没有半缩醛（酮）羟基，不能再转变成开链结构，因此，糖苷无还原性和变旋光现象。但在稀酸或酶的作用下，在苷键处容易发生水解，得到相应的糖和配基。

糖苷类化合物广泛存在于自然界，许多是中草药的有效成分。由于糖易溶于水，故多数糖苷也易溶于水，难以结晶。

具有止痛作用的水杨苷是 β-*D*-葡萄糖和水杨醇生成的苷，存在于白杨和柳树皮中。具有止咳作用的苦杏仁苷是由龙胆二糖与羟基苯乙腈失水生成的苷，在苦杏仁及桃树根中存在，在体内被酶水解后，可放出 HCN，故有毒性。

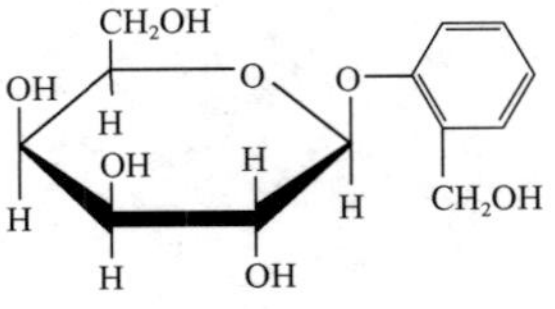

水杨苷

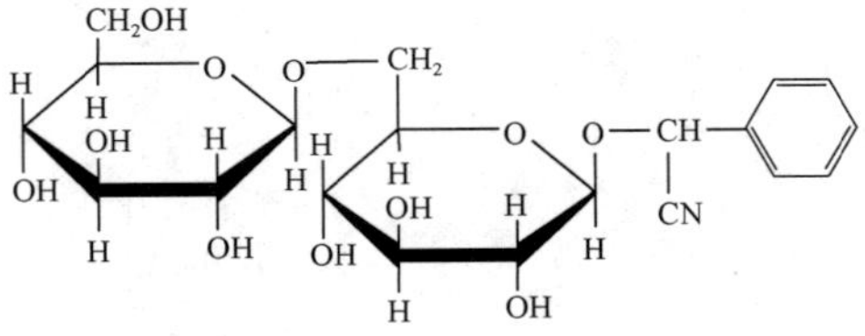

苦杏仁苷

7. 酯化反应　单糖分子中的羟基可以像醇中的羟基一样发生酯化反应。如在无水氯化锌的催化下，葡萄糖可以和乙酐作用生成葡萄糖五乙酸酯。葡萄糖五乙酸酯分子内无半缩醛羟基，无还原性和变旋光现象。

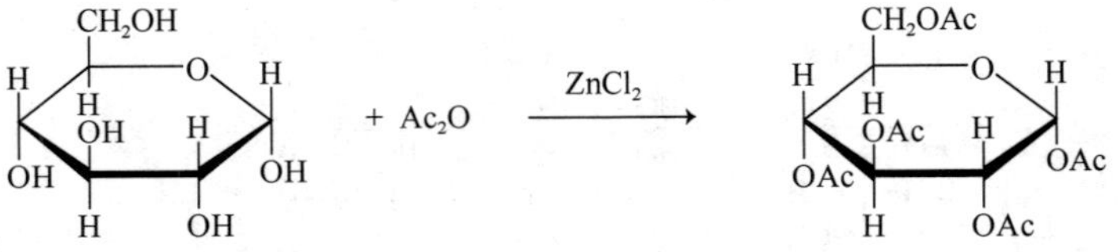

葡萄糖　　1,2,3,4,6-五乙酰-α-*D*-吡喃葡萄糖

在生物体内，α-*D*-葡萄糖在酶的催化下与磷酸发生酯化反应，生成 1-磷酸-α-*D*-吡喃葡萄糖和 6-磷酸-α-*D*-吡喃葡萄糖，它们是人体内许多代谢过程的中间产物，在生命过程中具有重要意义。

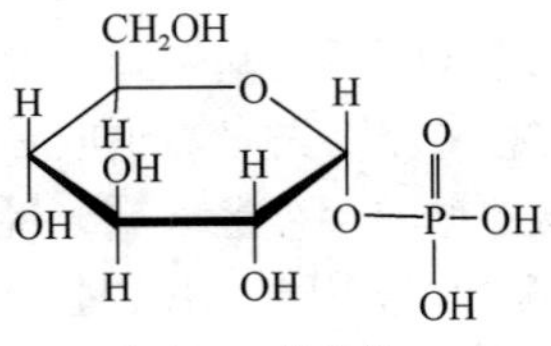

1-磷酸-α-*D*-葡萄糖

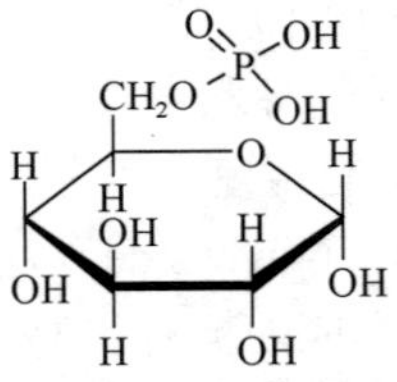

6-磷酸-α-*D*-葡萄糖

1-磷酸葡萄糖是人体内合成糖原的原料，也是糖原在体内分解的最初产物。其他重要的单糖磷酸酯还有 3-磷酸甘油醛、磷酸二羟基丙酮、6-磷酸果糖、1, 6-二磷酸果糖（FDP）等。后者在

临床上可用于急救及抗休克等的辅助治疗。

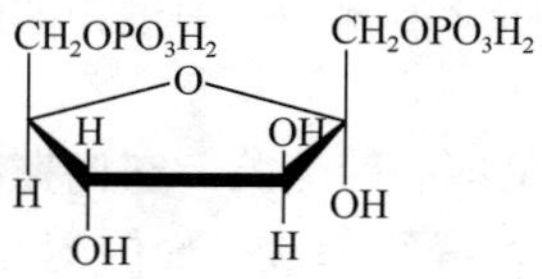

1,6-二磷酸果糖(FDP)

七、重要的单糖及其衍生物

1. *D*-（–）-核糖和 *D*-（–）-2-脱氧核糖 *D*-（−）-核糖（ribose）和 *D*-（−）-2-脱氧核糖（deoxyribose）都是戊醛糖，它们是核酸、脱氧核糖核酸的重要组成部分，也存在于某些酶和维生素中，是生物体内最重要的戊醛糖。通常以β-型呋喃糖形式存在。两者结构区别在于脱氧核糖 C-2 上只有氢原子，没有羟基。

D-（−）-核糖为晶体，熔点 95℃，$[\alpha]_D^{20}$=−21.5°，*D*-（−）-2-脱氧核糖的 $[\alpha]_D^{20}$=−60°。它们的环状结构 Haworth 式如下：

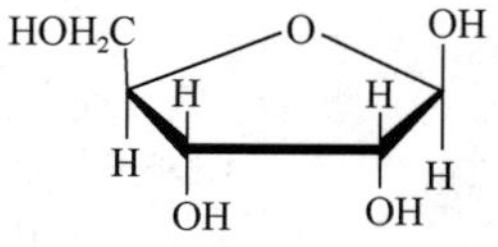

β-*D*-呋喃核糖

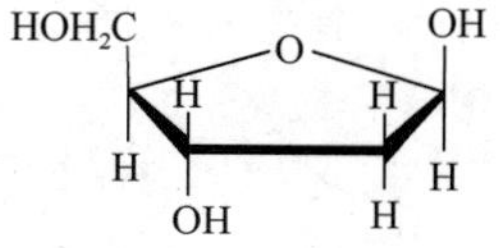

β-*D*-2-脱氧呋喃核糖

2. *D*-（+）-葡萄糖 葡萄糖（glucose，Glc）为无色结晶，易溶于水，难溶于乙醇，有甜味，甜度为蔗糖的 70%。葡萄糖的水溶液为右旋性，所以又叫右旋糖（dextrose）。

葡萄糖是自然界分布最广、最重要的己醛糖，存在于葡萄等水果、动物的血液、淋巴液、脊髓液中。葡萄糖还是组成蔗糖、麦芽糖等二糖及淀粉、糖原、纤维素等多糖的基本单元。人体血液中的糖（主要是葡萄糖）称为血糖（blood glucose），正常值为 3.89～6.11mmol/L（葡萄糖氧化酶法），维持血糖浓度的恒定具有重要生理意义。葡萄糖是人体能量的重要来源。人体利用葡萄糖时，先通过磷酸化作用，将其转变为磷酸酯，然后经过一系列的变化，逐步分解，释放能量。

葡萄糖是人体新陈代谢不可缺少的营养物质。在医学上具有广泛的用途，是临床上常用的营养剂，并有强心、利尿、解毒等作用。

3. *D*-（+）-半乳糖 半乳糖（galactose，Gal）是一种己醛糖，白色晶体，易溶于水和乙醇，熔点 165～166℃，$[\alpha]_D^{20}$=+83.3°。

半乳糖与葡萄糖互为 C-4 差向异构体，其环状结构如下：

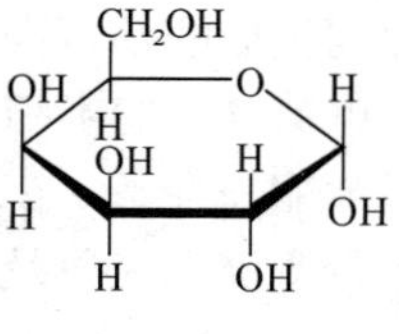

α-*D*-吡喃半乳糖

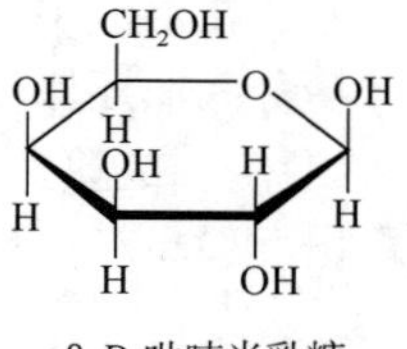

β-*D*-吡喃半乳糖

半乳糖是哺乳动物的乳汁中乳糖的组成成分，是构成脑神经系统中脑苷脂的成分，与婴儿出生后脑的迅速生长有密切关系。乳糖水解可得到半乳糖和葡萄糖。在酶催化下，体内半乳糖经 C-4 差向异构化可转化为葡萄糖。

4. *D*-（–）-果糖 果糖（fructose）为无色结晶，易溶于水，可溶于乙醇，熔点为 105℃。天然的果糖为左旋性，所以又称左旋糖（levulose）。果糖也有还原性和变旋光现象，$[\alpha]_D^{20}$=−92°。果糖比葡萄糖甜，蜂蜜的甜度主要因有果糖存在。

果糖是自然界含量最丰富的己酮糖。果糖以游离状态存在于水果和蜂蜜中，还能与葡萄糖结合生成蔗糖。果糖也是菊科植物根部所含多糖——菊根粉的组成成分。在动物的前列腺和精液中也含有相当量的果糖。

6-磷酸果糖、1, 6-二磷酸果糖是果糖的磷酸酯，它们在糖代谢中是重要的中间体。1, 6-二磷酸果糖在酶的作用下可生成3-磷酸甘油醛和磷酸二羟丙酮，在体内醛缩酶的催化下通过此反应，将己糖转化为丙糖，或由丙糖转化为己糖。

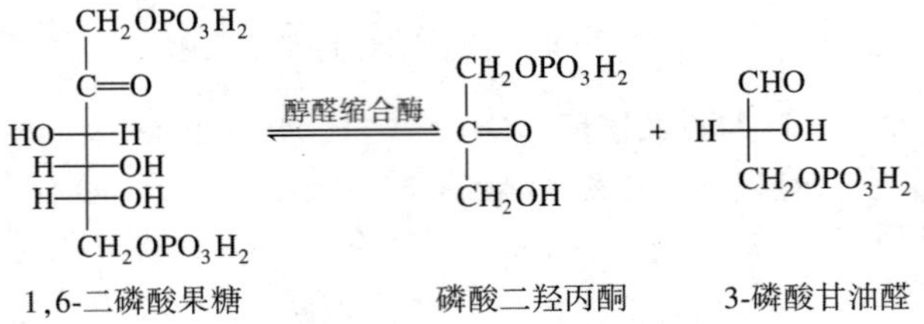

5. 氨基糖 氨基糖（amino sugar）是单糖分子中的醇羟基被氨基取代的糖。氨基通常取代与醛基相邻的C-2羟基，其中以氨基葡萄糖和氨基半乳糖最常见，其环状结构的Haworth式如下：

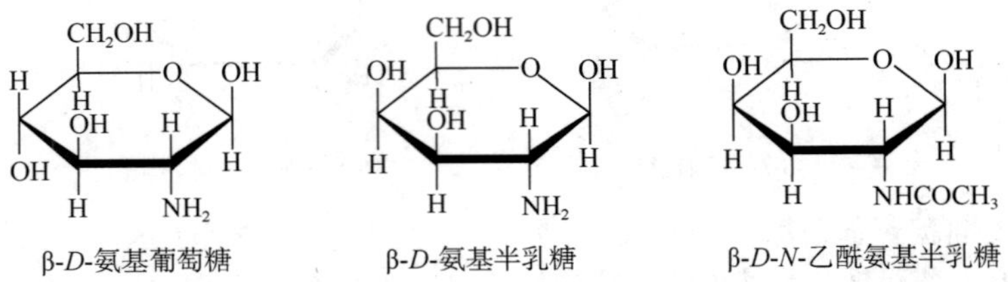

氨基糖以及*N*-乙酰氨基己糖 [*N*-乙酰氨基葡萄糖（GlcNAc）、*N*-乙酰氨基半乳糖（GalNAc）] 常以结合态存在于糖蛋白及蛋白多糖中，海洋中许多甲壳动物及昆虫外壳的主要成分之一的甲壳素就是*N*-乙酰氨基葡萄糖的聚合物，抗生素链霉素也含有氨基葡萄糖组分。*D*-氨基半乳糖盐酸盐为无色晶体，熔点185℃，可引起肝细胞损害，常用于实验性肝损伤动物模型的研究。

第二节 二 糖

一、二糖的概述

二糖是最简单的低聚糖，是由一个单糖分子中的半缩醛羟基与另一单糖分子中的羟基（可以是半缩醛羟基，也可以是醇羟基）脱水键合而成。若两个单糖分子都以半缩醛羟基脱水形成二糖，二糖分子中没有半缩醛羟基，在溶液中就不能通过互变异构生成醛基，因而无还原性、变旋光现象及成脎等性质，这类二糖称为非还原性二糖。如果一个单糖分子的半缩醛羟基和另一个单糖分子的醇羟基之间脱水形成二糖，二糖分子中还保留着一个半缩醛羟基，在溶液中可以通过互变异构生成醛基，它们会表现出一般单糖的性质，如有还原性、变旋光现象及成脎等，这类二糖称为还原性二糖。

二糖的物理性质类似单糖，如易溶于水，多数具有甜味，并且能成很好的结晶等。

二糖含有糖苷键，糖苷键类似于醚键，在中性和碱性条件下比较稳定，但在较强的酸溶液中易被水解，彻底水解产物是单糖。不同的苷键还能分别被某些有特异性的酶水解。例如，麦芽糖酶能水解α-*D*-葡萄糖苷键，不能水解β-*D*-葡萄糖苷键；苦杏仁酶则相反，它能水解β-*D*-葡萄糖苷键，却不能水解α-*D*-葡萄糖苷键。

二、重要的二糖

1. 蔗糖 *D*-（+）-蔗糖（sucrose）是最常见的二糖，在自然界中，蔗糖广泛地分布于植物的根、茎、叶、花、果实及种子内，尤以甘蔗、甜菜中最多。*D*-（+）-蔗糖为无色透明结晶，易溶于水，难溶于乙醇、氯仿、醚等有机溶剂。

D-（+）-蔗糖是由一分子 α-*D*-葡萄糖的半缩醛羟基与一分子 β-*D*-果糖的半缩酮羟基脱水键合而成，它既可看作 α-*D*-葡萄糖苷，又可看作 β-*D*-果糖苷。在蔗糖分子中，葡萄糖的半缩醛羟基和果糖的半缩醛羟基都参与形成糖苷键，分子中无半缩醛羟基或无半缩酮羟基，所以蔗糖无还原性，也无变旋光现象。

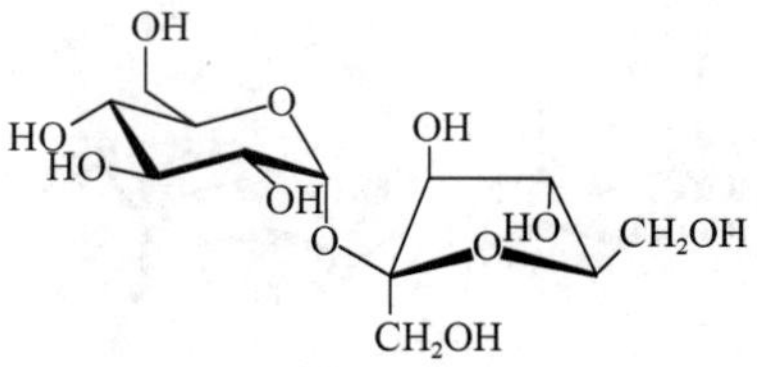

蔗糖是右旋糖，被酸或酶水解后生成等量的*D*-葡萄糖和*D*-果糖的左旋混合物（$[\alpha]_D^{20}=-19.8°$）。旋光方向发生改变，因而把 *D*-（+）-蔗糖的水解过程称为转化，*D*-（+）-蔗糖的水解产物又被称为转化糖（invert sugar）。蜂蜜的主要成分就是转化糖。

$$\underset{\substack{D\text{-蔗糖}\\ [\alpha]_D=+66.7°}}{C_{12}H_{22}O_{11}+H_2O} \xrightarrow{\text{转化酶}} \underbrace{\underset{\substack{D\text{-葡萄糖}\\ [\alpha]_D=+52.5°}}{C_6H_{12}O_6} + \underset{\substack{D\text{-果糖}\\ [\alpha]_D=-92°}}{C_6H_{12}O_6}}_{\substack{\text{转化糖}\\ [\alpha]_D=-19.75°}}$$

2. 麦芽糖 麦芽糖（maltose）为透明针状晶体，熔点为 102～103℃，$[\alpha]_D^{20}=+136°$，易溶于水，微溶于酒精，不溶于乙醚。麦芽糖是饴糖的主要成分，广泛存在于麦芽、花粉、花蜜、树蜜及大豆植株的叶柄、茎和根部，谷物种子发芽时就有麦芽糖的生成，生产啤酒所用的麦芽汁中所含糖成分主要是麦芽糖。在人体中，从食物所得的淀粉被水解生成麦芽糖，再经麦芽糖酶水解为 *D*-葡萄糖。

麦芽糖是由一分子 α-*D*-葡萄糖的半缩醛羟基与另一分子 *D*-葡萄糖 C-4 上的醇羟基脱水，通过 α-1, 4-糖苷键连接而成的，属于 α-糖苷。麦芽糖分子中仍有半缩醛羟基，属于还原性糖，有变旋光现象。

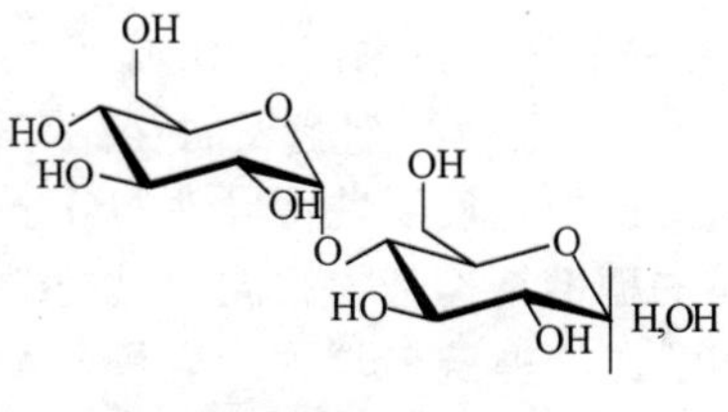

麦芽糖甜度约为葡萄糖的 40%，可用作营养剂和培养基。

3. 乳糖 乳糖（lactose）存在于哺乳动物的乳汁中，牛乳含乳糖 4.6%～5.0%，人乳含乳糖 5%～7%。纯品乳糖为白色固体，在水中的溶解度小，$[\alpha]_D^{20}=+52.3°$。

乳糖是由一分子 β-*D*-半乳糖的半缩醛羟基与另一分子 *D*-葡萄糖 C-4 上的醇羟基脱水后，通过 β-1, 4-糖苷键连接而成，属于 β-糖苷。乳糖分子中仍有半缩醛羟基，属于还原性糖，有变旋光现象。

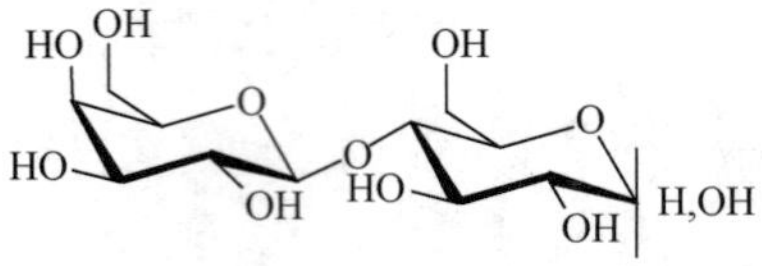

乳糖是制乳酪的副产品，来源较少且甜味弱，平时极少用作营养品。在制药工业中，常利用其吸湿性小的特点作为药物的稀释剂以配制片剂及散剂。

4. 纤维二糖 纤维二糖（cellobiose）是纤维素部分水解的产物，广泛存在于各种植物中。纤维二糖由两分子葡萄糖经 β-1, 4- 糖苷键结合而成，因而不能被麦芽糖酶水解，而只能被专一断裂β-糖苷键的苦杏仁酶水解。人体内缺乏水解 β-1, 4- 糖苷键的酶，所以纤维二糖不能为人体消化吸收（食草动物以纤维二糖为食物）。

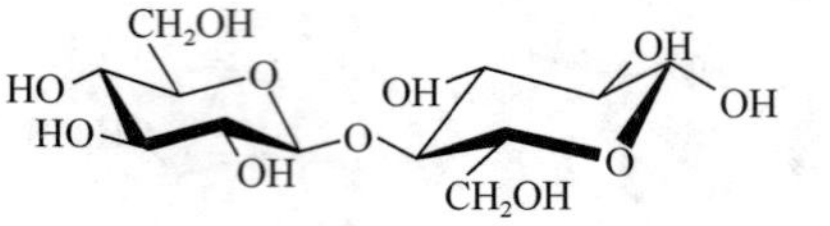

β-(+)-纤维二糖

纤维二糖为白色晶体，熔点 225℃，可溶于水，分子中仍保留着半缩醛羟基，是还原性二糖。固态纤维二糖是 β-型，其结构如上所示。

三、寡糖链与血型

人的血型物质是结构复杂的糖蛋白或糖脂。现已证明，各种血型及相关抗原特异性都取决于这些糖蛋白或糖脂中的寡糖链结构（图 18-4），而不是其中的多肽链或脂质。

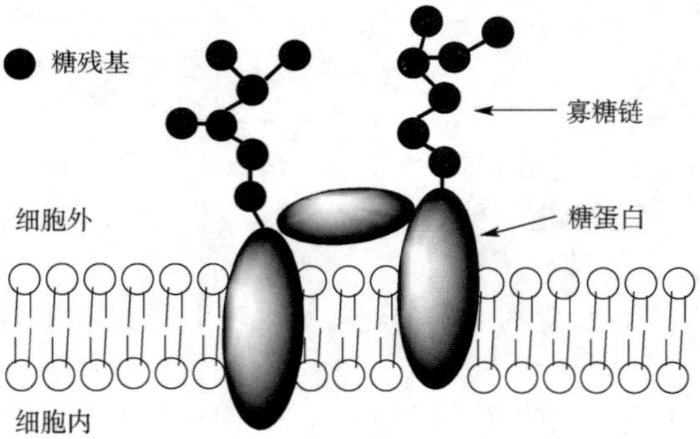

图 18-4　细胞外的寡糖链示意图

目前，人有二十几种血型，医学上按最基本的 ABO 血型系统，把血型分为 A、B、AB 和 O 四种类型，其实还有 MN 血型系统、P 血型系统、Rh 血型系统、HLA 血型系统等 20 多个血型系统。不论什么分法，各种血型实质上是红细胞表面存在有不同的抗原。红细胞质膜上的糖鞘脂是 ABO 血型系统的血型抗原，血型免疫活性特异性的分子基础是糖链的糖基组成。从化学结构来看 A、B、O 三种血型抗原的糖链结构基本相同，只是糖链末端的糖基有所不同。A 型血的糖链末端为 *N*-乙酰半乳糖，B 型血的糖链末端为半乳糖，AB 型则两种糖基都有，O 型血则缺少这两种糖基。

从寡糖链来看，血型差异是由于体内红细胞及某些分泌液中存在不同的血型物质 H、A、B 的缘故。红细胞膜上有血型物质 A 者，血型为 A；有血型物质 B 者为 B 血型；有血型物质 H 者，血型为 O 型；既有血型物质 A 又有血型物质 B 者，血型为 AB 型（图 18-5）。

三种血型物质的结构可表示如图 18-6 所示：

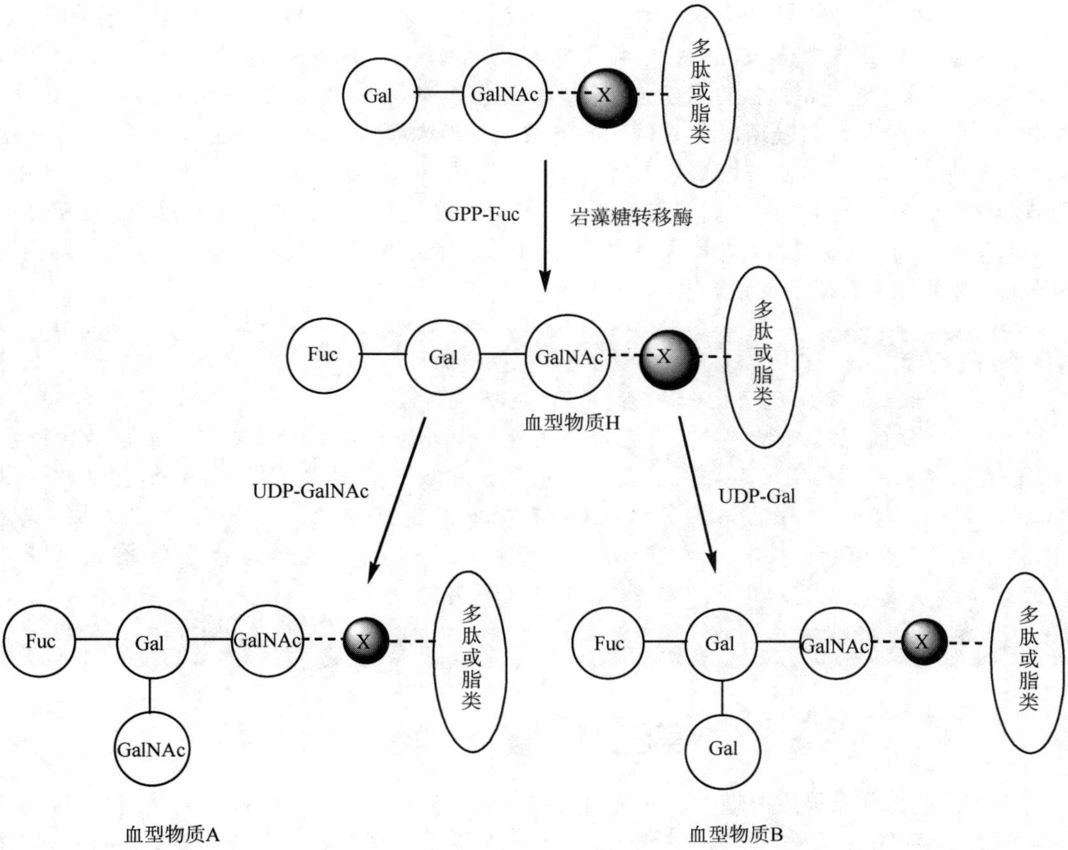

图 18-5　血型物质

Fuc 为岩藻糖；Gal 为半乳糖；GalNAc 为 *N*- 乙酰氨基半乳糖；UDP 为尿苷二磷酸

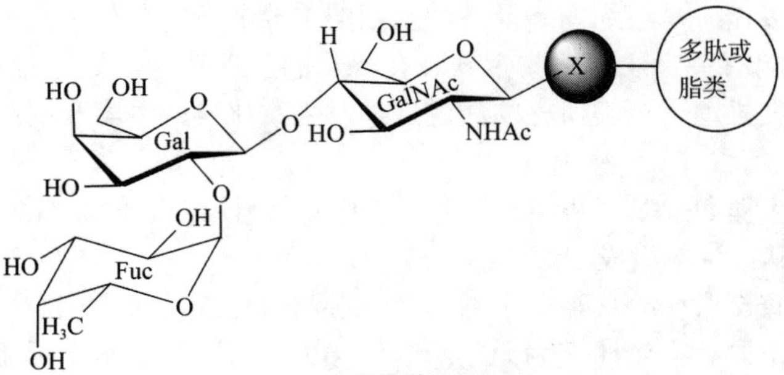

血型物质H(O型血)

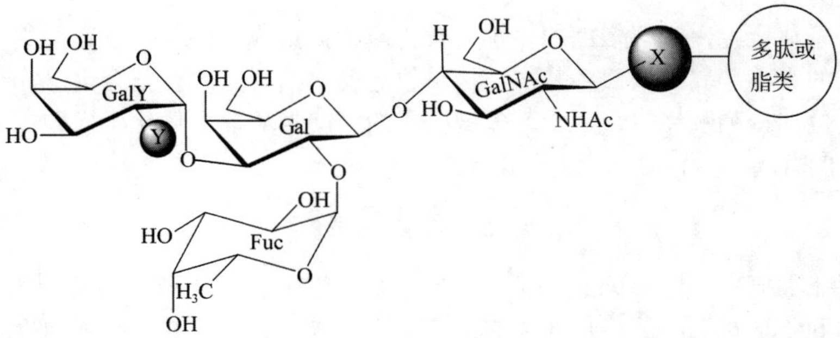

血型物质A为Y=NAc；血型物质B为Y=OH

图 18-6　血型物质的结构

血型物质 H、A、B 有一个共同的“前体”结构，由半乳糖（Gal）、*N*-乙酰氨基葡萄糖（GlcNAc）和 *N*-乙酰氨基半乳糖（GalNAc）组成寡糖链，受 H 基因编码的岩藻糖转移酶作用，该前体可将岩藻糖（Fuc）通过 α-1, 2- 糖苷键连接在半乳糖上，得到血型物质 H。O 血型人含有 H 物质，其糖链的非还原端为 *L*-岩藻糖。在 A 酶（*N*-乙酰氨基半乳糖转移酶）作用下，血型物质 H 糖链的半乳糖基上连接 1 个 *N*-乙酰氨基半乳糖，即得血型物质 A；在 B 酶（半乳糖转移酶）作用下，半乳糖转移至 H 物质的半乳糖上，可得到血型物质 B。血型 A 与 B 之间的差别只是寡糖链非还原端一个糖基的不同。AB 型的人，可同时含有 A、B 两种血型物质。由此可见，分子化学结构的细微差别对于生物学和医学的重要影响。

人体视角　　输血与血型抗原

根据人类红细胞膜上所含抗原种类的不同，可将人类血型分为 A、B、O 和 AB 这 4 个类型，A 型和 B 型血红细胞膜上分别有 A 抗原和 B 抗原；AB 型血红细胞膜上含有 A 和 B 两种抗原；而在 O 型血红细胞膜上则既无 A 抗原又无 B 抗原，但含有 AB 抗原的前体 H 物质。同一个人的血清中不含有与其本人血型相应的抗体。如不同血型者相互输血，则可因红细胞上抗原与相应抗体结合而发生溶血，故不同血型者切忌相互输血。血型系统对输血具有重要意义，以不相容的血型输血可能导致溶血反应的发生，造成溶血性贫血、肾衰竭、休克以至死亡。新生儿溶血病也和血型密切相关。

第三节　多　　糖

多糖是自然界分布最广的糖类。它是由某些单糖及其衍生物结合而成的天然高分子化合物。组成多糖的单糖及其衍生物有各种戊糖、己糖、氨基糖及糖醛酸等。多糖具有重要的生理功能，例如，甲壳多糖和纤维素是动植物骨干组织的构成材料；淀粉和糖原是生物体内重要的储能物质。以结合糖方式存在的某些多糖，如糖蛋白、糖脂等具有多种多样的生理作用。人体结缔组织和软骨中的蛋白多糖（黏多糖）是组织间质及各种黏液的重要成分。此外，某些酶、激素、毒素的作用也与其中含有的多糖有关。还有一些多糖具有特殊的生理功能，如肝素是天然的抗凝血物质。多糖结构与功能的研究推动了糖类研究的新进展，对生物化学、医学和国民经济的发展具有重要作用。

多糖可以分为匀多糖和杂多糖两类。匀多糖由相同单糖聚合而成，如淀粉、糖原、纤维素等；杂多糖由不同单糖及其衍生物组成，如透明质酸、肝素等。

多糖通常由几十直至数千个单糖分子通过糖苷键结合而成，由于相对分子质量很大，性质上与单糖及二糖等明显不同。多糖通常为无定形固体，大多数不溶于水，无甜味；多糖虽在末端存在半缩醛羟基，但并不显示还原性，也无变旋光现象。多糖在酸或酶的作用下能水解，得到组成它的各种单糖及其衍生物。

多糖是高分子化合物，学习多糖的化学，首先应掌握组成它的单糖及其衍生物等基本结构单位名称、分子量的大小。其次认识各基本结构单位之间的结合方式及结合键。如果是杂多糖，还需知道各结构单位的排列顺序。最后学习多糖分子的空间形象等立体化学问题。多糖中各单糖之间的结合键常见的有 α-1, 4、α-1, 6、β-1, 4-糖苷键等。

一、淀　　粉

淀粉大量存在于植物的种子和根（或茎）中，如大米中含 75%～80%，玉米中含 50%～56%，大麦和小麦中含 60%～65%。淀粉是人类的主要食物来源，也是工业上制葡萄糖、麦芽糖、酒精的重要原料。

淀粉为白色无定形颗粒，无臭无味，难溶于水和醇、醚等有机溶剂。在冷水中膨胀，干燥后又收缩为粒状，工业上利用这一性质来分离淀粉。淀粉水溶液 $[\alpha]_D^{20}$=+19.5°。

淀粉是由 α-*D*-葡萄糖分子通过 α-1, 4-糖苷键和 α-1, 6-糖苷键连接而成的多糖。根据缩合的葡萄糖数目、糖苷键的形式和成链形状的差别，淀粉又可分为直链淀粉（amylose）和支链淀粉（amylopectin）。二者在淀粉中的比例随植物品种不同而略有差异，一般直链淀粉占 20%～30%，支链淀粉占 70%～80%。

直链淀粉和支链淀粉在结构及性质上有一定的差别。直链淀粉是由 200 个以上的 α-*D*-葡萄糖以 α-1, 4-糖苷键连接而成的链状化合物。由于 α-1, 4-糖苷键（C—O—C 键）有一定的键角，加之分子内氢键的作用，使得直链淀粉链卷曲成有规则的螺旋状，每圈螺旋一般含有六个葡萄糖单位（图 18-7）。

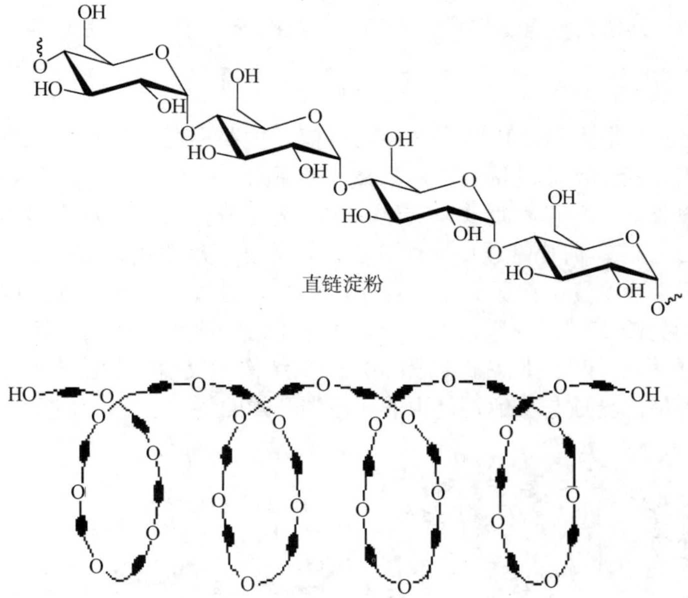

图 18-7　直链淀粉的结构示意图

直链淀粉不易溶于冷水，能溶于热水而成为透明的胶体溶液。直链淀粉遇碘显蓝色，是因为直链淀粉螺旋状结构中的空穴恰好适合碘分子的进入，能依靠分子间引力与碘形成蓝色包结物的缘故。

支链淀粉也称胶淀粉，其主链也是由 α-*D*-吡喃葡萄糖通过 α-1, 4-糖苷键连接而成，大约每隔 20～25 个葡萄糖单位有一个支链，支链以 α-1, 6-糖苷键和主链相连，构成树枝状结构（图 18-8）。

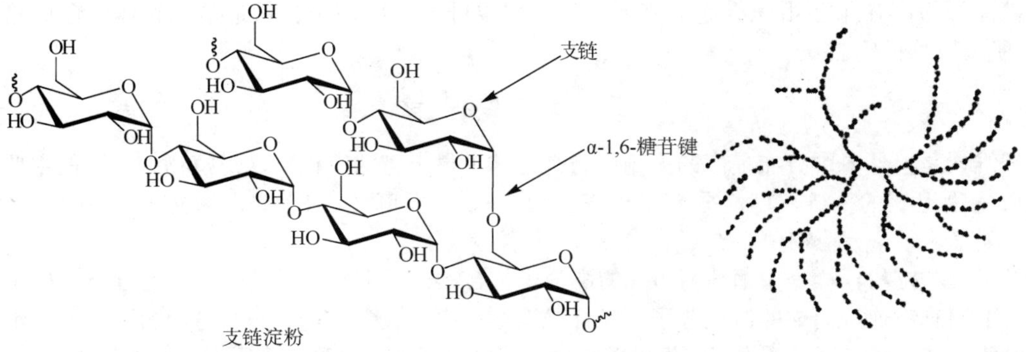

图 18-8　支链淀粉的结构示意图

支链淀粉不溶于冷水，在热水中膨胀成糊状。支链淀粉遇碘显红色。它在酸的催化下不完全水解时，产物除了 *D*-葡萄糖和麦芽糖外，还有异麦芽糖（两分子葡萄糖以 α-1, 6-糖苷键连接而成的二糖）。

淀粉分子中，末端葡萄糖单元保留有半缩醛羟基，但相对于整个分子而言，它们所占的比例极少，因此淀粉不具有还原性，也无变旋光现象。

淀粉在水解过程中可生成各种糊精和麦芽糖等一系列中间产物，彻底水解可以得到葡萄糖。糊精是相对分子质量较小的多糖，按相对分子质量的大小可分为紫糊精、红糊精和无色糊精等，这是根据糊精与碘溶液作用所显颜色而命名的。

淀粉水解过程	淀粉 →	紫糊精 →	红糊精 →	无色糊精 →	麦芽糖 →	*D*-葡萄糖
与碘显色	蓝色	紫蓝色	红色	碘色	碘色	碘色

糊精能溶于水，其水溶液有黏性可作为黏合剂及纸张、布匹等的上胶剂。无色糊精具有还原性。

二、糖　原

糖原（glycogen）是人和动物体内储存的多糖，主要存在于肝脏和肌肉中，有肝糖原和肌糖原之分。糖原是人体活动所需能量的主要来源，糖原的合成与分解是糖代谢的重要内容。

糖原是葡萄糖在人体的储存形式，其结构与支链淀粉相似，由 *D*-葡萄糖通过 α-1, 4-糖苷键结合形成直链，又以 α-1, 6-糖苷键连接形成分支，但分支程度更高，支链更多、更短，每条短支链约含 12～18 个葡萄糖单位。糖原分子量在 10^5～10^7，由数万个葡萄糖组成，属于高分子多分支多糖，糖原的结构见图 18-9。糖原为无定形粉末，不溶于冷水，遇碘呈紫红色。

每个糖原分子只有一个还原端，糖原的多分支结构不仅增大了糖原的水溶性，而且增加了非还原端的数目。糖原的合成与分解都是由非还原端开始的。

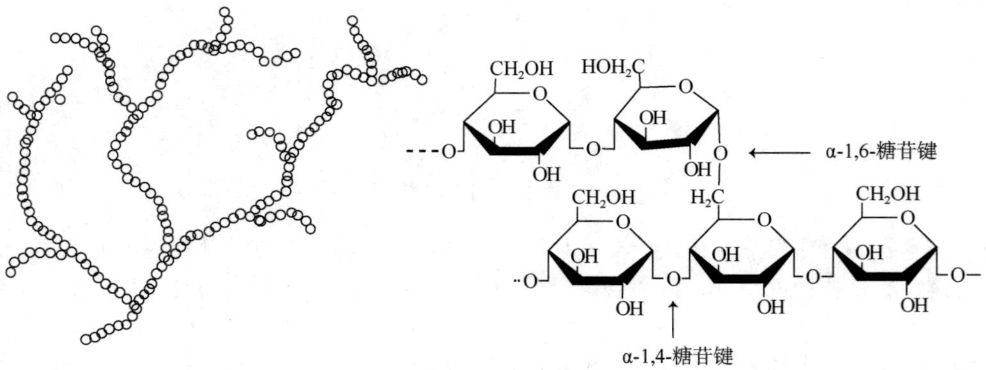

图 18-9　糖原的分支状结构示意图

糖原颗粒存在于各组织细胞的胞液之中，但以肝脏和肌肉中含量最多，人体肝糖原总量约 70g，肌糖原总量约 250g。

三、纤　维　素

纤维素是自然界中分布最广的多糖，它是地球上最丰富的有机物，是植物细胞壁的主要成分和构成植物组织的基础，广泛分布于棉花（约 90%）、亚麻（约 80%）、木材（约 50%）、竹子、芦苇、稻草、野草等植物中。

纤维素与淀粉一样是由葡萄糖组成的高分子化合物。纤维素分子是由成千上万个 β-*D*-葡萄糖以 β-1, 4-糖苷键连接而成的线型分子，在纤维素结构中一般无支链。与直链淀粉不同，纤维素分子不卷曲成螺旋状，而是纤维素链间借助于分子间氢键互相扭合形成像绳索一样的结构。

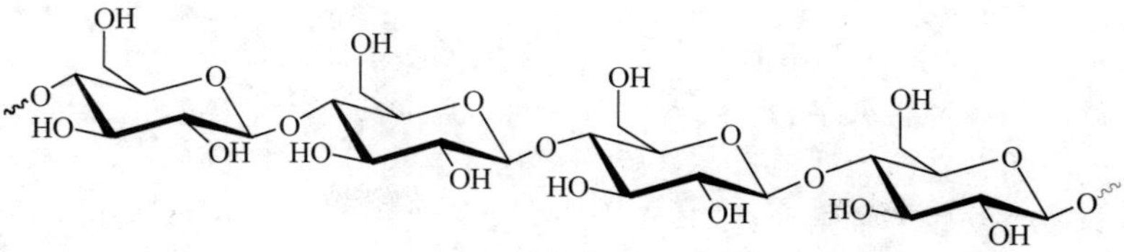

纤维素

纤维素是白色固体，机械强度大，不溶于水和有机溶剂，不具有还原性。人类消化道内缺乏能够水解β-1, 4-糖苷键的酶，因此不能将它分解为葡萄糖而利用，但它具有刺激胃肠蠕动，促进排便及保持胃肠道微生物平衡等作用，所以人们在膳食中也要摄入一定的纤维素。草食动物（如牛、马、羊等）的消化道中的微生物有这种酶，它们可以消化纤维素而取得营养。

纤维素除可以直接用于纺织、造纸工业外，还可把它变成某些衍生物加以利用。如纤维素与醋酸酐和硫酸作用，分子中的醇羟基发生乙酰化反应，生成纤维素的醋酸酯，可用来制造胶片、人造丝和塑料等。纤维素用氯代乙酸处理可以生成羧甲基纤维素，羧甲基纤维素可做牙膏稳定剂、合成洗涤剂填料、代替淀粉做纺织品上浆剂以及黏合剂等。

四、右旋糖酐

右旋糖酐是蔗糖经肠膜状明串珠菌-1226发酵合成的一种高分子葡萄糖聚合物。由于聚合的葡萄糖分子数目不同，而产生不同分子量的产品。有高分子右旋糖酐、中分子右旋糖酐、低分子右旋糖酐、小分子右旋糖酐。

临床上常用中分子右旋糖酐，主要用作血浆代用品，用于出血性休克、创伤性休克及烧伤性休克等。低、小分子右旋糖酐，能改善微循环，预防或消除血管内红细胞聚集和血栓形成等，亦有扩充血容量作用，但作用较中分子右旋糖酐短暂；用于各种休克所致的微循环障碍、弥散性血管内凝血、心绞痛、急性心肌梗死及其他周围血管疾病等。该品副作用偶有过敏反应，如荨麻疹、皮肤瘙痒、发热、恶心、呕吐、喘息、关节痛、出血等。右旋糖酐主要通过肾脏排出体外，其排泄速度与分子量大小有关。当入机体1h后，中、低、小分子右旋糖酐分别自尿中排出为30%、50%、70%左右；24h后分别排出60%、70%、80%左右。

五、蛋白多糖

蛋白多糖（proteoglycan）又称黏蛋白，或称蛋白聚糖，是由蛋白质与氨基多糖（glycosaminoglycan）通过共价键相连接而构成的一类大分子复合糖。其糖链多为长链氨基多糖，许多长链氨基多糖连接在蛋白质核心上，构成糖蛋白。因此，其糖含量比蛋白质含量多许多，故将其称为蛋白多糖，用以代替黏蛋白（mucoprotein）。黏蛋白是指非蛋白部分含有4%以上的黏多糖，与蛋白质共价相连的结合蛋白。

蛋白多糖是细胞间隙中的主要组分，故在细胞间隙大的组织，如软骨、角膜、髓核、皮肤和血管壁中含量最丰富，肝脏、脊髓和脑等组织中也含有蛋白多糖，但含量较少。多糖部分为糖胺多糖，又称氨基己糖多糖，由成纤维细胞产生，主要分硫酸化和非硫酸化两类。前一类主要有硫酸软骨素、硫酸角质素、硫酸肝素等；后一类为透明质酸，是曲折盘绕的长链大分子，构成蛋白质多糖复合物的主干，其他糖胺多糖则与蛋白质结合，形成蛋白多糖亚单位，后者再通过结合蛋白链与透明质酸长链分子形成蛋白多糖聚合体。

大量蛋白多糖聚合物形成许多微小空隙的分子筛，使基质成为限制细菌、肿瘤细胞、寄生虫等有害大分子物质扩散的防御屏障。某些能产生透明质酸酶的细菌、癌细胞等，可通过破坏基质的防御屏障而得到扩散。

临床视角　　　　　　　　单糖衍生物和杂多糖的医学作用

重要的单糖衍生物有脱氧单糖、己糖糖胺和糖酸。DNA 中有 *D*-2-脱氧核糖。分布最广的 *L*-鼠李糖、*L*-岩藻糖都是 6-脱氧己糖。糖胺，又称氨基糖，糖分子中一个羟基为氨基所代替。自然界存在的都是己糖胺。常见的是 *D*-葡萄糖胺，存在于几丁质和黏液酸中，主要作用为舒缓因关节炎引起的疼痛、僵硬和肿胀，强化软骨结构和润滑维持关节的作用。糖酸分为糖酸、糖醛酸。醛基被氧化成为糖酸，有糖一酸和糖二酸。葡糖酸能与钙、铁等离子形成可溶性盐类，易被吸收。葡萄糖酸钙可用于钙缺乏、急性低血钙和低血钙抽搐、荨麻疹、急性湿疹、皮炎等。葡萄糖酸钙用于消除过敏、补充钙质。

杂多糖是由两种或两种以上不同单糖分子组成的多糖。自然界存在的杂多糖通常只含有两种不同的单糖，并可与脂类或蛋白质结合，构成结构复杂的糖蛋白。例如，透明质酸，由 *D*-葡萄糖醛酸和 *N*-乙酰-*D*-葡萄糖胺组成，具有润滑和在组织中吸着水分的功能；硫酸软骨素 A 和 C，分布于软骨和皮肤中，具有贮存钙质、形成软骨和骨架的功能；肝素存在于肝、心脏、淋巴组织和血液中，可做抗凝血剂。

第四节　糖　代　谢

糖是人体能量的主要来源，由食物供给；糖原是人体内糖的贮存形式，它们均是由葡萄糖组成的，所以可将葡萄糖作为糖代谢的出发点。糖在人体内的主要分解途径有三条：一是在不需氧的情况下进行无氧酵解；二是在有氧的情况下进行耗氧的有氧氧化；三是生成磷酸戊糖作为中间代谢物的磷酸戊糖途径。

一、糖的无氧酵解

在人体组织中，不需要耗氧，糖能分解生成乳酸和能量（ATP），其过程与酵母菌使糖生醇发酵的过程基本相似，故称为糖的无氧酵解，简称糖酵解（glycolysis）。其主要工作是德国的 G.Embden、O.Meyerhof 与 J.Pamas 完成的，故又称为 Embden-Meyerhof-Pamas 途径（EMP）。

1. 无氧酵解的反应过程　无氧酵解途径是指葡萄糖或糖原的葡萄糖单位在无氧或氧供应不足时分解生成乳酸的过程，可分为 4 个阶段：①葡萄糖己糖磷酸酯的生成与转变，消耗 ATP。② 1，6-二磷酸果糖裂解为 3-磷酸甘油醛和磷酸二羟丙酮。③生成丙酮酸，释放能量，产生 ATP。④丙酮酸还原为乳酸。丙酮酸在有氧条件下可转入线粒体内彻底氧化，然而在氧供应不足时，丙酮酸经乳酸脱氢酶催化还原为乳酸。

2. 无氧酵解的调节和意义　在无氧酵解反应中，生理条件下由磷酸果糖激酶-1、丙酮酸激酶、己糖激酶所催化的 3 步反应是不可逆的单向反应，是无氧酵解过程进行快慢的调节点。无氧酵解的生理意义为，首先可产生能量，是机体在缺氧情况下获取能量的有效方式，另外在能量的利用率较低时也是某些细胞在氧供应正常情况下的重要供能途径，如无线粒体的细胞（红细胞）、代谢活跃的细胞（白细胞、骨髓细胞）。其次，只要是可转变为酵解中间产物的物质，均可沿酵解途径逆转合成葡萄糖。

二、糖的有氧氧化

1. 糖的有氧氧化过程　葡萄糖在有氧条件下彻底氧化成水和二氧化碳的反应过程称为糖的有氧氧化（aerobicoxidation）。有氧氧化是糖氧化的主要方式，绝大多数细胞都通过它获得能量。此代谢过程在细胞质液和线粒体（cytoplasm and mitochondrion）内进行。

糖的有氧氧化分三个阶段进行：①葡萄糖分解生成丙酮酸，在细胞液中进行。②丙酮酸进入线粒体氧化脱羧，生成乙酰 CoA。③三羧酸循环及氧化磷酸化，在线粒体内进行。见图 18-10。

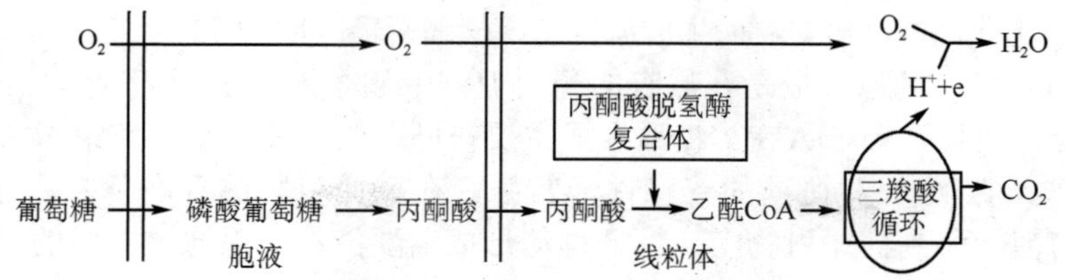

图 18-10 有氧氧化反应过程示意图

2. 有氧氧化的调节

（1）丙酮酸脱氢酶复合体的调节：丙酮酸脱氢酶复合体可通过变构效应和共价修饰两种方式进行快速调节。反应产物 NADH、乙酰 CoA 对丙酮酸脱氢酶复合体有反馈抑制作用，使有氧氧化减弱；ATP 对其也有抑制作用，而 AMP 则有激活作用。

（2）三羧酸循环的调节：在三个不可逆反应中，其中异柠檬酸脱氢酶和 α-酮戊二酸脱氢酶复合体所催化的反应是三羧酸循环的主要调节点。

3. 有氧氧化的生理意义 三羧酸循环是三大营养物质的最终代谢通路。糖、脂肪、氨基酸在体内进行生物氧化都将产生乙酰 CoA，然后进入三羧酸循环被降解成为 CO_2 和 H_2O，并释放能量满足机体需要。三羧酸循环也是糖、脂肪、氨基酸代谢联系的枢纽。由葡萄糖分解产生的乙酰 CoA 可以用来合成脂酸和胆固醇；许多生糖氨基酸都必须先转变为三羧酸循环的中间物质后，再经苹果酸或草酰乙酸异生为糖。三羧酸循环的中间产物还可转变为多种重要物质，如琥珀酰辅酶 A 可用于合成血红素；α-酮戊二酸、草酰乙酸可用于合成谷氨酸、天冬氨酸，这些非必需氨基酸参与蛋白质的生物合成。

三、糖原的合成与分解

糖原是糖在体内的储存形式。糖原和淀粉一样是以葡萄糖为单位组成的具有分支的大分子多糖。糖原分子中的葡萄糖与葡萄糖分子间以 α-1, 4-糖苷键相连构成直链，又以 α-1, 6-糖苷键相连构成分支。与植物中的淀粉相比，糖原具有更多、更短的分支（图 18-11）。

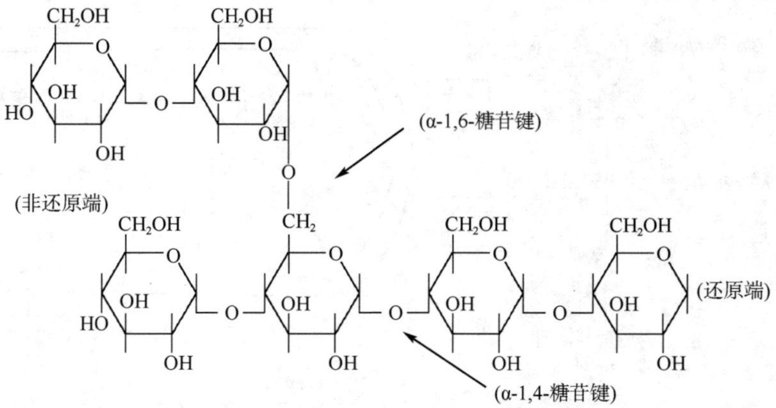

图 18-11 糖原分子部分结构示意图

糖原的合成 由单糖（主要为葡萄糖）合成糖原的过程称为糖原合成。果糖和半乳糖等其他单糖也可以在体内合成糖原。由葡萄糖合成糖原可分为以下四步反应：

（1）葡萄糖的磷酸化：葡萄糖进入肝脏或其他组织后，在 ATP、Mg^{2+} 存在下，由己糖激酶或葡萄糖激酶（肝脏）的催化，生成 6-磷酸葡萄糖。

（2）1-磷酸葡萄糖的生成：在磷酸葡萄糖变位酶的催化下，6-磷酸葡萄糖转变为 1-磷酸葡萄糖。这是一个可逆反应。

（3）尿苷二磷酸葡萄糖的生成：在 UDPG-焦磷酸化酶的催化下，1-磷酸葡萄糖与二磷酸尿苷

（UTP）作用释放出焦磷酸（PPi），而生成尿苷二磷酸葡萄糖（UDPG）。

（4）糖原的合成：糖原合成是在原有的葡萄糖链上逐个连接上葡萄糖单位的过程，每增加一个葡萄糖单位，消耗2分子ATP。糖原合成主要在肝、肌肉等组织，脑组织中糖原含量极少，只有0.1%，因此，脑组织对血糖的依赖性非常强。在糖原引物的存在下，由糖原合成酶催化UDPG中的葡萄糖转移到糖原引物上。糖苷键的形成需要能量，系通过形成的中间物-UDPG来完成。

（5）糖原的分解：体内由糖原大分子分解为葡萄糖的过程称糖原分解。糖原分解为1-磷酸葡萄糖，在磷酸葡萄糖变位酶的催化下，葡萄糖分子上第1位碳原子上的磷酸转移到第6位碳原子上，生成6-磷酸葡萄糖，并在葡萄糖-6-磷酸酶催化下、加水，脱磷酸，转变为葡萄糖。葡萄糖-6-磷酸酶只存在于肝和肾，肌肉中无此酶，所以只有肝和肾可以补充血液中的葡萄糖。

四、糖 异 生

1. 糖异生及其反应过程 糖异生过程基本上是糖酵解途径的逆向反应。糖酵解途径中大多数酶催化的反应是可逆的，但己糖激酶（包括葡萄糖激酶）、磷酸果糖激酶-1所催化的反应需要消耗ATP而释放能量，丙酮酸激酶促使磷酸烯醇丙酮酸转移其能量及磷酸基生成ATP，这些反应逆行时，就需要吸收相等的能量，所以这3种关键酶只能催化单向反应。

糖异生作用的3种主要原料是乳酸、甘油和生糖氨基酸。先举例说明甘油是脂肪分解产物，当甘油进行糖异生时，首先在α-磷酸甘油激酶的作用下转变成α-磷酸甘油，再经α-磷酸甘油脱氢酶催化生成磷酸二羟丙酮，由此与糖酵解途径相通，绕过磷酸果糖激酶-1及己糖激酶反应，即通过果糖二磷酸酶和葡萄糖-6-磷酸酶生成葡萄糖，进一步合成糖原（图18-12）。

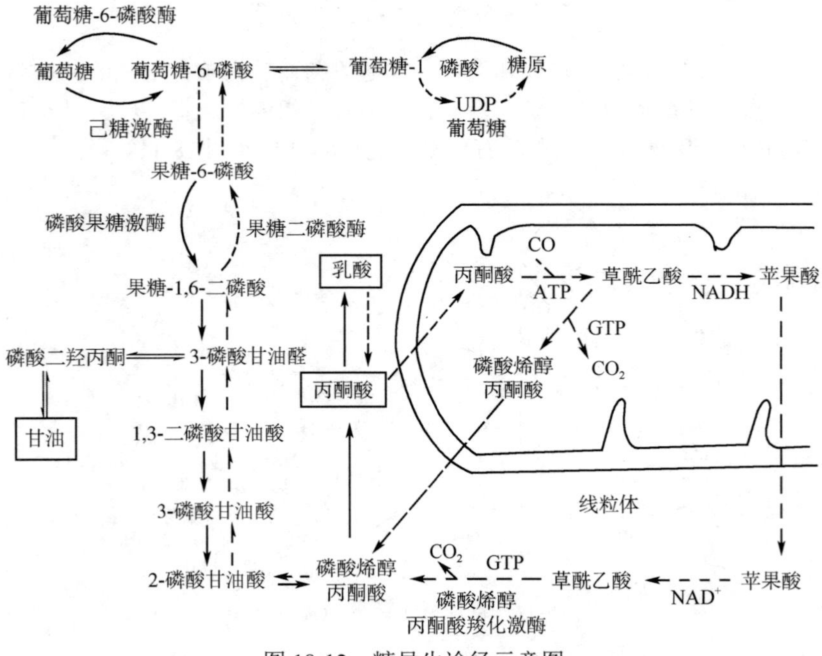

图18-12 糖异生途径示意图

2. 糖异生的生理意义 糖异生有利于在体内糖来源不足时维持血糖浓度相对恒定。糖异生作用最主要的生理意义是在空腹或饥饿条件下，补充血糖的正常来源。体内某些组织，特别是脑和红细胞必须依靠血液中葡萄糖作为能源。正常成人在禁食条件下，消耗的葡萄糖大约80%是脑利用的。而肝脏贮存的糖原有限，必须通过糖异生获得葡萄糖，维持血糖浓度。

糖异生有利于乳酸的利用。缺氧或剧烈运动时，体内产生大量乳酸，通过糖异生作用被再利用。肌肉组织不能进行糖异生作用，所产生的乳酸要经血液运到肝脏。在乳酸脱氢酶的作用下，生成丙酮酸并生成葡萄糖；葡萄糖可再返回血液供肌肉利用。这种乳酸、葡萄糖在肝脏和肌肉组织的互变循环称为乳酸循环或Cori循环。如果此过程障碍，例如，在肝病、缺氧、循环衰竭等，则血乳酸堆积，是代谢性酸中毒的重要原因之一。糖异生对乳酸的再利用以及防止乳酸酸中毒的发生都有重要的意义（图18-13）。

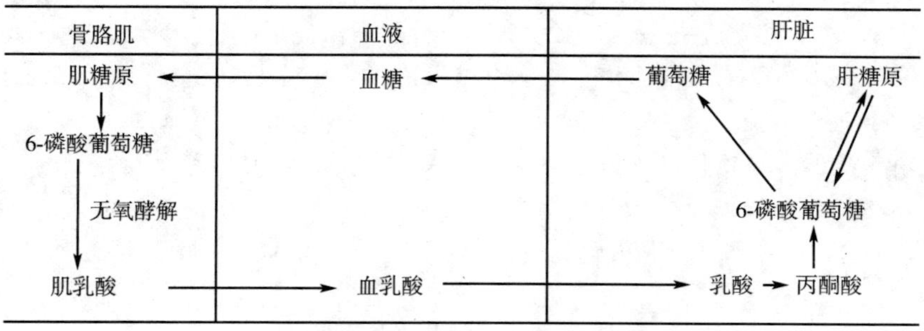

图18-13 乳酸循环示意图

五、血糖及其调节

1. 血糖 血糖指血液中的葡萄糖，其正常水平相对恒定，维持在3.89～6.11mmol/L。血糖有多条来源和去路途径，如图18-14所示。

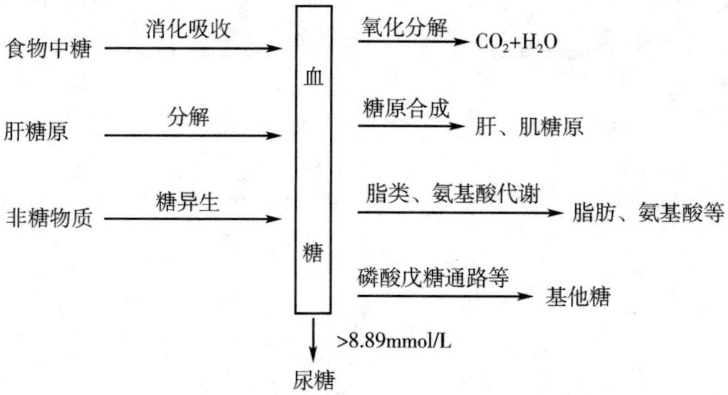

图18-14 血糖的来源和去路示意图

2. 血糖的调节 血糖浓度相当恒定。这源于机体高效率的调节血糖浓度，通过严格控制血糖的来源和去路，使得血糖浓度处于动态平衡。

（1）组织器官代谢调节：肝脏是调节血糖浓度的主要器官。肝脏具有参与糖代谢的各种酶，当血糖浓度因进食而升高时，血中大量的糖进入肝脏合成肝糖原。当血糖浓度降低时，肝糖原又可分解为葡萄糖或通过糖异生合成葡萄糖，以补充血糖。

（2）神经系统对血糖浓度的调节：神经系统特别是其高级部位，可直接通过神经末梢释放内分泌腺分泌激素，以影响与调节全身糖的代谢。激动时，中枢神经系统将兴奋传至肝脏，促使肝糖原分解为葡萄糖释放到血中，使血糖浓度升高。

（3）激素对血糖浓度的调节：激素对血糖浓度及糖代谢的调节起着重要作用，多种激素参与血糖浓度的调节。一类是降低血糖的激素即胰岛素，另一类是升高血糖的激素，有胰高血糖素、肾上腺素、肾上腺皮质激素、生长素与甲状腺素。这两类激素作用的途径和效果虽各不相同，但它们互相协调又互相制约，通过改变体内糖代谢方向以调节血糖浓度。

人体视角 **糖原累积病**

糖原累积病是一类由于先天性酶缺陷所造成的糖原代谢障碍疾病，多数属常染色体隐性遗传，发病因种族而异。根据欧洲资料，其发病率为1/（2万～2.5万）。糖原合成和分解代谢中所必需的各种酶至少有8种，由于这些酶缺陷所造成的临床疾病有12型，其中Ⅰ、Ⅲ、Ⅳ、Ⅵ、Ⅸ型以肝脏病变为主；Ⅱ、Ⅴ、Ⅶ型以肌肉组织受损为主。这类疾病有一个共同的生化特征，即是糖原贮存异常，绝大多数是糖原在肝脏、肌肉、肾脏等组织中贮积量增加。仅少数病种的糖原贮积量正常，而糖原的分子结构异常。其中，糖原累积病Ⅱ型（glycogen storage disease type Ⅱ，GSD Ⅱ），又称Pompe病，是因为先天性酸性α-1, 4-葡萄糖苷酶（acid alpha-1, 4-glucosidase，GAA）缺陷所导致的常染色体隐性遗传的代谢性疾病，GAA也称为酸性麦芽糖酶，其缺陷可导致进入溶酶体的糖原无法被分解而持续堆积，影响细胞的正常代谢，溶酶体增生、破坏导致细胞功能异常和死亡，临床出现包括骨骼肌组织在内的全身多脏器（肝脾、心脏等）受累。

本章小结

1. 单糖在弱碱溶液中的差向异构化反应

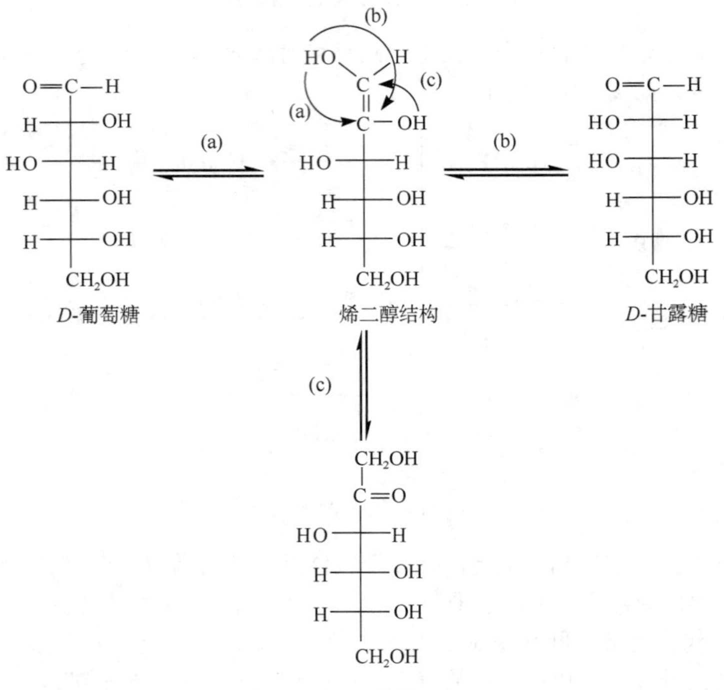

2. 脱水反应

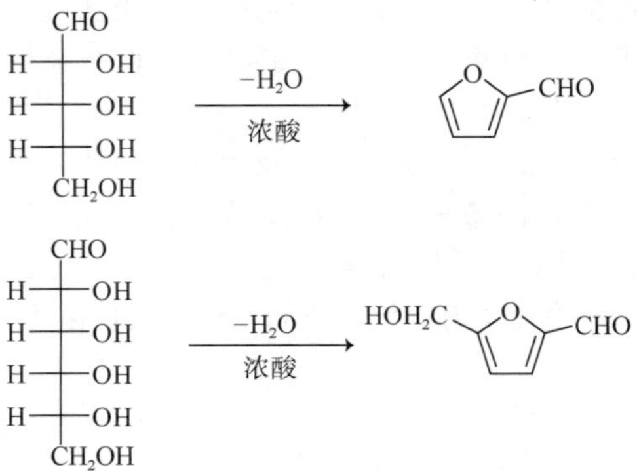

3. 氧化反应

单糖 + Ag_2O ⟶ Ag↓ + 复杂的氧化产物

（Tollen试剂） 银镜

单糖 + $2Cu(OH)_2$ ⟶ Cu_2O↓ + 复杂的氧化产物+$2H_2O$

（Fehling 试剂或 Benedict 试剂）棕红色

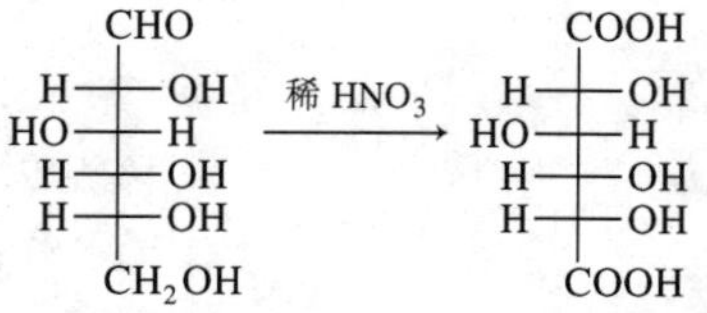

D-葡萄糖 *D*-葡萄糖二酸

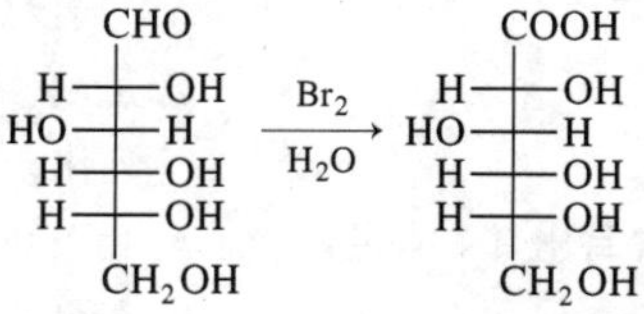

D-葡萄糖 *D*-葡萄糖酸

4. 还原反应

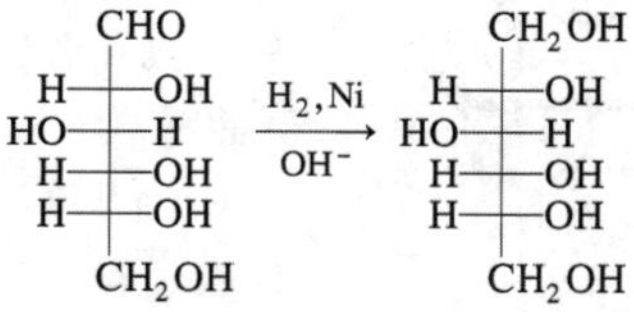

D-葡萄糖 山梨醇

5. 成苷反应

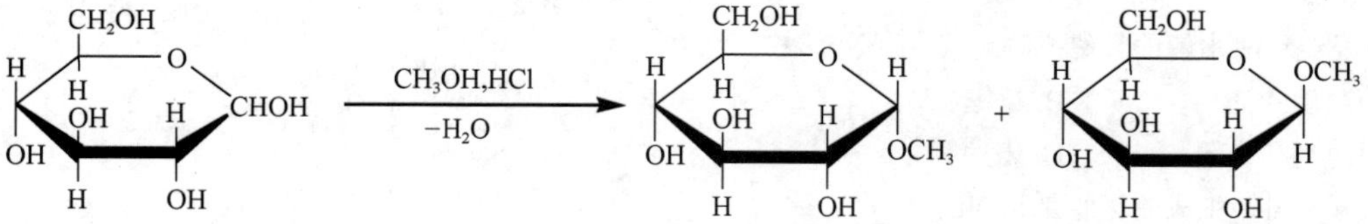

α-*D*-甲基吡喃葡萄糖苷 β-*D*-甲基吡喃葡萄糖苷

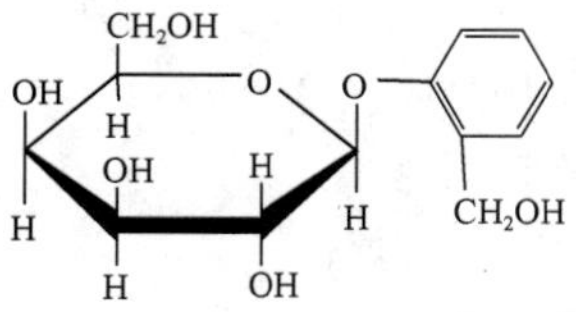

水杨苷

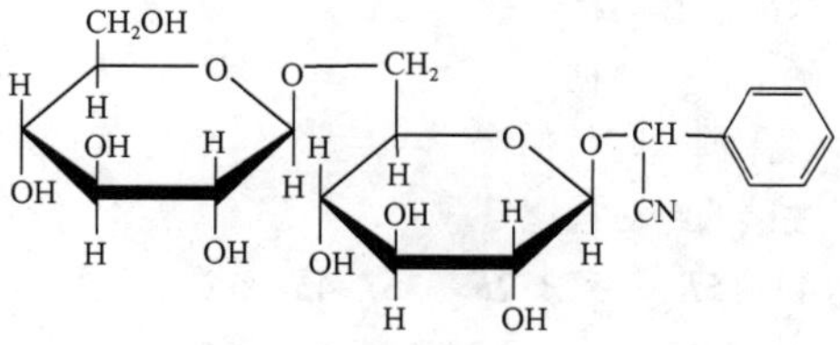

苦杏仁苷

6. 酯化反应

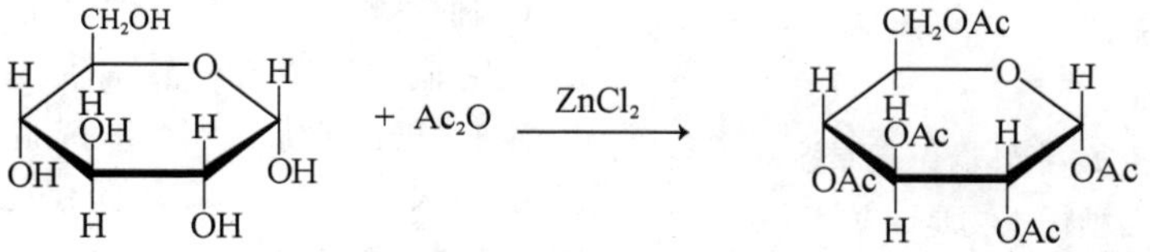

葡萄糖 1,2,3,4,6-五乙酰-α-*D*-吡喃葡萄糖

关　键　词

糖类、单糖、低聚糖、多糖、*D*-型、差向异构体、哈沃斯式、吡喃糖、差向异构化、糖苷、右旋糖、糖脎、肝素。

问题与练习

一、写出下列化合物的结构式

1. *L*-葡萄糖（Fischer 式）
2. 甲基-α-*D*-吡喃葡萄糖苷
3. *D*-葡萄糖的 C_3 差向异构体（Fischer 式）
4. 果糖脎
5. α-*D*-吡喃甘露糖（Haworth 式）
6. α-*D*-呋喃果糖（Haworth 式）

二、根据单糖的 Haworth 式或构象式写出其 Fischer 投影式

1. 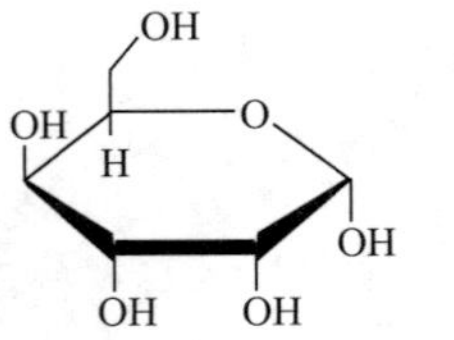

2. 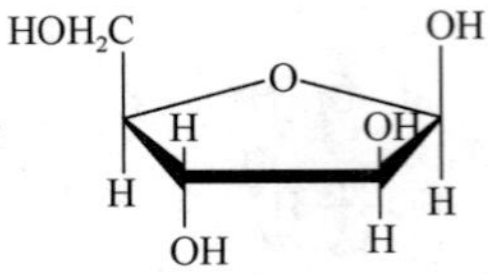

3. 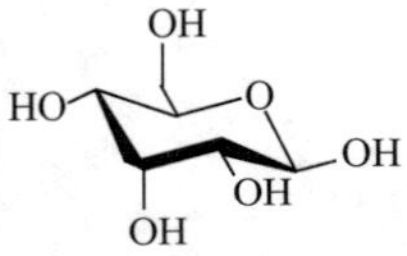

4. 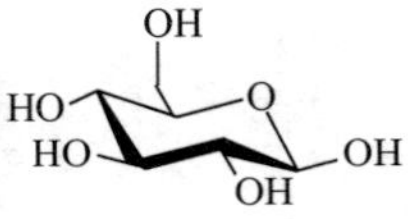

三、单选题

1. 淀粉经淀粉酶水解的最终产物是（　　）
   A. 葡萄糖　B. 果糖
   C. 葡萄糖和果糖　D. 麦芽糖
2. 下列哪一组糖生成的糖脎是相同的（　　）
   A. 葡萄糖　果糖　半乳糖
   B. 葡萄糖　果糖　甘露糖
   C. 葡萄糖　阿洛糖　核糖
   D. 半乳糖　甘露糖　阿拉伯糖
3. *D*-葡萄糖手性碳的绝对构型是（　　）
   A. 2*R*，3*S*，4*R*，5*R*　B. 2*R*，3*S*，4*S*，5*R*
   C. 2*S*，3*S*，4*S*，5*R*　D. 2*S*，3*R*，4*R*，5*R*
4. *D*-葡萄糖和 *D*-甘露糖的差异是（　　）
   A. *D*-葡萄糖是醛糖，*D*-半乳糖是酮糖
   B. 二者仅 C_2 构型不同
   C. 二者仅 C_3 构型不同
   D. *D*-葡萄糖有还原性，*D*-半乳糖无还原性
5. 具有变旋光现象的葡萄糖衍生物是（　　）
   A. 葡萄糖酸　B. 葡萄糖二酸
   C. 葡萄糖醛酸　D. 甲基葡萄糖苷
6. 糖类和低级醇成苷的反应条件是（　　）
   A. 稀硫酸　B. 干燥氯化氢气体
   C. 无水碳酸钠　D. 相应醇钠
7. 下列化合物中，属于还原性二糖的是（　　）
   A. 半乳糖　B. 麦芽糖
   C. 蔗糖　D. 核糖
8. 下列化合物中，具有变旋光现象的是（　　）
   A. 甲基-α-*D*-呋喃果糖苷
   B. 蔗糖
   C. 果糖
   D. *D*-葡萄糖脎
9. 下列化合物中，既能发生水解反应，又有还原性和变旋光现象的是（　　）
   A. 麦芽糖　B. α-*D*-甲基吡喃葡萄糖苷
   C. 蔗糖　D. α-*D*-呋喃果糖
10. 海藻糖（结构如下）可替代血浆蛋白作为血液制品、疫苗、淋巴细胞、细胞组织等生物活性物质的稳定剂。有关海藻糖叙述正确的是（　　）

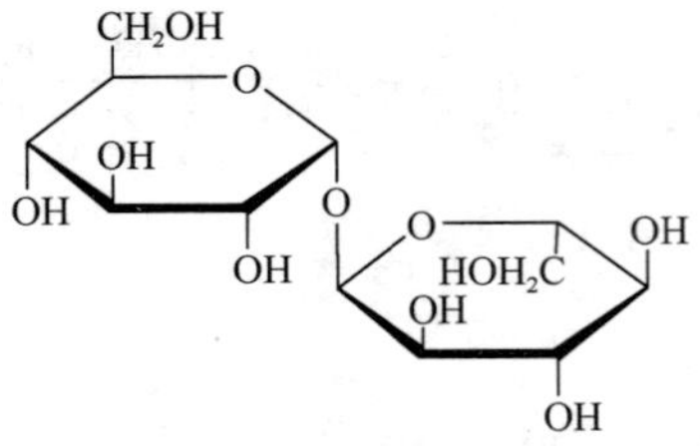

   A. 苷羟基之间形成苷键，无还原性
   B. 苷键，有还原性
   C. β- 糖苷键，有还原性
   D. α- 糖苷键，有还原性
11. 与硝酸反应，产物无光学活性的是（　　）
   A. 核糖　B. 2-脱氧核糖
   C. 葡萄糖　D. 甘露糖
12. 鉴别葡萄糖和果糖，最好的方法是（　　）
   A. Fehling 试剂　B. 成脎反应
   C. 溴水　D. Benedict 试剂
13. 下列说法错误的是（　　）
   A. *D*-己醛糖都有变旋光现象
   B. 单糖都有光学活性

C. *D*-葡萄糖和*D*-果糖能生成相同的脎

D. *D*-葡萄糖和*D*-甘露糖是差向异构体

14. 有关麦芽糖叙述错误的是（ ）

A. 有变旋光现象

B. 组成单元为*D*-葡萄糖

C. 苷键类型为α-1, 6-糖苷键

D. 有还原性

15. 在稀氢氧化钠溶液中，*D*-葡萄糖会发生差向异构化反应得到含三种糖的溶液，其中除了*D*-葡萄糖和*D*-甘露糖外，还含有（ ）

A. *D*-果糖　　B. *L*-葡萄糖

C. *D*-半乳糖　　D. *L*-甘露糖

四、用简单的化学方法鉴别下列化合物

1. 半乳糖　蔗糖　果糖

半乳糖、果糖、蔗糖 —Tollen 试剂→ （ ）（ ）（ ）；前两者 —溴水→ （ ）（ ）

2. 己六醇　葡萄糖　直链淀粉

己六醇、葡萄糖、淀粉 —碘→ （ ）（ ）（ ）；前两者 —Tollen 试剂→ （ ）（ ）

五、完成下列方程式

1. 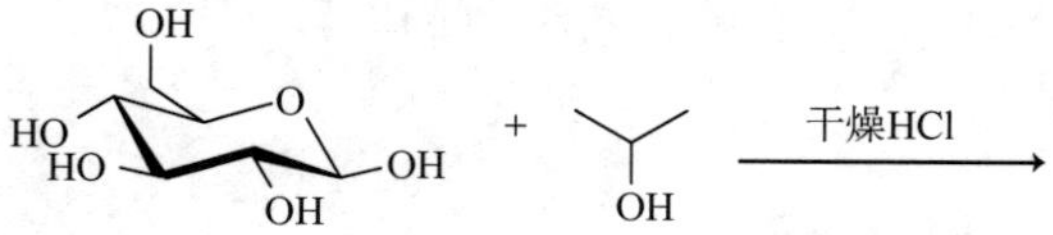

2. 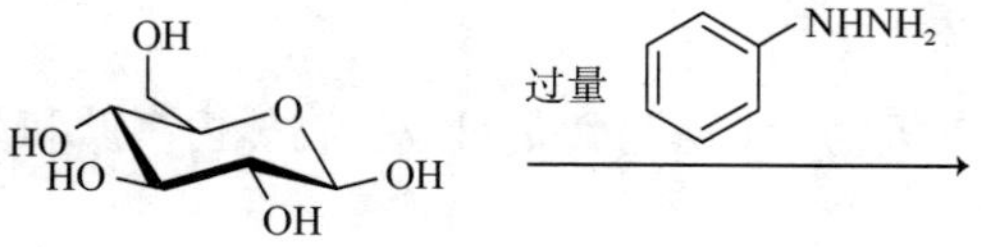

3. 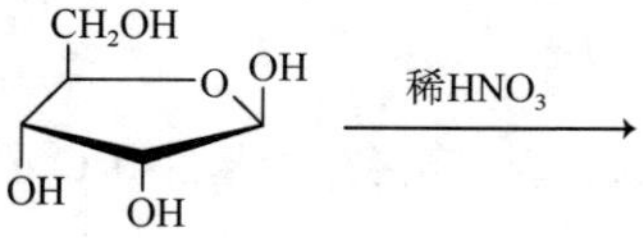

4. 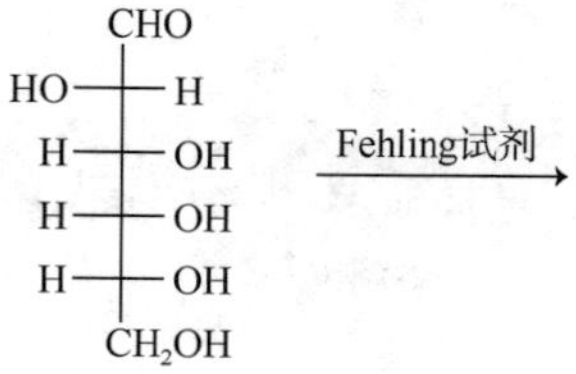

5. 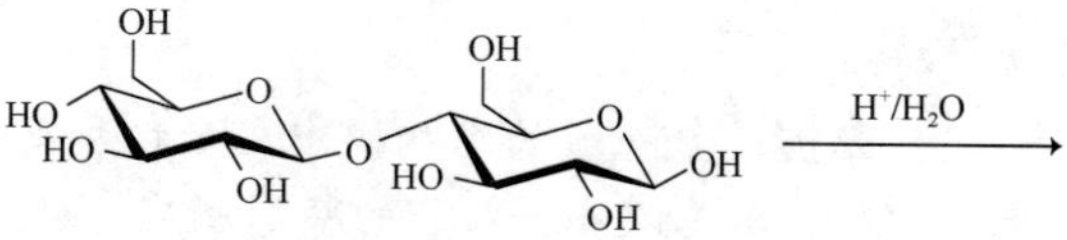

6. 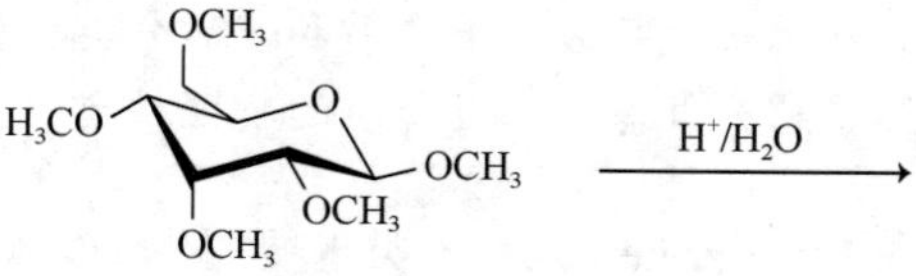

7. 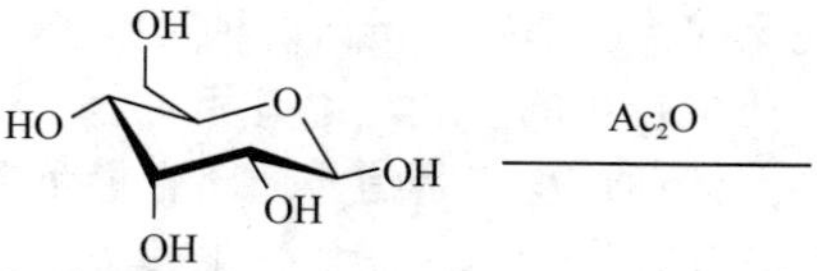

六、推断结构

1. 海藻糖和异海藻糖都是非还原性糖，它们经酸水解后都生成*D*-葡萄糖。海藻糖能被α-葡萄糖苷酶水解，异海藻糖能被β-葡萄糖苷酶水解，两者先甲基化后再经稀酸水解，均可得到两分子的2, 3, 4, 6-四-*O*-甲基-*D*-葡萄糖，请写出海藻糖和异海藻糖的结构。

2. *D*-戊醛糖A氧化后生成具有旋光性的糖二酸B，A通过碳链递降反应（提示：失去临近醛基的手性碳）得到丁醛糖C，C氧化后生成没有旋光性的丁糖二酸D，请写出A、B、C、D的Fischer投影式。

3. A、B、C都是*D*-戊醛糖，把它们分别用HNO_3氧化，A和B生成无光学活性的戊糖二酸，C生成有光学活性的戊糖二酸。与过量苯肼反应时，B和C能生成相同的糖脎。请写出A、B、C的Fischer投影式。

思 考 题

1. 写出下列糖的结构：① α-*D*-吡喃半乳糖；② β-*D*-呋喃糖。

2. 哪些己醛糖经稀硝酸氧化能得到内消旋化合物？

3. 甘露糖是一种醛糖，它与葡萄糖和果糖生成的糖脎相同，写出甘露糖的结构。

4. 一个二糖A（$C_{11}H_{20}O_{10}$）可被葡萄糖苷酶水解成一个*D*-葡萄糖和一个戊糖，用硫酸二甲酯甲基化可得到该二糖的七-*O*-甲基醚B，B在酸性条件下水解生成2, 3, 4, 6-四-*O*-甲基-*D*-葡萄糖和三-*O*-甲基戊糖C，C在弱酸性条件下用Br_2/H_2O处理生成2, 3, 4-三-*O*-甲基-*D*-核糖酸，请写出A、B、C的结构式。

（卞 伟）

第十九章 氨基酸、多肽和蛋白质

学习目标

1. 掌握：氨基酸的结构、中文名称和英文名称简写；氨基酸和蛋白质的等电点；氨基酸的化学性质；氨基酸和蛋白质的鉴别反应。

2. 熟悉：氨基酸、蛋白质和酶的分类；蛋白质的结构；肽平面；多肽合成；酶的特征。

3. 了解：氨基酸、蛋白质的物理性质；蛋白质的细胞功能；酶的功能和医学作用。

蛋白质（protein）是一类重要的生物大分子，存在于所有的生物细胞及相应的细胞器中，是构成生命现象的物质基础。蛋白质种类繁多，在一个单细胞中，存在数以千计的不同种类蛋白质，有相对分子质量较小的多肽，也有相对分子质量达到数百万的高分子。蛋白质参与了生物体内几乎所有的生命活动过程，是信号通路中最重要的执行者。如酶的催化作用、免疫应答、激素调节以及信号转导等。生物体的遗传、生长、发育、繁衍等重要生命活动都是通过蛋白质介导来表达和实现的，也就意味着没有蛋白质，就没有生命。

所有蛋白质，无论是来自最远古的菌落，还是最复杂的生物体，基本上都是由 20 种 α-氨基酸以特定的线性序列通过共价键连接而形成的高分子化合物。因此，α-氨基酸是组成多肽和蛋白质的基本结构单位。每一个 α-氨基酸都带结构独特的侧链，可用三字符或单字符来代表氨基酸并描述蛋白质的结构序列。在生物体内，细胞能够采用 20 种 α-氨基酸合成不同性质和活性的蛋白质，生物体再借助这些蛋白质合成具有不同生理活性的各种产物，如酶、激素、抗体等。

本章主要讨论氨基酸、多肽、蛋白质和酶。

第一节 氨 基 酸

氨基酸是指分子中含有氨基和羧基两类官能团的有机物。α-氨基酸是组成生物体内多肽和蛋白质的基本单位。

一、氨基酸的结构与构型

在 20 种 α-氨基酸中，除脯氨酸为 α-亚氨基酸外，其余氨基酸的氨基均连接在羧基的 α-C 上，故称为 α-氨基酸，其结构通式为：

$$R-\underset{NH_2}{\underset{|}{CH}}-COOH$$（式中 R 代表氨基酸的侧链基团）

从结构上看，除甘氨酸外，所有 α-氨基酸的 α-C 都连接有四个不同的取代基：羧基、氨基、R 基团和氢，因此，α-氨基酸分子具有旋光性，α-C 为手性中心。其构型通常采用 *D/L* 命名法，如果氨基酸分子中 α-C 上的氨基与 *L*-甘油醛手性碳原子上羟基的位置相同，则为 *L*-氨基酸，反之为 *D*-氨基酸。除脯氨酸外，组成蛋白质的 α-氨基酸分子均为 *L*-构型。*L*-氨基酸通式为：

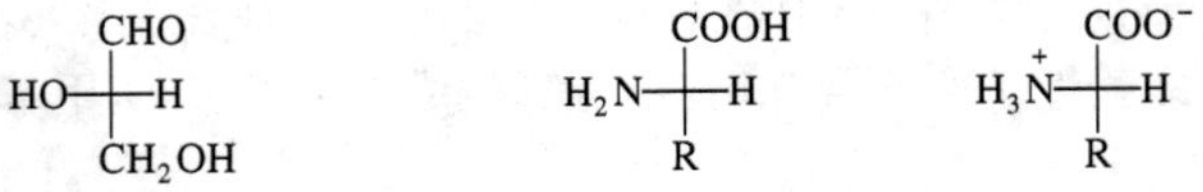

L-甘油醛　　　　*L*-氨基酸

若采用 *R*、*S*-绝对构型命名法，除半胱氨酸的手性 α-C 为 *R*-构型外，组成蛋白质的其余 α-氨

基酸分子均为 *S*-构型。

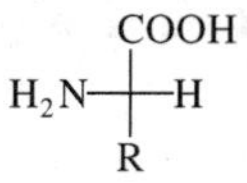

S-构型

二、氨基酸的分类及命名

根据 α-氨基酸中侧链 R 基团的结构和性质，特别是极性及其所带电荷，常将 20 种 α-氨基酸分为四类：非极性氨基酸、极性不带电氨基酸、酸性氨基酸和碱性氨基酸。α-氨基酸的名称包括系统命名、常用名称、英文三字符号和单字符号，见表 19-1。

表 19-1　常见 20 种 α-氨基酸的结构式和名称表

常用名称（简称）	系统命名	英文三字符号	英文单字符号	结构式	pI
非极性氨基酸——其侧链 R 无极性，呈中性，具有疏水性，通常分布在蛋白质分子内部					
甘氨酸（甘）	氨基乙酸	Gly	G	$H_3\overset{+}{N}—CH_2COO^-$	5.97
丙氨酸（丙）	α-氨基丙酸	Ala	A	$CH_3CH(NH_3^+)COO^-$	6.02
亮氨酸*（亮）	α-氨基异己酸	Leu	L	$(CH_3)_2CHCH_2CH(NH_3^+)COO^-$	5.98
异亮氨酸*（异亮）	β-甲基-α-氨基戊酸	Ile	I	$CH_3CH_2CH(CH_3)—CH(NH_3^+)COO^-$	6.02
缬氨酸*（缬）	α-氨基异戊酸	Val	V	$(CH_3)_2CHCH(NH_3^+)COO^-$	5.97
脯氨酸（脯）	2-四氢吡咯甲酸	Pro	P	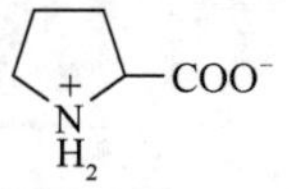	6.48
苯丙氨酸*（苯丙）	β-苯基 α-氨基丙酸	Phe	F	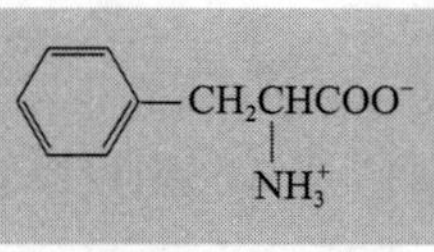	5.48
蛋（甲硫）氨酸*（蛋，甲硫）	α-氨基-γ-甲硫基丁酸	Met	M	$CH_3SCH_2CH_2CH(NH_3^+)COO^-$	5.75
极性不带电氨基酸——其侧链 R（羟基、巯基等）具亲水性，常分布在蛋白质分子外部					
丝氨酸（丝）	α-氨基-β-羟基丙酸	Ser	S	$HO—CH_2CH(NH_3^+)COO^-$	5.68
谷氨酰胺（谷酰）	α-氨基戊酰胺酸	Gln	Q	$H_2N—C(=O)—CH_2CH_2CH(NH_3^+)COO^-$	5.65
苏氨酸*（苏）	α-氨基-β-羟基丁酸	Thr	T	$H_3C—CH(OH)CH(NH_3^+)COO^-$	5.60
半胱氨酸（半胱）	α-氨基-β-巯基丙酸	Cys	C	$HS—CH_2CH(NH_3^+)COO^-$	5.07

续表

常用名称（简称）	系统命名	英文三字符号	英文单字符号	结构式	pI
天冬酰胺（天酰）	α-氨基丁酰胺酸	Asn	N	$H_2N-\underset{\underset{O}{\Vert}}{C}-CH_2\underset{\underset{NH_3^+}{\vert}}{CH}COO^-$	5.41
酪氨酸（酪）	α-氨基-β-对羟苯基丙酸	Tyr	Y	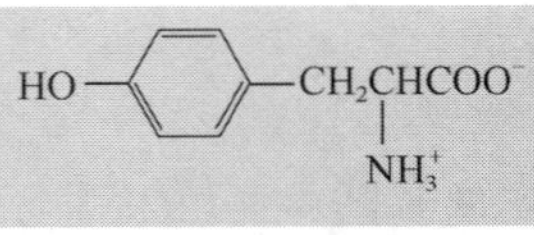	5.66
色氨酸*（色）	α-氨基-β-（3-吲哚基）丙酸	Trp	W	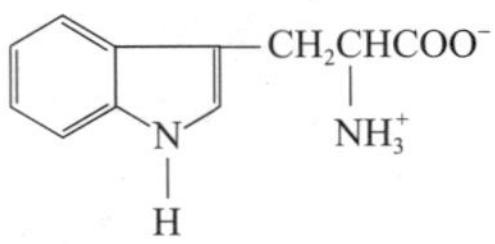	5.89
酸性氨基酸——其侧链 R（羧基等）具亲水性，常分布在蛋白质分子外部					
天冬氨酸（天）	α-氨基丁二酸	Asp	D	$HOOCCH_2\underset{\underset{NH_3^+}{\vert}}{CH}COO^-$	2.98
谷氨酸（谷）	α-氨基戊二酸	Glu	E	$HOOCCH_2CH_2\underset{\underset{NH_3^+}{\vert}}{CH}COO^-$	3.22
碱性氨基酸——其侧链 R（氨基等）具亲水性，常分布在蛋白质分子外部					
赖氨酸*（赖）	α, ε-二氨基己酸	Lys	K	$H_3^+N(CH_2)_4\underset{\underset{NH_2}{\vert}}{CH}COO^-$	9.74
精氨酸（精）	α-氨基-δ-胍基戊酸	Arg	R	$H_2N-\underset{\underset{+NH_2}{\Vert}}{C}-NH(CH_2)_3\underset{\underset{NH_2}{\vert}}{CH}COO^-$	10.76
组氨酸（组）	α-氨基-β-（4-咪唑基）丙酸	His	H	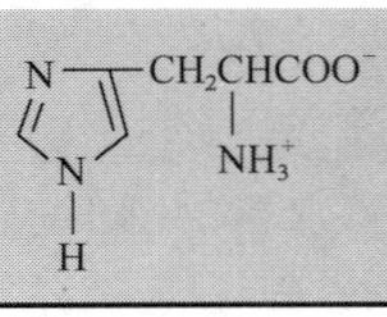	7.59

* 表示体内不能合成需要靠食物提供的氨基酸，称为营养必需氨基酸。

人体视角　　人体营养必需氨基酸及其需求量

营养必需氨基酸是指人体必不可少而必须从食物蛋白质中补充才能维持机体正常生长发育的氨基酸。对成人而言，营养必需氨基酸共有赖氨酸、色氨酸、苯丙氨酸、甲硫氨酸、苏氨酸、异亮氨酸、亮氨酸和缬氨酸等 8 种（见表 19-1 中标有 * 者）。同样，它对婴儿的成长起着重要的作用。如果饮食中经常缺少上述氨基酸，可影响健康。例如，组氨酸为小儿生长发育期间的营养必需氨基酸。早产儿要适当补充精氨酸、胱氨酸、酪氨酸。根据 WHO 的标准，每日氨基酸（必需和非必需氨基酸）的需求量见表 19-2。

表 19-2　人体对营养必需氨基酸的需求量表

氨基酸	每天需求量（mg/kg 体重）		
	婴幼儿	儿童	青壮年
赖氨酸	90	44	12～23
色氨酸	21	4	3～7
苯丙氨酸	141	22	16～31
甲硫氨酸	49	22	10～31

续表

氨基酸	每天需求量（mg/kg 体重）		
	婴幼儿	儿童	青壮年
苏氨酸	68	28	8～14
亮氨酸	135	42	16～31
异亮氨酸	83	28	12～20
缬氨酸	92	25	14～23

除 20 种常见的 α-氨基酸外，从少数蛋白质中还分离出一些不常见的特有的氨基酸。这些特有的氨基酸在生物体内没有相应的遗传密码，主要是在蛋白质合成前后，通过加工修饰相应的常见氨基酸衍生而来的。其中有 4-羟基脯氨酸（4-hydroxyproline）和 5-羟基赖氨酸（5-hydroxylysine）分别为脯氨酸和赖氨酸的衍生物，前者存在于植物细胞壁蛋白质中，但二者都可在结缔组织的纤维状胶原蛋白中找到。6-*N*-甲基赖氨酸（6-*N*-methyllysine）是具有收缩功能的肌球蛋白的组成成分。另一个比较重要的修饰氨基酸为 γ-羧基谷氨酸（γ-carboxy glutamic acid），首先在凝血酶原中发现，也存在于某些具有结合钙离子功能的其他蛋白质中。

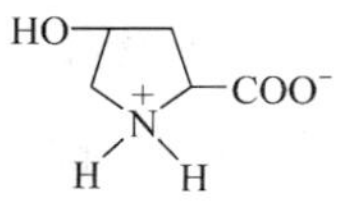

4-羟基脯氨酸

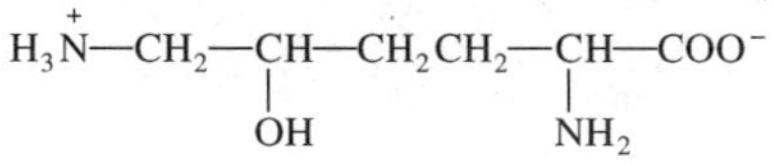

5-羟基赖氨酸

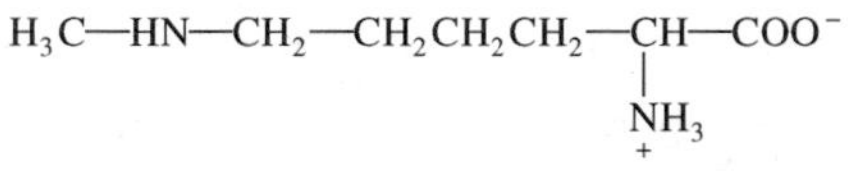

6-*N*-甲基赖氨酸

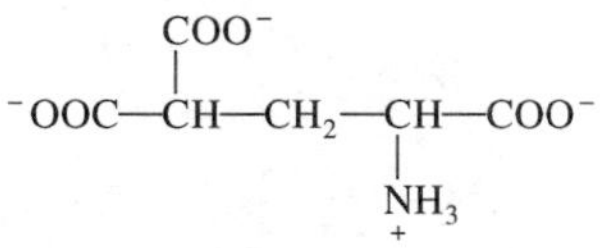

γ-羧基谷氨酸

三、氨基酸的物理性质

α-氨基酸为无色晶体，除少数外一般能溶于水、酸或碱中，但不溶于乙醇、乙醚等有机溶剂。熔点一般在 200℃以上。其味有鲜、甜、苦及无味等。例如，谷氨酸的单钠盐有鲜味，是味精的主要成分。

蛋白质中都含有酪氨酸、苯丙氨酸和色氨酸，由于这些氨基酸的 R 基含有苯环共轭双键体系，故具有紫外吸收特性。一般最大吸收波长 λ_{max} 为 280nm，因此可用分光光度法基于 Lambert-Beer 定律很方便地测定蛋白质的含量。

四、氨基酸的化学性质

氨基酸的化学性质主要是指它的 α-氨基、α-羧基和侧链 R 基上官能团参与的反应，具有典型的胺和羧酸的共性。

（一）氨基酸的酸碱性和等电点

氨基酸分子中含有氨基和羧基，当溶于水时，是以偶极离子（dipolar ion）或两性离子（zwitterion）的形式存在。由于氨基酸中有两个可以解离的基团，一个是有酸（质子供体）作用的—NH_3^+ 阳离子，另一个是有碱（质子受体）作用的—COO^- 阴离子，因此称为两性电解质（ampholytes）。固态时，氨基酸分子内的氨基与羧基相互作用中和成盐，称为内盐。偶极离子形式存在的氨基酸，可通过离子晶格组成高熔点的晶体，同时形成强极性分子，增大了水的介电常数。

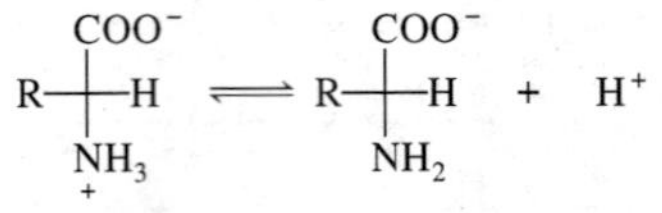

偶极离子

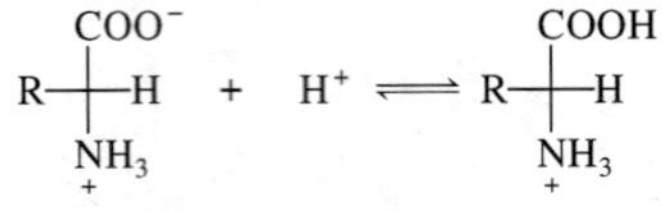

偶极离子

由于不同种类的氨基酸分子中具有酸作用的—NH_3^+和具有碱作用的—COO^-的数目和能力不同，导致在水溶液中呈现不同的酸碱性和带不同的电荷。含一个—NH_3^+和一个—COO^-的氨基酸即中性氨基酸，在水溶液中电离时由于—NH_3^+给出质子的能力大于—COO^-接受质子的能力，故其水溶液显弱酸性，带负电荷。当两性氨基酸溶于水时，其阴阳离子都能解离，但解离度与溶液的 pH 有关，进而影响氨基酸所带电荷。在酸性溶液中，—COO^-阴离子接受质子带正电荷，在电场中向负极移动；在碱性溶液中，—NH_3^+阳离子解离出质子（与 OH^- 结合成水）而使氨基酸带负电荷，在电场中向正极移动。当用酸碱调节氨基酸溶液的 pH 时，使阴、阳离子的解离度完全相等，即氨基酸所带正负电荷数目恰好相等，净电荷为零，分子呈电中性，在电场中既不向正极移动，也不向负极移动。此时氨基酸溶液的 pH 称为该氨基酸的等电点，即氨基酸在溶液中以两性离子存在时溶液的 pH，称为该氨基酸的等电点（isoelectric point），用 pI 表示。

$$\underset{NH_3^+}{RCHCOOH} \underset{H^+}{\overset{OH^-}{\rightleftharpoons}} \underset{NH_3^+}{RCHCOO^-} \underset{H^+}{\overset{OH^-}{\rightleftharpoons}} \underset{NH_2}{RCHCOO^-}$$

晶体状态或水溶液中的氨基酸

pH < pI	pH = pI	pH > pI
带正电荷	电中性	带负电荷

各氨基酸的等电点见表 19-1。如前所述，由于中性氨基酸在水中主要以阴离子存在，故只有加入适量的酸才能将溶液的 pH 调到等电点，因而中性氨基酸的等电点小于 7，而酸性氨基酸的等电点更小，碱性氨基酸的等电点大于 7。由于各种氨基酸的相对分子质量和 pI 不同，在相同的 pH 的缓冲溶液中，不同的氨基酸所带电荷状况不仅有差异，而且在电场中移动的方向和速度也不相同，因此，可用电泳技术分离和提纯氨基酸。

（二）α-氨基的反应

1. 与亚硝酸反应 除脯氨基外，氨基酸的氨基和其他的伯胺一样，可与亚硝酸作用放出氮气。

$$\underset{NH_2}{RCHCOOH} + HNO_2 \longrightarrow \underset{OH}{RCHCOOH} + N_2\uparrow + H_2O$$

这个反应是定量反应，在标准状态下，根据反应放出的氮气体积，即可计算出氨基酸中氨基的含量。

2. 成盐反应 氨基酸的氨基具有碱性，可与酸反应成盐。

$$\underset{NH_2}{RCHCOOH} + HX \longrightarrow \underset{NH_3^+X^-}{RCHCOOH}$$

3. 与甲醛反应 α-氨基酸的氨基与甲醛作用形成含—$NHCH_2OH$ 和—$N(CH_2OH)_2$ 等羟甲基衍生物。

$$2\underset{NH_2}{RCHCOOH} + 3HCHO \longrightarrow \underset{NHCH_2OH}{RCHCOOH} + \underset{N(CH_2OH)_2}{RCHCOOH}$$

α-氨基酸虽然是一种两性电解质，既含有碱性的氨基，又含有酸性的羧基，但不能直接用酸碱滴定法进行定量测定。主要是由于氨基酸进行酸碱滴定时的等当点 pH 过高（12 ～ 13）或过低（1 ～ 2），没有合适的指示剂用来指示终点。当加入甲醛后，甲醛与氨基结合形成羟甲基化合物—$NHCH_2OH$ 和—$N(CH_2OH)_2$，降低了氨基酸的碱性，使氨基酸的酸性增强，就可用强碱滴定，定量测定氨基酸的含量。

（三）α-羧基的反应

在生物体内，氨基酸在某些细菌或氨基酸脱羧酶的作用下，发生脱羧反应，放出二氧化碳并生成相应的一级胺。例如，蛋白质腐败时，由赖氨酸脱羧可以产生尸胺，精氨酸脱羧可以产生腐胺。

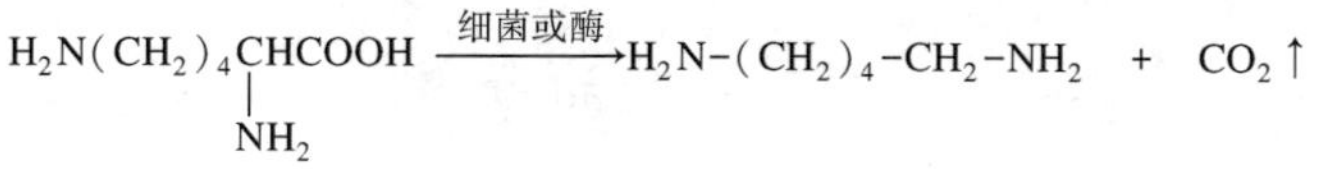

尸胺(cadaverine)

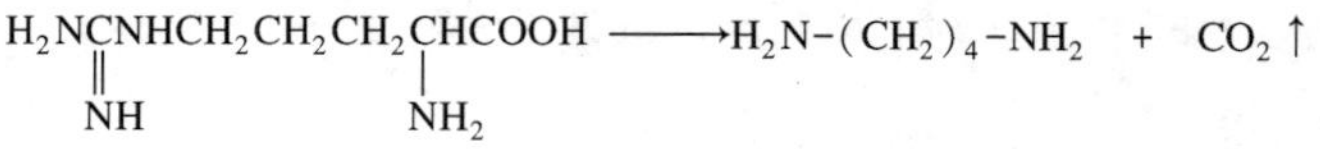

腐胺(putrescine)

（四）α-氨基和羧基共同参与的反应

1. 与茚三酮反应　在弱酸性溶液中，α-氨基酸与水合茚三酮共热，可生成蓝紫色化合物，叫罗曼氏紫（Ruhemann's purple）。其反应式为：

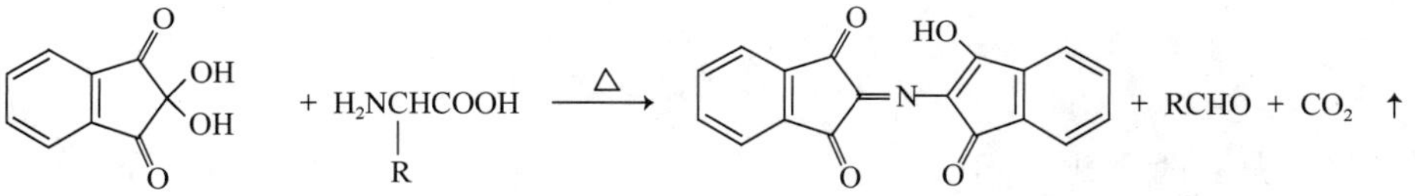

水合茚三酮　　罗曼氏紫

但脯氨酸和羟基脯氨酸为 α-亚氨基酸，与茚三酮反应时并不释放氨气而是显黄色。法医学上利用该反应鉴定指纹。利用纸色谱或柱层析把各种氨基酸分开后，利用茚三酮显色可以定性或定量测定氨基酸。

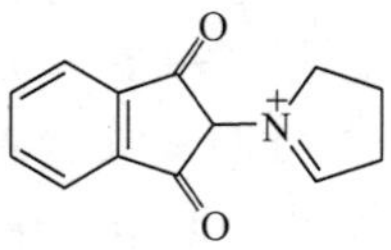

(黄色)

2. 脱水反应　一个氨基酸的氨基与另一个氨基酸的羧基在适当条件下受热时，可脱水缩合成肽。如丙氨酸的 α-羧基和甘氨酸的 α-氨基脱水缩合形成二肽，称为丙氨酰甘氨酸，简称丙-甘二肽。

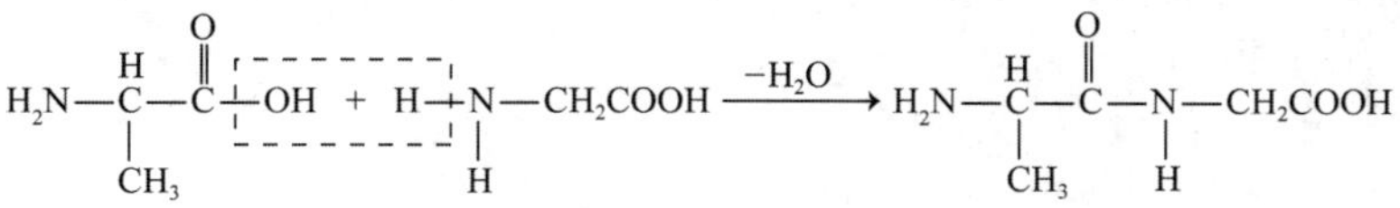

丙氨酸　　甘氨酸　　丙氨酰甘氨酸(丙-甘二肽)

第二节　多　　肽

一、多肽的定义

肽（peptide）是指一个氨基酸中的 α-氨基和另一个氨基酸中的 α-羧基脱水形成酰胺键连接在一起的有机物，也是蛋白质水解的中间产物。肽分子中的酰胺键又称肽键（peptide bond）。

氨基酸缩合形成肽后，已不是完整的氨基酸，故将肽链分子中的氨基酸单位称为氨基酸残基。

多肽绝大多数呈链状，又称为多肽链。肽和氨基酸一样，都具有极性，也是以两性离子形式存在。

一条多肽链通常在一端含有一个游离的末端氨基，在另一端含有一个游离的末端羧基。总是把氨基端氨基酸残基放在左边，称为—NH_2 端或 N-端，把—COOH 端氨基酸残基放在右边，称为羧基端或 C-端。其通式为：

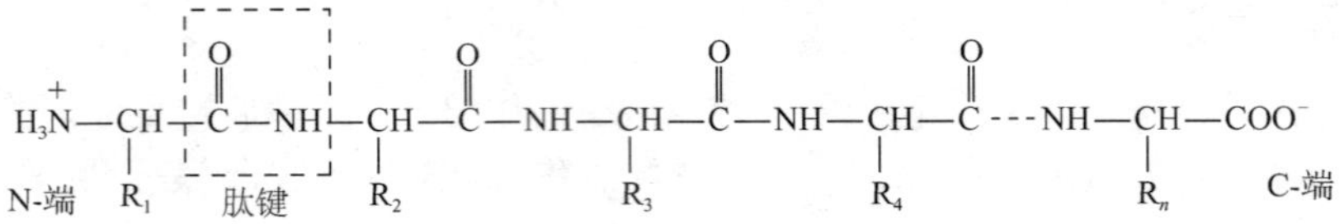

二、多肽的命名

肽的命名是根据参与其组成的氨基酸残基来确定的，规定从肽链氨基端的氨基酸残基开始，称为某氨酰某氨酰…氨基酸。如具有下列结构的四肽，可命名为：丝氨酰丙氨酰苯丙氨酰甘氨酸，简写为：Ser-Ala-Phe-Gly。

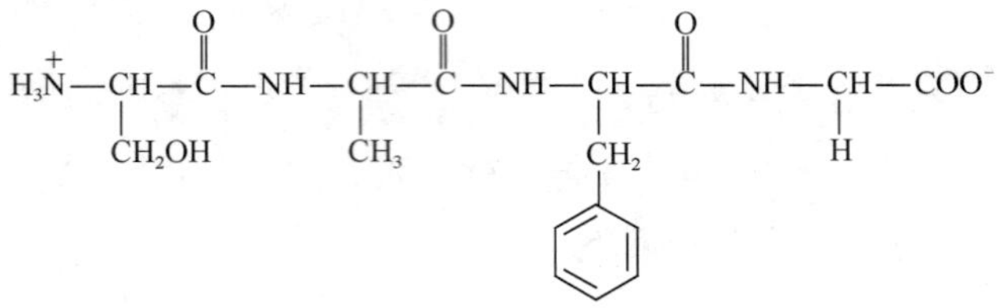

三、多肽的分类

最简单的肽是由两个氨基酸脱水形成的，称为二肽。由三个、四个、五个等氨基酸脱水形成的肽分别称为三肽、四肽、五肽等。

由 10 个以下氨基酸脱水而成的肽称为寡肽，10 个以上氨基酸脱水而成的肽称为多肽。

四、肽的结构

肽的结构中最重要的结构单元是肽键，肽键是构成多肽和蛋白质的基本化学键。它与相邻两个氨基酸残基中 α-碳（Cα）原子所组成的基团（—Cα—CO—NH—Cα—）称为肽单元（peptide unit）。从上述四肽化学结构中可以看出，多肽链的主链骨架都是由肽单元规则地重复排列而成。各种多肽链的主链骨架都是一样的，但是侧链 R 基的结构和顺序即氨基酸残基顺序不同。这种排列顺序不同对多肽分子和蛋白质的空间构象有着极其重要的影响。利用 X-射线衍射对一些简单的多肽和蛋白质的晶体结构分析，发现肽单元有以下特征：

1. 肽单元具有平面结构　组成肽单元的 6 个原子（—Cα—CO—NH—Cα—）共平面，此平面称为肽键平面，如下图：

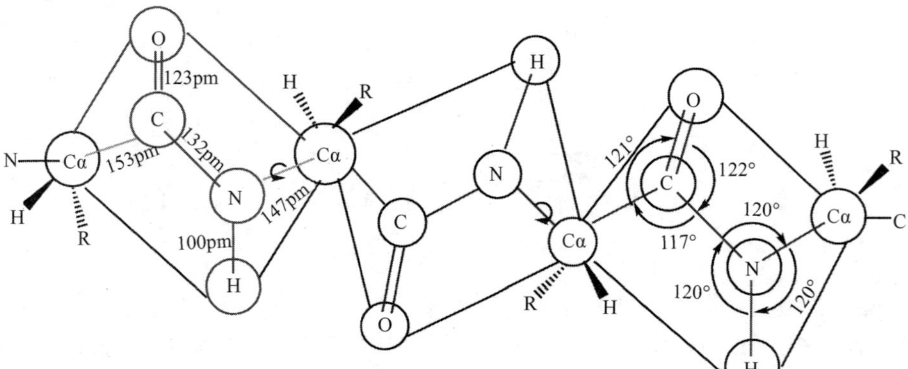

2. 肽键具有部分双键性质，不能自由旋转　从肽单元中各键长数据来看，肽键中 C—N 键键长为 132 pm，比相邻的 Cα—N 单键的键长（147 pm）短，但比一般的 C═N 双键的键长（127pm）长，介于这两者之间。这是由于肽键 N 上孤电子对与相邻羰基之间产生共轭作用所致，使肽键具有部分双键性质。因此，肽键中 C—N 键不能自由旋转。

3. 肽键呈反式构型　由于肽键具有双键性质，肽键平面上各原子可产生顺反异构现象。除脯氨酸残基外，肽平面内两个 Cα 原子处于反式构型，使两个 Cα 原子及其取代基互相远离而稳定。

除 C—N 键不能旋转外，肽平面中 Cα—N 和 C—Cα 键均为 σ 单键，相邻肽平面可围绕 Cα 原子自由旋转。因此，多肽链的主链骨架就是由一系列通过 Cα 原子连接的刚性肽平面所组成，肽平面随 Cα 原子旋转折叠产生多种状态的三维立体结构，导致多肽分子和蛋白质呈现不同的空间构象。

五、肽的物理性质

大多数肽可溶于水。碱性或酸性多肽，可分别用稀乙酸（10%）或氨水溶解。对于难溶性的多肽，需要 *N*, *N*-二甲基甲酰胺、脲、盐酸胍或乙腈增溶。多肽易受细菌降解，溶解多肽时，应用无菌纯化水。

多肽的水溶液不稳定，易受细菌降解。保存多肽时应低温冷冻干燥，以固体形式保存。冷干粉可在 −20℃或更低温度存放几年而很少或无降解。

六、多肽的合成

多肽的合成方法主要分为两种：化学合成法和生物合成法。化学合成法是以氨基酸的 α-NH_2 与另一个氨基酸的 α-COOH 之间脱水缩合的形式来进行。为了定向合成目标产物，需将不参加反应的官能团进行保护。化学合成法包括液相合成和固相合成两种。多肽液相合成主要分为逐步合成和片段组合两种策略。逐步合成法简洁快速，可用于各种生物活性多肽片段的合成。

多肽的生物合成方法主要包括发酵法、酶解法。随着分子生物学的发展，基于 DNA 重组技术，利用工程菌可实现外源性表达而合成多肽。

七、活性多肽

活性多肽是指在生物体内含量较少，却有着特殊生理功能的肽，组成可以小到只含有两个氨基酸，大到由上百个氨基酸组成。参与人体的生长发育和蛋白质、脂肪、糖三大物质的代谢。可作为细胞内或细胞间化学信号的传输信使，调控细胞间或器官间的行动。进而控制人体的生长和发育、衰老与疾病。体内常见的活性多肽有脑啡肽、神经肽 P 物质、谷胱甘肽、催产素和抗利尿激素等。

1. 脑啡肽　是 Hughes 等在 1975 年首先从猪脑中分离出两种具有阿片样活性肽：甲硫氨酸脑啡肽和亮氨酸脑啡肽，统称为脑啡肽。两者均为五肽，差别仅在 C 端氨基酸残基不同，其结构式分别为：

Tyr-Gly-Gly-Phe-Met	Tyr-Gly-Gly-Phe-Leu
甲硫氨酸脑啡肽	亮氨酸脑啡肽

2. 神经肽 P 物质　是 Von Euler Gaddum 在 1931 年首次从肠及脑中提取出一种能使平滑肌收缩和降低血压的粉状物质，为神经肽 P 物质，属于肽类神经递质。由 11 个氨基酸组成：

Arg-Pro-Lys-Pro-Gln-Gln-Phe-Phe-Gly-Leu-Met

3. 谷胱甘肽　是广泛存在于动植物细胞中的三肽，由谷氨酸、半胱氨酸和甘氨酸组成，结构特点是谷氨酸和半胱氨酸之间的肽键是由谷氨酸的 γ-COO^-（不是 α-COO^-）与半胱氨酸的 α-NH_3^+ 脱水而成。有还原型和氧化型两种形式。

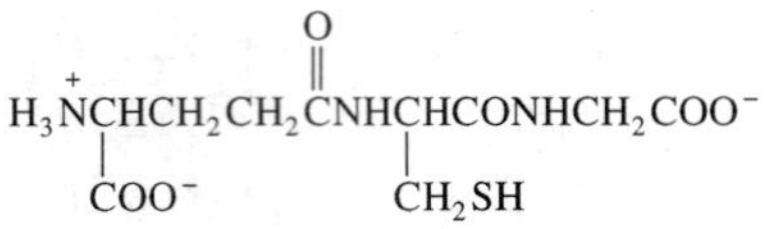

还原型谷胱甘肽

两分子还原型谷胱甘肽在体内经—SH氧化，形成具有二硫键—S—S—的氧化型谷胱甘肽（G-S-S-G）。

$$\underset{\text{还原型}}{2GSH} \underset{+2H}{\overset{-2H}{\rightleftharpoons}} \underset{\text{氧化型}}{G\text{-}S\text{-}S\text{-}G}$$

还原型谷胱甘肽含有活泼的—SH基，它可保护细胞膜上含巯基的膜蛋白和体内含巯基的酶类免受氧化。如通过它对晶状体蛋白质巯基的保护作用，可以抑制进行性白内障及控制角膜和视网膜疾病的发展，起到对眼睛的保护作用。还能与有毒化学物质及其代谢产物结合起到解毒作用。

人体视角　　罂粟与脑内的多肽合成

阿片为罂粟科植物罂粟未成熟蒴果浆汁的干膏，含吗啡、可待因等20多种结构上分属于菲类和异喹啉类的有机物。阿片激动阿片受体，产生镇痛作用，称为阿片类镇痛药物。目前，从脑内已经分离出20多种与阿片类镇痛药作用相似的肽，统称为内源性阿片肽，它通过和靶细胞膜上的阿片受体结合而产生镇痛作用。1975年首先分离得到脑啡肽，即甲硫氨酸脑啡肽和亮氨酸脑啡肽，之后又分离出α-内啡肽、β-内啡肽、强啡肽A、强啡肽B、内吗啡肽Ⅰ和内吗啡肽Ⅱ等。内源性阿片肽分布于中枢神经系统、胃、小肠、外分泌腺、肾上腺髓质和神经丛中。

第三节　蛋　白　质

蛋白质是由几十个或上百个，甚至上千个氨基酸组成的分子量在10 000～1 000 000之间的生物大分子。它是细胞和组织的重要组成成分，生物界的蛋白质有10^{10}～10^{12}种，大肠杆菌内约含3000种不同的蛋白质，而在人体内约含100 000种以上的蛋白质，占人体干重的约45%。在体内，每种蛋白质都具有不同的特殊功能，如生长、繁殖、代谢调节、肌肉收缩、损伤修复、记忆、识别、思维、感觉等都与蛋白质密切相关。

一、蛋白质的元素组成

从各种组织中提取的蛋白质，经元素分析发现蛋白质一般含碳50%～55%、氢6%～8%、氧20%～23%、氮13%～19%、硫0～4%，有些蛋白质还含有微量磷，少量蛋白质含有金属元素，如铁、锌、铜、钼、锰等，个别蛋白质含有碘。不同种类的蛋白质中氮的含量都比较接近，平均为16%，即1g氮相当于6.25g蛋白质。因此，只要测出生物样品中的含氮量，就可以大致算出其蛋白质的含量。

二、蛋白质的分类

由于蛋白质种类繁多且结构尚未明确，目前还没有一种比较完善的蛋白质分类方法。通常根据蛋白质的形状、溶解性、组成和生理功能进行简单分类。

（一）根据化学组成分类

1. 单纯蛋白质（simple protein）　只含有α-氨基酸，如清蛋白、球蛋白、谷蛋白、精蛋白等。

2. 结合蛋白（conjugated protein）　由单纯蛋白质和非蛋白质两部分组成。常见的非蛋白质部分有核酸、糖、脂、磷酸及色素等，一般称为辅基或配基。单纯蛋白质与辅基结合，分别组成核蛋白、糖蛋白、脂蛋白、磷蛋白和色蛋白。

（二）根据形状分类

1. 球状蛋白质（globular protein）　外形接近球状，水溶性较好，多数蛋白质都属于球状蛋白质，如酶、免疫球蛋白等。

2. 纤维状蛋白质（fibrous protein）　外形类似细棒或纤维，水溶性差，如毛发中的角蛋白、结缔组织中的胶原蛋白及弹性蛋白等。

（三）根据功能分类

1. 活性蛋白质（active protein）　是指具有生物活性的蛋白质和它们的前体，如酶、运动蛋白、运输蛋白、激素蛋白和防御蛋白等。

2. 结构蛋白质（structural protein）　是指具有保护或支持作用的蛋白质，如角蛋白、弹性蛋白和胶原蛋白等。

三、蛋白质的结构

蛋白质是由氨基酸通过肽键连接的多肽链，但是天然的蛋白质分子并不是一条走向随机的松散肽链，每一种天然的蛋白质都有自己特有的空间结构，即空间构象。为了表示蛋白质结构的不同组织层次，一般都采用如下专门术语。

1. 一级结构　一级结构（primary structure）是指多肽链中氨基酸残基的排列顺序。一级结构是蛋白质的基本结构，肽键是维系一级结构的主要化学键，又称主键。至今已有 2000 多种蛋白质分子的一级结构被阐明。例如，临床上用来治疗糖尿病的胰岛素，它的一级结构是由一条 A 链（21 肽）和一条 B 链（30 肽）通过二硫键连接而成，分子中共有三个二硫键，如图 19-1 所示。

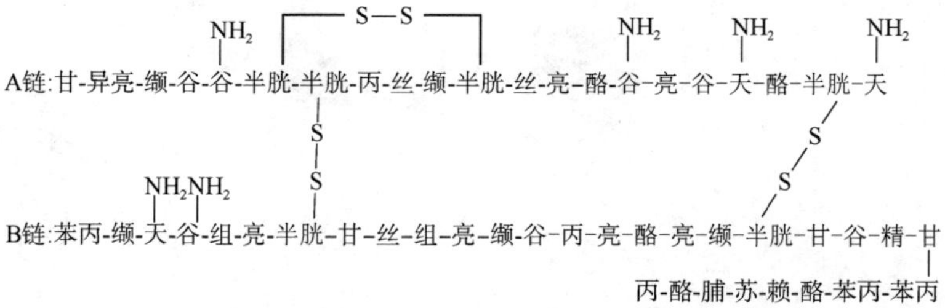

图 19-1　牛胰岛素的一级结构示意图

2. 蛋白质的空间结构　除一级结构中的主键外，在蛋白质分子中还存在维护和稳定蛋白质空间结构的副键（又称为次级键），包括：氢键、二硫键、疏水键、范德瓦耳斯力、盐键和配位键，如图 19-2 所示。

蛋白质分子的多肽链在空间上并不是线性伸展，而是通过一级结构中肽单元上 Cα 原子的旋转进一步按一定方式折叠盘绕成特有的空间结构，一般将空间结构分为二级、三级和四级结构，如图 19-3 所示。

（1）二级结构：天然蛋白质的二级结构主要包括 α- 螺旋、β- 折叠、β- 转角、无规卷曲等。

α- 螺旋（α-helix）是蛋白质分子中多个肽平面通过 C_α—C 键旋转，使多肽链的主链围绕中心轴在空间盘绕成规律而紧密的螺旋结构。侧链 R 伸向螺旋外侧，α- 螺旋中每个肽键的—N—H 与第四个肽键的—C═O 形成链内氢键，使 α- 螺旋处于稳定状态，见图 19-4。

β- 折叠（β-pleated sheet）是指多肽链中相邻肽键平面以 C_α 为旋转点依次折叠排列成锯齿状，多肽链充分伸展，依靠相邻肽键上的—C═O 与—N—H 形成的氢键维持结构的稳定性，如图 19-5 所示。

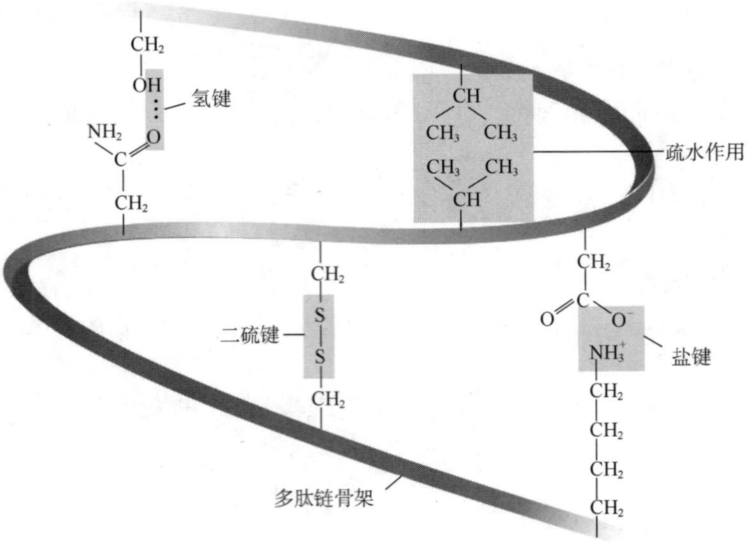

图 19-2　维护和稳定蛋白质空间结构的副键示意图

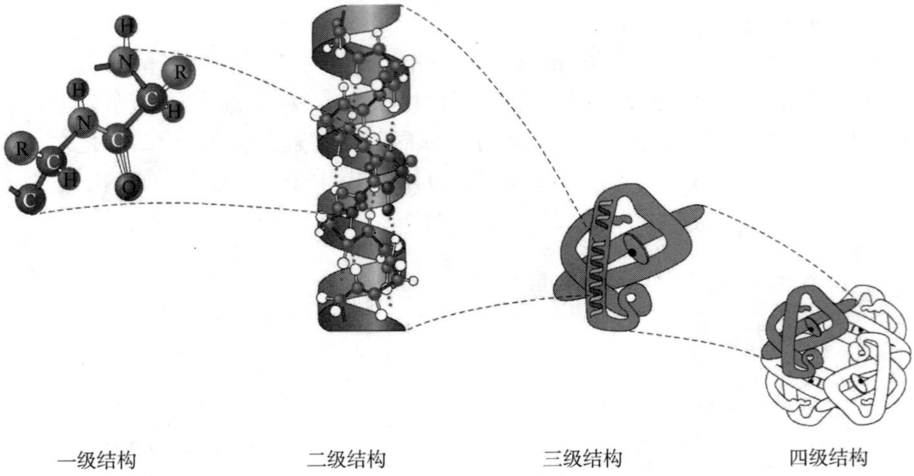

图 19-3　蛋白质四级水平的结构示意图

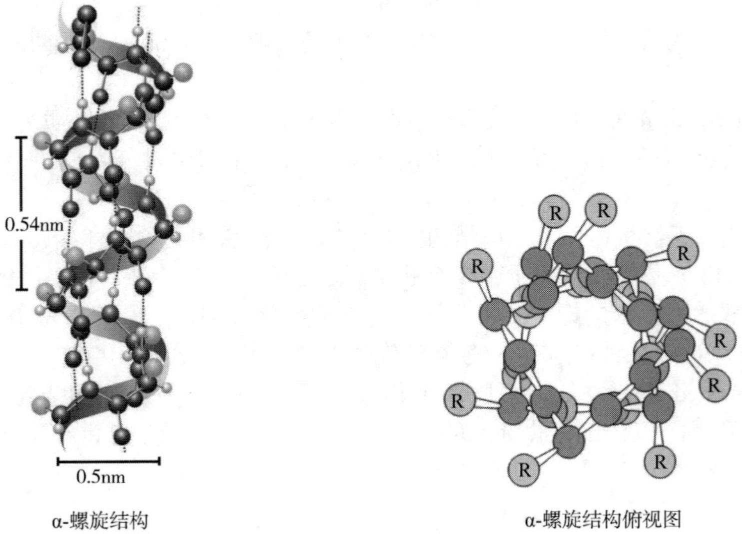

图 19-4　蛋白质的 α- 螺旋结构示意图

β-转角（β-turn）是指多肽链中肽段出现 180° 回折时的结构。在 β-转角中，伸展的肽链形成 U 形结构，回折处就是 β-转角。它是靠第一个氨基酸残基的—C=O 与第四个残基的—N—H 形成氢键而得以稳定的，见图 19-5。

无规卷曲（random coil）是指没有确定规律的肽链结构，见图 19-5。

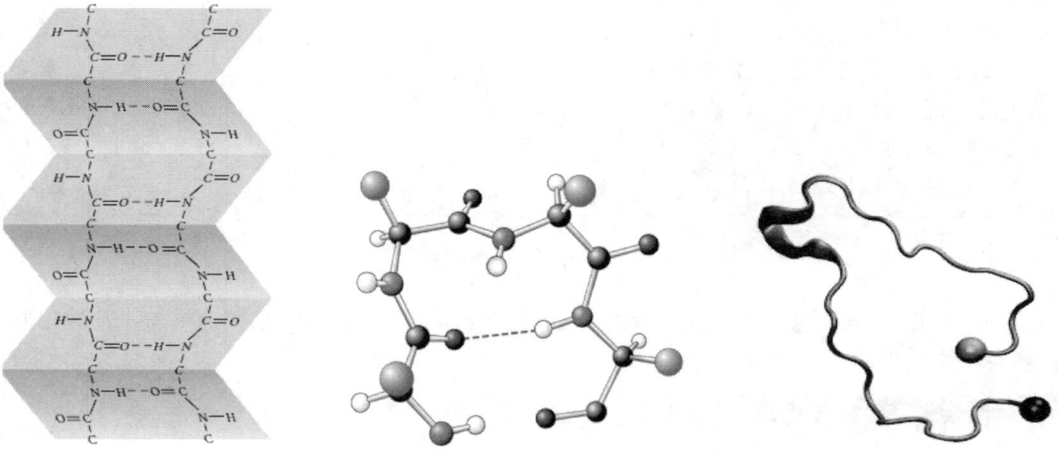

β-折叠示意图　　β-转角结构　　无规卷曲

图 19-5　蛋白质的 β-折叠和 β-转角结构示意图

（2）三级结构（tertiary structure）：是指在二级结构的基础上，由于侧链基团的相互作用，多肽链进一步折叠盘绕，形成整条肽链所有原子在三维空间的整体排列。三级结构主要靠盐键、氢键、二硫键、疏水键等副键维系其稳定性。具有完整三级结构的多肽链称为蛋白质的亚基（subunit）。哺乳动物肌肉中运输氧的肌红蛋白就是一条盘绕的肽链和一个血红素辅基组成的具有三级结构的球状蛋白质，见图 19-6。

（3）四级结构（quaternary structure）：是指蛋白质分子中各个亚基的空间排布以及亚基接触部位的特定布局，形成更高层次的立体蛋白质分子。在体内有许多蛋白质含有两条或多条多肽链，才能全面执行其生理功能。例如，血红蛋白就是一种由四个亚基形成的四级结构的蛋白质分子，见图 19-7。

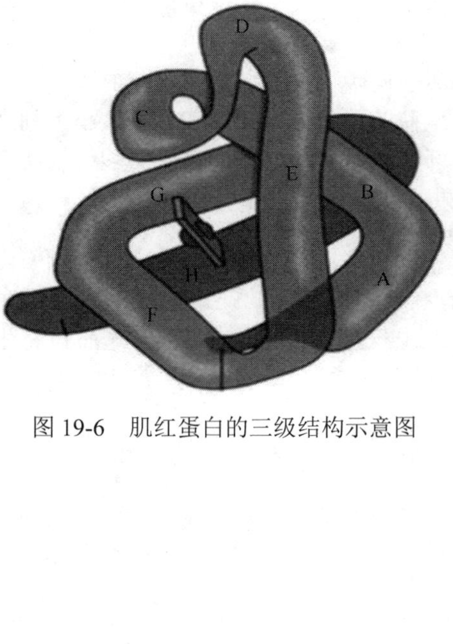

图 19-6　肌红蛋白的三级结构示意图

图 19-7　血红蛋白四级结构示意图

人体视角　　　　胶原蛋白：一种使人体强壮的蛋白质

胶原蛋白是一类蛋白质家族，是动物结缔组织的主要成分，占哺乳动物体内蛋白质总量的25%～30%，有些甚至高达80%以上，是含量最多、分布最广的功能性蛋白。目前至少已发现30余种胶原蛋白链的编码基因，可产生16种以上的胶原蛋白分子。基于胶原蛋白的功能，可分为两类：①成纤维胶原，包括第Ⅰ、Ⅱ、Ⅲ、Ⅺ、XXⅣ和XXⅦ型胶原，约占胶原总量的90%；②非成纤维胶原。Ⅰ型胶原蛋白长度约300nm，直径约1.5nm，呈棒状，由三条肽链组成，包括两条α（Ⅰ）链和一条α（Ⅱ）链，对机体功能作用最强。胶原蛋白因具有良好的生物相容性、可生物降解性、低免疫原性以及生物活性，作为医用生物材料被广泛用于食品、医药、组织工程、化妆品等领域。

四、蛋白质的理化性质

蛋白质是由α-氨基酸通过肽键连接而成的聚合物，因此蛋白质的有些性质与氨基酸相似，但也有自身特殊的性质：

（一）两性电离和等电点

与氨基酸一样，蛋白质也是两性电解质，在不同pH溶液中，可解离为阳离子或阴离子：

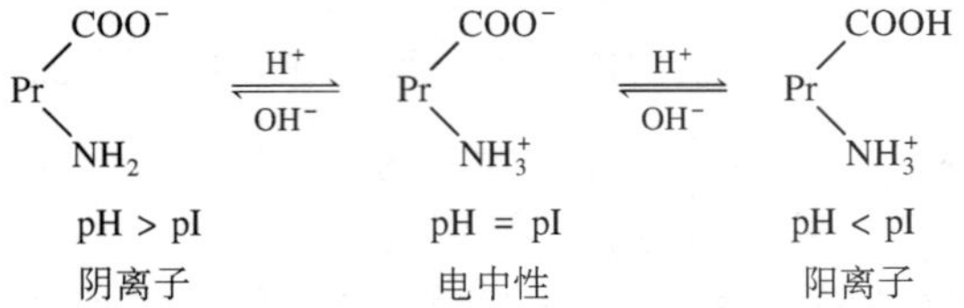

蛋白质在溶液中的带电状态除与蛋白质的自身结构有关外，还取决于溶液的pH。在酸性溶液中，碱性基团—COO^-接受质子，使蛋白质带正电荷，呈阳离子；在碱性溶液中，酸性基团—NH_3^+解离质子，使蛋白质带负电荷，呈阴离子。当蛋白质处于某一pH溶液时，它所带的正负电荷恰好相等，净电荷为零，在电场中，既不向正极也不向负极移动，该溶液的pH称为蛋白质的等电点（pI）。由于各种蛋白质可解离基团的数目和程度不同，故pI也各不相同。一般来说，含酸性氨基酸较多的酸性蛋白质，pI约为2。含碱性氨基酸较多的碱性蛋白质，pI约为9。体内多数蛋白质的pI约为5，故在生理条件下（pH为7.4），它们多以阴离子的形式存在。

蛋白质在等电点时，净电荷为零，没有电荷排斥作用，容易聚集沉淀析出，溶解度最小，因而最不稳定。这一性质常用于蛋白质的分离、提取和纯化。

蛋白质不在等电点时，在电场中，带正电荷的阳离子向负极移动，带负电荷的阴离子向正极移动，这种现象称为电泳。电泳速度主要取决于所带电荷的正负性、数量和分子大小。利用这种差别可通过电泳法将混合蛋白质中的各种蛋白质分离开来。如目前临床上采用醋酸纤维薄膜电泳定性、定量地化验人血清蛋白，该法速度快、分离效果好。

（二）胶体性质

蛋白质是相对分子质量较大的高分子聚合物，有些可达数千万，在水溶液中可形成直径在1～100nm之间的颗粒，故有胶体溶液的性质而不能通过半透膜。因此，借助半透膜可将蛋白质与小分子物质分离而实现纯化，这种方法称为透析法。透析法是实验或工业生产上提取和纯化蛋白质常用方法。

（三）变性

在某些物理或化学因素的作用下，蛋白质分子的特定空间结构遭到破坏，导致其生物活性丧失和理化性质改变的现象，称为蛋白质的变性（denaturation）。其蛋白质称为变性蛋白质（denatured protein)。引起蛋白质变性的物理因素有：加热、紫外线照射、超声波和剧烈振摇等。化学因素有：强酸、强碱、有机溶剂、重金属盐等。

一般认为蛋白质的变性主要发生二硫键和非共价键的破坏，主要是空间构象的破坏，并不涉及蛋白质一级结构中肽键的断裂和氨基酸序列的改变。变性蛋白质的主要表现是生物活性丧失。如血红蛋白失去运输氧的功能、胰岛素失去调节血糖的功能、酶失去催化能力等。

变性又分为可逆和不可逆两种。若蛋白质变性程度比较轻，去掉变性因素后，有些蛋白质能恢复或部分恢复其原有的构象和功能，这种变性称为可逆变性或称复性。如胃蛋白酶加热到80～90℃时，就失去其消化蛋白质的功能，当把温度回调到37℃，则其功能又可恢复。但目前很多蛋白质变性后尚不能复性，如机体衰老时的蛋白质变性尚属不可逆过程。

变性作用的实际意义在于：一是防止蛋白质激素、酶、抗体、疫苗等活性蛋白质在生产和保存过程中变性，以保持其生物活性；二是变性使蛋白质失活，常用来消毒灭菌等。

（四）沉淀

蛋白质分子因凝集而从溶液中析出的现象称为蛋白质的沉淀。通过破坏蛋白质的稳定因素-水化膜和电荷，可使蛋白质沉淀。其主要方法有：

1. 盐析法 向蛋白质溶液中加入大量中性盐 [如 $(NH_4)_2SO_4$、NaCl 等]，破坏蛋白质胶体的水化膜和中和蛋白质所带电荷，使蛋白质沉淀。这种加盐使蛋白质沉淀析出的过程称为盐析（salting out)。盐析是分离蛋白质的常用方法。不同蛋白质盐析时所需盐浓度不同，因此，调节盐浓度，可使蛋白质溶液中的不同种类的蛋白质先后析出，这种方法称为分段盐析法。如血清中加硫酸铵至 50% 饱和度，则球蛋白先沉淀析出，继续加入硫酸铵至饱和，则清蛋白沉淀析出。一般用盐析沉淀出来的蛋白质不变性。

2. 加有机溶剂 如利用乙醇、丙酮等有机溶剂对水的亲和力强于蛋白质分子而破坏了蛋白质周围的水化膜，可使蛋白质沉淀。如果蛋白质 pH 处于蛋白质的 pI 时，蛋白质沉淀效果更好。

3. 加重金属盐 如硝酸银、醋酸铅及氯化汞等可使蛋白质沉淀。这是因为蛋白质在 pH＞pI 的溶液中带负电荷，可与这些重金属阳离子结合成不溶性的蛋白盐而沉淀。

4. 加生物碱试剂 如苦味酸、三氯醋酸、鞣酸和磺柳酸等可使蛋白质沉淀。这是由于蛋白质在 pH＜pI 的溶液中带正电荷，可与这些有机酸根阴离子结合生成不溶性的蛋白盐而沉淀。

（五）蛋白质的颜色反应

蛋白质分子中的某些氨基酸或某些特殊结构能与某些特定试剂反应产生颜色反应，可作为蛋白质的分析工作中的测定依据。重要的颜色反应见表 19-3。

表 19-3 蛋白质的颜色反应表

反应名称	试剂	颜色	反应基团	能反应的蛋白质
茚三酮	茚三酮溶液	蓝紫色	α-氨基酸残基	全部
缩二脲	氢氧化钠的硫酸铜溶液	紫色或紫红色	肽键	两个及以上肽键的多肽和蛋白质
黄蛋白	浓硝酸（硝化）	黄色	苯基	含苯丙氨酸、酪氨酸、色氨酸的蛋白质

医学视角 **免疫球蛋白：保护身体的蛋白质**

免疫球蛋白（immunoglobulin）是指具有抗体活性的血浆糖蛋白质。由网状内皮细胞作为抗体合成。免疫球蛋白可以分为 IgG、IgA、IgM、IgD、IgE 五类。IgG 是人体血清免疫球蛋白的主要成分，仅以单体形式存在，占免疫球蛋白总量的 70%～75%，分子量约 15 万，含糖 2%～3%。血清免疫球蛋白 IgG 是初级免疫应答中最持久、最重要的抗体。大多是抗菌性、抗毒性和抗病毒抗体属于 IgG，能够促进单核巨噬细胞的吞噬作用（调理作用），中和毒素和中和病毒。因此，血清免疫球蛋白 IgG 在抗感染中起到主力军作用。

第四节 酶

一、酶的来源

酶（enzyme）是指具有生物催化功能的生物分子，如催化性蛋白质和RNA等。酶具有精确构象和可塑性的活性中心，参与体内的各种化学变化，使体内物质处于不断地新陈代谢之中。在人体中，不同组织器官的细胞内，酶的种类和数量都是不同的，有些酶仅在特定组织中存在，而这种组织器官特异性的酶分布赋予了组织、器官相应的特定的代谢功能。例如，肝脏中存在尿素和酮体的合成酶，因此肝脏就具有把乙酰辅酶A代谢生成酮体和氨代谢生成尿素的特殊代谢功能。

二、酶的结构和功能

酶和其他蛋白质一样，都是由20种α-氨基酸通过肽键共价连接而成的聚合物，也属于两性电解质。其水溶液具有亲水胶体的性质，不能通过半透膜。在某些物理因素（加热、紫外线照射、超声波等）及化学因素（强酸碱、有机溶剂、重金属等）的作用而变性或沉淀，酶生物活性丧失。在体外，能被胰蛋白酶水解而失活。

在结构上，酶也具有一级、二级、三级和四级结构。分子结构中只有一条多肽链的酶称为单体酶（monomeric enzyme），具有两条或以上多肽链亚基的酶称为寡聚酶。有些酶尽管只含有一条多肽链，却具有多种不同的催化功能，这类酶称为多功能酶（multifunctional enzyme）。由催化特定代谢途径的各种酶构成的多酶体系分布于细胞质、细胞膜上，底物沿代谢方向，依次被不同的酶催化，转化为最终产物。

有些酶是简单蛋白质，有些则是结合蛋白质，包括蛋白酶和辅助因子（辅酶、辅基及某些金属离子）两部分。辅酶（或辅基）起传递电子、原子或某些化学基团的作用，人体中的辅酶常为维生素或由维生素代谢转化生成物。酶分子中的各种化学基团并不一定都直接参与酶的生物催化过程，而酶存在对其发挥催化活性时所必需的基团，这些基团在一级结构的氨基酸序列上相差甚远，但在空间结构上彼此靠近，组成具有特定动态构象的局部空间结构，形状如口袋，通过在酶分子表面开口或特定方式与外部环境相连通。能与外部的底物特异性结合并将底物转化为产物，此区域称为酶活性中心或活性部位（active center or active site）。结合酶中辅酶因子常参与构成酶活性中心。酶最显著的生物学功能就是加速化学反应。通常用酶活性来表征酶对特定化学反应的催化能力。酶活性定义：在特定条件下，每分钟催化1μmol底物转化为产物所需的酶量，记为“U”。

在生物体内，酶发挥非常广泛的生物功能。如信号转导、细胞活动、肌肉运动、物质转运、食物消化、疾病的发生和发展等都需要酶参与。在代谢过程中，酶确定了整个代谢途径的催化顺序，一旦没有酶，代谢过程既不能按代谢走向进行，也无法满足细胞的需要。

三、酶的分类与命名

根据酶的组成，可分为单纯酶和结合酶两类。根据酶蛋白质分子的特点，可分为三类：①单体酶，只有一条肽链的酶，如溶菌酶、胰蛋白酶等；②寡聚酶，由几个甚至几十个亚基组成的酶，如3-磷酸甘油醛脱氢酶；③多酶体系，由几种酶彼此嵌合形成的复合体，如脂肪酸合成酶。

根据酶的催化特性，酶可分为六大类：①催化氧化还原反应的氧化还原酶（oxido-reductase），如过氧化氢酶、葡萄糖脱氢酶、细胞色素氧化酶等；②催化特殊基团在不同底物之间转移的转移酶（transferase），如己糖激酶、甲基转移酶、氨基转移酶等；③催化底物发生水解的水解酶（hydrolase），如磷酸酶、蛋白酶、脂肪酶等；④催化底物脱去某个基团而形成双键的裂解酶（lyase），如脱羧酶、碳酸苷酶、缩醛酶等；⑤催化各种异构体之间相互转化的异构酶（isomerase），如消旋酶、磷酸丙糖异构酶等；⑥催化两分子底物结合的合成酶，如谷氨酰胺合成酶等。

酶的习惯命名的原则：有时根据底物命名，如催化水解淀粉的称为淀粉酶；有时根据所催化的反应性质来命名，如催化底物水解的称为水解酶；有时根据底物和催化性质命名，如琥珀酸脱氢酶；有时根据上述命名原则和酶的来源命名，如胃蛋白酶。习惯命名法不规范，缺乏系统性。1961 年，国际酶学委员会根据酶的分类、酶促反应所需底物、反应性质等，建立了一套系统命名法。命名法规定催化某种特定反应的酶均有一个系统名称，用以标明酶的所有底物和反应性质。底物名称之间以“：”分隔。为了避免双底物和多底物的酶促反应，底物化学名称太长，造成酶的系统名称使用不方便的问题，国际酶学委员会又从每种酶的原有习惯命名称中选定一个简单实用的推荐名称。这种系统命名原则及系统编号相当严格，一种酶只可能有一个名称和一个编号。如典型酶的命名，见表 19-4。

表 19-4　典型酶的命名表

编号	推荐名称	系统名称	催化反应
EC1.1.1.1	醇脱氢酶	乙醇：NAD^+ 氧化还原酶	乙醇 + NAD^+→ 乙醛 + NADH + H^+
EC3.1.1.7	乙酰胆碱酯酶	乙酰胆碱水解酶	乙酰胆碱 + H_2O → 胆碱 + 乙酸
EC5.3.1.1	磷酸丙糖异构酶	磷酸丙糖异构酶	3-磷酸甘油醛 → 磷酸二羟基丙酮
EC4.1.2.13	果糖二磷酸醛缩酶	*D*-果糖-1, 6-二磷酸：*D*-甘油醛-3-磷酸裂合酶	*D*-果糖-1, 6-二磷酸 ⇔ 磷酸二羟丙酮 + *D*-甘油醛-3-磷酸
EC5.3.1.9	磷酸葡萄糖异构酶	*D*-葡萄糖-6-磷酸酮醇异构酶	*D*-葡萄糖-6-磷酸 ⇔ *D*-果糖-6-磷酸

四、酶的特点

酶作为生物催化剂，和常规催化剂一样，不改变化学反应质量守恒和平衡点，可以显著降低反应活化能。但酶属于生物大分子，具有一般催化剂所没有的催化特性。①酶催化效率高：酶催化反应速度比非酶反应快 10^8～10^{20}，大部分酶的转换数为 1000，最大的可达几十万，甚至百万以上；②酶高度专一性：一种酶只能催化某一类或某一特定结构的底物；③酶活性可以调节：酶的活性可受多种方式调节，如抑制剂调节、共价修饰调节、反馈调节等；④酶活性对环境因素的敏感性：所有可改变蛋白质构象的物质和环境条件，都可以使酶失活，如强酸、强碱、高温、有机溶剂等，所以酶一般要求比较温和的反应环境；⑤酶催化能力与辅酶、辅基及金属离子有关：若将复合酶中的小分子，如辅酶、辅基及金属离子除去，酶会失去活性。

五、酶的重要性

酶是具有催化功能的生物大分子，生物体内的各种化学变化都是在酶的催化下完成。如人和动物能将淀粉等复杂食物降解为单糖，并在细胞内进一步代谢分解成二氧化碳和水，同时释放出能量供人体生长、发育和运动等各种生命活动所用。酶作为生物催化剂，能在温和的机体环境中高效地催化许多复杂的化学反应，使生物体内的各种物质处于不断的新陈代谢之中。同时，体内酶活性及其调节异常与许多疾病的发生和发展相关，很多药物都是通过调控靶酶活性达到治疗目的，而针对关键酶的酶抑制剂设计是新药开发的有效策略。因此，酶在生物医药领域具有极其重要的地位。

六、生　物　酶

酶作为一种生物催化剂，已被广泛地应用于各个生产领域。但由于酶分离和纯化技术复杂、繁琐，因而限制了酶的广泛应用。生物酶（bioenzyme）是利用基因重组和蛋白质工程技术通过工程菌外源性表达合成的各种具有生物活性的天然酶或非天然酶。

生物酶包括三类：①利用 DNA 重组技术大量表达的酶；②选择性修饰靶酶基因产生的突变酶；③利用基因库设计、合成性能更稳定、催化效率更高的非天然新酶。如何设计高效优质的非天然新酶是生物酶合成应用的关键。随着计算机技术的飞速发展，对酶模拟的精确度、速度和规模化将得到大大改善，可能会在酶的空间结构、活性行为的认识等方面产生新的观点和理论，也为酶的选择性修饰和新酶的设计提供更多的理论支持，有利于解决酶的结构和功能之间的关系，因而将促进各种有价值的生物酶设计和规模化生产。

七、消 化 酶

消化酶（digestive enzyme）是体内参与消化过程的酶的总称，主要作用是将食物中的糖、脂肪、蛋白质水解，由大分子聚合物变为小分子物质，以便被人体吸收利用。消化酶大致包括三类：①用于分解蛋白质的蛋白质分解酶（蛋白酶）。如存在于高等动物胃液中，由胃黏膜主细胞分泌的胃蛋白酶就是一种消化性蛋白酶，能将食物中的蛋白质分解为小的肽片段。存在于高等动物的胰液中的胰蛋白酶原，是肽链内切酶，能选择性地水解蛋白质中由赖氨酸或精氨酸的羧基所构成的肽链，消化溶解变性蛋白质，对未变性的蛋白质无作用，是特异性最强的蛋白酶。②碳水化合物分解酶。如广泛存在于高等动物的唾液、胰液和低等动物的消化液中淀粉酶，能高效专一性地水解可溶性 α-1, 4-葡聚糖（淀粉、直链淀粉和糖原等）生成葡萄糖。③脂肪分解酶，存在于高等动物胰液、胃和中肠腺中，用于消化脂肪。

本 章 小 结

1. 氨基酸的酸碱性和等电点

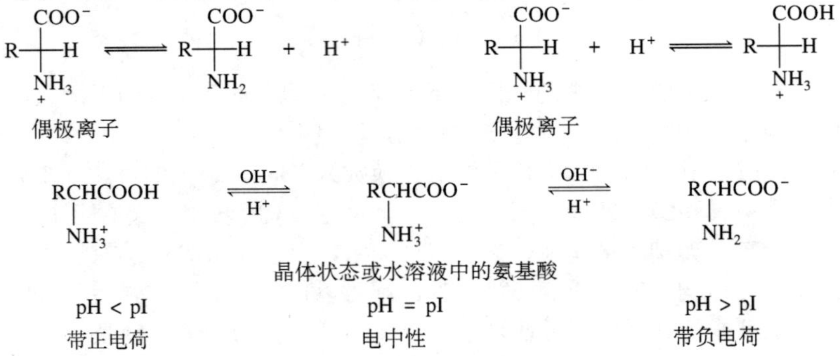

2. α-氨基与亚硝酸反应

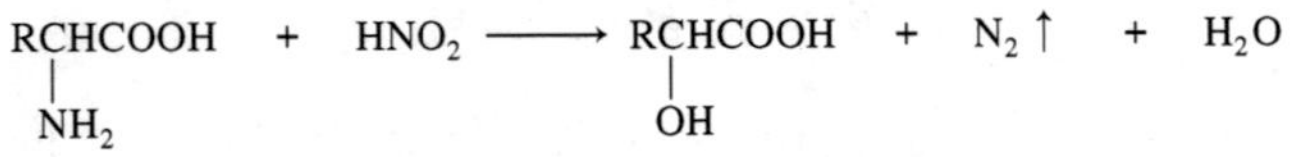

3. α-氨基的成盐反应

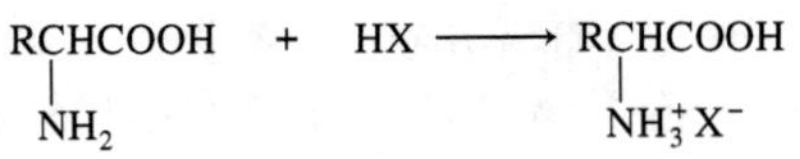

4. α-氨基与甲醛反应

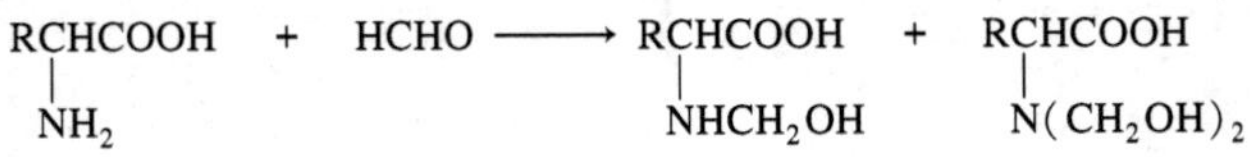

5. α-羧基的反应

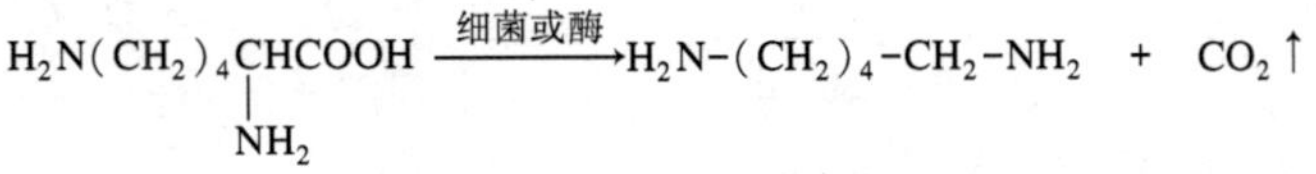

尸胺(cadaverine)

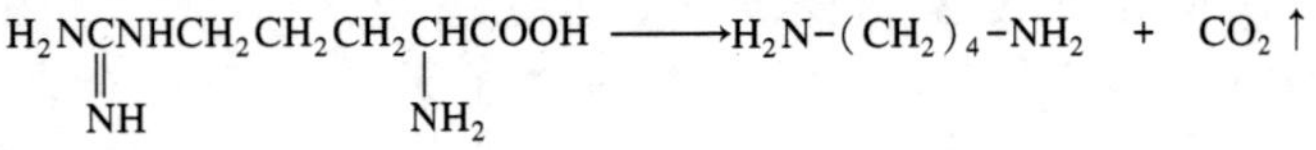

腐胺(putrescine)

6. 与茚三酮反应

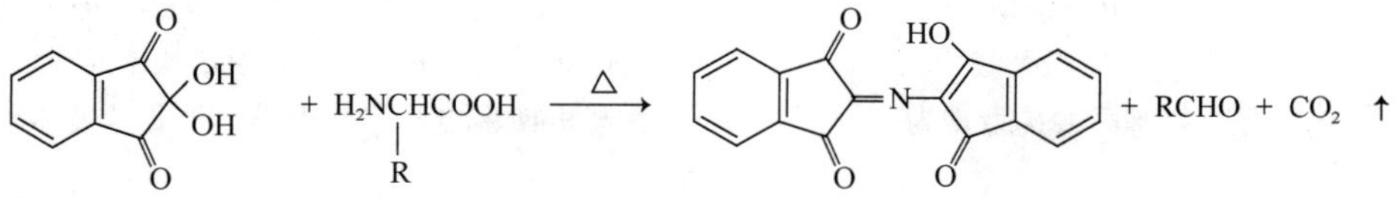

水合茚三酮　　　　罗曼氏紫

7. 脱水反应

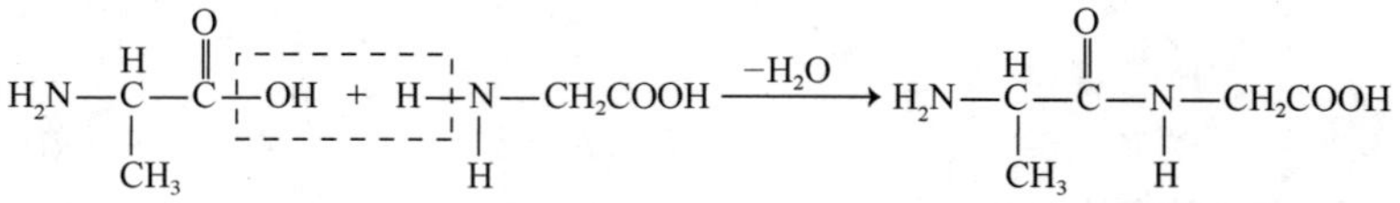

丙氨酸　　　　甘氨酸　　　　丙氨酰甘氨酸(二肽)

关　键　词

氨基酸、多肽、蛋白质、酶、肽键、肽平面、等电点、偶极离子、一级结构、二级结构、三级结构、四级结构、盐析、变性、活性多肽、生物酶、消化酶、氧化还原酶、转移酶、水解酶、裂解酶、异构酶、合成酶。

问题与练习

一、填空题

1. 按照催化性质，酶可以分为______、______、______、______、______、______等。

2. 使蛋白质沉淀的方法主要有______，______，______，和______，其中______不使蛋白质变性。

3. 采用高压加热、紫外线照射进行消毒灭菌是基于______。

4. 蛋白质的盐析是指______。

5. 蛋白质的一级结构是指______，主键______，维系蛋白质空间结构的副键包括______、______、______、______、______和______等。

6. 蛋白质的二级结构有______、______、______、______等。

7. 存在于牛乳中的酪蛋白的 pI=4.6，将酪蛋白溶于水中应带______电荷，欲使该蛋白质不带电荷，应该向此溶液中加______。

8. 赖氨酸的等电点是______pH7，把赖氨酸溶于水，要使它达到等电点，应当加______调节。

9. 还原型谷胱甘肽含有活泼的______，它可以保护细胞膜上含巯基的膜蛋白和体内含巯基的酶类免受氧化。

10. 现有一混合物由组氨酸、亮氨酸和谷氨酸组成，在 pH 为 6 的缓冲溶液中进行电泳时，留在原点基本不动的氨基酸是______，移向负极的氨基酸是______，移向正极的氨基酸是______。

二、写出下列化合物的结构式

1. *L*-谷氨酸　　　　2. Pro-Thr-Gly

三、用 Fischer 投影式表示下列二肽

1. Gly-Ala　　　　2. Phe-Met

四、在 20 种天然氨基酸中，与亚硝酸（$NaNO_2$+HCl）反应时，请问：

1. 可生成苹果酸的是哪种氨基酸？
2. 可生成乳酸的是哪种氨基酸？
3. 反应后产物可与 $Cu(OH)_2$ 反应生成深蓝色可溶性铜盐的是哪种氨基酸？

五、有两个学生对一个三肽分子结构进行分析，做了如下实验：一个学生将该三肽用 HNO_2 处理后再水解，得到了乳酸及甘氨酸两种化合物；另一个学生直接将该三肽完全水解，得到甘氨酸和丙氨酸。试推出该三肽的结构式。

六、如何用简单方法鉴别脯氨酸和异亮氨酸?

七、单选题

1. 立体构型为 *R* 型的氨基酸是（　　）
   A. 半胱氨酸　　　　B. 赖氨酸
   C. 酪氨酸　　　　D. 丙氨酸

2. 能发生缩二脲反应的物质是（　　）

A. 二肽　　B. 蛋白质

C. 淀粉　　D. 丙氨酸

3. 组成蛋白质的旋光性氨基酸的构型均为（　　）

A. *S*　　B. *L*

C. *R*　　D. *D*

4. 蛋白质分子中氨基酸残基的主要连接方式是（　　）

A. 二硫键　　B. 氢键

C. 肽键　　D. 疏水键

5. 与亚硝酸反应，无氮气体放出的化合物是（　　）

A. 乙胺　　B. 二乙胺

C. 甘氨酸　　D. 脲

6. 欲使蛋白质沉淀且不变性宜选用（　　）

A. 盐析　　B. 重金属盐

C. 有机酸类　　D. 有机溶剂

7. 维系蛋白质空间结构的稳定性因素是（　　）

A. 氢键　　B. 盐键

C. 二硫键　　D. 以上都是

8. 精氨酸在蒸馏水中带正电荷，它的等电点可能是（　　）

A. 小于 7　　B. 大于 7

C. 等于 7　　D. 不能判断

9. 蛋白质变性时一般不会改变的是（　　）

A. 二硫键　　B. 盐碱

C. 肽键　　D. 氢键

10. 甲和乙两种蛋白质的相对分子质量相近，pI 分别为 3.4 和 6.5，在 pH=7.4 的缓冲溶液中电泳时（　　）

A. 甲乙都泳向正极，移动速率相等

B. 甲乙都泳向正极，甲移动速率较快

C. 甲乙都泳向正极，乙移动速率较快

D. 甲乙都泳向负极，甲移动速率较快

11. 鉴别氨基酸的常用试剂是（　　）

A. $CuSO_4$/NaOH　　B. I_2/NaOH

C. 水合茚三酮　　D. 费林试剂

12. 盐析使蛋白质沉淀析出，主要是破坏了蛋白质的（　　）

A. 氢键　　B. 疏水键

C. 水化膜　　D. 同性电荷

13. 考虑到盐析能力等强弱因素，最常用的盐析剂是（　　）

A. NaCl　　B. $(NH_4)_2SO_4$

C. NaAc　　D. NaSCN

14. 下列物质能使蛋白质沉淀但不会使蛋白质变性的是（　　）

A. 乙醇　　B. 硝酸银

C. 苦味酸　　D. 硫酸铵

15. 与蛋白质变性无关的现象是（　　）

A. 氢键破坏　　B. 空间结构破坏

C. 生物活性丧失　　D. 蛋白质一级结构破坏

八、完成下列反应式

1. $HSCH_2\underset{NH_2}{\underset{|}{C}}HCOOH \xrightarrow{H_2O_2}$

2. $CH_3\underset{NH_2}{\underset{|}{C}}HCOOH + HCl \longrightarrow$

3. $CH_3\underset{NH_2}{\underset{|}{C}}HCOOH + NaOH \longrightarrow$

4. $CH_3\underset{NH_2}{\underset{|}{C}}HCOOH + HO-NO \longrightarrow$

5. $NH_2(CH_2)_4\underset{NH_2}{\underset{|}{C}}HCOOH \xrightarrow{细菌}$

6. $NH_2\underset{CH_3}{\underset{|}{C}}HCOOH + NH_2\underset{CH_2C_6H_5}{\underset{|}{C}}HCOOH \xrightarrow{-H_2O}$

思　考　题

1. 举例说明蛋白质沉淀方法，并说明原理。
2. 酶的化学本质是什么？解释酶活性中心的概念。
3. 阐述肽键平面的结构特征。

（李　伟）

第二十章 核　酸

（nucleic acid）

学习目标

1. **掌握**：核酸的组成成分；DNA/RNA 的结构；DNA 双螺旋复制模型。
2. **熟悉**：RNA 的转录、突变、损伤和 DNA 修复；核酸的变性、复性与杂交。
3. **了解**：重组 DNA；聚合酶链式反应。

化学视角　　分子遗传学与人类遗传病的检测

据文献报道，在西欧约有 0.7% 的新生儿患有一种染色体异常，1% 的人是由单基因突变（0.5%～1% 为常染色体显性，0.2% 为常染色体隐性和 0.1% 性连锁）所致的一种遗传病的携带者。DNA 重组技术推动了在原发病变（染色体或线粒体 DNA）水平上以及转录水平上对遗传病的研究，一些最直接的医学遗传学方法已被应用到遗传病诊断的领域中。这一领域的进步非常惊人，使得相当多的遗传病都能进行产前或症状前诊断。

核酸（nucleic acid）是与人类生命活动尤其是与遗传密切相关的一类生物大分子。天然存在的核酸可分为两类：一类是脱氧核糖核酸（deoxyribonucleic acid，DNA），存在于细胞核和线粒体，携带遗传信息，可以决定细胞和个体的基因型；另一类是核糖核酸（ribonucleic acid，RNA），存在于细胞质和细胞核内，能够参与蛋白质的生物合成。

核酸于 1868 年由瑞士科学家约翰·弗雷德里希·米歇尔（Johann Friedrich Miescher）从包扎伤口绷带的脓液的细胞核中提取得到的，是一种富含磷元素的酸性化合物。1872 年，他又从鲑鱼的精子细胞核中发现了类似的酸性物质，随后在多种组织细胞中也发现了这类物质的存在。因为这些物质都是从细胞核中分离出来的，当时就称之为“核素”（nuclein），实际上是核蛋白。直到 1889 年德国科学家理查德·阿尔特曼（Richard Altmann）得到了第一个不含蛋白质的核素，并命名为核酸。1944 年，美国细菌学家埃佛雷·西奥多·奥斯瓦尔德（Avery Theodore Oswald）利用致病肺炎球菌中提取的 DNA，使另一种非致病性的肺炎球菌的遗传性发生改变成为致病菌，从而证实 DNA 是遗传的物质基础。此后，大量的科学研究证实，生物体的生长、繁殖、变异和转化等生命现象都与核酸有关。1953 年，美国生物学家詹姆斯·杜威·沃森（James Dewey Watson）和英国生物化学家弗朗西斯·哈里·康普顿·克里克（Francis Harry Compton Crick）提出了 DNA 的双螺旋结构模型，更是从分子水平揭示了生物遗传的奥秘。

核酸对遗传信息的储存和蛋白质的合成起着决定性作用，与蛋白质一起被称为生命的物质基础。本章介绍核酸的化学组成、脱氧核糖核酸（DNA）和核糖核酸（RNA）的结构、DNA 的复制等基础知识，为以后进一步学习核酸的代谢、基因表达调控及分子生物学技术奠定基础。

一、核酸的组成

核酸中的主要元素是碳、氢、氧、氮和磷，核酸中磷的含量较恒定，为 9%～10%，因此常用含磷量来测定组织中核酸的含量。

1. 核苷酸（nucleotide）　是核酸的基本结构单位，核酸是由几百甚至几千万个核苷酸聚合而成的生物大分子，所以又称为多聚核苷酸（polynucleotide）。核苷酸是由核苷（nucleoside）和磷酸组成，而核苷可以分解成碱基（base）和戊糖（pentose），其反应为：

核酸 —水解→ 核苷酸 —水解→ { 磷酸；核苷 { 戊糖（*D*-核糖或 *D*-脱氧核糖）；碱基（嘧啶类碱和嘌呤类碱） } }

2. 戊糖 在 DNA 和 RNA 中，两者区别在于戊糖种类不同，DNA 中的戊糖是 β-*D*-2-脱氧核糖，RNA 中的戊糖是 β-*D*-核糖，两者均以呋喃糖形式存在，即

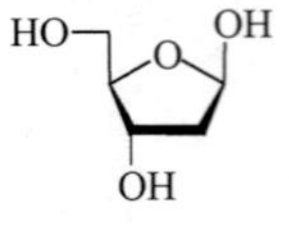

β-*D*-2-脱氧核糖

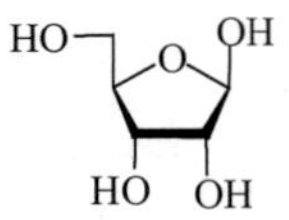

β-*D*-核糖

3. 碱基 核苷酸的碱基主要有五种含氮杂环化合物，可分为嘌呤（purine）和嘧啶（pyrimidine）两类。

（1）嘌呤碱：是嘌呤的衍生物。核酸中常见的嘌呤有两类：腺嘌呤（adenine，A）和鸟嘌呤（guanine，G），他们都存在于 DNA 和 RNA 中。

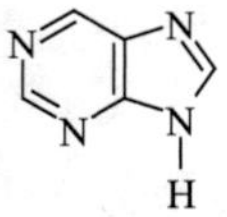
嘌呤

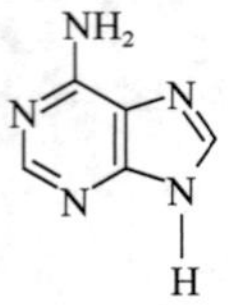
腺嘌呤(A)

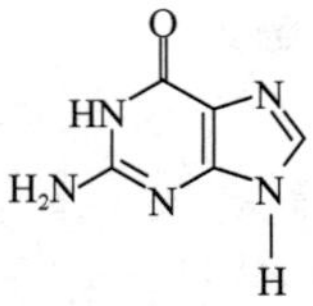
鸟嘌呤(G)

（2）嘧啶碱：是嘧啶的衍生物。核酸中常见的嘧啶有三类：胞嘧啶（cytosine，C）、胸腺嘧啶（thymine，T）和尿嘧啶（uracil，U）。胞嘧啶均存在于 DNA 和 RNA 中，而胸腺嘧啶仅存在于 DNA 中，尿嘧啶仅存在于 RNA 中。

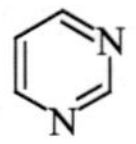
嘧啶

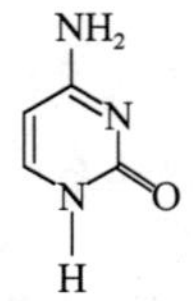
胞嘧啶(C)

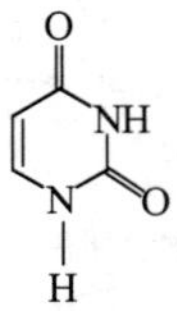
尿嘧啶(U)

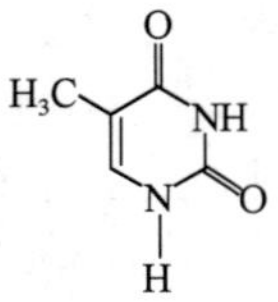
胸腺嘧啶(T)

因此，DNA 和 RNA 的结构中除了所含戊糖的种类不同以外，它们所含的碱基也是有差别的。

（3）碱基的互变异构现象：杂环上连有双键氧原子的碱基，可发生酮式-烯醇式的互变异构现象，在人体 pH 的条件下，其酮式结构占优势。

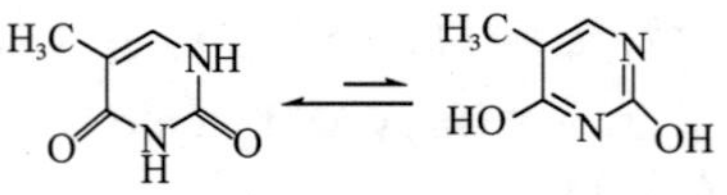
胸腺嘧啶(T)

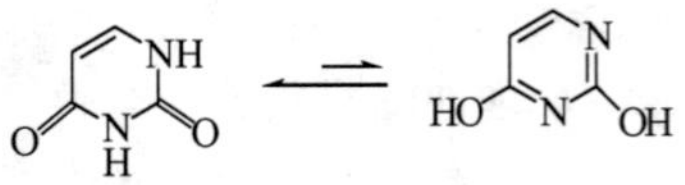
尿嘧啶(U)

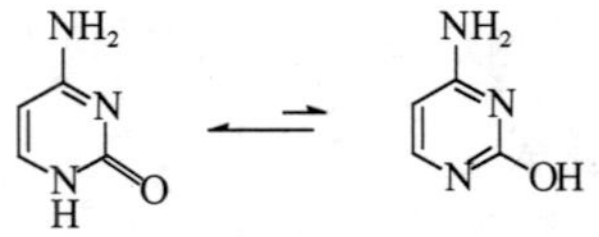
胞嘧啶(C)

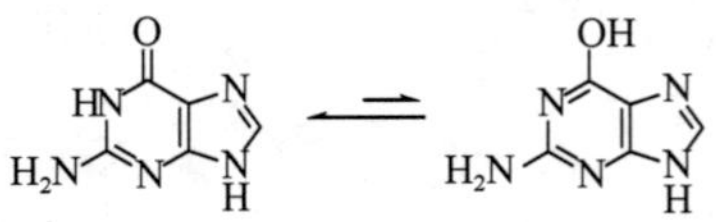
鸟嘌呤(G)

氨基-亚氨基也存在互变异构现象，在人体 pH 的条件下，以氨基式为主。

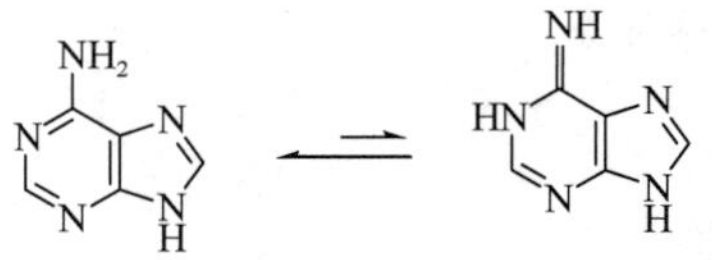

腺嘌呤(A)

（4）碱基的甲基衍生物：除上述的嘧啶碱与嘌呤碱外，核酸中还含有一些含量较少的碱基，叫做稀有碱基（rare bases）（表 20-1）。这些稀有碱基主要是常见碱基的甲基衍生物。如转运 RNA（tRNA）往往含有较多的稀有碱基，有的 tRNA 含有的稀有碱基达到 10%。稀有碱基对核酸的生物学功能具有极其重要的作用。

表 20-1 核酸中的稀有碱基表

DNA	RNA
尿嘧啶（U）	1-甲基鸟嘌呤（m^1G 或 GMe） 5-甲基尿嘧啶（即胸腺嘧啶）（T）
5-羟甲基尿嘧啶（hm^5U）	N^2-甲基鸟嘌呤（m^2G 或 GMe）
5-甲基胞嘧啶（m^5C）	1-甲基腺嘌呤（m^1A 或 AMe） 2-甲基腺嘌呤（m^2A 或 AMe）
5-羟甲基胞嘧啶（hm^6C）	N^2, N^2-二甲基鸟嘌呤（m^2_2G 或 GMe） N^6, N^6-二甲基腺嘌呤（m^6_2A 或 AMe） N^6-异戊烯基腺嘌呤（iA 或 Aisop）
N^6-甲基腺嘌呤（m^6A）	次黄嘌呤（I）
（即 6-甲氨基嘌呤）	N^4-乙酰基胞嘧啶（ac^4C） 5,6-二氢尿嘧啶（hU 或 DHU） 4-硫尿嘧啶（S^4U）

4. 核苷 是由戊糖 C-1′（为了区别碱基和戊糖中原子的位置，戊糖中碳原子的编号用 ′ 表示）上的半缩醛羟基与嘌呤碱的 N_9 或嘧啶碱的 N_1 上的氢原子脱水缩合而成的氮苷，核苷中的糖苷键均为 β- 糖苷键。

核苷的名称取决于组成的碱基和戊糖。如果戊糖是核糖，则在碱基名称后加词尾"核苷"即可，例如，核糖与腺嘌呤生成的核苷称为腺嘌呤核苷，简称腺苷；如果戊糖是脱氧核糖，则在碱基的名称后加"脱氧核苷"二字，如脱氧核糖与胞嘧啶生成的核苷称为胞嘧啶脱氧核苷，简称脱氧胞苷。DNA 中常见的核苷的结构和名称如下：

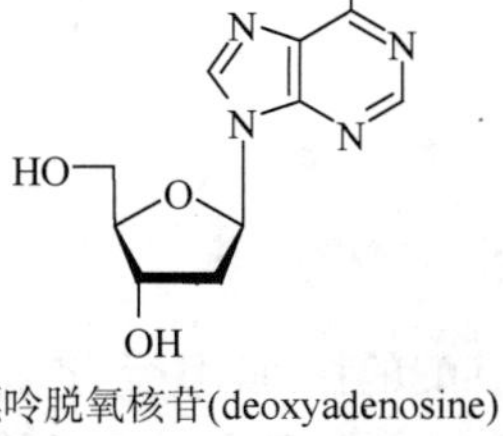

腺嘌呤脱氧核苷(deoxyadenosine)

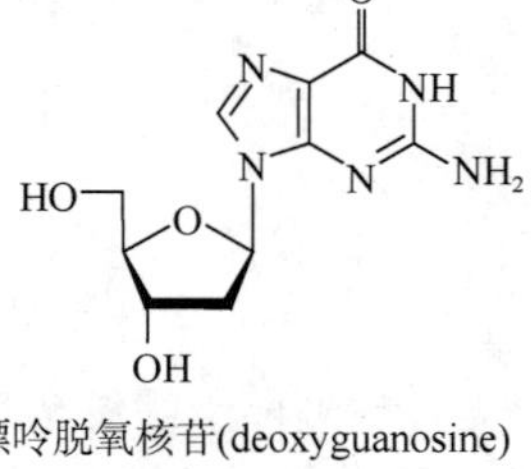

鸟嘌呤脱氧核苷(deoxyguanosine)

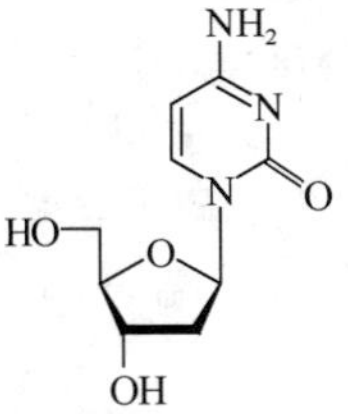

胞嘧啶脱氧核苷(deoxycytidine)

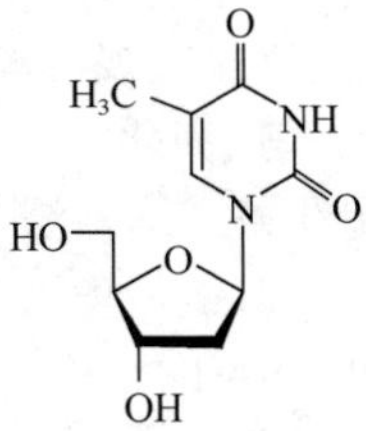

胸腺嘧啶脱氧核苷(deoxythymidine)

RNA 中常见的核苷结构和名称如下：

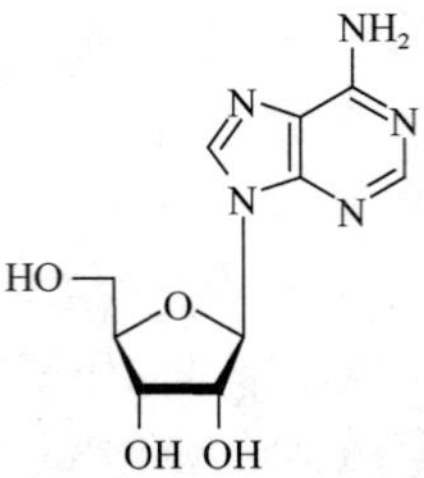

腺嘌呤核苷(adenosine)

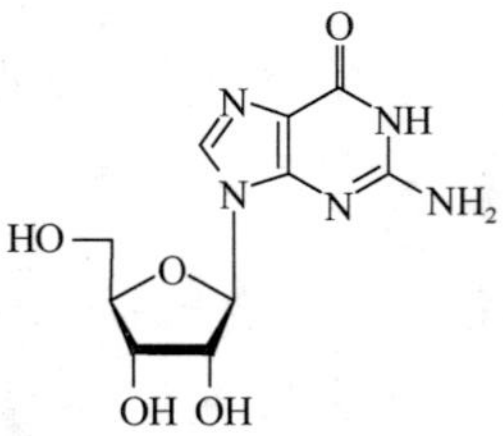

鸟嘌呤核苷(guanosine)

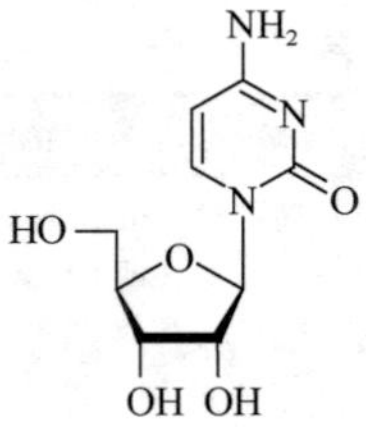

胞嘧啶核苷(cytidine)

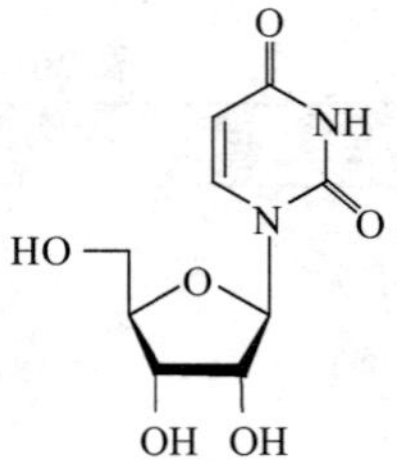

尿嘧啶核苷(uridine)

二、DNA 和 RNA 的结构

核苷酸通过戊糖的 3′-羟基与另一个核苷酸的 5′-磷酸基形成磷脂键，之后第二个核苷酸上的 5′-磷酸基再和另一个核苷酸的 3′-羟基形成磷脂键，依照此例反复进行，最终形成没有支链的核酸大分子。核酸链的一端是一个游离的 5′-磷酸基称 5′-端，另一端是游离的 3′-羟基称 3′-端。核苷酸链部分结构如图 20-1 所示。

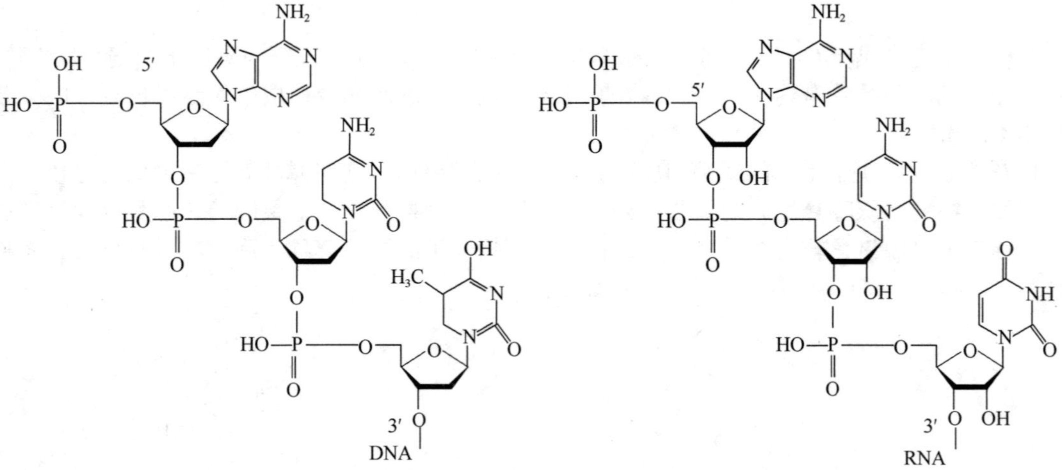

图 20-1　核苷酸链部分结构的示意图

由图 20-1 可见，核酸的一级结构是指组成核酸的核苷酸的排列顺序和连接方式，通常称为核苷酸序列。由于核苷酸的差异主要是碱基不同，因此又可称为碱基序列。书写碱基时通常是从 5′-端到 3′-端。这种表示方法比较直观，碱基的种类、排列次序、磷酸二酯键的连接关系非常清楚，但书写较为麻烦，一般常采用简化方式来表示其结构。

简化方法之一：用线条式缩写法。在线条式缩写法中，用 P 表示磷酸，碱基分别用 A、C、T、G、U 表示，竖线表示核糖的碳链，竖线上端标出碱基，P 引出的斜线一端与 C-3′ 相连，另一端与 C-5′ 相连。上面的 DNA 和 RNA 的结构片段可以简化为：

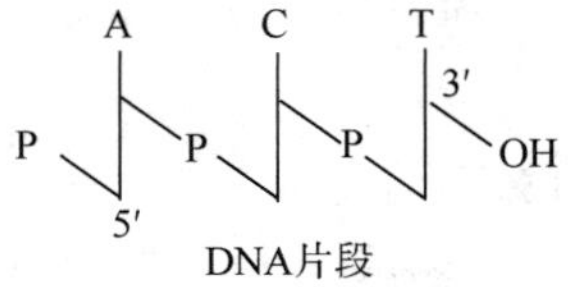

DNA片段

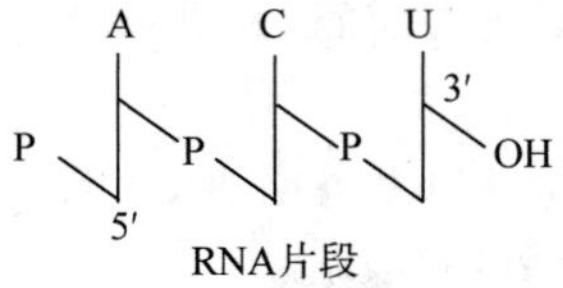

RNA片段

简化方法之二：字符式。书写时用英文大写字母代表碱基，小写字母 p 代表磷酸残基。核酸分子中的糖基、糖苷基和磷酸二酯键均可省略，将碱基和磷酸残基相间排列。上式中 DNA 和 RNA 一级结构片段可进一步简化为：

DNA 5′ pApCpTOH 3′　　　　RNA 5′ pApCpUOH3′

如果仅仅关心碱基顺序，则可以写成：

DNA 5′ACT 3′ 或 A-C-T　　　　RNA 5′ ACU 3′ 或 A-C-U

根据 X 射线衍射及一些理化性质表明，多数 RNA 分子是单链。有些区段能自身回折盘绕，使部分碱基以 A-U、G-C 配对形成短的不规则双螺旋区。有些区段的碱基则未配对，这些非螺旋区的核苷酸使链成为小环，从螺旋区中突出，称为突环。在 RNA 中，对 tRNA 的研究较为深入，已发现的 tRNA 都非常相似，形状都类似于三叶草，称为三叶草形结构（cloverleaf structure）（图 20-2）。

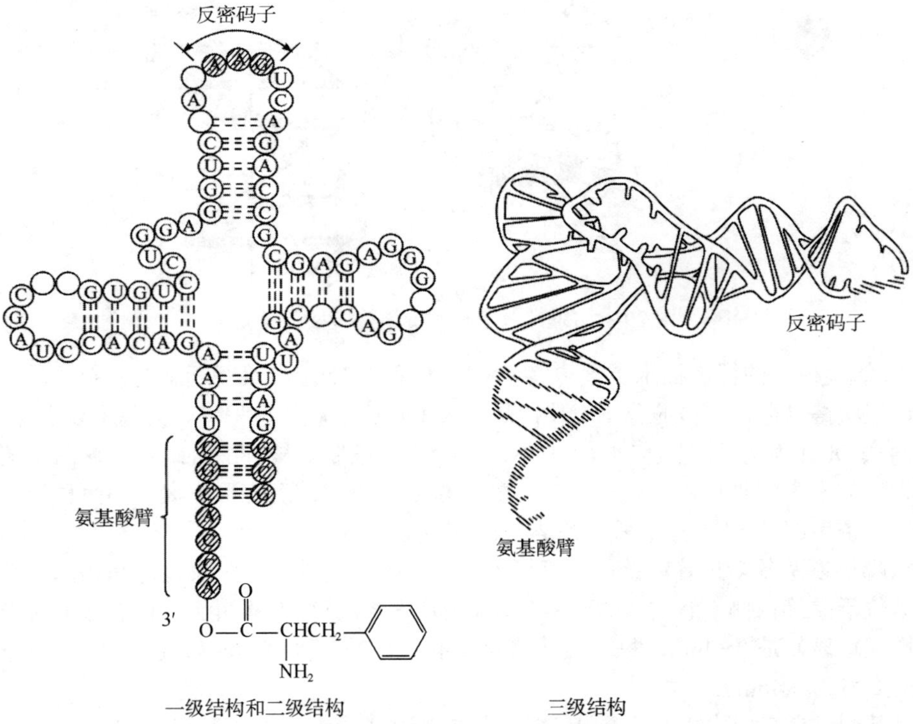

图 20-2　酪氨酸转移 RNA 的三叶草结构示意图

tRNA 的三叶草形结构一般可分为四个双螺旋区和四个突环共 8 个结构区域。与氨基酸连接的部位为氨基酸臂，四个突环中的其中一个是带有反密码子的环。

三、DNA 的复制

20 世纪 50 年代初，奥地利生化学家埃尔文·夏格夫（Erwin Chargaff）等应用层析法对多种生物 DNA 的碱基组成进行了分析，发现 DNA 中的腺嘌呤的数目与胸腺嘧啶的数目相等，胞嘧啶的数目和鸟嘌呤的数目相等。英国物理学家莫里斯·休·弗雷德里克·威尔金斯（Maurice Hugh Frederick Wilkins）和英国物理化学家与晶体学家罗莎琳德·埃尔西·富兰克林（Rosalind Elsie

Franklin）则发现不同来源的 DNA 纤维具有相似的 X 射线衍射图谱，这说明 DNA 可能有共同的分子模型。

1953 年，沃森和克里克根据 DNA 的组成特点和 X 射线衍射分析结果，提出了著名的 DNA 双螺旋结构模型（图 20-3）。

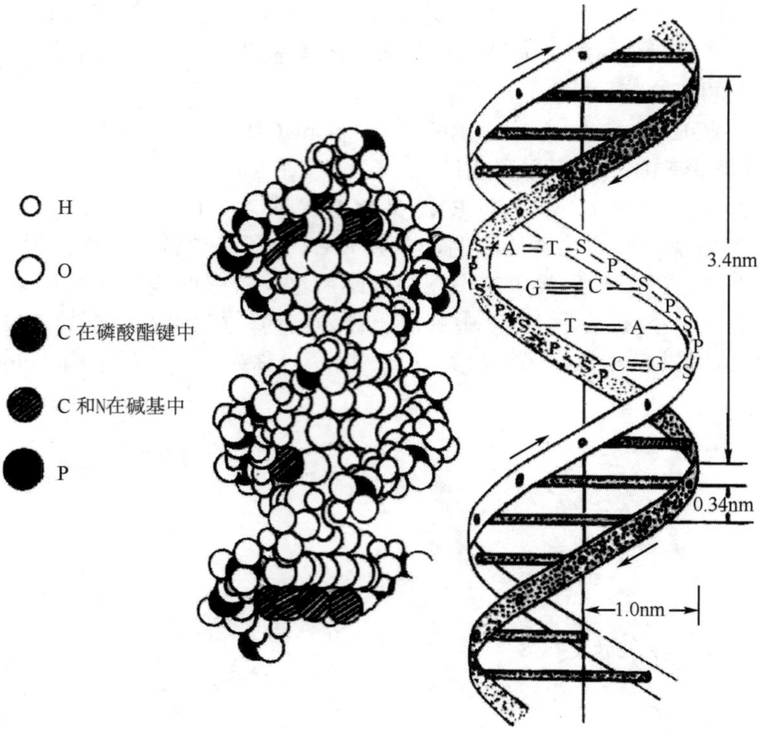

图 20-3　DNA 分子双螺旋结构模型示意图

DNA 双螺旋模型的提出揭示了遗传信息稳定传递中 DNA 半保留复制的机制，从本质上揭示了生物遗传性状得以世代相传的分子奥秘，是分子生物学发展的里程碑。其基本要点如下：

（1）两条 DNA 互补主链反向平行。DNA 分子由两条脱氧核苷酸链组成，这两条链围绕同一个“中心轴”向右盘绕形成右手螺旋结构，螺旋直径为 2nm，盘绕形成大、小两种沟。两条链的走向相反，一条为 5′ → 3′ 走向，另一条是 3′ → 5′ 走向。

（2）双螺旋以两条多核苷酸链的脱氧核糖基和磷酰基为骨架。脱氧核糖基和磷酰基位于螺旋外侧，碱基位于螺旋内侧，它们垂直于螺旋轴，通过糖苷键与主链相连。相邻碱基对平面间的距离（碱基堆积距离）是 0.34nm，每个碱基的旋转角度为 36°，每圈双螺旋包含 10 个碱基对，螺旋上升一圈的高度为 3.4nm。

（3）碱基配对具有规律性。两条脱氧多核苷酸链通过碱基之间的氢键连接在一起。碱基之间有严格的配对规律：A 与 T 配对，其间形成两个氢键；G 与 C 配对，其间形成三个氢键（图 20-4）。

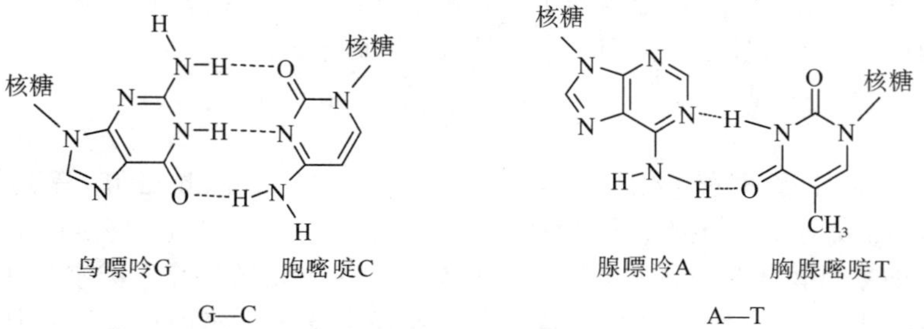

图 20-4　DNA 分子中的碱基配对关系示意图

这种配对规律，称为碱基互补配对原则。由于两条链中的碱基互补，所以这两条链又称为互补链。这样，一条链上的碱基顺序就决定了其互补链上的碱基顺序。这对生物的生长、遗传等过程具有极为重要的意义。

（4）DNA 结构比较稳定。DNA 中的嘌呤与嘧啶碱基形状扁平，呈疏水性，分布于双螺旋结构内侧。大量碱基层层堆积，两相邻碱基的平面十分贴近，于是使双螺旋结构内部形成一个强大的疏水区，与介质中的水分子隔开。碱基对之间的范德瓦耳斯力能量仅为 5～10kJ/mol，作用范围为 0.5nm。这种力在单独存在时能量虽小，但在 DNA 的双螺旋结构中，所有的碱基对都互相平行且垂直于中心轴，这样沿中心轴堆积的碱基对之间的范德瓦耳斯力总和（称为碱基堆积力）就比较大。碱基堆积力是维系 DNA 二级结构的主要作用力。同时，互补碱基对之间的氢键对维系 DNA 的二级结构也有一定的贡献。

DNA 双螺旋模型最主要的成就是引出“互补”（碱基配对）概念。根据碱基互补原则，当一条多核苷酸的序列被确定以后，即可推知另一条互补链的序列。这就决定了 DNA 在控制遗传信息从母代传到子代的高度保真性。在生物领域内，形形色色的遗传信息都由 A、T、G、C 四个碱基的顺序决定。能合成有功能的蛋白质多肽链或 RNA 所必需的 DNA 中的核苷酸序列称为基因（gene）。

DNA 复制、转录、反转录等的分子基础都是碱基互补。在 DNA 复制时，亲代 DNA 的双螺旋先行解旋和分开，然后以每条链为模板，按照碱基配对原则，在这两条链上各形成一条互补链，这样从亲代 DNA 的分子可以精确地复制成两个子代 DNA 分子（图 20-5）。每个子代 DNA 分子中，有一条链是从亲代 DNA 来的，另一条则是新形成的。

沃森和克里克的双螺旋结构是 DNA 分子在生理条件下的最稳定构象，称为 *B*-DNA。在不同的条件下还有其他构型，如左手螺旋的 *Z*-DNA 等。*Z*-DNA 与 *B*-DNA 的不同之处是螺旋延长，直径变窄，主链中磷原子不是平滑延伸而是呈锯齿状排列。*Z*-DNA 结构可能与突变的发生有关，而从 *B*-DNA 到 *Z*-DNA 的结构改变，可能是控制基因的复制和转录的因素之一。

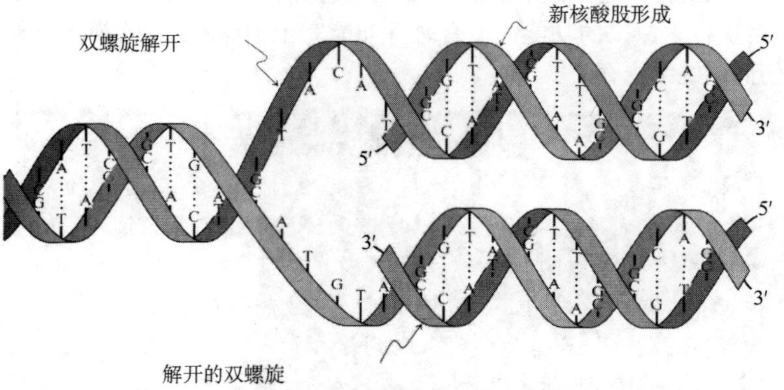

图 20-5 DNA 双螺旋复制模型示意图

四、RNA 的转录

转录（transcription）是指遗传信息从 DNA 流向 RNA 的过程。转录时以双链 DNA 中确定的一条链为模板，以 ATP、CTP、GTP、UTP 四种核苷三磷酸为原料，在 RNA 聚合酶催化下合成 RNA 的过程。

转录时，细胞通过碱基互补的原则来生成一条带有互补碱基的 mRNA，通过它携带密码子到核糖体中可以实现蛋白质的合成。与 DNA 的复制相比，转录有很多相同或相似之处，亦有其自己的特点。

转录中，一个基因会被读取并复制为 mRNA。也就是说，将特定的 DNA 片段作为模板，以

DNA 依赖的 RNA 合成酶作为催化剂，合成前体 mRNA。在体内，转录是基因表达的第一阶段，并且是基因调节的主要阶段。转录可产生 DNA 复制的引物。转录仅以 DNA 其中的一条链作为模板。被选为模板的单链叫模板链，又称信息链、无义链；另一条单链叫非模板链，又称编码链，有义链。DNA 上的转录区域称为转录单位（transcription unit）。例如：

DNA：5′-ATCGAATCG-3′（非模板链）

3′-TAGCTTAGC-5′（模板链）

转录出的 mRNA：5′-AUCGAAUCG-3′

五、突变、损伤和 DNA 修复

基因组 DNA 分子发生的突然的、可遗传的变异现象（gene mutation）称为基因突变。从分子水平上看，基因突变是指基因在结构上发生碱基对组成或排列顺序的改变。基因虽然十分稳定，能在细胞分裂时精确地复制自己，但这种稳定性是相对的。在一定的条件下基因也可以从原来的存在形式突然改变成另一种新的存在形式，就是在一个位点上突然出现了一个新基因代替了原有基因，这个基因称为突变基因。于是后代的表现中也就突然地出现祖先从未有的新性状。基因突变可以发生在发育的任何时期，通常发生在 DNA 复制时期，即有丝分裂间期和减数分裂间期；同时基因突变和脱氧核糖核酸的复制、DNA 损伤修复、癌变和衰老都有关系，基因突变是生物进化的重要因素之一，因此研究基因突变除了本身的理论意义之外还有广泛的生物学意义。此外，基因突变还可以为遗传学研究提供突变型，为育种工作提供素材，具有重要的科学研究和生产上的实际意义。

DNA 分子损伤最早就是从研究紫外线的效应开始的。当 DNA 受到最易被其吸收波长（～260nm）的紫外线照射时，主要是使同一条 DNA 链上相邻的嘧啶以共价键连成二聚体，相邻的两个 T、两个 C、C 与 T 间都可以环丁基环（cyclobutane ring）连成二聚体，其中最容易形成的是 TT 二聚体。

DNA 修复（DNA repairing）是细胞对 DNA 受损伤后的一种反应，这种反应可能使 DNA 结构恢复原样，重新执行它原来的功能；但有时并非能完全消除 DNA 的损伤，只是使细胞能够耐受这 DNA 的损伤而能继续生存。

临床视角 **测试致癌物的 Ames 试验**

Ames 试验全称是污染物致突变性检测。污染物对人体存在潜在的危害，引起各方的普遍关注。世界范围内已发展了百余种短期快速的测试法用来检测污染物的遗传毒性效应。B.N.Ames 等经十余年努力，于 1975 年建立并不断发展完善的沙门氏菌回复突变试验（亦称 Ames 试验）已被世界各国广泛采用。该方法快速、简便、敏感、经济，且适用于测试混合物，反映多种污染物的综合效应。Ames 试验有多种用途，第一，Ames 试验可用于检测食品添加剂、化妆品等的致突变性，由此推测其致癌性；第二，Ames 试验检测水源水和饮用水的致突变性，探索较现行方法更加卫生安全的消毒措施；第三，Ames 试验可检测城市污水和工业废水的致突变性，结合化学分析，追踪污染源，为研究防治对策提供依据；第四，Ames 试验可检测土壤、污泥、工业废渣堆肥、废物灰烬的致突变性，以防止维系生命的土壤受致突变物污染后，通过农作物危害人类；第五，Ames 试验可检测气态污染物的致突变性，防止污染物经由大气，通过呼吸对人体发生潜在危害；第六，Ames 试验可研究化合物结构与致突变性的关系，为合成对环境无潜在危害的新化合物提供理论依据；第七，Ames 试验可检测农药在微生物降解前后的致突变性，了解农药在施用后代谢过程中对人类有无隐患；第八，Ames 试验还可用于筛选抗突变物，研究开发新的抗癌药等。

六、核酸的变性、复性与杂交

在某些理化因素的作用下，DNA 分子中的碱基间的堆积力和氢键断裂，空间结构被破坏，从而引起理化性质和生物学功能的改变，这种现象称为核酸的变性（denaturation）。例如，将 DNA 的稀盐溶液加热到 80～100℃时，双螺旋结构将发生解体，两条链分开形成无规则线团。其理化性质也随之发生改变：如黏度降低，260nm 区紫外吸收值升高，浮力密度升高等，同时其二级结构也会发生改变，影响其生物活性。加热、酸碱、有机溶剂、酰胺、尿素等都是引起核酸变性的因素。

变性 DNA 在适当条件下，两条彼此分开的链重新缔合（reassociation）成为双螺旋结构的过程称为复性（renaturation）。DNA 复性后，许多理化性质又得到恢复，生物活性也可以得到部分恢复。例如，热变性 DNA 在缓慢冷却时，可以复性，这种复性称为退火（annealing）。如果把热变性的 DNA 骤然冷却，DNA 就不能复性。因为温度过低，单链 DNA 分子失去碰撞的机会，不能复性，会保持单链变性的状态，这种处理过程叫“淬火”(quench)。

不同来源的核酸变性后，合并在一起进行复性，只要它们存在大致相同的碱基互补配对序列，就可形成杂化双链，此过程称为杂交（hybridization）。杂交双链可以在 DNA 与 DNA 链之间，也可在 RNA 与 DNA 链之间形成。用同位素标记一个已知序列的寡核苷酸，通过杂交反应就可确定待测核酸是否含有与之相同的序列，这种被标记的寡核苷酸，称为探针。杂交和探针技术在核酸结构和功能的研究、对遗传性疾病的诊断以及对肿瘤病因学和基因工程的研究中已有比较广泛的应用。

七、重组 DNA

将目的基因（外源 DNA 分子）用 DNA 连接酶在体外连接到适当的载体上，即 DNA 分子的体外重组，这种重新组合的 DNA 称为重组 DNA。

人体视角　　**DNA 指纹图谱**

1984 年英国莱斯特大学的遗传学家 Jefferys 及其合作者首次将分离的人源小卫星 DNA 用作基因探针，同人体核 DNA 的酶切片段杂交，获得了由多个位点上的等位基因组成的长度不等的杂交带图纹，这种图纹极少有两个人完全相同，故称为“DNA 指纹”，意思是它同人的指纹一样是每个人所特有的。众多“DNA 指纹”组成“DNA 指纹图谱”。

八、聚合酶链式反应

PCR（聚合酶链式反应）是利用 DNA 在体外 95℃高温时变性转化成单链，低温（经常是 60℃左右）时引物与单链按碱基互补配对的原则结合，再调温度至 DNA 聚合酶最适反应温度（72℃左右），DNA 聚合酶沿着磷酸到五碳糖（5′-3′）的方向合成互补链。基于聚合酶制造的 PCR 仪实际就是一个温控设备，能在变性温度、复性温度、延伸温度之间很好地进行控制。

聚合酶链式反应是一种用于放大扩增特定的 DNA 片段的分子生物学技术，它可看作是生物体外的特殊 DNA 复制，PCR 的最大特点是能将微量的 DNA 大幅增加。因此，无论是化石中的古生物、历史人物的残骸，还是几十年前凶杀案中凶手所遗留的毛发、皮肤或血液，只要能分离出微量的 DNA，就能用 PCR 加以放大，进行比对。这也是“微量证据”的威力之所在。由 1983 年美国凯利·班克斯·穆利斯（Kary Banks Mullis）首先提出设想，1985 年由其发明了聚合酶链反应，即简易 DNA 扩增法，意味着 PCR 技术的真正诞生。到如今 2013 年，PCR 已发展到第三代技术。1973 年，我国科学家钱嘉韵，发现了稳定的 Taq DNA 聚合酶，为 PCR 技术发展也做出了基础性贡献。

医学视角　　　　α1-抗胰蛋白酶与家族性肺气肿

1963 年，Laurell 和 Eriksson 报道了血清 α1-抗胰蛋白（α1-antitrypsin，α1-AT）缺乏与青年期肺气肿关系密切，以后的研究进一步证明了这一点。在正常生理情况下，体内有多种蛋白酶抑制剂，抑制蛋白酶而保护肺组织，其中最重要的是 α1-AT。近年来从蛋白酶 / 抗蛋白酶失衡、慢性炎症损伤与炎症修复假说，到细胞和分子学角度对肺气肿发病机制的研究有了很大进展，人类对肺气肿的发病机制有了更深刻的认识。

关　键　词

脱氧核糖核酸（DNA）、核糖核酸（RNA）、核苷酸、核酸、胞嘧啶、胸腺嘧啶、尿嘧啶、鸟嘌呤、腺嘌呤、双螺旋结构、DNA 复制、RNA 转录、变性、复性、杂交。

问题与练习

一、写出下列化合物的结构式

1.2′-脱氧鸟苷　　2. 胞苷-5′-磷酸

3.5′-氟尿嘧啶

二、命名下列化合物

1.

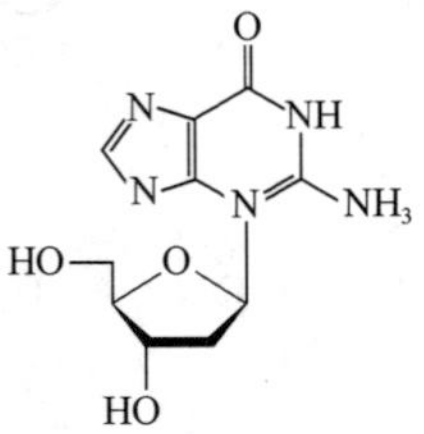

2.

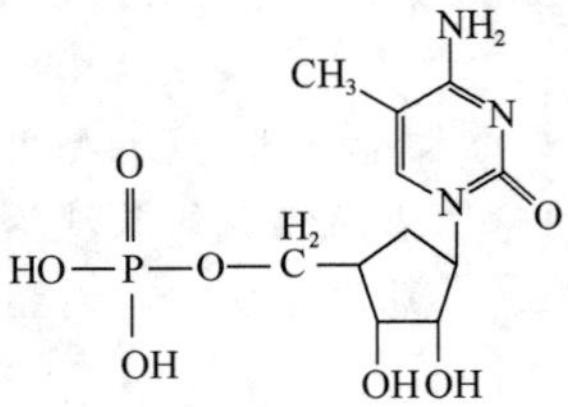

3.

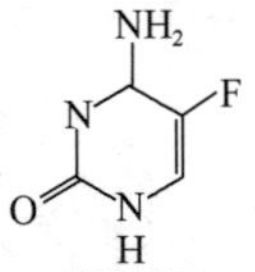

三、单选题

1. 有关核酸叙述正确的是（　　）

A. 核酸的分类是依据所含的含氮碱基是 T 还是 U

B. 核酸的基本单位是脱氧核苷酸

C. 鱼体内的遗传物质彻底水解后可得到脱氧核糖、磷酸和含氮碱基

D. 除病毒外，一切生物都具有核酸

2. 叙述正确的是（　　）

A. DNA 是蛋白质合成的直接模板

B. 每种氨基酸仅有一种密码子编码

C. DNA 复制就是基因表达的过程

D. DNA 是主要的遗传物质

3. 热变性的 DNA 分子在适当条件下可以复性，条件之一是（　　）

A. 骤然冷却　　B. 缓慢冷却

C. 浓缩　　D. 加入浓的无机盐

4. 有关 DNA 分子中碱基组成定量关系叙述错误的是（　　）

A. C+A=G+T　　B. C=G

C. A=T　　D. C+G=A+T

5. 有关 Watson-Crick DNA 双螺旋结构模型中叙述正确的是（　　）

A. 两条单链的走向是反平行的

B. 碱基 A 和 G 配对

C. 碱基之间共价结合

D. 磷酸戊糖主链位于双螺旋内侧

6.RNA 和 DNA 彻底水解后的产物为（　　）

A. 核糖相同，部分碱基不同

B. 碱基相同，核糖不同

C. 碱基不同，核糖不同

D. 碱基不同，核糖相同

7. 可用于测量生物样品中核酸含量的元素是（　　）

A. 碳　　B. 氢

C. 氧　　D. 磷

8. 只存在于 RNA 中的碱基是（　　）

A. 尿嘧啶　　B. 腺嘌呤

C. 胞嘧啶　　D. 鸟嘌呤

9. DNA 变性是指（　　）

A. 分子中磷酸二酯键断裂

B. 多核苷酸链解聚

C. DNA 分子中碱基丢失

D. 互补碱基之间氢键断裂

10. 组成核酸的基本结构单位是（　　）
A. 核苷酸　　B. 核苷
C. 腺苷酸　　D. 尿嘧啶
11. 核苷酸中的有机碱一般为（　　）
A. 吡啶类和嘧啶类
B. 吡啶类和嘌呤类
C. 嘧啶类和嘌呤类
D. 嘧啶类和咪唑类

四、简答题

1. 什么是核酸的一级结构？
2. 什么是碱基互补规律？

思 考 题

1. DNA 双螺旋结构有什么基本特点？具有什么作用？
2. 核酸完全水解后可得到哪些组分？ DNA 和 RNA 水解产物有何不同？

（李明华）

第二十一章　分光光度法
(spectrophotometry)

学习目标

1. 掌握：物质对光的选择性吸收；吸收曲线；朗伯-比尔定律。

2. 熟悉：分光光度法分析条件的选择；分光光度法的定量分析方法。

3. 了解：分光光度法的误差来源；分光光度计的基本部件；分光光度法在医学中的应用。

分光光度法（spectrophotometry）属于仪器分析方法，基于溶液中物质对光的选择性吸收，借助分光光度计测定物质对光的吸收程度，对其进行定性和定量分析。根据测定时选用入射光波长的不同，分光光度法包括紫外分光光度法（ultraviolet spectrophotometry）、可见分光光度法（visible spectrophotometry）和红外光谱法（infrared spectrometry）等。分光光度法灵敏度和准确度高、选择性好、仪器简便、易于自动化，适合进行微量或痕量分析，广泛应用于包括化学化工、生物学、临床医学、药学、环境、食品等许多领域。

本章主要讨论可见分光光度法。

第一节　分光光度法概述

一、光的基本性质

光是一种电磁波，具有波粒二象性。光的波动性可用波长 λ（nm）、或频率 ν（Hz）表示，它们之间的关系是：

$$\nu = \frac{C}{\lambda} \tag{21-1}$$

式中，C 为光在真空中的速度，等于 3×10^8m/s。

光的粒子性，是指光子和其他粒子一样具有能量和动量。光子的能量 E（J）与波长 λ、频率 ν 的关系是：

$$E = h\nu = h\frac{C}{\lambda} \tag{21-2}$$

式中，h 为普朗克（Planck）常量，等于 6.62×10^{-34}J·s。

从式（21-2）可知，光子的能量与波长成反比，光的波长越短，频率越高，能量越大。

表 21-1 表示了各种不同波长的电磁波及对应的分析方法。

表 21-1　电磁波谱及对应分析方法表

波谱名称	波长范围*	分析方法
X 线	0.1～10nm	X 线光谱法
远紫外	10～200nm	真空紫外光谱法
近紫外	200～400nm	紫外分光光度法
可见光	400～760nm	可见分光光度法

续表

波谱名称	波长范围*	分析方法
近红外	760nm～2.5μm	
中红外	2.5～50μm	红外光谱法
远红外	50～1000μm	
微波	1～1000mm	微波光谱法
射频	1～1000m	核磁共振光谱法

* 波长范围的划分不同文献有所差异，其中远紫外、近紫外、可见光、近红外、中红外及远红外合称光学光谱区。

二、物质对光的选择性吸收

人们常将单一波长的光称为单色光，由不同波长组成的光称为复合光。白光是一种复合光，它是由红、橙、黄、绿、青、蓝、紫等单色光按一定比例混合而成的。如果将两种单色光按适当的比例混合后得到白光，这两种单色光称为互补色光。光的互补色如图 21-1 所示。

图 21-1　光的互补示意图

物质的颜色是由于它选择性吸收了白光中某些波长的光而产生的。当一束白光通过某有色溶液时，某种波长的单色光被溶液吸收，其他波长的光透过，所以溶液的颜色取决于透过光的颜色。显然，溶液选择性吸收的光和透过光是互补色光。如蓝色 $CuSO_4$ 溶液吸收了白光中的黄色光。

三、吸收曲线

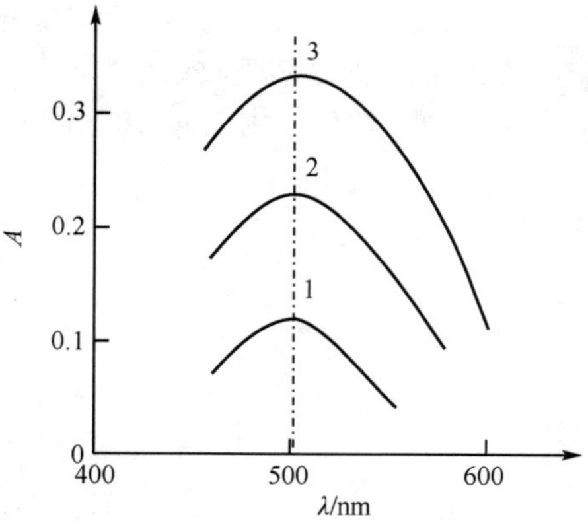

图 21-2　邻菲罗啉-亚铁溶液的吸收曲线
1 为 0.2mg/L；2 为 0.4mg/L；3 为 0.6mg/L

如果将不同波长的光通过某一溶液，测量溶液对各种光波的吸收程度称为吸光度 A（absorbance）。以波长为横坐标，吸光度为纵坐标作图，可得到吸收曲线（absorption curve）或称吸收光谱（absorption spectrum）。图 21-2 是 3 个不同浓度邻菲罗啉-亚铁溶液的吸收曲线，从图中可见：①同一浓度的有色溶液对不同波长的光有不同的吸光度；②同一有色溶液，浓度越大，吸光度也越大；③同一物质，吸收曲线形状相同，最大吸收峰对应的波长（称为最大吸收波长，记为 λ_{max}）不变。

显然，在最大吸收波长处测得的吸光度最大，测定的灵敏度最高。因此，吸收曲线是分光光度法选择测定波长的重要依据。

第二节　光吸收的基本定律

一、朗伯-比尔定律

当一束平行单色光通过均匀、非散射的有色溶液时，一部分光被吸收，一部分透过介质，一部分被器皿表面反射。在分光光度法中，通常将待测溶液和参比溶液分别置于同样质料和厚度的吸收池中，所以反射光的影响可以相互抵消，则入射光强度可近似看作吸收光强度和透射光强度的总和，见图 21-3。

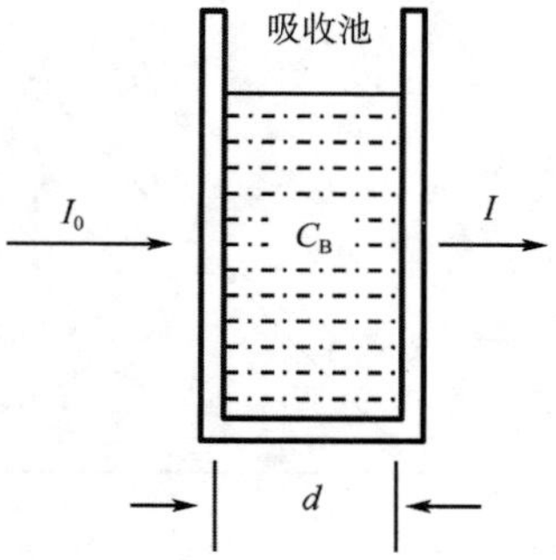

图 21-3　光通过吸光物质示意图

透射光强度 I 与入射光强度 I_0 之比称为透光率 T（transmittance）：

$$T = \frac{I}{I_0} \tag{21-3}$$

溶液的透光率越大，表示它对光的吸收越小；相反，透光率越小，表示它对光的吸收越大。

吸光度 A 可直接表示单色光透过有色溶液后被吸收的程度，它的数学表达式为：

$$A = \lg\frac{I_0}{I} \tag{21-4}$$

由式（21-3）和式（21-4），可得出吸光度与透光率的关系为：

$$A = -\lg T \tag{21-5}$$

实践证明，溶液对光的吸收程度，与溶液浓度、液层厚度和入射光波长等因素有关。朗伯（Lambert）和比尔（Beer）分别于1760年和1852年研究了光的吸收与溶液层厚度、溶液浓度的定量关系，二者结合称为朗伯-比尔定律，又称为光的吸收定律。朗伯和比尔指出，当一束平行单色光垂直照射到有色溶液时，光的吸收程度分别与溶液的液层厚度 d、浓度 C_B 成正比，其数学表达式为：

$$A = \kappa \cdot d \cdot C_B \tag{21-6}$$

式中，κ 称为摩尔吸收系数（molar absorptivity），其常用单位为 L/（mol · cm），它表示溶液的物质的量浓度为1mol/L、液层厚度为1cm时的吸光度。摩尔吸收系数可通过实验测定，是吸光物质在特定波长和溶剂中的一个特征常数，是吸光物质吸光能力的量度，是定性鉴定的重要参数之一，也可用于估量定量方法的灵敏度。摩尔吸收系数越大，测定的灵敏度就越高。

如果溶液中含有多种吸光物质，由于各种吸光物质对某一波长的单色光均有吸收作用，如果这些吸光物质没有发生化学反应，则溶液的总吸光度应等于各吸光物质的吸光度之和。这一规律称为吸光度的加和性，是分光光度法进行多组分测定的依据。

【例 21-1】 用邻菲罗啉法测定亚铁离子，已知 Fe^{2+} 的物质的量浓度为 2.0×10^{-5}mol/L。用2.0cm吸收池，在波长508nm处测得吸光度为0.42，计算邻菲罗啉-亚铁配离子的摩尔吸收系数。

解： 由于1mol Fe^{2+} 能生成lmol邻菲罗啉-亚铁配离子，所以配离子浓度也为 2.0×10^{-5}mol/L。根据式（21-6），配离子的摩尔吸光系数为：

$$\begin{aligned}\kappa &= \frac{A}{d\cdot C_B}\\ &= \frac{0.42}{2.0\times10^{-5}\times2.0}\\ &= 1.1\times10^4\left[\mathrm{L/(mol\cdot cm)}\right]\end{aligned}$$

二、偏离朗伯-比尔定律的因素

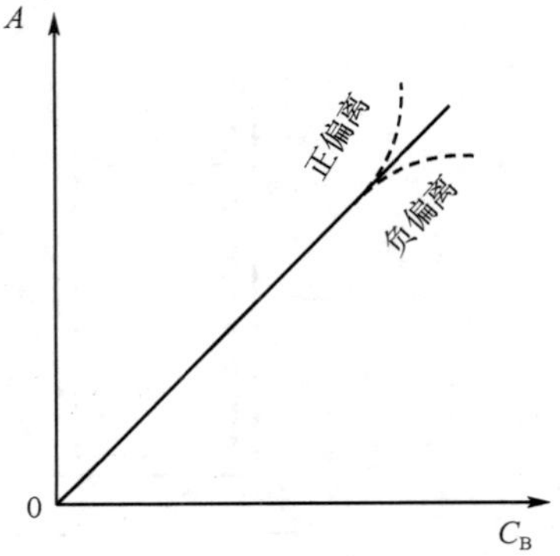

图 21-4 标准曲线及对朗伯-比尔定律的偏离

根据朗伯-比尔定律，平行单色光垂直通过有色溶液时，吸光度与溶液的浓度成正比。所以若以吸光度 A 为纵坐标，以标准溶液的浓度 C_B 为横坐标作图，应得到一条通过原点的直线，此直线称为标准曲线（或称工作曲线），如图21-4中实线所示。但在实际测定中，经常出现标准曲线偏离直线的现象，特别是在吸光物质浓度较高时，曲线向上或向下发生弯曲，如图21-4中虚线所示。这种现象称为偏离朗伯-比尔定律。如果偏离程度不严重，即标准曲线弯曲程度不严重，该曲线仍可用于定量分析。

偏离朗伯-比尔定律的原因主要是仪器或溶液的实际条件与朗伯-比尔定律所要求的理想条件不一致，可以分为物理因素和化学因素两大类。

（一）物理因素引起的偏离

1. 非单色光引起的偏离　朗伯-比尔定律只适用于单色光，但由于单色器色散能力的限制，常用的分光光度计的入射光都是具有某一波段的复合光。由于物质对不同波长光的吸收程度不同，导致偏离朗伯-比尔定律。只有 $\Delta\lambda$ 很小，才可近似认为物质在不同波长处的摩尔吸收系数相同，入射光近似看作“单色光”。

所以，为克服非单色光引起的偏离，应尽量使用较好的单色器，以获得纯度较高的“单色光”，使标准曲线有较宽的线性范围。通常在有色溶液最大吸收波长附近一小范围内吸收曲线比较平坦，所以选择最大吸收波长 λ_{max} 为入射光，不仅保证了测定有较高的灵敏度，而且由于非单色光引起的偏离也比其他波长处小得多。

2. 非平行入射光引起的偏离　朗伯-比尔定律要求采用平行单色光垂直入射，若入射单色光为非平行光，就可能导致单色光通过吸收池的实际光程大于吸收池的厚度，使实际测得的吸光度大于理论值，从而对朗伯-比尔定律产生正偏离。

3. 介质不均匀引起的偏离　朗伯-比尔定律要求有色溶液是均匀、非散射，若溶液中生成溶胶或发生浑浊，当入射光通过该溶液时，有一部分光被散射而损失，使透光率减小，实测的吸光度偏高，从而对朗伯-比尔定律产生正偏离。

（二）化学因素引起的偏离

溶液中吸光物质的性质、数目决定了对光的吸收，因存在解离、缔合、互变异构、逐级配位等化学反应可能改变溶液中吸光物质的浓度，导致偏离朗伯-比尔定律。比如大部分有机酸碱的酸式和碱式结构对光有不同的吸收，溶液酸度改变，酸碱解离程度不同，溶液中酸式和碱式结构的比例发生改变，溶液的吸光度也发生变化。比如显色剂与金属离子一般存在多级配位，而且各级配离子对光的吸收性质不同，如 $[Fe(SCN)_3]$ 颜色深而 $[Fe(SCN)]^{2+}$ 颜色较浅。

所以，在分析测试中，最好控制溶液的条件使被测组分以单一形式存在，就可以克服化学因素引起的对朗伯-比尔定律的偏离。

第三节　分光光度计

一、基本部件及性能

分光光度计（spectrophotometer）一般按工作波长范围分类，紫外-可见分光光度计主要应用于无机和有机化合物的含量测定。紫外-可见分光光度计种类和型号繁多，但其基本结构和原理相似，主要由下列五个部分组成：

光源 → 单色器 → 吸收池 → 检测系统 → 显示装置

各部件的作用及性能简介如下。

（一）光源

可见光区常用 6～12V 钨丝灯作光源，可发出波长为 320～2500nm 的连续光谱。电源电压的波动易引起钨丝灯发光强度变化，所以通常仪器内配有电源稳压器，才能保证光源的光强度稳定。紫外光区则多采用 D_2 灯，可产生 200～320nm 的连续光谱。

（二）单色器

单色器是将光源发出的连续光谱分解为单色光的装置，单色器由色散元件（如棱镜、光栅）、狭缝及透镜等组成。狭缝的宽度很小，只有几个纳米，所以得到的单色光纯度较高。单色光通过透镜可变成平行光，均匀照射在吸收池上。

1. 棱镜 棱镜是根据光的折射原理，将复合光色散为不同波长的单色光，通过转动棱镜的角度，让不同波长的光通过出射狭缝。单色光的纯度取决于棱镜的色散率和出射狭缝的宽度。棱镜由玻璃或石英材料制成。由于玻璃吸收紫外光，适用波长范围为 350～3200nm，只能用于可见分光光度计。石英棱镜的适用波长范围为 185～4000nm，可用于紫外-可见分光光度计。

2. 光栅 光栅是在镀铝的光学玻璃上刻出许多间距小、平行等距，并具有反射面的沟槽，常用的光栅参数是 120 条/毫米。光栅是根据光的衍射和干涉原理达到色散目的，具有较大的色散率，适用波长范围宽，在中、高档仪器中多普遍采用。

（三）吸收池

吸收池又称比色皿，用于盛放溶液的容器。它是用无色透明、耐腐蚀的光学玻璃（紫外区采用石英玻璃）黏合而成。整套比色皿要求玻璃厚度相同，透光率差异小于 0.5%。按其厚度分，比色皿有 0.5cm、1cm、2cm、3cm、5cm 等规格。使用时应注意比色皿的位置，使透光面垂直于光束方向，注意保持比色皿清洁、透明，避免透光面磨损。

（四）检测系统

检测器利用光电效应，接受来自比色皿的透射光将其转换为电信号并进行测量，常用的有光电管和光电倍增管等。

光电管是一个真空或充有少量惰性气体的二极管，阴极的金属半圆筒表面镀有光敏物质，经光照射能够发射电子。当光电管两极接上电源，阴极射出的电子流向阳极产生电流，电流的大小取决于入射光的强度。光电管产生的电流容易放大，具有灵敏度高、不易疲劳、光敏范围广等特点。红敏光电管适用波长范围 625～1000nm，紫敏光电管适用波长范围 200～625nm。

光电倍增管由光电管改进而成，管中有 9～12 个倍增阴极。当光照射光敏阴极发射出电子，这些电子轰击相邻的第一倍增阴极，产生数目更多的次级电子，次级电子轰击第二倍增阴极，继续产生更多电子。一个光子约产生 10^6～10^7 个电子，可使电流放大几百万倍以上，灵敏度比光电管高 200 多倍，在现代分光光度计中被广泛采用。

（五）显示装置

显示装置的作用是把光电流或放大的信号以适当方式显示或记录下来。最简单的显示装置是悬镜式光点反射检流计，灵敏度较高，测量范围在 10μA 左右。现代分光光度计多用数字显示记录仪，可以直接读取、记录吸光度 A 或透光率 T。

二、几种常用的分光光度计

分光光度计类型很多，性能差别很大，下面介绍两种常用的分光光度计。

721 型分光光度计是一种简易分光光度计，用玻璃棱镜作色散元件，适用波长范围 360～880nm，可用于可见光区内的定量分析。仪器采用光电管作为光电转换元件，并有晶体管放大线路，用电表作显示装置，光学系统如图 21-5 所示。由光源发出的光经聚光透镜会聚，被反射镜转角 90° 后，再经狭缝射至准直镜，被准直镜反射以平行光束射向色散棱镜，光线进入棱镜被色散后依原路稍偏转一定角度反射回来，经准直镜反射后通过狭缝，再经聚光透镜平行会聚照射在吸收池上，未被吸收的透射光通过光门照射在光电管上，转为电信号显示。

7530G 分光光度计是一种紫外-可见分光光度计，它用全息光栅作色散元件，用光电倍增管作检测器，有较好的光学系统和电路系统。仪器内藏微处理器记录、处理数据，可进行人机对话操作，并能通过标准串行口与计算机通信，利用相应操作软件控制操作仪器、自动记录数据。7530G 分光光度计的光学系统如图 21-6 所示。

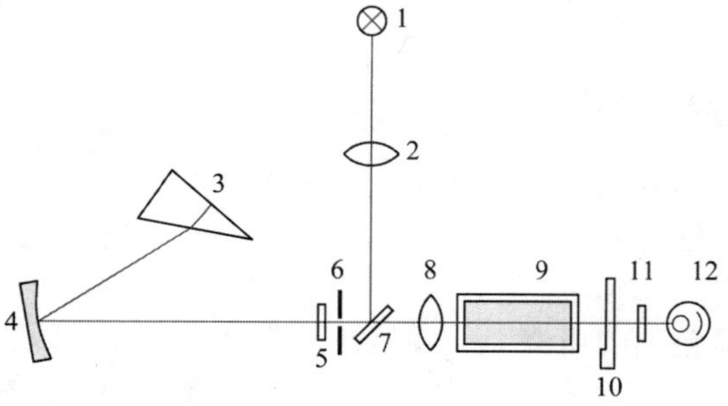

图 21-5 721 型分光光度计的光学系统示意图

1. 光源；2. 聚光透镜；3. 色散棱镜；4. 准直镜；5. 保护玻璃；6. 狭缝；7. 反射镜；8. 聚光透镜；9. 吸收池；10. 光门；11. 保护玻璃；12. 光电管

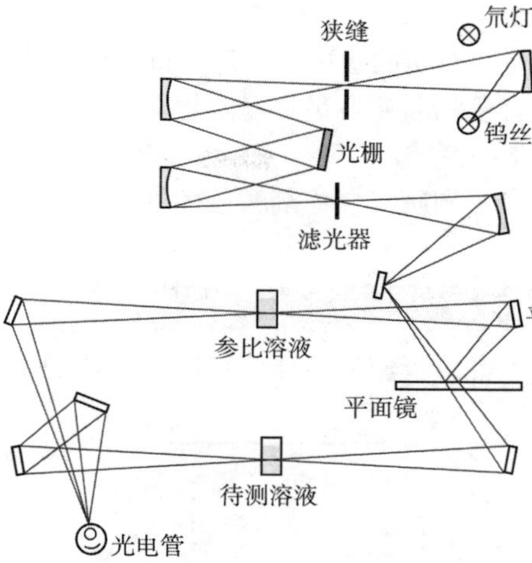

图 21-6 7530G 紫外-可见分光光度计的光学系统示意图

第四节 分光光度法分析条件的选择

在分光光度法中，通常需要先选择适当的试剂与待测组分反应，将本身无色或浅色的物质转化为有色化合物或是能产生紫外吸收的无色化合物，然后再进行测定。因此，分光光度法分析条件的选择主要包括反应条件和测定条件的选择。

一、显色反应及显色条件的选择

可见分光光度法中，如果待测物质本身颜色较深，可以进行直接测定。但多数待测物质无色或颜色较浅，加入合适的试剂与其形成有色化合物，此反应称为显色反应，所用的试剂称为显色剂。

（一）显色反应的选择

显色反应主要有配位反应和氧化还原反应两大类。

配位反应是最常用的方法。许多配位化合物有较深的颜色，如 H_2O_2 能使 Ti^{4+} 显深橙红色，用 KSCN 作显色剂可测定铁、钼、钨、铌等。但无机配合物不够稳定，灵敏度和选择性也不高，所以分光光度法中应用较多的是有机显色剂。有机显色剂分子中一般含生色团（含共轭双键，如偶氮基、对醌基、羰基）和助色团（含孤对电子，如胺基、羟基、卤代基），后者与生色团的不饱和键作用，使显色反应产物对光的最大吸收发生“红移”，颜色加深。如磺基水杨酸与 Fe^{3+} 在 pH 为 1.8～2.5 时显紫红色（λ_{max}=520nm）、邻菲罗啉与 Fe^{2+} 在 pH 为 5～6 时显橘红色（λ_{max}=508nm）、铬天青 S 与 Al^{3+} 在聚乙二醇辛基苯基醚和溴化十六烷基吡啶存在下 pH 为 6.7～7.0 时显蓝绿色（λ_{max}= 620nm）、丁二酮肟与 Ni^{2+} 在有氧化剂存在的碱性溶液中显红色（λ_{max}=470nm）。

一些物质可以通过氧化还原反应转为有色物质，如 Cr、Mn 可氧化成 CrO_4^{2-}、$Cr_2O_7^{2-}$、MnO_4^- 等有色离子；四氮唑蓝测定醛、酮、糖等还原性物质；钼酸铵可与磷酸生成杂多酸，后者在一定条件下还原为钼蓝，从而可测定 P 元素。利用钼蓝反应也可以测定还原性物质如葡萄糖。

同种待测组分可能与若干种显色剂反应，生成不同的有色物质。究竟选用哪一种显色剂比较合适，可根据测定要求进行选择。显色反应一般要满足下列条件：

（1）选择性好，干扰少，或干扰易于消除。灵敏度要高，显色剂与待测组分生成的有色物质的摩尔吸收系数应大于 10^4。有色物质的摩尔吸收系数越大，对入射光的吸收程度越大，测定的灵敏度越高。

（2）有色物质的组成应恒定，符合一定的化学式，以保证测定的重现性。

（3）有色物质要有足够稳定性，不易受外界条件（如光照、氧气等）的影响，不受溶液中其他化学因素的影响。

（4）有色物质与显色剂颜色差别要大，一般要求两者的最大吸收波长之差（称为对比度）大于 60nm。

（二）显色条件的选择

确定了显色反应后，还应该确定合适的反应条件。显色条件通常是通过实验研究得到的，主要包括显色剂用量、溶液酸度、显色时间、显色温度、干扰物质的影响与消除等。

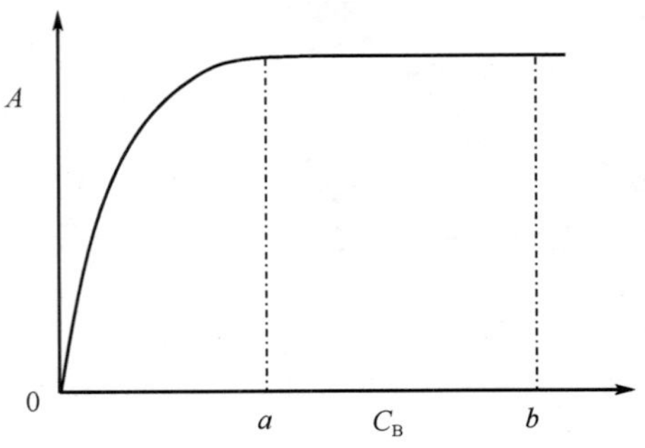

图 21-7　吸光度与显色剂用量的关系示意图

1. 显色剂的用量　一般显色反应是可逆反应，为了保证反应进行完全，需加入过量的显色剂。但显色剂加入过多，可能发生副反应，引起有色物质的组成和颜色改变，反而对测定不利。显色剂的适宜用量可根据实验确定，固定其他条件，只改变显色剂用量，测定不同用量时的吸光度。吸光度与显色剂用量的关系通常如图 21-7 所示，当显色剂浓度增大到某一数值时，吸光度基本保持不变，*a*～*b* 用量范围内曲线平坦，说明显色剂用量足够，所以可在 *ab* 间选择合适的显色剂用量。

2. 溶液的酸度　溶液的酸度对显色反应的影响是多方面的。溶液的酸度首先影响待测组分自身的存在状态，从而间接影响显色反应难以进行完全。其次显色剂的平衡浓度和颜色也可能受溶液酸度影响。溶液的酸度还影响显色反应产生的有色物质的组成，如磺基水杨酸（Sal^{2-}）与 Fe^{3+} 的显色反应：

pH=1.8～2.5	$Fe^{3+} + Sal^{2-} \rightleftharpoons [Fe(Sal)]^{+}$	紫红色
pH=4～8	$Fe^{3+} + 2\,Sal^{2-} \rightleftharpoons [Fe(Sal)_2]^{-}$	紫褐色
pH=8～11.5	$Fe^{3+} + 3\,Sal^{2-} \rightleftharpoons [Fe(Sal)_3]^{3-}$	黄色
pH＞12	生成 $Fe(OH)_3$ 沉淀	

显色反应的适宜酸度也是通过实验确定的。固定其他条件，改变溶液 pH，测定不同 pH 下溶液的吸光度。常见吸光度与溶液酸度的关系如图 21-8 所示，可从中确定适宜的 pH 范围。在实际工作中，通常采用缓冲溶液控制溶液酸度。

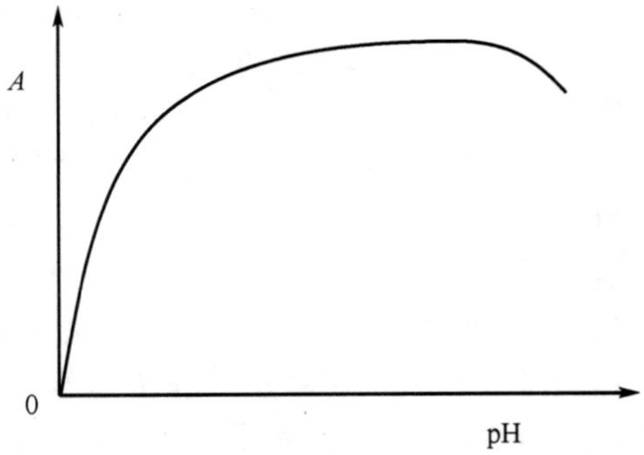

图 21-8　吸光度与溶液酸度的关系示意图

3. 显色温度、时间的影响　显色反应一般在室温下进行，但有些显色反应需要加热到一定温度才能完成。有些显色反应瞬间完成，溶液颜色很快达到稳定状态；有些显色反应进行缓慢，溶液颜色需经较长时间才能稳定。所以，对不同的显色反应，也应通过实验找出最佳显色温度范围和适宜的时间区间。

4. 干扰物质的影响及其消除　待测试样中存在干扰物质会影响待测组分的测定。有的干扰物质本身有颜色或可与显色剂反应，并在测定条件下产生吸收，造成测定结果偏高。有的干扰物质与待测组分或显色剂反应，导致待测组分的显色反应不完全，造成测定结果偏低。有的干扰物质在测定条件下析出固体使溶液混浊，造成吸光度无法准确测定。为消除干扰，实际工作中常采用控制溶液酸度、加入掩蔽剂、加入氧化剂或还原剂改变干扰物质、选择合适的入射光波长、利用参比溶液等手段。如果无法找到合适的方法直接测定，就只能预先分离去除干扰物质。

二、测定波长的选择

根据“最大吸收”原则，为提高分析测定的灵敏度，应选择待测组分的最大吸收波长的光作为入射光。选用 λ_{max} 进行分析，不仅保证有较高的灵敏度，同时能减少由非单色光引起的对朗伯-比尔定律的偏离，使测定具有较高的准确度。

如果干扰物质在待测组分的 λ_{max} 处也有吸收，则应遵守“吸收最大、干扰最小”的原则选择入射波长。如图 21-9，干扰物质 b 在待测组分 a 的最大吸收波长 470nm 处有一定吸收，可以选择 520nm 进行测定，虽然此时测定灵敏度有所降低，但 520nm 处干扰物质吸光度很小，几乎对待测组分的测定没有影响。

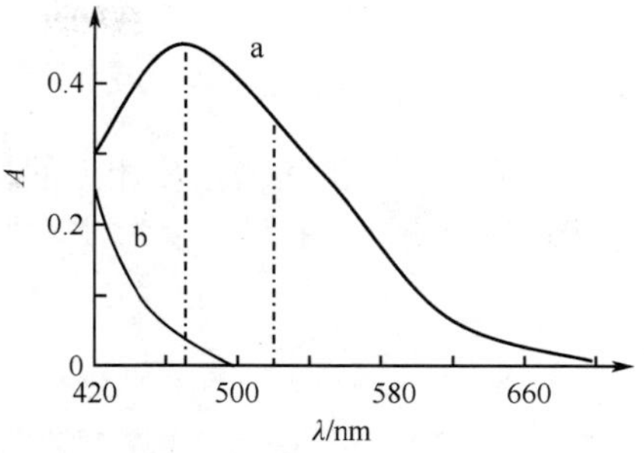

图 21-9 待测组分测定波长选择示意图

三、吸光度范围的选择

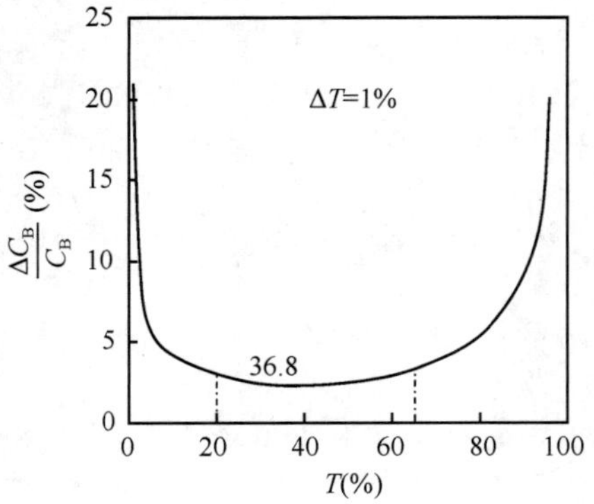

图 21-10 浓度测定的相对误差与透光率的关系

在分光光度法中，分光光度计测量不准确也是测定误差的主要来源。这些误差可能来源于光源不稳定、实验条件的偶然变动、读数不准确等。分光光度计中，透光率的标尺刻度在 0～100% 均匀变化，所以对于同一台仪器，透光率读数的绝对误差 ΔT 基本上是定值，一般在 1%～2%。由于吸光度与透光率是负对数关系，所以吸光度越大，读数引入的误差越大。

图 21-10 展示了在透光率绝对误差 ΔT=1% 时待测组分浓度测定的相对误差与透光率的关系，显然透光率很小或很大时，浓度测定的相对误差都较大。在实际测定中，一般通过控制溶液的浓度或选择不同厚度的吸收池，使吸光度 A 在 0.2～0.7（即 T= 20%～65%）范围内，以保证较小的测量误差。当 A = 0.434 时，T= 36.8%，测量的相对误差最小。

四、参比溶液的选择

参比溶液又称空白溶液。在分光光度法中，需利用参比溶液调节仪器零点（T=100% 或 A = 0），以消除吸收池壁及溶剂对入射光的反射、吸收等带来的误差，并扣除干扰物质的影响。选择参比溶液的原则如下：

（1）如果待测试液、显色剂均无色，可用纯溶剂作参比溶液。

（2）如果显色剂无色，待测试液中存在其他有色干扰物质，可用不加显色剂的待测试液作参比溶液。

（3）如果显色剂有色，可用不加待测试液的试剂空白作参比溶液。

（4）如果显色剂、待测试液均有色，可在一份待测试液中加入合适的掩蔽剂，使待测组分无法与显色剂作用，再加入显色剂及其他试剂，以此混合溶液作参比溶液。

第五节 常用定量分析方法简介

分光光度法不仅能测定常量组分，也能测定微量组分和多组分，被广泛地应用于各个领域的科学研究、生产实践中。使用分光光度计进行定量分析，通常调节溶液的最大吸收波长为入射光，选择合适参比溶液消除溶剂或其他有色物质的影响，测出待测溶液的吸光度，再根据朗伯-比尔定律计算试样的含量。

分光光度法常用的定量分析方法有标准对照法和标准曲线法。

一、标准对照法

先配制与待测溶液浓度相近的标准溶液（浓度记为 C_s），显色后测其吸光度为 A_s。在相同条件下测得待测溶液的吸光度为 A_x，根据朗伯-比尔定律计算待测溶液的浓度 C_x 为：

$$C_x = \frac{C_s \cdot A_x}{A_s} \tag{21-7}$$

化学视角　　血糖的测定

临床上血糖的测定一般指血液中的葡萄糖测定，Folin-Wu 法将无蛋白血滤液与碱性硫酸铜试剂加热，Cu^{2+} 被葡萄糖醛基还原成 Cu_2O 沉淀。再加入酸性钼酸盐溶液，Cu_2O 将 Mo^{6+} 定量还原成低价的蓝色化合物 $H_3PO_4 \cdot Mo_2O_3 \cdot 12H_2O$（钼蓝），后者含量可用分光光度法测定，从而计算血糖含量。Folin-Wu 法稳定、准确，但对葡萄糖无特异性，受血液中其他非糖还原物质的影响，空腹正常血糖参考值 4.4～6.7mmol/L（或 80～120mg/dL）。

测定时 3 支血糖管中分别加入 2.00mL 蒸馏水（空白管）、0.1mg/mL 标准葡萄糖溶液（标准管）、无蛋白血滤液（样品管），再各加入 2.00mL 碱性硫酸铜溶液，置于沸水浴 8min 后，在流水中迅速冷却（切勿摇动），各加 4.00mL 酸性钼酸盐溶液，稀释至 25.00mL，以空白管调节零点，测定 420nm 波长处吸光度。按下式计算 100mL 全血中含血糖毫克数 m：

$$m = \frac{A_1}{A_0} \times C_0 \div 0.1 \times 100$$

式中，A_0 为标准液吸光度；A_1 为样品液吸光度；C_0 为标准液葡萄糖含量（mg/mL）。

二、标准曲线法

用待测组分的标准样品配制成不同浓度的标准系列溶液，在与待测组分相同的条件下，分别测定标准溶液的吸光度。以标准溶液的浓度 C 为横坐标，相应的吸光度 A 为纵坐标绘制标准曲线（standard curve）。如图 21-4 中实线部分。然后测定待测溶液的吸光度 A_x，可从标准曲线上查得待测溶液的浓度 C_x。

在仪器、方法和条件固定时，标准曲线可反复使用，所以适用于大量样品的分析测试。由于每次分析条件很难完全一致，而且实际待测样品的组成一般比标准样品复杂，必将给测量带来一定的误差。

三、多组分的测定方法

对于含有多种待测组分的试液，如果吸光物质之间没有相互作用，且都服从朗伯-比尔定律，分光光度法可以不经分离而直接测定试液中各种待测组分。如果各组分的吸收曲线彼此不相干扰，可方便地选择适当的波长分别测定。如图 21-11 所示，可以在 λ_1 处测定组分 1，在 λ_2 处测定组分 2。

如果多组分试液中各吸光物质的吸收曲线彼此相互干扰，如图 21-12，可在吸收曲线中找出两个合适的波长 λ_1、λ_2，分别测定试液在这两个波长处的吸光度 $A(\lambda_1)$、$A(\lambda_2)$。若组分 1、2 在 λ_1 处的摩尔吸收系数为 $\kappa_1(\lambda_1)$、$\kappa_2(\lambda_1)$，在 λ_2 处的摩尔吸收系数为 $\kappa_1(\lambda_2)$、$\kappa_2(\lambda_2)$，根据吸光度的加和性得联立方程：

$$\begin{cases} A(\lambda_1) = \kappa_1(\lambda_1) \cdot d \cdot C_1 + \kappa_2(\lambda_1) \cdot d \cdot C_2 \\ A(\lambda_2) = \kappa_1(\lambda_2) \cdot d \cdot C_1 + \kappa_2(\lambda_2) \cdot d \cdot C_2 \end{cases}$$

解此联立方程，可求得 C_1 和 C_2。

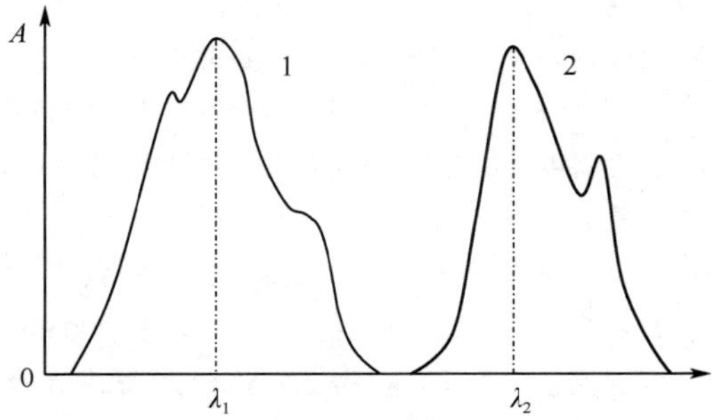

图 21-11　吸收曲线相互不干扰示意图

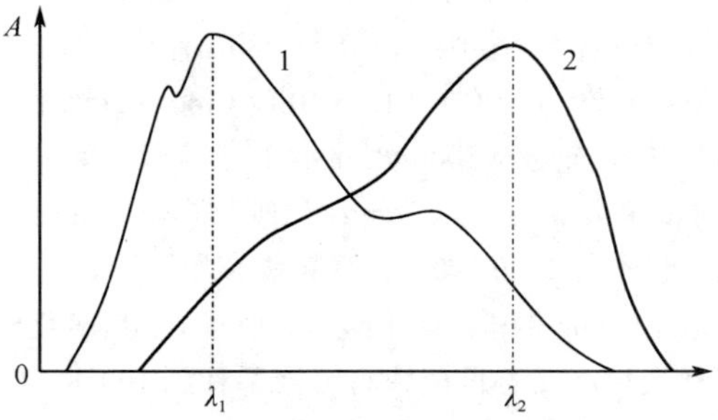

图 21-12　吸收曲线相互干扰示意图

关　键　词

分光光度法、分光光度计、单色光、复合光、互补色光、吸收曲线、最大吸收波长、吸光度、透光率、朗伯-比尔定律、摩尔吸收系数、吸收池、显色反应、显色剂、参比溶液、标准曲线。

问题与练习

一、填空题

1. 不同物质的溶液可能有不同的颜色是因为__________，分光光度法中为使测定结果有较高的灵敏度和准确度，一般选择待测组分的__________作为入射光。
2. 符合朗伯-比尔定律的有色溶液稀释时，最大吸收波长__________。
3. 分光光度法中，为减小浓度测定的相对误差，一般通过__________等方法，将吸光度控制在__________范围内。

二、单选题

1. 符合朗伯-比尔定律的某有色溶液，其溶液浓度 c_1 时的吸光度为 A_1，则在相同条件下，其溶液浓度为 $2C_1$ 时的吸光度是（　　）

   A. A_1　　B. $2A_1$

   C. $\kappa_A\kappa_B\sqrt{A_1}$　　D. A_1^2
2. 溶液的摩尔吸收系数越大，表明（　　）

   A. 溶液的颜色越深

   B. 溶液的浓度越大

   C. 溶液的摩尔质量越大

   D. 溶液对入射光吸收越大
3. 以下对可见吸光光度法中显色剂描述不正确的是（　　）

   A. 显色剂的灵敏度要高

   B. 显色剂的选择性要好

   C. 溶液的酸度不影响显色剂的平衡浓度和颜色

   D. 显色剂和被测组分生成的有色化合物的组成恒定且有足够的稳定性

三、简答题

1. 什么叫单色光、复合光、互补色光？
2. 什么叫透光率、吸光度？两者存在怎样的定量关系？
3. 什么叫摩尔吸收系数，它有什么物理意义？
4. 朗伯-比尔定律的数学表达式怎么写，偏离朗伯-比尔定律的因素有哪些？

四、计算题

1. 某试液用 2cm 比色皿测量时，T_2=60%。若改用 1cm 比色皿，T_1 及 A_1 等于多少？
2. 某试液用 1cm 比色皿测量时，A_1=0.400。将溶液稀释到原浓度的一半，计算在相同波长下的吸光度。
3. 某钢样中镍的质量分数为 0.12%，用丁二酮肟光度法在波长 470nm 下用 1cm 比色皿测定 Ni^{2+} 含量。若将试样溶解后配为 100mL，希望测定误差最小，应称取试样多少克？［已知试液的摩尔吸收系数为 1.3×10^4L/（mol · cm）］
4. 以丁二酮肟光度法测定镍，若镍配合物的浓度为

1.7×10^{-5}mol/L，用 2.0cm 比色皿在 470nm 波长下测得的透光率为 36.0%，计算配合物在该波长下的摩尔吸收系数。

5. 以邻菲罗啉比色法测定 Fe^{2+}，称取试样 0.5000g，加入显色剂，最后定容为 50.00mL，用 1cm 比色皿在波长 508nm 下测得吸光度 $A=0.430$，计算试样中铁的质量分数。[已知 $\kappa=1.1\times10^{4}$L/（mol · cm）]

6. 有一质量浓度为 500μg/L 的含 Fe^{2+} 溶液，用邻菲罗啉比色法测定，以 2cm 比色皿在波长 508nm 处测得吸光度 $A=0.190$。计算其摩尔吸光系数 κ。

7. 称取 0.5000g 钢样，溶于酸后，使其中的锰氧化成高锰酸根，在容量瓶中将溶液稀释到 100.00mL，稀释后的溶液用 2cm 比色皿在 520nm 波长处测得吸光度为 0.620。计算钢样中锰的质量分数。[已知 MnO_4^- 在 520nm 的 κ=2235L/（mol · cm）]

8. 安络血的摩尔质量为 236g/mol，将其配成每 100mL 含 0.4962mg 的溶液盛于 1cm 吸收池中，在 λ_{max}=355nm 处测得 A 值为 0.557，求安络血的 κ 值。

9. 今有两个浓度不同的某种有色溶液，当液层厚度相同时，对于某一波长光线的透光率分别为 65.0%、41.8%，试求它们的吸光度。如果已知溶液 1 的浓度为 6.51×10^{-4}mol/L，试求溶液 2 的浓度为多少？

10. 已知某 50mL 溶液中含 25.5μg Cu^{2+}，用双环己酮草酰二腙进行分光光度法测定，在波长 600nm 处用 2cm 比色皿测定，测得 $T=50.5\%$，试求 A 及 κ 各为多少？

思 考 题

1. 分光光度法的主要特点是什么？
2. 什么叫吸收曲线？如何绘制吸收曲线？为什么分光光度法选择最大吸收波长作为入射光波长？
3. 什么是吸光度的加和性？如何利用它进行混合物的测定？
4. 显色反应的影响因素有哪些？
5. 什么是参比溶液？如何选择参比溶液？
6. 什么叫标准曲线？如何绘制标准曲线？
7. 分光光度法的误差的主要来源有哪些？

（刘　进）

第二十二章 高效液相色谱法简介（introduction to high performance liquid chromatography）

学习目标

1. 掌握：色谱法的基本术语及相关基本计算；高效液相色谱法对流动相的要求；常用的定性、定量分析方法。

2. 熟悉：高效液相色谱法中常见化学键合相的特点及使用注意事项；高效液相色谱仪的主要部件；速率理论。

3. 了解：高效液相色谱法常见的固定相、流动相，高效液相色谱法在药物分析中的应用。

环境视角　　奶粉和牛奶中三聚氰胺的高效液相色谱法测定

曾经发生的三聚氰胺毒奶粉事件是一些不法厂商将三聚氰胺用作婴幼儿配方奶粉添加剂，以提升检测中的蛋白质含量指标。但大量摄入三聚氰胺，会损害人体和动物的生殖、泌尿系统，产生肾、膀胱结石，因此，进行奶粉和牛奶中三聚氰胺的检测非常必要。

中华人民共和国国家标准（GB/T 22388—2008）规定奶粉和液态奶中三聚氰胺的检测方法是：称取 2g 试样于 50mL 具塞塑料离心管中，加入 15mL 三氯乙酸溶液（1%）和 5mL 乙腈，超声振荡后，离心。上清液过滤后，用三氯乙酸溶液定容至 25mL，移取 5mL 滤液，加入 5mL 水混匀后转移至固相萃取柱中。经水、甲醇洗涤后抽至近干，用 6mL 氨化甲醇溶液（5%）洗脱。洗脱液于 50℃氮气吹干，残留物用 1mL 流动相定容，过 0.2μm 微孔滤膜后，供 HPLC 测定。色谱条件如下：

色谱柱：ODS 或 C_8 柱，250mm×4.6mm；流动相：缓冲液（10mmol/L 柠檬酸 +10mmol/L 辛烷磺酸钠，调 pH3.0）：乙腈 =90∶10（ODS 柱）或 85∶15（C_8 柱）；流速 1.0mL/min；柱温 40℃；波长 240nm，进样量 20μL。该方法的定量限为 2mg/kg。

一个多世纪以来，色谱法（chromatography）作为现代分离分析的一个重要方法，其理论、技术和方法已经日趋完善。无论是传统的色谱法如气相色谱（GC）、液相色谱（LC）、薄层色谱（TLC）、凝胶渗透色谱和纸色谱等，还是新型色谱分离模式如离子色谱、超临界流体色谱、毛细管电泳色谱等都取得了巨大的发展，这使得色谱法的应用范围不断拓宽，在石油化工、有机合成、生理生化、医药卫生，乃至空间探索等诸多领域发挥了重要的作用。各种联用技术的出现，如色谱-质谱联用，色谱-红外光谱联用等更是开辟了复杂混合物分析检测的新天地。作为色谱学重要分支的液相色谱法也随着色谱科学而得到了长足的发展，尤其是在经典液相色谱基础上发展起来的高效液相色谱法（high performance liquid chromatography，HPLC），因其提供了温和的分离分析条件和良好的生物兼容性，已成为分离纯化生物大分子应用最广泛的手段之一，在生物化学、生物工程研究、制药工业研究和生产中已获得广泛的应用。特别是在中药等复杂体系的成分分离分析中发挥着重要的作用。本章将概述高效液相色谱法的基本原理、定性定量分析方法及其在医药学领域的应用。

第一节　高效液相色谱法概述

一、色谱法和高效液相色谱法

色谱法是指混合物中各组分随流动相（mobile phase）在固定相（stationary phase）上向前移动借两相间分配差异而分离的技术方法，又可称层析法，是一种分离混合物的物理方法。在色谱法中，必须具备三个条件，即支持体、固定相和流动相。其工作原理是混合物中的组分随流动相经过固定相时，与固定相发生相互作用，不同结构和性质的组分与固定相之间发生的作用性质或强度不同，因此在固定相上的滞留时间不同，流动相携带其向前移动的速度就不同，各组分流出色谱柱的先后顺序不同得以分离。

根据流动相所处的状态不同将色谱法分为气相色谱法和液相色谱法。以气体为流动相的色谱法称为气相色谱法；以液体为流动相的色谱法称为液相色谱法。高效液相色谱法是在经典液相色谱基础上，采用高压输送流动相、固定相采用高效分离柱并采用高灵敏度的检测器等仪器装置，具有分离效能高、分析速度快、检测灵敏度高和应用范围广的一类液相色谱分析方法。因其输送流动相需高压，故又称高压液相色谱法。

二、高效液相色谱法的基本概念

（一）色谱过程和色谱图

1. 色谱过程　高效液相色谱同其他色谱一样，色谱过程实质上是溶质在固定相和流动相之间进行的一种动态连续多次重复的分配过程：从进样阀引入的样品组分被流动相带入色谱柱，样品组分在流动相和固定相之间经过反复多次的分配，增大组分之间的作用力差异，由于不同组分与流动相和固定相的分子间作用力不同，它们在色谱柱的移动速度不同，流出色谱柱需要的时间不同，与固定相之间作用强的，在固定相上的滞留时间长，在流动相中的迁移速度就慢，较晚流出色谱柱；反之与固定相之间作用力弱的将先流出色谱柱，从而实现组分的分离。

2. 色谱图　试样各组分经色谱柱分离后流入检测器，通过检测器将组分浓度随时间的变化转换成电讯号记录下来，反映组分的色谱分离过程。以信号强度对时间绘制的曲线即色谱流出曲线，也叫色谱图（chromatogram）。依据色谱图可以计算各种色谱参数，见图 22-1。

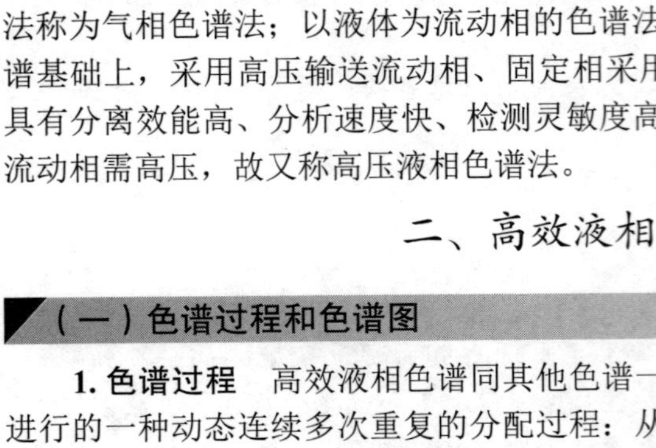

图 22-1　色谱图示意图

（1）色谱基线（base line）：在无样品分析时的仪器噪声水平，反映色谱系统是否稳定。正常基线应为一条平行于横轴（时间轴）的直线。如图 22-1 中水平部分即是基线。

（2）色谱峰（peak）：溶质开始流出到流出完全所对应的峰形部分。正常的色谱峰形状为近似对称正态分布曲线，可用对称因子（symmetry factor）f_s 或拖尾因子（tailing factor）来衡量其对称性。f_s 在 0.95 ～1.05 之间的色谱峰为对称峰；f_s 小于 0.95 的为前延峰；f_s 大于 1.05 的为拖尾峰。f_s 的计算如下：

$$f_s=\frac{W_{0.05h}}{2d_1}=\frac{d_1+d_2}{2d_1} \tag{22-1}$$

式中，f_s 为对称因子；$W_{0.05h}$ 为 0.05 倍色谱峰高处的色谱峰宽；d_1 和 d_2 分别为在 0.05h 处色谱峰的前沿与后沿及色谱峰顶点至基线的垂线之间的距离（图 22-2）。

（3）保留值：常用保留时间（retention time，t_R）或保留体积（retention volume，V_R）表示，代表组分在色谱柱内滞留状况的保留值大小。

保留时间（retention time，t_R）：从进样开始到某个组分的色谱峰顶的时间间隔，称为该组分的保留时间。如图 22-1 中的 t_R 即是保留时间。

死时间（dead time，t_0）：不保留组分从进样开始到流出色谱柱所需的时间，即流动相（溶剂）通过色谱柱的时间。

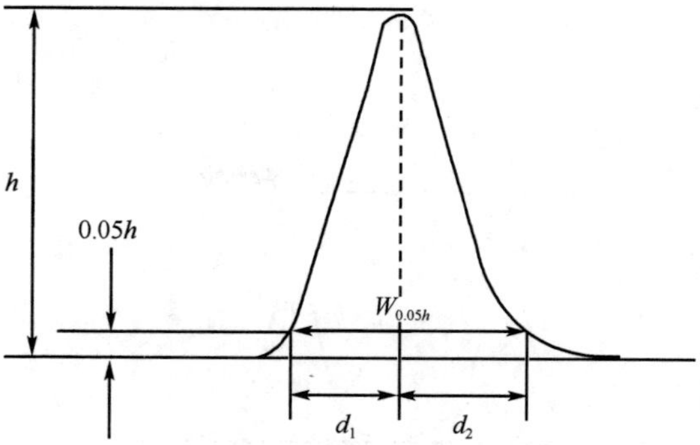

图 22-2　色谱峰对称因子计算示意图

调整保留时间（adjusted retention time，t'_R）：扣除死时间后组分的保留时间。

$$t'_R=t_R-t_0 \tag{22-2}$$

保留体积（retention volume，V_R）：从进样开始到某个组分的色谱峰顶时流出溶剂的总体积。当流动相流速为 F 时

$$V_R=F\times t_R \tag{22-3}$$

在其他条件不变时，V_R 不受流速影响。

死体积（dead volume，V_0）：色谱柱中溶剂的总体积。

$$V_0=F\times t_0 \tag{22-4}$$

调整保留体积（adjusted retention volume，V'_R）：扣除死体积后组分流出所需流动相体积。

$$V'_R=V_R-V_0=t'_R\times F \tag{22-5}$$

（4）相对保留值（relative retention value，$r_{2,1}$）：是两组分的调整保留值之比，有时也用 α 表示。组分 1、2 的相对保留值用下式表示：

$$r_{2,1}=\frac{t'_{R2}}{t'_{R1}}=\frac{V'_{R2}}{V'_{R1}}=\alpha \tag{22-6}$$

由于组分 2 的保留时间 t'_{R2} 总是大于组分 1 的 t'_{R1}，故 α 总是大于 1 的。

（5）色谱峰区域宽度（peak width）：代表组分在色谱柱内的分子离散形成的浓度分布。常用标准偏差 σ、半峰高宽度 $W_{1/2}$、峰（底）宽 W 表示。

标准偏差（σ）：正常峰的峰高 0.607 倍（$0.607h$）处峰宽的一半，σ 越大，组分越分散；反之越集中。

半峰高宽度（$W_{1/2}$）：即半峰宽，指峰高一半处的峰宽。

$$W_{1/2}=2.355\sigma \tag{22-7}$$

峰（底）宽（W）：指峰两侧拐点处所作的两条切线与基线的两个交点间的距离。

$$W=4\sigma \quad 或 \quad W=1.699W_{1/2} \tag{22-8}$$

（6）色谱峰大小：可用峰高（peak height）h 和峰面积（peak area）A 表示。对同一组分，峰大小代表含量的大小。

峰高（h）：峰最高点到峰底的垂直距离。

峰面积（A）：峰和峰底所包围的面积。

（二）色谱分离

色谱分离过程就是组分在固定相和流动相之间的多次重复分配过程。为了真实反映组分在色谱柱中的分离情况，用分离度（resolution，R）来衡量色谱柱的总分离效能。而用分配系数（distribution coefficient，K）和保留因子（retention factor，k）描述分配过程。

1. 分离度　分离度又称为分辨率，是相邻两组分色谱峰保留时间之差与两色谱峰峰宽均值之比。

$$R = \frac{t_{R2} - t_{R1}}{(W_2 + W_1)/2} = \frac{2(t_{R2} - t_{R1})}{W_2 + W_1} \tag{22-9}$$

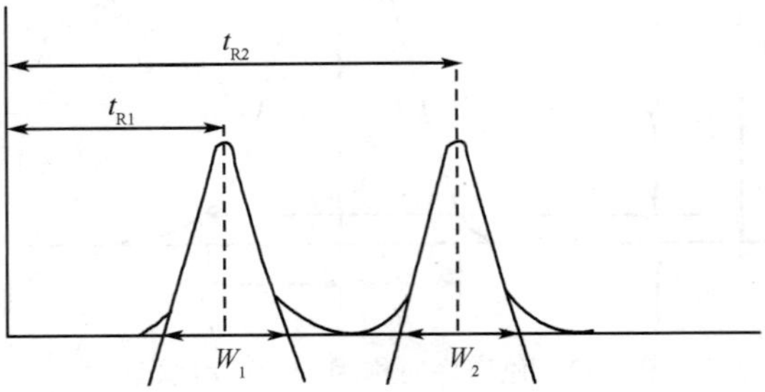

图 22-3 分离度计算示意图

式中，t_{R1}、t_{R2} 分别为组分 1、2 的保留时间；W_1、W_2 分别为组分 1、2 的色谱峰宽度（图 22-3）。

分离度是量度色谱图中相邻色谱峰分离程度的指标。对于正常色谱峰，R 值越大，分离效果越好，但是分离时间会延长。因此一般的定性分析只要 $R>0.75$ 即可，当 $R=1.0$ 时，分离程度达到 98%，而 $R=1.5$ 时，两峰完全分开，分离程度达到 99.7%。在做定量分析时，应使 $R\geqslant1.5$，以获得较好的精密度和准确度。《中国药典》2020 年版规定：无论是定性鉴别还是定量测定，均要求待测物质色谱峰与内标物质色谱峰或特定的杂质对照色谱峰及其他色谱峰之间有较好的分离度。除另有规定外，待测物质与相邻色谱峰之间的分离度应大于 1.5。

2. 分配系数 分配系数是指在一定温度和压力下，达到分配平衡时，组分在固定相中的浓度（c_s）和流动相中的浓度（c_m）之比。

$$K = \frac{c_s}{c_m} \tag{22-10}$$

分配系数 K 在一定条件（固定相、流动相、温度）下是组分的特性常数。

3. 保留因子 保留因子又称为容量因子，也叫分配比。是指在一定温度和压力下，达到分配平衡时，组分在固定相中的质量（m_s）和流动相中的质量（m_m）之比。

$$k = \frac{m_s}{m_m} \tag{22-11}$$

保留因子 k 的大小不仅与组分的性质、固定相的性质有关外，还受着温度、压力、固定相与流动相体积的影响。k 是衡量色谱柱对被分离组分保留能力的重要参数。

4. 分配系数与保留因子的关系

$$K = \frac{c_s}{c_m} = \frac{m_s / V_s}{m_m / V_m} = k\frac{V_m}{V_s} \tag{22-12}$$

式中，V_m 为流动相的体积，可近似等于死体积 V_0；V_s 为固定相的体积（色谱柱内固定液体积或吸附剂表面积等）。

5. 分配系数、保留因子与保留时间的关系 两组分的相对保留值 α 与分配系数 K、保留因子 k 及保留时间 t_R 的关系可表达为下式：

$$\alpha = \frac{t'_{R2}}{t'_{R1}} = \frac{k_2}{k_1} = \frac{K_2}{K_1} \tag{22-13}$$

可见，要让两组分分离，必须具有不同的调整保留时间，说明分配系数或容量因子不等是色谱分离的前提条件。

（三）色谱图提供的分析信息

1. 试样中的最低组分数 色谱峰个数代表样品的最低组分数。

2. 定性 与标准品对照，保留时间可用于定性分析。

3. 定量 峰面积和峰高大小可用于定量分析。

4. 柱效 色谱峰区域宽度和大小反映色谱柱的分离性能。

（四）高效液相色谱的类型

高效液相色谱同其他的色谱一样，都是溶质在固定相和流动相之间进行的一种连续多次的分配过程，是借不同组分在两相间亲和力、吸附能力、离子交换或分子排阻作用等的差异进行分离。

1. 按分离机制不同分类

（1）吸附色谱（absorption chromatography）：用固体吸附剂作固定相，以不同极性溶剂作流动相，样品中各组分依据它们在吸附剂上吸附力的大小来进行分离的色谱方法。

（2）分配色谱（partition chromatography）：用载带在固相基体上的固定液作固定相，以不同极性溶剂作流动相，样品中各组分依据它们在固定液中溶解能力大小，即在固定相和流动相间的分配系数大小来进行分离的色谱方法。

（3）离子交换色谱（ion exchange chromatography）：用离子交换剂作固定相，以具有一定 pH 的缓冲溶液作流动相，样品中各离子组分依据它们与离子交换剂上荷电交换基团的交换能力大小来进行分离的色谱方法。

（4）排阻色谱（exclusion chromatography）：又称为凝胶色谱或尺寸排阻色谱。用化学惰性多孔物质作固定相，样品中各组分依据它们在流动相的分子体积大小来进行分离的色谱方法。以水溶液作流动相的排阻色谱称为凝胶过滤色谱（gel fitration chromatography）；以有机溶剂作流动相的排阻色谱称为凝胶渗透色谱（gel permeation chromatography）。

（5）亲和色谱（affinity chromatography）：用固相基体上固载化生物特异性吸附的配位体作固定相，以具有一定 pH 的缓冲溶液作流动相，样品中各生物活性分子组分依据它们与固相基体上固载的配位体之间的特异亲和力大小来进行分离的色谱方法。

2. 按实际应用色谱类型分类　根据固定相和流动相的相对极性大小分为：正相高效液相色谱和反相高效液相色谱。正相高效液相色谱即固定相的极性大于流动相的极性，包括使用极性吸附剂的液固色谱、正相液液分配色谱、正相键合相色谱。采用硅胶、氧化铝或带有氰基、二醇基和氨基的极性固定相为色谱柱填料，常用流动相为烷烃溶剂。固定相的极性小于流动相的极性时称为反相色谱，包括使用非极性吸附剂的液固色谱、反相液液分配色谱、反相键合相色谱。反相色谱柱包括以硅胶为基质的反相柱（C_{18}、C_8 柱等）和以聚合物为基质的反相柱等，反相色谱的流动相中常用洗脱剂包括水、乙腈、甲醇和四氢呋喃等。流动相的洗脱强度由有机溶剂的浓度和类型共同决定。

另外还包括离子对色谱、离子交换色谱和离子色谱、空间排阻色谱、疏水作用色谱、手性色谱、电色谱等。

化学视角　　**高效液相色谱法在药物合成中的监控作用**

高效液相色谱法在化合物的研发过程中起着重要的作用。通过高效液相色谱法可以完成化学反应进程的监控、目标产物的纯度检查、物质含量的测定等，从而优化化学反应工艺，提升目标产品质量。

石其德等采用高效液相色谱法分析奥利司他在发酵、制备和包装过程中产生或引入的杂质，为制订药品生产过程控制质量标准提供数据和参考。用 Agilent C_{18} 色谱柱（250mm×4.6mm，2.5μm），流动相为乙腈-水（80∶20），检测波长为 195nm，流速为 1.2mL/min。研究结果表明发酵过程中微生物代谢产物是杂质的主要来源；而奥利司他在制备过程中容易发生氧化、水解和受热降解而产生不同的杂质，特别是受酸或碱作用会发生显著的降解；由于奥利司他残留溶剂的作用，采用不同的包装材料也会引入杂质。因此在奥利司他生产过程中，应严格控制生产工艺、原辅料和包装材料各个方面，才能有效控制杂质的含量。

第二节　高效液相色谱法基本理论

一、塔板理论

（一）基本假设

塔板理论是 Martin 和 Snyder 首先提出的色谱热力学平衡理论。它把色谱柱看成一个分馏塔，把组分在色谱柱内的分离过程看成是分馏塔中的分馏过程，即组分的色谱过程可分解成在塔板间隔内的分配平衡过程。其基本假设为：

（1）色谱柱中存在许多塔板，组分在塔板间隔内很快达到分配平衡。每一个塔板间隔称为塔板高度 H，组分在塔板高度内完全服从分配定律。

（2）样品的各组分都加在第 0 号塔板上，样品沿色谱柱的纵向扩散可以忽略。

（3）流动相是间歇式进入色谱柱，每次进入一个塔板体积。

（4）在所有塔板上分配系数相等，与组分的量无关。

尽管塔板理论的基本假设与实际的色谱过程不符，但是它导出了色谱流出曲线方程，成功地解释了流出曲线的形状，且能评价色谱柱的柱效。

（二）基本参数

1. 理论塔板数与理论塔板高度　理论塔板数（number of theoretical plates）n 取决于固定相的种类、性质（粒度及其分布等）、填充状况、柱长、流动相的种类和流速及测定柱效所用物质的性质。n 可由色谱峰的保留时间和区域宽度计算：

$$n=\left(\frac{t_R}{\sigma}\right)^2 \tag{22-14}$$

$$n=16\left(\frac{t_R}{W}\right)^2 \tag{22-15}$$

或

$$n=5.54\left(\frac{t_R}{W_{1/2}}\right)^2 \tag{22-16}$$

用半峰宽（$W_{1/2}$）计算理论塔板数（n）是最常用的方法。组分的保留时间越长，σ、$W_{1/2}$ 或 W 越小（即峰越瘦），则理论塔板数越大，柱效越高。

理论塔板高度（height equivalent to a theoretical plate）H 定义为每单位柱长的方差，实际计算时往往用柱长 L 和理论塔板数 n 计算：

$$H=\frac{L}{n} \tag{22-17}$$

2. 有效理论塔板数与有效理论塔板高度　若将理论塔板数中的保留时间 t_R 用调整保留时间代替，所计算得到的值称为有效理论塔板数（$n_{有效}$或 n_{eff}）。即

$$n_{eff}=16\left(\frac{t'_R}{W}\right)^2 \tag{22-18}$$

或

$$n_{eff}=5.54\left(\frac{t'_R}{W_{1/2}}\right)^2 \tag{22-19}$$

塔板理论虽然能形象地说明色谱柱的柱效并很好地解释色谱图，但该理论不能解释同一色谱柱对不同组分的不同理论塔板数和塔板高度；不能解释不同操作条件下相同组分所具有的不同理论塔板数和塔板高度；也不能解释流动相流速等因素对柱效的影响。正是塔板理论的这些局限性

促进了速率理论的诞生。

二、速率理论

速率理论（rate theory）是荷兰学者范第姆特（Van Deemter）提出的色谱过程动力学理论。它把色谱过程看作一个动态非平衡过程，研究过程中的动力学因素对峰展宽（或柱效）的影响，提出了 Van Deemter 方程式：

$$H=A+\frac{B}{u}+Cu \tag{22-20}$$

式中，H 为理论塔板高（cm）；A 称为涡流扩散项（cm），B/u 称为纵向扩散项，B 为纵向扩散系数（cm^2/s），Cu 为传质阻抗项，C 为传质阻抗项系数（s），u 为流动相线速度（cm/s）。

在此基础上，Giddings 和 Synder 等提出了液相色谱速率方程式即 Giddings 方程式：

$$H=A+\frac{B}{u}+C_mu+C_{sm}u+C_su \tag{22-21}$$

式中，C_mu 为流动相传质阻抗项，$C_{sm}u$ 为静态流动相传质阻抗项，C_su 为固定相传质阻抗项。纵向扩散系数 $B=2D_m$（D_m 为被分离组分的分子在流动相中的扩散系数），而在高效液相色谱中流动相为液体，其黏度大，柱温低，一般在室温，因此，B/u 很小，则纵向扩散项可以忽略不计，于是上式成为：

$$H=A+C_mu+C_{sm}u+C_su \tag{22-22}$$

因此速率理论认为影响柱效的因素包括：

（1）流动相流速 u：由上式表明，流速越快，塔板高度越高，而流动相流速越慢，塔板高度才小，柱效才高。因此，HPLC 应尽量采用低流速。

（2）涡流扩散 A：因为 $A=2\lambda dp$，dp 为固定相颗粒直径；λ 为填充不规则因子，填充越不均匀 λ 越大。因此，HPLC 的固定相应采用小粒度，仄粒度分布及球形或接近球形固定相（一般为 3～10μm，最好 3～5μm，粒度分布 $RSD\leqslant 5\%$）。

（3）传质阻抗：组分在流动相和固定相中溶解、扩散、“平衡”和转移的过程称为传质过程。影响此过程进行速度的阻力称为传质阻抗。如果不存在传质阻抗，则不会发生峰展宽。C_s 为固定相传质阻抗系数，C_s 在不同类型固定相中受到不同因素的影响，当采用单分子层的化学键合相时 C_s 可以忽略。C_m 为流动相传质阻抗系数，C_{sm} 为静态流动相传质阻抗系数。它们都与固定相的粒径平方 dp^2 成正比，与扩散系数 D_m 成反比。因此应采用低粒度的固定相和低黏度的流动相。高柱温可以增大 D_m，但流动相为有机溶剂时易产生气泡，因此一般采用室温。

要提高色谱柱的柱效，必须提高柱内填料装填的均匀性并减小粒度以加快传质速率，减小涡流扩散和流动相传质阻力。选用低黏度的流动相也有利于减小传质阻力，提高柱效。降低流动相流速可降低传质阻力项的影响，但会增加纵向扩散项并延长分析时间，所以流速不宜太低。

人体视角　　运动员体液中兴奋剂吗啡的高效液相色谱法检测

运动员体液中的兴奋剂是指禁用药物的总称。吗啡为阿片类生物碱，是一类具有依赖性的麻醉药品。由于该药品的特殊性，治疗窗口窄，人体内的含量测定在吗啡滥用、依赖与戒断相应研究，寻找合适给药途径与药动学研究中意义重大。

血浆中的吗啡测定方法：用高氯酸为蛋白沉淀剂。采用 Waters Spherisorb C_{18} ODS 为色谱柱，流动相为 0.05mol/L 磷酸二氢钾溶液 –0.0025mol/L 庚烷磺酸钠水溶液 - 乙腈（5：5：2），柱温为 30℃，流速为 0.5mL/min，检测波长为 220nm，进样量为 20μL。血浆中吗啡浓度在 1.00～100μg/mL 范围内线性关系良好（r=0.9994）；最低检出限为 0.3μg/mL。

第三节 高效液相色谱法的固定相和流动相

在高效液相色谱法中，要实现最理想的分离分析，必须对色谱条件进行优化。而在所有的色谱条件中，固定相和流动相是影响分离度、选择性的关键因素。

化学键合相（chemically bonded phase）简称键合相，是将有机官能团通过化学反应键合到载体表面而形成。以此作为固定相的色谱法就是化学键合相色谱法，是目前应用最广泛的色谱法。因此本节重点讨论键合相色谱法中的固定相和流动相。

一、固 定 相

目前化学键合相的固定相主要是硅氧烷型键合相（Si—O—Si—C），它是使用全多孔或薄壳型微粒硅胶为载体，在其表面发生与氯硅烷的硅烷化反应而制得的。如使用十八烷基氯硅烷与硅胶表面的硅醇基反应键合而成十八烷基键合硅胶柱（ODS 或 C_{18}）。

化学键合相种类繁多，根据其键合基团的极性可将其分为三类：

（1）极性键合相：键合基团为极性基团：如氨基（$—NH_2$）、氰基（—CN）等。

（2）弱极性键合相：键合基团为弱极性基团：如醚基（—O—）、二羟基等。

（3）非极性键合相：键合基团为非极性基团：如烃基（甲基 C_1、辛烷基 C_8、十八烷基 C_{18}、苯基）等。

在实际中，弱极性键合相较少获得使用，非极性键合相应用广泛，尤其是 C_{18} 柱是最常用的非极性键合相。

化学键合相固定相具有良好的热和化学稳定性，在使用过程中不流失，柱寿命长；柱效高、分离选择性好、重现性好；载样量大等优点。但是使用硅胶键合相柱一般仅能在 pH=2～7.5 的介质中使用；并且同类型的色谱柱可能会因厂家、批号不同而带来不同的色谱表现。

二、流 动 相

在键合相高效液相色谱法中，影响分离效果的主要因素除了固定相外，另一个是流动相。流动相又称为洗脱剂（eluant）。一个理想的液相色谱流动相溶剂应具有黏度低、毒性低、易于纯化、与检测器易匹配等特征。高效液相色谱法对流动相的基本要求：①流动相不应与固定相发生化学反应，化学稳定性好。②流动相纯度要高。以免其中杂质在柱上积累，缩短色谱柱的寿命。流动相在使用前必须过滤除去尘埃微粒以免堵柱，还应脱气除去溶解的气体，以免产生气泡影响分离和检测。③流动相黏度要低。黏度过高会影响溶质的扩散、传质，降低柱效，还会使分离时间延长。④流动相对样品要有适宜的溶解度。⑤流动相必须与检测器兼容。用紫外可见检测器时，所用流动相在检测波长下应没有吸收，或吸收很小。当使用示差折光检测器时，应选择折光系数与样品差别较大的溶剂作流动相，以提高灵敏度。

在键合相高效液相色谱中，根据流动相和固定相极性的相对大小将其分为正相（normal phase）色谱法和反相（reversed phase）色谱法。固定相极性大于流动相极性的为正相色谱，反之为反相色谱。

正相键合相色谱通常以氨基（$—NH_2$）、氰基（—CN）等极性键合相为固定相，流动相由烷烃（如正己烷等）加适量极性调节剂（如醇类）组成。一般来说，随着极性的增强，流动相的洗脱能力增大，组分的保留时间缩短。

反相相键合相色谱通常以 C_{18}、C_8 等非极性键合相为固定相，流动相常用甲醇-水、乙腈-水体系，根据需要还可加入适量无机盐缓冲溶液等。一般来说，流动相中水的比例增加，流动相极性增强，流动相的洗脱能力减弱，组分的保留时间延长。

常用溶剂的极性顺序由大到小排列如下：

水（极性最大）＞甲酰胺＞乙腈＞甲醇＞乙醇＞丙酮＞四氢呋喃＞丁酮＞正丁醇＞乙酸乙酯

＞乙醚＞二氯甲烷＞氯仿＞溴乙烷＞苯＞甲苯＞四氯化碳＞二硫化碳＞环己烷＞己烷＞庚烷＞煤油（极性最小）

可见，在进行试样分析时，应依据被分析物质的性质来选择合适的分离方法。正相色谱适于分离溶于有机溶剂的极性至中等极性的分子型化合物。如异构体、极性不同的化合物，特别是不同类型的化合物。如糖类、脂类、脂溶性维生素、芳香胺、芳香醇、甾族化合物、有机氯农药等。反相色谱适于分离非极性至中等极性的组分。如同系物、复杂的稠环芳香烃、天然产物及农药残留等。通过在流动相体系中加入适量缓冲溶液，还可以实现对弱酸碱的分离分析。因此反相高效液相色谱法具有更广阔的开发空间。

人体视角　　高效液相色谱法测定血清中的尿酸含量

尿酸是血中主要非蛋白氮类代谢产物之一，它具有清除氧自由基，抗氧化的作用。健康成人体内尿酸含量约为 1.1g，其中约 15% 存在于血液中，血液中尿酸经肾小球过滤后，大部分由肾小管重吸收。尿酸异常会引起痛风和肾病，因此血清尿酸测定是临床检测极为重要的生化指标之一。血清中尿酸含量的测定可采用高效液相色谱法。

张春梅等利用乙腈沉淀血清样品中的蛋白，过滤后直接进样测定。所采用的色谱柱为 Inertsil ODS-SP（250mm×4.6mm，5μm），柱温 25℃，流动相体系为 10mmol/L 乙酸铵（pH4.5），流速为 1.0mL/min，紫外检测波长为 280nm。线性范围 12.5～150μg/g。回收率为 99.79%～100.5%。

第四节　高效液相色谱仪

高效液相色谱仪的基本组成包括：流动相供给和输送系统、进样器、色谱柱、检测器、数据处理系统等，图 22-4 表示一台典型的高效液相色谱仪的结构及流程示意图。

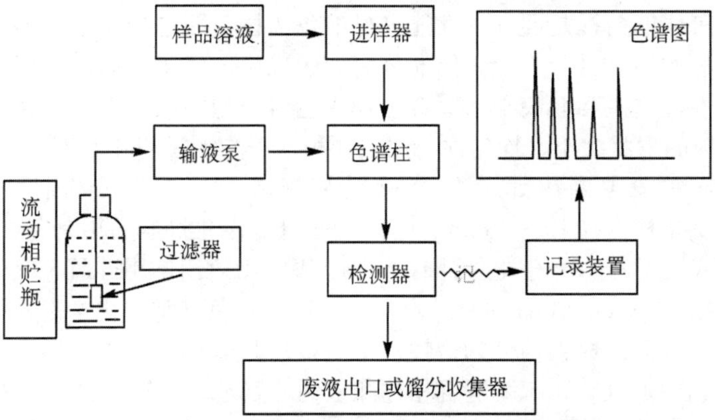

图 22-4　高效液相色谱仪的结构及流程示意图

一、流动相输送系统

在高效液相色谱法中，流动相的输送系统主要包括流动相贮瓶、高压输液泵和一些辅助装置如管道过滤器、在线真空脱气装置和梯度洗脱装置等。

流动相贮瓶是用来存放流动相的容器，要求材料应耐腐蚀并与流动相之间不发生任何化学反应，可以是玻璃、不锈钢或聚四氟乙烯等材料制成的。一般贮瓶的容积为 0.5～2.0L。流动相装入贮瓶前应经过 0.45μm 滤膜，在使用前还须经脱气处理，对于多元溶剂系统，最好采用在线脱气方式。贮瓶一般放在高于泵体的位置，使用过程中应密闭，防溶剂蒸发或空气中的气体进入流动相中。

高压输液泵用于流动相和样品输入，是流动相输送系统的核心。输液泵的好坏直接影响整个高效液相色谱仪的质量和分析结果的可靠性。因此要求输液泵必须具备：流量稳定、流量范围宽、输出压力高和耐腐蚀、密封性好等性能。

输液泵按输液性质分为恒压泵（输出恒定压力的流动相）和恒流泵（输出恒定体积流量的流动相）。在高效液相色谱法中，柱压力易于变化，因此恒流泵具有更大的优越性。按结构不同恒流泵又可分为螺旋注射泵、柱塞往复泵和隔膜往复泵。目前最为常用的是柱塞往复恒流泵。

在高效液相色谱法中，洗脱方式分为两种：等度洗脱和梯度洗脱。等度洗脱就是在同一分析周期内，流动相组成保持恒定不变，该洗脱方式适合于简单组分（所含组分数目少、性质差别不大）的分析。梯度洗脱是在同一分析周期内，流动相组成通过程序控制发生改变（如溶剂极性、离子强度和 pH 等），使所有组分都在适宜的条件下获得分离。该洗脱方式适合于组分数目多、性质相差较大的分析。梯度洗脱的优点是可以缩短分析时间、提高柱效、提高分离度、改善峰形、提高检测灵敏度；但是梯度洗脱可能引起基线漂移，测定重复性降低。

二、进样系统

进样器的功能是将试样引入色谱柱装置。高效液相色谱法对进样装置的要求是重复性好，密封性好，死体积小，保证中心进样，减小进样时对色谱系统的压力和流量的影响。进样器包括手动进样阀和自动进样装置两种。

一般高效液相色谱分析常用的进样阀为六通进样阀，而大批量的常规分析往往采用自动进样装置。手动进样阀进样时，进样体积是由贮样管的容积严格控制的，因此为了保证进样的准确度和重复性，微量注射器取样体积必须大于贮样管体积。

三、色谱柱

色谱柱（chromatographic column）是色谱分离系统的关键部分，其核心是优质的色谱填料。进行特定色谱分离工作的前提是要准备性能良好的色谱柱，即选择在确定的分离条件下分离效率高和分析时间短的色谱柱。对于一个具体的分离课题来说，色谱柱的选择应当从以下几个方面来考虑：柱填料的特性，这主要取决于它适合于哪种色谱类型的分离；柱填料的结构，主要是指几何上的结构，如颗粒的形状大小、均匀性、比表面积、平均孔径和孔容等。

高效液相色谱柱按主要用途分为分析型和制备型。常规分析柱内径 2～5mm，柱长 10～30cm；实验室制备柱内径 20～40mm，柱长 10～30cm；生产制备用制备柱内径可达几十厘米。常用的色谱柱填料依据不同的色谱类型而不同，液-固吸附色谱常用硅胶、氧化铝、分子筛等吸附剂为填料，如 Porasil、YWG、Zipax 等硅胶柱；液-液分配色谱常用化学键合固定相，目前多用硅氧烷型键合固定相，依据极性强弱分为极性、中等极性和非极性三类，如非极性的十八烷基键合相（C_{18}）、辛烷基键合相（C_8）、苯基键合相柱和极性的氨基、氰基键合相柱等。

色谱柱在初次使用前、使用过程中或放置一段时间后都要对其性能进行考察。考察柱性能的指标包括在一定实验条件下（样品、流动相、流速、温度）下的柱压、理论塔板高度和塔板数、对称因子、容量因子和选择性因子的重复性或分离度。一份合格的色谱柱评价报告应给出柱的基本参数，如柱长、内径、填料的种类、粒度、色谱柱的柱效、不对称度和柱压降等。色谱柱性能考察常用试样和流动相列于表 22-1 中。

表 22-1 色谱柱性能考察表

色谱柱	试样	流动相
硅胶柱	苯、萘、联苯	无水己烷或庚烷
烃基键合相柱	尿嘧啶、硝基苯、萘、芴 苯、萘、苯磺酸钠	甲醇-水（85：15）或乙腈-水（60：40） 甲醇-水（80：20）

色谱柱的正确使用和维护十分重要，否则就会使柱效降低、柱寿命缩短甚至损坏。因此在操作过程中注意：避免压力和温度的急剧变化及任何机械振动；联结阀件或管路一定要清洗干净；流动相溶剂纯度高、黏度低、pH 适宜，组成须逐渐改变；样品要提纯或预处理或添加预柱保护，严格控制进样量等。

四、检 测 系 统

检测器是色谱仪的眼睛，装在色谱柱的出口用于连续检测流出液的样品组分。检测器实际上是一种换能装置，即将流动相中组分含量的变化，转变成可测量的电信号（通常是电压），然后输入记录器。从原理分析，任何一种分析鉴定方法都可能成为色谱检测器。当然，应该是灵敏度高、线性范围大、对所有待测组分都能快速响应、流动相的流量和温度变化对响应几乎无影响、不引起柱外谱带扩展等的检测器最为理想。

检测器按其检测方式分为浓度型和质量型两种。浓度型检测器的响应与流动相中组分的浓度有关。质量型检测器的响应与单位时间内通过检测器的组分的质量有关。紫外-可见检测器（ultraviolet-visible light detector，UVD）、示差折光检测器（differential refractive index detector，DRD）、荧光检测器（fluorescence detector，FD）等属于浓度型检测器。按其适用范围分为通用检测器与选择型检测器，通用检测器可检测一般物质均具有的性质，示差折光检测器和蒸发光散射检测器（evaporative light scattering detector，ELSD）就属于这一类；选择型检测器只能检测某些组分的某一性质，紫外、荧光检测器就属于这一类，它们只对具有紫外吸收或荧光发射的组分有响应。通用型检测器对大多数物质的响应差异不大，几乎适用于所有物质的测定，但是其测定灵敏度低、受温度影响波动大。选择型检测器对被检物质产生特异性响应，对流动相没有或很小的响应，因此其测定灵敏度高，受操作条件和外界环境影响很小，在梯度洗脱时也可使用。

最常用的高效液相色谱检测器是紫外检测器、示差折光检测器、荧光检测器、电化学检测器（electrochemical detector，ECD）和蒸发光散射检测器等。

紫外检测器具有灵敏度高，线性范围宽，对流速和温度不敏感等特点，它是高效液相色谱最常用的检测器。其工作原理是朗伯-比尔定律，包括固定波长、可变波长和光电二极管阵列紫外检测器。

在实际工作中，紫外检测的主要参数是选择检测波长，它应考虑溶质和流动相的吸收特性。在选择测定波长时，组分的测定波长必须大于溶剂的截止波长（表 22-2）。

表 22-2　常见溶剂的截止波长表

溶剂	截止波长（nm）	溶剂	截止波长（nm）
乙腈	190	异丙醇	210
水	200	正丁醇	210
正己烷	200	乙醚	210
甲醇	205	乙醇	215
四氢呋喃	230	乙酸乙酯	260
氯仿	245	四氯化碳	260
苯	260	甲苯	285
丙酮	330	吡啶	305

示差折光检测器是利用连续监测参比池和测量池中溶液的折射率之差来测定试样浓度的检测器。由于每一种物质都具有与其他物质不同的折射率，因此该检测器属于通用型的检测器，特别

适用于无紫外吸收物质的检测。而流动相和温度的变化都将对折射率产生影响，故该检测器必须控制在恒温条件下使用，也不适用于梯度洗脱样品的检测。

荧光检测器是利用溶质的荧光特性（溶质自身可以产生荧光或通过衍生化反应后能产生荧光）进行检测的，其灵敏度比紫外检测器高，选择性好，也可在梯度洗脱后进行检测。但是其检测线性范围和适用范围窄。

电化学检测器主要用来测定化学性质不稳定的离子，如容易被氧化或还原的离子。一般在特殊情况下使用。该检测器的特性是选择性非常高，只有容易氧化或还原的电活性物质才可被检测。它适用于生物试样中儿茶酚胺类及其代谢物以及其他有还原基团的有机药物的检测。

蒸发光散射检测器是基于溶质对光的散射性质进行定量检测的。它是 20 世纪 90 年代出现的一种新型通用型检测器，主要适用于无紫外吸收、不能用紫外检测的组分，如糖类、脂肪酸、甘油三酯及甾体等。与示差折光检测器相比，它的基线漂移不受温度影响，信噪比高，也可用于梯度洗脱。但对有紫外吸收的组分检测灵敏度相对较低。此外，它只适合流动相能完全挥发的色谱条件，若流动相含有难以挥发的缓冲剂时，就不能使用。

五、色谱数据处理和色谱工作站

早期的色谱仪采用记录仪，通常是一种电子电位差计来记录色谱图。由色谱图量取两个最重要的色谱参数：保留值和峰面积。20 世纪 80 年代后，计算机技术的广泛应用使高效液相色谱仪操作更加快速、简便、准确、精密和自动化，现在已可在互联网上远程处理数据。高效液相色谱仪的数据处理系统又称色谱工作站。它可对分析全过程包括分析条件、仪器状态、分析状态进行在线显示，自动采集、处理和储存分析数据。在计算机上通过色谱软件将指令传给控制单元，对整个分析实现自动控制，从而使整个分析过程全自动化。其过程如图 22-4 所示。

第五节　高效液相色谱法的定性和定量分析方法

一、定性分析方法

色谱定性分析就是确定色谱图中一些未知的色谱峰是什么物质。色谱分析主要是依据特征性不是很强的保留值，这需要和已知的标准物质的保留值进行对比。

1. 利用保留值定性　依据：相同的物质在相同的色谱条件下应该有相同的保留值。

但应注意，相反的结论并不完全成立，即在相同的色谱条件下，具有相同的保留值的两个物质不一定是同一物质。

（1）对照保留值：在确定的色谱条件下（色谱柱、流动相组成、柱温等），对照被测化合物与标准对照品的保留时间。

（2）标准加入：对照样品和加标样品的峰高变化确定被测化合物的色谱峰位置。

2. 改变容量因子 *k* 的比较方法　由于组分的保留值可能相同或非常接近，采用不同的色谱体系（如改变分离模式），对照被测化合物的保留值与标准对照品的保留值是否完全一致。

3. 利用检测器的选择性定性（联用技术）　串联或并联不同的检测器，采用全波长扫描吸收检测器：对照被测化合物与标准对照品的保留值和光谱图。采用质谱检测器：对照被测化合物与标准对照品的保留值和质谱图。

4. 离线结构分析　收集柱后流出的纯组分，进行结构分析。

二、定量分析方法

混合物经高效液相色谱分离后，进行测定的依据是色谱峰的峰面积或峰高与样品量的关系。当流动相流速恒定时，峰面积与从柱中流出物质的量成正比；在峰宽固定时，峰高也与物质的量成正比。峰面积和峰高的测定方法包括手测法、计算法、称重法、积分仪和微处理机测定法。20 世纪 80 年代生产的液相色谱仪几乎都带有微处理机，可实现峰面积或峰高的自动计算。定量分析即是建立峰面积 A 或峰高 h 与待测组分的浓度 c 或质量 m 之间的关系。由于同一检测器对不同物质具有不同的响应值，有时不能直接用峰面积来计算物质的量，而需要引入校正因子。

高效液相色谱常用的定量方法有外标法、内标法、归一化法和内加法。

1. 外标法　外标法指用与待测组分同质的标准品作对照品，以对照品的量对比求算试样含量的方法。外标法又可分为外标工作曲线法、外标一点法及外标两点法等。

工作曲线法又称校正曲线法，是在一定的条件下，用对照品配成不同浓度的对照液，定量进样，用峰面积或峰高对对照品浓度作校正曲线，得到线性回归方程，然后在相同条件下分析试样，计算含量。当线性方程截距较大时，说明存在一定的系统误差。通常情况下，线性方程的截距近似等于零时就可采用外标一点法进行定量。

外标一点法是用一种浓度的对照品溶液，多次进样，取峰面积的平均值，试样溶液在相同条件下进样分析，然后用下式计算含量：

$$m_i=(m_i)_s\frac{A_i}{(A_i)_s} \tag{22-23}$$

式中，$(m_i)_s$ 与 $(A_i)_s$ 分别表示组分 i 对照液在进样体积中所含有的质量及相应峰面积；m_i 与 A_i 分别表示组分 i 试样溶液在进样体积中所含有的质量及相应峰面积。当进样体积相等时，可用 $(c_i)_s$ 与 c_i 替代式（22-23）中的 $(m_i)_s$ 与 m_i。

外标法的优点是不必添加内标物质，不必使用校正因子，其分析结果的准确度受着进样准确性和操作条件稳定性的影响。

2. 内标法　内标法指选择合适的物质作为内标物，以待测组分和内标物的峰高比或峰面积比求算试样含量的方法。如测定试样中 i 组分的百分含量的方法为：在含有 i 组分的质量为 m_0 的试样中，加入质量为 m_{is} 的内标物，则：

$$m_i=f_iA_i \qquad m_{is}=f_{is}A_{is}$$

$$m_i=m_{is}\frac{f_iA_i}{f_{is}A_{is}} \qquad w_i(\%)=\frac{f_iA_i}{f_{is}A_{is}}\cdot\frac{m_{is}}{m_0}\times 100\% \tag{22-24}$$

式中，f_i、f_{is} 分别为组分 i 和内标物的绝对校正因子（单位峰面积所对应的质量，即 $f=m/A$），A_i、A_{is} 分别为组分 i 和内标物的色谱峰面积。

可见，上述方法是通过测定内标物与待测组分的峰面积的相对值来进行计算的，因此可以抵消仪器稳定性、样品预处理、进样量等原因带来的定量分析误差，分析结果准确度高。但是关键在于选择合适的内标物，内标物必须是样品中不含有的、纯度与稳定性足够高、与待测组分的理化性质相似又可与样品中各组分完全分离的物质。

内标法分为内标工作曲线法、内标一点法、内标两点法及校正因子法等。

内标工作曲线法是配制一系列不同浓度的对照液，并加入相同量的内标物，进样，测得组分和内标物的峰面积 A_i 和 A_{is}，然后以 A_i/A_{is} 对照液浓度作图，求得回归方程。在待测试样溶液中也加入相同量的内标物，进样分析获得 A_i 和 A_{is}，计算试样中组分的含量。当内标工作曲线的截距近似为零时，也可采用内标一点法（对比法）定量。

3. 归一化法　归一化法是指先求出色谱图上所有色谱峰的总面积为 100，然后待测组分的峰面积占总面积的百分数即是待测组分的含量。此法的优点是不必准确进样，操作条件变化对结果的影响较小，因此它常用于复杂的物质或测定样品中的杂质。但是该法要求样品中所有组分都必须流出并能检测。值得指出，大部分液相色谱检测器为选择性检测器，它们对不同结构化合物的响应值差别很大，有时相差几个数量级，因此高效液相色谱很少采用归一化定量方法。

4. 内加法 内加法又称为叠加法。这种方法是将待测组分的纯品加至待测样品溶液中，测定增加纯品后的溶液比原样品溶液中组分的峰面积增量，求算组分的含量。内加法不需要内标物，又能克服进样量的不准确所带来的分析误差。它是内标法和外标法的结合，常用于微量分析中。

临床视角 **大鼠脑组织中氨基酸类神经递质含量的测定**

在临床研究中，各种生化指标的检测是离不开仪器分析方法的。体液或组织中的物质或药物浓度水平都很低，干扰物质很多，通过高效液相色谱法的高分离效能和高灵敏度检测可获得丰富的研究资料，为生命体征的鉴定和药物研发及其临床使用提供重要的指导。如张宇浩等采用 Dikma Inertsil ODS（250mm×4.6mm，3.5μm）为色谱柱，Dikma C_{18} 柱，4.0mm×3.0mm 为预柱；流动相为磷酸二氢钾缓冲液（0.1mol/L，pH 6.0）：甲醇：乙腈 =6：3：1；流速为 mL/min。大鼠脑组织中的天门冬氨酸、谷氨酸、牛磺酸和γ-氨基丁酸 4 种氨基酸类神经递质在 15min 内获得完全分离测定。

第六节 高效液相色谱法的应用

一、高效液相色谱法的特点

高效液相色谱法具有高压、高速、高效、高灵敏度等特点，尤其是一系列衍生化方法的开发拓展了其在非挥发性物质方面的应用。与经典的液相色谱相比它具有以下优点：

1. 速度快 通常分析一个样品只需要 15～30min，有的样品甚至在 5min 之内即可完成一次分析。

2. 分辨率高 可选择固定相和流动相以达到最佳分离效果。

3. 灵敏度高 可采用不同的检测器以达到所需灵敏度要求。通常紫外检测器可达到 10^{-7}g，荧光和电化学检测器可达 10^{-12}g。

4. 色谱柱可反复使用 用一根色谱柱可分离不同的化合物，使用后柱子也可能变坏，这取决于样品的类型、溶剂的性质和操作的情况。

5. 样品容易回收 样品经过色谱柱后不被破坏，可以收集单一组分或做制备。

二、高效液相色谱法的实际操作

用高效液相色谱法对样品进行分析之前，首先必须建立适合该样品分析的方法：即依据样品的来源、性质，进行适当的处理后，选择合适的色谱柱和流动相及检测器对样品进行分析。

1. 样品的性质 样品中待测组分的分子量大小、化学结构、溶解性等化学、物理性质决定着色谱分离类型的选择。对样品的性质分析是建立方法的前提。

若样品组成成分简单时，可直接进行分析，只要待测组分可与其他成分分开即可。

当组成成分复杂干扰待测组分测定时，必须对样品进行纯化处理，或除去干扰组分，或提取待测组分。尤其是生物样品的分析往往必须经过适当的预处理后才能分析待测组分。

2. 色谱分离类型的选择 高效液相色谱法中色谱柱和流动相的选择必须依据样品的性质。对于极性化合物采用正相色谱法；非极性化合物采用反相色谱法。

3. 溶剂的选择与处理 流动相溶剂要求纯度高、黏度低、对样品溶解性好、不引起柱效损失且与检测器相匹配。使用前溶剂必须进行纯化、过滤和脱气处理。

高效液相色谱分析时通常采用混合溶剂提高分离选择性。流动相系统中的 pH 范围一般为 2.5～7.5，因此溶剂系统往往采用低浓度的缓冲溶液，最常用的缓冲溶液是醋酸盐和磷酸盐缓冲液。由于该类缓冲溶液易发霉，因此最好现用现配或置冰箱贮存。

在分析复杂样品时可采用梯度洗脱方法，即按一定程序连续或间断地改变流动相的组成使色谱分离效率提高，峰形改善，分析速度加快。

4. 检测器的选择　在高效液相色谱检测中，当样品有紫外吸收时，常选用紫外检测器。当样品本身或经过衍生化反应后能产生荧光时常选用荧光检测器。电化学检测器适用于有氧化还原性的物质检测。荧光或电化学检测器可使检测灵敏度提高 2～3 个数量级。

三、高效液相色谱法在药物分析中的应用

高效液相色谱法的应用已经非常广泛，涉及药品、食品、环境等各方面。本章主要介绍高效液相色谱法在药物分析中的应用。

1. 含量测定

【示例一】 青蒿素含量测定

色谱条件：采用十八烷基硅烷键合硅胶为固定相；以乙腈-水（60∶40）为流动相；检测波长为 210nm。

测定方法：取青蒿素样品约 25mg，精密称定，置 25mL 量瓶中，加甲醇溶解并稀释至刻度，摇匀，作为供试品溶液，精密量取 20μL 注入液相色谱仪，记录色谱图；另取青蒿素对照品，同法测定。按外标法以峰面积计算，即得。

【示例二】 牛黄中胆红素含量测定

色谱条件：以十八烷基硅烷键合硅胶为固定相；以乙腈-1% 冰醋酸溶液（95∶5）为流动相；检测波长为 450nm。

测定方法：取胆红素对照品适量，精密称定，加二氯甲烷制成每 1mL 含 40mg 的对照品溶液。

取牛黄粉末（过六号筛）约 10mg，精密称定，置具塞锥形瓶中，加入 10% 草酸溶液 10mL，密塞，涡旋混匀，精密加入水饱和二氯甲烷 100mL，密塞，称定重量，充分振摇，涡旋混匀，超声处理（功率 500W，频率 53kHz，水温 25～35℃）40min，放冷，再称定重量，用水饱和二氯甲烷补足减失的重量，摇匀，离心（转速为 4000r/min），分取二氯甲烷液，滤过，取续滤液，即得供试品溶液。

分别精密吸取对照品溶液与供试品溶液各 5μL，注入液相色谱仪，测定，即得。

【示例三】 阿司匹林片剂中阿司匹林与水杨酸的含量测定

色谱条件：Resolve™ ODS 柱；水-乙腈-磷酸（76∶24∶0.5），流速 2.0mL/min；柱温 35℃；检测波长 295nm。

测定方法：取片剂 5 片，置 250mL 量瓶中，加乙腈-甲醇-磷酸（92∶8∶0.5）150mL，超声溶解 15min，用上述溶剂稀释至刻度，取适量，离心（2000r/min）15min 上清液 0.45μm 滤膜滤过，置自动取样器中，10μL 进样测定。记录色谱图如 22-5 所示。

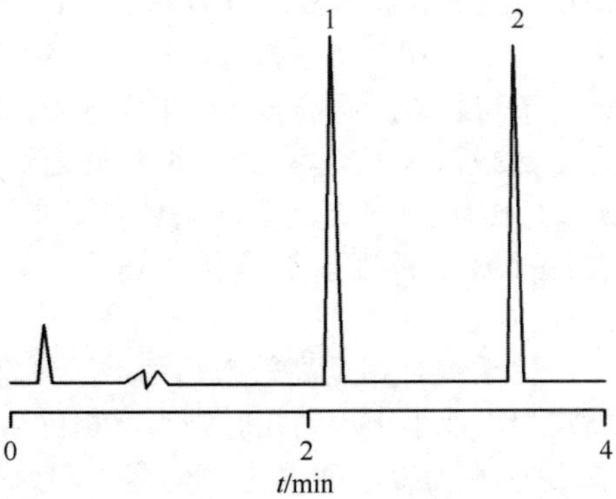

图 22-5　阿司匹林与水杨酸色谱图

1. 阿司匹林；2. 水杨酸

【示例四】 布洛芬缓释胶囊的测定

色谱条件：C_{18} 分析柱；流动相为醋酸钠缓冲溶液（取醋酸钠 6.13g，加水 750mL，振摇使溶解，用冰醋酸调 pH 至 2.5）-乙腈（40∶60）；检测波长 263nm。

测定方法：精密称取适量胶囊内容物（约相当于布洛芬 0.1g），置 200mL 量瓶中，加甲醇 100mL，振摇 30min，加水稀释至刻度，摇匀，滤过，弃去初滤液，取

续滤液，精密量取 20μL 注入液相色谱仪，记录色谱图；另取布洛芬对照品，同法测定，按外标法以峰面积计算。

【示例五】 地西泮注射液的含量测定

色谱条件：用十八烷基硅烷键合硅胶为固定相；以甲醇-水（70∶30）为流动相；检测波长为 254nm。

测定方法：精密量取地西泮注射液适量（约相当于地西泮 10mg），置 50mL 量瓶中，用甲醇稀释至刻度，摇匀，作为供试品溶液，精密量取 10μL 注入液相色谱仪，记录色谱图；另取地西泮对照品约 10mg，精密称定，同法测定。按外标法以峰面积计算，即得。

2. 检查药物中的分解产物、有关物质等杂质

【示例一】 地西泮注射液中分解产物的检查

色谱条件：用 C_{18} 键合硅胶的分析柱；流动相为甲醇-水（70∶30）；检测波长 254nm。

检查方法：取本品加甲醇分别制成 1.0mg/mL 的供试品溶液和 5μg/mL 的对照溶液。准确量取上述两种溶液各 10μL 分别进样，记录色谱图至主成分峰保留时间的 4 倍。供试品溶液的色谱图中主成分峰之后如显示杂质峰，量取各杂质峰面积之和，不得大于对照溶液主成分峰的峰面积。

【示例二】 奥美拉唑中有关物质检查

色谱条件：用辛烷基硅烷键合硅胶为填充剂；以 0.01mol/L 磷酸氢二钠溶液（用磷酸调节 pH 至 7.6）-乙腈（75∶25）为流动相；检测波长为 280nm。

检查方法：避光操作。取奥美拉唑样品适量，精密称定，用流动相制成每 1mL 中约含 0.2mg 的供试品溶液与每 1mL 中约含 2μg 的对照溶液；另取奥美拉唑对照品约 1mg 与 5-甲氧基-2-[[（4-甲氧基-3, 5-二甲基-2-吡啶基）甲基]磺酰基]-1H-苯并咪唑（杂质 I）对照品约 1mg，加流动相溶解并稀释至 10mL，摇匀，取 20μL 注入液相色谱仪，记录色谱图，理论板数按奥美拉唑峰计算不低于 2000，奥美拉唑峰与杂质 I 峰的分离度应大于 2.0。精密量取对照溶液与供试品溶液各 20μL，分别注入液相色谱仪，记录色谱图至主成分峰保留时间的 3 倍。供试品溶液色谱图中如有杂质峰，单个杂质峰面积不得大于对照溶液主峰面积的 0.3 倍（0.3%），各杂质峰面积的和不得大于对照溶液主峰面积（1.0%）。

本章小结

高效液相色谱法（HPLC）是在经典液相色谱法的基础上发展而来的。采用高压流动相、小粒度、高性能填料的固定相和高灵敏度的检测器，实现样品快速、灵敏而准确的检测。

色谱图是色谱过程的体现，从图中可以直接或间接地获得一系列的色谱参数用于色谱柱性能和分离条件的评判。这些参数包括保留时间 t_R 和调整保留时间 t'_R、保留体积 V_R 和调整保留体积 V'_R、色谱峰宽 W、半峰高宽度 $W_{1/2}$、峰高 h、峰面积 A、对称因子 f_s、分离度 R、分配系数 K、保留因子 k、理论塔板数 n 和塔板高度 H 等。色谱分离的前提条件是分配系数或容量因子不等。

高效液相色谱法按分离机制之不同分为：吸附色谱、分配色谱、离子交换色谱、空间排阻色谱、亲和色谱。而按实际应用可分为正相高效液相色谱、反相高效液相色谱、离子色谱等。

高效液相色谱法根据速率理论认为影响柱效的因素包括：①流动相流速 u；②涡流扩散 A；③传质阻抗 C。故提高色谱柱的柱效应该选用低黏度的流动相；提高柱内填料装填的均匀性并减小粒度以加快传质速率，减小涡流扩散和流动相传质阻力；在时间允许的情况下，流速宜低。

化学键合相是高效液相色谱法最常采用的固定相，当固定相极性大于流动相时为正相色谱，固定相极性小于流动相时则为反相色谱。在实际中，以 C_{18} 反相柱应用最广泛，流动相以甲醇-水或乙腈-水为主，可适量加入缓冲溶液调节 pH=2～7.5。

高效液相色谱仪主要由流动相输送系统、进样系统、分离系统、检测系统和数据处理系统组成。

高效液相色谱法常采用保留值来进行定性分析；而定量的方法常用内标和外标法。

关　键　词

高效液相色谱法、色谱图、基线、保留时间、保留体积、色谱峰宽、峰高、峰面积、对称因子、分离度、分配系数、保留因子、理论塔板数、塔板高度、校正因子。

问题与练习

一、名词解释

1. 高效液相色谱法　　2. 色谱图

3. 分配系数　　4. 反相色谱

5. 保留因子

二、判断题

(　　) 1. 高效液相色谱法只适宜于有紫外吸收的化合物的分离分析。

(　　) 2. 在反相键合相高效液相色谱中，流动相的pH一般应在1.0～14。

(　　) 3. 当固定相的极性小于流动相的极性时，该色谱法为反相色谱法。

(　　) 4. 色谱图中的色谱峰越宽，理论塔板数越高，色谱柱效能越好。

(　　) 5. 在高效液相色谱法中，为了获得好的分离效果，流动相应采用较快的流速。

(　　) 6. 固定相的粒度越小、填充越均匀，色谱柱效能越理想。

三、试区别下列各组概念

1. 分配系数与保留因子
2. 保留体积与调整保留体积
3. 理论塔板数与塔板高度
4. 分离度与对称因子

四、计算题

1. 在一液相色谱法测得的色谱图上，某色谱峰的宽度为50s，它的保留时间为20min。以此色谱峰计算该色谱柱的理论塔板数。
2. 现有一根长为15cm的C_{18}柱，用于分离样品中的两组分。在确定的实验条件下，已知n=3.00×10^4；测得死时间t=1.20min，两组分的保留时间分别为t_{R1}=4.50min，t_{R2}=4.80min。求分配系数比α及分离度R。

思　考　题

1. 高效液相色谱法按分离机制分为哪些基本类型？
2. 如何应用高效液相色谱法进行定性和定量分析？
3. 简述高效液相色谱仪系统的基本组成。
4. 高效液相色谱法对流动相的要求是什么？
5. 依据速率理论，如何提高色谱柱分离效能？

（陈志琮）

医用化学实验

第一节　医用化学实验规则

一、医用化学实验基本规则

（1）了解医用化学实验室的各种规章制度，熟悉实验室的环境、布置和设施。爱护国家财产，清点仪器设备、试剂和材料，小心使用并注意节约。

（2）学会正确使用水、电、煤气、通风橱、灭火器等，了解实验事故的处理方法。

（3）保持实验室内的安静和整洁，实验台上的仪器应整齐地放在指定的位置，并不得将废纸、火柴梗、破损玻璃仪器等丢入水槽，以免堵塞。

（4）使用精密仪器时，必须严格按照操作规程进行。如发现仪器有异常时，应立即停止使用并报告实验老师，及时排除故障。

（5）每次实验后，由学生轮流值日，负责打扫和整理实验室，并检查水、电、煤气是否安全关闭，以及门、窗是否关好，以保证实验室的整洁和安全。

二、学生医用化学实验守则

（1）实验前，学生须认真预习，明确实验的目的与要求，弄清实验有关基本原理、操作步骤、方法以及安全注意事项，做到心中有数，有计划地进行实验。

（2）进入实验室必须穿白大衣，戴防护眼镜。

（3）以严谨、科学的态度，在老师指导下，按医用化学实验要求进行实验。

（4）实验中，爱护实验仪器设备，学会安全合理使用仪器设备，节约使用试剂和试药。遵守实验操作规程，做到认真操作，积极思考，细致观察实验现象，做好实验数据记录和报告。使用危险品应严格按照规程操作并注意安全。

（5）实验后，应将所用仪器洗净并整齐地放回实验台上。由实验老师检查后，方可离开实验室。如有仪器损坏，必须及时登记补领。

（6）写报告时，应根据原始记录，联系理论知识，认真处理数据，分析问题，写出实验报告，并按时交老师批阅。

（7）值日学生做好室内清洁，应进行安全检查，关好门、窗、水、电、煤气。

（8）实验指导老师可根据具体实验情况增加本守则以外的必要条款。

三、医用化学实验室安全守则及事故处理

在医用化学实验中，经常接触的化学药品可能有易燃、易爆和有腐蚀性的，甚至于有毒的，有的化学反应还具有危险性，并且经常使用水、电和各种加热用具（如酒精灯、酒精喷灯和煤气灯等），必须在思想上充分重视安全问题。为此，实验前应充分了解有关安全注意事项，实验过程中严格遵守操作规程，以避免或减少事故发生。

（一）安全守则

（1）实验前，应检查仪器设备是否无损，装置是否正确，在征求指导老师同意后，方可进行实验。

（2）实验时，检查装置有无泄漏、不得离开岗位；注意反应进行的情况等。

（3）加热试管时，不能将管口朝向自己或他人；也不能俯视正在加热的液体，以防液体溅出伤人。

（4）不允许用手直接取用固体药品。嗅闻气体时，鼻子不能直接对着瓶口或试管口，而应用手轻轻将少量气体扇向自己的鼻孔。

（5）使用酒精灯，应随用随点，不用时盖上灯帽。严禁用燃着的酒精灯点燃其他酒精灯，以免酒精流出而失火。

（6）使用易燃、易爆药品，应严格遵守操作规程，远离明火。绝对不允许擅自随意混合各种化学药品，以免发生意外事故。

（7）凡产生刺激性的、有恶臭的、有毒的气体（如 Cl_2、Br_2、HF、H_2S、SO_2、NO_2 等）的实验，应在通风橱内（或通风处）进行。

（8）浓酸浓碱具有强腐蚀性，使用时要小心，切勿溅在衣服、皮肤及眼睛上。稀释浓硫酸时，应将浓硫酸慢慢倒入水中并搅拌，而不能将水倒入浓硫酸中。

（9）有剧毒药品（如重铬酸钾、铅盐、砷的化合物、汞的化合物，特别是氰化物）不能进入口内或接触伤口，也不能将其随便倒入下水道，应按要求倒入指定容器内。

（10）实验室内严禁吸烟、饮食。实验结束，应立即关闭水、电、煤气等，洗净双手，方可离开实验室。

（二）事故处理

如果在实验过程中发生了以下事故，可以采取的救护措施：

（1）浓酸、浓碱洒在衣服或皮肤上时，应立即用大量水冲洗，再相应分别用 2% 碳酸氢钠溶液或 2% 醋酸擦洗，用水冲洗后，外敷氧化锌软膏或硼酸软膏。

（2）当眼睛溅入腐蚀性药品时，应立即用大量水冲洗，但注意水压不应太大，待药物充分洗净后再就医。当眼睛里进入碎玻璃或其他固体异物时，应闭上眼睛不要转动，立即到医务室就医。

（3）不慎吸入煤气、溴蒸气、氯气、氯化氢、硫化氢等气体时，应立即到室外做深呼吸，呼吸新鲜空气。

（4）当烫伤时，在烫伤处抹上黄色的苦味酸溶液或烫伤膏，切勿用水冲洗。

（5）毒物误入口内，可取 5～10mL 稀硫酸铜溶液，加入一杯温水中，内服后用食指伸入咽喉，促使呕吐，随即送医院。

（6）人体触电时，应立即切断电源，或用非导体将电线从触电者身上移开。如有休克现象，应将触电者移到有新鲜空气处立即进行人工呼吸，并请医生到现场抢救。

（7）实验中，万一发生着火，应根据起火原因采取相应的方法。一般的小火可用湿布、石棉布覆盖燃烧物灭火；火势大时可使用泡沫灭火器；但电器设备引起的火灾，只能用四氯化碳灭火器灭火；衣服着火时，切勿乱跑，应赶快脱下衣服，用石棉布覆盖着火处，或者就地卧倒滚打，也可起到灭火的作用。火势较大，应立即报火警 119。

（8）任何情况下，实验者的人身安全是第一位的。

第二节　医用化学实验的基本操作与要求

一、化学药品、试剂的存储及其使用

（一）化学药品的存储

（1）一般化学药品都应储藏在带磨口塞（最好是标准磨口塞）的玻璃瓶内，高黏度的液体放在广口瓶内，一般性液体存放在细颈的瓶内。

（2）一些特殊化学药品储藏要求

1）氢氧化钠和氢氧化钾及其溶液保存在带橡皮塞或塑料塞的瓶子内；碱金属存放在煤油中。

2）能与玻璃发生反应的化合物（如氢氟酸等），使用塑料或金属容器。

3）黄磷以水覆盖。

4）对光敏感的物质（包括醚等）应储藏在棕色玻璃瓶内。

5）对潮湿气体和空气敏感的物质常密封储藏在玻璃瓶中。

6）对产生毒性或腐蚀性蒸气的物质（如溴、发烟盐酸、硫酸、氢氟酸等）放在通风橱内。

7）某些剧毒性化学药品（如氰化物、砷及其化合物等）应按有关部门的规定进行储存。

（二）化学药品使用中的注意事项

有机溶剂使用中较突出的特点有两点：一是易燃性，由于有机溶剂蒸气一般都较空气的密度大，会沿着桌面或地面漂移至较远处，或沉积在低洼处。为此，在实验室用过的火柴梗切勿乱扔，以免引起火灾；也不要将易燃有机溶剂倒入废物缸中，更不要用开口容器盛放易燃有机溶剂。二是有毒性，由于有机溶剂大多对人体毒害，操作有毒试剂和物质时，实验室应充分通风，操作者必须戴橡皮手套或一次性塑料手套，操作后立即洗手。为此，在使用过程中应最大限度地减少与有机溶剂的直接接触，并注意切勿让有毒性化学药品触及五官或伤口。

二、医用化学实验常用玻璃仪器及洗涤

（一）医用化学实验常用玻璃仪器

医用化学实验室常用玻璃仪器及其使用，如表1。

表1　医用化学实验室常用玻璃仪器及其使用表

名称	规格	主要用途	使用注意事项
 烧杯	以容积（mL）表示，有50、100、200、500、1000等	配制溶液、溶解样品等	所盛的液体一般不能超过容积的2/3；加热时应置于石棉网上，使其受热均匀；一般不可烧干
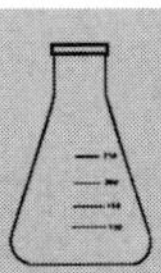 锥形瓶  磨口锥形瓶	以容积（mL）表示，有50、100、200、500、1000等	加热处理试样和容量分析滴定	除有与上相同的要求外，磨口锥形瓶加热时要打开瓶塞，非标准磨口要保持原配塞
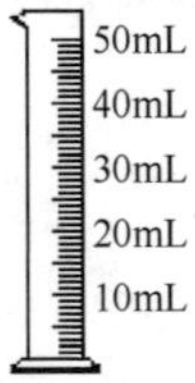 量筒 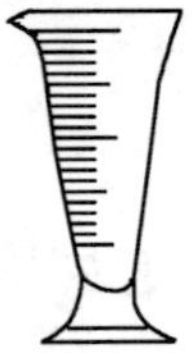 量杯	以容积（mL）表示，有10、20、50、100等	粗略地量取一定体积的液体用	不能直接加热；不能在其中配制溶液；不可用作反应容器；操作时要沿壁加入或倒出溶液
 试管 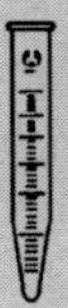 离心试管	分硬质、软质、普通和离心试管 普通试管以管外径（mm）×长度（mm）表示，离心试管以容积（mL）表示	定性分析检验离子；离心试管可在离心机中借离心作用分离溶液和沉淀	所盛液体一般不能超过容积的1/2；加热时不能超过1/3；硬质玻璃制的试管可直接在火焰上加热，但不能聚冷；离心管只能水浴加热

续表

名称	规格	主要用途	使用注意事项
 容量瓶	以容积（mL）表示，有 50、100、250、1000 等	配制准确体积的标准溶液或被测溶液	瓶塞与瓶要原配的，不能互换；漏水的不能用；不能在烘箱内烘烤，不能用直火加热，可水浴加热；不得贮存溶液；不能在瓶中溶解固体
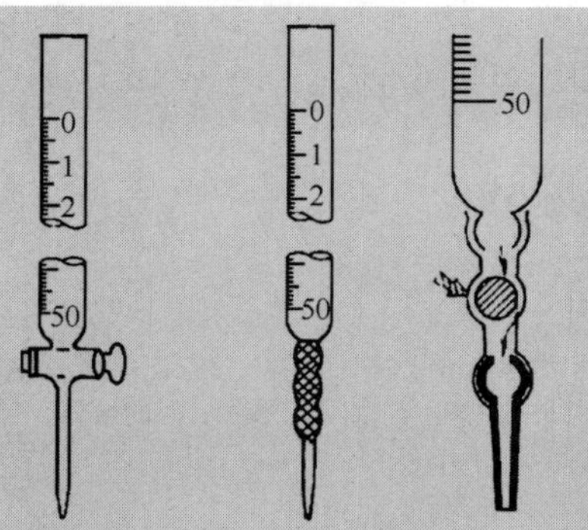 酸式滴定管 碱式滴定管	有无色和棕色，分酸式和碱式。以容积（mL）表示，有 25、50 等	容量分析，滴定或量取准确体积的溶液时使用。滴定操作分酸式、碱式	酸式滴定管盛酸性溶液或氧化型溶液；碱式滴定管盛碱性溶液或还原型溶液，不能放氧化剂、见光容易分解的滴定液；活塞要原配；漏水的不能使用；不能加热；不能长期存放碱液；碱式管不能放与橡皮作用的滴定液
 聚四氟塞酸碱两用滴定管	以容积（mL）表示，有 10、25、50 等	用聚四氟活塞替代了玻璃活塞，此滴定管可供酸和碱的滴定两用	酸式滴定管盛酸性溶液或氧化型溶液；碱式滴定管盛碱性溶液或还原型溶液，不能放氧化剂、见光容易分解的滴定液；活塞要原配；漏水的不能使用；不能加热；不能长期存放碱液；碱式管不能放与橡皮作用的滴定液
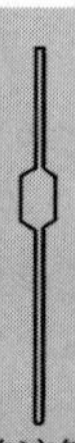 移液管  刻度吸管	以容积（mL）表示，有 1、2、5、25、50 等	准确地移取一定量的液体	管口上无“吹出”字样者，使用时末端的溶液不允许吹出；不能加热；上端和尖端不可磕破
 高形称量瓶  扁形称量瓶	以直径×瓶高（mm）表示，分为扁形、高形，其中扁瓶高 40mm 至 60mm 不等，高瓶高 40mm 至 60mm 不等；有普通玻璃和石英玻璃	扁形用作测定干燥失重或在烘箱中烘干基准物；高形用于称量基准物和样品	不可盖紧磨口塞烘烤，磨口塞要原配

续表

名称	规格	主要用途	使用注意事项
 细口瓶 广口瓶 滴瓶	以容积（mL）表示，有 50、100 等，分细口瓶、广口瓶、滴瓶；有无色瓶和棕色瓶	细口瓶用于存放液体试剂；广口瓶用于装固体试剂；滴瓶装需滴加的试剂；棕色瓶用于存放见光易分解的试剂	不能加热；不能在瓶内配制在操作过程放出大量热量的溶液；磨口塞要保持原配；放碱液的瓶子应使用橡皮塞，以免日久打不开
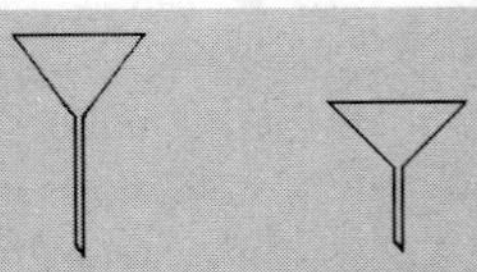 长颈漏斗 短颈漏斗	以口径（mm）表示，有 30、40、60 等	长颈漏斗用于定量分析，过滤沉淀；短颈漏斗用作一般过滤	不能加热；加液体不能超过容积的 2/3
 分液漏斗	以容积（mL）表示，有 10、25、50 等：有球形、梨形等	分开两种互不相溶的液体；用于萃取分离和富集（多用梨形）；制备反应中加液体（多用球形及滴液漏斗）	瓶与旋塞必须原配；漏水的漏斗不能使用；不能加热
 蒸发皿	以直径或口径（mm）表示。材质有瓷质、石英等，分无柄和有柄	蒸发液体、浓缩溶液或干燥固体物质	可耐酸、耐碱，耐高温，直接加热，但不能骤冷，加热后不能直接放到实验桌上，应放在石棉网上，以免烫坏实验桌
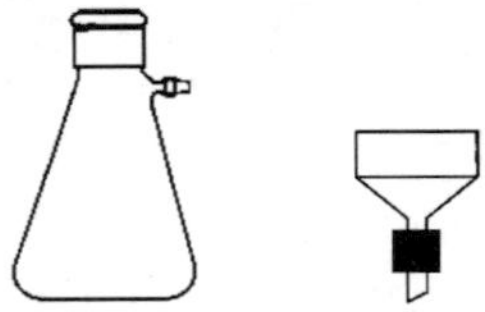 抽滤瓶 布氏漏斗	布氏漏斗为瓷质，以直径（mm）表示，有 6、8 等；抽滤瓶为玻璃制品，以容积（mL）表示，有 250、500 等	用于分离溶液与沉淀物	滤纸要略小于漏斗内径；能耐负压；不可加热；使用时先抽气再过滤；过滤完成后先拔掉抽气管再关抽气泵
 表面皿	以直径（mm）表示，有 60、150 等	盖烧杯及漏斗等	不可直火加热，直径要略大于所盖容器
 研钵	以口径（mm）表示，有玻璃、瓷和玛瑙等	研磨固体试剂及试样等用；不能研磨与玻璃作用的物质	只能压碎；不能撞击；不能加热；放入量不宜超过容量的 1/3
 干燥器	以外径（mm）表示，分普通干燥器和真空干燥器，内放干燥剂	保持烘干或灼烧过物质的干燥；也可干燥少量制备的产品	底部放变色硅胶或其他干燥剂；盖磨口处涂适量凡士林；防止盖子滑动打碎；热的物体冷却后才能放入
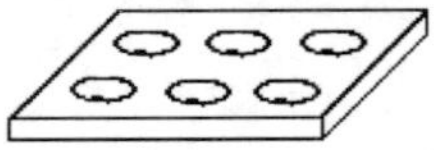 点滴板	有透明玻璃和瓷质，分白色和黑色，有 6 孔、9 孔、12 孔等规格	化学定性分析中做显色或沉淀点滴实验时用	有色溶液或沉淀的用白瓷（透明厚玻璃）板；白色或黄色沉淀用黑瓷（深色厚玻璃）板

（二）医用化学实验玻璃仪器的洗涤和干燥

1. 玻璃仪器的洗涤 医用化学实验过程中经常使用各种玻璃仪器。如果使用不洁净的，玻璃仪器上的杂质和污物会对实验产生影响，轻则得不到正确的实验结果，重则甚至可导致失败。为此，玻璃仪器的洗涤是化学实验中的一项重要内容。

玻璃仪器洁净的标准是用水冲洗后，仪器内壁能均匀地被水润湿而不黏附水珠，否则需要进一步清洗。洗涤仪器的方法很多，主要介绍一般洗涤和洗液洗涤。

（1）一般洗涤：对于水溶性的污物而言，一般直接用水冲洗；若有冲洗不掉的污物，可以选用合适的毛刷洗；当毛刷也很难刷到的，可用碎纸捣成糊浆，放进容器，剧烈摇动，导致污物脱落，再用水冲洗干净。

注意：①玻璃仪器应一个一个洗，不能同时抓多个一起洗，以免碰坏或摔坏。②用自来水洗净的玻璃仪器，往往残留一些离子如 Ca^{2+}、Mg^{2+}、Cl^{-} 等，要去除这些离子，应采用蒸馏水“少量多次”法洗涤。③已洗净的玻璃仪器应是清洁透明的，内壁不能用布或纸探试，否则布或纸上纤维及污物又会沾污仪器。

（2）洗液洗涤：对于有油污的玻璃仪器，可先用水冲洗掉可溶性污物，再用毛刷蘸取合成洗涤剂或肥皂液刷洗。用肥皂液或合成洗涤剂仍然刷洗不掉的污物，或因口小、管细不使用毛刷洗涤的仪器及不能用毛刷洗刷的特殊仪器（精密容量玻璃仪器），可用少量浓硝酸或洗液洗涤。氧化性污物可选用还原性洗液洗涤；还原性污物则选用氧化性洗液洗涤。

2. 玻璃仪器的干燥 有些玻璃仪器洗涤干净后就可直接用来做实验，但有些必须是干燥的，即

（1）晾干：对于不急用的玻璃仪器，洗净后将其倒立放置在适当的玻璃仪器架上在空气中自然干燥，即可。

（2）烘干：将洗净的玻璃仪器放入电热恒温干燥箱（简称烘箱）内一般在 105℃加热 15min 左右干燥，即可。

注意：①干燥时，应将玻璃仪器平放或使仪器口朝上，带塞的瓶子应打开瓶塞。②最好让烘箱降至常温后再取出仪器。③如果热时就要取出仪器，应注意用布垫手，防止烫伤。④热玻璃仪器不能碰水，以防炸裂。⑤热仪器自然冷却时，器壁上常会凝上水珠，这可以采用冷风助冷，而避免之。

三、医用化学实验常用仪器使用方法

（一）天平

天平是一种衡器，用于称量物体质量，系由支点（轴）在梁的中心支着天平梁而形成两个臂，每个臂上挂着一个盘，其中一个盘里放着已知质量的物体，另一个盘里放待称重的物体，固定在梁上的指针不摆动且指向正中刻度时的偏转就是待称重物体的质量。

狭义上，天平专指双盘等臂机械天平，是利用等臂杠杆平衡原理，将被测物与相应砝码比较衡量，从而确定被测物质量的一种衡器。广义上，天平则包括双盘等臂机械天平、单盘不等臂机械天平和电子天平 3 类。

普通天平用作物质的一般衡量，其最小分度值等于或大于最大称量的 10^{-4}。

分析天平是用于化学分析和物质精确衡量的高准确度天平，其最小分度值都小于最大称量的 10^{-5}。分析天平可按衡量范围和最小分度值可分为常量天平（称量和最小分度值分别为 100～200g 和 0.01～1mg）、半微量天平（30～100g 和 1～10g）、微量天平（3～30g 和 0.1～1g）和超微量天平（3～5g 和 0.1g 以下）。

精密天平广泛应用于各种物质的精密衡量，其最小分度值通常为最大称量的 10^{-5}～10^{-4}。

目前常用电子天平，有关其使用的方法详见第三部分的实验一。

（二）移液管和吸量管

移液管和吸量管都是准确移取定量溶液的量器，其使用方法见第三部分的实验一。

（三）滴定

滴定管是容量分析中最基本的测量仪器，其使用方法见第三部分的实验一。

（四）萃取

1. 萃取的定义及其原理 萃取是指从固体或液体混合物中提取所需有机物的分离和纯化方法，是有机化学实验中常用的分离和纯化化合物的方法之一。其基本原理是分配定律，利用有机物在两种互不相溶（或微溶）的溶剂中溶解度或分配系数的不同，使有机物从一种溶剂转移至另一种溶剂中，从而达到分离纯化的目的。

2. 萃取的溶剂及其效果 萃取的常用溶剂有水、乙醇、丙酮、氯仿等。其溶剂的选择，应根据萃取的有机物性质确定。按照分配定律，将一定量的溶剂分几次进行萃取的效果，比相同量溶剂一次萃取效率要高。

3. 分液漏斗 分液漏斗是萃取的常用仪器，常用的分液漏斗有球形、圆柱形和梨形 3 种。其作用有三：一是分离两种互不混溶（分层）的液体；二是从溶液中萃取某种有机物；三是用水、酸、碱等洗去溶液中某种有机物。

4. 分液漏斗的操作方法及注意事项

（1）使用前，仔细检查分液漏斗的活塞和玻璃塞是否配套严密，防止在使用过程中漏液或无法操作。如活塞处漏液，取下活塞，涂少量凡士林或润滑脂，塞好后旋转数圈，使其分布均匀，应注意，不能堵塞活塞孔，然后将活塞关好。

（2）使用时，分液漏斗一般只能装 1/2 的被萃取有机物和溶剂。盖上玻塞，并注意封闭玻璃气孔，以免漏液。按图 1 所示方式将分液漏斗振摇多次，使两液相充分接触，以提高萃取效率。开始振摇时要慢，每振摇几次后，让漏斗下口倾斜向上，打开活塞“放气”，使内外压力平衡。重复上述操作几次，直到完成萃取。

（3）将分液漏斗放在铁环上静置如图 2 所示，使两液层分层，然后旋转上面玻塞，对准放气孔，下层液体从活塞放出；上层液体从分液漏斗上口倒出，切不可将上层液体从下口活塞放出，以免造成沾污。

（4）在萃取过程中，特别是当溶液呈碱性时，常会产生乳化现象，影响液体分层。为此，常加入少量电解质（如氯化钠）或去泡剂等破坏乳状液体，也可采用轻轻回荡分液漏斗，较长时间的静置来使两液相完全分层。

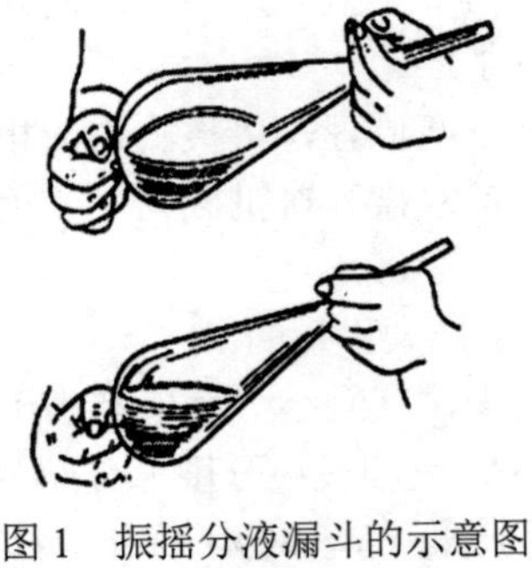

图 1 振摇分液漏斗的示意图

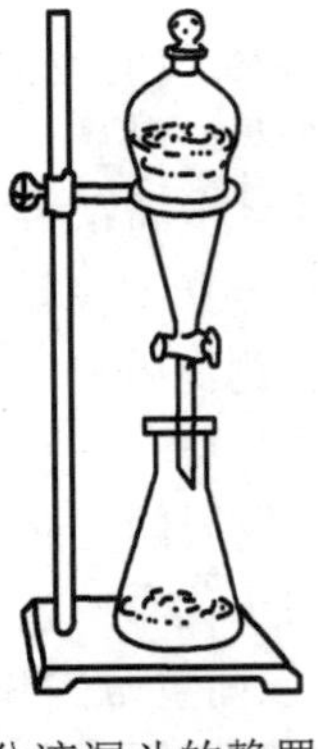

图 2 分液漏斗的静置示意图

四、实验记录与实验报告

准确、规范的实验记录可为以后的科学研究提供研究思路，减少或避免不必要的重复劳动，缩短研究时间，提高研究效率和水平。记述不清楚，甚至伪造的实验记录，会给科研工作带来不必要的麻烦和困难，甚至使科研工作误入歧途。因此，了解实验记录中存在的问题，规范实验记录与写作，将有利于提高实验记录与报告的水平。

实验记录必须规范、真实，实验记录有统一的要求和格式，应采用专用的实验记录本，记录的实验内容应包括：实验时间、天气、实验原理、实验操作步骤、原始实验数据、实验现象、实验结果等。一些实验记录在研究方法、实验步骤等内容中记述过于简单，或实验记录不完整，导致其他研究人员参考实验记录时，难以重复实验结果。因此，必须做到即时记录，真实记录，完整记录，决不能事后记录和随意记录，否则，易养成不良的实验习惯而影响科学研究工作的开展。常见实验报告册书写内容。

医用化学实验报告（参考格式）

实验时间：　　　　年　　月　　日　　　　　　　　室温：　℃

学生姓名：　　　　　　　　专业：　　　　　　　　学号：

一、实验名称

二、目的与要求

三、仪器与试剂（主要仪器试剂须注明规格）

四、方法原理

五、操作步骤

六、实验结果 [实验过程中的现象（颜色、沉淀等）、数据、图谱均应如实记录]

七、讨论（如果实验成功，总结经验；如果实验失败，对异常现象和结果进行分析，解释原因）

八、思考题

（母昭德　尚京川）

第三节　医用化学实验部分

实验一　医用化学实验室安全知识和基本仪器操作

一、实验目的

1. 掌握：医用化学常用仪器的基本操作和溶液的配制。
2. 熟悉：医用化学实验室的各类规章制度和实验报告册的书写方法。
3. 了解：实验室常用仪器及其使用注意事项。

二、实验原理

（一）电子天平

1. 概述　电子天平是新一代的天平，是根据电磁力平衡原理，直接称量，全量程不需砝码。放上称量物后，在几秒钟内即达到平衡，显示读数，称量速度快，精度高。电子天平的支承点用弹性簧片取代机械天平的玛瑙刀口，用差动变压器取代升降枢装置，用数字显示代替指针刻度式（图 3）。因而，电子天平具有使用寿命长、性能稳定、操作简便和灵敏度高的特点。此外，电子天平还具有自动校正、自动去皮、超载指示、故障报警等功能以及具有质量电信号输出功能，且可与打印机、计算机联用，进一步扩展其功能，

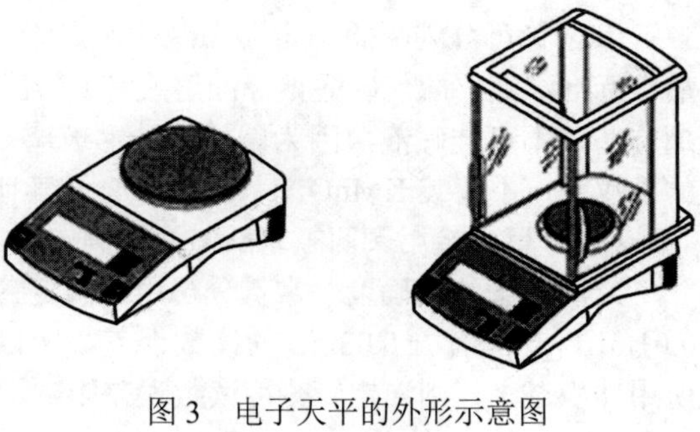

图 3　电子天平的外形示意图

如统计称量的最大值、最小值、平均值及标准偏差等。由于电子天平具有机械天平无法比拟的优点，尽管其价格较贵，但也会越来越广泛地应用于各个领域并逐步取代机械天平。

2. 称量原理 电子天平是采用电磁力与物质的重力相平衡的称量原理。称量通过支架连杆与一线圈相连，该线圈置于固定的永久磁铁——磁钢之中，当线圈通电时自身产生的电磁力与磁钢磁力作用，产生向上的作用力。该力与称盘中称量物的向下重力达平衡时，此线圈通入的电流与该物重力成正比。利用电流大小可计量其质量。

3. 有关电子天平的注意事项

（1）称量前：检查天平是否处于水平状态，天平盘是否洁净等。

（2）调节天平水平：天平有一个水平泡及两个水平调节脚，通过调节两只水平调节脚，直到水平泡至中央位置，即可。

（3）天平预热：天平接通电源，开启，预热 30min 后，方可进行使用。

（4）天平校准：天平首次使用前或者搬动位置后需要进行校准。天平预热后，按＜CAL＞键，天平显示“100.00g”，在该数字的下方出现“CAL”字样，将校准砝码置于秤盘中央，片刻，显示“CC”时，表示校正完成。移去砝码，待片刻，再将校准砝码放上，应显示“100.00g”，否则应继续校正。

（5）清零去皮：将称量容器或其纸置于秤盘上，显示其质量，然后轻按＜TARE＞键，随即显示“0.00”，即表示容器称量或其纸的质量已去除。

4. 称量操作及其方法

（1）开机：让称盘空载，单击 ON 键，天平开始自检，当天平显示 0.00g 时，可以进行称量。

（2）简单称量：将样品放在秤盘上，等待直到稳定提示符“0”消失，读取称量结果。

（3）去皮称量：将空容器放在天平秤盘上，显示其重量值。单击＜TARE＞键或＜→ O/T ←＞键（去皮），显示“0.00”。向空容器中加入样品，并显示净重值。如果将容器从天平上移去，去皮重量值会以负值显示。

（4）固定质量称量法：天平调零，去皮后，将待称量物品放在称量容器上，天平即显示净重值。等到数值后显示稳定指示符“g”，读取称量结果。

（5）减量称量法：称出样品和称量容器的总重量，然后定量移出（如轻拍）部分样品至烧杯中，再次称量样品和称量容器的总重量，通过两次总重量之差可得出移出样品的重量。（重复该步骤可得到下一个移出样品的重量。）

（6）关机：按住 OFF 键直到显示出现“OFF”字样，松开该键。

（二）滴定管

1. 滴定管的构造与分类 滴定管是由具有准确刻度的细长玻璃管及开关组成，是容量分析中最基本的测量仪器。滴定管刻度是从上管口下方不远的零刻度开始，向下每隔 1mL 标一刻度。每 1mL 间又分为十等分（0.10mL），而在 0.1mL 刻度间又可估计读至小数点的第二位数值。滴定管用于正确计量反应所消耗的标准溶液的体积。自滴定管流出的溶液体积，可由滴定前后管内液度的差值来计算，可准确测量溶液体积到 0.01～0.02mL。在滴定时用来测定自管内流出溶液的体积。

滴定管可分为酸式滴定管和碱式滴定管。又有无色和棕色两种，一般需避光的滴定液（如硝酸银标准溶液、硫代硫酸钠标准溶液等），需用棕色滴定管。其中，酸式滴定管的下端阀门是毛玻璃旋塞，不可装碱液，因为碱能浸蚀毛玻璃，使旋塞不能转动；碱式滴定管的下端是嵌有玻璃珠的橡皮管，不能装 $KMnO_4$、$AgNO_3$、I_2 及其他能浸蚀橡皮的溶液。

（注：可直接用聚四氟塞酸碱两用滴定管，替代酸式滴定管和碱式滴定管。）

2. 滴定管的准确度 常量分析用的滴定管为 50mL 或 25mL，刻度小至 0.1mL，读数可估计到 0.01mL，一般有 ±0.02mL 的读数误差，所以每次滴定所用溶液体积最好在 20mL 以上，若滴定所用体积过小，则滴定管刻度读数误差影响增大。

3. 滴定管的准备

（1）检查：先装水检查是否漏水。如果漏水，应将旋塞拨出，用吸水纸或干净纱布把塞子和塞槽擦干，涂上一薄层凡士林（注意不要涂得太多，以免塞孔堵塞），如图 4 所示。

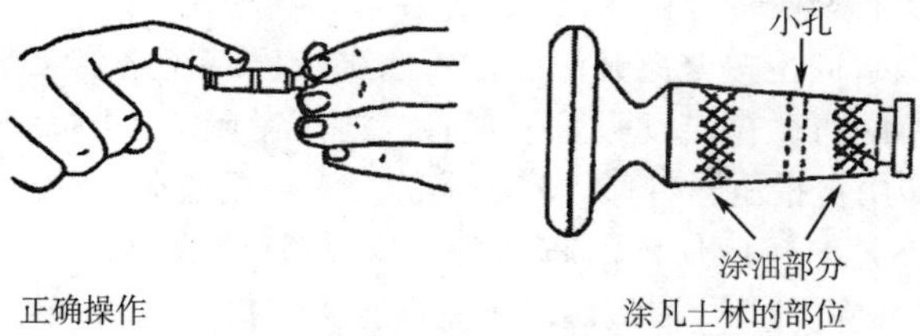

图 4　涂凡士林的方法示意图

（2）清洗：须将滴定管洗净，使水自然沥干（内壁应不挂水珠），同时。先用少量标准溶液荡洗 3 次，（每次 5～10mL），除去残留在管壁和下端管尖内的水，以防装入标准溶液被水稀释。

（3）装溶液与去气泡：标准溶液装入滴定管应超过标线刻度零以上约 5mL，这时滴定管尖端如果有气泡，必须排除，否则将造成体积误差。酸式滴定管排气泡时只需让溶液以急流通过阀门，即可；碱式滴定管排气泡时须将滴定管的橡皮扭转向上，用手捏玻璃珠排出（图 5），再调节溶液液面使溶液弯月面最低点恰好和零刻度线相切或零刻度线以下。

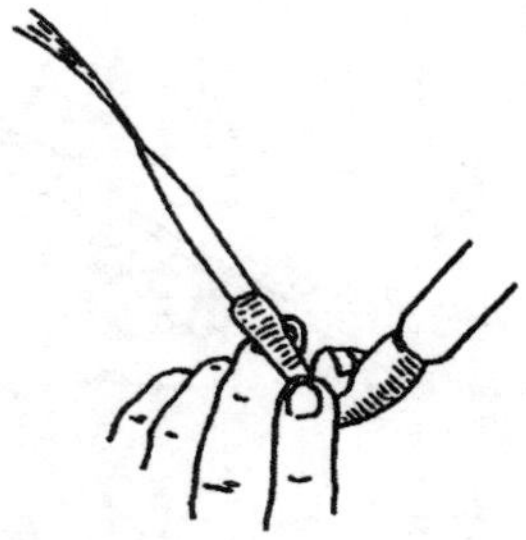

图 5　排气泡法示意图

4. 滴定　滴定最好在白天进行，读数时可借黑白纸作背衬使读数更加清晰，见图 6，读数时要注意观测液面的刻度和弯月面及眼睛应在同一水平面上，否则将产生读数误差，见图 7。其滴定操作如图 8 所示。

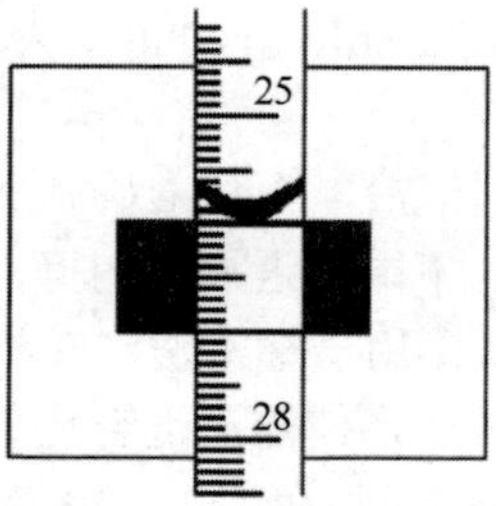

图 6　滴定管读数示意图

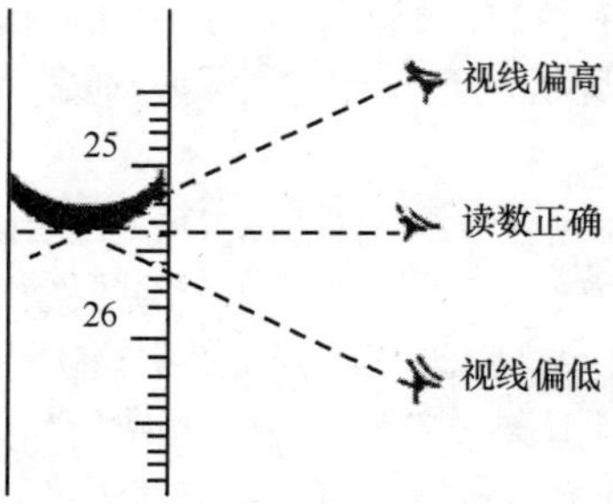

图 7　读数视线的位置示意图

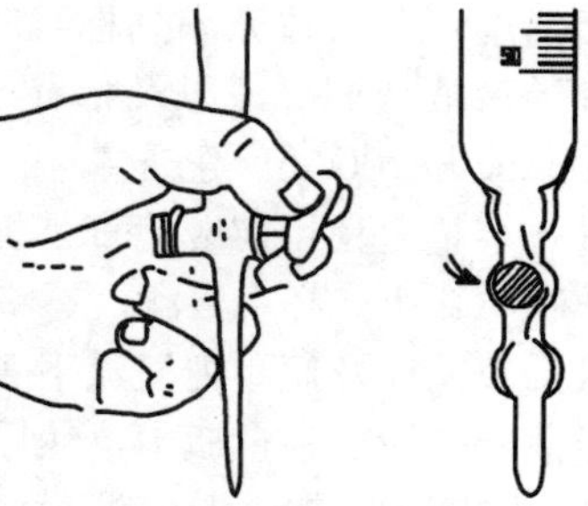

图 8　滴定操作示意图

（三）移液管和吸量管

移液管和吸量管都是准确移取定量溶液的量器。移液管是一根中间有一膨大部分的细长玻璃管。其下端为尖嘴状，上端管颈处刻有一条标线，是所移取的准确体积的标志。常用的规格有 5mL、10mL、25mL、50mL。吸量管是具有分刻度的直形玻璃管，常用的规格有 1mL、2mL、5mL、10mL。移液管和吸量管所移取的体积通常可准确到 0.01mL。移液管和吸量管的操作方法相同，现以移液管操作为例说明。

1. 准备与清洗　首先查看移液管标记、准确度等级、刻度标线位置等，其次用铬酸洗液润洗，除去管内壁的油污；然后用自来水冲洗残留的洗液，再用蒸馏水洗净。洗净后的移液管内壁应不挂水珠。

2. 润洗　移取溶液前，应先用滤纸将移液管末端内外的水吸干，然后用欲移取的溶液润洗管壁 2～3 次，即吸取少量欲移取的溶液于移液管中，横放并转动移液管进行洗涤，见图 9。

3. 吸取溶液 用右手拇指和中指捏住移液管的上端，将管的下口插入欲吸取的溶液中1～2cm处（注：太浅会产生吸空，把溶液吸到洗耳球内弄脏溶液，太深又会在管外黏附溶液过多）。左手拿洗耳球，先把球内空气压出，然后将洗耳球的尖端接在移液管顶口，慢慢松开洗耳球使溶液吸入管内至刻度以上，立即用右手的食指按住管口，见图10。

4. 调节液面 将移液管向上提升离开液面，管的末端仍靠在盛溶液器皿的内壁上，管身保持直立，略为放松食指（有时可微微转动吸管）使管内溶液慢慢从下口流出，直至溶液的弯月面底部与标线相切为止，立即用食指压紧管口。将尖端的液滴靠壁去掉，移出移液管，插入锥形瓶中。

5. 放出溶液 放出溶液时，应使锥形瓶倾斜30°，移液管直立，管下端紧靠锥形瓶内壁，稍松开食指，让溶液沿瓶壁慢慢流下（图11），流完后管尖端接触瓶内壁约15秒后，再将移液管移去，残留在管末端的少量溶液，不可用外力强使其流出，因校准时已考虑了末端保留溶液的体积。

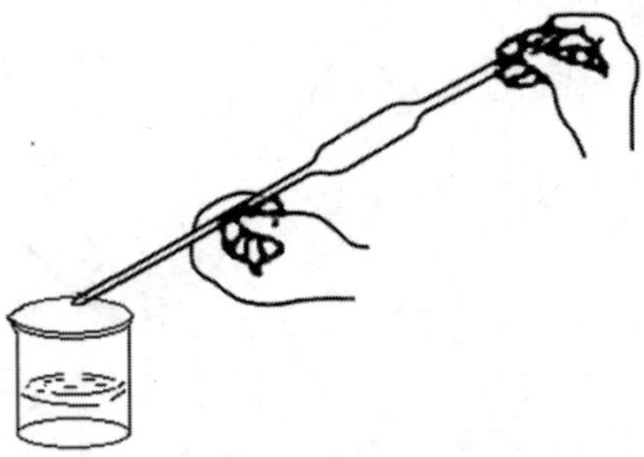

图9 移液管洗涤操作示意图

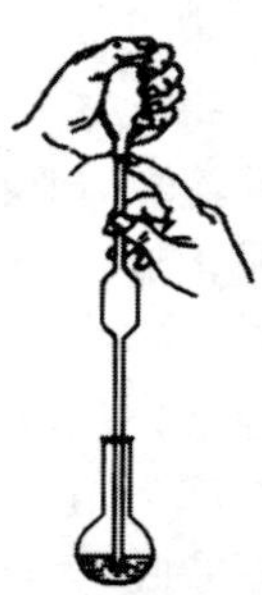

图10 吸取溶液操作示意图

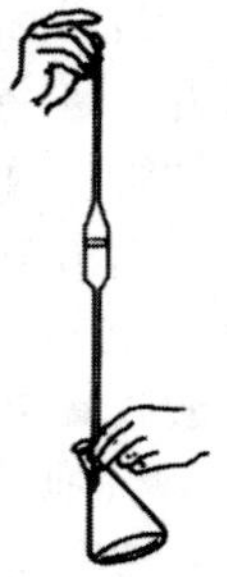

图11 放出溶液操作示意图

（四）容量瓶

容量瓶是一种带有磨口玻璃塞或塑料塞的颈梨形平底玻璃瓶量器。颈上有标线，表示在所指温度下当液体充满到标线时，液体体积恰好与瓶上所注明的体积相等。容量瓶一般用来配制标准溶液或试样液以及稀释一定量溶液到一定的体积。通常有25mL、50mL、100mL、250mL、500mL和1000mL等规格。

容量瓶使用前应检查是否漏水（图12），然后洗净。若用固体配制溶液，先将准确称取的固体物质置小烧杯中溶解，再将溶液转入容量瓶中，转移时要使玻璃棒的下端靠近瓶颈内壁，使溶液沿玻璃棒及瓶颈内壁流下（图13），溶液全部流完后，将烧杯和玻璃棒用蒸馏水洗涤3次，洗涤液一并转入容量瓶中，然后，用蒸馏水稀释至2/3容积处，摇动容量瓶，使溶液混合均匀，继续加蒸馏水，加至近标线时，改用胶头滴管滴加，直至溶液的弯月面与标线相切为止，盖紧瓶塞，将容量瓶倒转，并振荡数次，使溶液充分混合均匀。

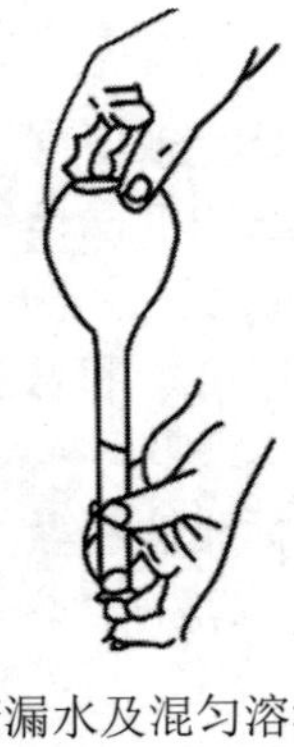

图12 检查漏水及混匀溶液操作示意图

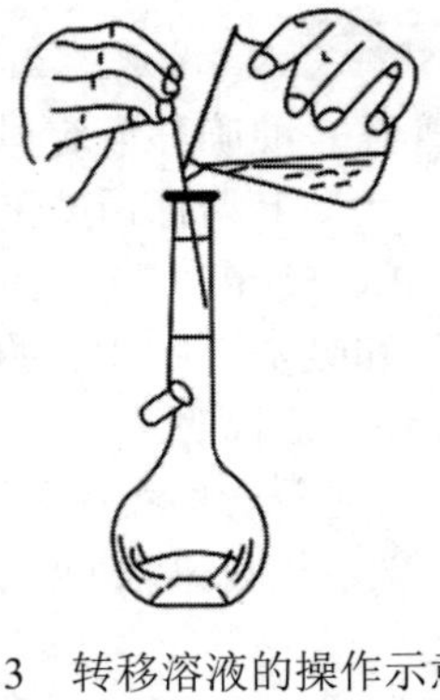

图13 转移溶液的操作示意图

若把浓溶液定量稀释，则用移液管移取一定体积的浓溶液入容量瓶中，按上述方法稀释至标线，摇匀即可。

（五）减压过滤

为了加速溶液与沉淀的分离，常采用减压过滤的方法，见图 14。

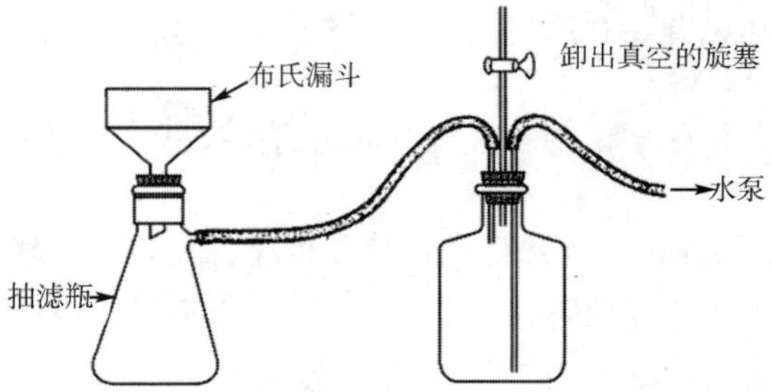

图 14　常用的减压过滤装置示意图

减压过滤装置是由布氏漏斗、抽滤瓶、安全瓶和水泵组成。减压过滤时，水泵中急速的水流不断将空气带走，使吸滤瓶内压力减少，从而在布氏漏斗内的液面与吸滤瓶内造成一个压力差，提高了过滤速率。为了防止因关闭水阀或其水流速改变引起水倒吸污染滤液，通常在水泵与抽滤瓶之间安装一个安全瓶。也正因为如此，在停止抽滤时，应首先从抽滤瓶上拔掉橡皮管，使之与安全瓶断开，然后再关闭水龙头，以防水吸入瓶内。最后将布氏漏斗从瓶上取下，将沉淀用玻璃棒或药匙移入盛器内。

另外需特别注意，抽滤用的滤纸应比布氏漏斗的内径略小，但又能盖住全部瓷孔。然后，将滤纸平铺在漏斗内并用少量待过滤溶液的溶剂润湿后，慢慢打开水泵，稍微抽吸使滤纸紧贴在漏斗上，才能往漏斗内转移溶液进行过滤。有些浓的强酸、强碱或强氧化性的溶液，过滤时不能使用滤纸，因为它们会和滤纸发生作用而破坏滤纸，此时可采用纯尼龙布或的确良布来代替滤纸；也可采用烧结玻璃漏斗，但它不适用于强碱性溶液的过滤，因为强碱能腐蚀玻璃。

三、仪器和药品

1. 仪器　电子天平、移液管、容量瓶、洗瓶、洗耳球、量筒、滴管、吸量管、试管、烧杯、称量纸等。

2. 药品　葡萄糖、硫酸铜、氯化钠、乙醇、自来水、蒸馏水等。

四、实验内容

（1）实验目的性、实验室规则和安全守则教育。

（2）认识医用化学实验常用仪器、洗涤和干燥

1）认识：医用化学实验常用仪器，如洗瓶、洗耳球、量筒、滴管、容量瓶、移液管、吸量管、试管、烧杯、电子天平等。

2）洗涤：清洗玻璃仪器简单常用的方法是用长柄毛刷（试管刷）蘸上去污粉或肥皂粉，刷洗润湿的器壁，除去玻璃表面的污物，最后用自来水清洗。若此时有去污粉的微小粒子黏附在玻璃器皿壁上，可采用 2% 盐酸摇洗一次，再用自来水清洗。当仪器倒置，器壁不挂水珠时，即洗净，可供实验用。

在某些有特殊要求的实验中，需要更洁净的仪器时，可使用洗涤剂洗涤。若用于精制产品，或供有机分析用的仪器，则须用蒸馏水摇洗，除去自来水冲洗时带入的杂质。

为了使清洗工作简便有效，最好在每次实验结束后，立即清洗使用过的仪器，因为污物的性质在当时是清楚的，容易用合适的方法除去。例如，已知瓶中残渣为碱性时，可用稀盐酸或稀硫酸溶解，反之，酸性残渣可用稀的氢氧化钠溶液除去；已知残留物溶解于某常用的有机溶剂中，

可用适量的该溶剂处理。当不清洁的仪器放置一段时间后，往往由于挥发性溶剂的逸去，使洗涤工作变得更加困难。若用过的仪器中有焦油状物，则应先用纸或去污粉擦去大部分焦油状物后再酌情用各种方法清洗。

现在实验室中常用超声波清洗器来洗涤玻璃仪器，既省时又方便。只要把用过的仪器，放在配有洗涤剂的溶液中，接通电源，利用声波的振动和能量，即可达到清洗仪器的目的。清洗过的仪器，再用自来水漂洗干净即可。

另外，反对盲目使用各种化学试剂和有机溶剂来清洗仪器。这样不仅造成浪费，而且还可能带来危险。

3）干燥：方法常有自然挥发、加热蒸发；仪器外壁擦干，小火烤干，试管口向下，从底部开始加热，同时要不断移动使其受热均匀；电吹风吹干、气流烘干器；烘箱（105 ℃左右）烘干；有机溶剂法。

（3）选择一定量程的移液管从烧杯中分别量取 8mL、12mL、18mL 蒸馏水转移至锥形瓶中。

（4）配制质量浓度为 2% 硫酸铜溶液：用电子天平准确称量 0.5g 硫酸铜，在小烧杯中用少量蒸馏水使溶解，溶液转移至 250mL 容量瓶中，少量蒸馏水洗涤小烧杯，洗涤液转移至容量瓶，稀释容量瓶中溶液并定容至 250mL。

（5）医院常用试液的配制（近似浓度）

1）生理盐水的配制：计算配制 50mL 生理盐水需要氯化钠的克数。用称量纸在电子天平（百分之一）称取氯化钠，倒入 100mL 烧杯中，加入 20mL 蒸馏水，搅拌，使得氯化钠完全溶解，再加入 30mL 蒸馏水，搅拌均匀即可。

2）消毒酒精的配制：A 计算配制 100mL 消毒酒精需用 95% 医用酒精的体积。B 用量筒量取上述计算的医用酒精体积数于 100mL 量筒中，加蒸馏水与 100mL 刻度，搅拌均匀即可。

（6）准确浓度的配制

1）计算配制 100mL 浓度为 0.1000mol/L 葡萄糖溶液需要葡萄糖的克数。

2）用干燥洁净的小烧杯在电子天平（万分之一）准确称取葡萄糖，加入 20mL 蒸馏水，搅拌，使得葡萄糖完全溶解，定量转移至 100mL 容量瓶，加入蒸馏水至刻度，摇匀即可。

五、思 考 题

1. 怎样检查玻璃仪器是否已洗涤干净？
2. 容量瓶等计量仪器是否需干燥？若需，则如何干燥？
3. 容量瓶在使用前需要检查瓶塞处是否漏水，检漏的具体步骤是什么？
4. 减压过滤操作需要注意哪些事项？

（马丹丹）

实验二　弱酸电离常数和电离度的测定

一、实 验 目 的

1. 掌握：溶液的配制，移液管、容量瓶和酸度计的使用方法。
2. 熟悉：电离平衡的基本概念。
3. 了解：电离平衡常数的测定方法。

二、实 验 原 理

醋酸是一元弱酸，在水溶液中存在下列电离平衡：

$$HAc + H_2O \rightleftharpoons H_3O^+ + Ac^- \tag{1}$$

根据化学平衡原理，平衡时有：

$$K_a^{\ominus} = \left[\frac{\{[H_3O^+]/c^{\ominus}\}^2 \cdot \{[Ac^-]/c^{\ominus}\}}{\{[HAc]/c^{\ominus}\}}\right] \tag{2}$$

式中，$[H_3O^+]$、$[Ac^-]$ 分别为 H_3O^+ 和 Ac^- 的平衡浓度；$c^{\ominus}$ 为标准浓度，等于 1mol/L；$K_a^{\ominus}$ 为弱酸的电离常数，对每一弱酸，在给定温度下，它的数值是一定的。

将纯 HAc 配成一定浓度（$[HAc]_0$）的溶液，根据式（1），各物质的平衡浓度之间有下列关系：

$$[H_3O^+] = [Ac^-]$$

$$[HAc] = [HAc]_0 - [H_3O^+]$$

则

$$K_a^{\ominus} = \frac{\{[H_3O^+]/c^{\ominus}\}^2}{\{[HAc]_0/c^{\ominus}\} - \{[H_3O^+]/c^{\ominus}\}} \tag{3}$$

而 $pH = -\lg\{[H_3O^+]/c_a^{\ominus}\}$。

所以测得此溶液的 pH，即可算出 $[H_3O^+]$，并代入式（3）求得 $K_a^{\ominus}$。

因 HAc 是弱酸，电离很少。即有 $[H_3O^+] \ll [HAc]_0$，所以：

$$[HAc]_0 - [H_3O^+] \approx [HAc]_0$$

故将式（3）简化为式（4）：

$$K_a^{\ominus} = \frac{\{[H_3O^+]/c^{\ominus}\}^2}{\{[HAc]_0/c^{\ominus}\}} \tag{4}$$

根据电离度 α 的定义可知：

$$\alpha = \frac{[H_3O^+]}{[HAc]_0} \tag{5}$$

同样，测得溶液的 pH，算出 $[H_3O^+]$，由式（5）可求得电离度 α。

三、实验仪器与药品

1. 仪器 酸度计、滴管、25mL 移液管、50mL 移液管、100mL 容量瓶、洗瓶、洗耳球、锥形瓶，0～100℃温度计、50mL 烧杯、碱式滴定管（或用聚四氟塞酸碱两用滴定管）等。

2. 药品 HAc 溶液、NaOH 标准溶液、标准缓冲溶液、酚酞指示剂等。

四、实 验 步 骤

1. HAc 溶液浓度的确定 用 25mL 移液管，取待标定的 0.1mol/L HAc 溶液 25.00mL，置于 1 号锥形瓶中。加入 2 滴酚酞溶液，然后用 NaOH 标准溶液滴定至淡红色，振动后不褪色为止。记录消耗 NaOH 标准溶液的体积，算出 HAc 的准确浓度。重复滴定二次，求 HAc 浓度的平均值。

2. 配制不同浓度的 HAc 溶液 取 4 支 100mL 容量瓶，分别标上 2、3、4、5 号。用 50mL 移液管取 50mL HAc 溶液移入 2 号容量瓶中，加蒸馏水至刻度，摇匀。

用另一支 50mL 移液管从 2 号中，量取 50mL HAc 溶液到 3 号容量瓶中，加蒸馏水至刻度，摇匀。按同样方式从 3 号容量瓶中取 50mL HAc 至 4 号容量瓶加蒸馏水至刻度，摇匀，从 4 号容量瓶中取 50mL HAc 至 5 号容量瓶，加蒸馏水至刻度，摇匀，即得到浓度不同的 HAc 溶液。

3. HAc 溶液 pH 测定 将 5 个 50mL 烧杯分别标上 1、2、3、4、5 号然后将所对应的 HAc 溶液倒入，用酸度计分别测定 pH。

4. 数据记录与处理 记录各溶液的 pH，然后计算溶液中的 H_3O^+ 浓度，再根据式（4）和式

（5）分别计算各 HAc 溶液的 $K_a^\ominus$ 和 α 并计算 $K_a^\ominus$ 的平均值。

五、思 考 题

1. 怎样使用移液管和容量瓶来配制准确浓度的溶液？
2. HAc 的 $K_a^\ominus$ 与 α 的测定原理是什么？
3. HAc 的 $K_a^\ominus$ 与 α 随溶液浓度的改变发生变化吗？

（冀　楠）

实验三　氯化钠的提取纯化及鉴定

一、实 验 目 的

1. 掌握：提取纯化氯化钠的原理和方法。
2. 熟悉：溶解、加热、沉淀、过滤、蒸发、结晶等基本操作。
3. 了解：常见 Ca^{2+}、Mg^{2+}、SO_4^{2-} 等离子的鉴定方法。

二、实 验 原 理

1. 杂质的去除　在粗食盐中，主要含氯化钠和少量杂质，其中杂质又可分为不溶性杂质（如泥沙等）和可溶性杂质（如 K^+、Ca^{2+}、Mg^{2+}、SO_4^{2-} 等）。根据杂质性质和溶解度的不同，除去这些杂质的可采用方法如下：

（1）采用过滤法，除去不溶性杂质如泥沙等。

（2）采用化学方法，除去一些可溶性杂质离子。例如，粗食盐中的 SO_4^{2-} 用 $BaCl_2$ 溶液沉淀除去；Mg^{2+}、Ca^{2+} 及过量的 Ba^{2+} 用 Na_2CO_3 和 NaOH 沉淀除去；过量的 CO_3^{2-} 和 OH^- 用 HCl 中和除去。涉及的离子反应方程式如下：

$Ba^{2+}+SO_4^{2-}=BaSO_4\downarrow$（白）　　　$Ca^{2+}+CO_3^{2-}=CaCO_3\downarrow$（白）

$Mg^{2+}+2OH^-=Mg(OH)_2\downarrow$（白）　　　$Ba^{2+}+CO_3^{2-}=BaCO_3\downarrow$（白）

$H^++OH^-=H_2O$　　　$2H^++CO_3^{2-}=H_2O+CO_2\uparrow$

（3）少量可溶性杂质，如 Br^-、I^-、K^+ 等离子，由于其溶解度较大，且其含量较少，在结晶时残留于母液中除去。

2. 氯化钠提取纯化工艺流程

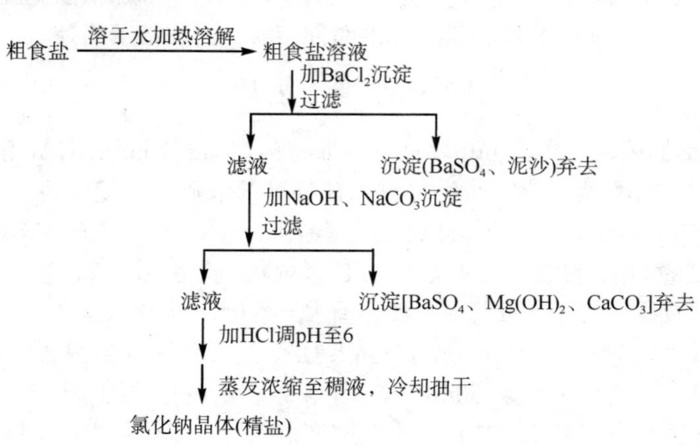

三、实验仪器与药品

1. 仪器　100mL 烧杯、50mL 量筒、10mL 量筒、酒精灯、滴管、0.01g 电子天平（或台秤）、铁架台、布氏漏斗、抽滤瓶、粗食盐、真空泵、pH 试纸、蒸发皿等。

2. 药品 1mol/L $BaCl_2$、2mol/L NaOH、2mol/L HCl、1mol/L Na_2CO_3、0.5mol/L$(NH_4)_2C_2O_4$、镁试剂等。

四、实验步骤

1. 氯化钠的提取纯化

（1）称取粗食盐 8.0g 于小烧杯中，加入约 30mL 蒸馏水，搅拌，加热使其溶解。

（2）待溶液加热近沸时，边搅拌边滴加 1mol/L $BaCl_2$ 溶液（约 2mL）至沉淀完全（为了检验沉淀是否完全，可将烧杯从石棉网上取下，待沉淀沉降后，在上层清液中加 1～2 滴 $BaCl_2$ 溶液，观察是否有浑浊现象。若无浑浊现象，则说明 SO_4^{2-} 已沉淀完全，否则，需继续滴加 $BaCl_2$ 至沉淀完全）。继续加热 5min，使 $BaSO_4$ 颗粒增大，减压过滤（见实验一中（五）减压过滤部分）。

（3）在滤液中加入 1mL 2mol/L NaOH 和 3mL 1mol/L Na_2CO_3，加热至沸。检查沉淀是否完全，沉淀完全后再继续加热 5min，减压过滤，保留滤液。

（4）将滤液转入蒸发皿中，滴加 2mol/L HCl 至 pH 约为 6（用玻璃棒蘸取少量滤液在 pH 试纸上检验）。直火加热蒸发并不断搅拌，浓缩至稀粥状稠液。勿将溶液蒸干，使少量可溶性杂质留于溶液中。

（5）冷却，用布氏漏斗过滤，抽干得氯化钠晶体（精盐）。

2. 产率的计算 称取氯化钠晶体（精盐）重量，并计算产率：

$$产率 = \frac{氯化钠重（g）}{粗食盐重（g）} \times 100\%$$

3. 精制氯化钠产品的纯度检验 取少量提纯前、后的氯化钠，分别用 5mL 蒸馏水溶解，各分装入 3 支试管中（粗盐溶解后取上清液），分成三组，用下法对照检验并比较其纯度：

（1）SO_4^{2-} 的检验：在第一组试液中各加入 1mol/L $BaCl_2$ 溶液 2 滴，比较其浑浊情况。

（2）Ca^{2+} 的检验：在第二组试液中各加入 0.5mol/L $(NH_4)_2C_2O_4$ 溶液 2 滴，比较其浑浊情况。

（3）Mg^{2+} 的检验：在第三组试液中各加入 2mol/L NaOH 溶液 2～4 滴使溶液呈碱性，再分别加入镁试剂 2～3 滴，比较现象。

五、注　　释

镁试剂即对硝基苯偶氮间苯二酚（有机染料）。它在酸性溶液中呈黄色，在碱性溶液中呈红色或紫色。Mg^{2+} 与镁试剂在碱性溶液中生成天蓝色浑浊（或沉淀）。镁试剂的结构为：

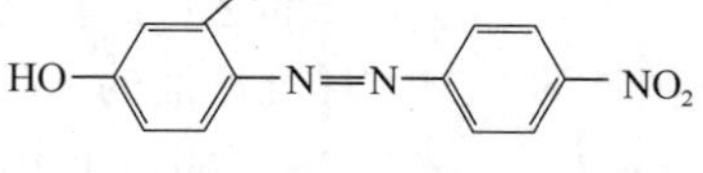

六、思考题

1. 粗盐提取纯化中涉及哪些基本操作？实验中主要的注意事项有哪些？

2. 去除杂质离子过程中，为什么先加 $BaCl_2$，再加 Na_2CO_3 和 NaOH，最后加盐酸？（可否改变加入试剂的次序？为什么？）

3. 用盐酸调节滤液 pH 时，为何要调节至弱酸性？

4. 如果在蒸发浓缩时将滤液蒸得太干或未蒸至稠粥状即停止加热对精盐的提纯结果有何影响？

（赵先英）

实验四　水的硬度测定

一、实验目的

1. 掌握：EDTA 法测定水的硬度测定的原理和测定方法。
2. 熟悉：EDTA 标准溶液的配制和标定方法。
3. 了解：水硬度的概念及其表示方法。

二、实验原理

水的硬度是指水中 Ca^{2+} 和 Mg^{2+} 的含量。通常以每升水中所含 Ca^{2+}、Mg^{2+} 的量换算成 $CaCO_3$ 的毫克数表示，即 1L 水中含有相当于 1mg $CaCO_3$ 的 Ca^{2+}、Mg^{2+} 含量时，其硬度为 1ppm[1]。也可将测得的 Ca^{2+}、Mg^{2+} 总量折算成 CaO 的质量，以每升水中含有 10mg CaO 为 1 度，以表示硬度。我国生活饮用水规定，硬度以 $CaCO_3$ 计，不得超过 450mg/L。常用水（自来水、河水、井水等）中含有较多的钙盐、镁盐，所以常用水都是硬水。

测定水的硬度一般采用配位滴定法。其实验原理为：在 pH ≈ 10 的 NH_3-NH_4Cl 缓冲溶液中，以铬黑 T（EBT）为指示剂，用 EDTA 标准溶液滴定，可以直接测定 Ca^{2+}、Mg^{2+} 总量。由于 EBT 和 EDTA 都能与 Ca^{2+}、Mg^{2+} 形成配合物，开始滴定前，EBT 先与部分 Mg^{2+} 形成酒红色的配合物。当用 EDTA 标准溶液滴定时，EDTA 首先与溶液中游离的 Ca^{2+}、Mg^{2+} 配位形成稳定的无色配合物。接近终点时，因为 MgY^{2-} 的稳定性大于 $MgIn^-$，故 EDTA 夺取 $MgIn^-$ 中的 Mg^{2+}，将 EBT 置换出来，溶液由酒红色变为蓝色，此时即为滴定终点。

1. EDTA 标准溶液的配制和标定　EDTA 标准溶液常用乙二胺四乙酸的二钠盐（即 EDTA-2Na · $2H_2O$，或简写为 $Na_2H_2Y \cdot 2H_2O$，Mr = 372.26）配制，用锌标准液标定。

标定：在 pH ≈ 10 的条件下，以铬黑 T 为指示剂，用所配制的 EDTA 标准溶液滴定锌标准液，整个过程的反应为：

滴定前：$Zn^{2+} + HIn^{2-} \rightleftharpoons ZnIn^- + H^+$

（HIn^{2-} 蓝色，$ZnIn^-$ 红色）

滴定开始至计量点前：$Zn^{2+} + H_2Y^{2-} \rightleftharpoons ZnY^{2-} + 2H^+$

计量点时：$ZnIn^- + H_2Y^{2-} \rightleftharpoons ZnY^{2-} + HIn^{2-} + H^+$

（$ZnIn^-$ 红色，HIn^{2-} 蓝色）

在滴定前，向 Zn^{2+} 标准液中加入的铬黑 T 指示剂 HIn^{2-} 可以配合少量的锌，变为 $ZnIn^-$，溶液颜色由蓝色变为红色。滴定时，H_2Y^{2-} 先和溶液中游离的 Zn^{2+} 配合，当游离 Zn^{2+} 全部发生配合后，继续滴加的 H_2Y^{2-} 将会从 $ZnIn^-$ 中"夺取"被配合的 Zn^{2+}，使 $ZnIn^-$ 又变为 HIn^{2-}，这时溶液由红色变为蓝色，可以确定终点。根据消耗的 EDTA 标准溶液的体积可以计算出 EDTA 的准确浓度。

2. 水的硬度测定　在测定水的硬度时，先用 NH_3-NH_4Cl 缓冲溶液调节所测定的水样的 pH 为 10，然后以铬黑 T 为指示剂，用 EDTA 标准溶液进行滴定。

在滴定过程中，相关的反应为：

滴定前：$Mg^{2+} + HIn^{2-} \rightleftharpoons MgIn^- + H^+$

（HIn^{2-} 蓝色，$MgIn^-$ 红色）

滴定开始至计量点前：$Ca^{2+} + H_2Y^{2-} \rightleftharpoons CaY^{2-} + 2H^+$

$Mg^{2+} + H_2Y^{2-} \rightleftharpoons MgY^{2-} + 2H^+$

计量点时：$MgIn^- + H_2Y^{2-} \rightleftharpoons MgY^{2-} + HIn^{2-} + H^+$

（$MgIn^-$ 红色，HIn^{2-} 蓝色）

同标定过程一样，在滴定终点，水样的颜色由红色变为蓝色。根据滴定所消耗的 EDTA 标准

[1] ppm=10^{-6}。

溶液的体积就可以计算水样中 Ca^{2+}、Mg^{2+} 的含量，从而求出水的总硬度。

三、实验仪器与药品

1. 仪器 分析电子天平、台秤、50mL 酸式滴定管（或用聚四氟塞酸碱两用滴定管）、25mL 移液管、100mL 容量瓶、250mL 锥形瓶、10mL 量筒、25mL 量筒、100mL 烧杯、称量瓶等。

2. 药品 EDTA-2Na · $2H_2O$、氧化锌（基准物）、稀 HCl（1：1）、NH_3-NH_4Cl 缓冲液（称取氯化铵 2g，加浓氨水 7.2mL，再加水稀释至 100mL，摇匀）、铬黑 T 指示剂（称取 0.5g 铬黑 T，加 10mL 三乙醇胺溶解，再加水稀释至 100mL，摇匀）等。

四、实验步骤

1. 0.01mol/L EDTA 标准溶液的配制和标定

（1）称取 2.0g EDTA-2Na · $2H_2O$，加蒸馏水 500mL 溶解，摇匀，贮存在硬质玻璃瓶中。（如有条件，用聚乙烯瓶贮存更好。）

（2）精确称取 0.10g 800℃恒重的基准物 ZnO，置于 100mL 烧杯中，加 3mL 稀 HCl，使溶解并移入 100mL 容量瓶中，用蒸馏水稀释至刻度，摇匀。

（3）量取 25.00mL 锌标准溶液置于 250mL 锥形瓶中，加 10mLNH_3-NH_4Cl 缓冲液和 2 滴铬黑 T 指示剂，摇匀，用 EDTA 标准溶液滴定，边滴边摇，直至溶液由红色变成蓝色，即为终点。记录滴定消耗 EDTA 标准液的体积。再重复滴定 2 次，以 3 次滴定结果数值计算 EDTA 标准溶液的准确浓度。

2. 水的硬度测定 量取 25.00mL 水样，置于锥形瓶中，加入 5mL NH_3-NH_4Cl 缓冲液和 2 滴铬黑 T 指示剂，用 EDTA 标准溶液滴定至由红色变为蓝色为止，记录滴定消耗 EDTA 标准液的体积。再重复滴定 2 次，以 3 次滴定结果计算水的硬度。

计算式：

硬度 $=C_{\text{EDTA}} \cdot V_{\text{EDTA}}/V_{\text{水}} \times 100.09 \times 10^3$　ppm　（即 mg/L）

硬度 $=C_{\text{EDTA}} \cdot V_{\text{EDTA}}/V_{\text{水}} \times 56.08 \times 10^3 \times 10^{-1}$　度

五、思考题

1. 为什么滴定时要加氨-氯化铵缓冲液？
2. 在配位滴定中，金属离子指示剂应具备什么条件？
3. 什么叫水的硬度？水的硬度有哪几种表示方法？

（蒋东丽）

实验五　有机化合物物理常数的测定

一、实验目的

1. 掌握：测定有机物熔点和沸点的原理。
2. 熟悉：测定有机物熔点和沸点的方法。
3. 了解：测定熔点和沸点对鉴定有机物的意义。

二、实验原理

结构决定性质，性质是结构的反映。结构不同的有机物具有不同的物理常数。测定这些物理常数，是鉴定有机物的重要方法。常用的物理常数有熔点、沸点、折光率、比重、比旋光度等。下面主要介绍熔点和沸点的测定。

1. 熔点 当晶体有机物加热到一定温度时，即从固态转变成液态，此时的温度称为该有机物的熔点。熔点的严格定义为：在大气压力下，晶体有机物的固态和液态呈平衡状态时的温度。纯的晶体有机物都有一定的熔点，并且在一定压力下，晶体有机物的固液两态之间的变化非常敏锐，从初熔到全熔的温度范围（称熔点范围或熔距）一般不超过0.5～1.0℃。但是，当晶体有机物中混有少量杂质时，其熔点降低，熔距也较长。因此，测定熔点有两方面的实际意义，一是判断有机物的纯度，二是在实际工作中，用来初步鉴定有机物。例如，可用“混合熔点”的测定判断两种晶体有机物是否相同，即把具有相同熔点的这两种物混合后再测熔点，若熔点不变（观察值可相差2～3℃，由测定操作误差引起），即可认为二者是同一有机物（形成固熔体除外）。相反，熔点下降或熔距较长通常表明两种化合物不同。

由于熔点测定对研究有机物具有很大实用价值，因此，掌握测定的基本操作是完全必要的。

目前，测定熔点的方法有多种，以毛细管法较简便，结果也准确。下面介绍用毛细管测定熔点的方法。

2. 沸点 蒸馏是将液体加热变成蒸气，然后使蒸气经过冷凝变成液体的操作过程。在常压下进行的蒸馏称为常压蒸馏。蒸馏是分离和提纯液态有机物的最常用的重要方法之一。

液态有机物受热时，其饱和蒸气压随温度升高而增大，当它的饱和蒸气压与外界压力相等时，液态物质沸腾，此时的温度即为该液态有机物在此外界压力下的沸点。通常所说的沸点，是指在一个大气压（760mmHg）下液体沸腾时的温度。显然，液态有机物对于外界的大气压是相当敏感的。外界压力降低时，沸腾时所需的蒸气压也下降，于是液态物质的沸点降低。在其他压力下的沸点需标明压力。如水柱50mmHg时，沸点为92.5℃，可表示为92.5℃ /50mmHg。馏液开始滴出到液体几乎全部蒸出时的温度范围称为沸程。纯液体有机物在一定压力下具有一定的沸点，沸程很短，一般不超过1～2℃。

混合物则不同，没有固定的沸点，沸程比较长。所以，通过蒸馏可以测定有机物的沸点。

沸点是液体有机物的重要物理常数之一。可以通过沸点的测定来鉴别有机物的纯度，但是，应该指出，具有恒定沸点的液体不一定都是纯有机物，因为，有机物常与其他组分形成共沸混合物，它们也有一定的沸点。液体不纯时，沸程较长，一般无法确定其沸点。

测定沸点有两种方法：①微量法，以测定熔点装置来进行测定；②常量法，以常压蒸馏装置进行测定。本实验采用常量法测定液体化合物的沸点。

三、实验仪器与药品

1. 仪器 50mL小烧杯、环形玻璃搅拌棒、带软木塞、200℃温度计、表面皿、长玻璃管、毛细管、蒸馏烧瓶、蒸馏头、直形冷凝管、接液管、接收瓶、温度计套管、温度计、水浴锅、铁架台、冷凝管夹、玻璃管、橡皮管、酒精灯、双凹夹、沸石、玻璃漏斗等。

2. 药品 液体石蜡、苯甲酸、尿素、不纯苯甲酸、蒸馏水、无水乙醇等。

四、实验步骤

（一）熔点测定

1. 熔点管 采用直径1～1.5mm，长60～70mm，一端封闭的毛细管作熔点管。使用前检查毛细管一端是否完全封闭。

2. 待测有机物的装入方法 将少量（100～200mg）干燥待测的有机物（样品），置于干净的表面皿上，用玻匙研细成粉末状；堆成绿豆大的小堆，将熔点管的开口端插入堆中数次，样品即被挤入管内，为了让样品紧密填在熔点管密封端，可将熔点管的开口端向上竖立，取一支长约40cm的干净玻管，让熔点管在玻管中自由落下（注意：熔点管下落方向必须和桌面垂直，否则熔点管极易折断），这样重复几次，直到装入样品的高度约3mm为止。

3. 仪器装置 取50mL小烧杯，倒入液体石蜡至小烧杯容量的2/3处，用铁夹固定温度计上端的软木塞，让温度计悬置于油浴正中（水银球距杯底约 1cm），环形玻璃搅拌棒套在温度计外可上下搅动，以保持传热均匀。用橡皮圈或利用液体石蜡的黏附作用将装有样品的熔点管贴在温度计上，其封闭端位于温度计水银球中部并使温度计的刻度正对着观察者，如图 15 所示。

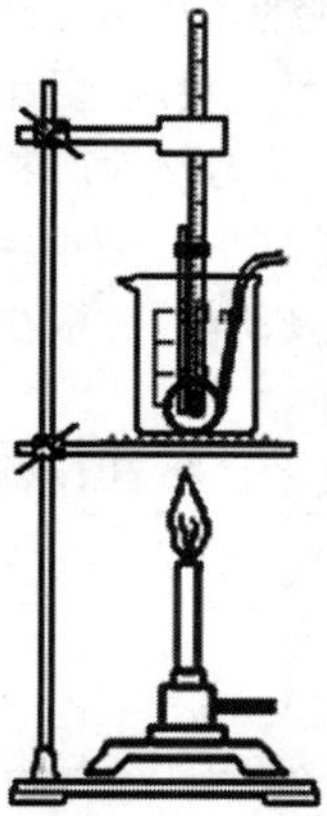

毛细管法测定熔点装置

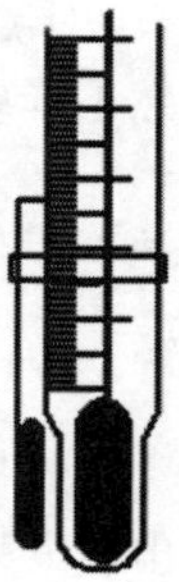

毛细管附在温度计上的位置

图 15　毛细管法测定熔点示意图

4. 测定方法　用小火缓缓加热油浴，同时不断搅拌，让浴温均匀。开始，升温速度可以快一些，每分钟控制在 5℃左右。当浴温在该样品熔点下 10～15℃时，将火焰调小，控制每分钟升温在 1～2℃（掌握升温速度是准确测定熔点的关键）。仔细观察熔点管内样品的变化情况和温度计读数，记录下样品开始塌落并有液相产生时（初熔）和样品完全变为液体时（全熔）温度读数，即为该样品的熔点范围。对样品在加热过程中出现的萎缩、变色、碳化、分解等应如实记录。例如，某样品在 120℃开始萎缩，在 121℃时有液滴出现，在 122℃时全部熔化，可记录为：熔点 121～122℃，120℃萎缩。熔点的测定，至少要重复两次，每次测定必须用新的熔点管另装样品，不能用已测过熔点的熔点管。因为在液化时，样品可能发生部分分解或晶形转变等。

用上述方法测定尿素和苯甲酸的熔点，另取含有杂质的苯甲酸测定其熔点。

此外，在较精密的熔点测定中，必须按规定对温度计进行校正。

（二）沸点测定

1. 装置　装置采用常压蒸馏装置仪器，见图 16。装置由 100mL 圆底蒸馏烧瓶、直形冷凝管、蒸馏头、接液管、温度计套管、接收瓶等组成。温度计通过温度计套管插入蒸馏头上口，其水银球上限与蒸馏瓶支管的底边在同一水平线上。整个装置要求准确端正、排列整齐。

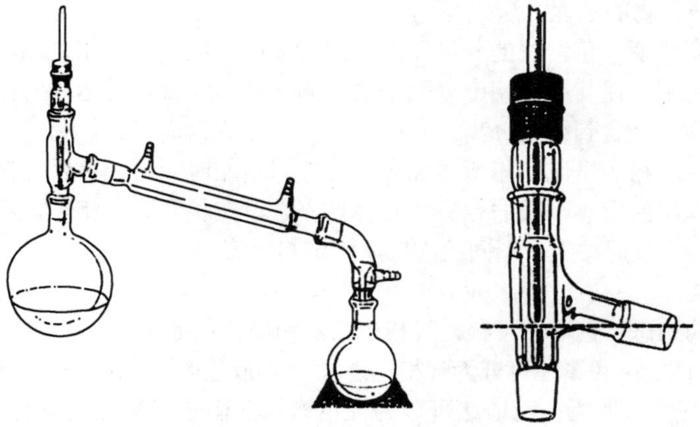

图 16　常压蒸馏装置示意图

2. 操作 安装完毕后，取下温度计套管，将待测液体（约 30mL）通过玻璃漏斗沿蒸馏瓶壁小心倒入蒸馏瓶中，勿使液体流入支管，加入 2～3 粒沸石助沸，塞上带温度计的套管。再次检查仪器各连接部位是否紧密。常压下蒸馏，接液管处必须保证与大气相通。

由冷凝管下端缓缓通入冷凝水，由上端流出引向水槽。然后开始加热蒸馏，并逐渐升温使之沸腾，通过控制加热方式，让蒸馏速度达到每秒馏出 1～2 滴，当温度计读数恒定时，记录下第一滴馏出液流出时的温度以及最后一滴馏出液流出时温度。即为该液态物质的沸点范围（沸程），纯液体的沸点范围或沸程一般不超过 1～2℃。在整个蒸馏过程中，应使温度计水银球上始终被冷凝的液滴湿润。当温度突然下降或升高时，停止蒸馏。即使杂质含量极少，也不要蒸干，以免发生意外事故。

蒸馏完毕，先停止加热，后切断冷凝水，再小心拆卸仪器。拆卸仪器与安装的程序相反。认真清洗蒸馏瓶内残余物质。

五、思　考　题

1. 在测定熔点时，若出现下列情况对测定的熔点将有什么影响？为什么？

①加热速度过快；②样品装填不紧密；③熔点管不干净。

2. 在实验中，测得样品 A 的熔点为 120℃，样品 B 的熔点也为 120℃，若将样品 A 和样品 B 等量混合后测得的熔点则为 90～110℃，这是为什么？

3. 蒸馏时为什么要加沸石？若忘记加沸石，应如何处理？

4. 蒸馏时，加热速度太快或太慢对沸点有何影响？

（赵　领）

实验六　纸色谱法分离鉴定氨基酸

一、实 验 目 的

1. 掌握：纸色谱法分离鉴定化合物的原理。
2. 熟悉：纸色谱法分离鉴定氨基酸的操作方法。
3. 了解：纸色谱法的应用。

二、实 验 原 理

1. 色谱法 色谱法是指借助混合物中各组分在两相间分配差异而分离的技术方法，又可称层析法，是一种分离混合物的物理方法。

2. 色谱法的分离原理 色谱法的分离原理是混合物中各组分在两相之间溶解能力、吸附能力或其他亲和作用的差别，使其在两相中分配系数不同，当两相做相对运动时，组分在两相间进行连续多次分配，使各组分达到彼此分离。其中不动的一相称为固定相，另一相是携带混合物流过固定相的流体称为流动相。当流动相所含混合物经过固定相时，由于各组分在性质和结构上有差异，与固定相发生作用的大小、强弱也有差异，换言之，在相同流动相下，不同组分在固定相中的滞留时间有长有短，从而按先后不同的次序从固定相中流出。

3. 色谱法的分类

（1）按流动相的物态：色谱法可分为气相色谱法和固相色谱法。

（2）按固定相的物态：色谱法可分为气相色谱法、气-液色谱法、液-固色谱法和液-液色谱法等。

（3）按固定相使用的形式：色谱法可分为柱色谱法（固定相装在色谱柱中）、纸色谱法（吸附在滤纸上的水分为固定相）和薄层色谱法（将吸附剂粉末制成薄层作固定相）等。

（4）按分离过程的机制：色谱法可分为吸附色谱法（利用吸附剂表面对不同组分的物理吸附性能差异进行分离）、分配色谱法（利用不同组分在两相中有不同分配系数来进行分离）、离子交换色谱法（利用离子交换原理）和排阻色谱法（利用多孔性物质对不同大小的组分的排阻作用）。

目前，常用的方法主要是薄层色谱法、柱色谱法、纸色谱法、气相色谱法和高效液相色谱法等。下面介绍纸色谱法。

4. 纸色谱法 纸色谱法是以滤纸为载体，固定相是滤纸纤维上吸附的水分；流动相（通常称为展开剂）一般是指与水相混溶的有机溶剂，样品在固定相水与流动相展开剂之间连续抽提，依靠溶质在两相间的分配系数不同而达到分离的目的。

纸色谱法主要用于分离和鉴定。优点是便于保存结果，既可定性也可定量，对亲水性较强的成分如氨基酸和酚的分离较好。缺点是较费时间。

将待测氨基酸溶于适当的溶剂，点样于一条纸色谱滤纸的一端，然后让展开剂从点样的一端，通过毛细作用向另一端扩展，并携带氨基酸共同向前移动；由于各种氨基酸结构上的差别和溶解性的不同，从而在两相中的分配系数或溶解度也不同，即极性大→水溶性大→分配系数大→更容易被固定相水吸附→移动速度慢→即比移值 R_f 值小。例如，极性：甘氨酸＞色氨酸，则 R_f 值：甘氨酸＜色氨酸。氨基酸在两相间连续地反复进行分配，经过一定时间后，它们各自停留在滤纸的不同位置上，从而达到分离的目的。当在相同的情况下，用已知氨基酸作对照，则停留在滤纸条上同一位置的氨基酸为同一种氨基酸，即可进行鉴定。

氨基酸是无色的化合物，可与茚三酮反应产生颜色，因此，溶剂自滤纸挥发后，喷上茚三酮溶液后加热，可形成紫色斑而确定其位置。其显色原理如下：

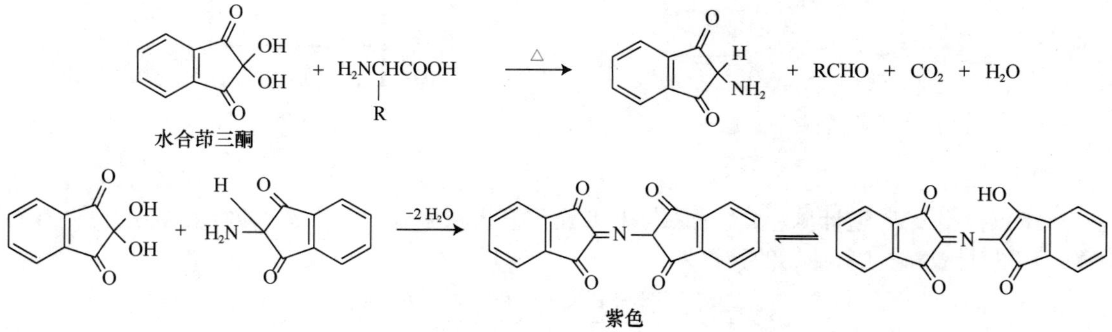

三、实验仪器与药品

1. 仪器 毛细管、色谱缸、喷雾器、色谱滤纸（新华 1 号滤纸）、普通铅笔、直尺等。

2. 药品 0.2% 茚三酮乙醇溶液、甘氨酸溶液、色氨酸溶液、1∶1 甘氨酸色氨酸混合溶液、展开剂（正丁醇∶冰醋酸∶水 =4∶1∶5）、丙氨酸溶液、亮氨酸溶液、1∶1 丙氨酸亮氨酸混合溶液、展开剂（正丁醇∶冰醋酸∶水 =4∶1.5∶1）等。

四、实验步骤

1. 配制展开剂 按正丁醇∶冰醋酸∶水 =4∶1∶5（或正丁醇∶冰醋酸∶水 =4∶1.5∶1）的比例[1]，配制展开剂于层析筒内，摇匀、密闭、放置备用。

2. 点样 取（16cm×6cm 或 13cm×4.5cm）色谱滤纸一条[2]，在距色谱滤纸一端 1.5cm 处用

[1] 展开剂是根据所需分离样品来选择的，并且其比例应根据不同实验条件进行适当调整，同时也应注意所取量的准确，否则将影响分离效果。例如，方案一，分离甘氨酸与色氨酸，展开剂可采用正丁醇∶冰醋酸∶水 =4∶1∶5，其相应甘氨酸和色氨酸的 R_f 值分别为 0.14 和 0.44；方案二，分离丙氨酸和亮氨酸，展开剂可采用正丁醇∶冰醋酸∶蒸馏水 =4∶1.5∶1，其相应丙氨酸和亮氨酸的 R_f 值分别为 0.3～0.4 和 0.7～0.8。

[2] 色谱滤纸的规格与大小，可根据需要选择，但注意不能被手汗污染，以免影响实验结果。

铅笔轻划一条平行线作为起始线，在起始线上标出 A、B、C 三点，两点之间相距 1cm 左右，A、C 两点距滤纸边缘也不小于 1cm。然后用管口平整的毛细管将氨基酸混合溶液、甘氨酸溶液和色氨酸溶液（或混合溶液、丙氨酸溶液和亮氨酸溶液）分别点在 B、A、C 三点处，样点直径一般在 3mm 以内（注意：显色前手汗不能污染滤纸）。

3. 展开 在盛有展开剂 [正丁醇：冰醋酸：水（4：1：5）]10mL 的大试管（或层析缸）中，将点样滤纸的点样端约 0.5cm 浸入展开剂中，展开，当展开剂距点样点 10～11cm 后取出，立即用铅笔划出展开剂的前沿位置，如图 17 所示。

注意事项：展开剂应预先配制且充分振摇使饱和，以防止在展开过程中将固定相的水带走一部分或全部，影响分离效果和重现性。展开剂如果出现分层现象，应取上层液体。

4. 显色 取出滤纸稍晾干，采用 0.2% 茚三酮无水乙醇溶液（或 0.5% 茚三酮丙酮溶液）均匀喷射滤纸，加热烘干至出现氨基酸的色斑为止。用铅笔圈出各个斑点的位置，如图 18 所示。

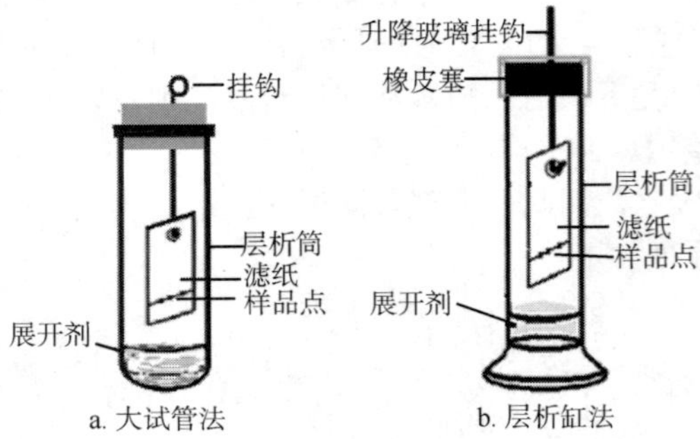

图 17 纸色谱装置的示意图

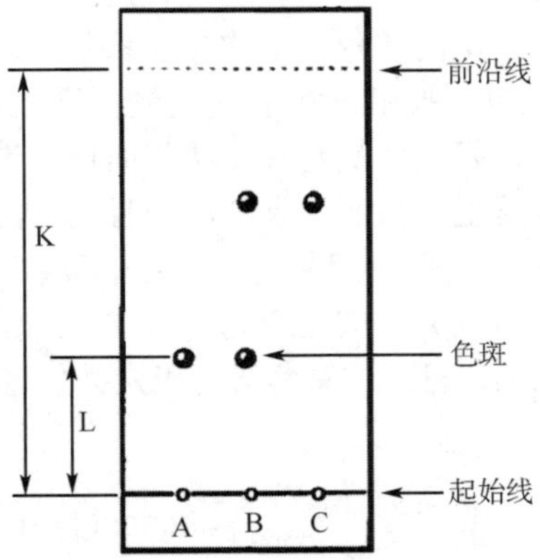

图 18 纸色谱的示意图

A. 丙氨酸；B.A 和 C 的混合液；C. 亮氨酸

5. 斑点检出及 R_f 值计算 分别测量点样点至展开斑点中心的距离 L、点样点至展开剂前沿的距离 K。相对比移值（R_f 值）的计算为：

$$R_f=\frac{\text{点样点至展开斑点中心的距离}(L)}{\text{点样点至展开剂前沿的距离}(K)}$$

6. 实验结果

氨基酸＼结果		L（cm）	K（cm）	R_f 值	结论
方案一	甘氨酸				斑点 A 为： 斑点 C 为：
	色氨酸				
	样品溶液（B）				
方案二	丙氨酸				斑点 A 为： 斑点 C 为：
	亮氨酸				
	样品溶液（B）				

五、思 考 题

1. 纸色谱的基本原理是什么？其包括哪些操作步骤？
2. 为什么在纸色谱中样品的点样起始线不能浸泡在展开剂中？
3. 纸色谱法适于分离哪些种类的混合物？

4. 本实验中展开剂若出现分层现象，应取上层还是下层液体？

（甘宗捷）

实验七　茶叶中咖啡碱的提取及鉴定

一、实验目的

1. 掌握：从植物中提取生物碱的一般原理和方法。
2. 熟悉：用溶剂萃取法提取有机物的基本操作技术。
3. 了解：咖啡碱的性质。

二、实验原理

植物药中生物碱常以盐或以游离碱的状态存在。生物碱盐能溶于水、醇等，而游离碱则能溶于有机溶剂。因此，可利用生物碱及其盐的不同溶解度性质，采用水、醇或其他有机溶剂提取分离生物碱，并将其他杂质除去。

茶叶中含有的生物碱均为黄嘌呤的衍生物，有咖啡碱、茶碱、可可豆碱等，其中以咖啡碱含量最多，约 1%～5%，随茶叶种类不同而异。此外，还含有 11%～12% 鞣酸（又称丹宁酸，易溶于水和乙醇，能与醋酸铅生成沉淀）等物质。

咖啡碱是茶叶中所含生物碱的主要成分，属于嘌呤衍生物，化学名称是 1, 3, 7-三甲基-2, 6-二氧嘌呤，其结构式为：

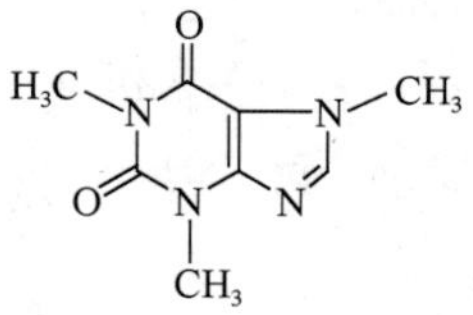

咖啡碱是白色针状结晶，无臭，味苦，能溶于冷水和乙醇，易溶于热水、氯仿等。无水咖啡碱的熔点为 235℃，它具有弱碱性，但其水溶液对石蕊试纸呈中性。

咖啡碱具有刺激大脑神经和利尿的作用，常作为中枢兴奋药物，它是复方阿司匹林（APC）等药物的组分之一。咖啡碱可用提取法或合成方法获得。

本实验利用咖啡碱易溶于热水的性质，采用提取方法将咖啡碱从茶叶中提出。茶叶中尚有大量鞣质亦溶于水，随咖啡碱一起提出，可应用鞣质与醋酸铅生成沉淀的性质将其除去。然后再利用咖啡碱易溶于氯仿的性质与其他水溶性杂质分离。咖啡碱可用紫脲酸铵反应及碘化铋钾试剂进行鉴别。

其实验操作流程如下所示：

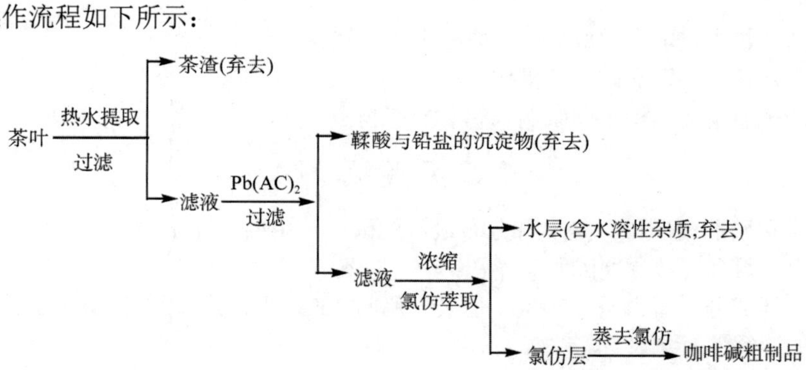

三、实验仪器与药品

1. 仪器 烧杯、蒸发皿、分液漏斗、布氏漏斗、抽滤瓶、磁匙、玻璃漏斗、棉花、玻匙等。

2. 药品 茶叶、10%$Pb(Ac)_2$溶液、氯仿、氯化钠、浓盐酸、氯酸钾、浓氨水、5%硫酸溶液、碘化铋钾试剂等。

四、实验步骤

1. 咖啡碱的提取

（1）在250mL烧杯中，加入5g茶叶和60mL热水，煮沸15min（保持水的体积）。在玻璃漏斗中用棉花过滤，得茶滤液（备用）。

（2）在搅拌下，向热的茶滤液中逐滴加入约10mL 10%$Pb(Ac)_2$溶液，至不再产生沉淀为止，将混悬液加热5min后，减压过滤，得滤液。

（3）将滤液移至蒸发皿中，直火加热蒸去二分之一的水分，放冷。若此时浓缩中有沉淀析出，减压过滤，得滤液。

（4）将上述溶液转入分液漏斗，加入15mL氯仿和10mL饱和食盐水，振摇（注意：由于氯仿易挥发，在振摇过程中应常将活塞打开使过量氯仿蒸气逸出），静置片刻，待液体分层后，将下层氯仿溶液分出，放入小烧杯中，在水浴上蒸去氯仿，得固体，即是咖啡碱（粗品）。

2. 咖啡碱的鉴定

（1）紫脲酸铵反应：在小磁匙内放入数粒咖啡碱粗品结晶，加入绿豆大小的氯酸钾晶体和2～3滴浓盐酸。在酒精灯上使液体蒸发干，放冷，加入1滴氨水，有紫色出现，表明有咖啡碱存在。

（2）碘化铋钾试剂反应：取剩余的咖啡碱粗品结晶，加入1mL 5%H_2SO_4溶液，搅拌使其溶解。取此溶液0.5mL，加入4滴碘化铋钾溶液，有橘黄色沉淀生成，则有咖啡碱存在。

五、思考题

1. 咖啡碱的提取和分离依据的是什么？
2. 可通过哪些方法提高咖啡碱的提取率？
3. 液-液萃取操作过程中应注意哪些问题？

（张淑蓉）

实验八 蛋黄中卵磷脂的提取及组成鉴定

一、实验目的

1. 掌握：从动物中提取有效成分的一般原理和方法。
2. 熟悉：从蛋黄中提取卵磷脂的操作。
3. 了解：卵磷脂组成结构；卵磷脂水解后的产物。

二、实验原理

卵磷脂，也称磷脂酰胆碱，是一种分布最广的磷脂，主要存在于动物的各种组织细胞内，因最初从蛋黄中提取得到，故称卵磷脂。

蛋黄中的主要成分为蛋白质（20%）、脂类（脂肪20%、卵磷脂8%、脑磷脂少量）、水（50%），在不同溶剂中的溶解性，见表2。

表 2　卵磷脂在不同溶剂中的溶解性表

	蛋白质	脂肪	卵磷脂	脑磷脂
乙醇	不溶	溶	溶	不溶
氯仿	不溶	溶	溶	溶
丙酮	不溶	溶	不溶	不溶

根据表 2 中所列各成分的溶解性不同，用乙醇作提取溶剂，可将脂肪、卵磷脂与其他成分分离；而丙酮又可将卵磷脂与脂肪分开，其实验操作流程如下所示：

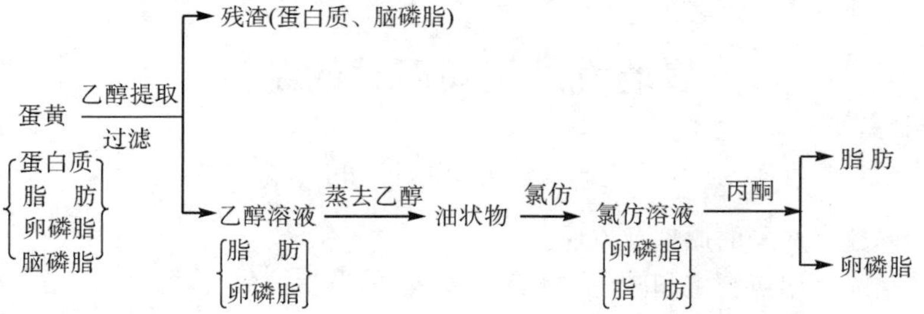

卵磷脂属类脂，具有酯的结构。在碱性条件下，卵磷脂可水解得到甘油、脂肪酸、磷酸和胆碱。

脂肪酸在碱性溶液中生成肥皂，酸化后析出游离脂肪酸，遇 Pb^{2+} 形成脂肪酸铅盐白色沉淀。

甘油与氢氧化铜反应，生成深蓝色甘油铜溶液。

胆碱可用克劳特试剂（由碱式硝酸铋与碘化钾组成）生成红色沉淀进行检查。

磷酸可用生成磷钼酸铵黄色沉淀进行检查。

三、实验仪器与药品

1. 仪器　研钵、蒸发皿、布氏漏斗、抽滤瓶、玻璃漏斗、玻璃棒、试管夹、水浴锅等。

2. 药品　95% 乙醇、氯仿、丙酮、10% 氢氧化钠溶液、5% 硫酸铜溶液、钼酸铵试剂、克劳特试剂、浓硝酸、浓硫酸、10% 醋酸铅溶液、蓝色石蕊试纸、熟鸡蛋黄 1 个、水等。

四、实验步骤

1. 卵磷脂的提取

（1）取 1 个熟的鸡蛋黄，置于研钵中研细，加入 15mL 95% 乙醇溶液，研磨，搅拌均匀。减压过滤，收集滤液。将漏斗的残渣移入研钵内，加 15mL 95% 乙醇，研磨，过滤（滤液应完全透明），将两次滤液合并于蒸发皿内。

（2）将蒸发皿置于沸水浴上蒸去乙醇，得到黄色油状物。

（3）冷却后，加入 2～3mL 氯仿，搅拌使油状物溶解。

（4）在搅拌下慢慢加入 10～15mL 丙酮，即有卵磷脂析出，搅动使其成团黏附于玻璃棒上，溶液倒入回收瓶内。

2. 卵磷脂的水解及组成鉴定

（1）卵磷脂的水解：取一支干净试管，加入提取的卵磷脂和 5mL10% 氢氧化钠溶液，放入沸水浴中加热 10min，并用玻璃棒搅拌，使卵磷脂水解。冷却后，在玻璃漏斗中用棉花过滤，得滤液（供以下检查用）。

（2）脂肪酸的检查：取棉花上沉淀少许，加 5mL 水，搅拌，观察有无泡沫生成。过滤，得滤液，以浓硝酸酸化后加入数滴 10% 醋酸铅溶液，观察有何现象产生。

（3）甘油的检查：取小试管一支，加入 1 滴 5% 硫酸铜溶液，2 滴 10% 氢氧化钠，振摇，有氢氧化铜沉淀生成。加入水解液，沉淀溶解后，得深蓝色甘油铜溶液。

（4）胆碱的检查：取 1mL 滤液，滴加浓硫酸中和（以蓝色石蕊试纸检查），加克劳特试剂 1 滴，有砖红色沉淀生成。

（5）磷酸的检查：取一支干净试管，加入 10 滴滤液和 5 滴 95% 乙醇溶液，用硝酸酸化，加 1mL 钼酸铵试剂，观察有何现象产生。最后直火加热 5～10min，观察有无黄色磷钼酸铵沉淀生成。

五、思 考 题

卵磷脂的提取和分离依据的是什么？

（赵旭东）

实验九 阿司匹林的制备

一、实验目的

1. 掌握：酚的酰化成酯的原理及方法。
2. 熟悉：重结晶、熔点测定和减压过滤等基本操作。
3. 了解：药物制备的知识。

二、实验原理

阿司匹林（aspirin，acetylsalicylic acid）化学名为乙酰水杨酸。阿司匹林为白色结晶，熔点 135℃，为常用解热镇痛药物。

乙酰水杨酸可由水杨酸与乙酸酐反应制备。反应中，水杨酸分子中酚羟基的氢原子被乙酸酐的乙酰基取代，这种反应属于乙酰化反应，为了加快乙酰化反应的进行，常加入少量酸（如浓硫酸或磷酸）作为催化剂。反应式为：

三、仪器与药品

1. 仪器 锥形瓶（或大试管）、量筒、烧杯、试管、布氏漏斗、抽滤瓶、真空泵、玻璃棒、定性滤纸、称药纸、台秤、玻匙、恒温水浴锅、150℃温度计、熔点仪等。

2. 药品 蒸馏水、水杨酸、乙酸酐、浓硫酸（或 85% 磷酸溶液）、1% $FeCl_3$ 溶液、95% 乙醇溶液、冰块、冰水等。

四、实验步骤

（一）酰化反应

（1）称取水杨酸 2.0g，放入 150mL 干燥锥形瓶（或大试管）中，加乙酸酐 5mL，加浓硫酸（85% 磷酸）3 滴，摇匀，水杨酸溶解后将锥形瓶放在 80℃水浴中加热 15min，持续振荡锥形瓶，使乙酰化反应尽可能完全。

（2）取出锥形瓶（或大试管），自然降温至室温，观察有无晶体出现。若无晶体出现，用玻璃棒摩擦锥形瓶内壁。当有晶体出现时加入 50mL 冷水，置于冰水浴中冷却，使析晶完全。

（3）抽滤，滤饼用蒸馏水 15mL 分 3 次快速洗涤。洗涤时先停止减压，将滤饼拨松，以 5mL

蒸馏水浸润结晶后再抽干。锥形瓶洗涤 3 次，洗涤液倒入布氏漏斗中，抽干。

（二）粗产品纯度检验

取少量粗产品，加 95% 乙醇溶液 10 滴溶解，加入 1% $FeCl_3$ 溶液 1～3 滴，观察有何现象产生。如果颜色出现变化（红-紫蓝），说明产品不纯，需重结晶。（用纯品水杨酸作对照）

（三）重结晶

（1）将粗产品转入 150mL 锥形瓶中，加 95% 乙醇溶液 5mL，60℃水浴中加热溶解，然后冷却，用玻璃棒摩擦锥形瓶内壁，当有晶体出现时，加入 25mL 冷水，冰水浴中冷却 5min，使结晶完全。

（2）抽滤，用醇-水（1：1）溶液 3～5mL 洗涤抽干。锥形瓶洗涤 2 次，洗涤液倒入漏斗中，抽干。

（3）将精产品转入表面皿中，50℃干燥 1 h 得精制品，称重，计算产率。

$$产率 =（实际产量 / 理论产量）\times 100\%$$

（四）产品鉴定

（1）纯度检验：取少量晶体装入试管中，加 95% 乙醇溶液，溶解后滴入 0.1 滴 1% $FeCl_3$ 溶液，观察颜色变化。

（2）测定熔点，阿司匹林的熔点为 135～136℃。

五、注意事项

（1）乙酸酐属于管制药品，按需取用。对皮肤有腐蚀性，其蒸气对眼睛有刺激性，为催泪毒气，须在通风橱内小心操作。如皮肤有接触，应用大量清水冲洗。

（2）浓硫酸具有很强的腐蚀性，按需取用。若实验时不小心溅到皮肤或衣服上，应立即用大量水冲洗（切记不可用布擦），尽量减少浓硫酸在皮肤上停留的时间。

（3）水杨酸是一个双官能团的化合物，反应温度应严格控制，防止副产物生成。

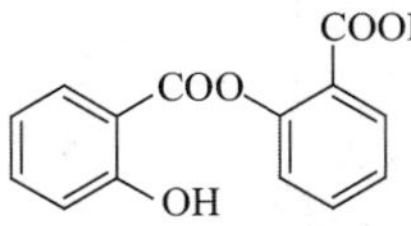

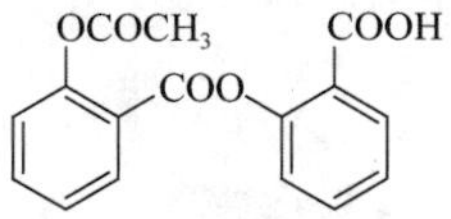

（4）水能消除未反应的乙酸酐，并使不溶于水的产物阿司匹林沉淀析出。

六、思考题

1. 进行酰化反应的容器是否需要干燥？为什么？
2. 实验中能否用铁制仪器？为什么？
3. 重结晶的目的是什么？
4. 前后两次用 $FeCl_3$ 溶液检测，其结果分别说明什么？

（黄雁菇）

实验十　有机化合物的鉴别实验

一、实验目的

1. 掌握：常见有机物的分类实验。
2. 熟悉：常见的鉴别方法。
3. 了解：有机物的鉴别方法。

二、实验原理

确定一种新发现的有机物的分子结构，是一项复杂而艰巨的工作，即使对文献报道过的有机化合物未知样品（未知物）的鉴定，也要通过系统的有机定性分析。但在实际工作中常遇见的未知物，可能是某几种中的一种，这就比较简单了。常见有机物，如果已知一定的范围，则可通过分类试剂（如溶解度试剂、官能团试剂）先进行分类，以便缩小范围，再通过官能团试验，特征性反应进行鉴别。有机物的物理性质如沸点、熔点、折光率以及红外光谱等，均能为确认未知物提供详尽的依据。

本实验列举的方法，包括八种化合物的鉴别，这八种化合物分别属于烷烃、烯烃、卤烷、醇、醛、酮、羧酸、胺类等化合物。

水溶性羧酸能使蓝色石蕊试纸变红。水溶性胺类其碱性一般能使红色石蕊试纸变蓝。酮、醛都含羰基，与2, 4-二硝基苯肼（DPNH）溶液作用产生黄色沉淀。脂肪醛与本尼迪克特试剂（Benedict 试剂）呈阳性反应，酮则不能。醇类多数与铬酸溶液作用后，在2～3s内就形成蓝绿色混悬液。烯烃（及其他易氧化物质）会使高锰酸钾溶液的紫色消失并出现棕色沉淀。卤烷在铜丝上于火焰中燃烧会出现绿色火焰（Beilstein 试验）。烷烃在上述的所有试验中均显阴性。本实验对八类化合物的鉴别操作流程如图19所示。

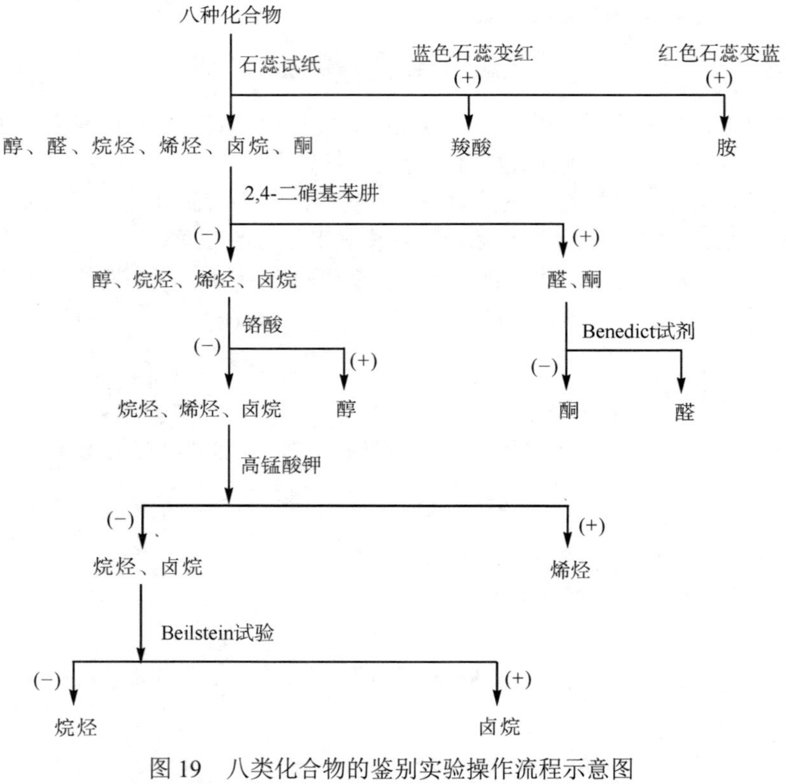

图19　八类化合物的鉴别实验操作流程示意图

三、实验仪器与药品

1. 仪器　铜丝圈、点滴板、水浴锅等。

2. 药品　乙醛、丙酮、正丁醇、冰醋酸、氯仿、液体石蜡、三乙胺、环己烯、2, 4-二硝基苯肼、蓝色石蕊试纸、红色石蕊试纸、95% 乙醇溶液、1% 高锰酸钾溶液、铬酸酐-硫酸试剂、本尼迪克特试剂、水等。

四、实验步骤

1. 酸碱性试验 取 5 滴液体样品或 0.1g 固体样品，加 3mL 水，振摇后，用蓝色石蕊试纸及红色石蕊试纸（或用 pH 广泛试纸）试之，观察颜色变化。

2. 2, 4-二硝基苯肼（DPNH）**试验** 取 5 滴液体样品或 40mg 固体样品，溶于 1mL95% 乙醇溶液，再加入 1～2 滴 DPNH 试剂，振摇后，放置约 15min，观察有无黄色沉淀出现，或用玻璃棒轻轻摩擦试管壁再观察结果。

3. 铬酸试验 取 5 滴液体样品或 30mg 固体样品，加入 1mL 丙酮（作为溶剂）溶解后，再加入 10 滴铬酸酐-硫酸试剂，摇动试管，观察 2min 内颜色变化。

阳性结果：伯醇或仲醇在 2s 内形成不透明的蓝绿色混悬液或乳浊液。芳香醛在 20～120s 或更长时间才使试剂变色。如实验中发现溶液仍保持橘黄色或略带黑色，作为阴性结果。

4. 高锰酸钾试验 取 5 滴样品于 1mL 水中，逐滴加入 1% 高锰酸钾溶液，观察颜色变化，如紫色褪去再逐滴加入 1% 高锰酸钾溶液，直至不褪色为止。计量所加入溶液滴数，如反应未立即进行，放置 5min 后再观察。

如能使 1 滴以上的溶液紫色消退，并有棕色二氧化锰沉淀出现，即为阳性结果。含双键、三键的不饱和烃均显阳性。但是易氧化的化合物如醛、芳香醛、酚类、甲酸及甲酸酯也会显阳性结果。醇类液体如含有易氧化杂质时，也会与少量溶液作用。故在实验中需注意逐滴加入 1% 高锰酸钾溶液，若只能使第一滴溶液褪色，则作为阴性结果。多数纯净醇类在 5min 内不会与高锰酸钾溶液作用，共轭烯烃，带侧链的芳香烃与本实验所用的中性高锰酸钾溶液不加热时不会显阳性。

5. Beilstein 试验 取铜丝圈先在酒精灯火焰上加热至红，并在火焰中无绿色或蓝绿色呈现时，待其冷却后，将少量样品（或未知物）黏附在铜丝圈上，再在火焰边缘上灼烧，观察焰色。

阳性结果：灼烧时可见绿色或蓝色火焰，这是由于卤烷分解生成卤化铜（Cu_2X_2）所显焰色（但氟化物不能发生上述反应）。

6. Benedict 试验 取 10 滴样品溶于 2mL 水中，再加入 2mL Benedict 试剂，在沸水浴上加热，观察有无沉淀及沉淀颜色。脂肪醛类在试验中有橙色或砖红色沉淀生成，为阳性结果。其他化合物如还原糖及 α-羟基酮也会有阳性反应。酮类及芳香醛均呈阴性反应。

五、思考题

在 Beilstein 试验中，为什么要先取铜丝圈在酒精灯火焰上加热至红并且冷却后，再将少量样品（或未知物）黏附在铜丝圈上？

（尤　静）

实验十一　食用醋中醋酸质量浓度的测定

一、实验目的

1. 掌握：食用醋中醋酸质量浓度的测定原理和测定方法。
2. 熟悉：容量瓶、移液管和滴定管的操作。
3. 了解：酚酞等常用指示剂的变色范围。

二、实验原理

食用醋中除含有醋酸外，还含有少量其他有机酸，如甲酸、丁酸、乳酸等。在用 NaOH 标准溶液测定食用醋中醋酸的含量时，这些酸都被 NaOH 中和，因此测定的是总酸质量浓度，但通常以醋酸的质量浓度来表示。用标定的 NaOH 标准溶液直接滴定，滴定反应为：

$$NaOH + HAc = NaAc + H_2O$$

化学计量点时，pH ≈ 8.7，可选用酚酞作为指示剂（变色范围 8.0～9.6）。

三、实验仪器与药品

1. 仪器 碱式滴定管（或用聚四氟塞酸碱两用滴定管，25mL）、移液管（10mL、25mL）、容量瓶（250mL）、锥形瓶（250mL）、量筒（100mL）、滴定台、洗瓶、洗耳球、滴管等。

2. 药品 0.10mol/L 的 NaOH 标准溶液（已标定）、酚酞指示剂、食用白醋（市售）、蒸馏水等。

四、实验步骤

（1）准确移取 25.00mL 食用醋，置于 250mL 容量瓶中，加新煮沸的冷蒸馏水（去除蒸馏水中所含 CO_2 对含量测定的影响）稀释至刻度，混匀，备用。

（2）取 25.00mL 上述稀释后的食用醋溶液于 250mL 锥形瓶中，加蒸馏水 60mL 和酚酞指示剂 2 滴，摇匀。

（3）用 NaOH 标准溶液滴定至溶液呈淡红色，并在 30s 内不褪色即为终点。记录所消耗的 NaOH 溶液的体积。

（4）平行测定 3 次。3 次滴定之间所消耗 NaOH 标准溶液的体积的最大差值不超过 ±0.04mL。

五、数据处理

$$\rho_{HAc} = c_{NaOH} \cdot V_{NaOH} \cdot M_{HAc}/V_s$$

式中，ρ_{HAc} 为食用醋中醋酸的质量浓度；c_{NaOH} 为 NaOH 标准溶液浓度；V_{NaOH} 为滴定所消耗 NaOH 标准溶液的体积；M_{HAc} 为醋酸的摩尔质量；V_s 为取用食用醋试样的体积。

按上式计算食用醋试样中醋酸的质量浓度。

六、注意事项

（1）NaOH 固体易吸收空气中的水分和二氧化碳，不能作为一级标准物质直接配制成标准溶液，只能现配制成近似浓度，然后进行标定。氢氧化钠溶液常用草酸（$H_2C_2O_4 \cdot 2H_2O$）或邻苯二甲酸氢钾（$KHC_8H_4O_4$）作为一级标准物质进行直接标定，也可以用标准酸溶液与之比较，进行间接标定。

（2）开始滴定时，速度可稍快些。此时出现指示剂的粉红色会很快消失；当接近终点时，粉红色消失较慢。就应逐滴进行。粉红色在半分钟内不消失，即可认为已达终点。

（3）在滴定过程中，液滴可能溅在锥形瓶内壁上，因此，快到终点时，应该用少量蒸馏水把这些溶液冲洗下来。

（4）滴定结束后，滴定管尖嘴外不应留有液滴。可用少量蒸馏水冲洗入锥形瓶。

（5）实验后将用过的器皿洗净。待滴定管清洗干净后，在蝴蝶夹上倒置。

七、思考题

1. 滴定管的使用有哪些注意事项？
2. 本实验为什么用酚酞作为指示剂而不用甲基橙？

（曹丽萍）

实验十二　分光光度法测定铁的含量

一、实验目的

1. 掌握：分光光度法的基本原理。
2. 熟悉：分光光度法的方法。
3. 了解：分光光度计的使用。

二、实验原理

有色物质溶液的颜色深浅与其浓度有关，而溶液的颜色深浅与溶液对光的吸收有关，溶液浓度愈大，对光的吸收越强，颜色愈深。故可通过比较溶液颜色深浅来确定溶液的组成，目前已发展为使用仪器测定有色溶液对光的吸收来确定溶液的组成，即分光光度法。许多无色物质也可以通过与显色剂作用，生成有色物质，利用分光光度法确定其溶液组成。分光光度法具有灵敏度高、简便、快速的特点，适用于微量物质的测定。

可见光的波长范围是400～800nm，当强度为I_0（入射光强度）的可见单色光通过浓度为c，液层厚度为b的有色溶液后，其透射光强度为I_t，见图20。I_t与I_0的关系为：

$$T = \frac{I_t}{I_0}$$

式中，T为透光度，表示光线透过溶液的程度。用A表示溶液对光的吸收程度即吸光度，A与T之间的关系为：

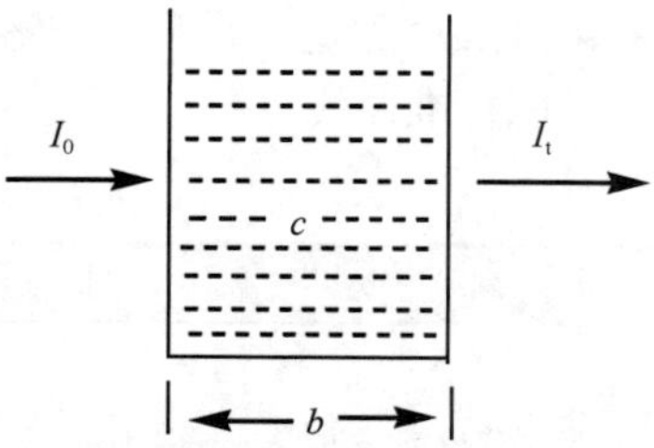

图20　溶液对光的吸收示意图

$$A = -\lg T = \varepsilon bc$$

这就是朗伯-比尔定律（Lambert-Beer's Law）。式中比例常数ε决定于入射光的波长、浓度c的表示方法等。某一有色溶液只对一定波长的光吸收最大。进行光度分析时，一般选用具有最大吸收的波长（λ_{max}）作测定波长。通过作吸收曲线的方法可确定最大吸收波长。即用相同一份溶液，在不同的波长下测吸光度。以波长为横坐标，吸光度为纵坐标，绘制吸收曲线。最大吸收峰对应的波长即λ_{max}。

本实验采用磺基水杨酸为显色剂。Fe^{3+}与磺基水杨酸在不同的pH下，可形成颜色不同的配离子：在pH=1.8～2.5时，形成1∶1的淡紫色的配离子；在pH=4.0～8.0时，形成1∶2的橙红色的配离子；在pH=8.0～11.5时，形成1∶3的黄色的配离子。本实验采用在氨性条件下，pH约为10，Fe^{3+}与磺基水杨酸生成黄色的配离子$[Fe(Ssal)_3]^{3-}$进行测定。

由于$[Fe(Ssal)_3]^{3-}$在430nm波长处具有最大吸收，因而用430nm波长的单色光在相同的条件下测定标准溶液和未知样品的吸光度，由标准曲线法求得未知样品的含量。首先配制一系列不同浓度的标准溶液，分别测定它们的吸光度。然后以浓度为横坐标，吸光度为纵坐标，绘制标准曲线。再在同样条件下配制未知溶液，测其吸光度，在标准曲线上找出相应的浓度。

三、实验仪器与试剂

752型分光光度计，1cm玻璃比色皿，吸量管（1mL、2mL、5mL），比色管（50mL），量筒（10mL），10%磺基水杨酸，10%氨水，含Fe^{3+}（0.1mg/mL）的标准溶液[0.8634g/L $NH_4Fe(SO_4)_2 \cdot 12H_2O$]，未知$Fe^{3+}$盐溶液。

四、实验步骤

（一）系列标准溶液和待测溶液的配制

在6只50mL比色管中，按表3分别准确加入标准Fe^{3+}溶液0.00mL、0.50mL、1.00mL、1.50mL、

2.00mL 和待测溶液 1.00mL，再按顺序分别加入 10% 磺基水杨酸 5.00mL，10% 氨水 10mL[1]，用蒸馏水稀释至刻度，摇匀备用。

表 3 标准溶液和待测溶液的配制表

试剂＼编号	空白	1	2	3	4	未知
标准溶液（mL）	0.00	0.50	1.00	1.50	2.00	1.00
10% 磺基水杨酸（mL）	各 5.00mL					
10% 氨水（mL）	各 10mL					
蒸馏水	稀释至刻度					

（二）标准曲线的制作

在最大吸收波长（430nm）下，用 1cm 的比色皿，以空白溶液为参比溶液，分别由低浓度至高浓度顺序测定一系列标准溶液的吸光度，记录入表 4。以 Fe^{3+} 的含量为横坐标，吸光度为纵坐标绘制标准曲线。

表 4 标准曲线的制作表

编号	空白	1	2	3	4
Fe^{3+} 的含量					
吸光度 A					

（三）未知 Fe^{3+} 盐溶液的含量测定

在与制作标准曲线相同的条件下，测定未知溶液的吸光度。然后从标准曲线上查找出 Fe^{3+} 的含量（c'），并计算出未知溶液中 Fe^{3+} 的含量（c）[2]。

五、思考题

1. 本实验中的空白溶液能不能用蒸馏水代替？为什么？
2. 为什么加入试剂的量、顺序等条件要一致？

（邓 萍）

实验十三 紫外分光光度法测定苯酚的含量

一、实验目的

1. 掌握：紫外分光光度法的基本原理。
2. 熟悉：紫外分光光度法的方法。
3. 了解：752 分光光度计的使用。

二、实验原理

很多物质的溶液虽然无色，但在紫外区有特征吸收，根据朗伯-比尔定律，对在紫外区有特征吸收的物质进行分光光度测定的方法称为紫外分光光度法。

---

[1] 加入试剂的量要准确，且顺序不能颠倒，否则无法保证反应体系 pH 约为 10，也就不能保证 Fe^{3+} 与磺基水杨酸均生成黄色的配离子 $[Fe(Ssal)_3]^{3-}$，影响测定。

[2] 本实验计算未知溶液的含量的关系式为：$c=c'$（50.00/1.00）。

一般能作紫外分光光度法测定的仪器也可作可见分光光度法测定，所以这种仪器常称紫外可见分光光度计。

三、实验仪器与药品

1. 仪器 752 型分光光度计，容量瓶（50mL，5 只），移液管（5mL，1 支），烧杯（50mL）等。

2. 药品 苯酚标准溶液（0.50g/L，称取苯酚，用蒸馏水溶解，在容量瓶中稀释至刻度即可）、苯酚水溶液试样等。

四、实验步骤

1. 苯酚标准溶液系列的配制 取 5 只 50mL 容量瓶，分别用移液管加入 1mL、2mL、3mL、4mL、5mL 0.50g/L 苯酚标准溶液，用蒸馏水稀释至刻度，摇匀。

2. 苯酚水溶液吸收光谱的绘制 用苯酚标准溶液（30mg/L）在 220～300nm 波长范围内，以 5nm 为间隔，分别测其吸光度（用蒸馏水作参比），以波长为横坐标，吸光度为纵坐标绘制吸收曲线，找出 λ_{max}。

3. 标准曲线的绘制及未知溶液的测定 在选定的 λ_{max} 下，用水作参比，分别测定标准溶液系列的吸光度，绘制标准曲线。再在相同条件下测出未知液的吸光度，根据标准曲线计算出原未知液的含量。

五、思 考 题

紫外分光光度法与可见分光光度法有何异同？

（周 静）

实验十四 HPLC 法测定咖啡因的含量

一、实验目的

1. 掌握：高效液相色谱仪的基本结构和操作方法。
2. 熟悉：高效液相色谱的定量方法。
3. 了解：高效液相色谱的内标法。

二、实验原理

用十八烷基化学键合相作固定相，甲醇 / 水或乙醇 / 水作流动相，可使咖啡因与非那西丁完全分离，而且保留值相近。因此，以非那西丁作内标可进行咖啡因的定量测定。在样品中加入内标物质 m_s 进样，样品中被测组分峰面积和内标峰面积分别为 A_i 和 A_s，则样品中被测组分的百分含量为：

$$p_i\% = \frac{A_i f_i m_s}{A_s f_s m_i} \times 100\% \tag{6}$$

式中，f_i，f_s 为被测组分对于内标物质的相对校正因子，可在纯物质 m_i 中加入内标物质 m_s 进样，得纯物质峰面积 A_i 和内标峰面积 A_s，然后按下式求得：

$$f_{i,s} = \frac{m_i A_s}{m_s A_i}$$

对于对称峰，也可用峰高定量。

三、实验仪器与药品

1. 仪器 液相色谱仪（LC-6A）、ODS C_{18} 柱等。

2. 药品 甲醇、氯仿、咖啡因样品、咖啡因标准品、非那西丁标准品等。

四、实验步骤

1. 实验条件 固定相：ODS C_{18} 柱；流动相：甲醇-水（70∶30）；流速 1mL/min；检测波长 254nm。

2. 咖啡因含量测定

（1）取咖啡因试样 25.0mg，加入 10.0mg 非那西丁，溶于氯仿，定容 25.00mL。摇匀，用 0.25μm 微孔滤膜过滤后进样取得色谱图 1，记录峰面积 A_1。

（2）取咖啡因标准品 25.0mg，加入 10.0mg 非那西丁，溶于氯仿，定容 25.00mL。摇匀，用 0.25μm 微孔滤膜过滤后进样取得色谱图 2，记录峰面积 A_2。

（3）用纯物质的氯仿进样，以辨认峰位。由色谱图 2 计算咖啡因相对于非那西丁的相对校正因子。由色谱图 1 按内标法计算咖啡因试样百分含量。

五、思考题

1. 试述高效液相色谱内标法定量的优点。
2. 高效液相色谱法流动相选择的依据是什么？

（魏郁梦）

主要参考文献

傅献彩 . 2007. 大学化学 (上). 北京：高等教育出版社

高鸿宾 . 2005. 有机化学 . 第 4 版 . 北京：高等教育出版社

李柱来 . 2013. 有机化学 . 第 3 版 . 北京：人民卫生出版社

吕以仙 . 2009. 有机化学 . 第 7 版 . 北京：人民卫生出版社

陆阳 . 2018. 有机化学 . 第 9 版 . 北京：人民卫生出版社

倪沛洲 . 2007. 有机化学 . 第 6 版 . 北京：人民卫生出版社

史启祯 . 2005. 无机化学与分析化学 . 第 2 版 . 北京：高等教育出版社

孙毓庆 . 1999. 分析化学 (下册). 第 4 版 . 北京：人民卫生出版社

王夔 . 1999. 无机化学 . 第 2 版 . 北京：人民卫生出版社

魏祖期 . 2008. 基础化学 . 第 7 版 . 北京：人民卫生出版社

魏祖期，刘德育 . 2013. 基础化学 . 第 8 版 . 北京：人民卫生出版社

武汉大学 . 2000. 分析化学 . 第 4 版 . 北京：高等教育出版社

邢其毅，徐瑞秋，周政，等 . 2005. 基础有机化学 . 第 3 版 . 北京：高等教育出版社

徐春祥 . 2009. 有机化学 . 第 2 版 . 北京：高等教育出版社

许善锦 . 2002. 无机化学 . 第 2 版 . 北京：人民卫生出版社

余瑜 . 2004. 医用化学 . 北京：人民卫生出版社

余瑜 . 2008. 医用化学 . 第 2 版 . 北京：人民卫生出版社

余瑜 . 2014. 药学简明读本 . 北京：科学出版社

余瑜 . 2015. 医用化学 . 第 3 版 . 北京：人民卫生出版社

余瑜，何炜 . 2016. 医用化学 . 北京：科学出版社

余瑜，母昭德 . 2023. 医用化学实验 . 第 3 版 . 北京：科学出版社

余瑜，尚京川 . 2008. 医用化学实验 . 北京：科学出版社

余瑜，尚京川 . 2013. 医用化学实验 . 第 2 版 . 北京：科学出版社

附　　录

附录一　化学试剂规格表

等级	英文名称	英文符号	颜色
优级纯	guaranteed reagent	GR	浅绿色
分析纯	analytical pure	AP	红色
化学纯	chemical pure	CP	蓝色
实验试剂	laboratory reagent	LR	黄色
生化试剂	biochemical	BC	咖啡色
工业用	technical grade	Tech	黑色
指示剂	indicator	Ind	红色
基准试剂	primary reagent	PT	绿色
光谱纯	spectrum pure	SP	黄色、蓝色

附录二　常用化学危险品分类表

一级目录	二级目录
第一类：爆炸品	第 1 项：具有整体爆炸危险的物质和物品，如高氯酸
	第 3 项：具有燃烧危险和较小爆炸危险的物质和物品，如二亚硝基苯
	第 4 项：无重大危险的爆炸物质和物品，如四唑并-1-乙酸
	第 2 项和第 5 项为弹药
第二类：压缩气体和液化气体	第 1 项：易燃气体，如氨气、一氧化碳、甲烷等
	第 2 项：不燃气体（包括助燃气体），如氮气、氧气等
	第 3 项：有毒气体，如氯（液化的）、氨（液化的）等
第三类：易燃液体	第 1 项：低闪点液体，即闪点低于-18℃的液体，如乙醛、丙酮等
	第 2 项：中闪点液体，即闪点在-18～23℃的液体，如苯、甲醇等
	第 3 项，高闪点液体，即闪点在 23℃以上的液体，如环辛烷、氯苯、苯甲醚等
第四类：易燃固体、自燃物品和遇湿易燃物品	第 1 项：易燃固体，指燃点低，对热、撞击、摩擦敏感，易被外部火源点燃，迅速燃烧，能散发有毒烟雾或有毒气体的固体。如红磷、硫黄等
	第 2 项：自燃物品，指自燃点低，在空气中易于发生氧化反应放出热量而自行燃烧的物品。如黄磷、三氯化钛等
	第 3 项：遇湿易燃物品，指遇水或受潮时，发生剧烈反应，放出大量易燃气体和热量的物品，有的不需明火，就能燃烧或爆炸。如金属钠、氢化钾等
第五类：氧化剂和有机过氧化物	第 1 项：氧化剂，指具有强氧化性，易分解放出氧和热量的物质，对热、振动和摩擦比较敏感。如氯酸铵、高锰酸钾等
	第 2 项：有机过氧化物，指分子结构中含有过氧键的有机物，其本身是易燃易爆、极易分解，对热、振动和摩擦极为敏感。如过氧化苯甲酰、过氧化甲乙酮等

续表

一级目录	二级目录
第六类：毒害品	指进入人（动物）肌体后，累积达到一定的量能与体液和组织发生生物化学作用或生物物理作用，扰乱或破坏肌体的正常生理功能，引起暂时或持久性的病理改变，甚至危及生命的物品。如各种氰化物、砷化物、化学农药等
第七类：放射性物品	属于危险化学品，但不在《危险化学品安全管理条例》的管理范围，其按国家有关规定管理
第八类：腐蚀品	第 1 项：酸性腐蚀品，如硫酸、硝酸、盐酸等
	第 2 项：碱性腐蚀品，如氢氧化钠、硫氢化钙等
	第 3 项：其他腐蚀品，如二氯乙醛、苯酚钠等

附录三　水的蒸汽压力表（0～100℃）

温度（℃）	压力（kPa）	温度（℃）	压力（kPa）	温度（℃）	压力（kPa）	温度（℃）	压力（kPa）
0	0.610	15	1.705	30	4.242	85	57.80
1	0.657	16	1.817	31	4.492	90	70.08
2	0.706	17	1.937	32	4.754	91	72.79
3	0.758	18	2.063	33	5.029	92	75.58
4	0.813	19	2.196	34	5.318	93	78.46
5	0.872	20	2.337	35	5.622	94	81.43
6	0.935	21	2.486	40	7.375	95	84.50
7	1.001	22	2.643	45	9.582	96	87.66
8	1.074	23	2.808	50	12.33	97	90.92
9	1.148	24	2.983	55	15.73	98	94.30
10	1.228	25	3.167	60	19.91	99	97.74
11	1.312	26	3.360	65	25.05	100	101.325
12	1.402	27	3.564	70	31.15		
13	1.497	28	3.779	75	38.54		
14	1.598	29	4.005	80	47.33		

附录四　常用酸、碱溶液的相对密度、含量和浓度表

名称	化学式	相对密度（20℃）（g/mL）	质量分数（%）	物质的量浓度（mol/L）
浓硫酸	H_2SO_4	1.84	98	18
稀硫酸	H_2SO_4	1.18	25	3
	H_2SO_4	1.06	9	1
浓盐酸	HCl	1.19	37	12
稀盐酸	HCl	1.03	7	2
浓硝酸	HNO_3	1.42	70	16
稀硝酸	HNO_3	1.20	33	6
	HNO_3	1.07	12	2

续表

名称	化学式	相对密度（20℃）（g/mL）	质量分数（%）	物质的量浓度（mol/L）
浓磷酸	H_3PO_4	1.70	85	15
浓高氯酸	$HClO_4$	1.70～1.75	70～72	12
稀高氯酸	$HClO_4$	1.12	19	2
冰醋酸	CH_3COOH	1.05	99.7	18
醋酸	CH_3COOH	1.04	36～37	6
稀醋酸	CH_3COOH	1.01	12	2
浓氨水	$NH_3 \cdot H_2O$	0.90	25～27	15
稀氨水	$NH_3 \cdot H_2O$	0.98	3.5	2
浓氢氧化钠	NaOH	1.43	40	14
	NaOH	1.33	30	13
稀氢氧化钠	NaOH	1.09	8	2
氢氧化钡（饱和）	$Ba(OH)_2$	—	2	0.1
氢氧化钙（饱和）	$Ca(OH)_2$	—	15	—

附录五　常用弱酸和弱碱的电离常数表

名称	化学式	温度（℃）	电离常数 K	pK
砷酸	H_3AsO_4	18	$K_1 = 5.26 \times 10^{-3}$	2.25
			$K_2 = 1.70 \times 10^{-7}$	6.77
			$K_3 = 2.95 \times 10^{-12}$	11.53
亚砷酸	H_3AsO_3	25	6.00×10^{-10}	9.23
硼酸	H_3BO_3	20	$K_1 = 7.30 \times 10^{-10}$	9.14
醋酸	CH_3COOH	25	1.76×10^{-5}	4.75
甲酸	HCOOH	20	1.77×10^{-4}	3.75
碳酸	H_2CO_3	25	$K_1 = 4.30 \times 10^{-7}$	6.37
			$K_2 = 5.61 \times 10^{-11}$	10.25
铬酸	H_2CrO_4	25	$K_1 = 1.80 \times 10^{-1}$	0.74
			$K_2 = 3.20 \times 10^{-7}$	6.49
氢氟酸	HF	25	3.53×10^{-4}	3.45
氢氰酸	HCN	25	4.93×10^{-10}	9.31
氢硫酸	H_2S	18	$K_1 = 9.10 \times 10^{-8}$	7.04
			$K_2 = 1.10 \times 10^{-12}$	11.96
过氧化氢	H_2O_2	25	2.40×10^{-12}	11.62
次溴酸	HBrO	25	2.06×10^{-9}	8.69
次氯酸	HClO	18	2.95×10^{-8}	7.53
次碘酸	HIO	25	2.30×10^{-11}	10.64
碘酸	HIO_3	25	1.69×10^{-1}	0.77

续表

名称	化学式	温度（℃）	电离常数 K	pK
高碘酸	HIO_4	25	2.30×10^{-2}	1.64
亚硝酸	HNO_2	12.5	4.60×10^{-4}	3.37
磷酸	H_3PO_4	25	$K_1=7.52\times10^{-3}$	2.12
			$K_2=6.23\times10^{-8}$	7.21
			$K_3=2.20\times10^{-13}$	12.67
硫酸	H_2SO_4	25	$K_2=1.20\times10^{-2}$	1.92
亚硫酸	H_2SO_3	18	$K_1=1.54\times10^{-2}$	1.81
			$K_2=1.02\times10^{-7}$	6.91
草酸	$H_2C_2O_4$	25	$K_1=5.90\times10^{-2}$	1.23
			$K_2=6.40\times10^{-5}$	4.19
酒石酸	$H_2C_4H_4O_6$	25	$K_1=1.04\times10^{-3}$	2.98
			$K_2=4.55\times10^{-5}$	4.34
柠檬酸	$H_3C_6H_5O_7$	18	$K_1=7.10\times10^{-4}$	3.14
			$K_2=1.68\times10^{-5}$	4.77
			$K_3=6.40\times10^{-6}$	5.19
苯甲酸	C_6H_5COOH	25	6.46×10^{-5}	4.19
苯酚	C_6H_5OH	20	1.28×10^{-10}	9.89
氨水	$NH_3\cdot H_2O$	25	1.76×10^{-5}	4.75
氢氧化钙	$Ca(OH)_2$	25	$K_1=3.74\times10^{-3}$	2.43
		30	$K_2=4.00\times10^{-2}$	1.40
氢氧化铅	$Pb(OH)_2$	25	9.60×10^{-4}	3.02
氢氧化银	$AgOH$	25	1.10×10^{-4}	3.96
氢氧化锌	$Zn(OH)_2$	25	9.60×10^{-4}	3.02
羟胺	NH_2OH	20	1.07×10^{-8}	7.97
苯胺	$C_6H_5NH_2$	25	4.60×10^{-10}	9.34

附录六　常用的标准缓冲溶液表

溶液	浓度（mol/L）	pH（25℃）
酒石酸氢钾（$KHC_4H_4O_6$）	饱和，25℃	3.557
邻苯二酸氢钾（$KHC_8H_4O_4$）	0.05	4.008
KH_2PO_4-Na_2HPO_4	0.025，0.025	6.865
KH_2PO_4-Na_2HPO_4	0.008695～0.03043	7.413
硼砂（$Na_2B_4O_7\cdot 10H_2O$）	0.01	9.180

附录七　$H_2PO_4^-$ 和 HPO_4^{2-} 组成的缓冲溶液表（298.15K）

50mL 0.1mol/L KH_2PO_4 ＋ xmL 0.1mol/L NaOH 稀释至 100mL

pH	x	β	pH	x	β
5.80	3.6	/	7.00	29.1	0.031
5.90	4.6	0.010	7.10	32.1	0.028
6.00	5.6	0.011	7.20	34.7	0.025
6.10	6.8	0.012	7.30	37.0	0.022
6.20	8.1	0.015	7.40	39.1	0.020
6.30	9.7	0.017	7.50	41.1	0.018
6.40	11.6	0.021	7.60	42.8	0.015
6.50	13.9	0.024	7.70	44.2	0.012
6.60	16.4	0.027	7.80	45.3	0.010
6.70	19.3	0.030	7.90	46.1	0.007
6.80	22.4	0.033	8.00	46.7	/
6.90	25.9	0.033			

附录八　“Tris”和“Tris · HCl”组成的缓冲溶液表

组成（mol/kg）			pH	
Tris	Tris · HCl	NaCl	25℃	37℃
0.02	0.02	0.14	8.220	7.904
0.05	0.05	0.11	8.225	7.908
0.006667	0.02	0.14	7.745	7.428
0.01667	0.05	0.11	7.745	7.427
0.05	0.05	/	8.173	7.851
0.05	0.05	/	7.699	7.382

附录九　常用的指示剂表

（一）酸碱指示剂（18～25℃）

指示剂名称	变色 pH 范围	颜色变化
甲基紫 （第一变色范围）	0.13～0.5	黄-绿
苦味酸	0.0～1.3	无色-黄
甲基绿	0.1～2.0	黄-绿-浅蓝
孔雀绿 （第一变色范围）	0.13～2.0	黄-浅蓝-绿

续表

指示剂名称	变色 pH 范围	颜色变化
甲酚红 （第一变色范围）	0.2～1.8	红-黄
甲基紫 （第二变色范围）	1.0～1.5	绿-蓝
百里酚蓝 （麝香草酚蓝） （第一变色范围）	1.2～2.8	红-黄
甲基紫 （第三变色范围）	2.0～3.0	蓝-紫
茜素黄 R （第一变色范围）	1.9～3.3	红-黄
二甲基黄	2.9～4.0	红-黄
甲基橙	3.1～4.4	红-橙黄
溴酚蓝	3.0～4.6	黄-蓝
刚果红	3.0～5.2	蓝紫-红
茜素红 S	3.7～5.2	黄-紫
溴甲酚绿	3.8～5.4	黄-蓝
甲基红	4.4～6.2	红-黄
溴酚红	5.0～6.8	黄-红
溴甲酚紫	5.2～6.8	黄-紫红
溴百里酚蓝	6.0～7.6	黄-蓝
中性红	6.8～8.0	红-亮黄
酚红	6.8～8.0	黄-红
甲酚红	7.2～8.8	亮黄-紫红
百里酚蓝 （麝香草酚蓝） （第二变色范围）	8.0～9.0	黄-蓝
酚酞	8.2～10.0	无色-紫红
百里酚酞	9.4～10.6	无色-蓝
茜素红 S （第二变色范围）	10.0～12.0	紫-淡黄
茜素黄 R （第二变色范围）	10.1～12.1	黄-淡紫
孔雀绿 （第二变色范围）	11.5～13.2	蓝绿-五色
达旦黄	12.0～13.0	黄-红

（二）混合酸碱指示剂

指示剂溶液的组成	变色点 pH	颜色		备注
		酸色	碱色	
一份 0.1% 甲基黄酒精溶液 一份 0.1% 次甲基蓝酒精溶液	3.25	蓝紫	绿	pH3.2 蓝紫色 pH3.4 绿色
一份 0.1% 甲基橙溶液 一份 0.25% 靛蓝（二磺酸）水溶液	4.1	紫	黄绿	
一份 0.1% 溴百里酚绿钠盐水溶液 一份 0.2% 甲基橙水溶液	4.3	黄	蓝绿	pH3.5 黄色 pH4.0 黄绿色 pH4.3 绿色
三份 0.1% 溴甲酚绿酒精溶液 一份 0.2% 甲基红酒精溶液	5.1	酒红	绿	
一份 0.2% 甲基红酒精溶液 一份 0.1% 次甲基蓝酒精溶液	5.4	红紫	绿	pH5.2 红紫 pH5.4 暗蓝 pH5.6 绿
一份 0.1% 溴甲酚绿钠盐水溶液 一份 0.1% 氯酚红钠盐水溶液	6.1	黄绿	蓝紫	pH5.4 蓝绿 pH5.8 蓝 pH6.2 蓝紫
一份 0.1% 溴甲酚紫钠盐水溶液 一份 0.1% 溴百里酚蓝钠盐水溶液	6.7	黄	蓝紫	pH6.2 蓝绿 pH6.6 蓝 pH6.8 蓝紫
一份 0.1% 中性红酒精溶液 一份 0.1% 次甲基蓝酒精溶液	7.0	蓝紫	绿	pH7.0 蓝紫
一份 0.1% 溴百里酚蓝钠盐水溶液 一份 0.1% 酚红钠盐水溶液	7.5	黄	绿	pH7.2 暗绿 pH7.4 淡紫 pH7.6 深紫
一份 0.1% 甲酚红钠盐水溶液 三份 0.1% 百里酚蓝钠盐水溶液	8.3	黄	紫	pH8.2 玫瑰色 pH8.4 紫色

附录十 常用难溶化合物的溶度积表

化合物名称	K_{sp}	化合物名称	K_{sp}
AgBr	5.0×10^{-13}	CuBr	5.2×10^{-9}
AgCl	1.56×10^{-10}	CuCl	1.2×10^{-6}
Ag_2CrO_4	1.1×10^{-12}	CuI	1.1×10^{-12}
AgCN	1.2×10^{-16}	CuSCN	4.8×10^{-15}
AgI	1.5×10^{-16}	$Fe(OH)_3$	1.1×10^{-36}
Ag_2S	6.3×10^{-50}	$Fe(OH)_2$	8.0×10^{-16}
AgSCN	1.0×10^{-12}	FeS	3.7×10^{-19}
$Al(OH)_3$	1.3×10^{-33}	$PbSO_4$	1.6×10^{-8}
$BaCO_3$	8.1×10^{-9}	PbS	8.0×10^{-23}
$BaCrO_4$	1.2×10^{-10}	$MgNH_4PO_4$	2.5×10^{-13}
BaC_2O_4	1.6×10^{-17}	$MgCO_3$	3.5×10^{-8}
$BaSO_4$	1.1×10^{-10}	$Mg(OH)_2$	1.8×10^{-11}

续表

化合物名称	K_{sp}	化合物名称	K_{sp}
$CaCO_3$	8.7×10^{-9}	$Mn(OH)_2$	1.9×10^{-13}
CaF_2	2.7×10^{-11}	MnS	1.4×10^{-15}
$CaC_2O_4\cdot H_2O$	2.0×10^{-9}	HgS	4.0×10^{-53}
$CaSO_4$	9.1×10^{-6}	$Zn(OH)_2$	1.2×10^{-17}
$Cu(OH)_2$	2.2×10^{-20}	ZnS	1.2×10^{-23}
CuS	6.3×10^{-36}		

附录十一　常用电极的标准电极电势表（298.15K）

电对	电极反应	$\varphi^\ominus$/V
Li^+/Li	$Li^+ + e \rightleftharpoons Li$	−3.045
K^+/K	$K^+ + e \rightleftharpoons K$	−2.925
Ca^{2+}/Ca	$Ca^{2+} + 2e \rightleftharpoons Ca$	−2.923
Na^+/Na	$Na^+ + e \rightleftharpoons Na$	−2.741
Mg^{2+}/Mg	$Mg^{2+} + 2e \rightleftharpoons Mg$	−2.363
Al^{3+}/Al	$Al^{3+} + 3e \rightleftharpoons Al$	−1.662
Mn^{2+}/Mn	$Mn^{2+} + 2e \rightleftharpoons Mn$	−1.180
Zn^{2+}/Zn	$Zn^{2+} + 2e \rightleftharpoons Zn$	−0.7628
Cr^{3+}/Cr	$Cr^{3+} + 3e \rightleftharpoons Cr$	−0.74
$CO_2/H_2C_2O_4$	$2CO_2 + 2H^+ + 2e \rightleftharpoons H_2C_2O_4$	−0.49
Fe^{2+}/Fe	$Fe^{2+} + 2e \rightleftharpoons Fe$	−0.44
Cd^{2+}/Cd	$Cd^{2+} + 2e \rightleftharpoons Cd$	−0.4026
Ni^{2+}/Ni	$Ni^{2+} + 2e \rightleftharpoons Ni$	−0.25
Sn^{2+}/Sn	$Sn^{2+} + 2e \rightleftharpoons Sn$	−0.1364
Pb^{2+}/Pb	$Pb^{2+} + 2e \rightleftharpoons Pb$	−0.1263
H^+/H	$2H^+ + 2e \rightleftharpoons H_2$	0.0000
$S_4O_6^{2-}/S_2O_3^{2-}$	$S_4O_6^{2-} + 2e \rightleftharpoons 2S_2O_3^{2-}$	+0.09
S/H_2S	$S + 2H^+ + 2e \rightleftharpoons H_2S$	+0.141
Sn^{4+}/Sn^{2+}	$Sn^{4+} + 2e \rightleftharpoons Sn^{2+}$	+0.15
Cu^{2+}/Cu^+	$Cu^{2+} + e \rightleftharpoons Cu^+$	+0.17
AgCl/Ag	$AgCl + e \rightleftharpoons Ag + Cl^-$	+0.2223
Hg_2Cl_2/Hg	$Hg_2Cl_2 + 2e \rightleftharpoons 2Hg + 2Cl^-$	+0.2673
Cu^{2+}/Cu	$Cu^{2+} + 2e \rightleftharpoons Cu$	+0.3402
I_2/I^-	$I_2 + 2e \rightleftharpoons 2I^-$	+0.535

续表

电对	电极反应	$\varphi^\ominus$/V
MnO_4^-/MnO_4^{2-}	$MnO_4^- + e \rightleftharpoons MnO_4^{2-}$	+0.564
$H_3AsO_4/H_3AsO_3^{2-}$	$H_3AsO_4 + 2H^+ + 4e \rightleftharpoons H_3AsO_3^{2-} + H_2O$	+0.58
MnO_4^-/MnO_2	$MnO_4^- + 2H_2O + 3e \rightleftharpoons MnO_2 + 4OH^-$	+0.588
O_2/H_2O_2	$O_2 + 2H^+ + 2e \rightleftharpoons H_2O_2$	+0.682
Fe^{3+}/Fe^{2+}	$Fe^{3+} + e \rightleftharpoons Fe^{2+}$	+0.770
Hg_2^{2+}/Hg	$Hg_2^{2+} + 2e \rightleftharpoons 2Hg$	+0.797
Ag^+/Ag	$Ag^+ + e \rightleftharpoons Ag$	+0.7996
NO_3^-/NO	$NO_3^- + 4H^+ + 3e \rightleftharpoons NO + 2H_2O$	+0.96
HNO_2/NO	$HNO_2 + H^+ + e \rightleftharpoons NO + H_2O$	+0.99
Br_2/Br^-	$Br_2 + 2e \rightleftharpoons 2Br^-$	+1.087
MnO_2/Mn^{2+}	$MnO_2 + 4H^+ + 2e \rightleftharpoons Mn^{2+} + 2H_2O$	+1.208
O_2/H_2O	$O_2 + 4H^+ + 4e \rightleftharpoons 2H_2O$	+1.229
$Cr_2O_7^{2-}/Cr^{3+}$	$Cr_2O_7^{2-} + 14H^+ + 6e \rightleftharpoons 2Cr^{3+} + 7H_2O$	+1.33
Cl_2/Cl^-	$Cl_2 + 2e \rightleftharpoons 2Cl^-$	+1.358
$HClO/Cl^-$	$HClO + H^+ + 2e \rightleftharpoons Cl^- + H_2O$	+1.49
MnO_4^-/Mn^{2+}	$MnO_4^- + 8H^+ + 5e \rightleftharpoons Mn^{2+} + 4H_2O$	+1.491
H_2O_2/H_2O	$H_2O_2 + 2H^+ + 2e \rightleftharpoons 2H_2O$	+1.776
$S_2O_8^{2-}/SO_4^{2-}$	$S_2O_8^{2-} + 2e \rightleftharpoons 2SO_4^{2-}$	+2.0
F_2/F^-	$F_2 + 2e \rightleftharpoons 2F^-$	+2.87

附录十二　常用基准物质的干燥条件和应用表

序号	基准物质		干燥后分子式	干燥条件（℃）	标定对象
	名称	分子式			
1	碳酸氢钠	$NaHCO_3$	Na_2CO_3	270～300	酸
2	碳酸钠	$Na_2CO_3 \cdot 10H_2O$	Na_2CO_3	270～300	酸
3	硼砂	$Na_2B_4O_7 \cdot 10H_2O$	$Na_2B_4O_7 \cdot 10H_2O$	放在含 NaCl 和蔗糖饱和度的干燥器中	酸
4	碳酸氢钾	$KHCO_3$	$KHCO_3$	270～300	酸
5	草酸	$H_2C_2O_4 \cdot 2H_2O$	$H_2C_2O_4 \cdot 2H_2O$	室温空气干燥	碱或 $KMnO_4$
6	邻苯二甲酸氢钾	$KHC_8H_4O_4$	$KHC_8H_4O_4$	110～120	碱
7	重铬酸钾	$K_2Cr_2O_7$	$K_2Cr_2O_7$	140～150	还原剂
8	溴酸钾	$KBrO_3$	$KBrO_3$	130	还原剂
9	碘酸钾	KIO_3	KIO_3	130	还原剂
10	铜	Cu	Cu	室温干燥器中保存	还原剂
11	三氧化二砷	As_2O_3	As_2O_3	室温干燥器中保存	氧化剂

续表

序号	基准物质 名称	基准物质 分子式	干燥后分子式	干燥条件（℃）	标定对象
12	草酸钠	$Na_2C_2O_4$	$Na_2C_2O_4$	130	氧化剂
13	碳酸钙	$CaCO_3$	$CaCO_3$	110	EDTA
14	锌	Zn	Zn	室温干燥器中保存	EDTA
15	氧化锌	ZnO	ZnO	900～1000	EDTA
16	硝酸银	$AgNO_3$	$AgNO_3$	280～290	氯化物
17	氨基磺酸	$HOSO_2NH_2$	$HOSO_2NH_2$	铂坩埚中500～550℃下保存40～50min后，硫酸干燥器中冷却	碱

附录十三　常用有机溶剂的沸点和密度表

名称	沸点（℃）	密度 d_4^{20}	名称	沸点（℃）	密度 d_4^{20}
甲醇	64.96	0.7914	苯	80.1	0.87865
乙醇	78.5	0.7893	甲苯	110.6	0.8669
乙醚	34.51	0.71378	二甲苯（*o*-, *m*-, *p*-）	140	
丙酮	56.2	0.7899	氯仿	61.7	1.4832
乙酸	117.9	1.0492	四氯化碳	76.54	1.5940
乙酐	139.55	1.0820	二硫化碳	46.25	1.2632
乙酸乙酯	77.05	0.9003	硝基苯	210.8	1.2037
二氧六环	101.1	1.0337	正丁醇	117.25	0.8098

附录十四　常见毒性危险性化学药品表

序号	名称	英文名	CAS号	分子式（或结构式）	TLV（$1.0\times10^{-6}kg/m^3$）
1	羰基铁	iron pentacarbonyl	13463-40-6	$Fe(CO)_5$	0.001
2	汞（水银）	mercury	7439-97-6	Hg	0.01
3	臭氧	ozone	10028-15-6	O_3	0.1
4	碳酰氯 光气	carbonyl chloride phosgene	75-44-5	$COCl_2$	0.1
5	溴	bromine	7725-95-6	Br_2	0.1
6	磷化氢 磷化三氢	phosphine hydrogen phosphine	7803-51-2	气态：PH_3 液态：P_2H_4	0.3
7	氯气 液氯	chlorine liquid chlorine	7782-50-5	Cl_2	1.0
8	氟化氢 氢氟酸	hydrogen fluoride	7664-39-3	HF	1.0
9	二氧化碳	carbon dioxide	124-38-9	CO_2	3.0
10	亚硝酰氯	nitrosyl chloride	2696-92-6	ClNO	5.0

续表

序号	名称	英文名	CAS 号	分子式（或结构式）	TLV（$1.0\times10^{-6}kg/m^3$）
11	氰化钾	potassium cyanide	151-50-8	KCN	5.0
12	氰化钠	sodium cyanide	143-33-9	NaCN	10
13	氰化氢	hydrogen cyanide	74-90-8	HCN	10
14	硫化氢	hydrogen sulfide	7783-06-4	H_2S	10
15	二硫化碳	carbon disulphide	75-15-0	CS_2	20
16	一氧化碳	carbon monoxide	630-08-0	CO	20
17	对苯二胺	*p*-phenylenediamine	106-50-3		0.1
18	对甲氧苯胺	*p*-anisidine	104-94-9	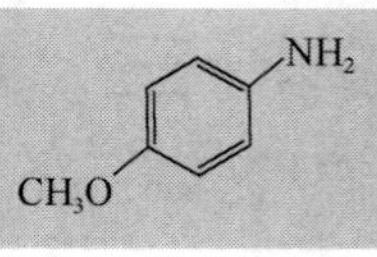	0.5
19	对硝基苯胺	*p*-nitroaniline	100-01-6		1.0
20	*N*-甲基苯胺	*N*-methylaniline	100-61-8	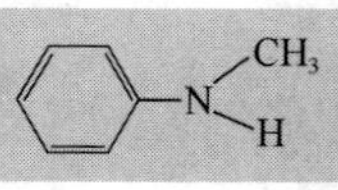	2.0
21	*N*, *N*-二甲基苯胺	*N*, *N*-dimethyl aniline	121-69-7	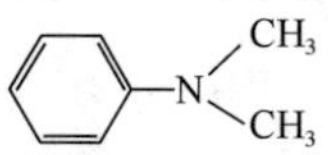	5.0
22	苯胺	aniline	62-53-3	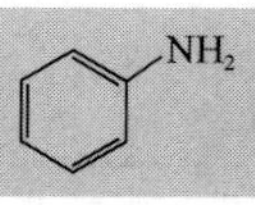	5.0
23	邻甲苯胺	*o*-toluidine	95-53-4	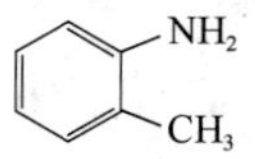	10
24	二甲苯	xylene	1330-20-7	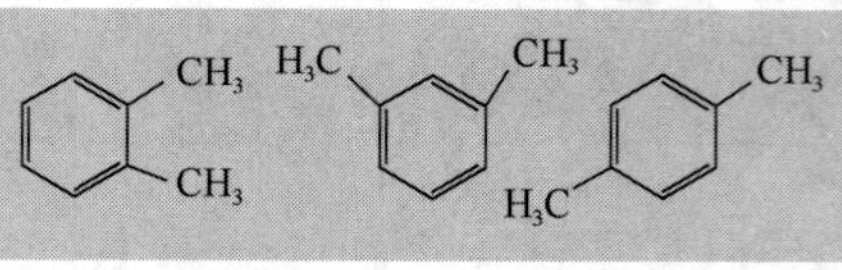	10
25	乙胺	ethylamine	75-04-7	$C_2H_5NH_2$	10
26	三乙胺	triethylamine	121-44-8	$(C_2H_5)_3N$	25
27	苦味酸	picric acid	88-89-1	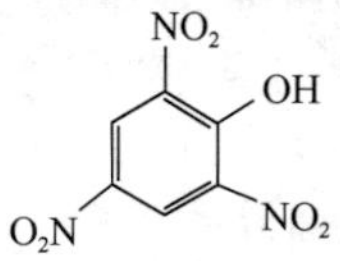	0.1
28	2, 4-二硝基苯酚	2, 4-dinitrophenol	51-28-5	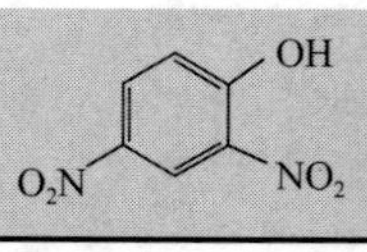	0.2

续表

序号	名称	英文名	CAS 号	分子式（或结构式）	TLV（$1.0\times10^{-6}kg/m^3$）
29	2,6-二硝基-4-甲基苯酚	4-methyl-2, 6-dinitrophenol	609-93-8	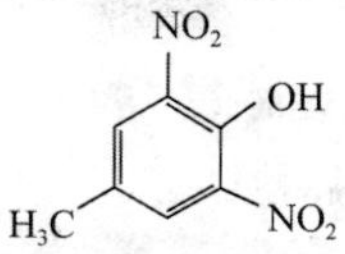	0.2
30	4-硝基氯苯	4-nitrochlorobenzene	100-00-5	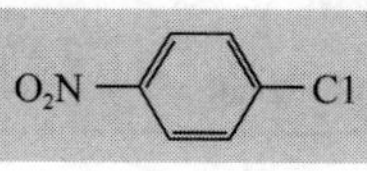	1.0
31	硝基苯	nitrobenzene	98-95-3	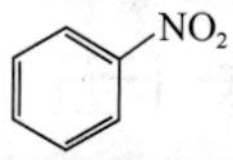	1.0
32	苯酚	phenol	108-95-2	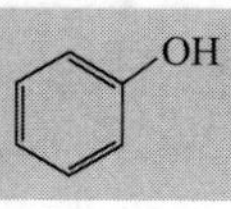	5.0
33	甲苯酚 煤酚	methylphenol cresylol	1319-77-3	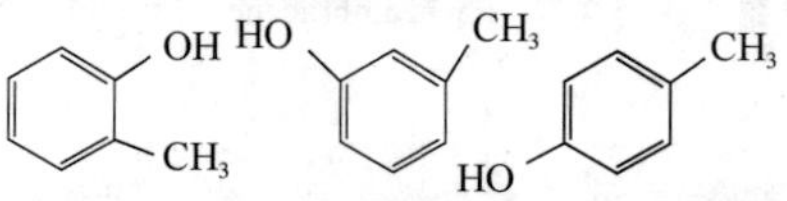	5.0
34	异氰酸甲酯	methyl isocyanate	624-83-9	C_2H_3NO	0.02
35	丙烯醛	acrolein	107-02-8	$CH_2=CHCHO$	0.1
36	重氮甲烷	diazomethane	334-88-3	CH_2N_2	0.2
37	溴仿	bromoform	75-25-2	$CHBr_3$	0.5
38	草酸	oxalic acid	144-62-7	$C_2H_2O_4$	1.0
39	3-氯-1-丙烯	3-chloropropene	107-05-1	$ClCH_2CH=CH_2$	1.0
40	2-氯乙醇	2-chloroethanol	107-07-3	$ClCH_2CH_2OH$	1.0
41	硫酸二甲酯	dimethyl sulfate	77-78-1	$(CH_3O)_2SO_2$	1.0
42	硫酸二乙酯	diethyl sulfate	64-67-5	$(C_2H_5O)_2SO_2$	1.0
43	四溴乙烷	acetylene tetrabromide	79-27-6	$Br_2CHCHBr_2$	1.0
44	烯丙醇	allyl alcohol	107-18-6	$CH_2=CHCH_2OH$	2.0
45	2-丁烯醛（巴豆醛）	2-butenal crotonaldehyde	123-73-9	$CH_3CH_2=CHCHO$	2.0
46	四氯乙烷	tetrachloroethane	79-34-5	$Cl_2CHCHCl_2$	5.0
47	碘甲烷	methyl iodide	74-88-4	CH_3I	5.0
48	四氯化碳	tetrachloromethane	56-23-5	CCl_4	10
49	苯	benzene	71-43-2		10
50	溴甲烷	methyl bromide	74-83-9	CH_3Br	15
51	1,2-二溴乙烷	1,2-dibromoethane	106-93-4	$BrCH_2CH_2Br$	20
52	1,2-二氯乙烷	1,2-dichloroethane	107-06-2	$ClCH_2CH_2Cl$	50
53	氯仿	chloroform	67-66-3	$CHCl_3$	50
54	溴乙烷	bromoethane	74-96-4	C_2H_5Br	200

续表

序号	名称	英文名	CAS 号	分子式（或结构式）	TLV（$1.0\times10^{-6}kg/m^3$）
55	甲醇	methanol	67-56-1	CH_3OH	200
56	乙醚	diethyl ether	60-29-7	$CH_3CH_2OCH_2CH_3$	400
57	二氯甲烷	dichloromethane	75-09-2	CH_2Cl_2	500
58	乙醇	ethanol	64-17-5	CH_3CH_2OH	1000
59	丙醇	propyl alcohol	71-23-8	$CH_3CH_2CH_2OH$	1000

附录十五　常见具有致癌性的化学物质表

序号	名称	英文名	CAS 号	分子式（或结构式）	备注
1	苯并 [a] 蒽	benzanthracene	56-55-3	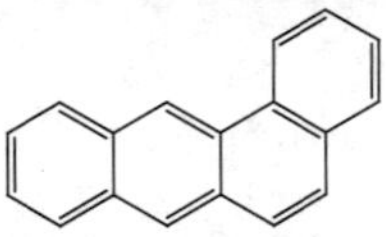	
2	3, 4-苯并芘苯并 [a] 芘	3, 4-benzypyrene	50-32-8	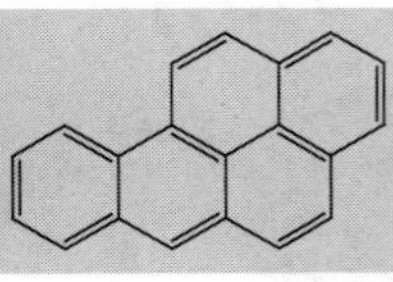	
3	二苯并 [a, h] 蒽	dibenz[a, h]anthracene	53-70-3	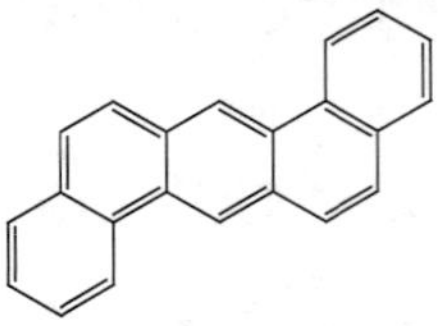	
4	苯并 [J] 萤蒽	benzo(j)fluoranthene	205-82-3	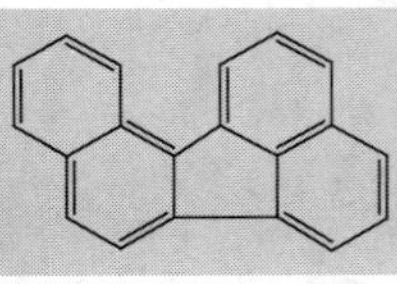	
5	7, 12-二甲基苯并 [a] 蒽	7, 12-dimethylbenz [a]anthracene	57-97-6	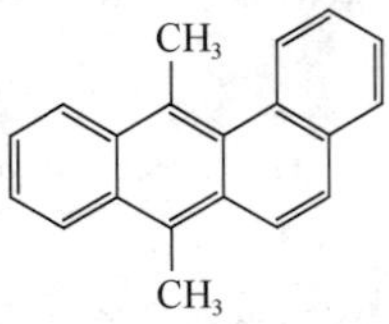	
6	3-甲基胆蒽	3-methylcholanthrene	56-49-5	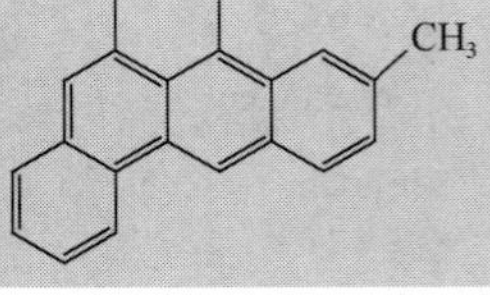	
7	2, 4-二氨基甲苯	2, 4-diaminotoluene	95-80-7	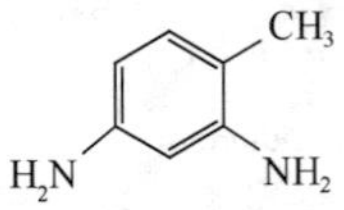	
8	β-萘胺	β-naphthylamine	91-59-8	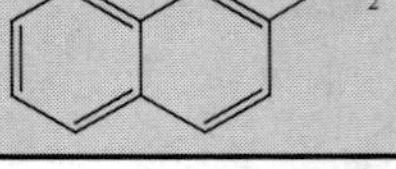	膀胱癌

续表

序号	名称	英文名	CAS 号	分子式（或结构式）	备注
9	联苯胺	benzidine	92-87-5	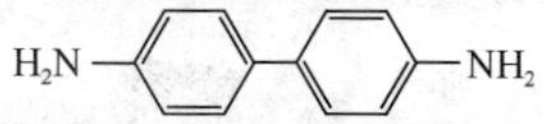	
10	2-氨基芴	2-aminofluorene	153-78-6	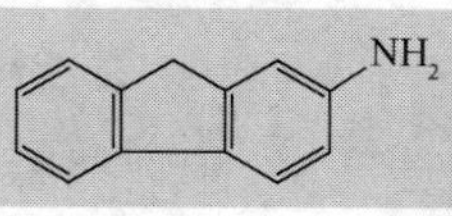	
11	2-蒽胺	2-anthracylamine	613-13-8	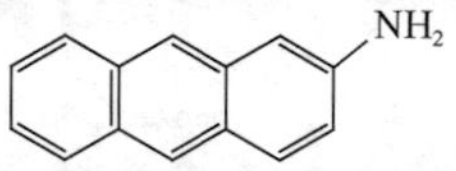	
12	*N*-（2-芴基）乙酰胺	*N*-(2-fluorenyl) acetamide	53-96-3	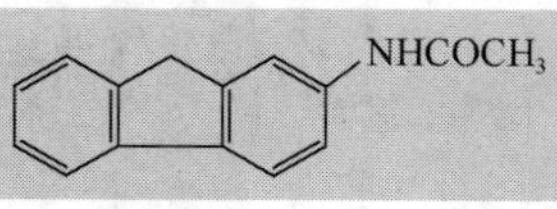	
13	4-氨基联苯	4-aminobiphenyl	92-67-1	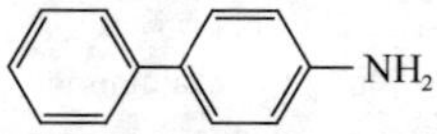	
14	二甲基亚硝胺	*N*-nitrosodimethylamine	62-75-9	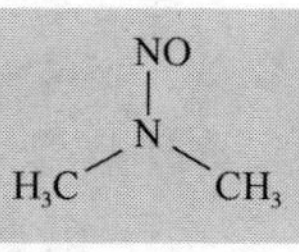	
15	二氯甲醚	dichloromethyl ether	542-88-1	$ClCH_2OCH_2Cl$	肺癌
16	乙撑亚胺	ethylenimine	151-56-4	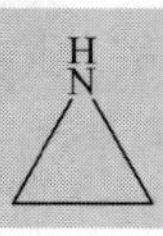	
17	黄曲霉素 B1	aflatoxin b-1	1162-65-8	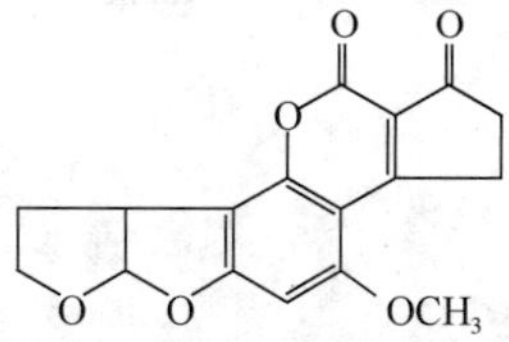	
18	黄曲霉素 G1	aflatoxin g-1	1165-39-5	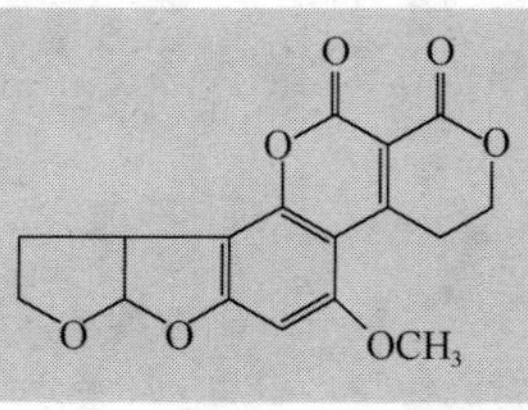	
19	β-细辛脑	β-asarone	5273-86-9	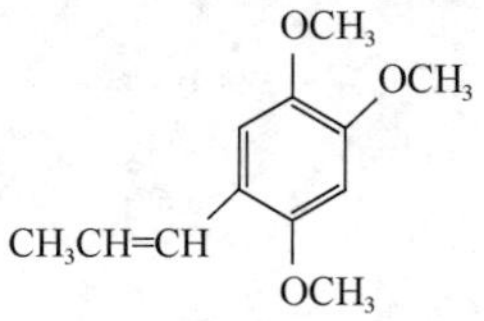	
20	石棉	actinolite	1332-21-4	$2SiO_2 \cdot 3MgO \cdot 2H_2O$（主要成分）	肺癌、胃癌、肝癌
21	煤焦油　煤烟	coal tar	65996-93-2		皮肤、肺
22	丙烯腈	acrylonitrile	107-13-1	$CH_2=CHCN$	肺、大肠
23	氯乙烯	vinyl chloride	75-01-4	$CH_2=CHCl$	肝、脑
24	金胺	auramine	2465-27-2	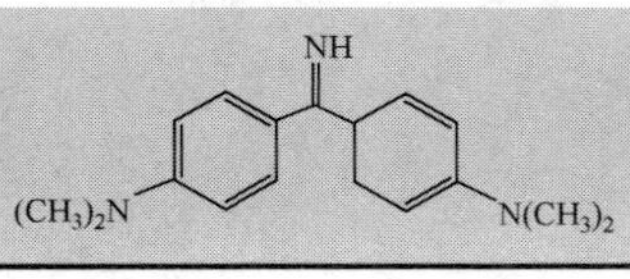	膀胱

续表

序号	名称	英文名	CAS 号	分子式（或结构式）	备注
25	三氧化铬	chromium trioxide	1333-82-0	CrO_3	肺癌
26	氧化镉	cadmium oxide	1306-19-0	CdO	前列腺癌
27	赤铁矿	iron（Ⅲ）oxide	1317-60-8	Fe_2O_3	肺癌
28	芥子气二（2-氯乙基）硫醚	mustard gas di（2- chloroethyl）thioether	505-60-2	$ClCH_2CH_2$-S-CH_2CH_2Cl	肺癌
29	苯	benzene	71-43-2		膀胱
30	三氧化二砷	arsenic（Ⅲ）oxide	1327-53-3	As_2O_3	皮肤、肺
31	硫唑嘌呤（医药品）	azathioprine	446-86-6	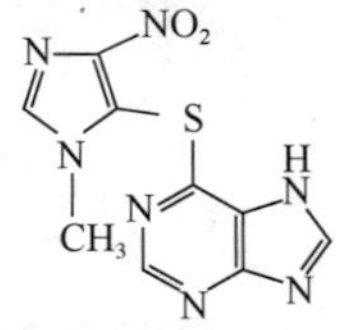	网织红细胞
32	氯霉素（医药品）	chloramphenicol	56-75-7	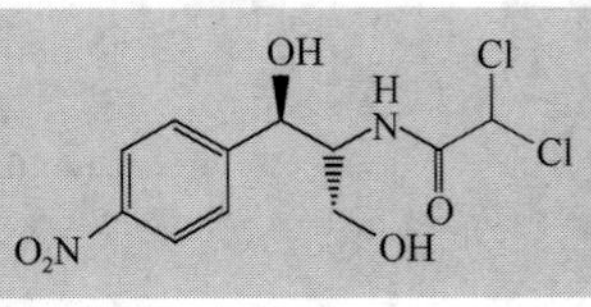	白细胞
33	环磷酰胺（抗癌物）（医药品）	cyclophosphamide monohydrate	6055-19-2	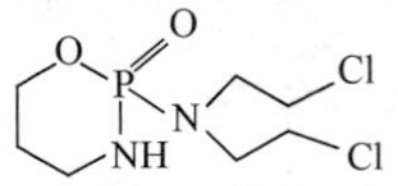	白细胞
34	5, 5-二苯基乙内酰脲（医药品）	5, 5-diphenylhydantoin	57-41-0	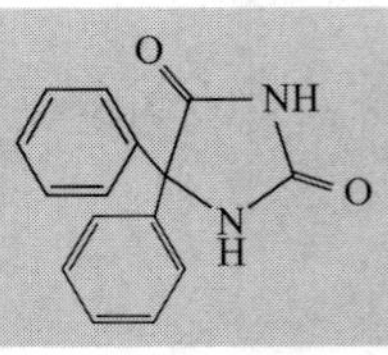	淋巴细胞
35	己烯雌酚（医药品）	diethylstilbestrol	56-53-1	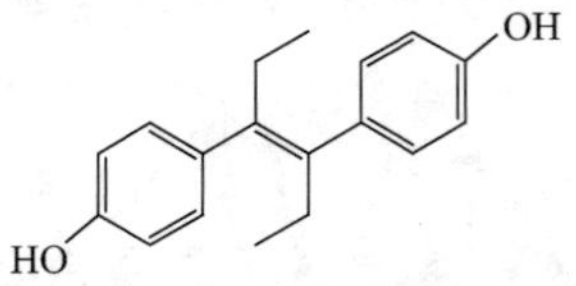	乳腺癌、阴道癌、子宫癌
36	非那西丁（医药品）	phenacetine	62-44-2	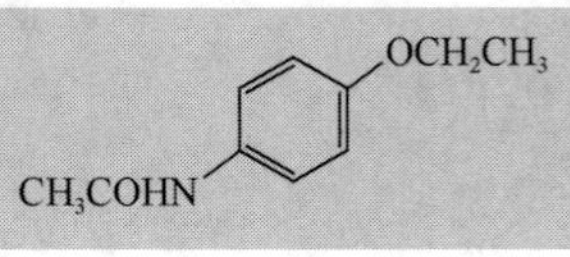	肾盂
37	米尔法兰（医药品）	melphalan	148-82-3	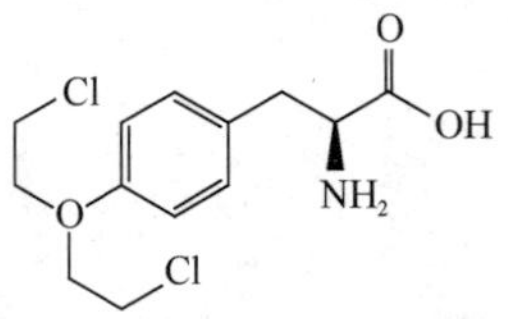	多发性骨髓瘤
38	液体石蜡	liquid paraffin	8042-47-5	/	胃癌、大肠癌、直肠癌

附录十六 常用中英文及其缩写对照表

缩写	英文名称	中文名称
aa	acetic acid	醋酸
abs	absolute	绝对的
ac	acid	酸
Ac	acetyl	乙酰基
ace	acetone	丙酮
al	alcohol	醇（通常指乙醇）
alk	alkali	碱
Am	amyl[pentyl]	戊基
amor	amorphous	无定形的
anh	anhydrous	无水的
aqu	aqueous	水的，含水的
as	asymmetric	不对称的
atm	atmosphere	大气，大气压
b	boiling	沸腾
bipym	bipyramidal	双锥体的
bk	black	黑（色）
bl	blue	蓝（色）
br	brown	棕（色），褐（色）
bt	bright	嫩（色），浅（色）
Bu	butyl	丁基
bz	benzene	苯
c	cold	冷的（塑料表面）无光（彩）
c	percentage concentration	百分（比）浓度
chl	chloroform	氯仿
co	columns	柱、塔、列
col	colorless	无色
comp	compound	化合物
con	concentrated	浓的
cor	corrected	正确的、校正
cr	crystals	结晶，晶体
cy	cyclohexana	环己烷
d	decomposses	分解
dil	diluted	稀释、稀的
diox	dioxane	二噁烷，二氧杂环己烷
distb	distillable	可蒸馏的
dk	dark	黑暗的、暗（颜色）

续表

缩写	英文名称	中文名称
diq	deliquescent	潮解的，易吸湿气的
DMF	dimethyl formamide	二甲基甲酰胺
eff	efforescent	风化的，起霜的
Et	ethyl	乙基
eth	ether	醚，（二）乙醚
exp	explodes	爆炸
extrap	extrapolated	外推（法）
et.ac.	ethyl acetate	乙酸乙酯
fl	flakes	絮片体
flr	fluorescent	荧光的
fr	freezes	冻、冻结
fr.p.	freezing point	冰点、凝固点
fum	fuming	发烟的
gel	gelatinous	胶凝的
gl	glacial	冰的
gold	golden	（黄）金的、金色的
gr	green	绿的、新鲜的
gran	granular	粒状
gy	gray	灰（色）的
glyc	glycerin	甘油
h	hot	热
hex	hexagonal	六方形的
hp	heptane	庚烷
hing	heating	加热的
hx	hexane	己烷
hyd	hydrate	水合物
hyg	hygroscopic	收湿的
i	insoluble	不溶（解）的
i	iso-	异
ign	ignites	点火，着火
in	inaetine	不活泼的，不旋光的
inflam	inflammable	易燃的
infus	infusible	不熔的
irid	iridescent	虹彩的
la	large	大的
lf	leaf	薄片、页
lig	ligron	石油英
liq	liquid	液体、液态的

续表

缩写	英文名称	中文名称
lo	long	长的
lt	light	光、明（朗）的、轻的，浅（色）的
m	melting	熔化
m	meta	间位（有机物命名）、偏（无机酸）
mol	monoclinic	单斜（晶）的
Me	methyl	甲基
met	metallic	金属的
mior	microscopic	显微（镜）的、微观的
min	mineral	矿石、无机的
mod	modification	（变）体，修改、限制
mut	mutarotatory	变旋光（作用）
n	normal chain refractive index	正链、折光率
nd	neadles	针状结晶
o	ortho-	正、邻（位）
oct	octahedral	八面的
og	orange	橙色的
ord	ordinary	普通的
org	organic	有机的
orh	orthorhombic	斜方（晶）的
os	orgamic solvents	有机溶剂
p	para-	对（位）
pa	pale	苍（色）的
par	partial	部分的
peth	petroleum ether	石油醚
pk	pink	桃红
ph	phenyl	苯基
pl	plates	板、片，极板
pr	prisms	棱镜、棱柱体、三棱形
pr	propyl	丙基
purp	purple	红紫（色）
pw	powder	粉末、火药
pym	pyramids	棱锥形、角锥
rac	racemic	外消旋的
rect	rectangular	长方（形）的
res	resinous	树脂的
rh	rhombic	正交（晶）的
rhd	rhombodral	菱形的、三角晶的
s	soluble	可溶解的

续表

缩写	英文名称	中文名称
sec	second	秒
s	secondary	仲、第二的
sc	scales	秤、刻度尺、比例尺
sf	softens	软化
sh	shoulder	肩
silv	silvery	银的、银色的
sl	slightly	轻微的
so	solid	固体
sol	solution	溶液、溶解
solv	solvent	溶剂，有溶解力的
sph	sphenoidal	半面晶形的
st	stable	稳定的
sub	sublimes	升华
suc	supercooled	过冷的
sulf	sulfuric acid	硫酸
sym	symmetrical	对称的
syr	syrup	浆、糖浆
t	tertiary	特某基、叔、第三的
ta	tablets	平片体
tcl	triclinic	三斜（晶）的
tet	tetrahedron	四面体
tetr	tetragonal	四方（晶）的
THF	tetrahydrofuran	四氢呋喃
TLV	Threshold Limit Value	极限安全值
to	toluene	甲苯
tr	transparent	透明的
trg	trigonal	三角的
undil	undiluted	未稀释的
uns	unsynmletrical	不对称的
unst	unstable	不稳定的
vac	vacuum	真空
visc	viscous	黏（滞）的
volat	volatile～volatflises	挥发（性）的
vt	violet	紫色
w	water	水
wh	white	白（色）的
wr	warm	温热的，（加）温
wx	waxy	蜡状的
ye	yellow	黄（色）的
xyl	xylene	二甲苯